中国律师实训经典 **Trial TECHNIQUES** | 高端业务系列

总主编 **徐 建 龙翼飞**

公司兼并与收购
教 程
（第二版）

主　编　肖　微
副主编　邵春阳　袁家楠
撰稿人　（以撰写章节先后为序）

邵春阳	冯　诚	陈沂哲	殷会鹏	许文洁	李　奕	陈　伟	张达音
封　锐	余永强	张　平	王　毅	郭　昕	陈　燕	陈　翊	王　超
赵　静	石铁军	张　蕾	官晓姝	郑　涵	马建军	汪东澎	张红燕
李　明	赵海帆	袁家楠	王菁华	周　辉	杜丽婧	王朝晖	吴龙瑛
赵　冰	刘定发	程　虹	杨后鲁	刘　铭	张旗坤	祁　达	狄　青
张　洁

中国人民大学出版社
·北京·

　　本教程由君合律师事务所承担策划及编写工作，谨致诚挚的谢忱！

出版说明

我国目前已经有了二十余万人的律师队伍，他们一直在为中国的法治建设勤奋工作着。一个国家的法治状况，在某种意义上是由律师的工作状况体现出来的。律师是专业素质要求非常高的行业，一个好的合格的律师，必须具备高尚的思想道德修养、纯熟的法律专业功底、出色的语言表达能力和灵活的案件应对技巧。但是，一个不可否认的事实是，现在的律师队伍中还有相当多的从业人员没有达到这样的专业素质要求。

2010 年 4 月，中国人民大学律师学院正式挂牌成立。律师学院秉承中国人民大学一贯坚持的"人民、人文、人本"的办学理念，从律师学院成立之初，就确定了律师学院今后的发展目标：

第一，律师学院将把培养律师方向的硕士研究生作为重中之重。这是律师学院的立院之本。在法学院的指导和大力支持下，自 2011 年开始，我们已经连续招收了两届法律硕士（律师方向）研究生。法律硕士（律师方向）研究生实行双导师制，我们聘请了二十余位资深律师担任法律硕士（律师方向）研究生的导师，他们与校内导师一起共同指导学生的学习。从目前来看，取得了非常好的效果。

第二，律师学院将把在职律师的高端业务培训作为自己的职责。这是律师学院的社会责任。律师学院自成立以来，一共举办了三十多期律师高端业务培训班，培训内容涉及律师业务的各个方面，培训律师近两千人。根据国家开发西部地区的战略目标，律师学院特别为西部地区律师每年举办一期公益性质的业务培训班，参加培训班学员的交通食宿以及聘请授课教师的课酬等所有费用一律由律师学院承担。这些高端业务培训班和西部地区律师业务公益培训班也取得了比较好的社会效果。

第三，律师学院将把与国外律师院校的沟通、合作作为重要内容。这是与国际社会接轨的需要。众所周知，英国是全世界各个国家的律师制度发源地，我们一直与英国律师大学保持着联系，英国律师大学多次派人来律师学院访问，为我们作了有关英国律师教育培训的专题讲座，双方就合作问题进行了很好的沟通。国际社会的交汇、融合是大势所趋，培养国际化的律师是律师学院的当然责任。我们将继续进行国际化律师培养的探究，期望能够为中国的律师培养走出一条具有中国特色的路子。

培养律师需要教材，可到现在为止我国还没有系统的律师培养的教材，这不能不说是个很大的缺憾。尽管各个地方的律师协会通过各种方式为本地的律师进行业务培训，但基本上都是专题性的讲座，不成系统。律师学院正在着手编写适用于在校学习的法律硕士（律师方向）研究生的系列教材，同时也在编写适用于已经从事律师工作、需要提高业务水平的高端业务系列。

　　本书即是"高端业务系列"中的一部。

　　法律是发展的，律师业务也是发展的，这给"高端业务系列"的编写带来了一定的困难。我们很希望把这套系列教程做到尽善尽美，但实际上这是不可能的。没有最好，只有更好。热切希望各界同仁多对这套系列教程提出宝贵的意见和建议，以便我们能够尽力做到更好。

　　感谢中国人民大学出版社为这套系列教程的顺利出版所做的一切，谨致最衷心的谢忱！

中国人民大学律师学院

2014 年 1 月

第二版修订说明

《公司兼并与收购教程》一书自 2014 年 4 月第一次出版以来，一年内就加印了两次。这本书受到法律学术界及实务界的欢迎，我们倍感欣慰。

由于相关法律法规的变化以及公司兼并与收购领域实践的发展，根据中国人民大学出版社的邀请和读者的建议，君合律师事务所经研究决定修订这本书，于 2016 年 12 月启动了第二版的编写工作。

本次修订，我们没有增加新的篇章，而是借机核查、改正、完善第一版中由于不准确的表述和撰写疏漏所造成的一些瑕疵。此外，我们在第二章"中国并购法律体系介绍"、第三章"并购项目一般流程"、第四章"特殊类型的并购"等章节中更新了统计数据、引用的法规，并修正了相关的阐述和解析，还对部分章节作了补充和完善。例如，在第六章"并购项目中的劳动问题"中，我们添加了"国有企业的股权并购"和"员工安置的流程"内容，在该章第四节，特别添加了第五项"裁员"；我们还在第十章"并购争议解决"中添加了新的典型案例。

本次修订仍由君合律师事务所合伙人邵春阳律师和袁家楠律师负责编辑，承担第一版各章节编写工作的各位同事（除离职者外）仍受邀承担第二版相应章节的修改编写工作。本次修订并不比第一版撰写轻松，各位作者除再次审阅第一版稿外，还查阅了近三年以来大量的法规、资料和案例。经过近一年时间的努力，第二版终于得以定稿完成。在此，我们对各位作者的辛勤付出以及君合相关行政人员的支持表示衷心的感谢。这些作者包括：邵春阳、袁家楠、程虹、王朝晖、吴龙瑛、王菁华、周辉、杜丽婧、官晓姝、石铁军、张蕾、李奕、马建军、汪东澎、余永强、张平、王毅、郭昕、陈伟、祁达、狄青、封锐、陈翊、王超、冯诚、陈沂哲、殷会鹏、张洁、刘铭、李明、陈燕、张红燕、赵海帆。

由于时间仓促和水平所限，本书仍有不尽如人意之处，敬请读者不吝赐教。对读者的批评、建议，我们将尽可能随时予以答复和改正。我们衷心地希望通过持续不断的更新和完善，使《公司兼并与收购教程》在公司并购领域始终成为法律理论和实务界人士的必备参考书籍之一。

北京市君合律师事务所

2018 年 1 月 8 日

前　　言

　　《公司兼并与收购教程》作为中国人民大学律师学院的第一套系列教材之一，系由北京市君合律师事务所受中国人民大学律师学院委托编著的。本教程的参编作者以君合律师为主，其他律师事务所律师和学者参与、合作，教程由君合律师统稿而成。*

　　君合律师事务所成立近25年，非常幸运地赶上了中国经济几千年来最活跃、最快速、最有活力的发展阶段。相应地，伴随着经济活动的大量法律制度和法律服务也在日新月异地发展着。市场给了君合律师机会，君合律师也在市场中不断学习、锻炼和提高，并进而为市场的法律服务发展作出了一定贡献。

　　经济活动涉及的法律与实践，包罗万象，而与公司并购相关的法律服务则是非常综合与复杂的。伴随经济的飞速发展，并购行为层出不穷，而其方式方法、形式内容更不断有所创新和突破。在西方发达国家，并购已经有许多年历史，市场和法律都发展得很成熟。国际上并购的法律与实践无疑对中国的并购有很多基础性的帮助和方向性的指引作用，但中国法律和经济基于政策和体制上与西方的区别，使得中国的并购有许多非常特殊的制度和实践，如国有企业的并购、外国企业对中国企业的并购、外商投资企业的并购、为境外上市目的进行的跨境并购、境内上市公司的并购、中国企业海外并购等，都有中国自己的特殊政策和规定。当然，与国际并购做法一样，中国的并购主体之间也要作出商务安排并通过法律文件加以确定。所不同的是，每类企业并购都有具体不同的政策和法律规定，都有各自的政府审批或行政程序。有鉴于此，中国之并购既要面对多方面的商业权益，又要面对广泛的政府管制。

　　为并购提供法律服务是君合律师最经常、最主要的业务。可以说，君合律师见证并伴随了中国并购法律和实践的发展，也在实践中体会到如何灵活地运用并购法律并促进并购的成功。作为并购方面的律师，深厚的法律基础、综合的法律实务经验、广泛的商业和财务基本知识、对中国政治经济文化的充分理解和把握，以及稳健、积极创新的风格及态度，是其应具备的素质。

　　君合律师有骄人的并购法律服务业绩和丰富的经验，但是缺少时间和精力对其经验和体会进行系统的整理及理论上的总结。君合律师每天都能感受到法律是活生生的，但是缺

---

　　* 肖微，君合律师事务所创始合伙人之一，中国证监会第四届、第五届发行审核委员会委员和上市公司重大重组审核工作委员会委员。

　　邵春阳，君合律师事务所上海分所合伙人。

　　袁家楠，君合律师事务所北京总部合伙人。

　　张旗坤，中央财经大学法学院副教授、研究生导师，天驰洪范律师事务所兼职律师。

少保鲜和物流工艺及体系以便让法律人能够共享。这次中国人民大学律师学院和中国人民大学出版社组织律师界人士撰写律师培训系列教材颇为难能可贵，君合律师由此得以携手其他律师和学者抛砖引玉，梳理自己，丰富他人，咸与进步。

有以下作者参与本书的写作（括号内为执笔章节）：邵春阳、冯诚（第一章、第二章、第四章第一节、第四章第三节），许文洁（第一章、第二章），李奕（第二章、第三章第三节、第三章第四节），陈伟（第三章第一节、第三章第二节、第五章第二节），张达音（第三章第一节、第三章第二节），封锐（第三章第五节、第四章第五节），余永强、张平、王毅、郭昕（第四章第一节），陈翊（第四章第二节），赵静（第四章第三节），石铁军、张蕾（第四章第四节），官晓姝（第五章第一节），郑涵（第五章第二节），马建军、汪东澎、张红燕（第六章），袁家楠、王菁华、周辉（第七章），王朝晖、吴龙瑛、赵冰（第八章），刘定发、杨后鲁（第九章），张旗坤、祁达、狄青（第十章）。

作为本书的主编，我谨代表本教材的全体作者，感谢中国人民大学律师学院和中国人民大学出版社对我们的信任。

肖　微

2014 年 2 月 28 日于君合北京总部办公室

目　录

并购基本概念和类型

■ 第一节　基本概念

一、并购的概念

并购又称兼并与收购（Merger & Acquisition，简称"M&A"）。根据《大不列颠百科全书》（1999 年版）对并购的解释，并购是指两个或以上的相对独立的企业、公司合并组成另一家公司，通常是一家占优势的公司吸收一家或多家公司。虽然理论和实践中经常将兼并与收购混为一谈，但兼并与收购其实是完全不同的法律概念。根据《布莱克法律词典》（Black's Law Dictionary）的解释，兼并是指合并或联合的行为或事实[1]；而收购则是指获得某项客体（如目标公司资产）的占有权或控制权。[2]

公司兼并是指两个以上公司企业签订双方或多方的合并合同，按照法定程序，该数个公司企业结合成为一个公司企业，成为单独的法律实体。兼并又可以分为吸收合并（merger）与新设合并（consolidation）。吸收合并可以用公式 A＋B＝A 表示，A 公司吸收 B 公司而存续，B 公司加入 A 公司而归于消灭，而新设合并则可以公式表示为 A＋B＝C，A 公司与 B 公司合并成 C 公司且双双因合并而消灭。公司兼并的实质是公司的合并，具体而言，是指一个或多个公司的权益、资产和责任转移至另一个公司所有，接受上述公司全部权益、资产和责任的公司以自身的名义继续运作被兼并的实体，导致的法律后果是，被兼并的实体不再存续，而是作为兼并主体的一部分继续运作。

公司收购是指公司企业为了取得其他公司企业的资产、经营权、股权等，以现金、股份、其他资产等作为对价与之交换的行为，收购者主要是为了自己公司企业经营发展的需求，而希望取得被收购公司特定的商业经营资源或是其本身的主导经营权。[3] 公司收购的实质是一个公司购买另一个公司的股份或资产，其目的是实际控制目标公司并取得目标公司的资产，导致的法律后果是，目标公司继续存续并仍以自身的名义运作，只是企业的资产或股权发生了转移。

二、并购的目的与特征

企业并购是公司企业扩充规模最快速的方法，尤其是随着国际化与全球化的发展，公司企业为了保持其永续竞争的实力，无不通过强强联合的方式来追求大者恒大。例如，2012 年 3 月 12 日，优酷网与土豆网宣布以 100％换股的方式合并[4]，2012 年 7 月 23 日，

---

① See *Black's Law Dictionary*，eighth edition，west pub. co，2007，p. 1009.
② See *Black's Law Dictionary*，eighth edition，west pub. co，2007，p. 25.
③ 黄伟峯. 并购实务的第一本书. 台北：商周出版社，2002：44－51.
④ http：//tech. sina. com. cn/2/youkutudou/，[2014－01－11]．

中国海洋石油总公司（中海油）以 151 亿美元收购加拿大尼克森公司①等。各并购主体借由企业之间互相兼并或分离的重组进行企业资源的整合与配置，通过对并购后企业的营运，以最大限度地实现公司的价值。

并购有如下几种特征：（1）并购涉及的行业领域广泛且总是有商业巨头与巨头间（未必经营相同领域，例如异业结盟）的所谓强强结盟的特征；（2）并购的规模与数额日渐扩大且跨国、跨境、跨区的并购行为越来越频繁；（3）由于企业形态多种多样，并购手段、过程更是复杂、烦琐，这就要求并购行为必须受多个监管部门从不同层次、不同角度分别加以调整；（4）企业并购可能涉及公司法、证券法、劳动法、社会保障法、反垄断法和反不正当竞争法以及民事诉讼法等法域，形成各种复杂的法律关系，包括民事法律关系、经济法律关系、诉讼法律关系乃至行政及刑事法律关系等。

三、我国法律体系下的并购定义

我国关于并购概念的规定散见于《公司法》《关于外国投资者并购境内企业的规定》等若干法律、法规、规章和规范性文件中。

早在 1989 年 2 月 19 日，国家体改委、国家计委、财政部、国家国有资产管理局等四部门颁布的《关于企业兼并的暂行办法》中就规定："本办法所称企业兼并，是指一个企业购买其他企业的产权，使其他企业丧失法人资格或改变法人实体的一种行为。""企业兼并主要有以下几种形式：（1）承担债务式，即在资产与债务等价的情况下，兼并方以承担被兼并方债务为条件接收其资产；（2）购买式，即兼并方出资购买被兼并方企业的资产；（3）吸收股份式，即被兼并企业的所有者将被兼并企业的净资产作为股金投入兼并方，成为兼并方企业的一个股东；（4）控股式，即一个企业通过购买其他企业的股权，达到控股，实现兼并。"

1994 年 7 月 1 日起施行的《中华人民共和国公司法》第 184 条规定，公司合并可以采取吸收合并和新设合并两种形式。一个公司吸收其他公司为吸收合并，被吸收的公司解散。二个以上公司合并设立一个新的公司为新设合并，合并各方解散。其后历次修订的《公司法》均保留了前述关于合并的定义。

2003 年 3 月 7 日，商务部颁布的《外国投资者并购境内企业暂行规定》② 中首次使用了"并购"一词，但该规定并没有对"并购"的具体含义作出明确的定义，只是根据并购实施对象的不同将并购分为股权并购和资产并购两种方式：前者系指外国投资者协议购买境内非外商投资企业（下称"境内公司"）的股东的股权或认购境内公司增资，使该境内公司变更设立为外商投资企业；而后者是指外国投资者设立外商投资企业，并通过该企业协议购买境内企业资产且运营该资产，或外国投资者协议购买境内企业资产，并以该资产

---

① http：//finance. sina. com. cn/focus/2hysg/，[2014 - 01 - 11].
② 该《暂行规定》已于 2009 年 6 月被商务部《关于外国投资者并购境内企业的规定》修订。

投资设立外商投资企业运营该资产。取而代之并于 2006 年 9 月 8 日起施行的《关于外国投资者并购境内企业的规定》及《商务部关于修改〈关于外国投资者并购境内企业的规定〉的决定（2009）》并未对前述定义做进一步的更新。

■ 第二节　中国的并购实践

一、中国企业并购的历史

1984 年，河北省保定市纺织机械厂通过承担债务的方式并购了保定市针织器材厂，开创了我国改革开放后企业并购之先河。1985 年至 1987 年，保定市政府以地方国有资产所有者的代表身份继续推进企业兼并，并取得良好的社会和经济效益。之后，武汉、成都等地纷纷效仿。

1988 年和 1989 年，在政府积极倡导、推动下，我国企业并购掀起了第一次浪潮。1988 年，全国 20 多个省市、自治区都相继出现了企业兼并，并且出现了产权交易市场。作为我国企业并购活动的探索，第一次并购浪潮具有以下特点：（1）并购活动都是在国有企业和/或集体企业之间进行，各地政府也都直接参与和/或干预了企业并购活动，从而使并购主要集中于特定地区范围之内的企业之间；（2）这一时期的企业并购具有横向性质，即并购双方产品相似、工艺相似、生产场地基本相邻；（3）并购活动是在产权未明晰的条件下发生的，因此并购中存在很多不规范之处。

我国企业的第二次并购浪潮发生在 1992 年邓小平同志南方讲话之后，是在中央确定了以社会主义市场经济体制为改革目标的情况下，在激励和约束机制的双重压力下活跃起来的。与第一次并购浪潮相比，这次发生在证券市场初具规模之时的并购活动，具有以下特点：（1）企业并购的规模、涉及的范围进一步扩大；（2）产权转让出现多样化，但承担目标企业债务式的并购仍占到 60％左右；（3）并购范围突破了所有制和地区限制，开始向多种所有制、跨地区方向挺进；（4）企业并购开始由以往的"政治任务"逐步转为以企业为主体，并开始向规范化的方向发展。

20 世纪 90 年代以后，由于证券交易所的设立和证券市场的发展，上市公司开始迅速发展。其中，从 1993 年到 1996 年年底为萌芽阶段，这一阶段经历了从简单的公开市场举牌收购发展到复杂的资产置换，从收购"三无概念"股发展到以协议收购方式取得上市公司控制权作为主要收购模式。本阶段比较有代表性的案例有：1993 年深圳原野成为股市第一单重组案例；宝安公司举牌收购延中实业是第一单收购案例；1994 年恒通收购棱光实业是第一单买壳上市的案例。从 1997 年到 2000 年为发展阶段，这一阶段并购重组大规模出现。1998 年，出现通过增发新股收购的案例（比如清华同方），1999 年出现以现金定向回购国有股的案例。2000 年以来为审慎发展阶段，中国证监会开始加大对并购重组的监管，引入了退市机制，使得壳资源价值减低，上市公司收购进入审慎发展的阶段。①

二、中国企业并购的现状

进入 21 世纪，中国企业的并购总体上呈现出规模不断扩大、质量不断提高、市场化程度不断提升、并购手段和方式不断丰富、监管体系和法规不断完善等特点。以下从不同主体和类型的并购出发分别进行简述。

（一）国企并购

2006 年 12 月国务院办公厅转发国资委《关于推进国有资本调整和国有企业重组的指导意见》中明确提出国有资本须向重要行业和关键领域集中、加快形成拥有自主知识产权和国际竞争力的优势企业、加快改革和完善公司治理等目标。近些年，国企并购依据不同的并购主体和动因主要呈现以下特点：

1. 由国务院国资委直接推动的央企并购重组

按照并购方式划分，央企并购可分为收购和新设合并两类。其中，收购占绝对比例，包括 2003 年中国药材集团并入中国医药集团总公司、2007 年华润集团收购三九集团等；新设合并的情况较少，在 2003 年至 2010 年期间仅发生 5 起，如 2004 年中国蓝星与中国昊华合并组建中国化工集团公司、2005 年中国港湾建设与中国路桥合并为中国交通建设集团公司等。

央企之间并购的特点包括：（1）由国务院国资委直接推动，并购双方均是国资委行使出资人权利的央企，出资人主导并购重组从而实现政策目标，并购涉及的企业人事、业务和战略等方面的安排和调整均由国资委协调；（2）并购方案的推进较为迅速，一般不会涉及复杂的调查和冗长的谈判工作。

2. 地方国企的并购

近年来，出现了多起在同一省份内的同行业国企间的重组案例，这些并购都是在地方政府推动下进行的。如 2008 年 6 月，河北金能集团和峰峰集团合并为冀中能源集团公司。地方国企并购的特点是：（1）并购当事方往往都是一个省份内的国有企业；（2）并购与被并购企业所处的行业往往是相同的；（3）当地政府往往是并购交易的推动方。

3. 国有企业自主进行的并购

近年来，除了国资委和地方政府直接主导和推动的国有企业并购外，国有企业自主进行的并购数量也迅速增加。这类并购具有如下特点：（1）由于是企业自主进行的重组并购，通过收购企业，收购方央企扩大了企业规模、业务能力和市场份额，尽管收购会涉及央企与国资委及其他地方主管部门的谈判，但国资委往往不会直接介入谈判。（2）基本上

---

① 于春晖．并购实务．北京：清华大学出版社，2004：2.

该等并购重组均是优势央企对同行业地方国企的并购，而这些被并购企业的资本、业务和市场份额都具有很大的优势。（3）并购类型多样，有业务规模扩张型的收购，如宝钢集团兼并广钢和韶钢，也有业务类型拓展的并购，如中铝集团收购云南铜业，当然还有资源占有型的收购，如中煤能源集团收购东坡煤矿。（4）部分收购行为与地方贯彻国家和地方的产业政策有关，如在国家出台钢铁行业和煤炭行业的政策导向下，规模小、技术落后、产能不足的企业通过与有先进管理、技术和市场优势的央企结合是最佳的选择。

（二）我国民营企业并购

民营企业并购是我国从计划经济向市场经济转型后，企业为适应国内和国际市场的发展，利用各种市场资源及其有效配置，求得自身发展空间的必然要求，这是现代市场经济发展的一个重要经济现象和趋势。近年来，在我国并购市场上，民营企业的影响日益扩大，总体上看，民营企业已成为中国企业并购的主要力量，并购成为民营企业实现资本集中和集聚的主要途径。

我国民企并购随着外部环境的不断变化而发展，从 20 世纪 90 年代中期以来不断向前推进。1995 年 9 月，党的十四届五中全会明确提出要着眼于整个国民经济和"抓大放小"的方针。而"抓大放小"的方针意味着民企有机会参与到中小型国有企业的改制、重组进程中。[1]

自 2001 年我国加入世贸组织后，市场进入了全面开放的时期，民营企业的并购进入快车道。而且，随着中国民间资本市场的逐步成型，不少民营企业还主动"走出去"进行海外并购。2009 年上半年就有吉利、苏宁、宗申、美克国际等企业到海外进行并购。[2] 我国民企并购的效益非常明显，不但促进了企业自身的发展，更是混合所有制经济的重要推动力。近年来，我国民营企业并购主要呈现如下特征：

1. 并购规模不断扩大

2000 年以后，民营企业通过并购加快了发展核心竞争力的步伐，民营企业的并购金额已从几百万元、几千万元、几亿元增加至几十亿元大规模的并购，范围也逐渐扩大到基础产业和基础设施、金融服务、商贸流通甚至国防科工等领域。国务院于 2010 年 5 月 7 日出台《关于鼓励和引导民间投资健康发展的若干意见》及各地根据地方特点颁布的实施意见，例如广东省人民政府于 2011 年 2 月 24 日颁布的《关于进一步鼓励和引导民间投资的若干意见》（粤府〔2011〕19 号）、四川省 2011 年 2 月 1 日发布的《关于进一步鼓励和引导民间投资健康发展的实施意见》（川府发〔2011〕4 号）等，旨在进一步拓宽民间投资的领域和范围，努力营造有利于民间投资健康发展的政策环境，切实促进民间投资持续、健康发展。

---

[1] 陈小洪. 中国企业并购重组. 北京：中国发展出版社，2010：45.
[2] http：//www. jxlib. gov. cn/reference_display. aspx？id＝36，[2011－12－11].

2. 并购越来越多地涉及上市公司

民营企业经历了早期的原始积累后，正在走向资本的再次增长。近些年来，民营企业并购上市公司已成为上市公司收购的主要方式，民营企业通过该等方式吸收和吸引了更多的社会资本。特别是并购国有上市公司已成为民营企业实现扩张战略的一种重要方式，也正是其迅速形成聚集效应和规模优势的主要原因。

3. 民营企业开始进行海外并购

不少民营企业走出国门开始海外并购，并购对象大都是处于困境的海外企业，并购地主要集中在美国和欧盟等市场经济发达国家，如万向集团于 2000 年 1 月收购美国舍勒公司，吉利于 2009 年 3 月并购全球第二大汽车变速箱 DSI 公司。2012 年 9 月 5 日，中国大连万达集团成功完成对美国第二大院线集团 AMC 娱乐控股公司（AMC Entertainment Holdings Inc）的收购，一举成为全球最大的电影院线运营商，这笔交易价值约为 26 亿美元。① 海外并购已成为我国民营企业"走出去"实现跨国发展的重要途径。知名企业跨国并购的示范作用，促使一些实力迅速增强的中小型民营企业也开始尝试海外并购。

（三）我国资本市场上的并购重组

近年来，我国并购重组异常活跃，随着我国资本化运作的不断成熟，越来越多的并购与资本市场发生了关系。我国资本市场的并购活动具有多样性和复杂性，资本市场上的并购重组主要涉及以下三个方面：（1）上市公司为买方，对外收购股权或进行资产交易；（2）上市公司为卖方，对外出售所持股权或资产的交易；（3）直接或间接以上市公司股份为标的，使上市公司股份的权益发生直接或间接的转移。

2000 年之后，我国企业优胜劣汰加快，资本市场的容量急速膨胀，十多年来，我国资本市场上的数百家上市公司通过并购重组实现了行业的整体整合、整体上市，并且大宗的并购交易不断涌现，其中通过定向增发方式收购公司资产的比例尤其显著。此外，我国资本市场的并购还体现了质量的提高，主要体现在以下方面：

1. 注入上市公司资产总量明显增加、质量明显提高，大大有利于提高上市公司盈利能力、增加股东的利益，使更多的中国企业实现资产的流动性。自 2003 年开始，我国经济进入了新一轮的高速增长期，大多数上市公司的经营状况发生了明显的改善。例如宝钢集团公司、中国远洋总公司、中国三峡总公司等大型国有企业向其旗下的上市公司注入了优质资产，而诸如三一重工等民营的上市企业，也从其母公司获得了大量资本。

2. 通过并购重组实现整体上市，已经成为资本市场并购重组上市的一大趋势。如宝钢集团、鞍钢集团等大型国有企业，都通过集团重大资产重组，将其优质资产注入了上市公司，实现了上市公司的整体整合上市。又如 TCL 集团、上港集团等企业，均通过定向增发的方式，进行了一系列的内部结构的合理整合。此外，并购重组还能有效减少关联交

① http://money.163.com/special/wdsgamc/，[2014-01-11].

易、同业竞争等问题。

3. 企业以业务结构的战略性调整和行业整合为导向的并购重组正在兴起。近年来，一些企业在资本市场上通过并购重组实现了业务结构的战略性调整。如华立集团并购了武汉健民等一些医药企业，从而将企业由一家电表生产企业扩展为一家同时进行医药生产的企业，对于该企业的发展产生了重要的意义。又如中国铝业斥资 20 亿元先后对河南中迈、抚顺铝业、遵义铝业、华西铝业等国内铝业企业进行重组整合，大大提升了我国铝业的产业结构，提高了铝业的整体素质。此外，宝钢集团也通过并购重组昆明钢铁、柳州钢铁等钢铁企业，整合、提升了我国的钢铁制造业。不仅是国企，民营企业也在资本市场施展拳脚，如银泰集团收购鄂武商、美的集团收购小天鹅等。

除了总量不断提升、质量不断提高之外，我国资本市场的并购重组总体上还呈现出如下特点：

首先，虽然大宗的股权转让不断增加，但是大宗的资产重组仍是并购方式的主流。我国资本市场上的并购重组长期以来呈现资产重组多、股权并购少的特征，不少企业热衷于将非上市资产注入上市公司，或将上市公司的不良资产剥离。当然，近年来大宗的股权交易，特别是控股股权转移的情况不断增多，反映了我国资本市场的并购重组能力不断增强。

其次，虽然开放性并购重组不断增加，但封闭性的并购重组仍是主要模式。所谓的封闭性并购重组，是指关联公司之间或政府主导的同一管辖范围内的并购重组。我国资本市场上的重组，多为母公司主导或政府主导的重组，如宝钢集团、鞍钢集团的主业上市均属于该等类型。又如 2007 年，政府曾推动京东方、上广电等国内几家大型液晶生产企业重组整合，但由于企业之间的利益关系难以协调，最后未能及时重组。

再次，以资产套现和再融资为目的的并购重组仍为主流。虽然并购重组可以优化企业结构、促进行业整合，但是大多数资本市场的大股东仍是期望通过资本市场的重组获得现金。此外，上市公司的股权争夺也日益激烈。一些企业通过收购上市公司小股东的股权积累股份，逐渐对大股东的地位形成挑战，并可进一步通过在二级市场择机吸收股份争夺上市公司的控股权。

最后，并购重组往往会引发资本市场的异常波动，并且在并购重组中操纵价格的情况时有发生。如前文所述，由于我国资本市场的重组主流仍然是资产注入或剥离，并购重组对上市公司提高资产质量和赢利能力至关重要。因此，并购重组容易引起资本市场的剧烈波动。一些大型并购重组会使二级市场的股价剧烈波动，非理性地上涨或下跌，该等情形非常不利于投资者树立良好的投资理念。此外，由于许多并购重组是由母公司或政府主导的，其信息披露工作往往不够到位，导致价格操纵的案例屡见不鲜。

（四）外资并购

在经济全球化步伐不断加快之际，跨国并购蓬勃发展，正在成为中国经济战略调整、产业结构升级、产权制度改革、国企改制、民企发展的主要法宝和利器。中国以其巨大的市场容量和广阔的发展前景吸引了大量外资的进入，尤其是对上市公司而言，因其在各自的行业中处于龙头地位，因而更受外资青睐。近些年，外资并购在实践中的发展和对我国经济的影响主要表现在以下几个方面：

1. 推动外资并购的宏观经济背景

随着中国对外开放的不断深入，引入外资的理念也在不断变化，从过去一味求数量转向求质量，紧跟国际投资形势发展转变。在国际投资已向跨国并购方式发展和入世后中国市场开放度提高的大背景下，并购已成为中国引进外资的重要方式，而中国已成为亚洲最大的并购市场。

外资并购有利于顺应入世后中国的宏观经济环境，适应外商投资策略的转变，能有效地吸引外资和加速中国产业结构调整、升级和整合的步伐，以及提高中国国民经济的总体实力。外资收购对被收购的中国企业进行技术创新和技术投入、积极引进国际先进技术，以及不断提升产品的科技含量和附加值等产生积极的影响。另外，由于目前外资收购基本上是一种同业收购，这种收购不仅会给被收购企业带来大量现金流量，而且还会带来先进的技术与技术创新能力，有利于促进中国国民经济整体实力的增强。

2. 外资并购对国有企业改革的影响

外资并购将为国企改革注入新动力，有利于实现党的十七大提出的国企改革的新要求，即健全现代企业制度，优化国有经济布局和结构，增强国有经济活力、控制力、影响力。从国内上市公司的情况来看，目前的上市公司大多系由国有企业改制上市。外资对上市公司的并购已成为中国国有企业改革的重要途径。具体可以从以下几个方面进行说明：

2.1　外资并购可使国企所有权结构发生改变，解决长期困扰国企改革的"所有者缺位"问题

外资并购国有上市公司实际上就是外资企业与国有企业间的产权交易，这种交易不仅能带来国有资产的重新组合，而且可以导致企业制度，尤其是国有产权制度的变革。在中国，比较突出的产权变革就是外资企业收购国有股权或整体收购国有资产，这种产权交易直接地导致国有企业产权安排的变化，一种结果是所有权与经营权部分转移。外资对国有上市公司的介入将使原来公司的产权结构发生巨大变化，所有权由国家部分转移到外商手中。这样可以有效解决国有企业长期存在的"所有者缺位"问题，以此消除管理者追求在职消费所带来的高昂代理成本。

2.2　有利于解决内部人交易问题

在中国国有企业改革的实际运作中，国有企业转让的暗箱操作、转让价格的非公正性等内部人交易问题已不同程度地暴露出来。为了确保国有企业产权交易的公平、公正，必须实现国有资产收购主体的多元化，让国有企业的管理者与外商共同参与国企产权交易，在产权交易市场上公开竞价，并及时进行信息披露。通过增加买方数量，将外资并购引入国有企业改革中，以防止国有企业转让价格的暗箱操作。

2.3　补充国企的资本不足

一国经济发展的最初动力源于资本投入的增长，资本稀缺是阻碍一国经济增长和发展

的关键因素。利用资金雄厚的外资参与国有企业的改革，吸引外商的资本投入，是推动中国资本市场发展和资本配置优化的重要方式。

3. 外资并购对资本市场的影响

外资对上市公司的并购无异于在国内 A 股与 B 股市场、流通股与非流通股市场之间架起了桥梁。中国股票市场 A 股与 B 股及流通与非流通股之间的分裂将可能被彻底打破。此外，外资对上市公司的并购有助于打破中国证券市场分割、相互封闭的格局，促使中国的资本市场健康、高速的发展。一些具有深厚产业经验和管理水平的跨国产业资本的进入，很有可能直接提高中国上市公司经营管理的能力，使中国上市公司的整体质量得到提高。在中国现阶段，外资并购已成为优化上市公司治理结构的重要方式。现代企业制度以"企业法人产权独立运作"为基本特征，出资人到位是明晰产权、建立现代企业制度的前提条件，所有者虚置使得无人对终极所有者负责。外资并购上市公司，收购者一般以职能开发者的姿态出现，通过改变被收购方总的管理体系，引入新的经营机制或者增加其职能部门的功能，使资源和要素的作用有效地发挥并产生"并购增值"。具有优质、高效特征的外资主体进入上市公司，实现所有权转移，促使出资人到位，并辅之以良好政策激励、公平竞争机制选择、法律制度规范，都将起到优化上市公司股权结构、增强市场化运营、改善上市公司治理结构的作用。

（五）中国企业海外并购

中国企业"走出去"并购是近几年迅速发展的现象，但总体而言还处于初始状态，并且中国企业海外并购主要还是为了自然资源和资金资源，以获得海外市场为主要目的的海外并购相对较少。尽管如此，中国企业海外并购仍具有三类优势：（1）提升了中低端市场的产品开发、制造和营销能力，加快了中国企业开发发展中国家中低端市场的进程；（2）通过收购外国中高端技术、品牌并与中国企业国内市场能力结合，提升了中国企业的国内竞争力，进而进一步向国外扩展；（3）提升了基础产业的综合实力，通过并购国外优质的自然资源，一些企业提升了境内外的竞争实力。在"十二五"末期，中国企业海外并购的规模有望达到千亿美元，中国将成为资本净输出国。[①] 中国企业海外并购实践的基本特点如下：

1. 中国企业海外并购发展迅速

中国企业的海外并购自 21 世纪初发展至今，在并购数量、规模上都有飞速增长。2002 年的投资金额和非金融类投资额为 27 亿美元，而 2010 年已上升至 426 亿美元，6 年上升 15 倍。[②] 2012 年民营企业海外并购交易金额为 255 亿美元，相比前年 94 亿美元劲升 171%。[③]

① 陈小洪. 中国企业并购重组. 北京：中国发展出版社，2010：160.
② http：//www.chinairn.com/doc/50180/553472.html，[2011-12-11].
③ http：//finance：eastmoney.com/news/1350，20130130271242526.heml，[2014-01-11].

2. 国有企业海外并购仍是主流

近年来，虽然民营企业加快了对外投资的步伐，从数量上而言已占对外投资的很大比重，但就金额而言，民企所占对外投资的比例仍然非常有限。国有企业，尤其是资源、能源产业的国有企业是海外投资和并购的主角。一份对 2004 年至 2009 年 11 月 172 宗金额在 5 000 万美元以上的并购案的分析报告得出结论称，有 81% 的中国海外并购交易由国有企业完成，民营企业在贯彻中国政府制定的"走出去"战略方面明显要慢上一拍，在并购交易总量中只占 12%。国企在海外并购案上的"压倒性优势"也使外方产生担忧，不仅因为许多交易涉及自然资源的控制权，而且很多国家如美国的监管机构及民众认为国有身份使其获得不公平的优势，认为并购是中国政府的决策而非商业决策。①

3. 对外投资存在多种目标

就金额而言，中国企业海外并购的主要目标是自然资源和服务资源，就存量而言，租赁和商务服务、金融、批发零售、矿业的投资是主要的投资目标。租赁商务投资主要是获得海外资本的投资，矿业投资是为了活的矿业资源。近年激增的金融投资和批发零售投资则主要是为了对外经济活动。进入海外资本市场的另一个指标是，中国海外并购的目的地除香港外，不少流入 BVI 群岛和开曼群岛。根据商务部网站公布的统计数据，对外投资的主要目标是获得"品牌和渠道"；其次为"当地承揽项目""当地服务""自然资源""技术和研发机构""当地制造"这六个目标②，前三项目标均是出于拓展市场的目的，而后三项则偏重于资源的目的。

4. 中国企业海外并购已初具成果

首先，通过海外并购，中国企业已获得不少境外资源。如中国能源、原材料的骨干企业中石油、宝钢集团等在海外获得自然资源方面已有很大的进展，已有约 20% 的原油、铁矿来自海外权益矿。机电、IT 上游产品和纺织业的一些优势企业亦从海外取得了技术资源。如我国机床行业骨干企业 2002 年以来通过对欧美日的 11 个企业和项目的并购，企业技术和品牌能力都有明显的提升。其次，境外市场开拓能力有所提升，原材料、家电、机电、轻纺、能源及 IT 等产业中，有不少企业取得了很大的收获。最后，中国一些企业已逐步建立面向全球的销售、品牌、研发、制造、供应链的网络，全球化程度较高的 IT、家电业企业，如联想、中兴、海尔、华为、TCL 等都通过全球并购进一步拓展了其事业版图，这些企业在国外面临激烈竞争的同时，也正在迅速提升其品牌竞争力，为中国企业在国际市场上的发展迈出了举足轻重的一步。

在法律体系的建设方面，国家相应出台了一系列的法律、法规规范中国企业的海外并购行为。2004 年 10 月 9 日，国家发展和改革委员会颁布了《境外投资项目核准暂行管理办法》，规范了境内企业境外投资的核准程序，2009 年 3 月 16 日，商务部颁布了《境外投

---

① http://www.chinairn.com/doc/50180/553472.html，[2011 - 12 - 11].
② 陈小洪.中国企业并购重组.北京：中国发展出版社，2010：162.

资管理办法》，进一步规范境内企业的境外投资，2014 年 5 月 8 日，国家发展和改革委员会颁布了《境外投资项目核准和备案管理办法》，取代了 2004 年的《境外投资项目核准暂行管理办法》，2014 年 9 月 6 日，商务部颁布了修订后的《境外投资管理办法》。此外，国家外汇管理局也颁布了有关中国企业海外并购的配套外汇管理规定，为规范中国企业海外并购奠定了法律基础。

■ 第三节　并购基本类型

按照不同的分类标准，并购可以分为不同的类型。按照并购对象，并购分为股权并购和资产并购；按照被并购对象所在行业，并购分为横向并购、纵向并购和混合并购；按照并购动因，并购分为规模型并购、功能型并购、组合型并购、产业型并购和成就型并购；按照并购后被并购一方的法律状态，并购分为新设法人型并购、吸收型并购和控股型并购；按照并购支付方式，并购分为现金支付并购、股权支付并购、资产置换并购、无偿划转并购和其他支付方式并购；按照并购资金来源，并购分为自有资金并购和杠杆并购。

本书着重从并购的基本概念出发，对"收购"与"兼并"的基本分类及其相互之间的区别和联系论述如下。

一、收购：股权收购和资产收购

（一）股权收购

1. 股权收购的概念

股权收购是指收购方以现金、股票或其他对价，向目标公司的股东购买其持有的目标公司的股权或股份，或认购目标公司的增资或增发的股份，以获取目标公司全部或部分股权或股份，进而取得目标公司控制权的行为。

2. 股权收购的法律特征

2.1　股权收购的主体。收购方是购买目标公司多数股份或股权，意在取得目标公司控制权的一方；相对方则根据情况可以是向收购方出售自己持有的目标公司股份或股权，并取得对价的目标公司股东，也可以是目标公司自己。收购方可以是法人，也可以是自然人。

2.2　股权收购的标的是目标公司的股份（目标公司为股份有限公司时）或股权（目标公司为有限责任公司时）。

2.3　股权收购的方式主要包括股权转让和增资扩股。

2.4　股权收购应遵循一定的法定程序与要求。我国《公司法》就有限责任公司的股权转让、股份有限公司的股份转让以及公司增资等均设置专门章节作出了详细的规定。若股权收购涉及外资并购，则还需要适用商务部《关于外国投资者并购境内企业的规定》，履行相应的外资审批和工商登记程序。若股权收购涉及国有产权转让，则还需要适用《企业国有资产法》和国务院国资委《企业国有产权转让管理暂行办法》等规定，履行相应的国资审批、审计评估和进场交易等程序（详见本书第四章第四节）。若股权收购涉及上市公司收购，则同时需要适用中国证监会《上市公司收购管理办法》《上市公司证券发行管理办法》和《上市公司非公开发行股票实施细则》等规定，履行相应的证监会审批和信息披露等程序（详见本书第四章第一节）。

3. 股权收购的法律效果

从股权收购的各当事方来看，股权收购的法律效果表现在：

3.1　对收购方而言，因其支付对价从而取得目标公司的全部或多数股份或股权，进而控制目标公司，并对目标公司的债务以其所持的股份或股权为限承担有限责任。

3.2　对目标公司及其原股东而言，目标公司成为收购方的全资或控股子公司，公司的经营控制权发生变更，但其作为独立的民事法律主体仍然存在；目标公司原股东因转让目标公司股份或股权而取得相应的对价，但丧失对目标公司的控制权，若目标公司原股东取得的对价是收购方的公司股权或股票，则其成为收购方的股东。

（二）资产收购

1. 资产收购的概念

资产收购又称营业转让，是指收购方以现金、股票或其他对价，收购卖方公司全部或实质性全部的资产而接管卖方公司营业的行为。[①]

2. 资产收购的法律特征

2.1　资产收购的主体。收购方是购买目标公司资产的一方，可以是法人也可以是自然人，卖方是出售自身资产的目标公司。资产出售由卖方公司通过其自身权力机关作出决议并以卖方公司名义与收购方订立资产收购/出售合同。

2.2　资产收购的标的是卖方公司在非常规业务途径中出售的"全部或实质性全部"的公司资产。[②]

2.3　资产收购的方式。根据收购方为资产收购向卖方公司支付的对价方式的不同，资产收购主要包括资产转让、资产置换、发行股份、购买资产等方式。

2.4　资产收购应履行法定程序、符合法定要求。资产收购主要适用《公司法》《合同法》和《物权法》，就资产出售的一般程序而言，主要包括：出售公司董事会提出出售建议（或计划），股东（大）会表决通过，出售公司与收购方签署相应的资产出售/收购协议；对前述资产出售议案表示异议的股东可以根据《公司法》和公司章程的规定行使异议

---

① 陈丽洁. 公司合并法律问题研究. 北京：法律出版社，2001：16.
② 陈丽洁. 公司合并法律问题研究. 北京：法律出版社，2001：17.

权和股权回购请求权。若资产收购涉及外资并购，则还需要适用商务部《关于外国投资者并购境内企业的规定》，履行相应的外资审批和工商登记程序。若资产收购涉及上市公司资产出售/收购，则同时需要适用中国证监会《上市公司重大资产重组管理办法》和证券交易所股票上市规则等规定，履行相应的证监会审批和信息披露等程序（详见本书第四章第一节）。

3. 资产收购的法律效果

从资产收购的各当事方来看，资产收购的法律效果表现在：

3.1　收购方因其支付对价而取得资产收购合同中规定的卖方公司各项资产的所有权，在一般情况下无须承担卖方公司的债务和责任，但以下情况例外：（1）收购方同意承担卖方公司债务的；（2）资产收购实质上是买卖双方公司合并的；（3）收购方完全是卖方公司的承续；（4）买卖双方为逃避债务而实施恶意诈欺收购的。因此，采用资产收购方式可以避免卖方公司向收购方转嫁债务。在这一点上，与通过公司合并直接承担被合并方债务和责任以及通过股权收购间接承担被收购方债务和责任的并购方式相比，资产收购独具优势。

3.2　卖方公司因其出让资产所有权而取得收购方所支付的对价，其依然是独立的法律主体，主体资格依然存续，如果需要解散，则应由卖方公司作出解散决议、履行清算手续。但在实践中，卖方公司往往因资产出售而停止经营、进行清算，最终导致其法人资格的消灭。

二、合并：吸收合并和新设合并

（一）合并的法律概念

公司合并是指两个或两个以上的公司通过订立合并协议，依照法定的程序和条件，合并为一个公司的法律行为。根据合并后的公司是存续的公司还是新设的公司，合并又可进一步分为吸收合并和新设合并两种。其中，一个公司吸收其他公司，被吸收公司解散的为吸收合并；两个（或以上）公司合并成为一个新公司，参加合并的各公司解散的为新设合并。较之于新设合并，吸收合并手续更简便，财产关系、股东关系及各种法律关系得以延续，有利于加强企业竞争力。公司合并后，合并前各方的债权、债务由合并后存续的公司或新设的公司承继。公司合并主要由《公司法》《合同法》来调整。

（二）合并的法律特征

1. 公司合并的主体是公司，即参与合并的双方或多方均为公司，是公司之间的一种法律行为。一方面，公司合并要由公司通过其自身权力机关（如股东会、董事会等）作出决议并以公司的名义实施；另一方面，公司合并的效力由参与合并的各公司直接承受。当然，公司合并的结果最终也将影响合并各方股东的利益。

2. 公司合并须履行法定程序、符合法定要求。根据《公司法》的规定，公司合并应当由合并各方签订合并协议，并编制资产负债表及财产清单。公司应当自作出合并决议之日起 10 日内通知债权人，并于 30 日内在报纸上公告。债权人自接到通知书之日起 30 日内，未接到通知书的自公告之日起 45 日内，可以要求公司清偿债务或者提供相应的担保。

3. 公司合并发生合并一方或各方解散，其财产、债权和债务由存续公司或新设公司概括转移的法律后果。

4. 被合并公司解散无须清算。公司基于一定的原因解散或破产，一般都需要清算，唯独公司合并中，被合并公司解散无须清算。这一特点与《公司法》所规定的"公司合并时，合并各方的债权、债务，应当由合并后存续的公司或者新设的公司承继"是紧密相关的。

（三）合并的法律效果

1. 公司主体发生变化，公司合并后成为一个公司，参与合并一方或双方解散。吸收合并的，被吸收公司解散；新设合并的，参与合并的各公司解散。

2. 权利、义务（包括债权和债务）发生概括转移。这些权利包括被合并公司的所有财产权利，如动产、不动产、知识产权、债权等，以及公法上的各种权利，如各种特许权、营业权等；义务包括债务、各项诉讼事务等。这种权利、义务的转移都通过合并的法律效力直接转移到存续公司或新设公司，而无须通过专门的权利、义务转让合同进行。

3. 若以股份（股票）作为对价进行公司合并时，发生股东的重新入股。即在合并后，被合并公司的原股东根据合并合同的条件改持存续或新设公司的股份，从而成为存续或新设公司的股东。若以现金作为对价或者被合并公司股东因行使股份回购请求权而获得自己股份的现金对价时，则不存在股东重新入股问题。迄今为止，我国资本市场上已有的上市公司合并案例都是采用换股合并的方式完成的。[①]

三、收购与合并的比较

收购与合并的区别主要表现在以下五个方面：

（一）参与主体

公司合并的主体是参与合并的各公司，而资产收购的主体是参与收购的出售公司和收购方，股权收购的主体是参与收购的目标公司或者目标公司的股东和收购方。与公司合并主体都是公司不同，股权收购和资产收购的主体不仅包括公司还可能包括自然人（比如作为收购方或目标公司股东）。

---

① 马骁. 上市公司并购重组监管制度解析. 北京：法律出版社，2009：244.

（二）法律效果和责任承担

公司合并的法律效果是参与合并的公司主体发生变化，被合并公司解散并丧失法人资格，其原有的权利、义务（包括债权、债务）由合并后存续公司或新设公司承继。资产收购的法律效果是目标公司主体及其控股股东都不发生变化，而是公司资产构成发生变化，其权利、义务同样由目标公司自身承受；收购方取得目标公司资产，并且只有在当事方有特别约定或法律有特别规定的情形下才承担目标公司债务。股权收购的法律效果是目标公司的控股股东发生变化，但目标公司本身并不丧失法人资格，其权利、义务仍由目标公司自身承受；收购方取得目标公司的控制权，并且在所持股份或股权的范围内对目标公司债务间接地承担有限责任。

（三）控制方式

公司合并中被合并公司作为存续或新设公司的一部分而完全受其控制。资产收购中收购方只是控制了目标公司的原有资产和业务，不能直接控制目标公司本身。股权收购中收购方通过行使经营管理权、投票表决权等股东权利对目标公司进行间接控制。

（四）解散和清算程序

公司合并导致合并一方或双方解散，这种解散是公司合并固有的法律效果，解散的公司无须经过清算程序其主体资格即行消灭。资产收购和股权收购中，即使是全部资产或股权发生转让，也不当然地发生目标公司解散的法律效力，若需要解散，则须由目标公司另行作出解散决议，同时必须履行清算手续。

（五）税负影响

收购与合并在对当事各方的税负影响方面不尽相同，资产收购由于涉及具体资产的交易和过户（特别是涉及房屋、土地使用权等不动产），较之于股权收购和公司合并而言，其涉及的税种更多、税负更高（关于三者具体的税负比较，详见本书第九章）。

尽管合并和收购之间存在上述区别，但作为并购的不同方式，其也有相互联系之处。比如，合并和收购都涉及对第三方权益的影响。在股权收购中，股东向股东以外的人转让股权，应当经其他股东过半数同意。在资产收购中，收购方通常应取得被收购资产的权利人（比如担保权人、租赁权人等）的同意。在公司合并中，合并应履行相应的通知、公告债权人程序。另外，股权收购和资产收购虽然不同于公司合并，但它们往往被作为公司合并的过渡性手段和途径。比如，并购公司可以先行收购该目标公司，在取得目标公司大部分股份（特别是全部股份）后，可以通过将目标公司注销等方式从而达到公司合并的目的。

中国并购法律体系介绍

▨ 第一节　中国并购法律的演进

一、中国并购法律的立法背景

一般认为，影响法律制度产生与发展的外部环境因素主要包括三个方面，即经济发展因素、政治因素和法律文化因素。① 笔者认为，就企业并购法律制度而言，影响其形成的外部环境即表现为经济发展状况、政治因素及法律文化价值取向。

（一）经济发展状况

从宏观角度来说，中国作为世界上的发展中国家，在过去三十多年时间里，经济实力和综合国力水平取得了快速的发展和进步。中国的经济一直在高速增长，即使在全球遭受金融危机的 2009 年，中国的经济增长率仍保持在 8％左右。目前，中国的 GDP 已经超越日本，成为世界上第二大经济体，中国经济已经成为全球的焦点。

微观方面，外资跨国并购是最早出现在中国的并购方式之一，近几年其发展越来越快，已成为中国经济全球化的重要途径之一。

据清科集团旗下私募通统计，2016 年中国并购市场共完成交易 3 105 起，同比提高 15.3％；披露金额的并购案例总计 2 469 起，共涉及交易金额 1.84 万亿元，同比上升 76.6％，平均并购金额为 7.47 亿元。2016 年国内经济继续承压，以"三去一降一补"为重点的供给侧结构性改革得到大力推行，政策层面突出稳定发展和风险防控，在各类市场热点的轮动下，国内并购市场整体保持了较快的增长，同时新兴产业巨头的行业布局也不断加快。

并购类型方面，2016 年完成国内并购 2 828 起，产生交易金额 12 943.86 亿元；海外并购 237 起，涉及交易金额 5 230.21 亿元；外资并购 40 起，交易金额共计 261.46 亿元。在所有并购交易中，上市公司作为并购方发生并购 1 678 起，披露交易金额案例数 1 463 起，涉及交易金额 1.48 万亿元。

行业方面，2016 年中国并购市场完成的 3 105 起并购交易分布于互联网、IT、机械制造、金融、生物技术/医疗健康等 23 个一级行业。从并购案例数方面分析，互联网行业以 378 起交易，占比 12.2％的成绩夺魁；其次是同属 TMT 行业的 IT 行业，以完成案例 306 起，占交易总量 10.5％的成绩排名第二；机械制造、金融、生物技术/医疗健康并购案例数均在 260～280 起，依旧保持了较高的活跃度，传统行业与新兴行业并购整合齐头并进。②

---

① 金观涛，唐若昕. 西方社会结构的演变. 成都：四川人民出版社，1985：38.
② http://research. pedaily. cn/201701/20170119408281. shtml.

随着最近几年监管政策的改变，国内并购市场也呈现不同的态势。继 2013 年并购市场开始火热繁荣，至 2015 年达到顶峰后，2016 年，随着监管环境的变化，并购市场放慢了脚步。尤其是 2016 年年中叫停中概股借壳上市、9 月出台《上市公司重大资产重组管理办法》，嗣后开始对互联网金融行业进行集中监管，导致并购市场逐步降温。

此外，随着中国综合国力的增强，国有企业和民营企业也加快了走出国门的步伐，积极投身到轰轰烈烈的全球并购大潮中。根据商务部、国家统计局和国家外汇管理局于 2016 年 12 月 8 日联合发布的《2015 年度中国对外直接投资统计公报》，2015 年，在全球外国直接投资流出流量 1.47 万亿美元，较上年增长 11.8% 的背景下，中国对外直接投资流量创下 1 456.7 亿美元的历史新高，同比增长 18.3%，超过日本成为全球第二大对外投资国。截至 2015 年年底，中国 2.02 万家境内投资者在国（境）外设立 3.08 万家对外直接投资企业，分布在全球 188 个国家（地区）；中国对外直接投资累计净额（存量）达 10 978.6 亿美元，位居全球第 8 位，境外企业资产总额达 4.37 万亿美元。中国企业共实施对外投资并购 579 起，涉及 62 个国家（地区），实际交易金额 544.4 亿美元，其中直接投资 372.8 亿美元，占 68.5%；境外融资 171.6 亿美元，占 31.5%。并购领域涉及制造业、信息传输/软件和信息技术服务业、采矿业、文化/体育和娱乐业等 18 个行业大类。对 "一带一路" 相关国家投资快速增长。2015 年，流向中国香港、荷兰、开曼群岛、英属维尔京群岛、百慕大群岛的投资共计 1 164.4 亿美元，占当年流量总额的 79.9%。对 "一带一路" 相关国家的投资占当年流量总额的 13%，高达 189.3 亿美元，同比增长 38.6%，是对全球投资增幅的 2 倍。投资存量的八成以上（83.9%）分布在发展中经济体，在发达经济体的存量占比为 14%，另有 2.1% 存量在转型经济体。

综上所述，随着中国经济的突飞猛进，中国的并购已呈现出参与主体多元化、规模巨大、交易结构复杂等多重特点，这些对于规制并购行为的法律制度提出了新的要求。

（二）政治因素

改革开放三十多年，政治领域的成就是中国不断地在往现代国家、现代社会和现代政党的方向发展，三者归结到一点，就是现代政治制度的建立。政治制度的中心内容是规范公共权力的运行。1978 年以前，权力过分集中，随后，在中国共产党历次党代会上，不断地提出政治体制改革的目标和方向，从党政分开和政企分开，到依法治国和依法执政，再到和谐社会和科学发展观等。中国三十多年改革在政治领域的一大成就，是公共权力运行的理性化、制度化，国家在慢慢摆脱全能主义的模式，行政权力受到越来越科学的制度的约束和越来越普遍的公众的监督。

从立法角度而言，政府部门致力于健全立法机制，提高立法质量，政府立法工作要符合法定的权限和程序。在行政执法层面，各级政府部门按照规范执法、公正执法、文明执法的要求，不断规范执法主体，界定执法权限，减少执法层级，整合执法资源，推进综合执法，同时更进一步地完善行政执法程序，规范工作流程，依法细化、量化自由裁量权。特别是 2004 年 7 月 1 日开始施行的《行政许可法》，对政府机关实施行政许可的范围、程序作出明确规定与限制，因而对并购的立法产生了重大影响。2014 年、2015 年相继颁布新修订的《行政诉讼法》及最高人民法院《关于适用〈行政诉讼法〉若干问题的解释》，通过规范行政诉讼的程序，进一步保护申请人权益，为行政机关行使行政权力提出了更高要求。

（三）法律文化价值取向

中国传统法律文化的价值取向是"无诉"，即不发生诉讼，法律制度的最高追求是社会主体和谐地生存在社会中。而西方的法律文化则对"正义"问题孜孜以求，维护正义是西方法律发展的核心所在。随着西方法学对中国传统法律的影响日益加深，对正义的追求亦开始成为中国法律文化的另一个题中应有之义。[①]

在当代中国如此复杂的经济和政治大背景下，以"无诉"和"正义"为基础，中国法律文化价值取向逐渐呈现为追求超稳定的秩序与规则治理下的个人权利这两者和谐发展、共荣共生的态势。该法律文化价值取向也深刻影响着并购法律、法规的发展和完善。

二、外国并购立法的基本特征

并购立法在西方国家，尤其是在英国、美国、日本和德国等国家，经过近百年的发展，已经逐渐成熟。一般来说，其具有如下特征：

（一）公司并购法律制度的体系化

公司并购行为是一项参与主体众多、法律关系复杂的交易行为，必须通过确立系统的法律渊源，结合国家适度干预、维护公平竞争、维护社会整体经济利益的基本原则，进行规制和调整。因此，发达国家的并购立法通常以公司法和反垄断法为基础，制定普遍适用、系统的法律、法规。

（二）以反垄断为公司并购立法的核心任务

市场经济发展过程中，尽管"优胜劣汰"具备激励功能和优化配置资源功能，但也产生了市场垄断。企业绝对的自由竞争、任意并购，其必然结果是形成大规模垄断企业。为此，现代市场经济发达国家对公司并购的规制重点，始终放在反公司垄断上。如美国有一系列的反托拉斯法，最早的《谢尔曼法》制定于 1890 年；而 1992 年 4 月 2 日，美国联邦贸易委员会和司法部还联合发布了关于横向公司并购的指南，目的是限制或禁止企业产生或者扩大市场势力或推动行使市场势力，维护企业的公平竞争秩序。

（三）强化对中小股东利益的特别保护

公司并购尤其是上市公司的收购中，大股东往往具有股权交易中的信息、经济优势地

---

① 张中秋. 中西法律文化比较研究. 北京：法律出版社，2009：第八章.

位，故而在公司收购过程中能以较高的价格出售其股份。相对而言，中小股东则消息闭塞、缺乏经验，很可能会因为信息的不对称、财力有限，遭受较大的损失或不利。基于"同股同权"的原则，在实际法律地位不平等的前提下，需要平衡和保护平等交易主体各方的合法权益。为此，各国在有关企业并购法律制度体系中，通过设计强制收购要约制度、信息披露义务、股东会制度、累积投票权制度、股东代表诉讼制度等，加强对中小股东合法权益的特殊保护，以在并购的过程中实现"公平"和"正义"。

（四）实体法与程序法相结合

实体法与程序法并重并有机结合的立法模式是大多数发达国家立法的共同特点。在有关公司并购的法律制度体系中，这一点也表露无遗。无论是对公司并购者的并购意图、并购行为前期审查、事后规制，还是对上市公司与非上市公司、企业的并购规制、监管，各国法律制度体系不仅规定了系统、全面的实体性规范，以维护各利害关系人的合法权益，同时也设定了相应的程序性制度体系，以预防各利害关系人权益受损，确保其能够获得法律上的合理救济。

三、中国并购立法演变历程

事实上，如果以 1989 年 2 月 19 日国家经济体制改革委员会、国家计划委员会、财政部、国家国有资产管理局共同发布的《关于企业兼并的暂行办法》〔（89）体改经 38 号，于同日实施〕以及 1989 年 2 月 19 日国家经济体制改革委员会、财政部、国家国有资产管理局共同发布的《关于出售国有小型企业产权的暂行办法》（于同日实施）作为开启中国并购立法的先河，那么至今中国并购立法已走过了二十多年光景。这段历程大致可以分为初步探索期（1989 年—1999 年）、曲折发展期（1999 年—2005 年）和逐步成熟期（2005 年至今）三个阶段。这三个阶段都有代表性的立法。

（一）初步探索期（1989 年—1999 年）

我国于 1993 年 12 月 29 日公布的《公司法》（1994 年 7 月 1 日实施）以及 1998 年 12 月 29 日公布的《证券法》（1999 年 7 月 1 日实施）中已分别存在有关公司合并与分立，以及上市公司收购的基本规定。

为了解决实务操作上的问题，规范企业并购的具体行为，自 1989 年起，各个主管行政机关发布或联合发布了众多关于企业并购的相关行政法规和规范，例如，上文已提到的《关于企业兼并的暂行办法》《关于出售国有小型企业产权的暂行办法》；1991 年 11 月 16 日国务院发布的《国有资产评估管理办法》（于同日实施）；1992 年 7 月 18 日国家国有资产管理局发布的《国有资产评估管理办法实施细则》（国资办发〔1992〕36 号，于同日实施）；1993 年 4 月 22 日国务院发布的《股票发行与交易管理暂行条例》（于同日实施）；1993 年 6 月 12 日中国证监会发布的《公开发行股票公司信息披露实施细则（试行）》（证监上字〔1993〕43 号，于同日实施）；1994 年 7 月 24 日国务院发布的《国有企业财产监督管理条例》（于同日实施）；1994 年 11 月 3 日国有资产管理局与国家体改委发布的《股份有限公司国有股权管理暂行办法》（国资企发〔1994〕81 号，于同日实施）；1996 年 8 月 20 日财政部发布的《关于印发〈企业兼并有关财务问题的暂行规定〉的通知》（财工字〔1996〕224 号，于同日实施）；1999 年 2 月 11 日国家经济贸易委员会、财政部与中国人民银行联合发布的《关于出售国有小型企业中若干问题意见的通知》（国经贸中小企〔1999〕89 号，于同日实施）等。

尽管上述法律、法规制定时间早、数量少、凌乱且不成体系，但可以看出，在当时的大背景下，国企并购和上市公司并购占据了比较重要的位置，且中国政府亦试图制定相关的法律、法规规范在当时而言尚属新鲜事物的并购交易。值得注意的是，上述法律法规有大部分已失效或虽然并未明确废止但在实践中已不再援引，故形同废止。

（二）曲折发展期（1999 年—2005 年）

如果说第一阶段的并购立法给人以"浅尝辄止"的印象的话，那么在此阶段的并购立法已经将目光集中在实质性的操作上。这一期间，并购在实践中不断探索创新之路，并购范围迅速拓展。随着中国加入世贸组织，准许外资进入的产业被逐渐放开，外商投资法规环境日臻完善，除绿地投资外，外资通过并购方式进入中国国内市场已经越来越成为一种重要的方式。而根据 1997 年党的十五大会议精神，国有股从竞争性领域有序退出被确定为国有经济体制改革的方向，国有股减持成为中国证券市场的主要问题之一。

这一时期具有代表性的并购立法包括：2001 年 11 月 5 日对外贸易经济合作部与中国证监会联合发布《关于上市公司涉及外商投资有关问题的若干意见》（外经贸部资发〔2001〕538 号，于同日实施）；2002 年 11 月 5 日中国证监会与中国人民银行联合发布《合格境外机构投资者境内证券投资管理暂行办法》（2002 年 12 月 1 日实施，已失效）；2002 年 8 月 16 日对外贸易经济合作部发布的《关于外商投资股份有限公司非上市外资股转 B 股流通有关问题的补充通知》（外经贸资一函〔2002〕902 号，于同日实施，已失效）；2002 年 9 月 28 日中国证监会发布的《上市公司股东持股变动信息披露管理办法》（中国证监会令第 11 号，于 2002 年 12 月 1 日实施，已失效）与《上市公司收购管理办法》（中国证监会第 10 号令，于 2002 年 12 月 1 日实施，已失效）；2002 年 11 月 8 日国家经济贸易委员会、财政部、国家工商行政管理总局与国家外汇管理局联合发布的《利用外资改组国有企业暂行规定》（2003 年 1 月 1 日实施）；2002 年 11 月 28 日国家外汇管理局发布的《合格境外机构投资者境内证券投资外汇管理暂行规定》（国家外汇管理局公告〔2002〕第 2 号，于 2002 年 12 月 1 日实施，已失效）；2003 年 1 月 23 日国家税务局发布的《企业债务重组业务所得税处理办法》（国家税务总局令第 6 号，于 2003 年 3 月 1 日实施，已失效）；2003 年 3 月 7 日对外贸易经济合作部、国家税务总局、国家工商行政管理总局与国家外汇管理局联合发布的《外国投资者并购境内企业暂行规定》（于 2003 年 4 月 12 日实施，已失效）；2003 年 5 月 27 日国务院发布的《企业国有资产监督管理暂行条例》

（已于 2011 年 1 月 8 日被修订）；2003 年 8 月 5 日商务部、财政部、国有资产监督管理委员会和中国证监会共同发布的《关于向外商转让上市公司国有股和法人股有关问题的通知》（商务部、财政部、国有资产监督管理委员会、中国证监会公告 2003 年第 25 号，于同日实施，已失效）；2003 年 12 月 31 日国务院国有资产监督管理委员会和财政部联合发布的《企业国有产权转让管理暂行办法》（国有资产监督管理委员会、财政部令第 3 号，2004 年 2 月 1 日实施）；等等。

（三）逐步成熟期（2005 年至今）

毫无疑问，这一时期是并购的大发展时期。在此期间，我国逐步建立了企业并购的法律体系基本架构。而下述立法正是该时期最重要或最有代表性的关于并购的立法。

2005 年 10 月 27 日修订并于 2006 年 1 月 1 日实施的《公司法》[①] 对有限责任公司和股份有限公司的股权转让作出了明确的规定，排除了一些阻碍股权转让的不确定因素。其专章规定了公司合并、分立、增资、减资等情形，并定义了吸收合并和新设合并，规定了合并、分立、增资和减资的运作原则。

同样于 2005 年 10 月 27 日修订且于 2013 年 6 月 29 日进一步修订的《证券法》（于 2006 年 1 月 1 日实施）对上市公司的并购也有规范和促进作用。该法规定了投资者可以采取要约收购、协议收购及其他合法方式收购上市公司，同时进一步规定了协议收购触发要约收购义务的豁免。

2006 年 8 月 8 日由商务部、国有资产监督管理委员会、税务总局、工商行政管理总局、国家外汇管理局和中国证监会联合颁布并于 2006 年 9 月 8 日实施的《关于外国投资者并购境内企业的规定》（2009 年 6 月 22 日修订，以下简称"10 号令"）常被认为是外资并购领域的纲领性文件。10 号令是对外经贸部、税务总局、工商行政管理总局和外汇管理局联合发布的《外国投资者并购境内企业暂行规定》的修改和补充，并取代了后者。修订后的 10 号令，对外资并购的原则、条件、程序、例外和监管等进行了更加明确、详尽的规定。例如，引入"实际控制"的概念、明确了外国投资者以股权为并购对价的相关规定。同时，10 号令在国有资产转让、防止国家税收收入流失、维护公共利益、国家经济安全等方面亦作了相应的规定。

就上市公司并购和资产重组，中国证监会亦分别于 2006 年 7 月 31 日和 2008 年 4 月 16 日颁布了《上市公司收购管理办法》（于 2006 年 9 月 1 日实施，并于 2008 年 8 月 27 日、2012 年 2 月 14 日和 2014 年 10 月 23 日修订）和《上市公司重大资产重组管理办法》（于 2008 年 5 月 18 日实施，并于 2011 年 8 月 1 日和 2016 年 9 月 8 日修订）。《上市公司收购管理办法》根据《证券法》第四章"上市公司的收购"有关规定，对于达到不同比例的股份增持行为进行了系统规定，进一步强化了信息披露、强制要约等监管要求。而《上市

[①]　2013 年 12 月 28 日，第十二届全国人民代表大会常务委员会第六次会议决定对《公司法》进行修改，并将于 2014 年 3 月 1 日正式实施。

公司重大资产重组管理办法》则旨在为上市公司并购重组建立良好的法规和监管环境。通过完善交易决策和批准程序、增加股份支付等必要的并购工具、强化中介机构作用和责任等措施，鼓励与支持并购重组创新。值得注意的是，2014 年修订的《上市公司收购管理办法》充分考虑到上市公司并购市场化程度提高的现状，为提高并购重组效率，更好地使资本市场服务于国民经济发展，取消要约收购行政许可、丰富要约收购履约保证制度、增加豁免情形尤其是自动豁免情形、简化报送要求，对促进上市公司行业整合和产业升级，推动并购重组市场发展具有重要意义；而 2016 年修订的《上市公司重大资产重组管理办法》则是在近三年上市公司并购市场发生了较为活跃的变化之后，监管机关为抑制部分市场主体的套利行为而作出的调整。

最为重要的是，"千呼万唤始出来"的《反垄断法》于 2008 年 8 月 1 日起开始实施。该法以禁止垄断协议、禁止滥用市场支配地位和控制经营者集中为基础，建立了反垄断的基本法律框架。其中控制具有或可能具有排除、限制竞争效果的经营者集中制度的建立，将部分并购纳入反垄断法的管辖对象之一。10 号令在 2009 年 6 月 22 日进行了修订，正是为了符合《反垄断法》的要求。

四、中国并购立法现状

经过三十多年的发展，尽管我国关于并购的法律、法规已初步确定，但现行的并购立法仍存在如下问题：

（一）立法散乱，没有体系，缺乏统一性和科学性①

自 20 世纪 80 年代改革之初，我国的立法指导思想即为"成熟一个、起草一个"，而没有贯彻系统性的立法思想，由此也导致了在并购领域，现行有效的法律法规散乱而不系统。迄今为止，我们尚没有一部能管辖境内、境外不同资本、涵盖不同企业形式以及涉及并购各方面问题的统一的基本法律。为此，在从事具体法律实务工作时，就具体法律问题的法律适用必须进行详尽的分析和研究。

就外资并购相关的法律、法规而言，通常认为 10 号令即为外资并购境内公司的纲领性文件。但是在实务中，该规定仅适用于外国投资者并购境内非外商投资企业的情形，而境内外商投资企业之间的并购、外国投资者收购上市公司等均需适用其他法律、法规，若其他法律、法规没有规定时，前述规定可以参照适用。此外，如《指导外商投资方向规定》（2002 年 2 月 11 日颁布，2002 年 4 月 1 日实施），《外商投资产业指导目录》（2017 年 6 月 28 日颁布，2017 年 7 月 28 日实施），三资企业法，公司法等似乎与外资并购并不直接相关的法律法规等，在外资并购的法律体系中也占有非常重要的一席之地。笔者以外资并购的立法为例，目的在于引起充分重视，意识到目前并购立法中存在的问题，并能在实

---

① 王凤丽. 外资并购中国企业的立法问题研究. 财经科学，2009（4）.

务工作中引以为鉴。

（二）各种法律渊源并存，缺乏协调性和完备性，甚至自相矛盾

目前与并购相关的法律、法规，涉及了《立法法》所提及的各种法律效力的法律，包括宪法、法律、行政法规、部门规章、地方性法规、地方性规章，甚至是部门内部实务操作指南以及地方具体掌握的实践和优惠政策等。有鉴于"令出多门"的事实，这些法律、法规往往不协调、不衔接，甚至出现自相矛盾的情况。

（三）内容不完备，立法层次不高，法律效力低

尽管我国与并购相关的法律、法规数量众多，但是多以部门规章为主，在实际中与以公司法或三资企业法为基础的新设投资相比，效力无疑大打折扣。此外，我国立法常存在"头痛医头、脚痛医脚"的弊病且加上立法滞后性，在实际业务中经常碰到问题无法可依、无章可循，给实务工作造成了困难。

第二节　中国并购法律基本体系

关于中国并购法律、法规，可以有广义和狭义两种理解。就广义而言，因为并购交易的复杂性以及并购流程中需要对目标公司进行法律审慎调查等，所以并购交易中所需适用的法律、法规范围非常广泛，几乎可以涵盖所有商法领域。而狭义理解的中国并购的法律、法规，则专指特别规定并购交易基本规则以及程序的法律、法规。

正如前文所述，尽管现阶段中国并购方面的法律、法规数量很多，但是缺乏体系，脉络不清晰。为了便于在实务中更好地适用该等法律、法规，笔者尝试以并购涉及的主体（收购方/被收购方）为经，以并购交易中涉及的不同问题（包括但不限于税务/外汇/反垄断/安全审查等）为纬，在下文中简单梳理中国现行并购法律、法规的主要体系。前述并购法律、法规是从狭义角度进行的理解。同时需注意的是，下文所梳理的基本体系中的法律、法规、规章等，只是实务中可能经常运用的与并购有关的一些法律、法规和规章等，并不代表中国并购法律、法规的全部汇总。在实际适用时，还需根据交易的具体情况进一步确认是否有其他可以适用的相关的法律、法规。此外，下述并购法律基本体系的梳理以截至 2016 年 12 月 31 日已公布和/或生效的法律、法规、规章等为基础。在具体参考时，亦请关注前述截止日后已失效、新公布和/或生效的其他法律、法规等。

一、一般法律、法规

中国并无一部统一、完整的并购法律，通常认为《公司法》（最新修订于 2013 年 12 月 28 日通过，于 2014 年 3 月 1 日实施）可以作为规制有限公司和股份公司的纲领性法

律，其第九章关于合并、分立、增资和减资的规定（自第 172 条始至第 179 条结束，共 8 个条款）为公司间并购活动，特别是内资公司之间的并购活动提供了基本原则和操作规制。

《公司法》在第 172 条即提出了公司合并的种类：吸收合并或新设合并，并进行了相应的定义："一个公司吸收其他公司为吸收合并，被吸收的公司解散"，而"两个以上公司合并设立一个新公司，则称为新设合并，合并各方解散"。第 173 条规定了公司合并程序和债权人的异议权。此条为公司合并规定了程序方面的操作（包括签订合并协议、编制资产负债表和财产清单、通知债权人并公告等），此外也强调了对债权人利益的保护（债权人自接到通知之日起 30 日内或未接到通知自公告之日起 45 日内，可以要求公司清偿债务或提供相应的担保）。第 174 条进一步确认合并时债权、债务的承继问题，即合并后各方的债权、债务应由合并后存续的公司或新设的公司承继。

《公司法》第 175 条和第 176 条主要规定分立时的程序以及债务承继问题。其主要出发点亦是促成交易并保护债权人利益。根据这两个条款，公司分立时，其财产做相应的分割。应当编制资产负债表和财产清单，自分立决议作出之日起 10 日内通知债权人并在 30 日内在报纸上公告。公司分立前的债务由分立后的公司承担连带责任。但公司在分立前就债务清偿与债权人达成书面协议另有约定的除外。

《公司法》第 177 条和 178 条分别规定了公司增资和减资的程序和要求。特别涉及减资时，与公司合并类似，《公司法》亦规定了债权人的异议权。第 179 条则要求因公司合并、分立、增资和减资发生公司登记事项变更时，应办理相应的变更登记手续。

《公司法》实施后，最高人民法院先后公布过三个《公司法》司法解释，尤其是 2011 年 1 月 27 日公布并于 2011 年 2 月 16 日开始实施的《关于适用〈中华人民共和国公司法〉若干问题的规定（三）》，需引起特别关注。这一司法解释虽然并未直接涉及并购的具体规定或程序操作，但是其目的在于规范审理公司设立、出资、股权确认等案件，对于在并购交易过程中理解与此相关的问题裨益极大。解释（三）具体从如下六个方面进行设计：一是落实公司成立前债务的责任主体；二是确立典型非货币出资到位与否的判断标准及救济方式；三是界定非自有财产出资行为的效力；四是明确未尽出资义务（包括未履行出资义务或未全面履行出资义务）和抽逃出资的认定、诉讼救济的方式以及民事责任；五是规范限制股东权利的条件和方式；六是妥善平衡名义股东、股权权属的实际享有者以及公司债权人间的利益。[①]

2016 年 12 月 5 日，最高人民法院审议并通过《关于适用〈中华人民共和国公司法〉若干问题的规定（四）》（下称"《公司法》解释四"）。《公司法》解释四已经正式公布实施，其中部分问题，可能影响日后的并购交易操作，需要引起注意。例如，《公司法》解释四中对股东诉讼中的程序性问题及并购中经常涉及的优先购买权作出了重点规范，进一步保护中小股东的合法权益，这对今后的并购交易提出了新要求。

---

① 最高院就公司法司法解释（三）答记者问. 人民法院报，[2011-02-16].

提及并购交易，不得不承认交易文件是并购交易能否成功的非常重要的因素之一。而《合同法》（1999 年 10 月 1 日实施）作为调整平等主体之间设立、变更、终止民事权利、义务关系的协议的基本法律，也必须引起我们的重视和关注。

2007 年问世的《物权法》（2007 年 10 月 1 日实施）对我国的经济活动亦产生了深远的影响。该法确立了物权的基本规则，在实践中可以具体指导物权的确定、变动等。尽管该法与并购交易似乎并不直接相关，但是需注意的是，并购涉及的往往不外乎股权或者业务，均需要确立物权并实现物权的有效转移。因此《物权法》作为纲领性大法亦应当是并购相关法律的组成部分之一。

若从政策层面来看，不得不提及国务院于 2010 年 8 月 28 日颁发的《关于促进企业兼并重组的意见》（国发〔2010〕27 号，于同日实施）。该意见从解决企业兼并重组面临的突出矛盾和问题出发，全面、系统地提出了促进企业兼并重组的政策措施，注重消除长期以来制约企业兼并重组的制度障碍。这个意见的发布充分表明了中央政府对于实施兼并重组策略的重视，以及期望通过兼并重组的实施，推动产业结构调整，转变经济发展方式，适应全球经济变化。

国家工商总局于 2011 年 11 月 28 日制定出台《关于做好公司合并分立登记支持企业兼并重组的意见》，为企业兼并重组提供程序性便利。根据该意见，因公司合并、分立申请办理公司登记，自公告刊登之日起 45 日后，申请人可以同时申请办理公司注销、设立或者变更登记。其中，不属于同一登记机关管辖的，相关登记机关应当加强登记衔接。因合并或分立而存续或者新设的公司，其注册资本数额由合并或分立协议约定，但不得高于合并或分立前各公司的注册资本之和。其股东（发起人）的出资比例、认缴或者实缴的出资额，也可由合并协议、分立决议或者决定约定。另外，合并、分立当中，因合并而解散或者分立的公司有分公司的，不用必须办理注销登记，可以按照分公司名称变更程序办理分公司隶属关系的变更登记。对于由解散或分立的公司持有的其他有限责任公司股权，存续或新公司可以在公司合并、分立后再办理股权所在有限责任公司的股东变更登记。公司合并、分立时增加股东、增加注册资本等其他登记事项变更的，也可以一并办理登记。

2016 年 6 月 24 日，国务院国资委和财政部联合发布了《企业国有资产交易监督管理办法》（32 号令），旨在结合最新的国有企业及国有资产交易情况，规范企业国有资产交易行为，加强企业国有资产交易监督管理，防止国有资产流失。该办法对涉及国有股权、资产的并购，作出了更加明晰的规定。（详见本书第四章第四节）

2016 年 12 月 26 日，国家工商总局发布《关于全面推进企业简易注销登记改革的指导意见》（工商企注字〔2016〕253 号），与 2014 年 3 月 1 日起新公司法施行后市场准入高效便捷形成呼应，自 2017 年 3 月 1 日起，公司注销的程序也将进行改革，方便企业便利退出市场，对市场资源进行有效整合。该意见的主要内容是，对领取营业执照后未开展经营活动、申请注销登记前未发生债权债务或已将债权债务清算完结的有限责任公司、非公司企业法人、个人独资企业、合伙企业，由其自主选择适用一般注销程序或简易注销程序。

这就意味着，在今后的并购交易中，对于一些非必要但需要整合的"冗余"企业，其退出时间将大大缩短，有利于市场更高效的运行。

二、外资并购的法律、法规

（一）外资并购一般法律、法规

2003 年之前，关于外资并购方面的立法较为零散，并没有针对外资并购境内企业的专门法规。外国投资者多是通过外商投资企业股权变更、合并分立、境内投资、将内资企业改制为股份公司等方式实现并购境内企业的目的，主要涉及的法规为原外经贸部、国家工商局于 1997 年 5 月 28 日颁布的《外商投资企业投资者股权变更的若干规定》（外经贸法发〔1997〕267 号，同日实施）。国有资产方面涉及的法规为原国家经贸委于 1998 年 9 月 14 日颁布的《关于国有企业利用外商投资进行资产重组的暂行规定》（国经贸外经〔1998〕576 号，同日实施）。

2003 年 3 月 7 日，外经贸部等部委颁布了《外国投资者并购境内企业暂行规定》（2006 年 9 月 8 日后被 10 号令所修订）。同一时期出台的有关外资并购的规定还包括：由证监会等部委 2002 年 11 月 1 日颁布的《关于向外商转让上市公司国有股和法人股的通知》（2010 年 12 月 16 日废止）；原国家经贸委等部委于 2002 年 11 月 8 日颁布的《利用外资改组国有企业暂行规定》（国家工商行政管理总局、国家外汇管理局第 42 号，2003 年 1 月 1 日实施，2016 年 1 月 1 日废止）；商务部、国资委于 2004 年 1 月 21 日颁布的《关于上市公司国有股向外国投资者及外商投资企业转让申报程序有关问题的通知》（商资字〔2004〕1 号，2004 年 1 月 21 日实施）；等。

2006 年 8 月 8 日，商务部、税务总局、工商总局、外管局、国资委和证监会联合颁布了《关于外国投资者并购境内企业的规定》（即 10 号令），引起各界普遍关注，是规制外资并购最核心的规章制度。为保证 10 号令与《反垄断法》以及《关于经营者集中申报标准的规定》相一致，商务部于 2009 年 6 月 22 日对 10 号令进行了修正，删除了原 10 号令中关于反垄断审查的规定（第五章），而将因并购引起的经营者集中指向《反垄断法》和《关于经营者集中申报标准的规定》。此次修正亦对某些条款和文字进行了一定的修改。

此外，与外资并购问题关联的主要法规还包括：原外经贸部、国家工商局于 2000 年 7 月 25 日颁布的《外商投资企业境内投资的暂行规定》（2000 年 9 月 1 日实施，2006 年 5 月 26 日修订）；原外经贸部、国家工商局于 2001 年 11 月 22 日颁布的《外商投资企业合并与分立规定》（同日实施，2015 年 10 月 28 日修订）；商务部、证监会等部委于 2005 年 12 月 31 日颁布的《外国投资者对上市公司战略投资管理办法》（2006 年 1 月 31 日实施，2015 年 10 月 28 日修订）。

从更广的角度而言，众多外商直接投资方面的法律、法规和司法解释实质上对于外资并购亦有指导和规范作用，包括：《指导外商投资方向规定》（国务院令 346 号，自 2002

年 4 月 1 日起实施）；《外商投资产业指导目录》（2017 年修订，自 2017 年 7 月 28 日起实施）；《中西部地区外商投资优势产业目录》（2017 年 2 月 17 日修订，2017 年 3 月 20 日实施）；《鼓励外商投资高新技术产品目录》（2003 年 6 月 2 日实施）；三资企业法及其实施细则（即《中外合资经营企业法》《中外合资经营企业法实施条例》《中外合作经营企业法》《中外合作经营企业法实施细则》《外资企业法》《外资企业法实施细则》）；《关于设立外商投资股份有限公司若干问题的暂行规定》（1995 年 1 月 10 日实施，2015 年 10 月 28 日修订）；《关于外商投资举办投资性公司的规定》（2004 年 12 月 17 日起实施）以及补充规定（2006 年 7 月 1 日起实施）2015 年 10 月 28 日修订；最高人民法院《关于审理外商投资企业纠纷案件若干问题的规定（一）》（2010 年 8 月 5 日颁布，2010 年 8 月 16 日实施）；《关于涉及外商投资企业股权出资的暂行规定》（2012 年 9 月 21 日颁布，2012 年 10 月 22 日实施，2015 年 10 月 28 日修订）；等等。

就规范的对象而言，外国投资者（亦包括外商投资的投资性公司）购买境内非外商投资企业的股权、认购其增资或购买其资产的，适用 10 号令；外国投资者购买外商投资企业股权或认购其增资的，适用《外商投资企业投资者股权变更的若干规定》，没有规定的参照 10 号令办理；外商投资企业购买外商投资企业股权或认购其增资的，适用《外商投资企业境内投资的暂行规定》和《外商投资企业投资者股权变更的若干规定》，没有规定的参照 10 号令办理；外商投资企业购买非外商投资企业股权或认购其增资的，适用《外商投资企业境内投资的暂行规定》，没有规定的参照 10 号令办理；外国投资者并购境内有限责任公司并将其改制为股份有限公司的，或者境内公司为股份有限公司的，适用《关于设立外商投资股份有限公司若干问题的暂行规定》的相关规定，其中没有规定的，适用 10 号令。

必须指出的是，10 号令其实只规定了"购"的内容，并没有具体规定"并"的内容。若外商投资企业合并非外商投资企业的，通常会适用《关于外商投资企业合并与分立的规定》，没有规定的参照 10 号令办理。

2015 年 1 月 19 日，商务部就《中华人民共和国外国投资法（草案征求意见稿）》公开征求意见［下称"《外国投资法》（征求意见稿）"］并发布对《外国投资法》（征求意见稿）的说明。[1]《外国投资法》（征求意见稿）的出台标志着《中外合资经营企业法》《中外合作经营企业法》《外资企业法》（以下合称"外资三法"）引领的中外合资、中外合作、外商独资三足鼎立的外资监管体系即将成为历史，我国外资的监管模式将发生根本性的变化，其中最核心的内容就是对"外国投资者"的界定，采用实质重于形式的原则，采用"实际控制"标准，即根据企业的实际控制人属于境内还是境外作出判断：受外国控制的境内企业属于外国投资者；受中国投资者控制的外国投资者在中国境内的投资视为中国投资者的投资。若《外国投资法》生效，则将对未来外国投资者的认定以及目前市场上通行的 VIE 架构、红筹架构等运作模式的生命力产生深远影响。

---

[1]　http://tfs.mofcom.gov.cn/article/as/201501/20150100871010.shtml.

值得一提的是，2017 年 1 月 17 日，国务院发布了《关于扩大对外开放积极利用外资若干措施的通知》（国发〔2017〕5 号，下称"5 号文"），支持外资企业在中国进行融资（如在中国上市、新三板挂牌、发行企业债券等），结合笔者之前提到的《外国投资法》（征求意见稿），国家正在释放鼓励外资实质投入中国市场的信号。

2017 年 6 月 5 日，国家发改委、商务部联合发布《外商投资产业指导目录（2017 年修订）》，并将于 7 月 28 日起在全国范围内实施（下称"指导目录 2017 年版"）。这是自在自贸区适用负面清单制度后，首次在其他区域适用负面清单制度对外资准入进行管理。该目录进一步减少了外资限制性措施，具体扩大开放措施集中在服务业、制造业、采矿业等领域。

外资并购方面的法律、法规，亦请同时参考本书第四章第五节"外资并购"。

（二）关于安全审查的规定

《反垄断法》第 31 条规定，对于涉及国家安全的外资并购，国家有权对其进行双重审查，除适用"经营者集中"标准进行审查外，还适用"国家安全"的标准进行审查。而早在 10 号令时，有权主管部门已通过第 12 条的规定提出，外国投资者并购境内企业并取得实际控制权，涉及重点行业、存在影响或可能影响国家经济安全因素或者导致拥有驰名商标或中华老字号的境内企业实际控制权转移的，当事人应就此向商务部进行申报。

国务院于 2011 年 2 月 3 日发布了《关于建立外国投资者并购境内企业安全审查制度的通知》，规定自 2011 年 3 月 3 日起，对两大类外资并购进行安全审查：第一类是境内军工及军工配套企业，重点、敏感军事设施周边企业，及关系国防安全的其他单位；第二类是境内关系国家安全的重要农产品、重要能源和资源、重要基础设施、重要运输服务、关键技术、重大装备制造等企业，且实际控制权可能被外国投资者取得。根据前述通知，申请者应向商务部提交申请，由未来的外国投资者并购境内企业安全审查部际联席会议来具体承担安全审查工作，先进行一般性安全审查，没有通过的，联席会议将启动特别审查程序。对被认定对国家安全已经或可能造成重大影响的并购，政府部门将终止或采取措施消除影响。

商务部于 2011 年 8 月 25 日公布了《实施外国投资者并购境内企业安全审查制度的规定》，该规定自 2011 年 9 月 1 日起实施。根据前述规定，外国投资者并购境内企业，属于《关于建立外国投资者并购境内企业安全审查制度的通知》明确的并购安全审查范围的，外国投资者应向商务部提出并购安全审查申请。两个或者两个以上外国投资者共同并购的，可以共同或确定一个外国投资者作为申请人向商务部提出并购安全审查申请。该规定进一步明确，外国投资者并购境内企业，国务院有关部门、全国性行业协会、同业企业及上下游企业认为需要进行并购安全审查的，可向商务部提出进行并购安全审查的建议，并提交有关情况的说明，商务部可要求利益相关方提交有关说明。属于并购安全审查范围的，商务部应在 5 个工作日内将建议提交联席会议。联席会议认为确有必要进行并购安全审查的，商务部根据联席会议决定，要求外国投资者按本规定提交并购安全审查申请。对于外国投资者并购境内企业，应从交易的实质内容和实际影响来判断并购交易是否属于并购安全审查的范围；外国投资者不得以任何方式实质规避并购安全审查，包括但不限于代持、信托、多层次再投资、租赁、贷款、协议控制、境外交易等方式。外国投资者并购境内企业未被提交联席会议审查，或联席会议经审查认为不影响国家安全的，若此后发生调整并购交易、修改有关协议文件、改变经营活动以及其他变化（包括境外实际控制人的变化等），导致该并购交易属于《关于建立外国投资者并购境内企业安全审查制度的通知》明确的并购安全审查范围的，当事人应当停止有关交易和活动，由外国投资者向商务部提交并购安全审查申请。

三、国有资产管理的法律、法规

关于国有资产管理的法律、法规体系亦非常繁杂，涉及国有资产监督、管理、登记、评估和转让等多方面。

2009年5月1日起实施的《企业国有资产法》（主席令第5号）是国有资产管理方面的基本法律，适用于各类企业国有资产，明确了对企业国有资产履行出资人职责的机构及其权利、义务和责任，确立了选择国家出资企业管理者、决定关系出资人权益的重大事项等方面的基本规范，确立了国有资本经营预算制度等。

为便于理解以及运用，笔者将与国有资产管理相关的法律、法规划分为下述七类，就每一类所涉及的主要法律、法规整理如下：

（一）国有资产监督和管理

主要法律、法规包括：《企业国有资产监督管理暂行条例》（国务院令第588号，2003年5月27日实施，2011年1月8日修订）；《企业国有资本与财务管理暂行办法》（财企〔2001〕325号，2001年4月28日实施）；《中央企业境外国有资产监督管理暂行办法》（国务院国有资产监督管理委员会令第26号，2011年7月1日实施）；《中央企业境外国有产权管理暂行办法》（国务院国有资产监督管理委员会令第27号，2011年7月1日实施）。

2016年6月24日，国务院国资委和财政部联合发布了《企业国有资产交易监督管理办法》（下称"《32号令》"），将国有资产交易行为划分为企业产权转让、企业增资和企业资产转让，并从审批程序、操作程序及信息披露等方面对上述国有资产交易行为进行了详尽规定，同时，对国有及国有控股企业、国有实际控制企业进行了详尽说明。

（二）国有资产的登记

涉及法律、法规主要是：《企业国有资产产权登记管理办法》（国务院令第192号，1996年1月25日实施）；《企业国有资产产权登记管理办法实施细则》（财管字〔2000〕116号，2000年4月6日实施）；《国有资产产权登记档案管理暂行办法》（国资产发〔1997〕39号，1997年8月26日实施）；《国家出资企业产权登记管理暂行办法》（国有资产监督管理委员会令第 29 号，2012 年 6 月 1 日实施）。

（三）企业国有资产的评估

主要法律、法规包括：《国有资产评估管理办法》（国务院令第 91 号，1991 年 11 月 16 日实施）；《国有资产评估管理办法施行细则》（国资办发〔1992〕36 号，1992 年 7 月 18 日实施）；《关于改革国有资产评估行政管理方式加强资产评估监督管理工作的意见》（国办发〔2001〕102 号，2001 年 12 月 31 日实施）；《国有资产评估管理若干问题的规定》（财政部令第 14 号，2002 年 1 月 1 日实施）；《企业国有资产评估管理暂行办法》（国务院国资委令第 12 号，2005 年 9 月 1 日实施）；《企业国有资产评估项目备案工作指引》（国资发产权〔2013〕64 号，2013 年 5 月 10 号实施）。

（四）企业国有产权的无偿划转

主要法律、法规包括：《全民所有制工业企业转换经营机制条例》（国务院令第 103 号，1992 年 7 月 23 日实施，已于 2011 年 1 月 8 日修改）；《关于企业国有资产办理无偿划转手续的规定》（财管字〔1999〕301 号，1999 年 9 月 27 日实施）；《企业国有产权无偿划转管理暂行办法》（国资发产权〔2005〕239 号，2005 年 8 月 29 日实施）；《企业国有产权无偿划转工作指引》（国资发产权〔2009〕25 号，2009 年 2 月 16 日实施）。

（五）企业国有产权的转让

主要包括：《企业国有产权转让管理暂行办法》（财政部、国务院国资委令第 3 号，2004 年 2 月 1 日起施行）；《关于企业国有产权转让有关事项的通知》（国资发产权〔2006〕306 号，2006 年 12 月 31 日实施）；《金融企业国有资产转让管理办法》（财政部令第 54 号，2009 年 5 月 1 日实施）；《企业国有产权交易操作规则》（国资发产权〔2009〕120 号，2009 年 7 月 1 日实施）；《关于中央企业国有产权协议转让有关事项的通知》（国资发产权〔2010〕11 号）；《关于加强中央文化企业国有产权转让管理的通知》（财文资〔2013〕5 号，2013 年 5 月 7 日实施）；《企业国有资产交易监督管理办法》（国务院国有资产监督管理委员会、财政部令第 32 号，2016 年 6 月 24 日实施）。

（六）国有企业的改制

主要包括：《关于规范国有企业改制工作的意见》（国办发〔2003〕96 号，2003 年 11 月 30 日实施）；《关于进一步规范国有企业改制工作的实施意见》（国办发〔2005〕60 号，2005 年 12 月 19 日实施）；《关于推进国有资本调整和国有企业重组指导意见的通知》（国办发〔2006〕97 号，2006 年 12 月 5 日实施）；《国有企业富余职工安置规定》（国务院令 111 号，1993 年 4 月 20 日实施）；《国有企业清产核资办法》（国务院国资委令第 1 号，2003 年 9 月 9 日实施）；《最高人民法院关于审理与企业改制相关的民事纠纷案件若干问题的规定》（法释〔2003〕1 号，2003 年 2 月 1 日实施）；《国务院关于国有企业发展混合所有制经济的意见》（国发〔2015〕54 号，2015 年 9 月 23 日实施）。

（七）国有资产产权界定及产权争议处理

主要包括：《企业国有资产所有权界定的暂行规定》（国资综〔1991〕23 号，1991 年 3 月 26 日实施）；《国有资产产权界定和产权纠纷处理暂行办法》（国资法规发〔1993〕68 号，1993 年 11 月 21 日实施）；《集体企业国有资产产权界定暂行办法》（国家国有资产管理局令〔第 2 号〕，1994 年 12 月 25 日实施）；《企业国有资产交易监督管理办法》（国务院国有资产监督管理委员会、财政部令第 32 号，2016 年 6 月 24 日实施）。

本书第四章第四节"国有企业并购"对于国有资产相关的法律、法规有更进一步的详细阐述，请同时参考适用。

四、上市公司并购/重组的法律、法规

关于上市公司并购和重组的法律、法规，首先要提及的必然是《证券法》（2006 年 1 月 1 日实施，2014 年 8 月 31 日修订）。在 2005 年修订以后，《证券法》对上市公司的并购活动进行了规范和促进。主要表现为：第一，投资者可以选择采取要约收购、协议收购或其他合法收购方式收购上市公司；第二，对强制要约义务人的范围进行扩大，将一致行动人作为要约义务收购人，同时，"被收购公司股东承诺出售的股份数额超过预定收购的股份数额的，收购人按比例进行收购"（第 88 条）；第三，规定了协议收购触发要约收购的义务及其豁免，进一步完善了整个上市公司收购体系；第四，授权证券监督管理部门根据《证券法》的原则制定上市公司收购的具体办法。

以《证券法》为基础，中国证券监督管理委员会在 2006 年 7 月 31 日颁布了新的《上市公司收购管理办法》（中国证券监督管理委员会令第 35 号，2006 年 9 月 1 日实施，2014 年 10 月 23 日修订）。

为落实《上市公司收购管理办法》的有关规定，中国证券监督管理委员会于 2006 年 8 月 4 日发布了新修订的《公开发行证券的公司信息披露内容与格式准则第 15 号—权益变动报告书》（2014 年 5 月 28 日修订）、《公开发行证券的公司信息披露内容与格式准则第 16 号—上市公司收购报告书》（2014 年 5 月 28 日修订）、《公开发行证券的公司信息披露内容与格式准则第 17 号—要约收购报告书》（2014 年 12 月 24 日修订）、《公开发行证券的公司信息披露内容与格式准则第 18 号—被收购公司董事会报告书》和《公开发行证券的公司信息披露内容与格式准则第 19 号—豁免要约收购申请文件》，自 2006 年 9 月 1 日起施行。

中国证券监督管理委员会在 2008 年 4 月 16 日颁布了《上市公司重大资产重组管理办法》（中国证券监督管理委员会令第 53 号，2008 年 5 月 18 日实施，2016 年 9 月 8 日根据《关于修改〈上市公司重大资产重组管理办法〉的决定》修订并重新颁布）。为配合《上市公司重大资产重组管理办法》的实施，进一步规范上市公司重大资产重组行为，促进上市

公司做好决策环节的工作，提高信息披露的准确性和完整性，中国证券监督管理委员会于 2008 年 4 月 16 日颁布了《关于规范上市公司重大资产重组若干问题的规定》（中国证券监督管理委员会公告〔2008〕14 号，2008 年 4 月 16 日实施，根据 2016 年 9 月 9 日中国证券监督管理委员会《关于修改〈关于规范上市公司重大资产重组若干问题的规定〉的决定》修订）及《公开发行证券的公司信息披露内容与格式准则第 26 号—上市公司重大资产重组申请文件》（中国证券监督管理委员会公告〔2008〕13 号，2008 年 5 月 18 日实施，已失效）。

就上述两个办法，中国证券监督管理委员会在 2009 年 5 月 19 日颁布了《〈上市公司收购管理办法〉第 62 条及〈上市公司重大资产重组管理办法〉第 43 条有关限制股份转让的适用意见—证券期货法律适用意见第 4 号》（中国证券监督管理委员会公告〔2009〕11 号，同日实施）。2011 年 1 月 7 日其又颁布了一系列的法律适用意见，对上述两个办法中的若干条款的适用进行了具体阐释和说明。这些适用意见包括中国证券监督管理委员会公告〔2011〕1 号—《〈上市公司收购管理办法〉第 62 条有关上市公司严重财务困难的适用意见》（证券期货法律适用意见第 7 号）、中国证券监督管理委员会公告〔2011〕2 号—《〈上市公司收购管理办法〉第 62 条、第 63 条有关要约豁免申请的条款发生竞合时的适用意见》（证券期货法律适用意见第 8 号）、中国证券监督管理委员会公告〔2011〕3 号—《〈上市公司收购管理办法〉第 74 条有关通过集中竞价交易方式增持上市公司股份的收购完成时点认定的适用意见》（证券期货法律适用意见第 9 号）、中国证券监督管理委员会公告〔2011〕4 号—《〈上市公司重大资产重组管理办法〉第 3 条有关拟购买资产存在资金占用问题的适用意见》（证券期货法律适用意见第 10 号）、中国证券监督管理委员会公告〔2011〕5 号—《〈上市公司重大资产重组管理办法〉第 12 条上市公司在 12 个月内连续购买、出售同一或者相关资产的有关比例计算的适用意见》（证券期货法律适用意见第 11 号）。2016 年 9 月 8 日又颁布了中国证券监督管理委员会公告〔2016〕18 号—《〈上市公司重大资产重组管理办法〉第 14 条、第 44 条的适用意见》（证券期货法律适用意见第 12 号）。

在上市公司收购和重组中经常适用的规章制度还包括：《上市公司并购重组财务顾问业务管理办法》（中国证券监督管理委员会令第 54 号，2008 年 8 月 4 日实施）；《关于规范国有股东与上市公司进行资产重组有关事项的通知》（国资发产权〔2009〕124 号，2009 年 6 月 24 日实施）；中国证券监督管理委员会公告〔2008〕44 号—《关于破产重整上市公司重大资产重组股份发行定价的补充规定》（2008 年 11 月 12 日实施，已失效）；《关于发布新修订的公开发行证券的公司信息披露内容与格式准则第 15 号至第 19 号的通知》（2006 年 9 月 1 日实施，部分失效）。

本书第四章第一节"上市公司并购"将对上述法律、法规和规章制度进行进一步的解释和说明。

五、境外投资并购的法律、法规

我国目前境外投资的法律规范主要散见于国务院各部委颁布的若干部门规章及少数行政法规。从 1981 年原对外经济贸易部发布的《关于在国外开设合营企业的暂行规定》到 2014 年商务部发布的《境外投资管理办法》，以及我国与许多国家和地区签订的双边投资协定、贸易协定等，法律规范十几个，绝大部分是规章，其中涉及的管理部门包括国家发展和改革委员会、商务部、外交部、税务总局、国家外汇管理局、国有资产监督管理委员会等众多部门。

以下为境外投资中经常适用的法律、法规总结：

1. 国家发展和改革委员会 2004 年 10 月 9 日公布并实施的《境外投资项目核准暂行管理办法》（国家发展和改革委员会令第 21 号，已失效）。

2. 国家发展和改革委员会《关于完善境外投资项目管理有关问题的通知》（发改外资〔2009〕1479 号，2009 年 6 月 8 日实施，已失效）。

3. 《关于境外投资项目备案证明的通知》（发改办外资〔2007〕1239 号，2007 年 5 月 30 日实施，已失效）。

4. 《关于做好境外投资项目下放核准权限工作的通知》（发改外资〔2011〕235 号，2011 年 2 月 14 日实施，已失效）。

5. 《关于印发〈企业境外并购事项前期报告制度〉的通知》（商合发〔2005〕第 131 号，2005 年 5 月 1 日实施）。

6. 《境外投资管理办法》（商务部令 2009 年第 5 号，2009 年 5 月 1 日实施，2014 年 9 月 6 日修订）。

7. 《对外投资国别产业导向目录》（一、二、三）（分别于 2004 年 7 月 8 日、2005 年 10 月以及 2007 年 1 月 31 日实施）。

8. 《境外国有资产产权登记管理暂行办法》（国资境外发〔1992〕29 号，1992 年 6 月 25 日实施）。

9. 《境外国有资产产权登记管理暂行办法实施细则》（国资企发〔1996〕114 号，1996 年 9 月 11 日实施）。

10. 《关于加强中央企业境外投资管理有关事项的通知》（国资发规划〔2008〕225 号，2008 年 12 月 31 日实施，已失效）。

11. 《境内机构境外直接投资外汇管理规定》（汇发〔2009〕30 号，2009 年 8 月 1 日实施）〔根据 2012 年 6 月 11 日发布的《国家外汇管理局关于鼓励和引导民间投资健康发展有关外汇管理问题的通知》（实施时间：2012 年 7 月 1 日），此文件中相关规定与该通知不一致的，以该通知为准〕。

12. 《关于做好境外投资项目外汇登记工作有关问题的通知》（汇资函〔2011〕9 号，2011 年 4 月 7 日实施，已失效）。

13.《境外投资财务管理暂行办法》(1996 年 7 月 1 日实施，其中第四条第三款已失效)。

14.《境外投资项目核准和备案管理办法》(国家发展和改革委员会令第 9 号)(2014 年 5 月 8 日实施，其中第 7 条第 1 款已被修改)。

15.《国家发展改革委关于实施〈境外投资项目核准和备案管理办法〉有关事项的通知》(发改外资〔2014〕947 号)。

16. 2016 年 7 月 11 日，国家发展改革委发布修订《境外投资项目核准和备案管理办法》的决定公开征求意见的通知 (截至 2017 年 7 月，尚未发布实施修订版)。

关于境外投资法律、法规更为详尽的阐述和分析，请见本书第四章第二节"中国企业境外并购"。

六、反垄断法律、法规

我国于 2008 年 8 月 1 日起施行《反垄断法》。该法以禁止垄断协议、禁止滥用市场支配地位和控制经营者集中这三项制度为基础，建立了我国反垄断的基本法律框架。根据《反垄断法》第四章"经营者集中"的具体规定，控制具有或可能具有排除、限制竞争的经营者集中成为了反垄断法的目标之一。根据《反垄断法》的相关规定，并购达到国务院规定的申报标准，应当在实施并购前向国务院反垄断执法机构进行申报集中，未予申报的不得实施并购。并购申报后，国务院反垄断执法机构将进行审查，经营者集中具有或者可能具有排除、限制竞争效果的，国务院反垄断执法机构应当作出禁止经营者集中的决定。但是，经营者能够证明该集中对竞争产生的有利影响明显大于不利影响，或者符合社会公共利益的，国务院反垄断执法机构可以作出对经营者集中不予禁止的决定。

国务院于 2008 年 8 月 3 日颁布并实施的《经营者集中申报标准的规定》，对于《反垄断法》中经营者集中申报的标准进行了进一步的阐释，同时亦规定，经营者集中未达到规定的申报标准，但按照规定程序收集的事实和证据表明该经营者集中具有或者可能具有排除、限制竞争效果的，国务院商务主管部门应当依法进行调查。

就金融业的集中问题，商务部、中国人民银行、中国保险监督管理委员会、中国证券监督管理委员会和中国银行业监督管理委员会于 2009 年 7 月 15 日共同制定了《金融业经营者集中申报营业额计算办法》，该办法于公布之日起 30 日后施行。这一办法是在国务院颁布的《经营者集中申报标准的规定》的基础上，对于金融业经营者集中申报标准进行了明确的规定。

有关"相关市场"概念的认定模糊，导致在判定经营者市场份额和市场集中度、认定经营者的市场地位和判断经营者是否违法等方面存在争议。反垄断委员会于 2009 年 5 月 24 日发布了《关于相关市场界定的指南》，分别从相关商品市场和相关地域市场两方面阐明了界定相关市场时需考量的因素，使"相关市场"这一概念成为具体明确且具可操作性的判断标准。

作为《反垄断法》的执法机构，商务部反垄断局为进一步增强《反垄断法》的可操作性，于2009年1月5日颁布了一系列有关经营者集中问题的文件，包括《经营者集中反垄断审查办事指南》《商务部经营者集中反垄断审查流程图》《关于经营者集中申报的指导意见》及《关于经营者集中申报文件资料的指导意见》。这四个文件对于经营者集中提供了进一步的指引。

2009年11月21日和2009年11月24日，商务部分别制定并公布了《经营者集中申报办法》和《经营者集中审查办法》。这两个办法具体规定了经营者集中申报、执法机构受理和反垄断审查程序等方面的内容，对于规范经营者集中反垄断申报和审查具有重要意义，均自2010年1月1日起实施。《经营者集中申报办法》主要明确了作为判断一起经营者集中是否需要申报的基本依据的营业额的计算范围和定义，规定了申报义务人及其未依法申报的法律责任，区分了申报必备资料和自愿提交资料的区别，并强调了申报人提交的公开版本中的资料信息的要求。此外，就申报前的商谈、对申报文件资料的审查以及自愿申报等该办法亦作出了详细的规定。《经营者集中审查办法》的内容则主要是有关申报的撤回、申辩权、征求意见和听证会、反对意见和限制性条件，进一步审查决定及其监督实施等。

为规范经营者集中附加资产或业务剥离限制性条件决定的实施，根据《经营者集中审查办法》，商务部制定了《关于实施经营者集中资产或业务剥离的暂行规定》，该规定自2010年7月5日起施行［根据2014年12月4日商务部发布的《关于经营者集中附加限制性条件的规定（试行）》（实施时间：2015年1月5日），此文件被宣布废止］。此外，为规范经营者集中反垄断审查的竞争影响评估，指导经营者做好经营者集中申报工作，商务部进一步制定了《关于评估经营者集中竞争影响的暂行规定》，自2011年9月5日起施行。为规范达到申报标准但未依法申报经营者集中的调查处理，商务部于2011年12月30日通过了《未依法申报经营者集中调查处理暂行办法》，自2012年2月1日起施行。

并购项目一般流程

▌第一节　买方交易筹划和准备_____

　　如本书第一章所界定的，并购是指两个或以上的相对独立的企业、公司合并组成另一家公司，即通常是一家占优势的公司吸收一家或多家公司。虽然并购可能引发企业自身重组，但其本质上是一家企业和其他企业之间的互动，所以我们通常将一个并购项目称为一宗"交易"。在并购项目中一般有一个主导企业，而从当前并购市场来看，这个主导企业通常是收购方，即买方。当然，在两个或以上企业合并或目标公司主动出售其股权或资产时，并购主导方可能变为交易双方甚至出售方。关于交易筹划和准备，本节将主要从收购方（买方）的角度进行阐述。

　　作为企业的一种投资活动，并购是企业运营资本并实现其长期战略目标的重要方式，需要投入大量的资金，并承担很大的风险。在并购前，企业必须明确并购动机和并购目标，对并购前后的企业价值进行全面考虑，全面、准确地预测并购以后内部和外部环境变化对并购后企业的影响程度。因此，企业在并购前需要实施一系列的并购决策活动，而这一系列的并购决策活动，又源于企业的并购动因，并受制于对投资环境、并购市场、目标公司、并购能力和并购风险等一系列因素的考察和权衡。

一、并购动因

　　并购动因是并购研究成果最集中的领域之一。20 世纪 90 年代开始，西方学者对并购动因进行了广泛而深入的研究，并提出了多种并购动因，其中包括追求协同效应、市场控制、垄断利润、合理避税、分散风险、政府干预、管理层利益驱动、投机、获取优质资产等。例如，Berkovitch 等将并购的动因归结于协同效应、代理问题、管理者自负，并分析了以上动因对并购主体收益的影响；K. D. Brouthers 等认为，并购动因可以分为经济动因、个人动因和战略动因三类；而其他诸多学者也以理论和实证分析对各个并购动因做了诠释。以下简要介绍几个在公开披露的并购动因中被经常提及的动因。

（一）追求协同效应

　　协同效应是两个公司并购后，其实际价值得以增加，即通常所说的"1＋1＞2"的效应。协同效应分为经营协同、管理协同和财务协同。

　　经营协同源于"规模经济"理论。"规模经济"是新古典经济学理论，即合理扩大生产规模引起经济效益增加的现象。具体来说，扩大生产经营规模有利于使用大型现代化设备，实现专业化分工和协作，从而提高劳动生产率，降低成本。[①] 但规模经济的理论不是

---

① 张夕勇. 并购与管理整合——正在改变着中国与世界. 北京：中国财政经济出版社，2004：57.

规模越大越好，而是相对于一定市场规模而言，若两个公司在并购后形成其所在市场的规模投入和规模产出，即可受益于规模经济。

管理协同源于效率差异化理论。效率差异理论认为，企业并购的动因在于优势企业和劣势企业之间在管理效率上存在差别。[①] 通过并购，管理效率低下的被收购企业的管理水平将被提升至较高管理效率的收购企业的水平。若被收购的目标公司的低绩效水平是由管理效率水平低造成的，那么通过并购，目标公司的绩效应得到相应提高，从而给收购企业带来经营业绩。

财务协同是指并购后企业财务方面带来的各种效益。这些效益的取得不是源于生产效率的提高，而是由于资本效率、税法、会计处理惯例及证券交易内在规律等作用产生的一种纯金钱上的效益。[②]

（二）提高经营效率

企业的经营活动涉及大量与外部的商业活动，这里所述的商业活动包括企业日常经营管理的各项活动，也包括企业为某项交易所从事的调查、谈判和签约活动。通过并购，企业的许多外部商业活动或交易活动可以转化为内部组织活动，从而降低商业行为成本，减少商业行为风险。具体来说，在并购之前，企业内的各个组织部门归属各一、管理分散，各部门的职能通过企业之间的商业活动完成，并通过合约进行制约；而并购后，外部的商业和交易行为转化为企业内部活动，各职能重叠的部门可以整合并共享资源，外部商务和交易支付的高额成本转化为企业内部协调成本，从而节约经营成本，提高经营效率，达到提高经营业绩的效果。

（三）获取优质资源

对企业而言，资源意味着资产、人员和资本等物质要素。资源是企业赖以生存和发展的重要因素，保有优质资源并充分利用和提高资源的利用率是企业成功的必要战略。在市场上，成功的企业往往拥有优质资源，例如土地使用权、销售渠道、专利技术、特别的经营许可（例如采矿权和互联网经营许可），甚至新产品生产线等等。但是，优质资源的取得并非一日之功，也非必然能在现有市场取得，因此，通过并购，收购企业可以在短期内通过被收购企业获得其所需的优质资源，甚至市场上的稀缺资源，从而增强企业的竞争力和收益率。

应当承认的是，市场占有率的提高和利润的增加之间存在着必然的联系。毫无疑问，并购同行业现有企业是扩大市场占有率的一条捷径。从全球并购发展史来看，采取并购形式扩大市场份额可以产生两种效应：一方面，通过并购扩大企业经营规模，增强竞争力，发挥竞争者优势，以巩固或扩大市场地位并谋求利润；另一方面，通过并购消除竞争者，

---

① 张秋生.并购学：一个基本理论框架.北京：中国经济出版社，2010：22.
② 张秋生.并购学：一个基本理论框架.北京：中国经济出版社，2010：23.

制造垄断形势，从而限制竞争并谋求利润。以追逐垄断权力为目的的并购妨碍了市场竞争机制，应当受到禁止或限制，因此，各国制约经营者集中的规制也陆续登上历史舞台。关于与并购相关的反垄断审查，详见本书第五章第二节的专门介绍。

（四）实现多元化经营

通过并购处于其他行业的企业，可以实现多元化经营，增加回报并降低运营风险。虽然多元化经营可以通过企业的自身发展而实现，但并购的方式可以短期内达到多元化经营的目的。通过多元化经营，企业可以在其涉猎的多个行业的直接投资产生的经济效益中获益，同时可以实现多元投资组合的综合效益。当企业在某个行业处于行业周期的波谷，企业在该行业的投资企业回报低迷时，还可以通过其在其他处于波峰或上升期的行业投资的企业之回报得到补偿。虽然企业可以通过投资证券资产组合来获得投资组合的效果，但是多元化直接投资给企业带来的未来发展空间却无法得到实现。

（五）获取投资收益率

除了以上四种经常提及的传统意义上的并购动因外，在"财务投资人"进行的并购中，并购的动因可能仅仅为追求投资收益率。财务投资人作为一类特别的投资者，区别于传统意义上的"战略投资者"或"产业投资者"，是当今世界资本运作的产物。财务投资人非以参与目标公司经营为目的，而是向目标公司投入资本，并通过运作目标公司上市、转售股权或整体出售目标公司的方式，以退出目标公司，实现资本获利。目前市场上财务投资人主要包括境内外私募基金（Private Equity Fund）、风险投资基金（Venture Capital Fund）、信托投资等。财务投资人本身的特性决定了财务投资人的投资动因和其他投资人的本质区别。

二、并购决策

（一）投资宏观环境考察

并购的绩效取决于宏观环境和微观因素与并购的战略目标的契合程度。宏观环境，包括经济、社会、文化、科技、政治、法律等诸多因素，是超出公司控制之外的因素，其可能给并购过程带来很多不确定性。微观因素，包括人员、产品、供应链和销售渠道等，多在公司可控制范围内。宏观环境在跨国并购过程中的影响尤甚。

在作出并购决策之前，收购方应对目标公司所在区域和行业进行宏观考察，这种考察可以包括政策和法律环境、经济环境、社会环境、科技和文化环境等各方面，本书在此仅简要介绍政策和法律环境对投资决策的影响。

当某一国家在某些行业对外资开放时，一般允许外国投资者以并购或新设的方式进行投资，当然，对外商投资开放的行业还有可能存在对外国投资者的投资限制，例如，限制外国投资者在所投资企业中的股权比例。大部分国家对以并购方式或新设方式进行的外资投资并没有太多投资政策差别。不同国家对跨国并购管制的政策并不相同：第一种情况是采取跨国并购批准制度，采用这种制度的国家很多，包括我国；第二种情况是出于特殊目的要求对跨国并购采取审查措施，例如美国和我国施行的国家安全审查制度；第三种情况是在私人企业中保留一定比例的国家股，用以阻止私人企业所有权和控制权发生不合意的变化，例如赞比亚。

我国对外商投资的政策和产业限制主要体现在商务部颁布并定期修订的《外商投资产业指导目录》（或称"外商投资准入特别管理措施"），其对外商投资范围进行指引，并针对外资的进入，对投资行业做了鼓励类、限制类和禁止类的划分。另外，外资并购还应符合中国法律、行政法规和部门规章对投资者资格的要求，以及符合土地、环保等政策。因此，在我国进行外资并购时，首先需要确认被投资和并购的目标公司是否存在外商投资产业政策限制。如果目标公司从事的业务受制于外商投资准入特别管理措施，则有可能需要进行相应的并购前重组，如目标公司所投资企业（如子公司）的经营范围不符合有关外商投资产业政策要求的，则要进行调整。如果这些重组和调整都无法实现，则只有选择更适宜的公司作为并购目标。

（二）并购市场分析

对于收购方而言，并购成功的一项关键因素是尽最大可能保证收购的是有价值的企业，因此并购市场分析对并购决策非常重要。并购市场分析主要关注被收购企业所在行业的竞争环境及行业发展趋势两个方面。

分析目标公司的行业竞争环境，应首先研究该行业所有关键公司。在明确该行业内的所有关键公司后，应掌握该等关键公司的经营规模、市场份额、盈利能力、增长速度和股票的市场表现（如涉及上市公司）。在充分掌握前述数据的基础上，若已有意向中的一个或几个目标公司，并做对比分析，即可较准确定位该等目标公司所面临的行业内竞争环境。

对行业发展趋势的定位，需要考虑该行业市场的吸引力以及该市场的集中程度。特定市场的吸引力取决于其市场规模、年增长率和历史毛利率等因素；而市场的集中程度则需要考虑其产业集中、产业集聚和地域扩张等方面。产业集中来自同行业内公司数目的减少；处于不同细分行业的公司开始提供相似的服务并成为竞争对手即产生产业集聚；而同行业的产业全国化、全球化和一体化即造成地域扩张。电信和互联网行业在近十年的发展是个产业集聚的很好例证，随着技术的不断发展，从最初的固定电话业务，到如今集有线通信、无线通信、电视、媒体、娱乐、互联网甚至人工智能各个行业的交叉和融合，造成了新的行业竞争局面。

（三）确定目标公司

并购活动一开始就应站在收购公司长远发展的战略高度进行。只有那些满足收购公司特定需要的目标公司才是可行的目标，也就是说，应根据并购的不同目的来确定目标公司，且重点应选择符合国家产业政策导向、成长性较好、发展前景广阔、并购成本较小、投资回报率高的企业；与此同时，应关注目标公司的财务状况，充分调查其现有运营中存在的任何风险，并评估并购后的整合成本。

1. 对目标公司充分调查

企业作为一个多种生产要素、多种关系交织构成的综合系统，极具复杂性，收购方很难在相对短的时间内对其各个方面进行全面了解并识别其存在的问题和风险。一些并购活动因为事先对被并购对象的合规状况、盈利状况、资产质量、或有事项等缺乏深入了解，没有发现隐瞒着的债务、诉讼纠纷、业务和资产潜在问题等情况，且没有在交易文件中设定相应的反制措施，而在实施后陷入困局，难以自拔。在并购实施前对目标公司的尽职调查应至少包括财务、税务、法律和公司运营等方面。另外，根据目标公司的性质，还应考虑其他方面的调查。例如对于生产过程可能造成污染的企业，进行必要的环保调查；对于科技含量较高的企业，进行必要的专利和专有技术调查；等等。若目标公司为国有企业，还应充分考虑国有企业管理的合规性，以及并购国有企业目标所需的必要监管程序和审批流程。

目标公司的财务和税务尽职调查一般由收购方聘请的外部财务顾问、税务顾问和收购方财务人员共同进行。财务尽职调查主要是对目标公司的财务系统、资产负债状况、收入确定、管理费用支出、现金进流、成本核算、或有负债、关联交易、长期投资、盈亏状况、盈利能力及预测等方面进行分析。税务尽职调查主要是对目标公司的计税和缴税情况，以及其享受的税收优惠的合法性等进行调查并发现任何已发生或潜在的税务风险。尽量减少信息不对称是财务和税务尽职调查中的关键，只有通过详细的调查分析，才能发现许多公开信息之外的对企业经营有着重大潜在影响的信息。此外，调查可适当采取与同行业、同技术水平与规模的企业的数据进行对比的方法，最大限度地发现问题，识别风险。

对目标公司的法律尽职调查，一般由收购方聘请的外部律师和收购方公司法务人员共同进行。通过法律尽职调查，收购方应明确几个重要问题：（1）目标公司设立、存续、业务和经验等方面的合规是否存在法律问题，以及该等问题对并购以及并购后收购方和目标公司的影响；（2）收购方在并购完成后能否合法拥有所收购的股权或资产的完整的所有权，该所有权是否存在一定瑕疵；（3）目标股权或资产涉及的法律问题的风险判断及解决方案。关于并购中法律尽职调查的详尽介绍，请参见本书第三章第三节"尽职调查"。

对目标公司运营方面的尽职调查包括公司管理、人力资源、产品、生产、技术、采购、销售、市场、研发等公司运作的各方面。若为同行业或相关行业并购，收购方一般安排公司内部各职能部门的人员开展尽职调查。若为其他行业并购或收购方为财务投资人，收购方可能聘请专业的咨询公司开展该等尽职调查。对目标公司运营方面的尽职调查以了解签署目标公司经营方面各要素涉及的问题和风险为调查的主线。

除了以上对目标公司本身的调查外，在可能的范围内，应尝试在并购实施前适当了解目标公司的区域小环境，例如目标公司的地理位置、交通状况、地方政策支持、人力资源来源、与当地政府机关和社区及其他社会团体关系等。这些因素虽非确定目标公司的关键环节，但可能在一定程度上会影响收购方对目标公司的价值评估。

2. 确定目标公司价值

合理的并购价格以对目标公司价值的科学评估为前提，是并购成功的基础。确定目标公司的真实价值，既有利于并购的顺利进行，避免并购企业支付不必要的成本，又有利于全面、正确认知目标公司的资产效用，使并购后被收购资产的效用得到最大的利用和发挥。收购方可以考虑聘请专业投资银行参与对目标公司的估值。根据对目标公司全面尽职调查的结果，在识别目标公司有形资产和无形资产、技术资源和人力资源、现在价值和未来潜在价值的基础上，采用合理的资产评估方法，应该可以估计出目标公司或被收购资产的相对真实价值。

目前常用的评估方法有以资产为基础的评估方法（例如按净资产值）、以市场为基础的评估方法（如市场占有率、销售收入、点击率等），以及以收益为基础的评估方法（例如：现金流折现、市盈率的倍数等）。当然，每一评估方法所依赖的会计信息和基础数据不同，各种评估方法均带有或多或少的人为主观因素的判断。因此，收购方应结合所掌握的会计信息和基础数据选择合理的价值评估方法，使目标公司价值评估接近实际。在目前全球金融形势不容乐观的背景之下，收购方尤其应该注意对目标公司的正确估值，以提高并购交易的成功率。

（四）并购能力权衡和风险分析

企业并购活动是十分复杂的微观经济行为，其过程受到诸多不确定因素的共同影响，因而，并购风险会在不同阶段、从不同角度、以不同方式表现出来，对企业的并购绩效及发展战略产生直接影响。因此，在并购实施前，收购方对自身并购能力的权衡及拟议交易的风险评估对并购的成功至关重要。

1. 收购方战略规划和风险

企业并购的目的是通过并购获得被并购方管理新思想、新产品、新技术等，或者把企业自己的管理新思想、新产品、新技术注入被并购企业，实现规模经济和与被并购企业之间的优势互补。因此，企业在并购前必须全面考虑企业未来的战略规划和市场定位，以明确并购为一正确战略规划并符合企业的中长期发展。

由于并购战略的不当可能引起的战略方面的风险，主要是对并购的战略规划不恰当而导致的风险。不少并购方实施并购旨在"做大"，殊不知，并购后企业规模过大、组织结构错综复杂、管理沟通困难、责权利不分明、对外部市场环境的变化反应迟钝等，其结果是，不仅没有使企业因为并购而产生预期的规模效益，还可能为企业发展添置诸多障碍。这些都是战略规划不当的后果。在收购方借助并购进入某一新行业的案例中，由于对新行业的技术、设备、管理、市场和销售等方面认知和准备不足，大多数收购企业最后只能无功而返，甚至大败而归。事实上，企业并购战略的制订与选择与企业整个的经营发展战略密切相关，拟实施并购的企业必须予以足够的重视。

2. 收购方经营能力和风险

在并购前，企业应对自身的经营能力有足够的评估，从管理能力、营销能力和技术开发能力等方面考虑，是否对目标公司有盈余的经营能力，是否能够使并购后的企业产生预期的经营协同效应、财务协同效应、管理协同效应和市场份额效应，从而达到并购目的。具体来说，收购方应具备盈余的管理能力，以投入对目标公司的管理整合中，若被并购企业的管理能力欠佳，在并购后对被并购企业管理层的管理和培训甚至更换都需要收购方具有一定的管理盈余能力；营销和技术开发能力的盈余是为了在并购完成后目标公司的营销和技术开发能够保证并购前水平并得到拓展。

经营风险是指企业并购后因企业规模、管理跨度增大而产生规模不经济，无法使并购后企业产生预期的协同效应，难以实现优势互补和经济效益。经营风险的产生主要是由于并购总体方案策划有疏漏或者预测有误所致，也可能是并购后市场发生较大变化，如新竞争者出现、消费者需求改变等，导致并购后企业无法按原方案进行经营和管理而产生的风险。

3. 收购方融资能力和风险

企业并购往往需要大量的资金，如何才能在规定的期限内筹集到足够的资金成为企业并购成败的关键和企业并购流程中的重要环节。因此，在并购实施前，收购方即应考虑其并购融资能力，做好资金筹集的准备。收购方的融资渠道可分为企业内部渠道或外部融资渠道。企业内部融资是从企业内部开辟资金来源，利用生产经营活动之外的盈余资金。内部融资的保密性好，但除非企业有足够的资金盈余，否则由于并购需求的资金量较大，从对企业日常经营的影响角度来看，不一定是最好的选择。外部融资渠道包括贷款、增资扩股、引进新的投资者、发行债券或可转债等。外部融资弹性大、资金量大且对企业日常经营不造成影响，成为许多并购方倾向选择的方式，但外部融资成本高、保密性差，因而风险也相对较高。

鉴于资金需求对并购的重要性，融资时间安排和融资结构都存在一定风险。资金能够到位的时间点在整个并购程序中处于非常重要的地位，如果融资超前会造成利息损失，融资滞后则直接影响整个并购的时间表，甚至导致承担违约责任甚至并购失败。资金到位的时间还应和资金使用时间点相协调。通常情况下，并购资金的使用在并购项目中将先支付并购费用（包括中介费等），然后是支付卖方的对价，最后是增量投入资金（包括生产经营的启动资金和下岗职工的补偿费用等）。若融资结构安排不当，收购方将面临融资结构风险。以债务资本为主的融资结构（如杠杆收购）中，若并购未达到预期效果，将可能产生利息风险和按期还本风险；以股权资本为主的并购结构中，若并购未达到预期效果，则可能使股东利益受损，从而为敌意收购者提供了机会。[①]

---

① 张夕勇. 并购与管理整合——正在改变着中国与世界. 北京: 中国财政经济出版社, 2004: 197-198.

关于并购中融资安排的详尽描述，请参见本书第七章。

4. 并购后整合能力和风险

任何一个兼并或收购的最终成功依赖于并购前的决策过程，这个决策过程应使并购后的整合思路，即并购后公司运营的方案和计划具体化。对最终并购的企业有一个清楚的认识，即使不是收购前制订计划的最重要的方面，也会是一个必要因素。并购后企业的整合是一个复杂的系统工程，其包括被并购企业管理、文化、资源、产品、研发、市场、财务和会计等各个方面。并购后企业的整合，已经引起越来越多跨国公司的重视，并购后的整合能力，也逐渐成为并购，尤其是跨国并购决策过程中需要考虑的一个必不可少的因素。

整合风险主要包括两个方面，首先，若并购后在经营、生产、技术等方面不能按照并购规划整合，将直接影响并购后企业的生产效率和经营业绩，无法达到预期的并购效果；其次，若并购后人事、制度、文化等方面不能按照预先设计的并购规划有效整合，可能导致新老企业运行相互抵触，产生内耗，优势企业被拖垮。若两个企业文化理念的碰撞将是剧烈的甚至是不相容的，则并购后会使企业成员丧失文化的确定感，最终影响并购企业预期价值增值的实现。

三、交易结构设计

交易结构的设计是针对具体项目和被并购对象，考虑时间、成本、风险和并购效果等一系列因素后，对并购流程进行的统一筹划过程，是并购开始前至关重要的一个步骤。结构设计是一项复杂的工程，在很大程度上受制于并购双方的基本情况和不同的并购目标，因而是一项量体裁衣的工作。

本书第一章第三节已经对并购的基本类型有过列举，也介绍了收购和合并这两大类并购类型的区别。侧重于买方设计交易结构的角度，本节在此不再赘述采用"合并"的交易结构，而归纳介绍"收购"中几种常见的交易结构，并重点阐述股权并购和资产并购的区别以及协议控制结构的采用和风险。另外，上市公司并购因有其特殊性，除非特别提示，本节在此不再分类描述。有关上市公司并购的内容，请参见本书第四章第一节"上市公司并购"。

（一）并购基本方式

1. 股权并购

股权并购的基本介绍请参见本书第一章第三节。根据不同的收购方，股权并购中并非一定要取得目标公司的控制权。作为"战略投资者"，因其并购动因多源自企业战略规划，所以以取得控制权的股权并购结构设计居多。目标公司控制权的取得一般以成为控股股东为直接方式，但是，在因法律政策限制或出售方商业考虑等原因导致收购方不能成为控股股东时，可以通过在股东会或股东大会、董事会中对表决权或投票否决权机制做特别的设计，或实际控制目标公司的经营决策、财务、人事或技术等方式来影响公司的管理决策和经营决策，从而在一定程度上控制目标公司，实现并购目标。作为"财务投资人"进行的股权并购一般不以取得控制权为目的，相反，由于财务投资人在并购时以退出目标公司并获利为目的，因而通常不会过多干预公司的运营，而是以其他方式实现对其投资的保护，包括通常在《股权购买协议》（或《增资协议》）中安排的"对赌"和调整机制（VAM，即 valuation adjustment mechanism）、反摊薄机制（anti-dilution）、优先购买权（first right of refusal）、分红优先权（dividend rights）、拖售权（drag-along）、共售权（co-sale）和跟售权（tag-along）等，以及在《股东协议》（或《合资合同》）中安排对重大事项否决权（veto right）、出售期权（put option）、赎回安排（redemption）、增持期权（call option）和优先清算权（liquidation preference）等。

股权并购可以通过购买目标公司现有股东股权（对上市公司而言，为股份）或购买目标公司新增股权（对上市公司而言，为新发股份）的方式进行。从买方所需资金角度而言，假如买方的目标是取得相同比例的目标公司股权，则在目标公司估值确定时，买方购买新股所需资金必然大于自现有股东购买股权。从买方资金投向角度而言，买方购买新股资金将落入目标公司，可以支持目标公司的经营，而自现有股东购买股权，买方投入的资金落在现有股东手中。因此，自现有股东购买股权易为大股东接受，购买新股则比较受小股东欢迎。

2. 购买股权附加增持期权（Call Option）安排

虽然，本质上购买股权附加期权安排还是属于股权并购，但在现实的并购案例中，股权并购辅以约定的期权安排，越来越成为股权并购的常用的交易结构。在收购过程中，买方可能对目标公司的现状不甚满意，或对并购后目标公司的业务发展前景和并购整合结果缺乏足够的信心。尤其是在跨国并购或跨行业并购的过程中，对目标公司所在区域经济环境或行业领域等因素可能对并购的影响无法予以判定，往往使买方在是仅取得相对控制权还是全部收购目标公司的决策上产生顾虑。出于稳健的目的，购买部分股权加期权无疑是解决上述问题的一个妥善的交易结构，此结构实际上是一种分步收购方案。具体做法是：买方在与卖方签署《股权购买协议》的同时签署《购买期权（Call Option）协议》，在《购买期权协议》中约定买方有权于特定期限内，以约定的价格计算方式和行权方式，追加向卖方购买约定数额的股权，而卖方届时必须按照约定出售。

通常，购买期权是对买方有利的安排，除非特定原因或卖方可以利用购买期权安排作为谈判筹码，卖方可能比较难以接受。与之相对，在特定情况下，买方可以考虑，在购买股权的同时，设定对卖方有利的出售期权（Put Option），约定卖方有权于特定期限内，以约定的价格计算方式和行权方式，向买方出售约定数额的股权，而买方届时必须按照约定购买。若买卖双方实力相当时，单纯的买方购买期权或卖方出售期权难以达成交易，此时可选用购买期权和出售期权并存的期权结构（Put and Call Option）。在混合期权结构下，双方均有权要求实施期权，但不同情形下导致的期权行权，行权的价格计算方式或有不同。

3. 资产并购

资产并购的基本介绍请参见本书第一章第三节。资产并购可以采取资产转让、资产置换、发行股份购买资产等方式。

资产转让方式的资产并购比较直接，买方以一家已经存续的公司或者新设立的公司与目标公司签署《资产购买协议》，自目标公司购买资产并以购买资产的公司（通常是一个新设主体）作为实体运营该资产，即实现资产并购。

资产置换通常是指上市公司用一定的资产并购等值的优质资产的产权交易，这种方式可以实现两方面的目的：一方面可以植入优质资产，另一方面可以将企业原有的不良资产或低盈利资产置换出去，实现并购和被并购企业资产的双向优化。

发行股份购买资产通常是指上市公司在发行新股获得资金的同时反向收购控股股东或其他企业的优质资产的资产并购模式，也是上市公司定向增发的一种模式。这种模式多适用于整体上市存在明显困难，但是控股股东又拥有一定优质资产的上市公司。这种资产并购模式能够迅速收购集团的优质资产，提升公司的业绩空间及公司持续发展潜力。这种模式也偶尔为一些整体运行不佳，但有部分资产优质的企业主，以及投资收购公司的企业主所采纳。

4. 协议控制结构

考虑到协议控制结构在中国外资并购中的特殊地位，笔者将对相关内容进行详细阐述，具体内容请见如下"协议控制结构（VIE结构）"。

5. 两种特殊的并购方式

5.1 管理层收购

管理层收购（Management Buyout，简称"MBO"），是指公司的管理层从金融机构或风险投资得到资金的支持，从公开市场上买入公司的部分或全部股权，达到控制公司的结果。管理层收购是并购的一种特殊形式。一般而言，管理层收购具有如下特征：（1）管理层收购的主要投资者是目标公司的管理人员，收购完成后，公司的所有者与经营者身份合一；（2）管理层收购的资金支付一般通过融资来完成，这是因为目标公司的管理层通常不具备雄厚的资本，因此，管理层收购通常被认为属于"杠杆收购"的一种；（3）管理层收购完成后，目标公司可能由一个上市公司变为一个非上市公司，但在一定时间后，目标公司有可能再行上市。

管理层收购在我国属于舶来品，多出现于上市公司收购和国有企业改革过程中，但其运作的方式具有一定的自身特点，包括：（1）我国管理层收购基本为实现两个目的：一是收购上市公司中非流通的国有股权；二是收购地方国有企业的产权。因此，我国的管理层收购不仅限于上市公司，也包括众多国有中小型企业，是国有企业改革的一项战略。（2）参与收购的管理层不仅包括公司的高级管理层，也包括一般管理人员甚至普通公司员工。管理层通常以设立的壳公司进行收购，在收购人数超过50人或管理层和员工共同收购的情况下，以"职工持股会"的方式进行收购。（3）我国的管理层收购通常只要达到相对的控股地位即可，管理层的控股比例平均在 25％；而在西方，管理层收购的结果是管理层控股比例达到 80％以上甚至引发上市公司"退市"。有关管理层并购的介绍请参见本书第一章第三节。

5.2　债权转股权

债权转股权式企业并购，是指债权人在企业无力归还债务时，将债权转为投资，或投资人基于和公司及公司股东的约定，在特定情况下，通过可转债，即将给公司的借款转为股本投资，从而取得企业的股权或控制权。此种方式的长处在于：（1）在企业无力清偿债务的情况下，既能增加债权人实现债权权益的渠道，又能扩大被投资公司的资产规模并提高对其他债权人的偿付能力。（2）有利于改善公司资本结构，促进企业优化行业布局和资源配置，盘活债权人的存量资产，提升被投资公司资产质量。（3）对进入破产程序的企业减轻债务负担、改善资产结构、缓解现金流动困难等具有重要的现实意义；而在公司良好运行的情况下，由于能获得必要的担保，投资人采用可转债的投资模式，既能控制投资风险，也可以取得投资公司的选择权，而且这种选择权通常是优先的。

事实上，由于企业之间债务的日益加重，债权转股权在实践上已经大量存在，特别是下游企业或组装企业无力支付上游企业或供货企业大量货款时，以债权转股权方式收购控制下游企业便成为纵向兼并便捷的途径之一。鉴于债权的不确定性或目标企业的财务状况不明，债权转股权的并购方式可能无法保证交易的公平和公正性，债权到期后无法实现、债权价值不合理估算及虚假债权等有可能导致公司和现有股东的利益损失；相应地，当目标公司企业严重资不抵债时的债转股则有可能导致债权人的利益受损。长期以来，债权转股权在我国缺乏有效的法律监管机制。

2011 年 11 月，国家工商行政管理总局发布了《公司债权转股权登记管理办法》（以下简称"《办法》"），正式认可了债权转股权在中国的合法性并规定了工商登记的条件和操作规程。2014 年 2 月，国家工商行政管理总局颁布《公司注册资本登记管理规定》（以下简称"《规定》"），废止了《办法》，将债权转股权内容纳入《规定》。

考虑到债权的实现具有不确定性、形式非法定性、内容非公开性等特点，债权出资存在一定的风险。我国现行的债权转股权是指债权人以其依法享有的对在中国境内设立的有限责任公司或者股份有限公司的债权，转为公司股权，增加公司注册资本的行为。《规定》中列示了可转为股权的债权情形，只能是如下之一：（1）债权人已经履行债权所对应的合同义务，且不违反法律、行政法规、国务院决定或者公司章程的禁止性规定；（2）经人民法院生效裁判或者仲裁机构裁决确认；及（3）公司破产重整或者和解期间，列入经人民法院批准的重整计划或者裁定认可的和解协议。用以转为公司股权的债权有两个以上债权人的，债权人对债权应当已经作出分割。

（二）股权并购和资产并购之比较

本书第一章第三节已经对股权并购与资产并购的概念、法律特征和法律效果进行了阐述。可以看出，股权并购与资产并购的区别较大。采取不同的收购方式，将会直接影响交易文件的起草、谈判和整个交易流程的安排，进而影响并购后的经营模式。一般而言，在并购活动决策阶段，在收购方确定目标公司之时，收购方对采取何种收购方式已经有了初步的意向，制订了相应的收购策略，并以此为基础与目标公司及其股东开始协商收购具体安排。

股权并购与资产并购首要的区别就是收购标的不同，即：股权并购的标的是目标公司的股份（目标公司为股份有限公司时）或股权（目标公司为有限责任公司时）；而资产并购的标的则是目标公司的资产，如机器设备、厂房、土地使用权、知识产权、特许权、商誉以及其他财产的所有权。因此，股权并购可能导致目标公司股东层面的变动，并不一定影响目标公司资产的运营，而资产并购中目标公司的资产（往往是主要资产或重要资产）所有权发生了转移，必然会影响目标公司原先的运营，但并不影响目标公司股权结构的变化。

实践中，股权并购与资产并购两种并购方式都大量存在，而且经常在一个并购交易中结合使用。两种收购方式在不同国家或不同法域下各有优劣。下面对目标公司为中国境内设立的公司采用股权并购和资产并购的优劣加以归纳比较。

1. 是否继承目标公司的债权、债务

股权并购后，收购方成为目标公司控股股东，目标公司本身继续存续，因此收购方需要承担目标公司的原有债权、债务，这必然会影响今后收购方作为目标公司股东的收益。因此，在股权并购之前，收购方必须查清目标公司的债务状况。由于信息不对称等原因，往往造成收购方未能完全了解清楚目标公司的全部债务情况，因此，从这个角度考虑，股权并购是一种"打闷包"的交易，存在一定的负债风险。收购方在拟进行股权并购前，需要对目标公司进行充分的尽职调查，通过调查才能发现各种潜在问题，充分评估收购带来的各种风险。

而在资产并购中，由于收购方向目标公司购买的是其全部或主要的资产且其一般是在持续运营（going concern）中，因此这是一种严格意义上的买卖法律关系：一方支付对价受让资产，另一方出让资产和接受对价。一般情况下，收购方在收购后仅承接目标公司原有、经过挑选的资产和业务，并不承担目标公司本身的原有债权、债务及法律风险。从这个角度考虑，资产并购是一个"摘樱桃"（cherry-picking）的交易。收购方只要关注资产本身的债权、债务情况就基本可以控制收购风险。

实践中，股权并购或资产并购方式往往决定了交易结构的基础。若收购方与目标公司属于相同行业并且收购方本身已经具备相应经营许可或资质的情况下，如果尽职调查的结果令收购方感到潜在风险有可能超出其所控制的范围，那么通过资产并购可以更安全。

2. 是否继承目标公司的经营资质

资产并购中，收购方所获取的是目标公司的资产，如果目标公司签有重大合同（知识产权、许可协议等）或有重要的特许权（如环保、政府特许经营权）或其他行业特殊经营资质，那么收购方就不能当然承继或获得同样的许可和资质，来从事目标公司的经营，也

就无法达到解决行业准入及快速进入该领域的目的。而股权并购后，由于收购方完全承接了目标公司且继续运营目标公司，因而可以继承这些许可或资质，在这点上，股权并购的积极意义不言自明。

3. 目标公司是否存续

股权并购后目标公司仍然存续。而在资产并购中，虽然目标公司因其出让资产所有权而取得收购方所支付的对价，其依然是独立的法律主体，主体资格依然存续，但在实践中，往往因主营资产出售，已失去存在的营业基础，因而目标公司一般会停止经营，进行清算，最终导致目标公司的法人资格的消灭。

4. 并购过程中产生的税负

在股权并购中，除了合同印花税，目标公司的股东可能因转让股权所得缴纳所得税。

在资产并购中，除了合同印花税，交易的买卖双方根据目标资产的不同，可能缴纳的税种包括增值税、所得税、契税等。

5. 政府审批程序

若涉及外资并购，且被收购企业是境内非外商投资企业，股权并购和资产并购的审批程序根据法律规定基本一致，其审批（或备案）部门主要包括国家发展和改革委员会（发改委）、商务部、国家外汇管理局、国家工商行政管理局（工商局）及其地方授权部门，审批要点主要是外商投资是否符合中国法律、行政法规和规章对外国投资者资格的要求及产业、土地、环保等政策。值得注意的是，在资产并购中，外国投资者可能利用一个已有外商投资企业收购境内企业的资产，而实践中对该等安排是否适用外资并购审批制度的界限并不明确，需要根据具体项目征询有权审批机关意见。

无论是股权并购还是资产并购，如并购涉及国有产权转让，审批部门将包括国务院国有资产监督管理委员会（国资委）、地方各级国有资产监督管理部门或其他国有资产出资单位，审批要点是股权转让是否履行了必要的程序、价格是否公平、国有资产是否流失。如并购涉及上市公司收购或上市公司资产出售/收购，审批部门还将包括中国证券监督管理委员会（证监会），审批要点是上市公司是否仍符合上市条件、是否损害其他股东利益、是否履行信息披露义务等。

若涉及外资并购但被并购企业是境内外商投资企业，股权并购应按照外商投资企业股权变更规定，履行商务部门的审批手续、发改委的变更核准手续以及其他部门的变更备案手续。但是，若被并购企业是境内外商投资企业，依据商务部的解释性文件，资产并购则无须履行商务部门的审批手续。

若仅发生在两个中国境内公司之间而不涉及外资并购，且不考虑适用于国有企业和上市公司的特别审批流程，股权并购与资产并购均不涉及审批手续，但是，股权并购应履行工商部门的股权变更手续。

6. 履行程序及申报文件

股权并购仅涉及股东变更及企业类型的变化，而资产并购涉及目标公司的资产向收购方的转让和转移，可能涉及土地使用权、厂房、机器设备、知识产权、人员、合同等。而出售方拥有的诸如许可、授权、商标、特许经营等无形资产，需要履行相应的变更登记程序，并及时通知相关第三人或者取得相关第三人的同意，因此较为烦琐。

6.1 是否需要履行通知、公告债权人程序不同

外资并购中，资产并购需要履行相应的公告债权人程序，根据商务部《关于外国投资者并购境内企业的规定》，出售资产的境内企业应当在投资者向审批机关报送申请文件之前至少 15 日，向债权人发出通知书，并在全国发行的省级以上报纸上发布公告。外资股权并购则不涉及此程序。

6.2 申报文件不同

外资并购中，股权并购与资产并购需要向具有相应审批权限的审批机关报送文件。其中申报文件中差异较大的有以下几个文件：

（1）股权并购协议与资产购买协议不同

股权并购需要报送的是外国投资者购买境内目标公司股东股权或认购境内目标公司增资的协议；而"资产并购"需要报送的是拟设立的外商投资企业与境内目标公司签署的资产购买协议，或外国投资者与境内目标公司签署的资产购买协议。因此，协议的签订主体、交易标的、履行期限和履行方式以及可能产生的税负不尽相同。

（2）需要报送的若干具体文件不同

股权并购需要报送被并购境内目标公司最近财务年度的财务审计报告、被并购境内公司所投资企业的情况说明，这些文件在资产并购中并不需要申报。而资产并购需要的被并购境内企业通知、公告债权人的证明以及债权人是否提出异议的说明则是股权并购申报中不需要的文件。

除以上两者之间的比较外，股权并购与资产并购在具体操作上还需要注意一些特殊问题的处理，如股权并购协议中的卖方严格的陈述与保证条款、买方作为继任者的责任与赔偿问题、管理经营权的重组问题等。在资产并购中，则需要注意被收购资产与保留资产剥离问题、资产并购价格的分配问题（在资产并购价格无法一揽子计算的情况下）、目标公司或其管理层不竞争的承诺、员工的安置与遣散以及被收购目标公司存续问题等，均需要根据具体情况进行具体分析并采取适当的处理方式。

（三）协议控制结构（VIE 结构）

协议（合同）控制结构，也称 VIE 结构，其源于根据美国会计准则（US GAAP）及 FIN46 法案关于"可变利益实体"（Variable Interest Entity）的规定。其原理是，尽管一个实体与另一实体不存在股权上的控制关系，但前者的收益和风险均完全取决于后者，则前者构成后者的可变利益实体，实际或潜在控制该经济利益的主要受益人（primary beneficiary），因此，可以将 VIE 与控制主体做合并报表处理。其之所以称"合同控制"，是因为其具体方式为当事人以其控制的境外公司名义，返程设立外商独资企业（WOFE），并以 WOFE 名义，通过一系列的合同安排，控制境内企业的全部经营活动，进而取得境内

企业的主要收入和利润。形式上，合同控制是通过一个在中国注册设立的中国公司（即 WOFE）和另一个中国公司（境内运营实体）的一系列合同安排，境内运营实体的利润通过 WOFE 转移到境外的公司，故这种结构也叫"中中外"结构。其最早为中国企业谋求海外上市时采用，主要原因是当时的中国法律、法规禁止外商投资电信及相关产业，但从事该等行业的公司又拟寻求通过小红筹的模式在中国境外上市募集资金，需要将境内的主要业务重组到境外的上市公司控制之下。因此，协议控制结构被设计出来，即将增值电信等相关业务剥离给内资公司经营，再由上市公司在中国境内设立的外商独资企业（WOFE）通过与内资公司签署一系列合同，获取内资公司的大部分利润及控制权。

协议控制模式下，通过一系列安排，虽然从表面上看，境内运营实体仍然为独立的内资企业，但实际上该企业的一切经营及其相应的资产、收入和利润均通过 WOFE 归属境外公司，被境外公司实际控制。得益于美国会计准则的"恩准"，境内运营实体的财务报表可以被合并。如此，境外上市所必需的报表合并得以实现，"财务渠道"得以贯通。由于该模式首次被新浪境外上市重组时所采用，故又称"新浪结构"或"新浪模式"。随后，该模式被多家涉及增值电信领域的互联网公司，及其他涉足外商投资被限制的行业（如教育，药品批发零售等）的企业境外红筹上市所仿效。

根据实践经验，协议控制多用于外商投资受到特别的限制或审批难度较大的领域，或者是对国内的产业赋予很多保护性和监管的特殊行业，如电信、广告服务、教育等，通过协议控制结构可以"曲线"达到预定目的。

1. 协议控制结构的特点及作用

1.1　协议控制结构的特点

协议控制中一个典型的特点就是利用外国投资者在国内设立一个 WOFE 或者合资企业（Joint Venture）作为一个桥梁，其作用是多功能的。它首先是一个在审批上是没有特殊限制的一般性的公司，可以从事允许类或者鼓励类的产业，设立之后可以实现境外资金的进入，并运用于目标项目和资产以及境内项目或限制性业务收入的汇出。另外一个比较重要的功能就是该 WOFE 或者 JV 能实现对境外投资资金流向的项目、资产和公司实体的控制。

1.2　合同控制的作用：实现物权的权利

从第一代"中中外"结构，到"新浪结构"，再到现在行业里的一些变通的结构，可以看出，它们都有一个本质的特征，就是通过合同实现物权的权利。

根据中国的法律，物权是由四个要素所组成的：占有、使用、收益和处分。对于股权的这种所有权而言，无外乎也包含这四种权利，即对于股权的占有、使用、获取利润以及股权的转让。在直接持有股权的情况下，可以直接实现前述股权的这四种权利；但直接持股存在障碍的情况，比如，若审批、监管环节存在严格限定，可以采取协议控制结构，通过一系列的合同安排把四种不同的权利统一起来，把物权的权利转化成合同的权利。当然，有的情况下此等合同权利也蕴涵着物权的因素，如质押。但是总体来看，用合同控制代替物权权利这一模式是协议控制结构的核心。

因此，协议控制结构的意义在于，通过境外法律和会计方面不同的解读给境外投资者提供便利。协议控制根据境内法律可以解读为：境内最终运营实体非由境外投资人控股，合同控制由单个或多个合同实现，这些合同本身合法有效，"无可挑剔"。而境外法律及会计准则认为其实现了境外控制人对境内资产/业务/经营实体的实际控制，以及合并会计报表或抵押融资式的会计处理。

2. 典型的协议控制结构

在设计协议控制结构时，需要清楚整个结构要达到的目的，结合涉及的境内有关政策法律及境外法律、会计问题和风险，对具体情况具体分析。

协议控制的典型结构如图 3-1 所示：

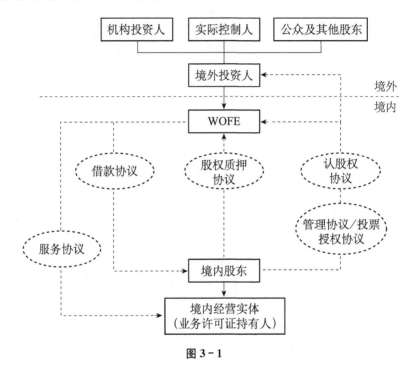

图 3-1

在实践中，不同的协议控制结构可能会有不同的主体，境内的运营实体可能不止一个，也可能会产生多层持股的情况，或者 WOFE 可能还有其他的运营资产，等等。一般情况下，境外公司和境内 WOFE 都不会有实质运营，也不会产生实质收入。境内的运营主体会持有主营业务运营的许可和资质证书，拥有相关的运营资产和人员以及一些相关的知识产权。实践中，境内的运营主体通常是一个普通的有限责任公司。据我们所知，目前还没有以股份公司形式存在的实例。

典型协议控制结构下的合同组成：

（1）资金流功能类合同

a. 排他技术支持及咨询服务协议：由 WOFE 和境内运营实体签署。WOFE 具有排他且不可撤销的权利，向境内运营实体的商业运营提供技术支持和咨询服务，该等服务产生的任何知识产权均属于 WOFE，境内运营实体每年支付其全年总收入的一定比例作为服务费。

b. 其他服务协议：例如，软件开发及维护协议，可为互联网企业采用，由 WOFE 和境内运营实体签署。WOFE 对境内运营实体拥有并运营的网站及其他资产具有排他及不可撤销的提供后续软件开发、维护及管理服务的权利。WOFE 拥有该等软件的所有权利，并独家许可给境内运营实体。境内运营实体定期支付其全年总收入的一定比例作为服务费。

c. 贷款协议或其他资金支持类协议：境内运营实体的股东和 WOFE 或境外控股方签署。WOFE 或境外控股方同意向境内运营实体的股东提供一定金额的贷款（通常与设立境内运营企业所需的出资额一致），WOFE 可在任何时间提出偿还该等贷款，且该等贷款只可以股东对境内运营实体的股份权益来偿还。

（2）控制类合同

d. 股权质押协议：控制类合同中的一种是股权质押协议，即由境内运营实体的股东和 WOFE 签署，境内运营实体的股东将其持有的所有境内运营实体的股权质押给 WOFE，以保证境内运营实体在服务协议中的义务履行。这种操作在《物权法》之前通过记录于股东名册就可以生效，但是《物权法》之后就需要通过在工商局登记才能生效。若以内资公司股权作为质押，则需依据《工商行政管理机关股权出质登记办法》在相关工商行政管理部门登记，质押协议才能生效；目前各地已经开始类似的工商登记实践，但是各地工商局的态度是资金担保确定的债权、债务登记比较容易，但是若资金担保的是一整套合同义务的履行或者整个一套行为的实现就可能有些困难。

e. 管理及投票授权合同：该类合同的内容主要是境内运营公司的股东参与管理或行使其作为境内运营实体股东的权利时，须与控股公司进行商议，遵从控股公司的指示。境内运营实体的股东权利通过投票授权合同授予 WOFE 或者它指定的第三方行使，包括但不限于在股东会或董事会上投票、委任董事以及就境内运营实体的营运及财务事宜作出决定的权利。就境内股东拥有的投票权，会安排境内股东出具一个不可撤销的委托投票的授权书，授权由 WOFE 和其指定的第三方行使。这样，境内的名义股东就对境内的经营实体失去了话语权、投票权和管理权。

f. 认股权期权协议：该等认股权协议通常由境内运营实体的股东和 WOFE 或境外控股方签署。根据该协议，境内运营实体的股东不可撤销地同意，自认股权协议生效起的一定年限内，WOFE 或境外控股方或其指定人对境内运营实体的全部或部分股权具有排他认购期权。这个协议通常适用境外法，其在中国境内的执行性需要探讨。以往处理的方法就是在法律意见书中表明，如果境外的法院根据当地的法律对转让作出一个判决，那么这个判决要根据相关公约、双边协定在中国境内执行，但是中国可能会以"公共秩序保留"为由拒绝执行。简言之，这个协议的执行带有一定的不确定性。实践中，为"增强"该等协议的效力，有些投资者会"刻意"安排期权的权利方，就取得期权支付一定的"对价"，为的是避免在某些司法管辖区内，这种期权协议因为没有对价（consideration）而被宣告无效。

3. 协议控制结构的风险

3.1　合法性风险

协议控制结构产生的背景是规避相关的产业投资限制或特别审批程序，因此这种结构设计不符合相关外商投资产业政策。现行的法律体系没有对协议控制结构明令禁止，但在规定其他制度时曾有提及，表明了政府部门已经认识到这种交易结构的存在。例如，商务部于 2011 年 8 月 25 日发布了第 53 号文《商务部实施外国投资者并购境内企业安全审查制度的规定》，其中第 9 条规定："对于外国投资者并购境内企业，应从交易的实质内容和实际影响来判断并购交易是否属于并购安全审查的范围；外国投资者不得以任何方式实质规避并购安全审查，包括但不限于代持、信托、多层次再投资、租赁、贷款、协议控制、境外交易等方式。"前述安全审查制度中对协议控制结构的"点名"，让协议控制的合法性讨论再次成为热门话题。

2015 年 1 月 19 日，商务部公布《中华人民共和国外国投资法（草案征求意见稿）》（以下简称"《征求意见稿》"），向社会公开征求意见。《征求意见稿》规定外国投资不仅包括绿地投资，还包括并购、中长期融资、取得自然资源勘探开发或基础设施建设运营特许权、取得不动产权利以及通过合同、信托等方式控制境内企业或者持有境内企业权益。如此，协议控制结构将被纳入外国投资的范畴而进行监管。既存已久的以协议控制模式规避外商投资准入限制或随着《中华人民共和国外国投资法》的正式出台而退出历史舞台。《征求意见稿》中将新增 VIE 结构纳入与其他形式外商投资一致的准入监管，而对于既存的 VIE 结构如何处理并未作出规定。《征求意见稿》发布同时，商务部发布了《关于〈中华人民共和国外国投资法（草案征求意见稿）〉的说明》（以下简称"《说明》"）。在《说明》中，商务部表示其将广泛听取社会公众意见，就既存的 VIE 结构如何处理作进一步研究，以提出处理建议。为方便社会公众提出意见，商务部在《说明》中总结了以下几种理论界和实务界观点：

1. 实施协议控制的外国投资企业，向国务院外国投资主管部门申报其受中国投资者实际控制的，可继续保留协议控制结构，相关主体可继续开展经营活动；

2. 实施协议控制的外国投资企业，应当向国务院外国投资主管部门申请认定其受中国投资者实际控制；在国务院外国投资主管部门认定其受中国投资者实际控制后，可继续保留协议控制结构，相关主体可继续开展经营活动；

3. 实施协议控制的外国投资企业，应当向国务院外国投资主管部门申请准入许可，国务院外国投资主管部门会同有关部门综合考虑外国投资企业的实际控制人等因素作出决定。

基于上述，商务部可能对实际控制人为中国投资者的既存 VIE 结构进行"正名"；但也有可能通过要求既存 VIE 结构申请准入的方式，对市场上存在已久的灰色投资进行清理。由于牵涉各方通过既存 VIE 结构投资的投资人，在《外国投资法》正式出台之前，相关公司应积极研究对策，以最大限度地应对《外国投资法》生效后现有的 VIE 架构的法律风险。

虽然《征求意见稿》已将协议控制纳入外国投资监管的范畴，但对于实际控制人为中国投资者的外国投资，《征求意见稿》作了如下特别规定：

若按照《征求意见稿》定义的外国投资实际受中国投资者控制，其在中国境内从事限制实施目录范围内的投资，在申请准入许可时，可提交书面证明材料，申请将其投资视作中国投资者的投资。外国投资主管部门在进行准入许可审查时，应对外国投资者依据前款规定提出的申请进行审查，作出是否视作中国投资者的投资的审查意见，并在准入许可决定中予以说明。《征求意见稿》定义的"中国投资者"包括：（1）具有中国国籍的自然人；（2）中国政府及其所属部门或机构；（3）受前两项主体控制的境内企业。如此，对于实际控制人为中国投资者的 VIE 结构，可以经批准被视为中国投资者的投资，从而获得准入许可。

3.2 控制风险

这种协议结构下的控制是一种合同的控制，协议控制不如直接拥有所有权并进行运营控制有效。这种风险主要体现在对名义股东和境内运营实体的控制风险。

在这种合同结构下，实际股东是通过一系列的合同来控制名义股东的。如果名义股东违约，实际股东将丧失控制权。比如，若质押的股权未能在工商部门登记，那么名义股东就可能将境内运营实体的股权权益转移给第三方而无须获得实际股东的同意；借款人（名义股东）提前将"借款"清偿，或者在"贷款方"拒绝接受还款的情况下将还款提存，导致股权质押"自动"解除；同时，名义股东也有可能从事与公司相竞争的业务或者在存在利益冲突的时候采取对公司不利的措施。在名义股东违约的情形下，法院会认为这样的合同安排是为了规避中国法项下的强制性规定的，因此不会作出实际履行的判决。

在实际股东失去对名义股东的控制时，也会失去对境内运营实体的控制。比如境内运营实体可能未能获得运营所需的资质文件或者不履行与公司签署的利润转移协议。

3.3 执行风险

尽管存在委托代理协议、选择权协议及其他协议，并且包含不同的规制名义股东违反协议的条款以在某种程度上保护公司的权益，但是这种协议同样由于规避中国法项下的强制性规定而不能得到强制执行。此外，关于利润转移协议，比如技术咨询协议或技术服务协议以及其他的咨询或服务协议，如果并不是实际存在的，也是不能强制执行的。

3.4 税务风险

在这种协议控制结构下，境内运营实体无法直接向境外实际股东分配利润和红利，因此，通常会存在技术咨询协议或技术服务协议等利润转移协议，通过这种协议，由境内运营实体通过 WOFE 向境外实际股东支付许可费或服务费，而 WOFE 则发生营业税，导致该等结构的额外税务负担。

此外，若协议控制结构涉及将无形资产等所有权转移至境外上市主体（一般价格很低），而境外上市主体随后将无形资产授予境内运营实体使用而收取特许权使用费（一般价格较高），或者 WOFE 或境外控股方对境内运营实体的排他认购期权的行权价格很低，这些安排均可能会在转让定价方面和反避税方面受到税务监管机关的挑战。

四、交易前期法律文件

并购双方在确立了初步并购意向时一般签署的前期文件包括意向书（Letter of Intent）、谅解备忘录（Memorandum of Understanding）、前期条款清单（Heads of Terms）、并购条款清单（Term Sheet）、框架协议（Framework Agreement）和/或保密协议（Non-Disclosure Agreement）。

（一）意向书（Letter of Intent）和并购条款清单（Term Sheet）

意向书、谅解备忘录、前期条款清单、并购条款清单和框架协议均为并购前期交易双方可能签署的法律文件。该等法律文件为最终有效的法律文件之前交易双方签署的文件，除非特别约定条款，一般不具有法律约束力。签署该等法律文件的目的主要为表明交易诚意、限定交易双方或被并购方在一定的期限内与其他潜在交易方接触、谈判和进行类似交易的权利，就所谓"排他条款"，并规定交易流程和交易中某些重要方面的初步约定。既然签署前述法律文件的作用大致相同，若非必要，一般仅签署一种法律文件即可。

理论上讲，谅解备忘录、意向书和前期条款清单的内容和形式更为接近，这几种法律文件一般内容较为简单，以表明双方的诚意和限定排他期为主要目的，在可能范围内尽量约定有关交易的大致安排，例如拟定的交易方式（股权并购或资产并购等）、交易结构（并购后的股权比例和所需进行的重组等）、尽职调查安排、交割大体条件、排他和保密等。谅解备忘录和意向书从其本身性质上讲，一般不具有法律约束力，但通常交易双方会约定其中某些条款具有法律约束力，例如，排他条款、保密条款、法律适用和争议解决。

一般地，并购条款清单和框架协议的内容较之谅解备忘录和意向书复杂，通常会在其中约定比意向书复杂一些的交易方式和结构，尽职调查的安排，初步估值，交易所需审批、排他、保密、交割条件，并购后的公司治理结构，交易双方就完成交易所应履行的义务，等等。与意向书及谅解备忘录类似，除非特别约定的条款，并购条款清单和框架协议一般不具有法律约束力。在交易双方对并购条款清单和框架协议中条款已经深入讨论、谈判并对交易的继续进行有充分把握时，存在将并购条款清单和框架协议中主要实质性内容甚至全部内容约定为具有法律约束力的情况。

无论意向书、谅解备忘录，还是并购条款清单和框架协议，基于其自身的特性，一方面，该等法律文件并不是所有并购交易必需的步骤，若交易得以顺利进行，该等法律文件通常会被具有法律约束力的最终交易文件（例如股权购买协议或资产购买协议）所取代。但另一方面，该等交易前期法律文件对于交易的推进、流程安排以及交易成功的关键环节起着很大作用。交易前期法律文件能够表达双方的诚意，达成对交易重点问题的共识，甚至约定并购双方的重要权利、义务，尤其在约定了排他期、交易结构和大致流程的情况下，能对交易的成功起到很大推动作用。前期交易文件的充分沟通还能节省交易双方对于最终交易文件的谈判时间。一般而言，最终交易文件条款比较复杂且法律术语繁多，若交易双方已在前期交易文件中就交易的关键环节达成一致，则可以大量节省对复杂的最终交易文件进行逐条谈判的时间。

需要强调的是，虽然该等前期文件可能不具有法律约束力，但也不能掉以轻心、不慎重地接受投资人的提议；否则，在后续的谈判中，再更改或取消有关条款时，在情势上会非常被动。

（二）保密协议（Non-Disclosure Agreement）

在交易前期签署保密协议有两个方面的作用：一是在保密协议中要求交易双方对拟定交易和双方正在进行的沟通和谈判保密，可以防范因正在进行的交易磋商导致不确定的市场变动或竞争对手采取的任何不利行动；二是在保密协议中要求对方对在交易磋商过程中，尤其是尽职调查过程中获取的任何商业秘密和公司信息保密。一般来说，后者的保密效果对于卖方的作用往往大于买方。在潜在买方为战略投资者时，并购交易中的尽职调查会让卖方心存疑虑：若交易最终不能成功，潜在买方通过尽职调查获取的信息可能造成对公司或卖方的不利。签署保密协议可以防止买方借并购之名窃取商业秘密、在尽职调查之后直接或间接地利用这些信息而造成对卖方不利的结果。

保密协议中一般应约定双方应对何种信息进行保密，即规定"保密信息"的定义。对于正在进行的并购交易，保密信息除了在交易磋商过程中和尽职调查过程中一方自另一方获得的信息，还应注意包括交易磋商本身、交易前期法律文件等。保密协议中除应要求保密信息的接收方承担保密责任之外，还应要求其承诺仅以"必要获知"的原则向其董事、管理人员、雇员或顾问及其他代表披露保密信息，并同意采取一切合理措施防止其应获知保密信息的上述人员违反接收方的保密责任。

对于在意向书或其他交易前期文件中已包含保密条款的交易，可以无须单独签署保密协议。

第二节　卖方起舞前的准备

本书第三章第一节从买方（收购方）角度详细地介绍了买方对交易的筹划和准备。作为买方的一种投资活动，并购交易通常由买方发起，并由买方在并购活动中掌握主动权。但是，在卖方（出售方）作为并购交易的发起者时，卖方也有可能成为并购交易的主导者。着眼于卖方对于并购交易的主导作用，本节重点讲述卖方交易前的筹划和准备，包括出售动议、交易筹备、出售方式和交易前期法律文件。

一、出售动议

（一）出售动因

一般而言，卖方可能出于以下原因出售其公司股权或资产（包括业务）：

1. 公司控股股东或公司本身发生资金困难，致使公司股东不得不部分出售所持有的公司股权来满足资金的需求。

2. 公司因各种原因获利能力差、经营不善、市场表现不佳或亏损，出售部分资产以扭亏为盈或出售全部资产以避免更大损失甚至破产。

3. 公司调整投资战略和投资组合或产业布局或产品线。

4. 公司政策性战略调整，例如国有股减持：原国有股股东有计划、按比例出售股票。

（二）出售策略

无论出于何种出售动因，出售决定一旦作出，卖方通常希望实现交易价格的最大化、交易时间的最短化和交易风险最小化，力图"速战速决"，不"拖泥带水"，出售的价款尽早"落袋为安"。因此，对卖方有利的交易策略一般包括但不限于：

1. 充分筹备，清除阻碍交易的实质性障碍。

2. 寻找多个融资条件良好、战略明确的意向收购方，制造并维持激烈的竞争气氛，并尽可能多地了解交易收购方。

3. 在交易的前期，不要过早地透露"家底"，特别是核心商业机密、保密技术或技术诀窍，尽量仅允许意向收购方实施有限的尽职调查。

4. 在保证交易时间和成本的前提下，设计相对买方具有吸引力的交易结构。

5. 尽量提供标准化的交易文件或者仅允许就交易文件进行十分有限的谈判。

6. 尽量控制交易流程，要求意向收购方尽早作出某些明确的承诺。

7. 获取尽可能高的出售价格。

8. 尽快完成交易，获得买方支付的价款。

二、交易筹备

（一）公司内部团队组建和中介介入

为使拟定出售计划高效和有序进行，卖方在交易筹备阶段即应组建内部团队，该内部团队一般包括来自公司管理层、法务、财务和运营等方面的人员。公司内部团队应根据公司的具体情况和管理层的拟议出售决策，在外部专业顾问的帮助下，制定具体的出售方案、实施计划和工作时间表等。在尽职调查阶段，公司交易团队还应负责协调收集和整理潜在买方及其委托的中介机构作尽职调查所需的信息和文件。

为吸引更有竞争力的潜在买方并有效掌控交易流程，卖方可以在交易筹备阶段就聘请专业的顾问团队介入。专业顾问，例如投资银行，作为交易流程的策划和协调人，可以协助卖方寻求潜在买方、编制招标文件、组织竞标流程、协调各方中介机构并协助卖方与潜在买方谈判。律师，作为卖方的法律顾问，可以帮助卖方对拟出售资产进行法律尽职调查、发现法律问题并提出整改方案，必要时，还可以应卖方要求对拟出售公司提出重组方

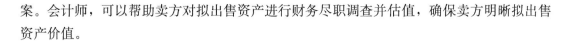

案。会计师，可以帮助卖方对拟出售资产进行财务尽职调查并估值，确保卖方明晰拟出售资产价值。

（二）尽职调查

对卖方而言，在出售前对拟出售资产有全面和充分的了解对交易的成功是不可或缺的步骤。卖方的尽职调查从形式上和内容上是为了帮助卖方对拟出售资产作出正确的评估，并作为出具竞标价格的参考。若卖方在日常经营管理中对拟出售资产的了解程度不够深入或专业，在向潜在买方发出出售意向或竞标邀请之前，则需要聘请专业顾问团队对公司进行尽职调查。

卖方以出售为目的进行的尽职调查与买方以收购为目的进行的尽职调查程度和范围可以不同。一般而言，卖方对其公司或资产进行的尽职调查可以是有限范围的并注重重大问题的发现，例如，仅对重大法律问题和财务状况进行调查。通过尽职调查，卖方应争取预先发现可能对拟定出售造成实质性障碍或影响出售价格的重大问题，并在出售前对该等问题进行整改或准备针对潜在买方质疑或压低出售价格的应对方案。

（三）资产评估

就卖方而言，为交易筹备而进行的资产评估是指出售前对拟出售资产进行的估值。在买方对交易的筹划和准备一节我们已经介绍过收购方对目标公司估值的方式和方法。卖方对拟出售资产的估值方式可以采用和收购方类似的评估方法，由其聘请的投资银行或会计师事务所对拟出售资产进行正式的评估，出具相应的独立的评估报告。该等评估报告可以作为招标文件之一提供给潜在买方，供潜在买方报价参考。根据对拟出售资产进行的估值，卖方可以在选择收购方阶段（如进行招标，即竞标阶段）时提出自己的报价，作为潜在买方竞价的基础。

在评估过程中对评估方法的选择也至关重要。在对交易价格的综合权衡下，考虑选择本行业内惯用的评估方法，能使潜在买方易于接受，减少谈判难度和缩短谈判时间。评估企业价值的方法有很多，例如重置成本法、投资回报率法、股东权益倍数法、现金流量贴现法等。其中，现金流量贴现法（DCF）可能是对卖方而言企业价值评估的首选方法。根据"MBA智库百科"的解释，现金流量贴现法把企业未来特定期间内的预期现金流量还原为当前现值。由于企业价值的真髓还是它未来盈利的能力，只有当企业具备这种能力，它的价值才会被市场认同，因而，现金流量贴现法在评估实践中也得到了广泛的应用，并且已经日趋完善和成熟。

在我国，对于国有资产的产权转让、资产转让或置换，应当按照企业国有资产评估管理的相关规定进行评估，并向国有资产监督管理机构申请国有资产评估项目的核准或备案。按照现行有效的国有资产评估管理办法，企业国有资产评估应当由其产权持有单位委托具有评估国有资产资质的资产评估机构进行评估。国有资产监督管理机构出具的资产评估项目核准文件和经国有资产监督管理机构或所出资企业备案的资产评估项目备案表是企业办理产权登记、股权设置和产权转让等相关手续的必备文件。经核准或备案的资产评估结果使用有效期为自评估基准日起1年。企业进行与资产评估相应的经济行为时，应当以经核准或备案的资产评估结果为作价参考依据；当交易价格低于评估结果的90%时，应当暂停交易，在获得原经济行为批准机构同意后方可继续交易。

（四）公司整改或重组

在交易筹备阶段，卖方若发现对拟定交易可能造成实质性障碍或影响交易价格的公司现存问题，即应评估是否在交易之前即对该等问题进行整改。卖方评估是否进行整改的关键在于权衡现存问题对拟定交易的影响程度和整改所需金钱、时间和人力成本。从卖方的角度而言，以有限的成本完成整改，剔除待售股权或资产的瑕疵，清除拟议定交易的潜在障碍是可行之道，反之，则可能认为得不偿失。对于整改成本过高但对交易可能造成实质性障碍的现存问题，卖方团队应尽量制订完备的应对方案或供潜在买方考虑的解决方案，以减少交易障碍和对交易价格的负面影响。

从卖方角度来说，交易前期卖方对公司重组的需求取决于其交易目的和其拟定的交易结构。例如，若卖方仅需出售其部分资产和业务，卖方可以考虑将拟出售资产提前剥离，然后出售被剥离资产所属公司的股权，该等企业重组安排在符合法定条件的情况下可以实现税务优化。公司重组在"小红筹"境外上市结构中也尤为常见：为引入战略投资者并实现境外上市的目的，境内企业往往需要进行重组以搭建符合境内外法律要求的上市结构。虽非特地为出售股权或资产而进行重组，但战略投资者的引入一般发生在公司重组之后且境外上市之前，从某种程度上讲也是为出售部分公司股权进行了准备。

除了卖方自发进行的公司重组，许多交易前期的公司重组是买卖双方为交易的顺利进行谈判、沟通的结果。尽管在交易前期，卖方可能根据其交易目的向潜在买方建议了交易结构，但在很多情况下，潜在买方在尽职调查之后，根据在调查中发现的商业、财务和税务问题，往往要求与卖方就采取何种交易结构进行谈判。特别是在买方发现了重大的潜在的财务和税务风险时，可能要求卖方在并购交易启动之前先行解决影响交易的重大问题，或直接为交易之目的而进行公司股权或资产重组，最为典型的就是要求卖方从其出售的目标资产中剥离存在重大风险的资产或业务。另外，在跨国并购的情况下，买方还往往从并购后的业务和资产整合角度出发，要求卖方基于最优化的税务和财务结构来搭建交易架构。

三、出售方式

通常，选择一定数量的潜在买方并维持一定程度的竞争氛围，是卖方获得一次成功交易的关键。除了向社会公开招标，在卖方主导的交易中，通行的做法是首先由卖方选择一定范围内的潜在买方并向该等卖方表示出售意向或发出竞标邀请，然后进入谈判或招标程序来择定最终买方。

（一）谈判式出售

谈判式出售一般适用于市场上潜在买方数量有限或经卖方初步接洽已经框定几家意向购买方的情形。谈判式出售没有特别复杂的流程，交易双方一般直接进行合同谈判。视谈判情况和潜在买方报价结果，卖方在有限的潜在买方中择定收购方，双方签署合同即达成交易。谈判式出售因流程简单、参与方少且保密性强在私人企业出售中较为常见，但因其交易方式较为随意，卖方对交易流程的掌控性较差，容易导致暗箱操作或买方报价不高的局面。

（二）竞争性招标

竞争性招标，或称国际竞争性招标（International Competitive Bidding，ICB），是指招标人发布出售公告邀请投标方竞争，通过多数投标方竞争，选择其中对招标人最有利的投标达成交易。竞争性招标是西方公司出售资产常用的方式，目前市场上大量的并购交易采用这种方式。运用公开竞价招标的方式进行并购，一方面可以为股权或资产的出售提供一个竞争的环境，有利于股东利益的最大化；另一方面还有利于避免暗箱操作，防止不规范行为发生。

竞争性招标通常又有两种做法：（1）公开招标（Open Bidding），是指招标活动处于公开监督之下进行，通常要公开发表招标通告，凡愿意参加投标的公司，都可以按通告中的地址领取（或购买）较详细的介绍资料和资格预审表格，而参加了预审资格并经审查采纳的公司便可购买招标文件和参加投标。（2）选择性招标（Selected Bidding），又称邀请招标，是指卖方根据自己具体的业务关系和情报资料对潜在买方发出招标邀请，邀请潜在买方通过递交密标的方式进行公开竞价。潜在买方一般包括国际同行业的佼佼者、地域性战略投资者、有良好记录的金融投资者等。卖方通常委托其财务顾问根据对卖方业务和并购市场的了解选择该等潜在买方。被邀请招标人通过资格预审后，方可进行投标。

在较大规模的收购交易中，竞争性招标可能被分为两轮或更多轮进行。首轮招标采用公开招标或选择性招标的方式，目的是广泛地吸引投标者，对投标者进行资格预审甚至实施象征性竞价。根据首轮招标的结果，卖方从中邀请几家条件好且初步报价高的投标方，再进行下一轮详细的报价、开标、评标。通常情况下，卖方在首轮招标中向意向投标方提供的公司信息和资料较少，但对选定的进入下一轮招标的投标方，将提供较为详细的公司信息或允许该等投标方开展有限范围的尽职调查。另外，出于卖方控制交易流程的目的，卖方可以在招标文件中声明，在签署最终交易文件之前，其随时可能中止出售行为。

案例 1：汇丰拟招标出售其一般保险业务①

作为欧洲最大银行的汇丰银行在 2011 年 9 月表示招标出售其一般保险业务，作价约

---

① Bloomberg，http：//www.bloomberg.com/news/2011 - 09 - 13/hsbc-seeks-to-sell-insurance-unit-for-1-billion-times-reports.html.

为 10 亿美元。其首轮招标邀请了包括保险公司和私募基金在内的一定数量的投标方，在首轮招标后，新闻消息透露入围第二轮竞购的有意大利忠利保险和法国安盛保险（Axa）。① 2012 年 3 月，汇丰银行发表声明，该公司已同意把香港、新加坡、墨西哥和阿根廷的一般保险业务出售给法国安盛保险集团和澳大利亚 QBE 保险公司，交易的现金总价值约为 9.14 亿美元。汇丰银行曾表示，这些交易需要获得监管部门的批准，其中阿根廷业务出售的完成可能早一些。②

案例 2：德意志银行拟招标出售其资产管理业务③

2012 年 1 月，德意志银行邀请了相当范围的有意收购者进行了首轮投标，计划以约 20 亿欧元的标价出售旗下全球资产管理业务。包括银行、私募基金和资产管理公司在内的几十个投标方在首轮投标中提交了报价。由于对首轮竞购方的出价表示满意，德意志银行高管决定出售资产管理部门，但其有权在招标的后续阶段中止其出售行为。消息称第二轮投标于 2012 年 2 月在被选定的入围投标方中进行。④ 据悉，在与美国金融管理公司 Guggenheim Partners 的独家谈判失败后，德意志银行已经放弃了其出售计划。⑤

案例 3：华为曾招标出售其通讯终端业务⑥

华为技术有限公司（"华为"）曾于 2008 年聘请摩根斯坦利做财务顾问，发布国际招标邀请出售其通讯终端业务。消息称，华为首轮招标邀请向选定的全球私募基金发布并有多家基金参与竞购。在首轮招标后有包括美国私募股权公司贝恩资本及银湖在内的几家基金入围第二轮竞购。虽然因 2009 年全球金融危机，华为已经暂缓出售终端业务计划，但其采纳国际竞争性招标的出售方式，并聘请有国际声誉的投资银行策划招标流程，已经反映出部分大型中国企业作为出售方时思维意识的国际化和资产出售手段与国际惯例的接轨。

四、交易前期文件

（一）程序函（Process Letter or Procedure Letter）和保密信息备忘录（Confidential Information Memorandum）

以竞争性招标形式进行的出售，卖方在交易准备阶段一般会委托其财务顾问（一般为投资银行）和律师编制程序函和信息备忘录。该等文件在卖方和意向投标方初步接洽后，由招标方向意向投标方出具，供意向投标方参与竞购参考。通常，意向投标方会被

---

① Bloomberg，http：//www. bloomberg. com/news/2011 - 09 - 13/hsbc-seeks-to-sell-insurance-unit-for-1-billion-times-reports. html.

② Financial Times，http：//www. ft. com/intl/cms/s/0/597d5ede-6814 - 11e1-a6cc-00144feabdc0. html♯axzz2IQoJpD8U.

③④ Bloomberg，http：//www. bloomberg. com/news/2012 - 01 - 11/deutsche-bank-said-to-pursue-asset-manage-ment-sale-after-preliminary-bids. html.

⑤ Reuters，http：//www. reuters. com/article/2012/05/11/us-deutschebank-guggenheim-idUSBRE84A0TJ20120511.

⑥ 经济观察报，http：//www. tele. com. cn/news/display/article/5749.

事先要求签署一份保密协议，以确保其对程序函和信息备忘录中披露的信息承担保密义务。

程序函为介绍竞购流程的文件，一般包括竞购流程大概介绍、竞购过程联系人和联系方式、信息提供方式、意向投标方竞购邀约出具的时间和对竞购要约的内容要求、招标人的免责声明、招标人中止出售的权利和保密要求等。程序函中一般对竞购要约的内容要求较为详尽，包括但不限于竞购者的背景介绍、财务能力、收购方案及评估方式建议等。在投资银行主导招标流程的情况下，程序函一般以投资银行的名义出具。

保密信息备忘录，可以作为程序函的附件一并提供给意向投标方，是从卖方的角度对拟出售公司或资产的全方位介绍，其目的在于发掘项目的自身投资价值和投资亮点，以吸引意向投标方提出更高报价。保密信息备忘录一般首先发表保护性声明，即声明信息备忘录不能保证包含与目标公司或目标资产有关的所有信息。也不保证其披露了潜在买方所希望了解的所有信息；无论明示或暗示，保密信息备忘录均不对其所披露的信息的准确性和完整性负责。特别重要的是，保密信息备忘录一般都申明其并不构成卖方出售业务或资产的要约或邀请，也不构成任何形式的卖方承诺或对潜在买方的建议。保密信息备忘录主体内容通常包括：

1. 项目简介：对目标公司的业务概览、股权结构、公司组织架构及财务状况的简要介绍。

2. 投资考虑：对目标公司所从事行业的市场分析、优势分析、投资亮点分析等。

3. 目标公司概述：公司历史、行业和产品介绍、研发活动、客户及客户服务、供应商管理等。

4. 管理层和员工：公司组织结构、管理层传记、人力资源和劳动人事状况等。

5. 公司财务：历史情况、财务预测、关联交易等。

（二）律师法律意见书

就我国上市公司而言，根据《上市公司重大资产重组管理办法》，若上市公司出售股权或资产构成法定的"重大资产重组"，则上市公司应当聘请律师事务所就重大资产重组出具意见；律师事务所应当审慎核查重大资产重组是否构成关联交易，并依据核查确认的相关事实发表明确意见。上市公司聘请的独立财务顾问和律师事务所应当对重大资产重组的实施过程、资产过户事宜和相关后续事项的合规性及风险进行核查，发表明确的结论性意见。独立财务顾问和律师事务所出具的意见应当与实施情况报告书同时报告、公告。

在无法定要求的情况下，为了取信于潜在买方并增加交易成功砝码，卖方仍然可以要求其聘请的外部律师团队基于其尽职调查结果出具独立的法律意见书。该等法律意见书可以作为招标文件之一提供给意向投标方，供其作报价参考使用。

（三）其他

1. 格式股权转让协议、合资合同等

为争取谈判中的主动权并减少潜在买方讨价还价的余地，卖方可以要求其律师在交易

前期准备格式交易文件，例如股权转让协议、合资合同等。该等格式交易文件应尽量标准化并保护卖方利益。格式交易文件可以作为招标文件之一提供给意向投标方审阅并要求意向投标方就格式交易文件提出反馈意见，作为其投标要约文件之一返还卖方。除了各个投标方的报价和投标方本身的条件，就格式交易文件的反馈意见也可作为卖方评标的考虑因素之一。

2. 意向书或框架协议

本书已经从买方角度介绍过意向书（Letter of Intent）、谅解备忘录（Memorandum of Understanding）、前期条款清单（Heads of Terms）、并购条款清单（Term Sheet）和框架协议（Framework Agreement）等交易前期法律文件的作用和主要内容。从卖方角度出发准备该等交易前期法律文件的作用和主要内容和从买方角度出发准备基本一致，本节在此不再赘述，具体内容请参见第三章第一节"买方交易筹划和准备"。

■ 第三节　尽职调查

一、尽职调查概述

（一）尽职调查目的

尽职调查（due diligence investigation），又称审慎性调查，是指通过对目标公司或目标资产及拟定交易的相关背景进行调查，收集与拟定交易有关的信息并进行分析，从而达到了解目标公司或目标资产以及其他相关事项的目的。通过尽职调查，可了解目标公司或目标资产及拟定交易中现存和潜在的重大问题以及影响拟定交易的各种因素。这些发现将有助于客户（包括投资者或收购方，下同）识别和判定有关的风险，作出是否进行拟定交易的决定，并可以作为与交易对方进行讨价还价以及拟定交易完成后对目标公司进行整合的依据。

从投资人或收购方角度而言，在进行拟定交易前，若不进行尽职调查，对目标公司、目标资产或目标股权等一无所知，则可能会使交易失去安全，甚至面临投资损失或投资失败的风险。投资人有必要通过实施尽职调查来补救交易双方在交易标的及相关信息获知上的不平衡和不对等。通过尽职调查，投资人或收购方可以发现目标公司存在的法律、财务、经营以及人力资源等方面的风险。通过尽职调查明确了存在的风险和各种问题，交易双方可以通过交易协议以及谈判和磋商等在双方之间对相关风险进行分配。进行尽职调查是投资人风险管理和控制的必经程序。此外，尽职调查的结果也可为交易文件起草过程中设定交割条件、确定目标公司及交易对方的陈述与保证以及拟定补偿条款提供依据。

（二）尽职调查的种类

1. 以尽职调查内容为依据划分

以尽职调查的内容不同为依据，尽职调查可以分为下述几类：

（1）业务尽职调查（由客户或客户聘请的投资银行或专业财务顾问进行）。

（2）财务/税务尽职调查（由会计师进行）。

（3）法律尽职调查（由律师进行）。

（4）其他专业类尽职调查，比如 EHS（环境、健康和安全）、知识产权、人力资源、矿产储量等尽职调查等。

前三类的尽职调查在一项并购交易中普遍适用，至于是否需要进行特殊的其他专业类的尽职调查，则取决于目标公司所从事的行业以及客户的客观需要。比如，目标公司从事的是化工行业，相较于其他行业的公司而言，环保问题显得更为突出和重要，客户可能需要聘请独立的专业环境评估机构对目标公司进行环保合规方面的尽职调查。若目标公司是原国有企业改制后成立的有限责任公司，员工众多、用工形式多样且涉及国有企业历史上复杂的改制变迁等问题，则有可能需要聘请专业的人力资源问题专家就劳动问题进行独立的审慎调查。

2. 以交易类型为依据划分

根据客户拟进行的交易的不同，尽职调查亦可以分为下述几类：

（1）兼并收购的尽职调查。

（2）证券首次公开发行及上市的尽职调查。

（3）重大融资活动时的尽职调查。

（4）重组时的尽职调查。

因为拟定交易类型的不同，所需进行的尽职调查的内容、范围和程度亦有很大的不同。比如，公司股份首次公开发行和上市时的尽职调查以目标公司的设立及存续是否合规，资产权属、业务与关联交易、同业竞争、募集资金使用、债权债务、重大诉讼等方面是否符合发行上市的条件为基础进行；而兼并收购的尽职调查则基于交易的类型、投资者或收购方参与交易的目的等因素的不同而主要偏重于甄别目标股权和资产的状况及风险。重大融资活动如贷款时的尽职调查，可能偏重于目标公司的财务状况和还款能力等，对于知识产权等方面的信息则可能不会做深入和细致的了解。即使广义上同属于兼并收购的尽职调查，私募投资者的尽职调查与传统意义上的公司并购的尽职调查的范围和内容也有不尽相同的地方。

3. 以代表公司不同为依据划分

根据代表公司的不同，尽职调查可以分为：

（1）代表客户对于目标公司进行的尽职调查。

（2）代表目标公司对客户进行的尽职调查。

此种分类的目的在于帮助从事尽职调查的专业人员认清自己的身份，进而明确对于待进行的尽职调查的具体要求、范围和深度等。

4. 其他分类

除上述分类外，关于尽职调查也可以做其他划分。比如，以目标公司所处的行业为依据可将尽职调查划分为一般生产型企业、房地产开发企业、金融企业、高科技企业、电信企业、药品生产企业的尽职调查等。

（三）法律尽职调查

1. 意义

法律尽职调查，顾名思义，即法律专业人员（包括客户的外聘专业律师或其公司内部法律顾问。就本章节而言，以下主要指外聘专业律师），对目标公司或目标资产及相关事项进行法律方面的调查，以帮助客户了解目标公司设立与存续、股权结构和公司治理、资产权属与限制、业务运营、守法合规等方面的法律状态，发现、分析以及评估目标公司或目标资产及相关事项存在的各方面的法律问题，揭示拟定交易存在的相关的法律风险及其应对措施，为客户判断拟定交易是否继续进行提供依据；而在和客户就目标公司或目标资产存在的法律问题和风险及解决方案或补救措施进行沟通后，协助客户确定商业计划和交易时间表，并协助客户设计或审查拟定交易结构、考虑价格调整、设置先决条件、决定投资人权益保护、过渡时期的安排、交割后的义务以及交易完成后各方的其他义务等。

2. 法律尽职调查阶段

从广义角度来说，法律尽职调查贯穿于拟定交易的整个过程，具体可以分为以下三个阶段：

（1）提交意向阶段。大多数人认为，只有当投资者或收购方与交易对方或目标公司在并购事项上取得一定共识并签署某些具有法律约束力的文件，如意向书、框架条款后，法律尽职调查才开始启动。实际上，在客户与交易对方或目标公司接触之前，法律尽职调查应该已经开始。这时候的法律尽职调查的信息来源主要是公众渠道，以及交易对方或目标公司的一些非正式的信息披露。此时的尽职调查的重点在于目标公司的基本概况、行业地位、主要财务信息以及股权结构等重大法律方面，目的在于帮助客户就是否与交易对方或目标公司进一步接触并达成初步投资意向等提供帮助。

（2）签订投资意向书/谅解备忘录后的尽职调查。这一阶段的尽职调查最关键，也是尽职调查最全面、最深入的阶段。这一阶段的法律尽职调查，将主要依赖于交易对方或目标公司自身提供的全面的信息并结合独立调查、函证等方式，对目标公司或目标资产进行全面了解，从而发现目标公司或目标资产以及拟定交易所存在的主要法律问题和风险，并向客户提供解决问题的方案和补救措施等。这一阶段的法律尽职调查结果需要形成法律尽职调查报告交由客户审阅。

（3）交割时的尽职调查。若经过以上两个阶段的法律尽职调查后，拟定交易继续进行且双方就交易协议达成了一致，根据客户的具体要求，有时在拟定交易交割时还需做一轮法律尽职调查，以确定交易协议中所约定的目标公司或目标资产的重组是否已依照约定顺利完成、交割先决条件是否成就等。

3. 法律尽职调查方式

法律尽职调查可以分为以下几种方式，在实践中，需要根据具体项目的不同以及客户的要求单独或一起适用。

3.1　审阅资料室文件

通常情况下，为并购交易之目的，交易对方或目标公司会建立现场资料室（data room），将根据法律尽职调查清单所整理和准备的资料放入资料室，供投资者或收购方委托的律师审阅。有时候，交易对方或目标公司亦会直接将投资者或收购方所需的纸质文件和资料扫描后刻录成光盘寄送给投资人及其律师。

审阅现场资料室文件经常遇到的一个困难是，交易对方或目标公司不允许律师对资料室文件进行复印并带走，在极端情况下，由于拟定交易的敏感性以及出于保密的需要，甚至不允许律师进行摘抄等。在这种情况下，律师既要长时间地、快速地审阅大量文件，"牢记"相关内容，还要识别目标公司或目标资产存在的问题，对其进行分析和判断，提出解决这些问题的方案，这无疑是对律师的综合能力的一次严峻考验。

随着科技的发展，目前存在一种趋势，即建立虚拟资料室（Visual Data room）或网络资料室，即将所有文件和信息上传至互联网供投资者或收购方所聘请的中介机构审阅。虚拟资料室在大型并购交易、海外并购交易以及通过招投标方式甄选潜在投资者或收购方的并购交易中运用更为普遍。虚拟资料室一般由交易对方或目标公司聘请的第三方服务提供商提供网上平台，该第三方服务提供商将交易对方或目标公司提供的涉及尽职调查的所有资料分门别类地上传至网络平台。第三方服务提供商将根据投资者或收购方的要求，将登录平台的账号发给投资方或收购方指定的中介机构或个人。在登录虚拟资料室时，都需要签署保密协议以及虚拟资料室规则。目前比较先进的虚拟资料室均能准确地记录各个账户的登录时间、地点、次数、每份文件的浏览次数、某份文件是否打印、打印时间、打印份数等，并形成报告提交给交易对方或目标公司。此外，虚拟资料室有一个Q&A（问答）的部分，投资方或收购方可以通过该部分提交对于已经提供的资料的问题，并要求补充资料或信息。

3.2　现场调查

投资人及其律师和其他中介机构有时需要去目标公司或目标资产所在地进行现场调查。现场调查期间，除现场查看目标公司的厂房、设施和设备、生产流程、周边环境等"硬件"外，投资人及其律师和其他中介机构还需对管理层进行访谈，甚至需要交易对方或目标公司安排与相关政府主管部门、供应商或客户进行走访、查证以及沟通等。

较之于资料室文件审阅，现场调查对于律师的要求更高。比如，现场查看时需要律师"眼观六路，耳听八方"，及时厘清和发现任何可疑点。笔者就曾亲自经历过目标公司企图"鱼目混珠"，将别人的新建厂房当做自己厂房炫耀的情况。而在进行管理层访谈时，需要事先做好准备，第一时间能理解目标公司的业务及其运营模式并根据管理层就公司历史沿革、现实状态、未来预期，以及人、财、物、供、产、销等方面问题的回答，甄别存在的各种问题等。

在进行现场调查时，有些客户会要求每天召开总结会，请所有中介机构将当天所发现的重大问题进行汇报，以有效地推进尽职调查的工作，并适时了解所有存在和发现的重大问题。因此，除了审阅文件外，律师如何在现场调查的过程中能及时总结发现的问题、判断其重要性并提出分析和建议显得至关重要。

如果某次法律尽职调查未安排现场调查，除非存在特殊困难，律师应当与客户协商，至少尽量安排对管理层的电话访谈，以获取更多的信息，尤其是关于目标公司业务方面的信息。

3.3 独立调查

除了依赖交易对方或目标公司提供的信息外，律师还应该学会从其他途径了解目标公司或目标资产的情况，避免被交易对方或目标公司牵着鼻子走，受交易对方或目标公司提供的、经过"筛选和漂白"的信息的误导。独立调查有助于从一个侧面核实交易对方或目标公司所提供资料的合法性、准确性和完整性。

实践中，律师可以进行的独立调查包括：向工商行政管理部门查询目标公司的注册登记资料、股权质押情况、动产质押情况等；前往房地产交易中心查询目标公司的不动产权属情况以及是否存在权利负担；通过征信部门，了解公司的信用状况；向目标公司的竞争对手了解目标公司的行业地位、技术状态、发展前景；通过特定法院以及网络，了解目标公司的已结或未决诉讼，查询目标公司是否存在被执行案件；等等。

近年来，利用网络信息进行独立调查已是律师进行独立调查不可缺少的一部分。笔者就此总结了下述法律尽职调查中主要使用的网站，以方便读者：

（1）企业主体相关信息查询

国家工商总局"全国企业信用信息公示系统"（www.gsxt.gov.cn）

各省市级信用网：如北京市企业信用信息网（www.creditbj.gov.cn）；浙江企业信用网（www.zjcredit.gov.cn）

各主管部门网站查询交易对方或目标公司所需具备的特殊行业资质：如建筑业资质查询（mohurd.gov.cn/wbdt/dwzzcx/index.html）

（2）涉诉信息查询

最高人民法院"中国裁判文书网"（http：//wenshu.court.gov.cn）

最高人民法院"全国法院被执行人信息查询系统"（http：//zhixing.court.gov.cn/search）

最高人民法院"全国法院失信被执行人名单信息查询系统"（http：//shixin.court.gov.cn）

（3）资产查询

国土资源部子网站"中国土地市场网"（http：//www.landchina.com）

国家知识产权局"专利检索系统"（http：//www.sipo.gov.cn/zhfwpt/zljs/）

国家工商总局商标局"中国商标网"（http：//sbj.saic.gov.cn）

中国版权保护中心（www.ccopyright.com.cn）

中国人民银行征信中心（http：//www.pbccrc.org.cn）

（4）投融资信息

中国证监会指定信息披露网站"巨潮资讯网"（www.cninfor.com.cn）

上海证券交易所（www.sse.com.cn）

深圳证券交易所（www.szse.cn）

中国中小企业股份转让系统（新三板）（http：//www.neeq.com.cn）

中国银行间市场交易商协会（www.nafmii.org.cn）

4.律师的作用和职责

以传统的兼并收购为例，律师在法律审慎调查中的作用和职责可以从下述两个方面进行阐述：

4.1　作为投资者或收购方律师的作用和职责

（1）制作尽职调查文件清单。根据拟定交易的类型、结构和客户的商业目的，并参考已签署的投资意向书或谅解备忘录，准备和发出第一轮法律尽职调查文件清单。在以后的法律尽职调查过程中，根据交易对方或目标公司提供的信息以及需进一步核实和确认的内容，视情况而定准备并发出一次或多次补充尽职调查文件清单。

（2）根据实际调查情况，控制法律尽职调查的进程和节奏。客户进行拟定交易，通常都有一定的时间要求，在整个交易过程中，通常尽职调查所需花费的时间最久，因此控制这部分的时间和节奏对于整个交易的顺利完成至关重要。若交易对方或目标公司提供文件的进程缓慢或过于拖沓，则需要及时向客户反映，通过客户向交易对方或目标公司施加压力，以保证文件和信息的适时提供。若交易对方或目标公司提供的文件量大且调查时间有一定限制，律师应当通过内部调整并加派人手等，以争取尽快完成法律尽职调查。

（3）根据法律尽职调查的范围和深度，有重点、有目的地认真审阅尽职调查文件并根据需要进行摘抄。对于目标公司所提供的尽职调查文件与资料，律师在审阅过程中所发挥的作用并不是简单的"摘抄员"，而必须结合拟定交易的结构、客户的需求、尽职调查的重点以及目标公司或目标资产的情况等进行具体问题具体分析。如果不加选择、不分轻重地将交易对方或目标公司所提供的所有文件和信息摘抄并录入法律尽职调查报告，而不是有针对性、有重点地介绍发现的问题、可能存在的风险并提供解决方案，将无法帮助客户甄别目标公司或目标资产存在的问题和法律风险。这与客户聘请律师进行法律尽职调查的初衷显然是背道而驰的，客户聘请这样的律师也没有任何意义。如何有重点地摘抄文件本身也是衡量一个律师甚至一个律师事务所是否具有较强的法律基本功和判断力的标准之一。

（4）在法律尽职调查过程中及时与各方进行沟通。在法律尽职调查的全部过程中，与客户进行及时、有效的沟通，这是不言而喻的。与此同时，还需要与其他尽职调查团队进行及时、恰当的沟通。比如，财务尽职调查的部分内容会与法律尽职调查相重叠。通过与客户所聘请的财务顾问交换信息，可以印证某些法律问题是否存在，并可依据财务角度提供的线索发现法律问题，从而避免遗漏某个问题或无法判断某问题的重要程度。举例而言，若律师在法律尽职调查中发现目标公司存在缴交社会保险不足的情况，则需要与财务顾问沟通以确定欠费的总金额，以判断此问题的严重程度；通过与财务顾问核对目标公司的或有负债可知其对外担保的具体情况；等等。此等交叉核查有助于律师对相关问题及其法律风险的准确阐述，且能帮助律师给出有针对性的建议。还需提出的是，与目标公司的及时沟通也很有必要。法律尽职调查的顺利进行离不开目标公司的配合，因此从尽职调查的起始阶段就必须与目标公司进行沟通，以确保其对于法律尽职调查文件清单的准确理解，保证交易对方或目标公司所提供的文件和信息准确、完整。在调查过程中若发现信息或事实存在矛盾、不一致或有遗漏时，也需要与目标公司及时沟通，取得其全力配合，以保证法律尽职调查及时、有效地完成。在法律尽职调查过程中，目标公司的有关人员对于要求提供有关目标公司的信息有"天然的"抵触情绪，有的以各种理由搪塞，有的故意避重就轻，有的甚至故意造假。因此，律师要有良好的沟通能力，以便与目标公司的人员进行周旋，最大限度地得到所要求的尽职调查信息。

（5）起草法律尽职调查报告与主要问题摘要。法律尽职调查报告是记录法律尽职调查成果的书面文件，是对整个法律尽职调查最终成果的总结。一般的法律尽职调查报告应涵盖的内容主要包括公司的基本情况（设立与沿革、股权结构、内部治理以及对外投资等方面），经营许可和证照，业务情况，重大合同，债权债务，关联交易，公司资产（动产、不动产和知识产权），环保，劳动，诉讼仲裁等方面调查结果的事实描述、发现的主要问题及其风险以及解决这些问题和排除相关风险所要采取的步骤与措施。前述最后一部分是法律尽职调查报告中尤为重要的一部分。律师应该对尽职调查所发现的法律问题及其可能导致的风险进行充分的解析，以使客户充分了解该等法律问题和风险对拟定交易的影响，最终有助于客户在商业上作出准确的判断。

法律尽职调查报告动辄就是几十页甚至上百页，为了便于客户的管理层尽快了解目标公司或目标资产的主要法律问题以及律师的相关分析和建议，通常会在法律尽职调查报告之首（多数情况下，作为法律尽职调查报告的一部分），就主要法律问题做一个概述（executive summary），以节省客户管理层阅读成百上千页法律尽职调查报告的时间。

4.2　作为交易对方或目标公司的律师的作用和职责

（1）保密。在尽职调查过程中，交易对方或目标公司将向投资者或收购方及其顾问提供各方面的资料和信息，其涵盖了公司基本信息、业务、财务、资产等各方面。其中很多可能涉及交易对方或目标公司目标资产的商业秘密和未公开的信息。而在签署有关交易协议前并不意味着拟定交易必定会完成。为了保证交易对方或目标公司披露的信息不被泄露或不被竞争方不当使用，作为交易对方或目标公司的律师应当准备保密协议并要求投资者或收购方及其所有中介机构在尽职调查开始前签署。保密协议应该设定保密时间，以便在拟定交易进行过程中以及随后的一定期限内，要求投资者或收购方及其所有中介机构能切实履行该等保密协议。

（2）与投资者或收购方及其律师协商尽职调查的范围、深度、文件提供的方式以及整个尽职调查的时间安排。作为交易对方或目标公司的律师，应帮助交易对方或目标公司审阅投资者或收购方律师提供的法律尽职调查清单，并以此为基础，审阅和检查目标公司准备的尽职调查文件和信息。其间，律师应对准备的尽职调查文件和信息进行筛选，如果发现目标公司或目标资产存在特定的瑕疵，应报告目标公司，并协助目标公司对这些瑕疵进行处理和纠正，即所谓"为待嫁的闺女梳妆打扮"，以最大限度地维持目标股权或目标资产的价值。需注意的是，这种检查和纠正的目的并非隐瞒交易对方或目标公司不利的或负面的信息和文件，不向投资者或收购方提供，而是以投资者或收购方律师准备的尽职调查清单为基础，整合所有相关信息，以促使尽职调查高效、迅速地完成。在尽职调查过程中刻意隐瞒交易对方或目标公司的不利信息，有可能被视为不诚信，从而造成交易双方之间的猜疑和不信任，甚至导致拟定交易的失败。

（3）与目标公司及时沟通，帮助制定资料室的审阅规则，以及协商安排管理层访谈等。作为律师，应当帮助目标公司建立调查人员出入和资料室借阅管理制度，防止资料室中的文件或资料被擅自拿出、遗失或被泄露，同时亦要防止与尽职调查和拟定交易无关的人员进出资料室，避免泄密。

二、法律尽职调查范围和清单

（一）法律尽职调查一般范围

法律尽职调查的范围一般包括目标公司的基本情况、业务（包括重大合同）、财务、税务、动产、不动产、知识产权、诉讼和仲裁情况、环境保护、劳动保护以及合规等方面。

在目标公司基本情况方面，重点是目标公司的历史沿革（即设立、变更及存续）和现状，股权结构，公司内部治理情况，对外投资（是否有参股或控股子公司），是否存在隐名股东，代持等情况及公司的实际控制人，目标公司是否已经取得生产经营所必需的所有资质，许可和执照等情况。

目标公司业务的法律尽职调查涉及对于目标公司的业务和业务模式，所需取得的特殊经营资质，业务的合法和合规性，目标公司业务经营中所签订的重大合同（包括采购合同、供应合同、长期供应合同、经销协议、特许经营协议、运输协议、仓储合同、咨询合同、服务合同等），管理合同，不竞争协议，战略合作协议，保密协议，关联交易合同，对外投资合同，保险合同等的调查。需注意的是，由于目标公司所涉及的行业有别，需要审查的、其所涉及的业务合同以及其他重大合同有所不同，因此参与法律尽职调查的律师应根据目标公司的不同，适时调整所需审查的重大业务合同的范围。

对目标公司动产、不动产以及知识产权的调查重点在于这些资产的权属是否确定，是否存在瑕疵、争议，是否存在被征用、查封、设置担保或存在任何其他权利负担，对这些资产的使用是否存在法律或协议方面的限制或障碍。此外，关于资产取得、租赁、授权使用等方面的合法和合规性及相关协议的约定也是法律尽职调查的重点。在不动产方面，应特别关注土地使用权的取得是否符合法律规定，所需缴纳的土地出让金和税费等是否已缴清，建设过程中，是否符合规划、设计、招投标、施工、建设、环保、消防、竣工验收等各方面法律、法规、规范和标准的要求。在知识产权方面，则需关注各项知识产权的权属状况、权利的续展、使用限制、权利限制、保密以及不竞争等问题。

就财务和税务方面的尽职调查而言，虽然客户更多地依赖其所聘请的会计师进行的财务和税务的尽职调查，但律师在财税方面的法律调查也至关重要。从法律尽职调查角度来看，在审查目标公司的财务状况时，律师通常需要关注的内容包括：目标公司的债权和债务；目标公司所签订的融资方面的协议和合同（特别关注控制权变更条款，即一旦发生所约定的公司股权或资产的变化，即需要取得融资方作为债权人的事先的同意）；各类担保合同（或有负债）；融资租赁合同；长期投资；可能涉及关联交易的或可能已丧失诉讼时效的应收、应付；等等。税务方面，重点核查的通常是目标公司是否依法进行税务登记，享有税收减免和优惠是否合法，地方政府给予的投资奖励或补贴是否合法、是否能兑现，是否存在偷、漏、欠税的情况，是否受过税收征管部门的处罚以及需缴纳滞纳金，等等。

就目标公司的诉讼和仲裁，律师应当重点调查目标公司在中国境内是否存在未决的重大诉讼、仲裁、行政复议等，以及可能引起上述诉讼程序的任何重大的违法和违约行为，是否有尚未执行完毕的裁决、判决及调解等。还需特别注意的是，对于近期判决的诉讼和仲裁，需了解和查明相关案件的诉因以及潜在的影响，从而判断是否存在申诉的可能性。

在环境保护方面，律师要根据目标公司所属行业及其所处的地理位置，重点关注目标公司的有关项目在建设之前是否做过环境评估，是否取得环境影响评价报告的批文及其主要内容，是否遵守了"三同时"（指环境保护的实施和生产设施的建设这两个方面要同时设计、同时施工、同时验收）的要求，是否取得有关的环境许可证明，环保设施是否通过验收，试生产是否依法进行，是否按时、足额缴纳排污费，是否有非法、超标排放等行为，是否存在受到环境保护机构处罚的情况及风险，等等。

律师应审查目标公司的劳动基本情况，包括用工情况、所签署的各类劳动合同模板、保密和不竞争合同、职务发明和职务作品之产权的归属、与高级管理人员签订的聘用协议等。关注目标公司在"五险一金"的缴纳方面是否足额及合规，是否合法遵守工时制度，是否足额支付加班工资，是否存在集体合同，劳动保护与安全合规情况，劳务外包的合法性及其风险，有无悬而未决的劳动争议，是否存在停工、罢工、重大工伤、大规模裁员等情况，是否有劳动部门的处罚或整改要求，等等。

在合规方面，律师应查明目标公司遵守法律的情况，包括根据适用的法律法规规定其应当遵守而未遵守的领域，若因违法行为或被指控违法行为受到处罚、罚款、赔偿金等，目标公司将承担何种潜在责任，该等责任是否被认为将对目标公司的财政情况造成重大影响，及该等违法行为将引起的其他潜在后果或将对目标公司从事的业务带来的不利影响

（如吊销执业许可等），等等。

（二）法律尽职调查清单

在开始法律尽职调查之前，通常会向交易对方或目标公司发送一份法律尽职调查清单。此份清单通常是以常用的法律尽职调查清单模板为基础，根据已了解的交易对方或目标公司或目标资产的情况以及已经签署的投资意向书/谅解备忘录等信息，进行增加或删减不适合的内容，根据拟定交易的时间安排发给交易对方或目标公司及其法律顾问，由其按要求搜集和准备相关信息和资料。除非投资者或收购方与交易对方或目标公司另有约定，鉴于前期对于目标公司所知不多，第一次所发的初步法律尽职调查清单应当是最全面的、覆盖范围最广，以确保交易对方或目标公司能够提供最全面和完整的资料和信息。

初步法律尽职调查清单发给交易对方或目标公司后，如果可能，还应当及时与交易对方或目标公司或其法律顾问逐项沟通该份清单的内容，帮助交易对方或目标公司理解清单的内容并了解投资者或收购方的需求。

在法律尽职调查过程中，根据交易对方或目标公司提供的材料以及对于相关材料的审阅情况，应当适时准备补充尽职调查清单。关于发送补充尽职调查清单，也应当注意提前与交易对方或目标公司进行沟通。一般交易对方或目标公司不希望不停地接到补充文件的要求，所以应尽量通过发送一到两次补充清单就能将需补充的资料和信息说明清楚。

必须特别强调的是，尽职调查文件清单应最大限度地涵盖所要求的、有关目标公司股权或其资产的全部信息。这其中有律师的责任问题。因为交易对方或目标公司允许收购方或投资者所作的尽职调查的内容及范围都是有限的，其一般不会主动提供投资者或收购方律师不要求的文件。也就是说，如果尽职调查清单有遗漏，则可能得不到有关交易对方或目标公司或目标资产的完整信息，在这种情况下，就存在无法识别目标公司或目标资产的全部风险的可能性，如此则可能导致重大的执业疏忽。

三、如何进行法律尽职调查

（一）一般审查要点

以下就境内并购交易的法律尽职调查中经常碰到的主要文件及其审查要点做一简单归纳。

1. 公司基本情况

1.1　有限责任公司的股东协议、设立协议或类似文件；股份有限公司的发起人协议

对于有限责任公司，并非所有有限责任公司设立时股东都必须签署此类协议，通常只是签署章程；对于股份有限公司，凡以发起方式设立的股份有限公司，发起人均应签署发起人协议。

在审阅时，应关注设立时的股东对于公司的设立及存续是否存在特别约定（如对股东

分红权、股权转让、新股发行与认购权等是否有特别约定等），设立时股东人数，该等协议是否经全部股东/发起人签署等。在审阅股东协议或发起人协议时，亦请关注公司是否存在隐名股东、股份代持等情况，进而判断公司的实际控制人，从而为判断关联交易和同业竞争奠定基础。

1.2　目标公司特定生产及建设项目申请报告、可行性研究报告及有关政府部门对项目的核准文件

这些文件仅在设立外商投资企业时及存在根据《政府核准的投资项目目录》应当实行核准制的项目时方适用。

审阅此等文件时，应关注核准机关层级及其职权划分（如需关注地方和中央发展和改革部门对新投资项目核准权限的审批层级的不同，还应注意各地根据当地的情况自行制定的企业投资项目核准方面的特别限定）及核准文件的有效期限。如果有效期限内未开工建设，则应关注是否已提前申请延期并已经获得批准；如存在须对已经核准的项目的有关方面进行调整，则应注意该等调整是否已经或能够获得原核准机关出具书面确认意见或是否存在其他文件以证明能够获得相关核准等。

1.3　外商投资企业的设立及历次变更批复、批准证书、合资合同

在审阅题述文件时，应特别关注该等外商投资企业现行章程、合资合同是否已经过有权限的审批机关批准[①]，批准证书载明的投资者名称、注册地及出资额等项目是否与合资合同等文件的规定相符，是否存在越级审批的情形，是否存在公司基本情况（如投资总额、注册资本、经营范围、经营期限、出资方）发生变化但未经审批机关进行审批的情况。

1.4　公司章程

对于公司章程的历次修订，应关注修订的内容以及修订是否履行了公司内部及政府的法定批准程序，是否进行了工商变更备案登记。对于因为行业的特点，公司章程需要行业主管部门批准的，亦应关注该等批准是否已经取得。

对于有限责任公司的章程，应关注公司章程对于原有股权转让及增发新股权的认购有无特别的内容或限制，章程对于股东是否按出资比例行使表决权有无特别规定，公司章程对股东分红是否按持股比例分配有无特别规定，是否有股东享有"准优先股"的待遇，等等；同时还要关注公司章程对股东会、董事会的职权及特别表决事项有无特别规定，公司组织结构的议事规则是否有对投资人收购公司现有股权或认购公司增发股份或收购公司的资产有不利或限制性的特别规定，公司股权结构，公司章程中有无对公司营业期限及公司解散事由的特别规定，等等。

对于股份有限公司的章程，应关注公司章程对于董事、监事、高级管理人员转让其所持有的公司股份有无特别限制性规定，公司章程对股东大会、董事会的职权及特别表决事

---

①　自 2016 年 10 月 1 日起在全国范围内对外商投资实施准入前国民待遇加负面清单管理的新模式，对于不涉及国家规定实施准入特别管理措施的外商投资企业的设立、变更等事项由审批改为备案管理。

项有无特别规定，公司股份结构，公司章程中有无对公司营业期限及公司解散事由的特别规定，等等。

1.5　验资报告

对于验资报告的审查重点在于关注股东是否根据法律规定以及公司章程规定按时、足额缴纳了各期出资，股东的出资形式，验资报告正文或其验资事项说明部分中会计师是否对于出资资产的过户、交付、缴纳作出了保留的意见等。

1.6　资产评估报告

在国有企业以非货币资产对外投资、整体或部分改制、产权转让、资产转让、置换等法定情形时，需将对出资资产或相关资产进行评估的结果报经国资部门批准或备案；在审阅时，需要与验资报告结合审阅，特别是在验资报告中会计师对于出资资产过户、缴纳出具了非清洁意见时，资产评估报告可能能够提供未过户、未缴纳部分的资产的价值情况。此外，亦请关注资产评估报告出具的时间。一般来说，经核准或备案的资产评估结果使用有效期为自评估基准日起1年。

1.7　营业执照

就营业执照的审阅，关注的重点在于：确定公司的设立是否经工商登记机关正式登记，公司的成立日期和经营期限，公司的类型，是否通过上一年度的年检①，《企业法人营业执照》上记载的注册资本、实收资本是否与公司章程、验资报告等文件相一致②，《企业法人营业执照》上登记的经营范围是否与公司实际经营范围相一致，是否存在超越经营范围经营的情形，等等。还应当注意公司历次《企业法人营业执照》上记载的公司名称、住所、注册资本、经营范围等信息，并与公司提供的历次注册资本或股权变动资料相印证。

1.8　历次股权转让协议、增资

在股权变动方面，要关注股权转让、增资的定价依据及价格公允性、股权转让协议、增资协议项下的付款义务是否已经履行完毕、股权转让是否违反公司法中的限制性规定等。对于有限责任公司，还应关注股权转让、增资是否进行了工商变更登记等；对于股份有限公司，应关注股东名册是否已进行相应变更等。

如果转让公司股权的股东为国有资产占有单位，应当进行资产评估并需履行"招拍挂"的程序，经国资部门批准或备案。若国有产权是经协议转让的，需特别关注是否属于

---

①　自2014年3月起，企业年度检验制度改为企业年度报告公示制度。企业应当按年度在规定的期限内，通过市场主体信用信息公示系统向工商行政管理机关报送年度报告，并向社会公示，任何单位和个人均可查询。企业年度报告的主要内容应包括公司股东（发起人）缴纳出资情况、资产状况等，企业对年度报告的真实性、合法性负责，工商行政管理机关可以对企业年度报告公示内容进行抽查。

②　自2014年3月起，中国实行注册资本认缴登记制。公司股东认缴的出资总额或者发起人认购的股本总额（即公司注册资本）应当在工商行政管理机关登记。公司股东（发起人）应当对其认缴出资额、出资方式、出资期限等自主约定，并记载于公司章程。有限责任公司的股东以其认缴的出资额为限对公司承担责任，股份有限公司的股东以其认购的股份为限对公司承担责任。公司应当将股东认缴出资额或者发起人认购股份、出资方式、出资期限、缴纳情况通过市场主体信用信息公示系统向社会公示。公司股东（发起人）对缴纳出资情况的真实性、合法性负责。公司实收资本不再作为工商登记事项。公司登记时，无须提交验资报告。

国民经济关键行业对于受让方有特殊要求，且该等协议转让是否已经省级以上国资管理部门的批准。

1.9　工商机关档案查询

一般来说，投资者或收购方律师需要对目标公司做独立的工商调查①，在审阅公司于工商机关登记和备案的文件时，要注意登记与备案的文件是否真实、完整，是否与实际相符，尤其要关注公司历次变更是否均在工商登记机关进行了变更登记、公司最新存续情况等。

2. 业务问题

2.1　行业许可证及主管部门批复

根据公司所属的行业不同，应关注公司的业务经营是否需要取得主管机关的批准和许可或是否要备案登记。相应地，要注意公司需要批准和许可及备案登记的有关事项变更时，是否取得了原审批机关的批准和许可或备案登记。此外，应当关注各类许可证的有效期，以及是否依法按时办理了年检。

2.2　公司业务合同样本、范本或标准文本

投资者或收购方律师应了解目标公司的业务类型和经营模式，关注公司业务合同样本、范本或标准文本所设定的条件和条款是否涵括有关法律强制性规定必须写入合同的内容，以及是否存在违反有关法律的内容；关注合同中是否载有交叉违约（指如果公司对任何其他协议的违约，将被视为其对某一协议的违约，从而应清偿未到期债务或终止该协议），限制合同转让和公司的控制权变更即可终止合同等限制目标公司权利和增加目标公司义务的条款；关注合同范本是否存在"免除自身法定责任、加重对方责任、排除对方主要权利"等依据《合同法》无效的格式条款或内容。

2.3　公司的重大合同

在尽职调查中，审阅业务合同样本、范本或标准文本，其目的在于确定目标公司日常业务所签订的合同符合法律的规定。而对于公司的重大合同，因对于目标公司以及目标资产意义重大，则除关注一般合同条款外，还应当关注合同各方是否具有签署该合同的资质，包括签订该等合同涉及的业务是否超越各方的经营范围，签订该合同的各方是否具有法律、法规所要求的从事该合同项下的交易所必须取得的批准、许可或其他证照等，合同的生效条件，合同终止的情形（审查合同能否被提前终止，以及提前终止合同的条件、提前终止合同的后果），合同是否存在对公司的资产或经营构成一定限制的条款，合同的管辖法律（如果管辖法律不是中国法，则可能需要另行聘请相关司法管辖区的律师从适用法律的角度审阅该等合同），合同的争议解决方式，等等。对于尚在有限期内的合同，需要向公司了解合同的履行情况，以便判断是否存在潜在的纠纷；对于已履行完毕但存在争议的合同，应重点关注合同中与争议有关的条款，要向目标公司了解争议的基本情况以及目

---

① 但目前，中国各地工商行政管理部门在公开查询登记资料方面的做法各有差异，有些地方禁止非诉讼目的查询公司工商档案。在此情形下，律师可能不得不寻求交易对方或目标公司的配合，以获得目标公司的注册登记资料。

前所处的阶段，以便分析判断可能出现的风险。

3. 财务状况

3.1 公司最近一期资产负债表

通过公司最近一期资产负债表，可以了解公司最近一个月的经营状况，关注公司的所有者权益、负债、总资产、净资产等情况。由于公司最近一期资产负债表通常是由公司自行编制的，尚未经过审计，故其真实、可靠性需要与会计师的财务尽职调查结果进行交叉验证。

3.2 公司过去三年的年度审计报告

通过公司最近三个会计年度（如公司成立不满三年，则是公司成立以来。在并购尽职调查时，投资者或收购方通常要求过去三年的审计报告，但亦不排除投资者或收购方会要求更多年的审计报告）的审计报告包含的资产负债表、现金流量表、利润表等所反映的各项财务指标全面了解公司的经营状况。审阅时要特别关注审计报告附注，尤其是对外投资、对外担保及税务部分，可与其他部分的法律尽职调查信息相互交叉查验。

3.3 目标公司签署的借款合同及担保合同等

关于这一方面的审查要点，请见上述"公司重大合同"。

4. 公司重大资产（包括动产、不动产和知识产权）

4.1 与公司通过出让等方式取得的土地使用权并在此土地上建设的房屋有关的文件和材料（包括但不限于土地使用权出让合同、房地产权证等）

在不动产产权及其来源方面，要注意签订的土地使用权出让合同或房屋或土地租赁合同的主要条款及其是否对公司股权或资产的转让设置了限制，土地使用权出让的价格是否合理，是否有政府补贴及该等补贴的合法性，出具土地划拨决定书或土地作价入股批复及颁发国有土地使用证的政府机构是否具备相应权限，土地使用证、房屋所有权证记载的土地和房产用途是否与实际用途相符。

以出让方式取得土地使用权的，应根据出让合同签订日期判断是否应履行"招拍挂"手续，与此同时也要关注土地出让金缴纳凭证，以及缴费期限是否符合出让合同的约定；以租赁方式取得土地使用权的，应关注土地租赁期限是否到期，土地租金是否按时缴纳；以划拨方式取得土地使用权的，应关注企业性质和土地用途是否符合有关规定。此外，还应关注公司是否存在使用农村集体土地的情况。

若建设中存在拖欠建筑工程款情形的，应关注房地产是否已经交付使用，以判断建筑商是否可能行使留置权。

4.2 与目标公司购买取得不动产权相关的文件（如买卖合同、房地产权证、付款凭证等）

与上述4.1节通过出让等方式取得土地使用权并建设土地不同，审阅此类文件，应关注土地使用权的性质、土地使用证、房屋所有权证记载的土地和房产用途是否与实际用途相符。若尚未取得权属证书或权属证书尚未过户的，对于预售房屋应关注预售合同是否登记备案。对于其他情形，需要了解具体情况，以判断最终取得权属证书是否存在实质性障碍。

4.3　他项权利证以及相关的抵押和贷款合同等

就他项权利证而言，应关注他项权证所登记信息与权属证书附页所登记信息是否一致，以及担保物的评估价值与被担保债务金额是否存在重大差异，以判断行使抵押权是否能足额偿还债务。

4.4　租赁合同、承租不动产的产权证明、租金支付凭证等

对于此类文件，需关注租赁合同是否已排除承租方的优先购买权，否则产权人应在出卖之前的合理期限内通知承租人，承租人享有以同等条件优先购买的权利；关注租赁物业的权属情况，房屋出租人对房屋的所有权是否存在瑕疵，对房屋的使用权（如出租、转租等）是否设有限制，如出租方不拥有或未能提供出租房产的合法土地使用权证书、房屋所有权证书，则该项物业租赁的合法性可能存在法律风险；与此同时，要关注租赁物业是否已经抵押及其抵押时间，租赁合同是否登记备案等。

4.5　与目标公司在建工程有关的文件，如立项批复、环评批复、建设用地批准证书、建设用地规划许可证、建设项目规划许可证、施工许可证、竣工验收证明、施工合同等

关于在建工程，应重点关注建设批准文件是否齐备（并不需要具备上述所列的所有文件，应根据建设进度来具体判断），以判断施工、建设是否合法；关注在建工程的实际情况与建设批准文件所记载的事项是否相符，以判断在建工程完工后最终能否通过验收，取得权属证书是否存在法律障碍；关注在建工程各项审批文件记载的项目建设主体是否与实际建设主体一致；了解在建工程是否已经完工并投入使用，因为建筑工程未经验收或者验收不合格的，不得交付使用；关注建筑承包商是否具备有关资质，以及其资质与承建的在建工程的规模与技术要求是否相匹配。

4.6　重大设备的购买合同

关于此类合同，特别应关注重大设备是否已按照合同约定支付货款，购买合同是否存在"买受人未履行支付价款义务的，标的物属于出卖人所有"的"所有权保留条款"，重大设备是否设定抵押（动产抵押应在工商管理办理登记备案）。此外，亦应关注该等重大设备是否存在知识产权的许可或转让，应特别小心重大设备中包含未经授权的第三方的知识产权。

4.7　商标注册登记证

审查商标注册登记证的重点在于：是否存在商标未经注册或未提出注册申请的情形，是否存在注册事项变更而未进行相应变更登记的情形，是否存在可能导致商标被撤销的情形，是否存在注册商标到期但未续展的情况。

4.8　专利证书

就专利权证书，需关注专利权是否保护期满，是否按年缴纳专利年费，专利权/专利申请权转让合同是否经过登记。此外，对于正在申请的专利，需关注是否存在侵犯他人权

利的情况，并根据实际情况判断该等已申请的专利能否获得正式的批准。

5. 人事和劳动问题

5.1　劳动合同模板

审阅劳动合同模板，应关注试用期规定是否符合《劳动合同法》，劳动合同解除条件是否超出《劳动合同法》所规定的范围（否则可能无效），是否存在违反集体合同规定情形，等等。

5.2　员工手册

就员工手册而言，重点关注工时、加班及待遇补偿规定是否符合《劳动法》，带薪年假制度是否符合《职工带薪年休假条例》，是否存在其他违反劳动法律法规的情形。

5.3　公司办理社会保险的书面说明

要关注社会保险和住房公积金的缴费比例和缴费基数是否合法，公司是否及时、足额为员工缴纳社会保险和住房公积金。

5.4　保密和不竞争协议

关注保密协议所约定的保密范围是否合理，竞业限制的期限是否超过法定标准，竞业限制义务的补偿金标准和支付方式，等等。

6. 环境保护

6.1　环境影响评价报告书/表、环境影响登记表

在审查时，关注建设项目是否履行了相应的环境影响评价报告/登记手续，以及环境影响评价报告中有关生产流程和环保设备的内容；要注意环境影响评价报告与立项审批、环保验收相互印证，环境影响报告书中是否已包含了征求周围单位和居民意见的内容。

6.2　环保部门对环境影响评价的批复

关注批准机关是否有权作出批复；关注批复内容，审验公司是否实际按照环评批复的内容履行了环保相关义务，可与立项审批、环保验收文件等相互印证；关注建设项目（性质、规模、地点、工艺、环保措施等）的变更是否重新进行环境影响评价文件的报批。

6.3　排污许可证

关注排污许可证副本载明的准许排放污染物的种类、数量，以及排污许可证载明的单位名称是否为目标公司及其关联公司等。

6.4　排污费缴交凭证

关注公司是否按时足额缴纳排污费，环保部门核定排污费的标准是否符合法律规定，是否存在公司与地方环保部门私自协商、少核定排污费或违规减免的情形。

6.5　环保部门出具的环境影响监测报告以及环境保护行政处罚决定书

审阅此类文件，重点应关注公司在建设项目环评影响批复与日常经营过程中的环境保护是否涉及违法情况，比如日常的三废产生是否与环评批复相一致，环境保护主管部门是否就某一问题出具处罚以及处罚的具体内容等。

7. 诉讼、仲裁和行政处罚

7.1 行政处罚决定书及罚款足额缴纳的凭证

了解公司近年来受到行政处罚的情况。重点关注有无重大违法、违规情形，以及是否可能因重大违法、违规行为而被剥夺或者限制从事某项业务的资格；关注罚款是否已经足额缴纳，违规行为是否已经得到纠正。

7.2 起诉书或仲裁申请书、答辩状或仲裁答辩书、反诉状或仲裁反请求书、上诉状等诉讼文书、法院判决书、调解书、仲裁裁决书等实体性裁判文书

了解公司涉诉情况，尤其是了解未决案件的情况，包括案由、案件的当事人、争议的标的与金额、管辖权、诉讼保全措施、诉讼阶段、可能的判决或仲裁裁决的结果等。要了解是否存在潜在同类争议。关注法院判决是否为终审裁决，以及是否可能引发再审。此外，还需关注目标公司是否有资产、股权被冻结、查封、扣押等。

7.3 法院判决及仲裁裁决的执行

就相关法院判决及仲裁裁决的执行，要注意是否已经超过了执行的诉讼时效，对于公司作为被执行人的案件，要关注其现有财产是否存在被强制执行的风险；对于公司是执行申请人的案件，要关注公司待执行款项的大小及执行的可能性。

8. 税务问题

8.1 税务登记

关注公司及其分公司是否已办理了税务登记（包括国税登记、地税登记），税务登记证是否仍在有效期内，税务登记证各项内容是否与最新的营业执照记载内容一致，是否经过了年检。公司有分公司的，要关注是否在当地办理了税务登记。

8.2 税收优惠政策的批文、批复

确定公司所享受的税收优惠政策，包括各种税收减免、补贴或"先征后返"待遇是否有法律依据或是否经过有关政府部门的特别批准。

8.3 税收行政处罚决定书

要了解公司是否存在欠缴税款等违反税收征管法规的情形；关注公司是否已按税收行政处罚决定书全额缴纳了相应罚款、欠缴税款和滞纳金。

9. 其他

9.1 企业产品质量认证证明及证书

需要关注相关产品质量属于强制认证还是自愿认证，认证机构是否是具有认证资质的机构，认证标准是否符合国家相关标准的要求。

9.2 保险合同和保单

审阅时，关注保险合同和保单的投标人及受益人、保单的有效期，保险公司的除外责任、免责条款，是否已经购买了有关法律规定的强制险，是否已经按行业管理购买了其他必要的保险，相关的保费是否已按时足额缴纳。

（二）不同公司的法律尽职调查要点

以上列举了在一般法律尽职调查过程中审阅各类主要尽职调查文件时需要关注的要点。鉴于目标公司所处的行业不同，在业务以及审批和资质方面亦有不同要求。例如，如果目标公司从事银行业、零售业、证券、保险、通信设备制造、天然气、乳制品、民办高等学历教育、印刷业、造纸业、矿业、林业、钢铁、水电、煤炭、民用机场、航空、船舶制造、药品生产、医疗器械制造、成品油零售、医疗机构、养老机构等行业时，需特别关注相关法律、法规对这些公司在下述方面的特别要求，以进一步核查目标公司或目标资产合规的情况。

（1）涉及外资的，首先要了解所属行业是否存在行业准入问题，即是否受到《外商投资产业指导目录》的限制，判断所属行业是属于鼓励类、限制类，还是禁止类。

（2）对相关行业经营者的特别资质要求（比如对于股东的资格条件、注册资本、高管的资格条件、从业地点等的要求）。

（3）从事相关行业是否需要行业主管部门的前置审批以及相关的审批层级及其权力。

（4）经营相关行业所需的特别的资质、审批和许可等，以及该等资质、审批和许可的变更及更新要求。

（5）经营主体在设立和变更时的特别审批程序和要求。

（6）经营主体在持续经营方面的特定合规性要求。

（7）经营该行业的其他特别规定（比如环保方面的特别要求、安全生产方面的要求等）。

限于篇幅，我们不在此处展开特殊行业的法律尽职调查时需特别注意的要点，但建议以上述几个方面为基础，在开始涉及特殊行业的目标公司或目标资产的法律尽职调查前，做好充分的准备，比如做好相关的法律研究、阅读一些行业研究报告等。这些准备工作无疑将有助于更有效地开展对各类特殊行业的公司的法律尽职调查。

（三）需特别注意的问题

在进行法律审慎调查的时候，需特别注意下述几点：

1. 事先的准备

在法律尽职调查开始前，必须先做好准备工作，如了解拟定交易的背景、交易结构、法律尽职调查的范围、法律尽职调查目前所处的阶段以及法律尽职调查的方式。

除了客户已经提供的交易对方或目标公司或目标资产的信息外，在开展法律尽职调查前，可以先通过互联网以及其他公开的渠道搜索一下目标公司的基本信息和现状等。通过全国企业信用信息公示系统查询目标公司的基本信息，这是了解目标公司最快捷的方式之一。有了基本信息等，就可以初步把握目标公司所处的行业、规模、可能涉及的典型问题等。正如上文提到的某些从事特殊行业的目标公司，提前进行充分准备（包括但不限于公开资料的检索以及法律研究等），不仅有利于法律尽职调查清单的起草，对于接下来进行的法律尽职调查过程也很有帮助。

2. 重要性原则

通常，法律尽职调查有一定的时间要求。律师需要在一定时间内完成对目标公司或目标资产的尽职调查，了解目标公司或目标资产的基本情况，找出目标公司或目标资产存在的主要法律问题以及对于拟定交易的影响，这些信息对于客户是否继续进行交易都是至关重要的。

考验律师功力的，不仅是在限定的时间内完成对目标公司或目标资产的调查和分析，还在于在所有发现的问题中能甄别出主要问题，并结合拟定交易协助客户评估潜在的法律风险及其对于拟定交易的影响程度，提出恰当的解决方案。而后者才是律师的价值所在。若是简单地将所有发现的问题罗列出来，"眉毛胡子一把抓"，不仅不能体现律师的价值，相反会使客户对于律师的判断力和专业素养产生疑问。

比如，律师在对一个拥有十几家子公司的集团公司进行法律尽职调查时，发现某个子公司未提供组织机构代码证。尽管在公司依法设立后必须及时办理组织机构证，否则会受到限期办理以及罚款等行政处罚，但是子公司缺乏组织机构代码证这一问题是否属于主要问题，是否会对拟定交易构成重大障碍，则需要律师根据重要性原则进行判断。通常认为该等问题需在法律尽职调查报告中做相应的提示，并要求目标公司尽快纠正，但应该不会构成重大问题。

又比如，在拟定交易为资产转让的法律尽职调查过程中，律师发现目标公司未取得土地使用权证。经过研究，该块土地属于目标公司的主要资产，目标公司的大部分生产都在该块土地上进行，且该块土地的使用权亦属于转让资产之列。则显而易见，缺乏权利证书属于重大法律问题，可能对于拟定交易构成重大障碍。

此外，在法律尽职调查中，为了集中精力解决主要问题，通常会对需审阅的合同和争议案件等设定金额限制，即仅审阅达到一定金额的合同和争议案件。关于这个金额的设定，就很好地体现了重要性的原则。除了听取客户关于何等金额适当的建议外，律师亦需要根据目标公司或目标资产的具体情况具体判断该等金额。有时候，如果设定一个具体的金额不能满足客户以及尽职调查的需要，律师亦做其他要求，比如要求审阅与前五大经销商所签订的合同等。

3. 审慎原则

进行法律尽职调查需审慎，是法律尽职调查的题中应有之义。比如，律师在审阅交易对方或目标公司提供的文件资料时，应当注意这些文件资料是否完整、明确，彼此之间是否存在矛盾和冲突。若是同一文件或同一事件存在模糊或不一致时，必须要通过管理层访谈进行确认。在管理层访谈时，律师应当保持独立性，不轻易相信目标公司的陈述和说明，需结合文件审阅和独立调查等其他调查手段，查验管理层访谈时所做说明的准确性。

此外，基于审慎原则，律师可根据客户的需求进行必要的独立调查，比如工商调查、房地产产权调查等，以核实交易对方或目标公司提供的相关文件的真实性。

在法律尽职调查过程中，对于地方法律、法规进行法律研究和分析也是不可或缺的，特别是关于当地劳动人事方面的法律研究，这也体现了审慎性。

4. 以解决问题为导向

虽然依据重要性原则，律师要甄别重要问题和次要问题，但发现问题只是第一步，以解决问题为导向的问题甄别才是法律尽职调查的关键所在。

通过尽职调查，律师应该能够帮助客户判断：尽职调查中发现的目标公司或目标资产存在的主要问题是否能解决，解决问题的成本如何；该等成本是金钱支出，还是其他方面的成本；如果这些问题无法在客户可以接受的时间内解决，是否会造成拟定交易无法继续进行或终止。

通常对于发现的问题，特别是主要问题，律师必须进一步分析：

（1）法律风险和法律后果是什么？

（2）相比理论上的法律风险，实际的法律风险是什么？会否影响目标公司的生产经营？

（3）该问题造成的法律风险对于拟定交易是重大的还是虽有不利影响但影响不大？

（4）该问题能否补救，应当如何补救，补救的成本（包括时间成本和金钱成本）大致如何？

四、法律尽职调查报告

起草法律尽职调查报告，是法律尽职调查的最后一步，也是整个法律尽职调查的成果体现。在法律尽职调查结束后，律师应当将在调查过程中获知的目标公司或目标资产的基本信息、业务状况、资产情况、劳动人事情况、诉讼仲裁等情况，以及发现的主要问题、对于问题的分析和建议等编制法律尽职调查报告并提交给客户。

常见的法律尽职调查报告，不论篇幅，基本由以下几部分组成：

1. 前言（Preambles）

法律尽职调查报告的前言部分，主要是简要介绍拟定交易情况，受委托的情况，进行尽职调查的时间、方法、范围，以及交易对方或目标公司文件提供情况等。

前言部分还有一个重要的内容是关于假设和限定部分。这一部分进一步补充了整个法律尽职调查报告的基础，既体现了律师进行尽职调查的审慎性原则，同时也是控制律师执业风险、保护自己权益的重要环节。这一部分通常的内容包括：

交易对方或目标公司提供的文件及上面的签章都是真实、准确和有效的，签署文件的有关各方都具有相应的行为能力且已得到了适当的授权，文件是原件或与原件一致的复印件。就交易对方或目标公司无法提供的文件和资料，假设不存在与已提供文件所反映的情况不一致甚至相反的情形。

投资者或收购方律师所进行的独立调查并获得的文件是真实、准确、有效和完整的。

在独立调查过程中政府部门未提供的文件和资料，不存在与目标公司已提供的文件和材料所反映的情况不一致甚至相反的情形。

作为中国律师，所发布的意见以及作出的分析仅以中国法律、法规（不包括香港和澳门特别行政区及台湾地区法律、法规）为依据。

目前对目标公司进行的审慎调查仅仅是初步的，将按照客户的要求进一步调查，并将在进一步审慎调查的基础上对报告的内容进行修改和补充。

2. 主要法律问题摘要（Executive Summary）

主要法律问题摘要，顾名思义，就是将在法律尽职调查过程中发现的重大问题进行概括和总结，使客户能在较短时间内获得足够重要的信息，特别是可能影响拟定交易能否进行的信息。在编排主要问题时，如果可能，最好按照风险等级从高到低进行划分和分析。一般来说，对于主要问题的解决方案也必须反映在主要法律问题摘要中。

3. 正文

法律尽职调查报告的正文的基本框架一般按照尽职调查文件清单对文件所属事项类别的划分而来，大致分为公司基本情况、业务情况、财务情况、税务情况、诉讼和仲裁、动产、不动产、知识产权、环境保护、劳动人事等。而正文部分则应当包括法律尽职调查中获知的目标公司或目标资产的所有信息、所发现的所有问题、对问题的法律分析、风险判断以及建议和应对措施等。

4. 附件和附录

法律尽职调查报告的附件和附录部分，主要是收录在正文中不便列入的目标公司或目标资产的一些基本信息，如目标公司股权结构图、设立沿革情况、房产租赁情况、社保和公积金缴纳情况、商业保险情况等。通过附件和附录的方式列举该等信息，可以使正文的篇幅简洁，也便于客户检索和审阅。

附件和附录另一项主要内容就是已审阅的文件清单，即交易对方或目标公司已提供的且已审阅的文件清单，通常包括文件名称、文号、相关方以及日期等事项。列举已审阅文件可以让客户明白交易对方或目标公司已提供的文件情况，并说明法律尽职调查报告即以该等已提供文件为基础编制，以限定律师责任。

五、法律尽职调查对交易结构的影响

拟定交易的结构在交易开始之初只是初步确定，当时投资者或收购方对于目标公司或目标资产尚缺乏足够的了解。经过尽职调查（包括法律尽职调查）的摸底排查，目标公司或目标资产所存在的问题已经非常明确，在此基础上，有必要重新评估原定的交易结构是否适当。通常，法律尽职调查的结果会对交易结构产生如下几种影响：

（一）交易终止

因为法律尽职调查所得的结果造成交易终止的情形，通常是目标公司及目标股权/资产等存在重大瑕疵和权利负担，即使通过适当的补救措施，仍然可能无法得到实质性解决，或虽能解决但成本过高，与投资者或收购方最初的商业安排有悖，投资者或收购方认为所承担的风险过大，因此会终止交易。比如，在并购一家药品经销企业的拟定交易中，投资人对于该企业的经销网络很感兴趣，但经过法律尽职调查，投资者或收购方发现该企业在药品经销过程中存在大量的商业贿赂和不正当竞争行为。相应地，投资者或收购方对于该等药品经销网络的价值也产生了怀疑。最终，投资者或收购方放弃了这个交易。当然，该目标公司还存在很多其他的问题，但显而易见，法律尽职调查中发现的关于该企业药品经销过程中的问题无疑在投资者或收购方终止交易的决策中起了关键的影响。

（二）交易结构调整

法律尽职调查的结果而造成交易终止的情形在实践中发生的并不多，很多情况是尽管目标公司或目标股权/目标资产存在一定问题，甚至可能是比较重大的问题，但投资者或收购方对于目标公司仍然有很大兴趣，认为通过一定的补正措施还能实现最初的商业目的，因此希望尽可能完成交易。在此情况下，投资者或收购方通常希望通过调整交易结构，尽量减少投资者或收购方可能承担的风险从而完成拟定交易。

比如，有一家从事制造业的公司，投资者或收购方原打算以股权收购的方式进行交易，但通过法律尽职调查发现，该公司历史上长时间从事来料加工业务，且该等业务在合规方面存在很大的瑕疵。迫不得已，投资人只好重新选择资产收购的方式完成交易。

在面临交易结构调整时，律师还必须基于新拟议的交易结构，结合已发现的目标公司或目标资产的主要问题，协助投资者或收购方分析新的交易结构是否能顺利地解决这些问题，能否减少投资者或收购方的交易风险，并且达到投资者或收购方的商业目的。

（三）其他

法律尽职调查的结果对拟定交易造成的其他影响包括：降低交易价格，在接受风险的前提下，增加付款、交割或完成的先决条件或交割后的义务，或者由交易对方提供额外的补偿或赔偿安排或提供令人满意的担保，等等。这些都将具体体现在交易文件中。

第四节　交易文件准备和谈判

一、交易文件准备

（一）主要交易文件

一项并购交易涉及的交易文件会很多，除了第三章第一节第四小节提及的在并购交易刚开始即达成的意向书/谅解备忘录/主要条款外，视交易结构的不同，还需要签署股权购买协议（Share Purchase Agreement）或股份认购协议（通过认购新股而控制目标公司，Share Subscription Agreement）、资产购买协议（Assets Purchase Agreement）、并购协议（Merger Agreement）等。此外，法律意见书（Legal Opinion）、披露函（Disclosure Letter）、保证函（Guarantee Letter）、银行保函（Bank Guarantee Letter）、交割承诺函（Bring-down Guarantee）、托管协议（Escrow Agreement）、服务协议（Service Agreement）或关键雇员雇佣协议（Employment Agreement for Key Employees）、补充协议（Side Letter）、融资文件（Financing Documents）等也是一项并购交易中常见的交易文件。

众所周知，股权转让协议、资产购买协议、合并协议是一项并购交易中最主要且最核心的并购协议，本节主要介绍这三类协议及其主要条款。

1. 股权转让协议

股权转让协议适用于交易标的为目标公司股权的并购交易。[1] 协议一方即买方为拟购买目标股权的公司或个人，另一方即卖方为目标股权的所有者，即目标公司的股东。在有些股权转让协议中，视具体交易情况，还会加入其他方，比如目标公司、目标公司的其他股东（如果不是整体收购）以及第三方保证人等。为了取得目标公司的股权，除了受让目标公司现有股权签订股权转让协议外（所谓的买老股），还可以通过认购目标公司的增资达到该等目的（即所谓的买新股）。在此情形下，所签署的主要交易文件为增资协议/股份认购协议。对于增资协议/认购协议的交易主体，一方即认购方依然为拟认购目标股权的公司或个人，另一方为目标公司以及目标公司的原股东等。

股权转让协议的交易标的可以是卖方所持有的目标公司的全部或部分股权。股权收购使得买方需要承担目标股权随附的目标公司原有的所有债权和债务，其责任和风险相较于资产收购来得大。与资产收购相比，股权转让协议的交易标的很明确，就是买方拟购买的目标公司的股权。而资产购买协议的交易标的尽管统称为目标资产，但对于目标资产的内涵就有不同的认知（详见下文"资产购买协议"）。此外，因为交易标的仅是目标公司股权，相较于资产转让而言，在交割以及交易标的的交付等条款的设计方面，股权转让协议会有比较大的不同。而且，股权转让并不引发目标公司所签订的众多合同的转让（含有"控制权转让"条款的合同除外）以及目标公司所持有的各种生产资质、许可和批准的重新申请，所以在交割条件、交割后承诺等具体条款的设计方面，亦与资产购买协议有很大不同。

2. 资产购买协议

资产购买协议适用于以目标资产为交易标的的并购交易。[2] 协议一方即买方为拟购买目

---

[1] 有鉴于上市公司的股份转让需适用不同的法律、法规，本节中所谈的股权转让协议仅指买卖有限责任公司的股权协议。

[2] 与上市公司股份转让类似，上市公司的资产收购亦适用不同的法律、法规，本节中所谈的资产购买协议亦仅指有限责任公司资产的转让。

标资产的公司或个人，另一方即卖方为目标资产的所有者，即目标公司。在某些资产购买协议中，为了让目标公司的股东提供保证，也会有其他方，比如目标公司的股东、第三方保证人等。

通常买方会根据自己的商业需要以及对于目标公司的认知，挑选拟购买的目标资产，这也是资产收购相较于股权收购有利的一点。而关于目标资产，需注意的是，并不仅仅指目标公司的机器设备、土地房屋等。事实上，目标资产是个内涵和外延皆很宽广的概念，应当包括员工、动产、不动产、知识产权、业务、应收账款/应付账款等。关于业务部分，特别是在收购目标公司整体业务的交易中，所涉及的面非常广，通常包括目标公司所签署的对于业务持续经营有重大影响的，以及客户认为重要的业务合同、目标公司的销售网络及客户信息等。

对于"目标资产"的识别，很多情况下，需要结合资产负债表进行。在资产负债表中，资产会被分为流动资产和长期资产。流动资产首先就是货币资产，通常就是现金，这一般不是传统意义上资产收购中所指称的目标资产，会列入"除外资产"中，其逻辑是无须以买方的一块钱来买卖方的一块钱。但有时亦有例外情况，比如，门店收银机里的现金，一般不会被清点并进行排除。还有一种情况是，在收购目标公司整体业务时，往往有连续运营的要求，此时，作为运营资金的一部分现金通常不会从目标资产的定义中排除。除了现金资产之外就是结算资产，包括应收票据、应收货款（应收贸易款）以及其他应收款项（涉及资金拆借）。最后一类资产是商品资产，包括库存、半成品等。这些部分往往需要结合客户的具体商业需求相应地加入或从目标资产的定义中排除。

长期资产包括固定资产、无形资产和长期股权投资。固定资产也就是我们通常所指的土地、房屋、机器设备等，也是我们对于目标资产最直接的认知。无形资产一般包括知识产权（即商标、专利、著作权等），以及技术诀窍或专有技术（knowhow）、商誉等。至于长期股权投资，一般而言，不会被列入目标资产中。

需特别注意的是，员工往往是目标资产中很重要也是很复杂的一块。员工一般不是传统意义上的资产，但是在一个资产收购中往往会显得非常重要。员工可以分成股东、管理和技术人员（关键员工）、一般员工三类。有时候，关键员工亦可能是股东之一。而且，员工的转移往往涉及业务因素，比如整体收购业务，一般也会整体转移员工。若客户只对目标公司的特定业务感兴趣或只想转移关键员工，则必然存在选择需转移员工的问题。

因为目标资产的复杂性，与之相关联的交割条件、交割以及交割后承诺等条款势必复杂。此外，一般而言，资产购买协议的附属协议亦会很多。比如，若目标资产包括员工，则可能涉及新的劳动合同、劳动关系终止协议。若目标资产包括重大合同，则必须包括合同转让协议模板等。

3. 合并协议

在并购业务中，股权转让协议和资产购买协议通常适用的是与"购"有关的交易，而在"合并"交易中，最常用的还有合并协议。该等交易协议的双方或各方即为拟合并的各个公司。

常见的合并协议的主要条款包括：

（1）合并方式（吸收合并/新设合并）。

（2）合并后公司的情况：公司名称、所有制形式、投资总额、注册资本、股东、经营范围、经营管理机构等。

（3）债权、债务承继方案。

（4）员工安置方案。

（5）公司合并的完成。

（6）陈述与保证条款。

（7）终止。

（8）其他条款等。

相较于股权转让协议和资产购买协议，合并协议中的完成条款和陈述与保证条款内容相对简单，而债权、债务重组方案和人员安置方案则是合并协议中所特有的。

（二）起草前的准备

尽管在本书中，交易文件的准备从体例安排上放在法律尽职调查之后，但在具体的交易中，交易文件的起草可能在法律尽职调查开始的同时，甚至是在签订完意向书后就开始了。

在起草交易文件特别是并购协议前，必须先了解拟定交易的背景、所需起草的交易文件的目的以及已确定的商业条款。

了解整个交易的背景和结构非常重要。通常的并购交易会有已签署的意向书（Letter of Intent）、谅解备忘录（Memorandum of Understanding）或商定的主要条款（Term Sheet）。在起草交易文件时，应确保将意向书、谅解备忘录或主要条款的内容纳入将要起草的交易文件中。除非有充分且明确的理由，一般不能修改意向书、谅解备忘录或主要条款中已确定的内容。若在起草过程中，发现意向书、谅解备忘录或主要条款的某些内容存在法律风险或有歧义或有疏漏，应在起草过程中且在第一稿完成之前及时与客户沟通和澄清，并在提交第一稿的同时向客户提示相应的风险并与客户确认已澄清的内容。律师必须清楚地了解已谈定的商业条款（比如交易价格的确定机制），以了解客户的需求、目的和立场，在草拟交易文件时，最大限度地维护客户的利益，谨防因理解的差错而改变商业条款的原有含义，造成交易双方的误解、矛盾甚至交易的失败。

与此同时，还需要了解客户在该交易中的基本立场、谈判地位，以及交易相对方的背景、特征、律师的情况等。这些因素会影响起草交易文件的风格等。

在起草准备工作中，最难把握的是客户的需求，比如客户希望看到怎样的交易文件、怎样程度的文件才能为客户所喜欢且能保护律师的权益。在内容和措辞上，是对客户具有完全倾向性的保护，还是相对中立，是否需要安插特别的条款以满足客户的要求，是否需要根据具体的交易背景设计特别的条款等。

(三) 如何选择模板

在起草股权转让协议/资产购买协议等主要交易文件时，为了保证交易文件能涵盖拟定交易的各方面，有的律师往往倾向于寻找一个适当的交易文件模板作为起草基础，进而根据拟定交易"量体裁衣"。

需要指出的是，若确实需要选择起草模板，首先，必须选择一个最适当的模板，这个模板必须与你所需要的并购协议内容最接近。因此，在选择模板时，律师必须先了解该等模板的篇幅、详简程度、交易主体、交易结构、标的、侧重于对卖方保护还是买方保护等，以此为基础确定能否适用。其次，在选择模板时，必须充分注意该模板是否保留有原交易文件的印记。有时候，模板并不是以原交易文件的初稿为基础制作的，里面不可避免、或多或少存有原交易谈判的痕迹，某些条款反映了双方退让和妥协等。关于这些"以前的印记"是不能适用于目前的交易的，甚至可能会对目前的交易产生负面的影响，必须特别注意。最后，在适用模板时，切忌不能对于模板条款不加思考地直接搬用。要知道，任何模板也是基于当时的交易背景和结构制作的，每个交易均有其独特之处，很多条款可能只针对于当时的交易而设定，至于其他交易，则完全不相干。

(四) 一般条款概览

尽管股权转让协议、资产购买协议以及合并协议适用于不同的并购交易，但这三类协议（以下统称为并购协议）具有相同的结构。这三类协议通常都由封面（Front Page）、目录（Table of Contents）、事实陈述部分（Recitals）/鉴于条款（Whereas）、定义（Definitions）、主要条款（Main Clauses）以及附录和附件（Schedules & Attachments）几部分组成。

就主要条款而言，股权转让协议和资产购买协议（关于合并协议的主要条款请见本节"合并协议"）亦具有相似的条款和条件，比如：交易各方（Parties）、并购交易描述条款（主要包括交易标的及对价等，Agreement to Transfer）、陈述与保证条款（Representations and Warranties）、承诺条款（Covenants）、交割先决条件款（Conditions Precedent）和交割（Closing）、终止条款（Termination）、补偿条款（Indemnification）以及其他条款（Miscellaneous）等。

1. 交易各方

在起草时需关注的是交易相关方的履约能力。若对于买方和/或卖方的履约能力存疑，作为律师，需要求交易相关方提供担保。若由第三方提供担保，比如其他股东、该等交易相关方的关联方等，则该等第三方可能需列为交易文件的一方。若由银行提供保函，则需将该保函的开立列为交割条件之一并将保函的格式和内容作为附件之一在签署时确定下来。

关于交易各方，还需注意的是，若卖方不仅是单一公司或个人，而是由多方组成，则存在各方责任分担问题。一般而言，全体卖方应就整个交易中各卖方的违约行为向买方承担连带赔偿责任。

就交易各方的确定，需特别注意的是，有些投资人及其律师，为了追求尽可能多的投资保护，不顾法律关系与法律主体的联系，硬是拉一些不相干的主体进入交易文件，结果非但达不到保护投资人的目的，反而弄巧成拙，减轻了应当承担责任的主体的责任，造成"过犹不及"的结果。

2. 事实陈述部分/鉴于条款

事实陈述部分，顾名思义，是指在合同或协议中用以引出主要条款的一种事实和背景的陈述，通常以"鉴于……"（whereas）起首，所以也称为"鉴于条款"，其又分为描述性事实陈述部分（narrative recital）与引导性事实陈述部分（introductory recital）。前者的作用在于表述合同或协议赖以发生的事实，表示"考虑到"（considering that），常常是对于拟定交易的事实描述；后者则用以解释合同或协议订立的动机，表示为"既然情况如此"（that being the case）。

事实陈述部分/鉴于条款是一个引语，其作用在于使读者对于整个交易有相关了解，本身并不是并购协议的实质内容。

3. 定义条款

定义条款有时被列为并购协议的第一条，有时被归为最后一条。虽然这一方面并无强制性要求，但为便于阅读和检索，笔者认为将定义条款列为并购协议的第一条比较合理。

定义条款一般分为两部分：第一部分列出整个并购协议中具有特别含义和/或经常使用的术语及概念。这一部分通常按照术语的首字母为序进行排列，并将每个术语加粗以示突出。第二部分则列举了一些对于第一部分定义以及整个并购协议更广泛的解释性原则。

因交易的不同，需要定义或赋予特殊含义的术语自有不同，但通常的并购协议的定义条款第一部分一般包含这些定义：账目（Accounts）、关联方（Affiliate）、营业日（Business Day）、买方（Buyer）、交割（Closing）、交割条件（Closing Conditions）、交割日（Closing Date）、目标公司（Company）、保密信息（Confidential Information）、控制（Control）、基准日（Cut-off Date）、披露函（Disclosure Letter）、目标股权（目标资产）（Equity/Assets）、权利负担（Encumbrance）、不可抗力（Force Majeure）、重大不利影响（Material Adverse Effect）、正常营业过程（Ordinary Course of Business）、交易价款（Purchase Price）、卖方（Seller）、税款（Tax）、过渡期（Transitional Period）等。

定义条款的第二部分作为适用于整个合同或协议的更普遍的解释，通常包括下述内容：

（1）当提到人时，包括任何个人、公司、合伙、有限责任公司、事务所、联营企业、合资企业、股份公司、信托、未正式注册成立的组织或其他实体，或任何政府的或管理的或政治性的分支或机构、部门或其所属机构。

（2）条款的标题只为方便而设立，不应影响对本协议内容的解释。

（3）当提及前言、附件和附表时即指本协议中的前言、附件和附表；除非另有所述，提及本协议时包括本协议的附件和附表。

（4）除非上下文另有要求，当提及任何国家、地方，或外国立法或法律时应被认为也提及了上述立法和法律项下颁布的所有法规和规章。

（5）"包括"一词应指"包括但不限于"。

（6）当提及本协议一方时也包括该方被许可的（直接或间接的）继任人或受让人。

在起草定义条款时，需注意：（1）尽量运用明确的词语作为术语，而具体的解释亦必须明确和清楚，注意内涵和外延的一致性；（2）避免重复定义，常常发生的情况是，相关术语在定义条款中进行定义后，在主要条款中又以不同的语言进行了描述，这往往造成了同一术语在含义上的冲突；（3）避免不同术语之间的冲突；（4）尽量避免定义的循环往复（chains of definition），即用术语去定义另一个术语；（5）不要过多定义，若只出现一次的术语，没有必要进行定义。

4. 陈述与保证条款

陈述与保证条款通常是并购协议中最长、占用篇幅最多的条款，有时候该条款亦会单独列为并购协议的附件之一。陈述与保证条款的内容极其烦琐，但是这是必备的，因为这是约束卖方的条款，也是保障买方权利的主要条款。整个并购交易亦是以该等条款为基础，它对于整个交易的重要性可见一斑。

陈述，通常指以言词所做的事实表述，以使他人与之订立合同。在拟定交易中，则反映为并购协议签署时目标股权/目标资产、目标公司以及卖方业务状态的事实描述，是投资者或收购方据此与其达成并购协议的事实基础。保证，尤其指对现在或过去的事物或行为提供的担保或保证，则是交易对方或目标公司或保证人向投资者或并购方所做的关于目标股权/目标资产、目标公司以及卖方业务状态的承诺，如果存在违约或瑕疵的，则交易对方或目标公司或保证人应承担相应的赔偿责任。

陈述与保证条款所包含的内容是以"快照"的方式对目标股权/目标资产、目标公司以及卖方业务状态当时状态的一种确认。对于陈述与保证条款的违反将导致并购协议项下的违约责任，并触发赔偿机制。常见的陈述与保证条款包含下列内容：

4.1 组织、资格和公司权力

卖方根据中国法律正式成立、有效存续，经合法授权开展其业务，并合法存续。卖方对开展其所从事的业务、对拥有和使用其所拥有和使用的财产具有充分的权力和授权，并已取得所有必要的执照、许可和授权。卖方有充分的权力和授权签署并购协议和卖方作为协议一方的其他文件，并有充分的权力和授权履行其在并购协议及并购协议提及的每一其他文件（且卖方在被要求履行这些义务时仍为这些文件的一方）项下的义务。并购协议和前述其他此等文件构成卖方有效的和有法律约束力的义务，并可根据其条款和条件对卖方强制执行。但对并购协议和前述其他文件所设立的权利和救济的强制执行可能受到破产、重组、延期偿付、无偿付能力和其他类似的影响债权人权利和救济的一般适用法律的影响。

4.2 股份/资本

目标公司的所有注册资本已根据目标公司的设立文件的规定，由各自股东全额缴付。不存在任何可能要求任何股东认购或支付任何新增资本的尚未履行的或已授权的购股权、认股权、收购权、认购权、转换权、交换权或其他合同或承诺。除目标公司的股东外没有任何人享有与目标公司的注册资本有关的任何表决权或类似权利。

4.3 不违反

并购协议的签署和履行以及并购协议项下交易的完成，均不会对适用于卖方的法律、宪法、成文法、法规、规章、禁令、判决、命令、法令、裁决、判令或任何政府、政府机构或法院颁布的、制约卖方的任何其他限制或卖方的任何设立文件的规定构成违反；也不会对以卖方为协议一方或卖方受其约束或卖方任何财产受其制约的协议、合同、租约、许可、文件或其他安排构成冲突，导致违约、或构成不履约、加速履约、使某方有权要求加速履约、终止、修改或取消的权利（或导致在任何资产上设置担保权益）。为完成并购协议规定的交易，除并购协议下要求的备案、同意、授权和批准以外，卖方无须向任何政府或政府机构发出任何通知，进行任何备案或获得任何授权、同意或批准。

4.4 资产产权

卖方对目标资产的各自部分拥有良好的、可出售的产权或有效的土地使用权，并且，除被允许的权利负担以外，目标资产上不存在任何担保权益和转让的限制（或卖方是目标股权的名义及实益所有者，目标股权和目标公司的注册资本上没有设定任何权利负担）。

4.5 所提供信息的准确性

在为签署并购协议而进行的协商之前或协商期间，由卖方、目标公司代表向买方、买方的顾问或代表所提供的所有信息均真实、完整、准确。

4.6 账目

目标公司的财务报表根据中国法律和适用的会计准则、惯例予以编制。账目真实和公允地反映目标公司在基准日的资产、负债等经营状况和损益情况。财务报表已对基准日存在的坏账、可疑账和负债做了充分、真实的反映。财务报表已做了用以支付根据所有相关税项的必要准备。

4.7 未披露的责任

除了在财务报表中的资产负债表上或其脚注中列明名称的责任外，卖方没有涉及目标资产/目标股权的责任；并且不存在任何针对卖方的并引起任何此等责任的、现在或将来的法律行动、诉讼、程序、听证、调查、指控、投诉、请求或要求的事实基础。

4.8 遵守法律

卖方遵守了有关目标资产/目标股权和并购协议项下交易的全部适用法律。没有任何针对卖方的、声称其未能遵守上述法律的法律行动、诉讼、程序、听证、调查、指控、投诉、要求、主张、警告或通知已经提出或开始。

4.9 税项

（1）目标公司符合所有与税务目的有关的登记、备案或公示的相关法律要求；（2）目标公司已支付或计提了其应当支付的所有税项，自目标公司成立以来，并未面对税务主管机关要求的任何税项支付罚款、罚金或利息；（3）自目标公司成立以来，目标公司并未卷入与税款有关的争议，不存在偷、漏税款而可能被税务主管机关及司法机构追究法律责任的行为；（4）目标公司享受的税收优惠待遇是由有关政府部门合法、有效地给予的，并且目标公司将按照上述部门的相关规定继续享受这些税收优惠待遇。

4.10　知识产权

目标公司拥有所有知识产权或有权根据许可、再许可、协议或他方允许使用所有知识产权。目标公司已采取所有必要和适当的措施，以维持和保护每一项知识产权。不存在任何第三方干扰、侵犯或盗用任何知识产权或以其他方式与任何知识产权构成冲突的情况。

4.11　员工

（1）对目标公司的所有雇员，目标公司已遵守了注册地法律和地方劳动法规，已与所有雇员签订了劳动合同，且不存在任何未决的劳动争议；（2）目标公司已足额支付或认缴了养老保险、医疗保险、失业保险、工伤保险、住房公积金以及其他所有法律要求的社会保险基金或员工福利。

4.12　环境、安全和卫生

目标公司已遵守所有环境、卫生及安全法规，其未遵守该等法规的行为未产生重大不利影响，而且不存在针对其提起的主张其未遵守上述法规的法律行动、诉讼、程序、听证、调查、指控、投诉、权利主张或要求或通知。

4.13　诉讼

自目标公司成立日起至交割日（包括交割日），目标公司均不是任何诉讼、仲裁、起诉、争议、调查或任何其他法律或契约性程序的一方且不存在任何会导致前述该等程序发生的事实或情况，也不存在任何针对目标公司的未履行或未满足的判决或法庭命令。

4.14　破产

目标公司不存在任何破产、清算或资不抵债的情形。

上述所列举的是并购协议中所常见的最一般和最具代表性的陈述与保证条款。需注意的是，上述的列举并不完全，也并非所有并购协议必须具备上述条款，应在具体起草过程中，根据交易的具体情况、尽职调查的结果、谈判结果等进行补充和修正。

需要指出的是，就陈述与保证条款而言，作为卖方律师，最关心的问题之一是，除了在并购协议中已经作出的陈述与保证外，没有任何其他的陈述与保证，特别是不存在默示的陈述与保证（implied reps & warranteis）。此外，卖方律师除准备完整且详备的披露函对陈述与保证条款进行补充和排除外，还可以对陈述与保证条款的表述本身进行一定的限定：

（1）重要性限定（Materiality Qualification）：卖方提出重要性限定的目的在于，其不可能对于目标公司所有的事实（无论大小或重要与否）进行陈述与保证，这种陈述与保证是没有必要的且很多时候对于买方而言也并无意义。举例而言，有些并购协议要求卖方保证目标公司并未违反以其为一方的或对其有约束的任何合同或协议。而事实是，目标公司可能签署了很多金额非常小的但数量巨大的合同，目标公司可能存在一些违约的情形，但这些违约因其数额较小对于交易本身并无影响。在此情形下，为了保护卖方利益，卖方及其律师往往提出对该条陈述与保证进行限定，限定为"目标公司并未违反以其为一方的或对其有约束的任何重大合同或协议"。

对于卖方及其律师提出的重要性限定，买方及其律师必须根据交易的实际情况以及该等限定对于所涉及的陈述与保证条款的限制进行具体判断，从而决定是否可以接受限定。还有一点必须注意的是，若是接受重要性限定，必须对于何为"重大"或"重要"进行界定，以避免引起进一步的争议。以金额为标准以及是否违反适用的法律、法规等均是确定是否"重大"或"重要"的惯常做法。

（2）知情限定（Knowledge Qualification）：卖方及其律师通常也在某些陈述与保证条款上加上"就卖方所知"或"就卖方合理所知"等类似限定，目的是尽量减小就潜在的和未来的事项所需承担的陈述与保证的责任和义务。如上述所列举的关于知识产权的陈述与保证"不存在任何第三方干扰、侵犯或盗用任何知识产权或以其他方式与任何知识产权构成冲突的情况"。事实上，很多第三方侵权的情况，卖方无从获知，因此常常在此加上"尽卖方所知"（to be best knowledge of the Seller）或"就卖方合理所知"（to be reasonable knowledge of the Seller）作为对"不存在任何第三方干扰、侵犯或盗用任何知识产权或以其他方式与任何知识产权构成冲突的情况"的限定。

（3）"正常经营"除外限定（other than in the ordinary course of business）：卖方及其律师会根据情况在某些陈述与保证上加入"日常经营过程以外"作为限定，排除将日常经营过程中出现的情况列为陈述与保证事项。

（4）时间限定：即陈述与保证从何时作出，是并购协议的生效日还是签署日或者是交割日。对于卖方而言，时间跨度越短越好。此外，时间方面的限定还涉及陈述与保证条款是否需要在交割日重复？卖方希望在签字日作出即可，买方往往会要求在签字日和交割日均需作出。

5. 承诺条款

承诺条款，就其本义而言，是指由一方当事人向其他方当事人承诺是否为或不为一定行为或保证某些事实的真实性。

如上文所提到的，陈述与保证条款恰似在并购协议签署时目标公司及目标资产/目标股权的状态的"快照"，而承诺条款则是卖方在并购协议签署后直至交易交割前这段时间内作出的允诺和保证。从某种意义上说，承诺条款更像是"电影"，记录了卖方在一段时间中（协议签署后至交割前）的所作所为。当然某些交易中也约定了交割后承诺（post-closing covenants）事项，其意义是卖方承诺在交割后一定时间内必须完成某些事项或有一些不作为。在一般情况下，交割后承诺中的相关事项，是指那些相对于交易而言比交割条件次重要，但也必须敦促卖方在一定时间内完成的事项。

承诺条款中卖方所承诺的行为，有些是积极的、必须完成的，亦有消极的、不作为行为。笔者在下文简单列举了一般并购协议中包括的承诺事项：

（1）交割日之前目标公司中的各种业务以之前的惯常方式及买方和目标公司的最大利益进行运营。

（2）对于任何可能影响目标公司运营或目标股权/目标资产的潜在的或既存的事件，卖方应立刻书面通知买方。

（3）除了在日常经营过程中收取的公平对价外，不得出售、出租、转让或让与其任何有形或无形资产。

（4）未经买方事先同意，不得签订一定金额以上的合同或超出日常经营过程以外的协议、合同、租约或许可等。

（5）未经买方事先同意，不得加速履行、终止、修改或解除目标公司为一方当事人或受其约束的涉及一定金额以上的，或超出日常经营的协议、合同、租约和许可。

（6）除日常经营过程外，不得在目标公司有形或无形资产上设置任何担保权益。

（7）不得作出任何超过一定金额以上或超出日常经营过程的、对任何其他人或实体的任何资本投资、贷款或股权和资产收购，亦不得分配目标公司的利润。

（8）更换、解聘或聘用关键员工或修改任何雇佣合同、雇员福利计划或养老金计划。

（9）提起或解决任何对其业务而言具有重大影响的诉讼、仲裁或其他程序或口头、书面同意提起或解决。

约定上述条款的目的在于，协议签署后至交割前这一段时间，目标公司及目标股权/目标资产依然处于卖方的控制之下，卖方的任何非正常持续经营所必需的行动外的任何行为（包括不作为）都可能对预期的交易标的产生重大不利影响，进而可能影响交割后目标资产的价值或公司的运营，严重情况下，可能会使买方的商业计划全盘落空，商业目标无法实现。因此，买方需要对卖方的行为进行一定的限制，以保护自己的利益。当然，该等限制不应当影响目标公司的正常、持续的运营，毕竟买方进行并购交易是为了目标公司正常运营进而获取更多的利润。

6. 交割条件以及交割

交割条件条款是指完成拟定交易需要事先完成的条件，只有这些条件均已成就，拟定交易才能完成。若交割条件中有任一条件没有成就（或没有被相关方豁免），则交易相关方有权根据并购协议的规定终止交易或追究相关方的责任等。因此，交割条件对于交易任何一方以及整个交易本身都非常关键。交割以及交割条件的设定，究其本质原因在于，现今的并购交易已经越来越复杂，不再是简单的"一手交钱一手交货"的买卖双方之间的交易，可能涉及政府部门的审批、第三方的同意以及买卖双方各自内部的批准和同意等。这些批准和同意等需要花费一定时间才能取得，因此可能无法在并购协议签署时即完成交易。有鉴于此，基本上，每个并购协议均有交割和交割条件一章，而且交割的发生大多数在交易文件签署以后。

就交割条件而言，既有属于卖方有义务需履行和完成的条件，亦有买方有义务成就的条件。但从交割条件的数量上，还是属于卖方的义务居多。因具体交易的不同，待拟议的具体交割条件亦有不同。以下列举了在并购协议中通常具有的交割条件：

6.1　交易所需的批准/登记（Approval/Registration）

就交易所需的批准，可以分为内部批准和外部批准两个层面。内部批准一般是指交易双方根据各自的章程或内部组织管理文件的规定，就进行拟定交易所需取得的内部权力机构的批准和同意，如董事会决议、股东会决议等。外部批准则指根据相关法律、法规的规定为完成拟定交易需取得的各级政府部门的批准，如商务部及地方商委的批准，工商行政管理部门的变更、登记等。就外部批准而言，还存在着第三方的批准，比如有些借款合同或重要的业务合同中通常包含有"控制权变更"条款，即若目标公司的控制权发生任何变动，需事先取得合同相对方的同意，否则将构成目标公司在相关合同项下的违约事项。这些具体信息都应当在审慎调查中获得。

6.2　陈述与保证的真实和准确（Accuracy of Representations and Warranties）

基本上所有的并购协议均会将"陈述与保证的真实和准确"列为交割条件之一，其基本表述通常为"直至交割日（包括交割日），卖方的陈述应保持真实、有效、准确且在任何方面不具误导，卖方没有违反其所做的任何陈述及保证"。

正如在谈及"陈述与保证条款"时所述，陈述保证条款像在签署时对于目标公司及其业务，以及目标股权/目标资产所做的"快照"，而在交割时对于"陈述与保证条款"的重述，类似与在交割日对于目标公司及其业务，以及目标股权/目标资产重新拍照，而两次快照应当是一致且无区别的。

买方对于交割时"陈述与保证条款"重述的要求，通常是要求所有的陈述与保证在所有方面在交割时均为准确、完整和真实；而卖方则会根据具体情况，要求对于某些陈述与保证条款进行排除或作出披露，并常常要求将"在所有方面"修正为"在重大方面"，以避免因细小的对于陈述与保证的违反而导致交易无法顺利交割和完成。

为完成本条交割条件，买方通常会要求卖方签署交割承诺函（bring-down certificate），要求卖方在交割日重述陈述与保证的真实和准确。

6.3　无重大不利影响事项发生（No Material Adverse Change or Effect Conditions）

在并购协议签署后至交割日止，未发生任何重大不利影响事项亦是常见的交割条件之一。关于此条件，最关键的是对于"重大不利影响事项"的定义。通常认为，若造成目标公司的业务中止运营一定时间、目标公司无法履行重大业务合同、目标公司业务收入减少一定比例、目标公司的重要生产经营资质被撤销或吊销、关键员工离职等，均可认定为重大不利影响事项。当然具体定义还得根据具体交易、目标公司的情况以及交易双方的谈判等进一步确定。

6.4　承诺条款的履行（Performance of Covenants）

若并购协议中包含"承诺条款"，通常该等承诺条款的履行也会列为交割条件之一。

为减少交割条件对于交易完成的影响，并购协议亦会约定交易双方可以单方面豁免或延长交割条件的成就。此外，为了避免交割条件长时间无法成就而致使交易无法完成，通常亦会规定一个具体日期。若在该具体日期届满之时交割条件尚未成就或豁免，任何一方均可以终止并购协议。

待所有交割条件已成就或豁免后，整个交易方可交割。交割时，通常需要提交所有能证明交割条件已完成的文件原件并移交与目标股权/目标资产相关的文件等。

7. 终止条款

在下列情况发生时，并购协议可能终止：

（1）若任何一方实质性违反协议项下的任何陈述、保证及承诺或其任何义务，且其没有在接获另一方发出的有关书面通知后一定时间内采取补救或纠正，另一方有权选择终止协议。

（2）交割条件在约定的时间届满时尚未成就，任何一方均有权选择终止协议。

（3）双方同意终止并购协议。

（4）其他终止条款将根据交易的具体情况以及双方的协商进行补充。

8. 补偿条款

在并购协议中的补偿（indemnification），通常是指卖方为违反其任何陈述、保证和承诺所造成的损失向买方进行赔偿或使之恢复原状的行为。补偿条款是并购协议中必然包括的条款，与陈述与保证条款、交割条件、披露函等关系密切。

买方出于保护自己利益的目的，希望卖方为其违反任何陈述、保证和承诺造成的任何损失（包括直接损失和间接损失）进行补偿。而卖方则希望对于补偿有一定的限制，比如只对直接损失进行赔偿，约定补偿额的上限，约定免于进行补偿的下限，对于补偿时间有限制等。具体的条款如何确定有赖于交易的具体情况以及双方的协商。

9. 其他条款

除了上述条款外，并购协议中还有一类条款，这类条款不仅在并购协议中存在，在其他协议中也经常出现，即所谓模板条款（boilerplate clauses）。模板条款可能有很多版本，但是基本内容都相差无几。常见的模板条款包括下述几类：

9.1　完整协议（Entire Agreement）

协议的所有附件是协议不可分割的一部分。协议及其附件构成双方就协议规定的主题事项达成的完整协议，并应取代双方先前与该主题事项有关的一切口头和书面的洽谈、谈判、通知、备忘录、文件、协议、合同和通讯。

9.2　转让（Assignment）

未经另一方事先书面同意，任何一方不得将其在协议项下的任何权利和义务转让给第三方。

9.3　修改（Amendment）

对协议的修改，只能通过双方的正式授权代表签署书面协议进行。除法律要求须经审批机关/政府有关部门事先批准外，该等修改经双方授权代表签字后立即生效。

9.4　弃权（Waiver）

一方单独或部分行使，或未能或迟延行使任何权利、权力或救济，不应构成该方放弃进一步行使协议项下产生的任何权利、权力或救济，也不应损害或排除该等权利、权力或救济。

9.5　时间的重要性（Time of Essence）

除非另有明确规定，就协议项下各方的每一项义务而言，按时履行均十分重要。①

9.6　可分割性（Severability）

如任何法院或有权机关认为协议的任何部分在任何司法管辖区域内无效、不合法或不可执行，则该等部分不应被认为构成协议的一部分，但这不应影响协议其余部分的可执行性和在任何其他司法管辖区域内的有效性、合法性或可执行性。

9.7　进一步保证（Further Assurance）

交割后，卖方应签署该等文件并采取买方合理要求的措施，以使买方获得目标资产/目标股权的所有权利及给予买方协议项下的所有利益。②

9.8　费用和开支（Expenses and Costs）

各方各自承担其就协议的谈判、准备和完成所发生的法律及其他开支。

9.9　公告（Announcement）

除非应法律或司法机关或监管机关要求，未经其他方的事先书面同意，任何一方不得就协议或其所述的事宜进行公告。

9.10　不可抗力（Force Majeure）

如果任何一方因不可抗力事件，如地震、台风、水灾、火灾、战争，以及其发生和后果不可预防和不可避免的其他意外事件的直接影响，而不能履行或延迟履行协议，受影响的一方应立即通知另一方，并在此后 15 日提供有关不可抗力事件的详情和足够的证明材料，解释其不能履行或延迟履行协议的全部或部分条款的理由。如果不可抗力事件持续时间超过 6 个月，双方应通过协商决定变更协议以反映不可抗力事件对履行协议的影响或终止协议。

9.11　保密（Confidentiality）

协议的各方均同意为协议条款保密，并为因谈判、签署协议或实现协议预期的交易所获得的信息或文件保密。各方同意，除为协议的谈判或实现协议预期的交易之目的外，不使用该等信息或文件，但是此规定不适用于下列信息和文件：（1）一方能够证明，在对方披露有关信息之前，本方已经合法拥有的信息；（2）公众普遍知道的、且并非因为违法行为而为公众所知的信息；（3）并非因为一方违约而为公众所获知的信息；（4）一方日后从其他来源合法获得的并不附带保密限制的信息；（5）法院或有权政府部门或交易所要求披露的信息（但该方须已预先向另一方提供有关该命令的通知，使另一方有机会提出异议或采取其他可以采取的行动）。

---

① 需特别注意的是，此条款属于英美法的概念，其从广义角度阐释了按时履行对于整个合同的重要性。若违反合同项下某一特定时间，则根据合同的约定，守约方有权终止合同。此条款的运用需特别谨慎，需防止在特定情形下，可能对于己方客户不利。

② "进一步保证"条款亦属于英美法中的概念，其含义是指合同一方应进一步向其他方提供合作和帮助，以完成合同项下之交易，包括但不限于签署相关文件或履行某些必要的行为等。加入此条款的目的在于避免合同一方怠于行使或逃避其应当履行的合同项下的其他附随义务。

9.12　通知（Notice）

一方根据协议的要求发出的通知或其他书信应以中/英文书写，由专人递送至，或以航空挂号（预付邮资）信、快递或传真方式发往收件方的以下地址，或该方不时地通知发件方的指定地址。通知视为有效送达的日期按以下方法确定：（1）专人递送的，在专人送达之日视为有效送达，但收件方应以书面形式确认已收到通知；（2）以航空挂号信（预付邮资）发出的，在寄出日（以邮戳为凭）后的第十日视为有效送达；（3）交快递发送的，在快递发送后的第三日视为有效送达；（4）以传真发出的，在传送日后的第一个营业日视为有效送达。在协议有效期内，若任何一方在任何时候变更其地址，应立即书面通知另一方。

9.13　适用法律（Governing Law）

协议的成立、效力、解释、执行及争议的解决，均受中国法律管辖。

9.14　争议解决（Dispute Resolution）

因协议引起的、产生的或与协议有关的任何争议，应由双方通过友好协商解决。协商在一方向另一方交付进行协商的书面要求后立即开始。倘若在该通知发出后 30 日内，争议未能通过协商解决，双方应将争议提交中国国际经济贸易仲裁委员会①，依照届时适用的仲裁规则通过仲裁解决。仲裁裁决是终局的，对双方均有约束力。

9.15　语言（Language）

协议以中、英文签署。在解释协议时，中、英文本具有同等效力。如果有冲突，且不能达成一致，交仲裁庭裁判。

9.16　文本（Counterparts）

协议可以通过签署多份复本的方式签署，并可由双方在单独的复本上签署。每一份经签署的复本应成为本合同的一份原件，并且所有复本应共同构成一份法律文件。

但值得注意的是，上述模板条款是否适用于具体的并购交易以及具体的语言应用，还需根据交易的具体情况进行斟酌并小心适用。

10. 附件和附录

并购协议的附件和附录完全取决于并购协议正文的编排。附件和附录所包含的常见内容包括目标公司的基本信息，某些单独的合同或协议模板（如劳动合同、过渡期协议、知识产权许可协议等），担保函以及披露函等。以下要重点介绍一下"披露函"（Disclosure Letter）。

披露函由卖方或其卖方律师准备，与并购协议一并签署，主要内容是列举与"陈述与保证条款"不相符的，需向买方特别说明的，关于目标公司、目标资产/目标股权等的特定事实，即"陈述与保证条款"的例外。除非有特别的约定，若事后发现有违"陈述与保

---

①　根据客户的需求或拟定交易的具体情况，亦可以选择其他仲裁机构或通过诉讼解决争议。但请注意，为保证争议解决条款的有效性，切不能同时既选定仲裁又选定诉讼解决争议。此外，若选择仲裁解决争议，亦可根据客户的需求选定不同的仲裁机构。

证条款"的事实，但只要该等违反已在披露函上进行事先披露，卖方则无须承担相应的违约责任。

披露函必须准确且清楚，并且在并购协议中必须明确约定并购协议受披露函所限。对于卖方准备的披露函，买方及其律师亦应根据尽职调查的结果进行审阅，以确定披露是否适当。若发现卖方准备的披露函中存在尽职调查中未发现的重大事项，应要求卖方提供相关信息，进行补充调查。

需注意的是，每个并购交易都有其特殊性，都是独特的。因此，即使有很好的模板、丰富的经验，律师在起草每一个具体的并购协议时，也必须在全面了解交易情况的基础上，关注相关安排的特殊性，并使其为并购协议具体条款所涵盖。

（五）交易文件的修改

在并购交易中，除非某些特别的交易方式（如通过招投标方式甄选潜在买方、拍卖等）或双方另有协商，通常惯例是买方律师起草主要交易文件，而卖方律师进行修改。起草交易文件的律师和交易相对方律师在交易文件修改方面的职责完全不同。

1. 从起草交易文件的律师角度

对于起草交易文件的律师而言，一旦协议的初稿提交给客户后，除非因为商业条款的改变，否则已提交的协议不应当进行"返工"。这里提及的交易文件的修改，主要是指在交易双方对于交易文件进行审阅和谈判过程中进行的修改。对于交易文件的初稿必定会进行几轮的修改，综合各方意见后，方能定稿。

交易文件的修改有时会伴随着谈判的进程进行，每一轮谈判都会有一轮修改。但有些小规模的并购，并不一定举行正式的谈判或者谈判不需要双方律师参与，在此情形下，作为起草律师通常会根据客户的指示（主要通过邮件或电话会议的方式）对交易文件进行相应的修改。

对于交易文件的修改，在实践中需注意下述几点：

（1）修改的版本：需注意所有的修改，无论是客户提出的还是交易对方或其律师提出的修改意见和建议，都必须在草拟文件的一方能控制的协议文本上进行。

（2）修改应当使用比较版本，方便各方审阅。

（3）准备待决问题清单：在若干轮修改后，为加快修改进程并促成交易，可以将所有待决问题列成清单提交客户。问题清单中应区分哪些是商业问题、哪些是法律问题、目前存在的争议等。提交客户时，就法律问题，还应提出相应的解决方案以及可能造成的潜在结果和影响。至于商业问题，虽然基本都由客户决定，亦应当判断是否可能与潜在的法律责任和风险有关，并向客户适时提出合理建议。

2. 从交易相对方律师的角度

审阅交易文件和修改交易文件有时候相较于起草交易文件更难。起草交易文件的时候，可以选择以模板为基础。即使没有模板，整个交易文件也是基于自己的思考和提纲进行准备，处于自己能掌控的范围内。但审阅交易文件时，已经有一份交易文件在先，除非交易双方对于该交易文件实在是无法接受的（虽然这种情况发生的可能性不大），则基本上只能尊重现有交易文件的结构，并以此为基础进行修改。

在修改的过程中，除了要确保所有保护己方客户利益的必需条款均已纳入相关交易文件中外，还得警惕对方律师设下的"陷阱"。同时，由于交易文件已有结构的限制，可能需要花费更多时间思考如何在不做结构性调整的前提下将有利于己方的条款纳入。

特别需要注意的是，除非己方客户明确同意的事项，不能想当然地认为己方客户已理解并同意某些合同条款，特别是某些商业条款。作为律师，有责任和义务向客户指出相关条款存在的问题，包括规定的不全面或者潜在的责任或者该条款背后隐藏的含义。

在修改交易文件时，应本着善意，立足于客户的需求和利益进行修改，以期达到促成交易使双方达成一致的目的。一般而言，除非得到客户的事先确认，基本不推翻原有的条款重新起草或替换为新的条款。必须在原交易文件基础上提出修改意见，以便客户和交易对方都能看出修改的内容、目的以及理由。关于修改的理由，注意必须具有说服力，对己方客户有利且不会被对方所利用。

为便于客户审阅，建议在第一次审阅和修改交易协议时，除对交易协议进行直接修改外，另起草一份简要的修改说明提交给客户。该份说明可以由商业条款、主要争议点、修改说明以及标准条款等部分构成。就商业条款部分，主要是向客户提供归纳的商业条款的主要内容以及可能涉及的法律问题，提请客户注意并作出恰当的判断。主要争议点和修改说明要向客户介绍目前一版交易协议中双方存在的主要争议以及律师作出修改的目的以及效果，以方便客户阅读和批准修改部分。至于标准条款部分，除非该等标准条款与一般行业惯例有很大的不同，不然只需做简单阐述即可。

（六）签署版本的准备

经过若干轮的修改后，交易双方对于并购协议的内容达成一致、无异议并决定签署时，负责起草第一稿并购协议的一方将准备并购协议的签署版本。

在准备签署版本时，应当最后一次审查并购协议的内容，确保在谈判和修改过程中所做的所有最终修改结果均已在最后一版的并购协议中体现，并取得所有交易方的确认。在审查时，需特别注意的是涉及金额、当事人的名称、条款引用、页码等部分的内容。此外，还需调整签署版本的格式，统一行间距、字体、标点符号、全角/半角等并制作签署页。

在有权签署人签署并购协议前，一般有一个小签程序（initial），即由小签人在每页签上其姓名的首字母，小签人通常是交易双方的律师或其商务人员。小签的目的在于确认各方已完成并购协议的谈判并确定了其最终的文本，以防止所谓一方悄悄更改或替换合同的风险。

二、谈判

交易文件的起草，以文本性工作为主，相对而言比较程式化，比较容易总结一些共通的规律。但谈判与交易文件的起草有很大的不同。首先，谈判不可能有模板可供参考和借鉴，每一次谈判都是完全不同的经验和经历；其次，谈判的具体过程除了受交易本身影响外，与参加谈判的人，甚至是当时的谈判场所、谈判气氛等都有很大的关系。同样的一个交易，如果换了具体参与谈判的人员，可能会有截然不同的结果。以下关于谈判的概述，皆是一家之言，仅供探讨之用。

（一）定位

1. 对谈判的定位

比之"谈判"，笔者更愿意用"协商"一词来描述交易双方为共同的目的而就达成交易进行的讨论。谈判，有着强烈的对抗性，而协商，则比较平和，注重的是双方之间的共同点而不是不同点，即所谓的"求同存异"。

任何一个谈判或协商都具有如下显著特征：

（1）谈判一定有人的参与。任何谈判或协商都是由人参加的，无论这些参与谈判的人是为自己的利益进行谈判，还是作为顾问代表客户参加谈判，谈判参与人在整个谈判中有着重要的作用和影响。

（2）谈判中必定存在矛盾、冲突。若没有矛盾和冲突，就无须谈判和协商了。但与矛盾和冲突密不可分的，必定是需要有解决矛盾和冲突的方法。因此，谈判和协商的过程也是不断寻找解决双方之间的矛盾和冲突的方法的过程。

（3）谈判的过程亦是"以物易物"或讨价还价的过程。为解决双方之间的矛盾和冲突，以期达到"共赢"的目的，谈判进程也往往是双方不断讨价还价的过程。

（4）谈判需要决策。谈判中碰到任何问题，无论大小，无论是商业问题还是法律问题，在最后都需要谈判双方作出决定，是同意，还是否决，或者是换种方式的同意。

2. 对人的定位

在谈判中，谈话的是人，但是谈的永远是问题。谈判中永远不要针对人，只要针对问题。不要让人成为问题，人永远应当成为解决问题的人。因此，在谈判中要保有灵活性，努力寻找替代方案，目的是促成交易，争取双方共同的利益。

在谈判时要认识自己也认识对手。

首先，认识自己的个性。每个人的个性不同，有的善于沟通，有的善于思考，有的善于调节气氛。无论自己属于哪一种，在整个谈判团队都可以发挥不同的作用：有的人可以做主要的谈判者，有的人则需要做支持性的工作。无论在团队中的作用如何，各个成员在谈判中都必须"专业"，要保持冷静、谨慎、克制和大度，既要据理力争，在原则上不轻易妥协，也要在细节问题上利用己方全体成员的聪明才智，保持适当的灵活性，通过双方的沟通和讨论使得交易能够达成并完成。在谈判开始前，应提前组成谈判小组，明确各个成员的职责；而谈判小组的成员应事先了解每个成员的个性和所长，这对于谈判中发挥团队协作有很大的帮助。

其次，认识对方也很重要。在谈判前或在首轮谈判结束后，应当做到对这些问题心中有数：对方谈判人员的组成、授权的层级以及最终的决策者。若对于具体参与谈判人员的个性和习惯有所了解，能够知己知彼，则会"事半功倍"。

3. 对问题的定位

与文件起草一样，对于谈判可能涉及的问题，也必须区分商业问题和法律问题。区分的目的在于，确定整个团队中由谁负责商业问题的谈判，由谁负责法律问题的谈判。有时候，客户会自己负责商业问题的谈判，而安排其委托的律师专攻法律问题。在一些大型的并购项目中，各方参与谈判的人员可能分为法律、商业、技术、人力资源等多个团队，各司其职，共同进行。有的谈判，则完全由客户出面，商业问题和法律问题一起谈。当然，由律师作为代表主谈所有问题，包括商业问题，尽管出现几率不高，但在实践中也确实存在。笔者认为，除非律师完全了解客户的要求并有特别的委托，律师不应该主动地承担商务谈判的任务，更不可尝试为客户做商业决策。

（二）与客户的合作

与客户的合作不只是在谈判开始前与客户共同做谈判准备，更为关键的，是在谈判进行过程中，随时与客户进行交流，纠正每一轮谈判中的错误或疏漏，为后续谈判乃至交易的交割进行准备。

为确保在并购项目中能够高效地协助客户，为其提供有关的法律服务，律师也需要"知己"。除了上文提出的需要清楚地认识自己的地位和作用外，"知己"也包括对客户（特别是新客户）的认知，必须先认识自己的客户：项目的时间表，客户参与交易的目的和预期，谁将签署协议，客户的哪些部门将参与谈判，谁将负责和引导谈判，谁是最终决定者；若在客户处举行谈判，具体的地点和场所；除了客户外，是否有其他第三方；如客户所聘请的其他顾问（如财务顾问）参与谈判；客户在整个交易和谈判中是否占有优势；谁是谈判的主导方；等等。

律师应积极地与客户协商谈判中的策略。比如谁"唱红脸"、谁"唱白脸"，遇到威胁时如何处理，如果谈判因为某些重要问题卡壳了，如何重开谈判，等等。

明白客户在整个谈判中的底线，做到心中有数。尽管谈判的最终目的是完成交易，但是如果确实存在很大的分歧，客户是否能接受则完全取决于客户的底线。有些客户对于风险的承担比较在意，如果要达成交易，客户必须承担较大的风险，则交易的谈判可能无法进行下去。如果客户对于对价和费用的支出比较在意，且谈判导致客户将付出比预期更多的价款，亦有可能影响谈判和交易的进行。

（三）谈判策略

1. 宏观：以整个交易为背景

交易文件的起草以及谈判究其实质是在买卖双方之间就交易本身涉及的风险和责任进行分配的过程。因此，在达成一致之前，必定会存在争议、矛盾和冲突。但每一个谈判的目的都是一致的，即促成交易并最终签署交易文件。

对于一宗交易，理想的情景是：各方都能明确自己的利益但同时承认对方的利益，能够"互利共赢"。交易达成的基础无疑是双方共同的利益大于单方片面的利益。当然，若每一方都持有"我的就是我的，你的是可以协商的"（what's mine is mine and what's yours is negotiable）这样的观点，谈判或协商自然也无法进行下去。

所以，以促成交易为目的是开展谈判的基础。谈判并不是锱铢必较，要为客户争得所有的利益，而是在促成交易这个大局观主导下，尽可能地争取客户利益的最大化、风险最小化。

2. 微观：以交易文件为基础

客户可能更多地从整个交易的大背景下思考问题，而作为律师，我们参与谈判的结果最终还是要落实到交易文件上，如交易文件是否对某个问题阐述不清楚、是否存在潜在的争议、如何修改才能体现双方达成的共识等。

因此，若想参与谈判时胸有成竹，参加谈判前需要先做好以下准备：

（1）熟读待讨论的交易文件。如果我们是交易文件的起草方，不能因为我们起草了交易文件，就忽略了谈判前对于交易文件的"温故知新"，尤其是在交易文件的草拟是基于类似交易的文件模版而完成的情况下，更要反复"吃透"交易文件的内容。如果交易对方律师在谈判前已经提出了修改意见，则需要在谈判前进行消化并与客户进行充分的沟通，并预先制订相应的策略和方案。若我们并不负责交易文件的起草，更需要事先仔细研究交易文件，弄明白每个条款的含义及是否充分保护了我方客户的权益。

（2）站在对方角度准备我们的谈判论点和理由。事先设想对方可能提出的论点和理由，并相应准备我方的应对之策。对于初次参加某类交易的客户，最好能事先为客户寻找一些例子并做解析。与此同时，可以结合实践中相关条款引申出的案例，帮助客户理解交易的架构及相关的法律问题，并帮助客户识别交易中的风险。

（3）提前准备谈判清单，列明整个谈判中存在的争议点、可能的解决方案、事先设想的对方的理由和论点等。此份谈判清单不仅有利于在谈判前整理思路，而且在谈判过程中围绕其收集和整理信息，将有助于制作会议纪要，为修改交易文件提供线索。

在谈判过程中，每次提出问题或应对对方的问题前，务必思考这些问题：这次提出的问题或反对的问题之实质意义何在，对于整个交易的影响如何，会如何体现在交易文件上，如果在某一点上取得了胜利，其对整个交易和文件有何意义，若需要某一点上令对方同意我们的观点，我们拿什么做交易（trade off），是否需要付出代价以及需要付出何等代价，等等。

3. 妥协：换种方式解决问题

关于妥协，首先我们要认清其实质。妥协并不是放弃，也并不意味着退让。能够在谈判中"自己找台阶下楼"也是一门艺术。律师要善于在双方就法律问题争执不下时，寻得"替代解决方案"（alternative solutions），要学会"曲线救国""以退为进"，目的是解决实质性问题，减少双方之间的分歧和矛盾。如果必须妥协，要记得"有失有得""以物易物"。

4. 其他注意点

律师参加交易的谈判，还必须注意下述原则：

（1）对于双方当事人已达成一致的商业意图和条款，不曲解、不片面理解当事人的意图。

（2）谈判时只能就问题谈问题，不可针对个人。要理智，不可以感情用事，不得傲慢和粗鲁，更不得进行人身攻击。

（3）适时地表达强硬立场，但需有理、有利、有节。在某些时候也需释放善意，以取得对方的理解和配合，加速谈判的进程。

（4）要注意专业精神（professionalism），要守时，谈吐、穿着、吃喝要注意修养，谈判时不得"喧宾夺主"、为客户做商业决策。

（5）一次谈判结束后，适时地总结此次谈判双方已达成共识的问题以及遗留的、有重大分歧的问题。该等总结一方面可以给双方一个大的概念，知道谈判进展，避免任何一方在随后的谈判中随意推翻已经达成的共识；另一方面可以避免误解，使得下次谈判在新的起点上出发。

（四）谈判中修改交易文件

除非在谈判接近尾声时，因需要尽快将交易文件定稿或双方已经达成共识，仅仅需要对交易文本做很小部分或简单的改动，事实上，大多数谈判进行时是无法修改交易文件的。所谓谈判中修改交易文件，主要是指在一次谈判结束后，根据双方已达成的要点，对有关交易文件进行修改和更新。谈判进行中修改交易文件需注意以下几点：

1. 根据交易双方在谈判中已达成的共同点修改和更新交易文件。在达成共识之前，每一次谈判后，交易双方只是就某项或某些问题达成商业上的共识，如何用法言法语体现到相关交易文件中，将是对律师综合能力的考验。律师必须做到既不曲解原本已达成的共识，又要使得所有相关的文件能够相互呼应，不存在任何歧义或矛盾。

2. 修改必须及时。通常，交易的谈判是连轴转，今天谈完，明天继续。律师要连夜将当天谈拢的内容都反映在交易文件中，使得第二天的谈判能够以最新稿的交易文件为基础。这种"车轮大战"无疑是对律师精力和体力的挑战。如果是中、英文双语，则需要花费更多心力。当然，这种项目工作方式的好处是，谈判结束，交易文件也完成，而没有多少"后患"。

3. 已修改完成的交易文件最好先取得客户的确认再发出给交易对方，尤其是涉及交易对价等敏感的商业条款的修改。若由于时间限制，在发出前无法获得客户对于已修改的交易文件的确认，则必须在发出时特别申明，所发出的修改版本尚未得到己方客户的确认，这些修改还有待于己方客户的最终确认。

第五节　交割

一、交割总述

如果不考虑交易主体之间就交割后事项所做的商务安排，以及交易交割后可能发生的争议和损害赔偿程序，一般而言，交割是并购交易的最后一个环节，也是交易各方对交易对方行使自己的权利，向其履行自己的义务，最终完成预定交易的关键环节。此前苦心孤诣地考察交易环境、设定商务目标、寻找交易对象、设计交易结构、评估交易对象价值、调查交易蕴涵的风险，而后起草文件并数易其稿、商务谈判面红耳赤，无不是为了尽快迎来交易的交割，实现一手交钱、一手交货，各取所需、各得其所。

中国法律下提及"交割"这一概念时多以股票、债券、期货或其他金融衍生品的交易为背景，而对于股权和资产的转让、合并与分立的交易如何交割则鲜有提及。由相关登记结算机构集中处理的证券交易二级市场上的日常交割，就其根本性质而言固然与本章讨论的公司股权和资产的交割义理相通，但由于交易对象、规模、交割程序和复杂程度上的差异，并不在本节的讨论范围之内。而上市公司股份协议转让的交割由于其程序上的特殊性，也主要在"上市公司并购"的相关章节涉及。

公司并购背景下关于"交割"的规定，主要集中于对外商投资企业股权变更和国有资产转让的法律规制：

1997年外经贸部和国家工商总局联合发布的《外商投资企业投资者股权变更的若干规定》，至今仍是指导外商投资企业股权转让的重要法律依据，其第10条规定，股权转让协议的主要内容应该包括转让股权的交割期限及方式。

2000年国家工商总局发布了《关于私营企业登记管理工作中有关问题的通知》，用以规范国有小企业和集体企业的出售，其中第4条规定，国有小企业出售后，办理变更登记或重新登记时，申请人除了应提交登记管理法规要求的文件外，还必须提交"企业转让协议书和按照协议办理资产交割及付款手续的证明文件"。

2003年国务院国资委成立之后，同年与财政部联合发布了《企业国有产权转让管理暂行办法》，再次明确"产权交割事项"应该是企业国有产权转让合同包括的主要内容之一。

2006年财政部发布、适用于非金融类国有及国有控股企业、其他企业参照执行的

《企业财务通则》第 48 条规定："企业出售股权投资，应当按照规定的程序和方式进行。股权投资出售底价，参照资产评估结果确定，并按照合同约定收取所得价款。在履行交割时，对尚未收款部分的股权投资，应当按照合同的约定结算，取得受让方提供的有效担保"。

2013 年财政部印发通知，发布了《中央文化企业国有产权交易操作规则》，明确"产权交割事项"是文交所应该组织交易各方签订的产权交易合同的主要条款之一。

尽管上述部委规章从不同方面提及了"交割"，但在金融产品交易之外，我国法律、法规对"交割"一词的引用非常有限，并且对其含义基本上没有任何界定。显然，相关政府部门（目前对这一词汇的使用尚未超出部委规章的范围）均认为"交割"属于汉语中的通用词汇，无须特别定义。至于交割的程序、步骤、要求、交割完成的判断标准及其对交易所可能产生的影响，除了遵守中国的公司登记制度和合同法、物权法的相关规定之外，主要由当事方自行约定。

（一）概念

笔者无意亦无力探究"交割"的词源，但通过简单的网络搜索即可知，至迟上溯至唐朝，刘禹锡即已在出任汝州刺史时上表答谢皇帝并做工作总结："交割之时，户口增长"（《汝州谢上表》）。宋元以降文学作品向白话文发展时，"交割"一词的使用日渐频繁。

法律界，各家法律词典对交割的解释大多类似：

《元照英美法词典》对"closing"一词的解释言简意赅："完成交易；交割（尤指房地产交易）。"[1]

《布莱克法律词典》第七版将交割（closing）解释为"交易各方之间为完成交易而召开的最后一次会议，特别是就不动产买卖而言，指买卖双方之间的最终交易，通过这次交易完成产权转让及证书制作、钱物两讫。"[2]

顾名思义，"交"者交付物项及钱款，"割"者结清风险、责任和义务，"交割"即指买卖双方结清手续。

（二）交割的法律意义

在并购交易中，一般而言，交割是一个重要的时间节点，完成与交割相关的事项也是交易各方之间在并购交易项下最重要的合同义务（相对而言即为另一方的权利）。以交割作为分水岭，并购交易当事人之间的关系被划分成两个阶段：在交割之前，各方需要互相合作、根据签订的交易文件为实现交割而努力（这既包括各方为满足交割条件而积极作

---

[1] 薛波主编. 元照英美法词典. 北京：法律出版社，2003.

[2] Bryan A. Garner（Editor in Chief），*Black's Law Dictionary*（Seventh Edition），West Group，1999。词条原文为："Closing：The final meeting between the parties to a transaction, at which the transaction is consummated; esp., in real estate, the final transaction between the buyer and seller, whereby the conveyancing documents are concluded and the money and property transferred."

为、及时沟通信息的主动义务，也包括收购交易的卖方在过渡期内约束目标公司过分进取的投资和经营活动的被动义务）；在交割之后，收购交易中的卖方继续完成合同约定的交割后义务之余，主要是根据合同约定和法律规定、就转让协议中的卖方陈述与保证，对买方承担责任。简而言之，交割具有如下几方面的意义：

1. 界别权属

一般而言，交割的完成即意味着交易标的权属的转移，是交易成功和交易目标实现的标志。相对于"钱货两讫"的理想状态而言，交割更多的是强调作为交易标的的股权或资产的占有或所有权在交易各方之间的成功转移。而根据当事人的约定，交易对价的支付可以在有形的交割程序之前或之后分阶段完成。

2. 分割风险

除非当事人之间另有特别约定，一般而言，对交易对象的实际控制以及与其相关的风险也会在交割时由买方转移给卖方。比如，股权转让交易中目标公司重大资产的损毁灭失、经营环境和盈利能力的重大变化、交割后事件（自然因素导致的不可抗力事件和法律重大变更等）造成的目标公司损失，只要依据合同及法律是不可归责于卖方的，常理上，均应由买方在所购股权的比例范围内承受公司价值受损导致的不利后果。

3. 会计处理

并购交易合同项下由当事人之间约定的交割条件和交割标准，以及当事人据此完成的交割，与中国企业会计准则对企业各类投资和资产的确认时点和条件的规定不可能完全一致，但实践中经常存在重合之处。依据并购交易形式、标的、对价、交易对企业控制权的影响等方面的差异，在中国企业会计准则之下，并购交易各方在完成交易时所做的会计处理要分别适用"长期股权投资""固定资产""无形资产""非货币性资产交换""债务重组""企业合并"及"合并财务报表"等各项会计准则中的规定。

在上述各项会计准则中，只有"企业会计准则第20号——企业合并"[①] 在确认购买方的合并成本时明确使用了"合并日"和"购买日"的概念。依据2006年10月30日财政部发布的《企业会计准则——应用指南》，企业应当在合并日或购买日确认因企业合并取得的资产、负债。按照上述第20号准则第5条和第10条的规定，"合并日"或"购买日"是指合并方或购买方实际取得对被合并方或被购买方控制权的日期，即被合并方或被购买方的净资产或生产经营决策的控制权转移给合并方或购买方的日期。《应用指南》认为，同时满足下列条件的，通常可认为实现了控制权的取得：（1）企业合并合同或协议已获股东大会等通过；（2）企业合并事项需要经过国家有关主管部门审批的，已获得批准；

[①] 值得注意的是，会计准则下"合并"的概念与公司法下的定义并不完全一致。"企业会计准则第20号"下所定义的"企业合并"，是指将两个或者两个以上单独的企业合并形成一个报告主体的交易或事项，分为同一控制下的企业合并和非同一控制下的企业合并。依据《企业会计准则——应用指南》中的分类，可分为"控股合并"（相当于公司法意义下以取得控制权为目的的公司"股权收购"）、"吸收合并"和"新设合并"（此二者与《公司法》第173条的分类含义相当）。

（3）参与合并各方已办理了必要的财产权转移手续；（4）合并方或购买方已支付了合并价款的大部分（一般应超过 50％），并且有能力、有计划支付剩余款项；（5）合并方或购买方实际上已经控制了被合并方或被购买方的财务和经营政策，并享有相应的利益、承担相应的风险。

由于实践中大部分股权转让交易伴随有目标公司控制权的转移，上述原则对于股权买卖及合并交易各方从会计处理角度明确相关资产和负债的归属（及其权属界分时点）具有重要的指导意义。而上述确认控制权转移的标准，与并购交易文件中通常采用的交割条款和条件存在高度的一致性（当然，就合并交易而言，由于土地、房产、商标、专利、公司股权等权利转移的批准和登记程序较为耗时，会计准则采用的上述标准会显得比合同约定更为严格）。因此，日常实践中，并购交易各方的管理账上，经常以双方约定的交割日期作为进行相关会计处理的基准日期。

4. 与"交易完成"的异同

除交割（closing）之外，交易"完成"（completion 或 consummation）在一些交易文件中也时有出现，通过在具体法律文件中的界定，用于表述与交割类似的含义。但是，就其一般文义而言，汉语语境中的"完成"与"交割"仍然存在明显的差别。并购交易"交割"主要是交易各方在满足协议约定的特定条件之后，完成股权或资产/业务权属及控制权转移的过程。依据协议约定完成这项工作可以视为作为交易标的股权或资产/业务已经交割，但与交易相关的支付和其他交割后义务可能在"交割"时并未"完成"，在资产/业务收购交易中，构成待转让资产/业务的某些组成部分（比如商标）在交割时甚至可能尚未完成法律程序所要求的权属转移手续。在这种情况下，以交易"完成"指代"交割"可能引起语义上的混乱。

（三）交割的一般流程

1. 交割时间

并购交易文件一般会约定交割的时间。对于需要多项政府审批或设置了较为复杂的交割条件的交易而言，一般会约定最关键的政府核准或登记取得后的若干工作日为交割日。有些交易中，当事人也乐于约定一个具体日期作为暂定的交割日，用于管理当事人对于交割的工作安排，也对督促各方尽快满足交割条件构成某种"压力"。

2. 交割地点

关于交割地点，法律并没用强制性规定，其由交易各方自由约定。一般而言，目标公司的主要办公场所、被收购资产或业务的所在地是并购交易中经常选择的交割地点。当然，如果目标公司或作为交易标的的资产或业务地处偏远，当事人也经常选择参与项目的律师或投资银行的办公室作为交割地点。

3. 交割前的准备工作

交割程序一般会在一天之内完成，其本身具有很强的仪式性，但其准备工作可能在交割之前很早就已经开始。对于比较复杂的交易，验证约定的交割条件是否已经成就，是交易文件签署之后最重要的工作。除合作取得各项政府审批之外，实现约定的重组架构、解决尽职调查过程中发现的各种问题、完成对确保公司经营和买方利益至关重要的特定事项，均为常见的交割条件。一旦约定的交割条件最终无法满足，而其又不至于重大到动摇交易各方的交易意愿（即构成所谓的"Deal Killer"或"Deal Breaker"），就需要考虑对某些交割前提条件进行豁免，进而完成交易。

除了上面提及的交割条件豁免协议，交割之前还需要起草并定稿与交割相关的其他重要文件，依据具体项目的不同，主要包括：（1）确认交割时间和地点的文件；（2）确认作为交割条件的否定性事实没有出现的高管声明［比如确认在过渡期内目标公司无重大影响交易的诉讼、交易各方无重大违约、在重要方面无不实陈述、未发生具有重大不利影响（material adverse effect）的事件等］；（3）（如有对应安排）为对价支付需与监管银行或产权交易所签署的资金监管协议；（4）目标公司去职董事、监事、高管的辞职函；（5）（如有对应安排）关于对价调整的确认书等。

交割之前，经常需要基于善意协商就交易文件签署之后出现的一些问题达成补充协议。因此，复杂项目在交割之前有可能会出现继交易文件签署之后的又一轮谈判和磋商。其议题之一，就是澄清或解决交割前尽职调查中发现的重大问题。尽管并无一定之规，审慎的买方会在交割之前就其购买的标的进行确认性的尽职调查。与达成交易之前所进行的尽职调查不同，交割前尽职调查的目的主要在于最终排除交易标的的重大瑕疵。比如，确认交易标的的现状，识别卖方在过渡期内可能新设的权利负担（包括但不限于土地、房产和动产的抵押、股权质押、第三方的认购期权等），确保卖方仍然具有处分交易标的的权利，等等。这些调查有可能完全在卖方的视线之外独立进行（因此可靠性较高），也有可能依赖卖方或目标公司的配合。

4. 文件和信息的移交

在交割当日，除了签署并交换上述提及的各个文件和依据项目实际情况准备的其他文件之外，一般而言，卖方需要向买方代表移交关于交易标的的所有批准、证照、文件、账簿、数据、合同、书据和记录等公司文件，对目标公司或目标资产/业务进行清点，将有关的财产和权利凭证置于买方代表的实际控制之下。同时，在股权收购中，卖方要向买方代表交付目标公司的各类印章及盖章后的空白文件，确保目标公司废除各个银行账户的原有预留印鉴，根据买方的指定向各家开户银行预留新印鉴。在合并、分立交易中或许没有明确的买卖双方，但同样有应该接收资产的权利主体，因此上述步骤同样适用。

上述交割文件和信息的整理是比较耗时的工作。对于资产收购和合并、分立而言，交易本身的性质决定了其交易对象的特定化工作会在交易文件起草和谈判过程中就基本完成。在交易文件签署时，各项动产、不动产、长期投资、经营合同（及主要客户和供应商名单）、贷款及担保、重要的经营许可和证照、员工信息等一般已经作为合同附件构成交易文件的一部分。

相反，就股权收购而言，尽管买方会在交易之前通过各种渠道尽量了解目标公司的状况，但是鉴于公司经营本身的复杂性和卖方在交割之前本能地对披露目标公司信息的排斥和保守，买方在交割之前一般很难穷尽式地参与整理目标公司经营过程中的账目、数据、文件、合同等。而对于以实现控制权转移为目的的股权收购而言，上述信息均需在交割时向买方或作为买方代表的目标公司新任高管进行移交。为了实现这一目的，就需要在交易文件中约定或在交易文件履行过程中实际上形成一种合作机制，为买方在交割之前参与目标公司经营文件及信息的整理创造一定的条件。实践中，有时卖方表现得较为强势，在所有交割条件均已满足之前，不给买方任何接触公司文件和信息的机会。在这种情况下，买方在交割条件满足之后势必需要比较长的时间完成对目标公司文件和信息的整理（其时间长短取决于目标公司的规模、目标公司原本的文件归集情况，以及买方对于审查细致程度的偏好等相关因素），交割日也将相应推迟。这时在买卖双方之间出现的局面是：一方面，工商登记已经完成，公司股权在法律形式上已经实现过户给买方；另一方面，卖方尚未收到转股价款，但对目标公司的资产甚至运营仍可能拥有某种程度的实际控制能力。一旦买卖双方之间在交割条件成就之后就公司交割文件是否齐备出现重大分歧，买方一般不会在文件审验满意之前就安排支付转股价款，而卖方由于其被动地位可能更加敏感，甚至倾向于利用其事实上的控制能力选择非理性的对抗方式解决问题，从而令交易双方陷入进退失据的尴尬境地。因此，无论从买方还是从卖方的角度，为确保交易顺畅进行，我们一般都建议客户在完成股东登记变更之前建立某种信息分享的合作机制，就目标公司待交割文件和信息是否齐备，在开始工商登记变更手续之前即取得事实上的默契。

（四）股权收购的交割

上面描述的一般交割流程主要针对的是以转让目标公司控制权为目的的股权收购（一般为转让目标公司全部或 51% 以上的股权）。由于这类收购在股权交易中最为复杂，因而其所涉及的交割步骤一般也最为全面和典型。

在不以转移目标公司控制权为目的的股权转让中（比如财务投资人以财务投资为目的的参股收购，或者既有控股股东或实际控制人收购全部或部分少数股权），买方在交割时的关注重点主要在于确认当事人之间设定的交割条件是否已经满足，股权权属是否已经按照法律规定的程序合法过户，买方任命的管理层组成人员（如有）或买方要求目标公司任命的人员（如 CFO，CTO 等）是否已经依据法律程序被任命和/或有效登记等。在非控股股东收购少数股权的情况下，由于卖方仍然对目标公司的经营拥有最终的话语权，或者（在既有控股股东或实际控制人收购全部或部分少数股权的情况下）买方已经对目标公司的经营管理有实际控制，故这种交易结构下的买方没有能力或没有必要在交割时要求转移对目标公司具体经营信息的控制权。

公司现有股东之间不依据现有股权比例对公司增资，或者新的投资人以增资方式成为公司股东，均在实际上构成了目标公司股权的转让。如果增资方出资后的股权比例及其由此取得的公司控制能力超过了原股东，则其交割方式类似于上述"以转让目标公司控制权为目的的股权收购"。如果增资方出资后的股权比例及其由此取得的与公司治理相关的权利不能令其取得控制权，则其交割流程将相对简单，类似于"不以转移目标公司控制权为目的的股权转让"。与此类似，既有股东之间非等比例减资也会实现转让股权的效果，基于减资之后对目标公司的控制权是否发生变更，相关股东所设定的交割条件及其在交割时所关注的侧重点也会有所不同。

与直接买卖公司存量股权相比，以不等比例增资的方式变相取得公司股权不存在一个直接的卖方，投资人为取得相关股权（或少被摊薄股权）所支付的对价的接收方是目标公司。现有股东在交割时关注的重点，在于监督增资方依据约定的时间和方式向目标公司增资，其股权被摊薄后所产生的收益或者损失也会从目标公司增资完成后的净资产变化上得到间接的体现。

在某些交易中，当事人同时进行存量股权的转让并对目标公司进行增资或减资。在这类交易中，既要将同时进行的两类交易分别考虑以便理清交割时信息流和现金流运动的方向，又要将两类交易共同改变股权结构的效果合并考虑以便正确评估交易对目标公司控制权的整体影响。

（五）资产收购的交割

公司并购范畴内资产收购的标的经常是各类生产或经营要素已经由卖方整合并形成一定生产、经营甚至盈利能力的完整业务或其中的一部分，有可能既包括厂房、机器设备、办公设施等固定资产，也包括库存（原材料和产成品）、应收账款、应收票据等流动性资产；既包括看得见、摸得着的有形资产，也包括土地使用权和知识产权等无形资产；既包括相关业务对应的合同和协议，也包括为完成实施具体的经营活动所配备的员工，甚至包括与待售业务相关的银行贷款、应付账款、应付票据、应付工资和福利费以及应付股利等负债科目。因此，实践中所谓资产收购经常也被称为"业务收购"。就经济实质而言，业务收购与股权收购的对象并无根本区别。只不过在业务收购的情况下，相关业务并未被独立拆分并归属于一个具有独立法人身份的实体。因此，在业务收购的过程中必须将交易标的清楚列明并加以适当描述，做到交易标的与卖方的其他资产之间界限清晰、便于识别。总之，就业务收购而言，严谨扎实的基础交易合同是交割顺利进行的基础。

由于业务收购标的的组成可能相当复杂，业务收购的交割也更为细致和烦琐。尽管在确定资产/业务买卖关系时交易各方可以将交易标的作为一个业务整体来对待，但在拟定交割条件时，需要考虑不同种类和性质的资产的特性，逐一解除既存的权利负担或克服可能存在的交割障碍。此外，在交割时要注意适用法律对于相关资产权属转移在程序或实体上所设定的具体要求。

1. 动产交割

机器设备、办公设施等动产交割主要适用中国《物权法》的动产交付制度，可通过转移占有、简易交付、指示交付、占有改定等方式完成所有权的转移。但对于船舶、航空器和机动车等资产的交割，买方应从速完成相关登记以取得对抗善意第三人的效力。设定交割条件时，买方需要审查相关动产上是否设定了动产抵押、是否存在法院的查封和扣押、是否由于海关监管而被限制转让，或相关动产是否系卖方基于动产质押作为质权人而占有的第三方质物。总之，即买方必须确认卖方对相关待接收的动产的处分权。如存在相关问题，一般需要在交易文件中将其作为交割条件加以明确约定。

2. 土地和房产的交割

土地使用权和房屋的过户适用登记制度，有包括《物权法》在内的专门法律制度规范，在操作层面各地有相应的地方规章。在资产/业务收购交易中，特别是房地产收购的业务中，收购标的所包含的土地和房产是否已经被设定抵押或被法院查封，是最重要和敏感的问题。一般而言，清理不动产上设定的权利负担、完成不动产过户登记之前所有的必备事项（包括相关税费的清缴），应该在交易文件中约定为交割的前提条件。至于完成不动产权属过户本身是否作为交割的前提条件，则取决于交易双方基于各自谈判地位最终协商的结果。

3. 知识产权的交割

此章节所述的"知识产权"，取其定义中的狭义概念，主要指专利、商标、软件著作权等工业产权，其权利的确立和转让的程序类属于中国法律的规制。实践中，类似商标等知识产权的申请和转让审查程序耗时较长，并且（对同时在中国法律管辖范围外注册的专利和商标而言）可能涉及中国之外其他注册地国家的法律和程序，交易当事人可能不会要求在业务转让整体交割之前必须完成过户手续。

4. 应收账款的交割

从会计的角度来看，基于其所具有的良好流动性，特定账期内的应收账款（在未变成坏账之前）往往具有现金等价物的性质。而就其法律实质而言，应收账款是卖方在日常业务经营合同项下所取得的债权。这部分资产的交割依据中国合同法仅需卖方履行对债务人的通知程序。但是，2007 年颁布的《物权法》为在应收账款上设定权利质权提供了明确的法律基础，中国人民银行随后也颁布了实施细则，因此应收账款可能已经被设定质押。此外，如果卖方与银行签订了保理协议，以应收账款担保进行融资或将应收账款卖断折现，则保理协议项下通常会有关于银行拥有坏账追索权或卖方在特定情况下承担回购义务等约定，此等安排（如有）将对卖方与应收账款相关的处分权甚至所有权产生不同程度的影响。因此，在资产/业务收购中处理此类资产的转让也需要注意其被设置的相关权利负担，并在交易文件中将权利负担的解除设定为交割的前提条件。

5. 待转让合同的交割

依据《合同法》，合同的整体转让需要取得合同相对方的同意。因此，待转让合同相对方的同意一般会被作为资产转让的交割条件之一。合同涵盖的内容千差万别，可能涉及待转让业务日常经营的所有方面。其中，与客户之间的货物/服务销售合同和与原材料/外包服务供应商之间的采购协议是需要重点关注的内容。资产转让的买卖双方通常会拟定业务合同转让协议的标准条款，通过取得合同相对方签署的回执而产生整体转让业务合同项下权利、义务的效果。如果业务合同相对方不同意资产转让买卖双方拟议的合同转让条款，则后者可能需要与特定业务合同相对方进行专门的谈判。一般而言，业务合同转让生效时（一般即为资产转让的交割日），该合同项下尚未履行的权利、义务会转由业务转让的买受方继续履行。但依据买卖双方之间的不同约定，业务合同项下的保证责任，或其他可能在交割之后出现的第三方主张或潜在责任，既可能由资产转让的买方继受，也可能由其卖方继续承担。显然，从资产转让买卖双方不同的立场来看，不同的风险分配原则对交易的价格和双方的利益存在不同的影响，对业务合同相对方的利益实现可能也意味着不同程度的风险和不确定性。因此，如何灵活地兼顾不同利益主体在业务合同转让过程中的不同诉求，决定着与此相关的交割条件能否顺利成就。有些情况下，需要买卖双方和相关第三方签署特别的书面协议。

6. 待转让负债的交割

与待售资产相关的负债主要包括业务合同项下的应付账款。至于银行贷款或其他往来款是否需要转让一般取决于交易当事人之间的协议。业务合同的转让我们在上文已有所涉及，此段主要讨论交易当事人之间同意转让的银行贷款和其他应付款。依据我国《合同法》，债务人转让债务需要取得债权人的同意，在交易文件中将此作为交割条件当无疑义。此外，卖方或其他第三方可能为待售债务提供了担保，其担保形式既有可能是保证，也有可能是在卖方或第三方的特定财产上设立的抵押或质押。对于第三人提供保证或在第三人财产上设定抵押或者质押的情况，如果债务转让不取得担保人的同意，债权人将丧失基于担保的利益。因此，这种情况下债权人一般会要求债务转让同时取得担保人的同意，相关抵押的登记信息由于债务人的变化可能也需要变更。这些事项，都需要在设定交割条件及实施交割时加以考虑。

7. 交割中对劳动合同的处理

资产/业务转让涉及员工的，当事人可以划定需要转让的雇员范围，并将该范围内的雇员终止与卖方之间的劳动合同同时签署与买方之间的劳动合同作为交割条件。但这一条件最终能否成就无疑取决于雇员本人的同意。为了防止雇员本人的意愿给交易带来过度的不确定性，从卖方角度出发，由于雇员本人不同意与买方建立劳动关系的原因导致相关劳动合同无法签署应该在交割条件的设定中予以排除（否则，买方可能在签署资产/业务转让协议之后以此为借口拒绝完成交易）。从买方的角度而言，某些构成交易标的核心价值的重要雇员的加盟，无论其本人的意愿如何或者在交易文件签署之后到交割之前其受雇意愿是否发生变化，均必须在交割条件中有所反映，否则可能导致买方完成交易的目的落空。这也是在股权收购中经常需要处理的问题。

另外，卖方员工离职补偿金的支付也可能是交割条件设定中值得关注的问题。就法律规定而言，买方无须负担由于卖方与相关雇员解约的补偿金。但是从合同的角度而言，相关的成本和风险如何分摊完全取决于交易双方的商务共识。由于卖方与相关雇员解除劳动合同是基于完成资产转让的技术性需求，由卖方单方承担相关成本并不具有"天然的"合理性。何况，离职补偿是雇主解除或不续签劳动合同等特定情况下才会出现的或有支出，因此，实践中也经常存在买方同意继受相关雇员此前作为卖方雇员期间的全部工作年限的安排。与此有关的具体问题和分析请参见本书第六章"并购项目中的劳动问题"。

8. 交割中对分公司的处理

在资产/业务转让交易中，经常存在卖方为待售业务在不同地域已经设立分公司的情况。在中国现有的法律体系和公司登记制度之下，相关分公司的转让只能通过卖方注销并由买方原地重设的方式完成，如果商务上存在必要性，相关程序自然也需要在交割条件中加以明确。

与此相关，国家工商总局正在类似领域推出一些促进程序简化的举措。根据国家工商总局于2011年11月28日颁布的《关于做好公司合并分立登记支持企业兼并重组的意见》第2条第7项，各地工商局应支持分公司办理隶属关系变更。因合并而解散或者分立的公司有分公司的，应当在合并协议、分立决议或者决定中载明其分公司的处置方案。处置方案中载明分公司归属于存续或者新设的公司的，可以按照分公司名称变更程序办理分公司隶属关系的变更登记。尽管根据该项规定的行文，相关便利措施仅适用于公司合并和分立的情况。但资产/业务转让与公司分立在经济实质上并无根本区别，各地工商局在实际工作中能否根据国家工商总局的上述指导原则为资产/业务转让提供类似的便利，值得在具体的交易个案中与主管工商机关进行探讨。

9. 与整体交割的矛盾

上面的分析表明资产/业务转让的交割有可能面临的复杂局面。但是，对于业务转让而言，交易标的毕竟不是各个资产组成部分的简单拼凑，不同资产共同服务于整体业务经营的性质决定了资产/业务转让交易的交割必须有一个统一的时点。此外，基于本节此前已经讨论的会计处理要求，以及下文将要讨论的交易价款调整的需要，统一的交割时间和程序也是必需的。

商务实践中，交易当事人一般很难等待构成目标资产/业务的各个组成部分均完全具备可交付状态或已经完成法律要求的登记程序才进行交割。对于重要的固定资产（机器设备、存货、房产）和土地使用权，完成相关担保解除手续和登记过户程序所需的时间通常尚在交易各方的可接受范围之内。同时，鉴于上述基础性资产本身的价值和对于买方业务经营的重要性，一般而言，交易各方会要求并乐于在完成与上述资产相关的法定程序和约定事项之后或同时进行待售资产/业务的整体交割。而对于专利、商标等实践中过户较为耗时的资产，经常只要求以相关申请正式提交或达成转让程序里的特定中间步骤作为交割的前提条件。尽管资产/业务转让整体交割时，相关知识产权可能并未完成转让登记程序，但是仍可以通过交割后合同义务的安排，确立买方对于相关权利的独占性使用权，直至相关转让手续完成。如卖方有交割后的义务，则应考虑安排部分交易价款的延期支付，以实现保护买方利益的目的。

10. 其他交割条件

当然，收购资产并继续经营相关业务的实质也决定了交易标的本身权利负担的解除和权属过户程序的完成绝不会是资产/业务转让唯一的交割条件。在一些政府高度管制的行业里（比如电信服务、药品与医疗器械的制造等），在待售业务基础上重新组建的经营实体是否能够取得必需的业务资质和经营许可，经常是交易双方需要面对的更为棘手的问题。业务资质和政府许可的不可继受性与资产交易（尤其是土地使用权和房产转让）所可能涉及的巨额税费一起，构成了资产/业务转让在中国并购市场上比较不受投资者青睐的两个重要原因——尽管就隔离目标业务所关联的负债和特定法律风险而言，资产/业务收购具有股权收购无可比拟的优势。

（六）合并、分立的交割

就交割程序而言，合并、分立所涉及的问题与资产/业务转让非常类似。在合并交易中（无论是吸收合并还是新设合并），被合并公司的所有资产、负债、合同和雇员均需转让或转移到合并公司名下；在分立交易中（无论是存续分立还是解散分立），被分立公司的所有或特定部分的资产、负债、合同和雇员均需转让或转移到分立公司名下。2009 年 4 月 30 日由财政部和国家税务总局联合颁布的《关于企业重组业务企业所得税处理若干问题的通知》对合并和分立的描述，或许更好地道出了这两种并购交易的经济实质："合并，是指一家或多家企业（以下称为被合并企业）将其全部资产和负债转让给另一家现存或新设企业（以下称为合并企业），被合并企业股东换取合并企业的股权或非股权支付，实现两个或两个以上企业的依法合并"；"分立，是指一家企业（以下称为被分立企业）将部分或全部资产分离转让给现存或新设的企业（以下称为分立企业），被分立企业股东换取分立企业的股权或非股权支付，实现企业的依法分立"。可见，所谓合并和分立，从经济实质上说，是合并、分立前后各个公司之间的资产/业务整体转让的行为，只不过取得转让对价的不是出让相关资产/业务的公司，而是其所对应的股东。因此，就交割而言，上面在资产/业务转让部分的全部分析都应该适用。

值得注意的是，《公司法》为合并、分立交易的实施设定了类似公司清算的债权人通知和公告程序，这是其与资产/业务收购交割程序中最重大的区别。一方面，相关程序可能导致在交易文件签署后需要更长时间才能交割；但另一方面，由于设定了债权人申报债权和对债权、债务承继方案提出异议的时限（接到通知书之日起 30 日内，未接到通知书的自公告之日起 45 日内），也有可能实现更早取得债权人同意的效果。[①]

二、交割的条件

在本节第一部分中，对于不同并购交易形式中的交割条件已经或多或少有所涉及。为

[①] 原对外贸易经济合作部、国家工商行政管理总局于 2001 年 11 月 22 日修订后重新发布的《关于外商投资企业合并与分立的规定》第 28 条规定："如果公司债权人未在前款规定期限内行使有关权利，视为债权人同意拟合并或分立公司的债权、债务承继方案，该债权人的主张不得影响公司的合并或分立进程。"相关原则在公司法的相关司法解释中还没有反映，但最高人民法院《关于适用〈中华人民共和国公司法〉若干问题的规定（二）》（2008 年 5 月 12 日发布）第 14 条在讨论公司清算过程中的债权人保护问题时，已经体现出了"债权人因重大过错未在规定期限内申报债权"不受保护的精神。

交割设定条件的实质，无非在于交易各方当事人约定，如果特定事项没有实现或者特定条件没有成就，则不进行交割：从卖方角度而言，即不从事转让交易标的权属的行为，包括不完成相关权属变更所必备的法律程序（比如登记、注册），不转移对财产或权利载体的实际占有或控制（比如转移财务账册、书据或技术文件甚至撤出厂房等等）；从买方的角度而言，则主要指不支付转让对价或不采取必要的行动配合交易标的权属的转移。

在中国的并购实践中，由于股权、土地、房产和工业产权等一些常见交易标的的过户程序本身耗时较长，其结果又经常存在一些不确定性，因此，从买方的立场出发，经常会把权属转移登记程序的完成作为交割的前提条件（比如股权转让的工商变更登记、土地使用权和房产的过户登记等）。这种约定造成的后果是，交割条件成就，交易各方据此开始实施交割时，依据法律判断，相关交易标的的权属在法律形式上可能已经归买方所有了。这时卖方对交易标的可能只剩下了物理上的控制，而这种纯粹物理控制权的转移有时候就构成了卖方交割的全部内容，以及制约买方完成付款义务的重要筹码。

另外，交易对价的支付也并非总是在（甚至经常不是在）交割阶段完成。在中国的法律规定、官方甚至半官方的交易程序规则、交易各方谈判地位的综合影响下，交易对价的支付既有可能在交割之前，也有可能在交割之后，甚至从自买方付出到由卖方收讫，需要在相当长的时间内由第三方进行独立控制。这些内容将在后文论述。

（一）政府核准、备案和登记

依据相关中国法律的规定，某些交易的完成需要取得特定政府机关的核准或经过法定的交易程序，这既可能与交易当事人的身份相关（比如外资并购或国有企业出售其股权或资产），也可能与目标公司、交易标的所涉及的行业相关（比如电信、医药、广告、交通设施等受高度管制的行业领域或诸如钢铁、水泥、冶金等高污染、高能耗，被视作"宏观调控"对象的行业）。

这里所说的政府核准、备案和登记，主要是指在完成交易标的权属变更之前法律规定必须具备的前置程序或必须取得的前置批准。一般而言，这些事项在严谨的并购协议中都会作为约定交割条件的一部分。但即便不在合同或协议中约定，由于依据法律规定，在相关条件未成就时，实际上无法完成交易标的权属的变更，因而从某种意义上也可以将其视为交易交割的"法定"前提条件。概括而言，这些交割条件主要包括以下几类：

1. 针对特定行业、与行业管理或产业政策相关的企业设立前置审批程序或企业经营所必备的行政许可。除非行业主管机构批准的取得与股东的资质相关，一般而言，股权转让很少出现这方面的问题。但是，在资产转让以及合并、分立交易中，根据交易的具体情况和所处的具体行业，行业监管和准入方面的行政许可经常成为需要谨慎应对的核心问题。

2. 关于经营者集中的反垄断审查。根据中国《反垄断法》第 20 条的规定，只要参与集中的经营者的营业额达到相关标准，合并、股权或资产并购以及协议控制均有可能引发商务部的经营者集中反垄断审查，而不论参与集中的经营者是外国公司、外商投资企业还是内资公司。关于反垄断审查的具体问题和分析请参见本书第五章第一节"与并购相关的反垄断审查"。

3. 外资并购中所涉及的商务部门（有些省份称为外经贸部门）的核准。即便在 2016 年 10 月外国投资的有限备案制开始实施之后，2006 年 8 月 8 日发布的《关于外国投资者并购境内企业的规定》项下所规范的外国投资者并购境内企业的交易仍然适用核准制。就合并、分立和导致外商投资企业本身股权变更的股权收购交易而言，仅在外资准入"负面清单"的范围内保留适用核准制，而这些核准可能与上述第 1 项的行业管制或产业政策交叉重叠，构成针对特定行业的特殊外资准入政策。除此之外的一般行业，只要不违反相关法律规定并提交了必备的申请资料，实践中基本极少遇到相关政府部门行使行政酌定权、拒绝核准外商投资或者外资并购的情形。

4. 外资并购中所涉及的国家安全审查。这一制度最早在 2006 年 8 月 8 日发布的《关于外国投资者并购境内企业的规定》中初现端倪，由国务院办公厅于 2011 年 2 月 3 日发布的《关于建立外国投资者并购境内企业安全审查制度的通知》正式建立，目前其实际批准的权力掌握在由商务部负责协调的部际联席会议。尽管实践中因为安全审查被否的案例还非常有限，但鉴于具体界定该项审查的政策目标（即"维护国家安全"）本身的难度，政府部门可能拥有较大的行政自由裁量权。

5. 国有资产转让所必须遵循的主管国资委（或经其授权的被投资企业）的事前批准、资产评估结果核准或备案、产权交易所公开挂牌出售程序。理论上说，这些步骤和程序在签署国有资产转让文件之前应该已经完成。但实践中，审慎的交易者还是会把相关内容明确约定在交易文件中，尤其是在交易各方在国有资产公开挂牌出售之前即已经达成交易合意的情况下。

6. 在涉及上市公司或其控股子公司的交易中，依据相关法律规定或交易所规则需要取得的证监会或交易所批准。

7. 作为投资项目审核部门的发改委核准或备案。在资产转让和合并、分立交易中，如果需要以相关资产为基础新设运营主体，发改委的项目核准或备案自然不可或缺。就股权收购而言，2014 年 5 月 17 日国家发改委颁布的《外商投资项目核准和备案管理办法》第 21 条明确规定，经核准或备案的外商投资项目如果"投资方或股权发生变化"，则需向原批准机关申请变更。这一原则在省级发改委的类似核准和备案管理办法中几乎无一例外地得到了确认。尽管实践中这一规定饱受争议，并且经常被交易当事人、其他政府部门甚至地方发改委自身有意或无意地忽视。但是作为法律合规的基本要求，并且考虑到发改委在投资项目核准和备案中的法定审批权力，以及由此可能导致实际的合规风险，即便该项核准或备案不会成为完成交易的立竿见影的障碍，为了交易的便捷而忽视这一要求的存在也并不是明智之举。

（二）其他约定交割条件

除了上述政府核准、登记和备案之外，并购协议中经常出现的约定交割条件还包括下述事项：

1. 改正或改进与交易标的相关的瑕疵

买方在交易之前进行的法律、财务、经营、税务、技术、环保、人力资源等方面的尽职调查中，或多或少会发现目标公司需要改正或者改善的瑕疵。在交割之前促使卖方尽其最大可能对这些瑕疵加以改正或完善，有助于最大程度上提升交易标的的价值，暴露和规避交易标的在经营中可能产生的风险。交易标的可能存在的问题以及买方希望采取的解决方案因时因事而异，不同的交易之间，甚至面对相同的交易标的在不同的买卖各方之间，其细节千差万别。而能在多大程度上将相关瑕疵及其解决方案体现在交易文件中并作为交割条件，显然又取决于交易的成本、各方的商业判断、风险偏好和谈判地位。

举例而言，在收购中国境内企业或外商投资企业时买方经常设定的交割条件一般包括：

（1）取得企业设立或业务经营所必需的政府核准和经营资质。

（2）取得目标公司历史沿革过程中所必需的政府核准或完成其必经的法律程序。

（3）处理企业出资过程中存在的瑕疵（比如土地使用权或房产等不动产出资过户手续中的瑕疵或欠缴的相关税费等）。

（4）改正重要经营合同中的瑕疵。

（5）收回股东应付款、解除目标公司的对外担保。

（6）解除重要资产上存在的抵押、质押以及司法查封、扣押、冻结和其他权利负担。

（7）取得不动产建设或购买过程中未能取得的必备政府批准，比如规划、环保、用地、消防等方面的批准和验收，取得相关规划许可证、国有土地使用权证和房产证，完成国有土地出让金及相关税费的缴付，拆除违法建筑和临时建筑等。

（8）补缴欠缴的税款、社会保险费和住房公积金。

（9）与雇员（包括试用期员工）签署劳动合同。

（10）为生产项目取得环评批复和在"三同时"的过程中通过环保部门的验收，取得排污许可并缴纳排污费。

（11）作为交易标的未来经营所必需的厂房、设备的长期租赁协议，或专利、商标的长期（永久）许可协议等已经签署并生效。

而股权转让中卖方经常会提出的交割条件则主要与目标公司负债的偿还相关。如果目标公司现金流充裕，卖方自可在过渡期内主导目标公司逐步偿还股东贷款并解除卖方为目标公司债务所做的担保。但就解除担保而言，如果指令目标公司提前偿还银行贷款可能给目标公司的经营或财务表现带来负面影响，卖方在保障自身利益的前提下，也经常需要配合买方共同与第三方债权人交涉，通过特定的合同安排实现担保义务的平稳过渡。相反，如果目标公司现金流紧张，为收回卖方股东贷款或解除卖方为目标公司所做的担保，卖方一般会要求买方事先作出合理的商务安排，避免卖方在出售控制权之后仍然承担为目标公司融资或担保融资的义务及风险。为此目的，设置监管账户存放买方即将于交割日出借给目标公司的还贷专用资金，或买方向卖方提供担保或反担保都是经常采用的交易安排。

2. 第三方同意

在介绍资产/业务转让或合并、分立交易的交割时，已经较为详细地介绍了其中涉及的第三方（主要是债权人）同意问题。对于合同或债务的转让而言，债权人的同意是法定的权利、义务转让前提。对于劳动关系的变更，雇员的同意同样不可或缺。在合并、分立交易中，债权人通知和公告更是法律直接设定的交易程序。

在股权转让中，目标公司本身作为权利、义务承载主体的地位不因股东变化而发生改变，但是目标公司的股东或实际控制人变更经常会从实质上影响目标公司的偿债能力，进而改变合同相对方对目标公司的商业风险评价，甚至彻底摧毁与目标公司进行特定交易的商业合理性（比如，股权转让的买方是目标公司合同相对方的竞争者）。一般而言，"控制权变更"（change of control）或"公司重组"条款是银行贷款和担保协议中的标准格式（在银行贷款/担保合同中，银行通常要求，借款人如果发生股权、资产出售或其重大变动，要事先征得银行的同意），在某些重要的供货协议、服务协议或采购协议中，当事人也会以类似的条款对目标公司的公司重组或控制权变更计划加以限制。这种情况下，为了避免目标公司由于交易交割而违约（并且由买方在交易交割后间接承担目标公司违约的不利后果），买方通常会要求，将目标公司取得相关借贷或业务协议中约定的第三方同意，或完成该等协议项下的通知义务，作为股权转让交割的前提条件。

3. 重组

目标公司重组并非每个并购项目必备的交割条件，相反，其取决于交易各方的特殊商务需求。这种需求通常来自买方，但有时卖方基于减少交易利得税等考虑也会要求先行完成内部重组。买方利益驱动的交割前重组之主要目的，在于将拟作为交易标的的公司或业务置于一整套便于交易的公司架构之中。这既包括卖方的持股结构，也包括卖方或目标公司（及其子公司）持有资产/业务的结构。在私募股权基金所做的 Pre-IPO 收购或谋求境外上市的项目中，交割之前的重组也会经常发生。

4. 遵守协议约定及未发生不利情况

作为交割条件之一，交易各方经常将下列事项作为约定的交割条件：

（1）交易文件签署之后对方的陈述在重大方面不存在虚假、不真实、不准确、有误导。

（2）目标公司在重大方面没有发生不利变化，且在过渡期内未发生对交易标的具有重大不利影响的事件。

（3）对方没有对其保证及交易文件约定义务的重大违反。

（4）不存在或未发生可能导致交易无法进行的诉讼或纠纷。

（三）交割条件的豁免

在交割条件中，区分上述（一）中的政府核准、备案和登记以及（二）中的约定交割条件的一个重要意义，在于（一）中的条件对交割的实现基于法律的强制性规定而不可或缺，不能基于交易各方的合意而予以免除。而（二）中的条件，则可以由设定相关条件的受益方基于其单方意志在交割之前予以豁免，从而为交易交割扫清障碍。

尽管交割条件的功能在于一般性地为交易交割设置安全阀，但其所针对的是交易特定一方依据交易协议完成交割的合同义务，也就是说，所谓交割条件，其实是交易当事人中特定的一方履行"完成交割"这一合同义务的前提条件。由于交割条件的存在，交易一方享受了条件未成就即可不予交割的合同利益，因而，也只有享有该利益的一方才可以豁免针对其合同义务的履行所设定的前提条件。但是，与豁免相关的下列问题，尽管在实践中有通行的理解，但为避免疑义，最好在交易文件中明确阐述：

1. 豁免特定交割条件，并不意味着放弃因相关交割条件未成就而主张损害赔偿的权利。这一提示主要是针对交易标的存在的瑕疵，或当事人一方的违约或陈述不实而言。实践中，买方在豁免相关交割条件时，通常会与卖方约定变通的解决措施作为卖方交割后仍需履行的合同义务。但即便没有或无法提出变通解决方案，豁免相关交割条件并同意在瑕疵仍然存在的情况下实施交割，也并不必然导致买方放弃对相关瑕疵、不实陈述或违约行为所造成的损失主张赔偿的权利。

2. 对交割条件的豁免既可以以明示的方式作出，也可以以默示的方式作出。如果交易各方实际上已经实施了交割，即可以认为交割条件的受益方对尚未成就的交割条件作出了默示的豁免。交割条件的受益方不能在实施交割之后再以特定交割条件未成就为由要求将作为交易标的的股权或资产的权利归属回复到交割之前的状态。

3. 交割条件的受益方未就相关条件作出明示豁免但实际上完成了交割，既可以被解释为其认为相关交割条件已经成就，也可以被解释为其默示豁免了相关未成就的交割条件。在处理该受益方基于另一方误导/不实陈述或违反协议等事由而提出的诉讼或仲裁主张时，在交易文件中被诉一方应被明确禁止以该受益方实际实施了交割（从而意味着该受益方已经默示确认并无误导/不实陈述或违约行为——即相关否定性事实不存在的交割条件已经成就）作为理由进行抗辩。

在交易文件中，通常会有交割条件在最终期限之前未成就则交割条件的受益方即享有单方解约权的条款。如果一些未能成就的交割条件看起来并不那么"致命"，交割条件的受益方却偏偏拒绝提供豁免甚至借此终止并购交易，这在实践中极易引发纠纷。其原因不难理解：并购交易从谈判、签约到实际履行，交易各方一般都会支出巨大的交易成本，交易标的的正常经营也会受到很大影响。在这种背景下以不那么实质性的原因终止交易，经常容易引发解约方可能在"小题大做"或"借题发挥"的猜想。理论上说，依据交易协议拒绝豁免未成就的交割条件并行使解约权，应该是权利人受到合同和法律保护的应对措施。但是在中国的司法实践中，这一看似清楚明白的合同权利能否得到有效保护和贯彻，似乎仍然有待观察——在相关交易涉及外国买方并且已经取得了相关政府部门核准的情况下尤其如此。

三、与交割相关的权利和义务

交易文件签署之后，交易各方唯一的任务和目标就是共同完成交易的交割，并最终完成交易。而履行并购交易文件的过程，无非就是完成交易协议分配给各方单独或共同承担的任务，跨越由交割条件所设置的一道道障碍，进而逐渐接近乃至最终完成交割的过程。为了实现交割这个目标，各方有必要在交易文件中就如何促成交割条件的成就明确各自的义务，一旦某些交割条件不能成就，也便于认定是否存在一或双方违约并界分各方应该承担的责任。由于交易情况的不同，如何划分各自的义务范围取决于具体项目中交易各方的协商。本节下面的内容，主要介绍实现交割条件之外的典型权利和义务。

（一）卖方的义务和权利

在股权或资产转让交易中，尤其是以取得控制权为目的的交易中，交易中的信息不对称决定了义务的负担不得不向卖方倾斜。从交易文件签署到交割完成这段过渡期中间，卖方通常必须承担的义务就是将目标公司或资产保持在稳健经营的正常状态。除非与买方协商同意，过渡期内的经营活动既不能懒惰懈怠（从而影响交易标的的价值），也不能过分激进（进而让交易标的承担过多的风险）。一般的要求是：保持经营的可持续性，将其维持在交易文件签署时的正常水平。

为了遵循"持续正常经营"的基本原则，交易各方经常会协商、确定一些具体措施。这些措施的主要功能是在可接受的程度内对交易标的的经营自主性施加一定的限制。主要的限制措施包括交易标的或卖方不得从事下述行为或在从事相关行为之前需取得买方的书面同意：（1）订立超过一定金额的合同；（2）修订、终止、续展、违反或重新商谈重大合同；（3）终止或不续展重大的政府批准或许可、欠缴税款；（4）发行或回购股份、创设或行使买入或售出选择权；（5）新增重大债务或对外提供担保；（6）在一般业务经营之外处分重要资产；（7）改变会计政策或财务准则、在正常会计政策之外分红；（8）改变既存的员工福利计划、解雇重要员工；（9）在正常业务经营之外提起重大诉讼或进行和解、放弃重大权利；（10）任何可能对交易标的的价值和持续正常经营造成重大不利影响的举措。

应买方的要求，卖方可能还需要将过渡期内的资本性支出维持在一定的水平，以确保目标公司或资产在交割后的盈利能力。就特定的大额资本性支出而言，可能需要在买卖双方之间商讨补偿措施，补偿的方式之一可以是调整交易对价。对此，我们在下文将进一步讨论。

（二）买方的权利和义务

除了上述卖方的义务均可构成买方的权利之外，买方在过渡期内可能获得的重要权利就是向目标公司或目标资产的持有人派遣代表，在尽职调查所获得的信息之外，进一步加深对交易标的的理解。这不仅能为实施交割提供便利、奠定基础（相关分析见上文"交割的一般流程"），也有利于在经营层面为交割后目标公司（在股权收购的前提下）或买方（在资产收购的前提下）自身的公司整合做好准备。当然，买方在这一阶段能够获得多大的腾挪空间，完全取决于控制目标公司管理层的卖方对于买方有多大程度的信任和为交易之目的与买方合作的态度。而获得相关信任和便利的买方，其最大的义务就是在交易交割之前对所获得的有关交易标的的信息严格保密。

在过渡期内，关于交割条件进展状态的信息共享应该是交易各方之间互负的合同义务。前述需要分享的信息既包括政府核准方面的进展，也包括过渡期内可能发生的、将导致卖方违反其向买方所作的相关保证或其向买方所作的陈述不再真实准确、或对交易或目标公司/资产的经营状况可能产生重大不利影响的任何事件。

此外，在交割之前，买方一般有权对目标公司或资产的情况做进一步的调查，对卖方的处分权进行最后的确认。为此，卖方和目标公司一般应该提供合理的配合。对于过渡期比较长的交易而言，交割前审计和尽职调查就尤为必要，因为这几乎是买方在支付对价前避免损失和讼争的唯一机会。

四、交易对价的调整和支付

如何完成股权或资产向买方的转让当然是交割时需要处理的重要问题，但这显然只是交易的一个侧面。交易对价如何确定和支付，在交割时通过什么样的机制分配和分担风险，同样是交易各方（尤其是卖方）应该关心的重大问题。依据常识即可判断，关于交易对价的核心问题主要有两个：一是"付多少"，二是"如何付"。对价的调整和支付虽然相当复杂，但究其实质基本上不会脱离这两个范畴。

（一）对价的交割前调整和交割后调整

一般而言，交易标的在交割日的财务状况与其在交易定价基准日的财务状况之间会存在一定差异，这是交易标的的持续经营的自然结果，但也因此创造了交易各方之间调整交易对价的需求。需要注意的是，尽管反映交割时交易标的的最新状态的交易对价看起来或许更加"公平"，但如何为交易定价毕竟主要是交易各方之间平等协商的结果。只要不违反《合同法》中的基本原则，法律允许买方或卖方在自愿的前提下承担更多或更少的风险。因此，调整交易对价并非并购交易中必需的步骤。如果当事人认为需要调整，那么是只能单向调高、调低，还是既可调高亦可调低，都可以由当事人进行约定。

如果交易各方之间据以为交易定价而实施的审计或评估基准日与实际交割日非常接近，那么调整对价的商务必要性就会降低。因此，在简单的境内公司股权转让中，如果没有复杂的交割条件设定和行业管理要求，股权转让通过变更工商登记即可完成，鲜有设置复杂的对价调整机制的情况。但是，由于耗时较长的经营者集中反垄断审查程序同样适用于内资公司之间的合并、合资和控制权转让，对于母公司规模比较庞大的内资公司之间的并购交易而言，调整交易对价的必要性也会非常突出。

对于涉及外国公司和外商投资企业而不适用"备案制"的并购交易而言，由于其原本就需要经历时间较长的政府核准程序，对交易标的的审计和评估又通常被要求作为法定的定价基础（视交易标的的规模不同，完成审计和评估的平均耗时一般在 1～2 个月），相对而言，对价调整机制更为常见。

那么，为什么不能直接以交割日的财务数据作为基础定价而非要进行所谓的对价"调整"呢？其实，以交割日财务数据直接定价在国外的并购交易中很常见，交易各方在签署交易文件时，应约定明确且可操作的对价计算公式，有的交易还会以签约时已知的数据代入相关计算公式作为交易对价计算方法的一个例举（其并非关于价格的约定）。待实施交割时，各方再对交割日的财务报告进行审计，将审计结果或直接将公司管理账中的数据代入公式计算出买方应该支付的价格。这种定价方式不可能完全避免对价调整的发生（比如：在卖方要求买方在交割之前支付部分或全部对价或设定资金监管安排的情况下，或者在交割后审计耗时较长但卖方要求在交割日即收取价款的情况下，都仍然需要引入相应的对价调整机制），但可以在相当一部分交易中避免调整对价的麻烦。

然而，在我国的股权并购审批实践中，相关政府机关习惯于在转让协议中看到一个已经明确约定好的代表价格的数字，在涉及外资的股权和资产收购中，价格更是转让协议中的必备条款[①]，并与外汇管理部门或外汇指定银行监督外汇收付的职能相联系。鉴于复杂的外资并购签约后耗时数月交割在实践中并不鲜见，加上审计、评估基准日到交易文件签署之间用于商务谈判和文件起草的时间，很难想象在交割时当事人仍然采用数月乃至一年之前的财务数据作为交易价格的基础。上述因素共同作用的结果是，对价调整机制在复杂的外资并购交易中几乎成为必需，甚至需要不止一次的调整才能完全反映交易各方的商务意图。

1. 交割前调整

无论交易各方如何安排对价支付的时间表（就此我们将在下文详述），交割本身的法律意义决定了交割日是确认交易标的最终价格最适当的时间点。但在交割日，目标公司或目标资产持有人的财务数据尚未经过审计。如果买方认为相关管理账值得信赖、无须第三方独立审计，那么交易各方可以以管理账为基础，根据事先确认的方式调整对价。这是交割前调整的一种情况。

另一种情况是，买方认为仍有必要对交割日的财务报告进行独立审计，鉴于审计需要时间，根据审计结果调整对价显然不可能在交割日完成。但是，卖方又不同意直至审计完成才收取交易对价，坚持在交割日取得交易对价的全部或大部分。这种情形下，如果以交易文件签署时确定的基准价格作为安排支付的基础，可能与交割时的实际财务状况相差过大。因此，交易各方同意在交割时依据管理账先进行第一次对价调整，以调整后的对价为基础在交割日安排全部或部分支付对价。待审计完成时，再依据审计结果通过第二次调整

---

① 参见《关于外国投资者并购境内企业的规定》第 22 条和第 24 条，以及《外商投资企业投资者股权变更的若干规定》第 10 条。

确认交易的最终价格。

2. 交割后调整

由于上述第二种情形下的第二次调整发生在交割之后，因而将类似的对价调整机制称为交割后调整，也就是根据第三方审计结果所进行的调整。通过上面的介绍不难发现，在坚持以审计结果作为调价基础的情况下，交割后调整才是最终确认交易对价的环节。因此，如果卖方不坚持必须在交割当日取得对价，直接在交割后进行一次性的对价调整，应该是处理交割日和定价基准日之间交易标的价格差异的较便捷的方式。

鉴于审计结果对确认最终对价的重要性，以及交易各方之间对审计结果存在争议的可能性，有必要在交易协议中设定兼顾买卖双方利益同时又相对便捷的审计结果确认机制。如果各方能在交易文件签署时就共同指定一家审计机构并同意无条件地受其审计报告约束，也许是一条便捷的途径。从买方的立场出发，也可以引入更为复杂的确认机制，即由买方指定的审计师先行审计，待卖方对审计结果提出异议时再诉诸各方共同指定的作为专家裁判人的第三方机构。

（二）对价调整因素

尽管笼统而言，对价调整在于反映交割日和定价基准日之间交易标的的财务状况差异，但是，至于引入哪些变量进行对价调整，才能够针对具体交易更公平地反映行业特点、解决商务上的顾虑和问题，却是因人、因事而异。尽管就其性质而言，这并不是一个法律问题，但是作为商务律师，有必要对其内在的商业逻辑有基本的理解，以便于交易文件的起草和通盘兼顾交易中的其他相关问题。

1. 净负债（Net Debt）或净现金（Net Cash）调整

净负债或净现金是相同概念的一体两面，"净负债"主要指目标公司/业务的非贸易性负债扣除现金及现金等价物之后的余额，"净现金"就是反过来以现金及现金等价物减去非贸易性负债。此处仅以"净负债"指代。

要想了解净负债调整的运作机理，需要首先对通行的股权定价方法有所认识。实践中常用的股权定价公式为：

股权价值＝（企业价值－净负债）× 待售股权的百分比

其中，"企业价值"系指买方运用其认为适当的估值方式对目标公司或业务整体进行的估值。常用的估值方法包括重置成本法、现金流折现法，及息税折旧摊销前利润（EBITDA）乘以约定系数等方法。这里提及的"估值"与在特定交易中作为法定程序的"评估"不尽一致。前者的主要功能，在于帮助交易各方对交易标的的价值作出商务判断，并且在价格谈判中提供论据用以支持自身的立场。采用哪一种方法计算企业价值，除了考虑相关方法对特定行业的适用性之外，基本上取决于交易各方之间的谈判结果。

就"净负债"而言，尽管许多交易都在使用这一概念，对其原则上的理解并无太大出入，但落实到交易文件中，结合不同项目的具体情况，构成"净负债"的具体会计科目可能不尽相同。举例而言，在一个已经交割的对买方保护比较充分的股权转让协议中，构成净负债的负债科目包括了银行借款、其他应付款、应计支出、应付利息、融资租赁负债、超过3个月的应计工资（包括社会保险）和税款、应付股息，当然资产项下的科目就仅包括现金、银行存款和其他应收款。而在另一个对卖方较为有利的股权转让协议中，构成净负债的负债科目仅包括银行贷款和股东贷款，而资产科目则包括了中国企业会计准则下定义的"现金及现金等价物"。很显然，净负债的功能在于显示目标公司以自身现金流偿还非贸易性负债的能力（而贸易性负债是"净营运资金调整"项下考虑的问题，下文详述）。贸易应付科目之外的负债项涵盖得越全面，对买方的利益就越有保障。就第二个例子而言，除非卖方另行承诺在交割时将贷款和贸易性应付科目之外的负债完全归零（即完全清偿，实际上这种承诺在保持目标公司持续经营的前提下几乎无法操作），否则，交割日资产负债表上显示出来的应付税款、工资和员工福利、利息等债务科目在买方取得控制权后很快就要以目标公司的自有现金流支出，实际上等于买方白白为此支付了转股对价。

需要注意的是，在定义净负债以及下文涉及的净营运资金时，需要明确相关会计科目所适用的会计准则。比如，在上述第一个例子里，双方约定的适用会计准则为国际财务报告准则，而第二个例子里适用的是中国的企业会计准则。由于作为目标公司的中国企业需要依据中国企业会计准则维持日常经营中的会计簿记，如果外国买方为了方便其内部决策及日后合并会计报表而要求适用其他通用会计准则，则应该在交易文件中就此进行明确的约定，并确定进行会计报表转换的义务承担方（承担这项义务通常意味着不菲的额外支出）。

实施调整时，主要是将交割日的净负债与定价基准日的净负债进行比较。由于定价基准日必定早于交易文件签约日，因而在先的基准净负债经常在交易文件中体现为一个确定的金额。就净负债而言，如果交割日的金额高于基准额，则需要将转让协议约定的基准价格调减；反之，则调增基准价格。

此外，对买方而言，净负债调整的有效性需要与限制卖方过渡期内特定行为的约定相互配合（对于这些限制在上文关于卖方交割义务的段落有所提及），否则，卖方有可能通过恶意变卖主要生产设备和设施虚增现金水平，却伤及目标公司交割后的持续经营能力。

2. 净营运资金调整（Adjustment by Net Working Capital）

"净营运资金"指标一般是指作为公司流动资产的存货、贸易性应收款和预付款与作为流动负债的贸易性应付款和预收款之间的差额（有的交易也会在负债科目中考虑短期内应付的工资、员工福利和税款），主要在于考核目标公司/业务的日常经营活动是否维持在一个相对正常的状态。由于杀鸡取卵虚增现金的做法会在一定程度上损害公司的净营运资金水平，这也从另一个角度制约了卖方恶意减少净负债以图调增交易对价的可能性。

不同的买方对于如何衡量净营运资金是否处于一个正常合理的水平可能有不同的偏好。在有些案例中，买方根据交易标的往年平均业务规模与卖方商定一个固定的净营运资金基准数值，而在另外一些案例中，买方可能倾向于规定一个合理净营运资金水平的区间。对价调整方式也因此存在区别，但原则上，交割日的净营运资金水平如果低于基准数值或基准区间的下端，则交易对价需要相应调减；反之，如果交割日的净营运资金水平高于基准数值或基准区间的上端，则交易对价需要相应调增。

3. 特定资本性支出补偿

卖方为了在交割时维持比较高的现金水平以有利于对价调增，有可能在过渡期内故意不对现有固定资产进行必要的维护、更新从而减少资本性支出，这是净负债调整可能产生的一个副作用。因此，审慎的买方会根据目标公司/业务既往经营的惯例，要求将与既有固定资产相关的资本性支出维持在一个相对稳定的水平上。这是一方面。另一方面，卖方也许本来就作出了目标公司/业务的资本性支出计划，如果买方也对此表示认可，即意味着相关计划在买方看来同样有利于目标公司/业务在交割后的持续经营。但是，卖方对此的心态其实比较复杂：如果交易成功交割，资本性支出将导致公司现金减少、卖方会被调减对价，等于拿自己的钱为买方做嫁衣裳；如果交易失败，不按计划进行投资又可能损害目标公司/业务的竞争能力、错失市场机遇，最终损及卖方自身利益。因此，在某些交易中（尤其是预期过渡期比较长的交易），买方承诺在交易实现交割的前提下对各方同意的特定资本性支出项目给予补偿，也在交易对价调整机制中加以反映。这不失为一个平衡各方利益的解决方案。

4. 对价调整因素的多样性

上面介绍的几种实践中常见的对价调整因素，主要适用于目标公司或业务为生产型企业的交易。对于诸如咨询、服务、网络内容提供、房地产等经营模式迥异的业务或行业，上述因素未必完全适用，也未必是交易各方关注的重点。比如，在房地产开发项目公司的转让中，交易各方关注的核心是项目公司所持有的土地和房产，其定价方式通常是取得、开发、销售土地和房产的各项成本加上预期利润。由于其关注的重点在于资产本身，调整交易对价的驱动力也主要来源于减轻交割之前在拆迁、规划、融资等方面的不确定因素对土地、建安成本和未来销售价格可能造成的巨大波动和影响。因此，根据具体交易的不同情况理解商务上的关注重点，对于确认是否需要及如何进行对价调整是非常重要的。

（三）对价的部分保留和资金监管安排

上文介绍了交易对价如何最终确定的问题，其中已经在某种程度上涉及了交易对价调整机制/程序与对价支付的时间安排之间可能存在的紧密联系。

毫无疑问，在买卖交易中买方和卖方关于对价何时支付这个问题几乎很难找到一致的立场。卖方总是希望交易价款尽早落袋为安，即使不能早拿到，也要尽量早看到，并且最好能实施一定程度的控制以防买方将价款挪作他用。买方（尤其是在取得控制权的并购交易中）处在信息不对称的不利地位，实际上在交易中承担了较大的风险，总是希望"不见兔子不撒鹰"，甚至"见了兔子也不撒鹰"，以防兔子有诈而最后落个人财两空的下场。原则上说，卖方的谈判地位越强，对价支付的时间就越早，反之，则对价的最终支付完成有可能在交割的若干年之后。

下面都是现实交易中曾经实际发生过的支付安排，按支付时间从早到晚的顺序简单梳理如下：

1. 在签订交易协议之前买方即需支付部分款项

这种情况多发生在出让国有产权的交易中，意向受让方可能需要根据交易所的要求，按照公告底价的一定百分比支付交易保证金。在某些交易标的极具吸引力、卖方以招标等公开征集受让方的方式同时与几家潜在买方开展初步磋商的情况下，卖方也可能要求意向受让方交纳一定的保证金。如果意向受让方最终未被选为买方，相关保证金可以退还；如果意向受让方被选中为买方但拒绝继续交易，相关保证金可能会被没收；如果交易进展顺利，买方已经交纳的保证金可以抵销部分交易对价。尽管名义上这种提前支付的款项不是交易对价，但对于最终获选为买方的投标方或意向受让方而言，实际上等同于预先支付了部分价款。不退保证金而用以抵销交易对价的安排，有利于卖方在具体协议的谈判中进一步强化自身的谈判地位。

2. 签约后即支付全部或部分价款

显然，作出这种安排的卖方也具有极强势的谈判地位。而在出让国有产权的交易中，国务院国资委和财政部以部门规章的方式人为加强了国有企业的谈判地位。依据 2016 年 6 月 24 日发布的《企业国有资产交易监督管理办法》第 28 条的规定，转让价款原则上应当一次付清。如金额较大、一次付清确有困难的，可以采取分期付款的方式。采取分期付款方式的，受让方首期付款不得低于总价款的 30%，并在合同生效之日起 5 个工作日内支付；其余款项应当提供转让方认可的合法有效担保，并应当按同期银行贷款利率向转让方支付延期付款期间利息，付款期限不得超过 1 年。依据这一规定，假设交易协议签字即生效，那么国有产权的买方需要在签字之后 5 个工作日内即至少支付 30% 的交易对价。此时距交易交割可能尚有一段时间，这种越过交易双方的合意僵硬分配风险的规定，有时不仅无助于保护国有产权卖方的利益，却反而构成了买卖双方不得不共同克服的交易障碍。毕竟，卖方的谈判优势来源于买方真实的交易需求，而这种需求又往往取决于交易标的和交易条款的吸引力。但是，上述法规令买方承担了过多的风险，经常使一些本来可以成功的交易对买方而言变得不那么有吸引力了。

3. 交割同时完成全部或部分交易对价的支付

如果在具体交易中有条件实现"一手交钱、一手交货"，交割与支付同时完成，则在形式上无疑是对交易各方最具合理性和公平性的安排。上文提及的交割前对价调整，实际上就是以在交割时基本完成对价支付为目的。

4. 分期支付或延期支付

虽然交割同时支付对价在形式上为交易各方控制风险提供了公平的基础，但是实际上由于信息占有的不对称，在交割时买方往往还无法发现交易标的中可能存在的一些重大瑕疵。如果这时全部或大部分交易对价已经落入卖方囊中，买方即只能通过索赔而非抵扣交易对价的方式就相关损失取得赔偿，其地位相对被动。因此，交易各方之间往往会有与交割后延期支付相配套的交易对价抵扣安排，确保一旦发生经各方认可或经仲裁机构或法院裁定的卖方对买方的赔偿，相关款项可以从尚未支付的交易对价中抵扣。

5. 资金监管安排

以上介绍的几种支付方式，在同时保护交易各方利益上似乎都不够周全。为了减少交易成本、促进交易的顺利进行，客观上需要引入第三方信用与上述各种对价支付的时间安排相配合，以此减少交易各方对于对价支付的顾虑。这里所说的第三方，主要是指能够提供资金监管服务的商业银行，也包括独立第三方如律师事务所。

目前，就国有产权转让中的资金收付而言，产权交易所"实行交易资金统一进场结算制度，开设独立的结算账户，组织收付产权交易资金"①。但是，产权交易所并不总是能够得到交易各方的共同信任，在处理交易资金付入监管账户以及解付至卖方的时间节点和前提条件等问题上，也并不总能充分尊重当事人（主要是买方）的意见。由于产权交易所经常只乐于机械地执行其标准文本中设定的一些最基本的解付条件（比如取得相关政府核准和更新后的营业执照等），而没有动力和意愿去考虑当事人之间出于控制商业风险的需要而共同认可的更加复杂的商业安排，因而，如果仅依靠产权交易所提供的资金监管，可能会出现买方的要求没有满足之前、交易所即已经向卖方放款的情况。对于依据《企业国有资产法》强制性进场交易的国有产权转让而言，由于产权交易所要求和提供的资金监管时常无法充分保护买方的利益，交易各方有时不得不通过当事人之间的其他资金监管安排来对其实施的效果进行修正。

当事人之间自愿设立的资金监管安排最主要的功能仍然在于保护卖方的利益（收款方主要是卖方，但在交易未能按时交割的情况下，由于需要返还资金，买方也可能变成收款方），通过提议设置资金监管安排，买方经常可能换取卖方接受在比较晚的时间点收取交易对价的提议。在具体的监管协议中，最重要的问题就是相关资金进出监管账户的时间点和前提条件。同时，如果希望监管机制在最大限度上发挥作用，则应尝试要求监管银行摆脱交易各方的联合解付指令、依据事先约定好的解付条件（及其书面证据）及有权收款一方的单方指令实施相对独立的放款操作。否则，相关款项可能暂时从买方挪到了一个所谓受共同控制的账户，但是其支付仍然受制于买方是否守约，相关的风险控制机制对收款方而言并没有本质上的改进。实现监管银行的独立放款，要求监管银行承担更多的商业风险（毕竟，交易各方都同意的情况下才放款对监管银行而言是最安全的）、对中国的并购交易有更深入的理解和更强的合同执行能力。

五、交割后律师工作简述

一般而言，交易交割之后外部律师的参与度会显著降低，与交割之前的工作相比，交割之后的工作也更多地呈现事务性的特征。取决于客户的意愿，外部律师可以在下述方面

---

① 国务院国资委于 2009 年 6 月 15 日颁布的《企业国有产权交易操作规则》第 38 条。

继续给予客户持续性的关注和提示。当然，对交割后重要的时间节点主动地对客户给予提示，也有助于提升律师服务的附加价值。

（一）后续登记事项

在并购交易交割之后，基于交割后形成的公司和股权结构，目标公司或交割后持有目标资产的公司一般会面临很多登记、注册程序。在"三证合一"或者"五证合一"已经实施的地区，后续登记和变更事项可能有所减少，但无论如何应该对税务登记、海关登记、财政登记、统计登记及其变更给予足够的关注，外资并购项目中还涉及极为重要的外汇登记及其变更，收购国有产权的交易一般均会涉及国有资产登记的变更或注销。结合交易标的所处的行业，并购交易有可能对特定的行业许可证登记事项构成改变，需要相应办理变更手续。

（二）通知合同相对方

在资产并购和合并、分立项目中，几乎全部的合同相对方都应该在交割前以不同方式收到了关于公司重组的通知，因为合同相对方的同意或对其发出通知本身就是相关资产、合同转让的法定前提条件或交割的法定步骤之一。但是，对于股权转让而言，除非相关业务合同中已经明确约定且合同相对方对于目标公司的重组事项有给予事先同意或取得事先通知的权利，一般不将通知合同相对方作为交易交割的前提条件，更无须逐个去征求其同意。但是，为了保障交易标的经营的持续性，在重组之后往往需要尽快完成对所有合同相对方（主要包括客户和供应商）的通知程序，遇有目标公司名称变更，更是需要在最短的时间内完成目标公司信笺、包装、单据、图表、账册、营销宣传材料等的更换。这是所谓公司整合重要的一部分内容。

（三）完成交割后合同义务

根据具体的交易情况，交易文件中可能会约定交割之后交易各方需要继续履行的合同义务。比如，卖方配合完成交割后的登记变更手续、协助联系业务合同相对方、配合业务交接及整合的顺利进行等。交割时被豁免的交割条件如果存在变通的交割后解决方案，也会构成重要的交割后合同义务。

（四）处理可能发生的交易对价抵扣

一部分交易对价延期支付并保留在监管账户中，尽管付出了资金的时间成本和机会成本，但对买卖双方而言或许都是一个相对容易接受的风险控制方式。延期支付的部分交易对价（hold-back）主要用于抵扣买方基于交易文件可以提出的权利主张，其主要对象是卖方对于陈述、保证的违反以及其他违约行为所导致的买方损失（经常表现为目标公司或业务所遭受的损失或其价值贬损）。实践中，交易各方约定的交割后资金监管期是买方提出索赔主张和（因此产生）交易合同纠纷的高发期。参与交易文件谈判和起草的律师无疑具有处理相关争议的"天然"优势。

（五）交割法律意见书

如果客户（主要是买方）要求，律师有可能需要在交易交割后就交割的合法性和有效性出具法律意见书。交割法律意见书主要为了满足交易方公司治理的内部要求，因此包括的具体内容需要参考客户（尤其是其内部律师）提供的格式。大体而言，交割法律意见书需要就"依据适用法律，交割是否已经有效、合法地完成"发表意见。与此相关，根据项目的具体情况，法律意见书可能需要明确：（1）相关交易标的的权属是否已经由买方或有权方所有或取得，是否存在任何权利负担；（2）在适用法律项下，买方或有权方是否具有所有或占有相关交易标的的资质；（3）上述所有或占有的状态是否受到适用法律任何形式的限制；（4）上述所有或占有的状态是否违反该方作为缔约方之一的任何合同、协议或其他法律文件；等等。

特殊类型的并购

第一节 上市公司并购

一、上市公司收购基本制度

(一)本节讨论的"上市公司并购"的范围

"上市公司并购"更多地是一个商业概念而非法律概念,但法律针对"上市公司并购"的具体形式作出了较为明确、具体的规定。例如,中国证监会《上市公司收购管理办法》对上市公司的证券交易所收购、协议收购、要约收购、间接收购等作出了规定;《上市公司重大资产重组管理办法》对上市公司发行股份购买资产等作出了规定。在对上市公司并购进行具体探讨之前,我们首先向读者厘清本节讨论的"上市公司并购"的范围。

第一,本节仅讨论境内市场最为常见的 A 股上市公司的并购。如无特殊说明,本节所称"上市公司"仅指纯粹的 A 股上市公司。如中国证监会发言人在就《上市公司收购管理办法》答记者问时明确的,纯粹的 H 股(指股份公司设立在境内,但股份的发行发生在境外且在香港联合交易所上市)和 N 股(指股份公司设立在境内,但股份的发行发生在境外且在纽约证券交易所上市)上市公司不适用于《上市公司收购管理办法》;在境内和香港两地的 A+H 股上市公司适用于《上市公司收购管理办法》,并按两地监管规则从严原则进行信息披露。

第二,本节讨论的上市公司并购方式包括通过证券交易所交易、要约收购、协议收购、间接收购及发行股份购买资产。对于非市场化的行政划转方式,本节不予讨论。前述并购方式可以单独采用,但市场上更多的是采取多种方式组合运作,因而也使上市公司并购更具复杂性,对交易各方及聘请的中介机构的专业性要求也更高。

第三,本节讨论取得上市公司 5% 以上股份的并购行为,而对上市公司 5% 以下股份的投资,无论其采用何种方式取得,均不在本节讨论范围之列。本节讨论的上市公司并购并不局限于取得上市公司控制权的情形。

第四,在结构上,本节首先对一般的上市公司并购进行讨论,而后分别对外国投资者并购上市公司以及国有单位作为买方和卖方的特殊情况进行专门讨论,最后对上市公司并购中的一些特殊问题进行讨论。

(二)上市公司及上市公司并购的特点

一般而言,上市公司具有以下几方面的特点:(1)规模较大,成长性较好,盈利能力较强;(2)公司治理比较完善,但部分上市公司股权较为分散,董事会和管理层相对强势;(3)通过中国证监会和中介机构的审核,合规性较好,经营比较规范;(4)股份具有流通性;(5)融资能力较强,融资形式多样;(6)由于新股发行和上市要支付较高的成本,特别是在目前新股发行及上市审核制度下,上市公司是历经磨炼的"正果",故上市主体资格本身具有一定的价值。

与一般公司的并购相比，上市公司并购具有以下特点：（1）对信息披露的要求高；（2）要注意保护中小投资者的权益；（3）对董事会、管理层有必要的限制；（4）由于股价敏感，对内幕信息保密要求高；（5）某些情况下法定要求引入独立中介机构予以协助和监督（如财务顾问和律师事务所）。

（三）上市公司并购的分类及其逻辑关系

1. 股份取得方式：受让老股、认购新股、间接收购

投资者并购上市公司的基本方式有以下三种：

（1）"受让老股"，即受让原股东持有的上市公司已发行股份。

（2）"认购新股"，即认购上市公司新发行股份。如果在并购中采用了认购新股方式，由于涉及对新股发行的审核，交易的审批复杂性将有所增加。

（3）"间接收购"，即通过取得上市公司股东的控制权达到间接取得上市公司股份的目的。

受让老股和认购新股都是直接在上市公司层面发生股份变动，因而又可合称为"直接收购"；而间接收购的股权/控制权变动一般发生在上市公司股东层面，上市公司本身的股份结构并不发生变化。

2. 交易对价的支付方式：现金、证券、资产

在并购上市公司时，一般而言，投资者可以现金、证券或者资产作为取得上市公司股份的对价支付方式。

（1）现金是最常见和最基本的对价支付形式，其适用范围也最为广泛。

（2）证券可以作为并购上市公司的对价支付形式。在理论上，"证券"包括股票（包括普通股和优先股）、债券、可转换债券等。但以股票以外的其他形式作为对价支付方式对上市公司进行并购的情况在实践中罕见。以股票作为对价支付方式对上市公司实施并购的显著优点是，对收购人的资金压力较小，但是适用范围受到限制。

（3）并购上市公司还可以资产作为对价支付方式，即后文所述"发行股份购买资产"的并购方式。在以资产作为对价支付的方式时，涉及上市公司重组，交易的审批复杂性将有所增加。以资产作为对价不适用于以受让老股方式并购上市公司；根据《上市公司收购管理办法》，在以受让老股方式并购上市公司时对价只能以现金或者证券支付。

交易对价的支付方式选择范围受到并购方式的限制：在通过证券交易所进行收购时，只能以现金作为对价支付的方式；在要约收购时，可以以现金、证券（或者二者相结合）作为对价支付的方式，但某些情况下必须提供现金选择权；在协议收购时，可以以现金、证券（或者二者相结合）作为对价的支付方式。

需要特别说明的是，在间接收购的情形下，由于控制权变动发生在上市公司股东层面，因而交易对价支付的选择范围更为宽泛，不仅现金、证券、资产可以作为交易对价的支付方式，还可以非上市公司的股权或股份等其他合法形式作为对价的支付方式，法律对此并未予以限制。

3. 并购方式：证券交易所收购、要约收购、协议收购、发行股份购买资产

在直接并购的情形下，对上市公司的并购可以通过证券交易所收购、要约收购、协议

收购、发行股份购买资产等方式进行。

在间接并购的情形下，并购方式则比较灵活，这些方式包括但不限于：（1）买方购买上市公司股东的股权；（2）买方对上市公司股东进行增资；（3）买方以现金出资、卖方以上市公司股份出资共同新设公司等。在间接并购的情形下，一般并不涉及前述直接并购的四种常见方式，但在某些情形下（如通过间接收购获得上市公司 30％以上股份的控制权）会因法律规定而触发要约收购等。

由于按照并购方式进行分类是最常见的分类方式，而且与《上市公司收购管理办法》的逻辑顺序一致，因而本节后续将按此分类进行详述，并将"间接收购"单独进行论述。

（四）证券交易所收购

一般而言，投资者通过证券交易所收购上市公司股份比例的上限是 30％（但并不绝对，如控股股东通过证券交易所进行"爬行"增持）。在通过证券交易所收购的情况下，法律对投资者的信息披露义务作出了详细的规定，具体见表 4-1：

表 4-1

投资者持股 5％至 20％		投资者持股 20％至 30％
应当在以上事实发生之日起 3 日内编制权益变动报告书，向中国证监会、证券交易所提交书面报告，通知该上市公司，并予公告；在上述期限内，不得再行买卖该上市公司的股票。 拥有权益的股份达到一个上市公司已发行股份的 5％后，通过证券交易所的证券交易，其拥有权益的股份占该上市公司已发行股份的比例每增加或者减少 5％，应当依照前述规定进行报告和公告。在报告期限内和作出报告、公告后 2 日内，不得再行买卖该上市公司的股票。		
投资者及其一致行动人不是上市公司的第一大股东或者实际控制人	应当编制包括下列内容的简式权益变动报告书： （一）投资者及其一致行动人的姓名、住所；投资者及其一致行动人为法人的，其名称、注册地及法定代表人； （二）持股目的，是否有意在未来 12 个月内继续增加其在上市公司中拥有的权益； （三）上市公司的名称，股票的种类、数量、比例； （四）在上市公司中拥有权益的股份达到或者超过上市公司已发行股份的 5％或者拥有权益的股份增减变化达到 5％的时间及方式； （五）权益变动事实发生之日前 6 个月内通过证券交易所的证券交易买卖该公司股票的简要情况； （六）中国证监会、证券交易所要求披露的其他内容。	应当编制包括下列内容的详式权益变动报告书： （一）投资者及其一致行动人的姓名、住所；投资者及其一致行动人为法人的，其名称、注册地及法定代表人； （二）持股目的，是否有意在未来 12 个月内继续增加其在上市公司中拥有的权益； （三）上市公司的名称、股票的种类、数量、比例； （四）在上市公司中拥有权益的股份达到或者超过上市公司已发行股份的 5％或者拥有权益的股份增减变化达到 5％的时间及方式； （五）权益变动事实发生之日前 6 个月内通过证券交易所的证券交易买卖该公司股票的简要情况； （六）投资者及其一致行动人的控股股东、实际控制人及其股权控制关系结构图； （七）取得相关股份的价格、所需资金额、资金来源，或者其他支付安排； （八）投资者、一致行动人及其控股股东、实际控制人所从事的业务与上市公司的业务是否存在同业竞争或者潜在的同业竞争，是否存在持续关联交易；存在同业竞争或者持续关联交易的，是否已作出相应的安排，确保投资者、一致行动人及其关联方与上市公司之间避免同业竞争以及保持上市公司的独立性； （九）未来 12 个月内对上市公司资产、业务、人员、组织结构、公司章程等进行调整的后续计划； （十）前 24 个月内投资者及其一致行动人与上市公司之间的重大交易； （十一）说明不存在以下规定的情形：（1）收购人负有数额较大债

续前表

<table>
<tr>
<td></td>
<td></td>
<td>务，到期未清偿，且处于持续状态；（2）收购人最近 3 年有重大违法行为或者涉嫌有重大违法行为；（3）收购人最近 3 年有严重的证券市场失信行为；（4）收购人为自然人的，存在《公司法》第 147 条规定情形；（5）法律、行政法规规定以及中国证监会认定的不得收购上市公司的其他情形。

（十二）能够提供以下相关文件：（1）中国公民的身份证明，或者在中国境内登记注册的法人、其他组织的证明文件；（2）基于收购人的实力和从业经验对上市公司后续发展计划可行性的说明，收购人拟修改公司章程、改选公司董事会、改变或者调整公司主营业务的，还应当补充其具备规范运作上市公司的管理能力的说明；（3）收购人及其关联方与被收购公司存在同业竞争、关联交易的，应提供避免同业竞争等利益冲突、保持被收购公司经营独立性的说明；（4）收购人为法人或者其他组织的，其控股股东、实际控制人最近 2 年未变更的说明；（5）收购人及其控股股东或实际控制人的核心企业和核心业务、关联企业及主营业务的说明；收购人或其实际控制人为两个或两个以上的上市公司控股股东或实际控制人的，还应当提供其持股 5％以上的上市公司以及银行、信托公司、证券公司、保险公司等其他金融机构的情况说明；（6）财务顾问关于收购人最近 3 年的诚信记录、收购资金来源合法性、收购人具备履行相关承诺的能力以及相关信息披露内容真实性、准确性、完整性的核查意见；收购人成立未满 3 年的，财务顾问还应当提供其控股股东或者实际控制人最近 3 年诚信记录的核查意见。

境外法人或者境外其他组织进行上市公司收购的，除应当提交上述第（2）项至第（6）项规定的文件外，还应当提交以下文件：（1）财务顾问出具的收购人符合对上市公司进行战略投资的条件、具有收购上市公司的能力的核查意见；（2）收购人接受中国司法、仲裁管辖的声明。

（十三）中国证监会、证券交易所要求披露的其他内容。</td>
</tr>
<tr>
<td rowspan="1">投资者及其一致行动人为上市公司第一大股东或者实际控制人</td>
<td>应当编制包括下列内容的简式权益变动报告书：
（一）投资者及其一致行动人的姓名、住所；投资者及其一致行动人为法人的，其名称、注册地及法定代表人。
（二）持股目的，是否有意在未来 12 个月内继续增加其在上市公司中拥有的权益。
（三）上市公司的名称、股票的种类、数量、比例。
（四）在上市公司中拥有权益的股份达到或者超过上市公司已发行股份的 5％或者拥有权益的股份增减变化达到 5％的时间及方式。</td>
<td>应当编制包括下列内容的详式权益变动报告书：
（一）投资者及其一致行动人的姓名、住所；投资者及其一致行动人为法人的，其名称、注册地及法定代表人。
（二）持股目的，是否有意在未来 12 个月内继续增加其在上市公司中拥有的权益。
（三）上市公司的名称，股票的种类、数量、比例。
（四）在上市公司中拥有权益的股份达到或者超过上市公司已发行股份的 5％或者拥有权益的股份增减变化达到 5％的时间及方式。
（五）权益变动事实发生之日前 6 个月内通过证券交易所的证券交易买卖该公司股票的简要情况。
（六）投资者及其一致行动人的控股股东、实际控制人及其股权控制关系结构图。
（七）取得相关股份的价格、所需资金额、资金来源，或者其他支付安排。
（八）投资者、一致行动人及其控股股东、实际控制人所从事的业务与上市公司的业务是否存在同业竞争或者潜在的同业竞争，是否存在持续关联交易；存在同业竞争或者持续关联交易的，是否已作出相应的安排，确保投资者、一致行动人及其关联方与上市公司之间避免同业竞争以及保持上市公司的独立性。</td>
</tr>
</table>

续前表

（五）权益变动事实发生之日前 6 个月内通过证券交易所的证券交易买卖该公司股票的简要情况； （六）投资者及其一致行动人的控股股东、实际控制人及其股权控制关系结构图； （七）中国证监会、证券交易所要求披露的其他内容。	（九）未来 12 个月内对上市公司资产、业务、人员、组织结构、公司章程等进行调整的后续计划； （十）前 24 个月内投资者及其一致行动人与上市公司之间的重大交易； （十一）说明不存在以下规定的情形：（1）收购人负有数额较大债务，到期未清偿，且处于持续状态；（2）收购人最近 3 年有重大违法行为或者涉嫌有重大违法行为；（3）收购人最近 3 年有严重的证券市场失信行为；（4）收购人为自然人的，存在《公司法》第 147 条规定情形；（5）法律、行政法规规定以及中国证监会认定的不得收购上市公司的其他情形。 （十二）能够提供以下相关文件：（1）中国公民的身份证明，或者在中国境内登记注册的法人、其他组织的证明文件；（2）基于收购人的实力和从业经验对上市公司后续发展计划可行性的说明，收购人拟修改公司章程、改选公司董事会、改变或者调整公司主营业务的，还应当补充其具备规范运作上市公司的管理能力的说明；（3）收购人及其关联方与被收购公司存在同业竞争、关联交易的，应提供避免同业竞争等利益冲突、保持被收购公司经营独立性的说明；（4）收购人为法人或者其他组织的，其控股股东、实际控制人最近 2 年未变更的说明；（5）收购人及其控股股东或实际控制人的核心企业和核心业务、关联企业及主营业务的说明；收购人或其实际控制人为两个或两个以上的上市公司控股股东或实际控制人的，还应当提供其持股 5% 以上的上市公司以及银行、信托公司、证券公司、保险公司等其他金融机构的情况说明；（6）财务顾问关于收购人最近 3 年的诚信记录、收购资金来源合法性、收购人具备履行相关承诺的能力以及相关信息披露内容真实性、准确性、完整性的核查意见；收购人成立未满 3 年的，财务顾问还应当提供其控股股东或者实际控制人最近 3 年诚信记录的核查意见。 　　境外法人或者境外其他组织进行上市公司收购的，除应当提交上述第（2）项至第（6）项规定的文件外，还应当提交以下文件：（1）财务顾问出具的收购人符合对上市公司进行战略投资的条件、具有收购上市公司的能力的核查意见；（2）收购人接受中国司法、仲裁管辖的声明。 （十三）中国证监会、证券交易所要求披露的其他内容。 （十四）应当聘请财务顾问对上述权益变动报告书所披露的内容出具核查意见，但国有股行政划转或者变更、股份转让在同一实际控制人控制的不同主体之间进行、因继承取得股份的除外。投资者及其一致行动人承诺至少 3 年放弃行使相关股份表决权的，可免于聘请财务顾问和提供上述第（十二）项规定的文件。

已披露权益变动报告书的投资者及其一致行动人在披露之日起 6 个月内，因拥有权益的股份变动需要再次报告、公告权益变动报告书的，可以仅就与前次报告书不同的部分作出报告、公告；自前次披露之日起超过 6 个月的，投资者及其一致行动人应当按照以上规定编制权益变动报告书，履行报告、公告义务。

上市公司的收购及相关股份权益变动活动中的信息披露义务人依法披露前，相关信息已在媒体上传播或者公司股票交易出现异常的，上市公司应当立即向当事人进行查询，当事人应当及时予以书面答复，上市公司应当及时作出公告。

上市公司的收购及相关股份权益变动活动中的信息披露义务人应当在至少一家中国证监会指定媒体上依法披露信息；在其他媒体上进行披露的，披露内容应当一致，披露时间不得早于指定媒体的披露时间。

（五）要约收购及其豁免

要约收购是上市公司并购中特有的形式，其基本概念是指收购人向被收购公司全体股东公开发出要约，愿意按照要约条件购买其所持有的被收购公司全部或部分股份的行为。由于上市公司股份结构分散，尤其是中小股东众多，而中小股东在上市公司并购中缺少话语权，故要约收购制度的实质是对上市公司并购中的所有股东特别是中小股东赋予"用脚投票"的均等交易机会。

1. 要约收购的分类

（1）自愿要约收购和强制要约收购

按照发起形式，要约收购可分为自愿要约收购和强制要约收购。

自愿要约收购是相对于强制要约收购而言的，是指收购人自愿向被收购公司全体股东发出收购要约购买股份的行为。虽然要约收购的程序较为繁琐，但在收购人为避免多次交易而造成股价波动等情形下，可能会选择进行自愿要约收购。

强制要约收购则是指当收购人持股比例达到法定要求时，依据法律强制其向被收购公司全体股东发出公开收购要约购买股份的行为。法律之所以建立强制要约收购制度，在理论上依据有二：其一，如果并购导致上市公司控制权变化，可能会造成上市公司在经营和业务上的重大改变，而中小投资者可能并不认可，但也没有能力影响这种改变；其二，上市公司并购中，收购人倾向于优先收购上市公司大股东持有的股份并向其支付更高的价格，以迅速获得上市公司控制权，而中小投资者往往在交易机会和价格上受到歧视。因此，有必要在收购达到一定比例时要求收购人以同等价格向全体股东发出收购要约，以保证中小投资者"用脚投票"和"同股同价"的权利。但强制要约收购并非绝对，针对不同情况，我国法律也规定了要约收购的豁免情形，具体请见本节下文。

（2）全面要约和部分要约

全面要约是指向上市公司全体股东发出收购其所持有全部股份的要约；而部分要约是指向上市公司全体股东发出收购其所持有的部分股份的要约。可见，全面要约和部分要约在要约对象方面相同（都是上市公司全体股东），而在要约收购股份数量上不同（一为全部股份，一为部分股份）。

在自愿要约收购的情况下，投资者可以发出全面要约，也可以发出部分要约。

在强制要约收购的情况下，如已达到法定触发比例（30%）而拟以要约以外的方式继续增持股份而未取得豁免或未申请豁免的，应当发出全面要约。

2. 要约收购的要求

（1）收购股份的最低要求

法律为要约收购设定了收购比例下限。无论是自愿要约收购还是强制要约收购，收购人一旦选择采取要约方式收购一家上市公司股份的，其预定收购的股份比例不得低于该上市公司已发行股份的 5%。

（2）收购价格

对于要约收购的收购价格，法律规定对于同一种类股票的要约价格不得低于要约收购提示性公告日前 6 个月内收购人取得该种股票所支付的最高价格。要约价格低于提示性公告日前 30 个交易日该种股票的每日加权平均价格的算术平均值的，收购人聘请的财务顾问应当就该种股票前 6 个月的交易情况进行分析，说明是否存在股价被操纵、收购人是否有未披露的一致行动人、收购人前 6 个月取得公司股份是否存在其他支付安排、要约价格的合理性等。

（3）对价的支付形式

在要约收购的形式下，收购对价的在支付形式限于现金、证券或者现金与证券相结合。

特别地，收购人为终止上市公司的上市地位而发出全面要约的，或者向中国证监会提出申请但未取得豁免而发出全面要约的，应当以现金支付收购价款；以依法可以转让的证券支付收购价款的，应当同时提供现金方式供被收购公司股东选择。

（4）优先股对要约收购制度的影响

2013 年 11 月 30 日，国务院发布《关于开展优先股试点的指导意见》，标志着优先股制度被正式认可。2014 年 3 月 21 日，中国证监会发布《优先股试点管理办法》，并陆续发布了系列配套规则。

从已有的规则来看，优先股制度对于上市公司要约收购制度主要有两点影响：

第一，上市公司收购要约适用于目标公司的所有股东，既包括普通股东也包括优先股股东，但是可以针对优先股股东和普通股股东提出不同的收购条件；及

第二，因所持优先股表决权依法恢复导致投资者在一个上市公司中拥有权益的股份超过该公司已发行股份的 30％ 的，投资者可以向中国证监会提出免于发出要约的申请。

3. 要约收购的豁免

《上市公司收购管理办法》第六章对要约收购豁免的情形作出了规定。其中，第 63 条第 1 款的规定主要针对非因并购原因（如国有资产划转、上市公司向特定对象回购股份、金融机构因承销等业务导致持股等）导致投资者持股比例超过 30％ 的情形而适用简易程序的豁免，因此本节不做讨论。上市公司并购过程中的要约收购豁免情形主要适用第 62 条及第 63 条第 2 款的规定。

3.1　需向中国证监会提出申请的豁免情形

以下三类情形，收购人可以向中国证监会提出免于以要约方式增持股份的申请。

（1）收购人与出让人能够证明本次股份转让是在同一实际控制人控制的不同主体之间进行，未导致上市公司的实际控制人发生变化。

（2）上市公司面临严重财务困难，收购人提出的挽救公司的重组方案取得该公司股东大会批准，且收购人承诺 3 年内不转让其在该公司中所拥有的权益。

（3）中国证监会为适应证券市场发展变化和保护投资者合法权益的需要而认定的其他情形。

收购人报送的豁免申请文件符合规定，并且已经按照规定履行报告、公告义务的，中国证监会予以受理；不符合规定或者未履行报告、公告义务的，中国证监会不予受理。中国证监会在受理豁免申请后 20 个工作日内，就收购人所申请的具体事项作出是否予以豁免的决定；取得豁免的，收购人可以完成本次增持行为。

3.2　免于向中国证监会提出申请的豁免情形

以下七类情形，投资者可以免于向中国证监会提交豁免申请，直接向证券交易所和证券登记结算机构申请办理股份转让和过户登记手续：

（1）经上市公司股东大会非关联股东批准，投资者取得上市公司向其发行的新股，导致其在该公司拥有权益的股份超过该公司已发行股份的 30％，投资者承诺 3 年内不转让本次向其发行的新股，且公司股东大会同意投资者免于发出要约。

（2）在一个上市公司中拥有权益的股份达到或者超过该公司已发行股份的 30％的，自上述事实发生之日起一年后，每 12 个月内增持不超过该公司已发行的 2％的股份（即"爬行增持"）。

（3）在一个上市公司中拥有权益的股份达到或者超过该公司已发行股份的 50％的，继续增加其在该公司拥有的权益不影响该公司的上市地位。

（4）证券公司、银行等金融机构在其经营范围内依法从事承销、贷款等业务导致其持有一个上市公司已发行股份超过 30％，没有实际控制该公司的行为或者意图，并且提出在合理期限内向非关联方转让相关股份的解决方案。

（5）因继承导致在一个上市公司中拥有权益的股份超过该公司已发行股份的 30％。

（6）因履行约定购回式证券交易协议购回上市公司股份导致投资者在一个上市公司中拥有权益的股份超过该公司已发行股份的 30％，并且能够证明标的股份的表决权在协议期间未发生转移。

（7）因所持优先股表决权依法恢复导致投资者在一个上市公司中拥有权益的股份超过该公司已发行股份的 30％。

相关投资者应在上述的权益变动行为完成后 3 日内就股份增持情况作出公告，律师应就相关投资者权益变动行为发表符合规定的专项核查意见并由上市公司予以披露。相关投资者按照前述第（2）项、第（3）项规定采用集中竞价方式增持股份，每累计增持股份比例达到该公司已发行股份的 1％的，应当在事实发生之日通知上市公司，由上市公司在次一交易日发布相关股东增持公司股份的进展公告。相关投资者按照前述第（3）项规定采用集中竞价方式增持股份的，每累计增持股份比例达到上市公司已发行股份的 2％的，在事实发生当日和上市公司发布相关股东增持公司股份进展公告的当日不得再行增持股份。前述第（2）项规定的增持不超过 2％的股份锁定期为增持行为完成之日起 6 个月。

（六）协议收购

1. 协议收购的含义和特点

几乎所有的上市公司并购中都存在交易各方的各种"协议"，但上市公司并购中的

"协议收购"的含义比其字面意思要窄，主要是指收购人通过场外与交易对方达成协议的方式来并购上市公司的行为。

协议收购方式的买卖双方特定，且可以对各方权利、义务作出明确、具体的约定，可以满足复杂并购的要求，又可快速获得上市公司股份，因而是上市公司并购中最为常见的形式，但是其适用受到强制要约收购制度的限制。

如收购人拟通过协议收购方式取得上市公司中 30％以下（表决权未恢复的优先股不计入持股数额和股本总额，下同）的股份，主要是信息披露的要求，具体可参见《上市公司收购管理办法》第二章，因与证券交易所收购的披露规则大同小异，在此不再赘述。

如收购人拟通过协议收购方式取得上市公司中 30％以上的股份，除信息披露要求外，还需取得要约收购豁免（如属于法定的免于申请豁免情形，则可直接向证券交易所和证券登记结算机构申请办理股份转让和过户登记手续）。

要约收购豁免的申请程序为：收购人在与上市公司股东达成收购协议之日起 3 日内编制上市公司收购报告书，提交豁免申请，委托财务顾问向中国证监会、证券交易所提交书面报告，通知被收购公司，并公告上市公司收购报告书摘要。收购人自取得中国证监会的豁免之日起 3 日内公告其收购报告书、财务顾问专业意见和律师出具的法律意见书；收购人未取得豁免的，应当自收到中国证监会的决定之日起 3 日内予以公告，投资者及其一致行动人应当在收到中国证监会通知之日起 30 日内将其或者其控制的股东所持有的被收购公司股份减持到 30％或者 30％以下；拟以要约以外的方式继续增持股份的，应当发出全面要约。

2. 协议收购的特殊规定

协议收购时，自签订收购协议起至相关股份完成过户的期间为上市公司收购过渡期。在过渡期内，收购人不得通过控股股东提议改选上市公司董事会，确有充分理由改选董事会的，来自收购人的董事不得超过董事会成员的 1/3；被收购公司不得为收购人及其关联方提供担保；被收购公司不得公开发行股份募集资金，不得进行重大购买、出售资产及重大投资行为或者与收购人及其关联方进行其他关联交易，但收购人为挽救陷入危机或者面临严重财务困难的上市公司的情形除外。

上市公司控股股东向收购人协议转让其所持有的上市公司股份的，应当对收购人的主体资格、诚信情况及收购意图进行调查，并在其权益变动报告书中披露有关调查情况。控股股东及其关联方未清偿其对公司的负债，未解除公司为其负债提供的担保，或者存在损害公司利益的其他情形的，被收购公司董事会应当对前述情形及时予以披露，并采取有效措施维护公司利益。

（七）发行股份购买资产

1. 发行股份购买资产的含义

发行股份购买资产可以从两个角度来理解。对上市公司而言，上市公司向收购人发行新股，取得收购人的资产；对收购人而言，收购人通过以资产认购新股的方式，取得上市公司的股份。由此可见，发行股份购买资产既是上市公司资产重组行为，又是新股发行行为，同时可能构成上市公司并购，因而同时受到《上市公司证券发行管理办法》《上市公司非公开发行股票实施细则》《上市公司重大资产重组管理办法》和《上市公司收购管理办法》等法律、法规的规范；在中国建立优先股制度后，发行的股份可以是普通股和/或优先股，相应地，无论是投资者收购的目标公司的股份或认购目标公司的新股的种类，还是收购方通过股份支付向目标公司的股东支付的对价股份就有了较多的选择，而交易结构也更为复杂。

2. 发行股份购买资产的条件

发行股份购买资产，除需符合《上市公司证券发行管理办法》第三章（非公开发行股票的条件）和《上市公司非公开发行股票实施细则》的规定外，《上市公司重大资产重组管理办法》第五章还对发行股份购买资产的特殊条件专门作出了规定：

（1）有利于提高上市公司资产质量、改善公司财务状况和增强持续盈利能力；有利于上市公司减少关联交易和避免同业竞争，增强独立性。

（2）上市公司最近一年及一期财务会计报告被注册会计师出具无保留意见审计报告；被出具保留意见、否定意见或者无法表示意见的审计报告的，须经注册会计师专项核查确认，该保留意见、否定意见或者无法表示意见所涉及事项的重大影响已经消除或者将通过本次交易予以消除。

（3）上市公司及其现任董事、高级管理人员不存在因涉嫌犯罪正被司法机关立案侦查或涉嫌违法违规正被中国证监会立案调查的情形，但涉嫌犯罪或违法违规的行为已经终止满3年，交易方案有助于消除该行为可能造成的不良后果，且不影响对相关行为人追究责任的除外；

（4）上市公司发行股份所购买的资产，应当为权属清晰的经营性资产，并能在约定期限内办理完毕权属转移手续。

（5）中国证监会规定的其他条件。

上市公司为促进行业或者产业整合、转型升级，在其控制权不发生变更的情况下，可以向控股股东、实际控制人或者其控制的关联人之外的特定对象发行股份购买资产。所购买资产与现有主营业务没有显著协同效应的，应当充分说明并披露本次交易后的经营发展战略和业务管理模式，以及业务转型升级可能面临的风险和应对措施。

特定对象以现金或者资产认购上市公司非公开发行的股份后，上市公司用同一次非公开发行所募集的资金向该特定对象购买资产的，视同上市公司发行股份购买资产。

3. 发行价格和定价原则

上市公司发行股份（普通股）的价格不得低于市场参考价的90%。市场参考价为本次发行股份购买资产的董事会决议公告日前20个交易日、60个交易日或者120个交易日的公司股票交易均价之一。发行股份购买资产的董事会决议应当说明市场参考价的选择依据。

前款所称交易均价的计算公式为：董事会决议公告日前若干个交易日公司股票交易均价＝决议公告日前若干个交易日公司股票交易总额／决议公告日前若干个交易日公司股票交易总量。

4. 特定对象认购新股的锁定期

特定对象以资产认购而取得上市公司股票的，自股份发行结束之日起 12 个月内不得转让。

此外，若属于下列任一情形的，特定对象的股份锁定期应当为 36 个月：

（1）特定对象为上市公司控股股东、实际控制人或者其控制的关联人。

（2）特定对象通过认购该次发行的股份取得上市公司的实际控制权。

（3）特定对象取得该次发行的股份时，对其用于认购股份的资产持续拥有权益的时间不足 12 个月。

属于《上市公司重大资产重组管理办法》第 13 条第 1 款规定的交易情形的，上市公司原控股股东、原实际控制人及其控制的关联人，以及在交易过程中从该等主体直接或间接受让该上市公司股份的特定对象应当公开承诺，在本次交易完成后 36 个月内不转让其在该上市公司中拥有权益的股份；除收购人及其关联人以外的特定对象应当公开承诺，其以资产认购而取得的上市公司股份自股份发行结束之日起 24 个月内不得转让。

5. 发行股份购买资产的审批

发行股份购买资产既属于新股发行行为，又属于重组行为。根据中国证监会《上市公司重大资产重组管理办法》，上市公司申请发行股份购买资产应当提交并购重组委审核。

如果发行股份购买资产导致特定对象持有的上市公司股份达到法定比例的，应当按照《上市公司收购管理办法》履行相关义务。收购人取得上市公司发行新股导致其持股超过 30％的，在上市公司股东大会同意且收购人承诺锁定 3 年的前提下，可向中国证监会申请豁免要约收购。2014 年修订后的《上市公司收购管理办法》规定，收购人有前述情形，但在其取得上市公司发行的新股前已经拥有该公司控制权的，可以免于提交豁免申请，律师就收购人有关行为发表专项核查意见并经上市公司信息披露后，收购人凭发行股份的行政许可决定，按照证券登记结算机构的规定办理相关事宜即可。收购人应当按照取得的上市公司股份比例履行相应的信息披露义务。

6. 发行股份购买资产的实施

中国证监会核准上市公司发行股份购买资产的申请后，上市公司应当及时实施。向特定对象购买的相关资产过户至上市公司后，上市公司聘请的独立财务顾问和律师事务所应当对资产过户事宜和相关后续事项的合规性及风险进行核查，并发表明确意见。上市公司应当在相关资产过户完成后 3 个工作日内就过户情况作出公告，公告和报告中应当包括独立财务顾问和律师事务所的结论性意见。上市公司完成前述公告、报告后，可以到证券交易所、证券登记结算公司为认购股份的特定对象申请办理证券登记手续。

（八）间接收购

对上市公司的间接收购是指收购人不是直接收购上市公司股东持有的上市公司的股份，而是通过投资关系、协议、其他安排导致其间接拥有上市公司权益的比例达到一定比例的行为。其中，最为常见的间接收购模式是收购人投资于上市公司的控股股东，从而达到间接控制上市公司的效果。

根据《上市公司收购管理办法》的规定，收购人间接控制的上市公司股份达到 5％未超过 30％的，应当按照该办法第二章（权益披露）的规定办理，即与直接收购遵从相同的信息披露规定。

如果收购人间接控制的上市公司股份比例超过 30％，则应当向上市公司所有股东发出全面要约；收购人预计无法在事实发生之日起 30 日内发出全面要约的，应当在前述 30 日内促使其控制的股东将所持有的上市公司股份减持至 30％或者 30％以下，并自减持之日起 2 个工作日内予以公告；其后收购人或者其控制的股东拟继续增持的，应当采取要约方式。符合豁免条件的，可以向中国证监会申请要约收购豁免。

由于上市公司间接收购的行为较为隐蔽，为了督促当事人特别是上市公司实际控制人履行相应的信息披露义务，《上市公司收购管理办法》第五章重点规定了相关主体未履行信息披露义务的法律责任。

二、外国投资者并购上市公司

（一）外国投资者投资上市公司的方式

我国的 A 股市场目前还不是一个完全开放的资本市场，一个重要的表现是外国投资者并不能自由地投资 A 股上市公司。在现有的法律框架下，外国投资者可通过三种方式投资 A 股上市公司：一是通过对拟上市企业进行投资并将企业 IPO（即首次公开发行股票并上市）的方式；二是外国投资者申请成为或者通过 QFII（即 Qualified Foreign Institutional Investors，即合格境外机构投资者）或者 RQFII（RMB Qualified Foreign Institutional Investors，人民币合格境外机构投资者）① 投资 A 股上市公司；三是外国投资者作为战略投资者投资 A 股上市公司。

其中，以 Pre-IPO 的方式投资由于 A 股上市审核的标准、时间、周期、结果较难预计因而往往不确定性较大；以 QFII 方式投资则对外国投资者的主体资质要求较高，而且受到投资额度的限制。此外，在现行 QFII 制度下，单个境外投资者在上市公司持股比例不得超过 10％、所有境外投资者持有 A 股比例不超过 30％。因此，目前外国投资者尤其是产业投资者如欲实现并购上市公司的目的，主要路径是根据《外国投资者对上市公司战略

---

① QFII 与 RQFII 的主要区别在于投资的币种，QFII 使用外汇进行投资，而 RQFII 使用离岸人民币进行投资。由于 QFII 与 RQFII 在投资上市公司方面大同小异，下文仅对 QFII 方式进行叙述。

投资管理办法》对上市公司进行战略投资。严格来讲，外国投资者投资已上市 A 股上市公司的方式仅包括 QFII 方式和战投方式。

（二）外国投资者申请成为或者通过 QFII 投资上市公司

外国投资者申请成为或通过 QFII/RQFII 投资 A 股上市公司目前主要适用中国证监会、中国人民银行、国家外汇管理局《合格境外机构投资者境内证券投资管理办法》，中国证监会于 2012 年 7 月 27 日颁布实施的《关于实施〈合格境外机构投资者境内证券投资管理办法〉有关问题的规定》，中国证监会、中国人民银行以及国家外汇管理局于 2013 年 3 月 1 日颁布实施的《人民币合格境外机构投资者境内证券投资试点办法》，国家外汇管理局于 2016 年 2 月 3 日颁布实施的《合格境外机构投资者境内证券投资外汇管理规定》，中国人民银行、国家外汇管理局于 2016 年 8 月 30 日颁布实施的《关于人民币合格境外机构投资者境内证券投资管理有关问题的通知》（本节合称"《QFII 相关规定》"）的规定。

根据《QFII 相关规定》，符合条件的 QFII 可以投资中国证监会批准的人民币金融工具（包括在证券交易所挂牌交易的 A 股股票）。因此，外国投资者可以申请成为或通过 QFII 取得上市公司 A 股股份。

就申请成为 QFII 而言，外国投资者需符合一定的资格要求，具体如下：

（1）为中国境外基金管理机构、保险公司、证券公司以及其他资产管理机构。其中：

（a）资产管理机构：经营资产管理业务 2 年以上，最近一个会计年度管理的证券资产不少于 5 亿美元；

（b）保险公司：成立 2 年以上，最近一个会计年度持有的证券资产不少于 5 亿美元；

（c）证券公司：经营证券业务 5 年以上，净资产不少于 5 亿美元，最近一个会计年度管理的证券资产不少于 50 亿美元；

（d）商业银行：经营银行业务 10 年以上，一级资本不少于 3 亿美元，在最近一个会计年度管理的证券资产不少于 50 亿美元；

（e）其他机构投资者（养老基金、慈善基金会、捐赠基金、信托公司、政府投资管理公司等）：成立 2 年以上，最近一个会计年度管理或持有的证券资产不少于 5 亿美元。

（2）财务稳健，资信良好，达到中国证监会规定的资产规模等条件。

（3）从业人员符合所在国家或者地区的有关从业资格的要求。

（4）有健全的治理结构和完善的内控制度，经营行为规范，近 3 年未受到监管机构的重大处罚。

（5）所在国家或者地区有完善的法律和监管制度，其证券监管机构已与中国证监会签订监管合作谅解备忘录，并保持着有效的监管合作关系。

（6）中国证监会根据审慎监管原则规定的其他条件。

此外，外国投资者按照《QFII 相关规定》获得上市公司股份的，需经中国证监会批准，并取得国家外汇管理局额度批准。QFII 在经批准的投资额度内，可以投资于中国证监会批准的人民币金融工具，但需委托境内商业银行作为托管人托管资产，并委托境内证券公司办理在境内的证券交易活动。

就通过 QFII 取得上市公司 A 股股份而言，外国投资者可以委托一家或几家 QFII，QFII 直接在境内证券市场上购买上市公司 A 股股份，在有关信息披露中，QFII 将披露该外国投资者为实际投资人。与申请成为 QFII 以及战投等其他方式投资 A 股上市公司需要取得交易对方的配合和/或涉及多处项审批程序不同，通过 QFII 投资 A 股上市公司可由外国投资者单方面实施，除了履行信息披露义务外不涉及政府部门的审批。然而，根据《QFII 相关规定》，外国投资者通过 QFII 投资 A 股上市公司存在投资比例限制，即单个境外投资者通过 QFII 持有一家上市公司股票的，持股比例不得超过该公司股份总数的10%；所有境外投资者对单个上市公司 A 股的持股比例总和，不超过该上市公司股份总数的30%。

（三）外国投资者战略投资上市公司

2005 年 12 月 31 日，商务部、中国证监会、国家税务总局、国家工商行政管理总局、国家外汇管理局共同制定的《外国投资者对上市公司战略投资管理办法》（本节简称"《战投管理办法》"）① 是外国投资者战略投资上市公司的核心规定。

根据《战投管理办法》的规定，外国投资者作为战略投资者获得上市公司 A 股股份的，需符合一定的资格要求，具体如下：

（1）依法设立、经营的外国法人或其他组织，财务稳健，资信良好且具有成熟的管理经验。

（2）境外实有资产总额不低于 1 亿美元或管理的境外实有资产总额不低于 5 亿美元；或其母公司境外实有资产总额不低于 1 亿美元或管理的境外实有资产总额不低于 5 亿美元。

（3）有健全的治理结构和良好的内控制度，经营行为规范。

（4）近 3 年内未受到境内外监管机构的重大处罚（包括其母公司）。

根据《战投管理办法》的规定，外国投资者战略投资方式分为上市公司定向发行和协议转让两种方式，两种方式的主要程序分述如下：

（1）通过上市公司定向发行方式进行战略投资的，需要履行以下程序：

（a）上市公司董事会通过决议；

（b）上市公司股东大会通过决议；

（c）上市公司与投资者签订定向发行的合同；

（d）上市公司向商务部报送相关申请文件；

（e）在取得商务部就投资者对上市公司进行战略投资的原则批复函后，上市公司向中国证监会报送定向发行申请文件；

---

① 商务部已于 2013 年 9 月 27 日发布通知，对《战投管理办法》的修订征求意见，但截至目前仍未正式发布修订后的《战投管理办法》。

（f）中国证监会依法予以核准；

（g）定向发行完成后，上市公司到商务部领取外商投资企业批准证书，并凭该批准证书到工商行政管理部门办理变更登记。

上市公司发行新股的价格不低于定价基准日前 20 个交易日公司股票均价的 90％，定价基准日可以为关于本次非公开发行股票的董事会决议公告日、股东大会决议公告日，也可以为发行期的首日。

本方式下代表案例有南方建材（000906）向 Art Garden 定向增发和冀东水泥（000401）向菱石投资定向增发。

（2）通过协议转让方式进行战略投资的，需要履行以下程序：

（a）上市公司董事会通过决议；

（b）上市公司股东大会通过决议；

（c）转让方与投资者签订股份转让协议；

（d）投资者向商务部报送相关申请文件；

（e）投资者参股上市公司的，获得前述批准后向证券交易所办理股份转让确认手续，向证券登记结算机构申请办理登记过户手续，并报中国证监会备案；若投资者拟通过协议转让方式构成对上市公司的实际控制，投资者应向中国证监会报送上市公司收购报告书及相关文件，经中国证监会审核无异议后方可向证券交易所办理股份转让确认手续，向证券登记结算机构申请办理登记过户手续；

（f）协议转让完成后，上市公司到商务部领取外商投资企业批准证书，并凭该批准证书到工商行政管理部门办理变更登记。

本方式下代表案例有 CVC 战略投资珠海中富（000659）和嘉士伯香港协议收购重庆啤酒（600132）。

无论采用何种战略投资方式，外国投资者取得的上市公司 A 股股份 3 年内不得转让。投资可分期进行，首次投资完成后取得的股份比例不低于该公司已发行股份的 10％。

（四）外国投资者投资上市公司的其他方式

除了 QFII 和战投方式外，外国投资者投资上市公司的其他方式主要包括：

（1）外国投资者通过由其控股的外商投资企业并购上市公司

外国投资者可以通过由其控股的具有中国法人资格的外商投资企业并购 A 股上市公司。外国投资者通过该种方式无需按照前述《战投管理办法》和《QFII 相关规定》达到战略投资者或 QFII 的资质要求，也无需履行战略投资者和 QFII 的审批程序，虽然这种并购导致的直接或间接的对上市公司的外商投资，也会受到外商投资产业指导目录的限制。

外国投资者通过由其控股的外商投资企业并购 A 股上市公司的，应按照《上市公司收购管理办法》《上市公司证券发行管理办法》以及《上市公司非公开发行股票实施细则》的规定，通过要约收购、协议收购、认购上市公司定向发行股票的方式履行相应的并购程序。

需要指出的是，中国外汇管理部门目前对外商投资企业资本金用于境内股权投资有严格限制，因此，外国投资者拟通过境内已设立的外商投资企业实施上市公司收购的，该等外商投资企业应有收购的自有资金。

本方式下代表案例有 Everwin Pacific Limited 通过中皇公司收购酒鬼酒（000799）。

（2）外国投资者通过并购上市公司的控股股东间接控股上市公司

外国投资者可根据《关于外国投资者并购境内企业的规定》和《上市公司收购管理办法》所规定的程序，以及《外商投资产业指导目录》中鼓励和支持的投资方向，整体或部分买断上市公司的母公司或控股股东企业，将该企业变成外商独资企业或外商投资企业，从而间接控股上市公司。需要说明的是，如果上市公司的母公司为国有性质，还需要履行相应的国资审批程序。

本方式下代表案例有鼎晖间接入股鲁西化工（000830）。

（3）外国投资者通过以资产认购股份方式取得 A 股上市公司股份

外国投资者除了以现金购买上市公司股票外，还可以其依法拥有的境内、外资产作为对价认购上市公司向其定向发行的 A 股股票，若其拟注入上市公司的资产达到一定标准，则将构成上市公司重大资产重组，通常涉及商务部和中国证监会的审批。

本方式下代表案例有亿晶光电借壳海通食品（600537）和梅花味精吸收合并五洲明珠（600873）。

（五）外国投资者投资上市公司应注意的问题

1. 外资并购

商务部《关于外国投资者并购境内企业的规定》是外国投资者并购境内企业的一般性规定，《外国投资者对上市公司战略投资管理办法》未明确规定的，应适用该规定；外国投资者对上市公司战略投资也不得违反该规定中的强制性规定。

2. 外资准入

根据《战投管理办法》，法律、法规对外商投资持股比例有明确规定的行业，投资者持有该行业上市公司股份比例应符合相关规定；属于法律、法规禁止外商投资的领域，投资者不得对上述领域的上市公司进行投资。据此，外国投资者战略投资上市公司受到国务院《指导外商投资方向规定》、国家发改委和商务部《外商投资产业指导目录（2015 年修订）》及其他关于外资准入的法规的限制。

3. 外资安全审查

外国投资者战略投资上市公司，如涉及特殊行业且获得上市公司控制权的，应根据国务院办公厅《关于建立外国投资者并购境内企业安全审查制度的通知》和商务部《实施外国投资者并购境内企业安全审查制度的规定》的要求进行安全审查；具体规定，请见本书第五章第二节。

4. 反垄断

外国投资者战略投资上市公司的交易，由于其"战略性"的要求，通常并购方为产业投资者且体量较大，因而可能涉及反垄断申报。根据《反垄断法》、国务院《关于经营者集中申报标准的规定》和商务部相关规定的要求，外国投资者并购境内企业达到申报标准的，应当事先向商务部申报，未申报不得实施交易；具体规定，请见本书第五章第一节。

5. 行业规定

外国投资者战略投资上市公司还应当符合相关行业法规的规定，并按照行业法规的要求取得行业主管部门的批准或同意。

6. 上市公司并购重组

《战投管理办法》规定，投资者对上市公司进行战略投资，应按《证券法》和中国证监会的相关规定履行报告、公告及其他法定义务。就其实质而言，外国投资者战略投资上市公司是上市公司并购的特殊情形，因此应当适用《上市公司收购管理办法》；如果涉及以资产认购 A 股上市公司，还应当适用《上市公司重大资产重组管理办法》；具体规定，请见本节前述部分。

三、国有单位受让上市公司股份

在上市公司收购中，如果收购方属于各级国有资产监督管理机构监管范围内的国有及国有控股企业、有关机构、事业单位，则其收购上市公司股份的行为应遵守国务院国资委制定的《国有单位受让上市公司股份管理暂行规定》（国资发产权〔2007〕109 号）中的相关规定。

根据该规定，国有单位受让上市公司股份的价格应根据该上市公司的股票市场价格、合理市盈率、盈利能力及企业发展前景等因素合理确定。

对需要国资监管部门审核批准的上市公司股份的受让，受让主体为中央单位的，由中央单位逐级报国务院国有资产监督管理机构批准；受让主体为地方单位的，由地方单位逐级报省级国有资产监督管理机构批准。该规定还要求国资监管部门根据《上市公司国有股东标识管理暂行规定》对国有单位受让上市公司股份开设的国有股股东证券账户做好标识管理。

《国有单位受让上市公司股份管理暂行规定》从国有资产监管的角度，重点对国有单位受让上市公司股份的三类途径——通过证券交易系统购买、通过协议方式受让及其他合法途径分别做了相应的要求。

（一）通过证券交易所购买

根据该规定，若国有单位在一个会计年度内通过证券交易系统累计净受让某上市公司的股份（所受让的股份扣除所出让的股份的余额）未达到该上市公司总股本 5%的，则由该国有单位按内部管理程序决策，并在每年 1 月 31 日前将其上年度通过证券交易系统受让上市公司股份的情况报省级或省级以上国有资产监督管理机构备案；若达到或超过上市公司总股本 5％的，国有单位应将其受让上市公司股份的方案事前报省级或省级以上国有资产监督管理机构备案后方可组织实施。国有单位通过其控制的不同的受让主体分别受让上市公司股份的，受让比例应合并计算。

（二）协议受让

根据《国有单位受让上市公司股份管理暂行规定》，国有单位通过协议方式受让上市公司股份后不具有上市公司控股权或上市公司国有控股股东通过协议方式增持上市公司股份的，由国有单位按内部管理程序决策；国有单位通过协议方式受让上市公司股份后具有上市公司控股权的，应在与转让方签订股份转让协议后逐级报省级或省级以上国资监管机构审核批准，并且应当聘请在境内注册的专业机构担任财务顾问，针对本单位受让上市公司股份的方式、受让价格、对本单位及上市公司的影响等方面发表专业意见。

对受让上市公司股份需要报国资监管机构审核批准的，报送的材料应主要包括国有单位受让上市公司股份的请示及内部决议文件、可行性研究报告及受让股份价格的专项说明、股份转让协议、国有单位及上市公司的基本情况及相关审计报告或年度及中期报告、财务顾问出具的财务顾问报告及律师事务所出具的法律意见书等。

对需要报国资监管机构审核批准的股份受让，国资监管机构的批复文件是办理上市公司股份过户手续及上市公司章程变更登记的必备文件。

根据《上市公司收购管理办法》有关要约收购的规定，国有单位作为投资者可以选择以要约方式在二级市场向被收购公司所有股东发出收购其所持有的全部股份的要约，也可以向被收购公司所有股东发出收购其所持有的部分股份的要约。例如，2011 年 8 月，武汉商联等国有企业曾尝试以部分要约收购的方式收购鄂武商。就国有单位通过要约方式受让上市公司股份是否需经国资监管部门的备案或审核批准，《国有单位受让上市公司股份管理暂行规定》未予明确。从我国国资监管部门对上市公司国有股监管实践和监管精神来看，笔者认为可参照上述协议受让的方式来处理。

（三）其他合法途径

《国有单位受让上市公司股份管理暂行规定》将国有单位通过认购上市公司发行股票、将其持有的上市公司发行的可转换公司债券转换成股票、通过司法机关强制执行手续受让上市公司股份、间接受让上市公司股份（即受让上市公司股东的控股权）归类为"其他合法途径"，并原则性规定以此类途径受让上市公司股份的，应按照相关法律、行政法规及规章制度的规定办理，并在上述行为完成后 10 个工作日内报省级或省级以上国有资产监督管理机构备案。

四、国有股东转让上市公司股份

在上市公司并购中，如果转让方是上市公司的国有股东（包括国有及国有控股企业、有关机构、部门、事业单位等），出于国有资产监督管理的需要，国有股东转让所持上市公司股份还需要遵循国资管理的特殊规定，其中最主要的规定是国务院国资委、中国证监会于 2007 年 7 月 1 日起施行的《国有股东转让所持上市公司股份管理暂行办法》（以下简称"《国有股份转让办法》"）。

从形式上，国有股东通过证券交易系统转让、以协议方式转让、无偿划转或间接转让，均需适用《国有股份转让办法》。由于无偿划转并不属于市场化的上市公司并购形式，因此本节仅讨论其余三种转让形式。

（一）通过证券交易系统转让

1. 国有控股股东

根据《国有股份转让办法》，国有控股股东通过证券交易系统转让上市公司股份，同时符合以下两个条件的，由国有控股股东按照内部决策程序决定，并在股份转让完成后 7 个工作日内报省级或省级以上国有资产监督管理机构备案：

（1）总股本不超过 10 亿股的上市公司，国有控股股东在连续 3 个会计年度内累计净转让股份（累计转让股份扣除累计增持股份后的余额，下同）的比例未达到上市公司总股本的 5％；总股本超过 10 亿股的上市公司，国有控股股东在连续 3 个会计年度内累计净转让股份的数量未达到 5 000 万股或累计净转让股份的比例未达到上市公司总股本的 3％。

（2）国有控股股东转让股份不涉及上市公司控制权的转移。

国有控股股东转让股份不符合前述两个条件之一的，应将转让方案逐级报国务院国有资产监督管理机构审核批准后实施。

2. 国有参股股东

国有参股股东通过证券交易系统在一个完整会计年度内累计净转让股份比例未达到上市公司总股本 5％的，由国有参股股东按照内部决策程序决定，并在每年 1 月 31 日前将其上年度转让上市公司股份的情况报省级或省级以上国有资产监督管理机构备案；达到或超过上市公司总股本 5％的，应将转让方案逐级报国务院国有资产监督管理机构审核批准后实施。

（二）国有股协议转让

1. 协议转让的程序

根据《国有股份转让办法》，国有股东协议转让上市公司股份的国资基本程序如下：

（1）国有股东内部决策。

（2）逐级书面报告省级或省级以上国有资产监督管理机构；同时将拟协议转让股份的信息书面告知上市公司，由上市公司依法公开披露该信息，向社会公众进行提示性公告（公开披露文件中应当注明，本次股份拟协议转让事项须经相关国有资产监督管理机构同意后才能组织实施）。

（3）省级或省级以上国有资产监督管理机构出具意见。

（4）国有股东获得国有资产监督管理机构对拟协议转让上市公司股份事项的意见后，书面告知上市公司，由上市公司依法公开披露国有股东所持上市公司股份拟协议转让的信息。

（5）国有股东择优选取受让方。

（6）国有股东与受让方签订股份转让协议，并于 5 个工作日内收取不少于 30% 的保证金。

（7）国有股东履行信息披露义务。

（8）报国务院国有资产监督管理机构批准。

（9）股份过户。

2. 实际控制权转移的特别规定

如果协议转让导致受让方拥有上市公司控制权，则受让方应当满足以下资格条件：

（1）受让方或其实际控制人设立 3 年以上，最近 2 年连续盈利且无重大违法违规行为。

（2）具有明晰的经营发展战略。

（3）具有促进上市公司持续发展和改善上市公司法人治理结构的能力。

如果国有控股股东协议转让后不再拥有上市公司的实际控制权，则其必须聘请财务顾问，财务顾问应当出具专业意见并进行尽职调查。

3. 定价

由于涉及国有资产转让，因而除了程序性规定外，定价是国资管理的核心。《国有股份转让办法》规定，国有股东协议转让上市公司股份的价格应当以上市公司股份转让信息公告日（经批准不须公开股份转让信息的，以股份转让协议签署日为准）前 30 个交易日的每日加权平均价格算术平均值为基础确定；确需折价的，其最低价格不得低于该算术平均值的 90%。

（三）国有股间接转让

《国有股份转让办法》所称的间接转让，是指国有股东因产权转让或增资扩股等原因导致其经济性质或实际控制人发生变化的行为，是指国有股东本身的控制权变化。

在国有股份间接转让的情况下，一般的程序如下：

（1）国有股东和/或其上级单位内部决策。

（2）在产权交易所挂牌，公开征集受让方。

（3）聘请财务顾问，对国有产权拟受让方或国有股东引进的战略投资者进行尽职调查。

（4）国有股东在产权转让或增资扩股方案实施前，逐级报国务院国有资产监督管理机构审核批准。

（5）实施交易方案。

国有股东及其他相关主体应当及时履行信息披露义务。

在间接转让的情况下，定价应当根据以下原则确定：国有股东所持上市公司股份间接转让应当充分考虑对上市公司的影响，并按照有关国有股东协议转让上市公司股份价格的确定原则合理确定其所持上市公司股份价格，上市公司股份价格确定的基准日应与国有股东资产评估的基准日一致。国有股东资产评估的基准日与国有股东产权持有单位对该国有股东产权变动决议的日期相差不得超过1个月。

五、外资协议并购上市公司国有股份的审批流程及典型案例

上市公司并购的结构不同，所涉及的审批程序也不同，需要根据个案情况判断。对于比较复杂的外资协议并购上市公司国有股份而言，主要的审批过程见图4-1（不涉及要约收购的情形）：

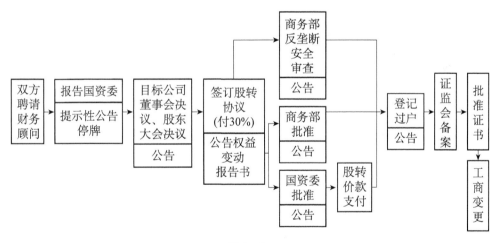

图 4-1

表4-2是嘉士伯集团2010年增持重庆啤酒（600132）项目的流程表。在增持前，嘉士伯集团通过其间接控制的全资子公司CARLSBERG CHONGQING LIMITED持有重庆啤酒17.46%的股权，嘉士伯集团通过嘉士伯啤酒厂香港有限公司增持重庆啤酒12.25%的股权。增持完成后，嘉士伯将合计控制重庆啤酒29.71%的股权，并成为重庆啤酒的第一大股东。

表 4 - 2

序号	时间	公告标题	公告内容摘要	备注
1	2010.4.6	停牌通告	重庆啤酒于 2010 年 4 月 2 日接到公司第一大股东重庆啤酒（集团）有限责任公司（以下简称"重啤集团"）的实际控制人重庆轻纺控股（集团）公司书面回函。回函内容如下：重庆轻纺控股（集团）公司拟筹划与重啤集团第一大股东——重啤集团相关的重大事项。鉴于此事项正在进一步论证中，存在重大不确定性，希望重庆啤酒依据中国证监会与上海证券交易所的有关规定，向上海证券交易所申请停牌。 为维护投资者利益，避免公司股票价格的异常波动，依据中国证监会与上海证券交易所的有关规定，重啤集团股票自 2010 年 4 月 6 日起停牌 5 个交易日。公司股票将于 2010 年 4 月 14 日恢复交易。	
2	2010.4.12	关于国有股权拟进行协议转让的提示性公告	重庆啤酒于 2010 年 4 月 11 日接到第一大股东重啤集团的通知：重啤集团拟以公开征集方式转让其所持有的重庆啤酒 59 294 582 股国有股，占重庆啤酒总股本的 12.25%。 本次重啤集团拟协议转让事项须经相关国有资产监督管理机构同意后才能组织实施。	依据《国有股东转让所持上市公司股份管理暂行办法》第 14 条。
3	2010.4.13	关于协议转让国有股权并公开征集受让方的信息公告	重庆啤酒于 2010 年 4 月 13 日下午接到公司实际控制人重庆轻纺控股（集团）公司（以下简称"轻纺控股"）送达的重庆市国资委《关于转让重庆啤酒股份有限公司部分国有股权有关问题的批复》，重庆市国资委原则同意重啤集团以公开征集方式转让其所持重庆啤酒 59 294 582 股国有股（占重庆啤酒总股本的 12.25%）。 拟受让方递交受让申请的截止日期：拟受让方如有受让意向，且符合上述条件，请自本公告之日起至本公告之日后的第 10 个工作日内，向重啤集团递交受让申请、受让方案及相关资料。	依据《国有股东转让所持上市公司股份管理暂行办法》第 20、27 条。
4	2010.4.30	关于公开征集国有股权受让方情况的信息公告	重庆啤酒于 2010 年 4 月 29 日接到重啤集团书面通知：在公开发布以公开征集方式转让重啤集团国有股信息日后的第 10 个工作日内，共有百威英博啤酒投资（中国）有限公司、华润雪花啤酒（中国）投资有限公司、嘉士伯啤酒厂香港有限公司向重啤集团递交了受让申请。 重啤集团将按《国有股东转让所持上市公司股份管理暂行办法》的有关规定和重庆市国资委《关于转让重庆啤酒股份有限公司部分国有股权有关问题的批复》，择优选择受让方。	依据《国有股东转让所持上市公司股份管理暂行办法》第 20、27 条。

续前表

序号	时间	公告标题	公告内容摘要	备注
5	2010.6.10	关于签署股权转让协议的公告	交易基本情况：重庆啤酒第一大股东重啤集团与嘉士伯啤酒厂香港有限公司（以下简称"嘉士伯香港"）于2010年6月9日签订了附生效条件的股权转让协议，重啤集团拟将其持有的重庆啤酒12.25％的股权转让给嘉士伯香港。 交易合同主要内容：重啤集团拟将其持有的重庆啤酒12.25％的股权转让给嘉士伯香港；本次股权转让需有重庆啤酒董事会、股东大会、职工代表大会、重庆市政府、国资委、商务部等关有权部门批准。	依据《国有股东转让所持上市公司股份管理暂行办法》第27条。
6	2010.6.17	第六届董事会第三次会议决议公告	审议通过《关于重庆啤酒（集团）有限责任公司向嘉士伯啤酒厂香港有限公司转让重庆啤酒12.25％股份的议案》。 本次股权转让需经重庆啤酒股东大会审议通过，与股权转让相关的职工安置方案需经重庆啤酒职工代表大会通过，还需获得重庆市国有资产监督管理委员会、重庆市人民政府、国务院国有资产监督管理委员会、中华人民共和国商务部的批准后方可实施。	依据《外国投资者对上市公司战略投资管理办法》第8条。
7	2010.6.17	关于召开2010年第二次临时股东大会的通知	重庆啤酒将于2010年7月5日召开2010年第二次临时股东大会，特此公告通知。 会议审议事项之一：审议《关于重庆啤酒（集团）有限责任公司向嘉士伯啤酒厂香港有限公司转让重庆啤酒12.25％股份的议案》。	依据《外国投资者对上市公司战略投资管理办法》第8条及《商务部关于外国投资者并购境内企业的规定》第21条。
8	2010.6.18	详式权益变动报告书	信息披露义务人名称：嘉士伯香港。 信息披露义务人介绍、本次交易的决定及目的、本次交易的方式、本次交易的资金来源、本次交易的后续计划、本次交易对上市公司的影响、信息披露义务人与重庆啤酒之间的重大交易、前6个月内买卖上市交易股份的情况、信息披露义务人的财务资料等。	依据《上市公司收购管理办法》第17条。
9	2010.6.18	简式权益变动报告书	信息披露义务人：重啤集团。 信息披露义务人介绍、权益变动目的、权益变动方式、前6个月内买卖上市交易股份的情况、其他重大事项、备查文件等。	依据《上市公司收购管理办法》第16条。
10	2010.6.19	职工对职工安置方案存在疑虑的公告	部分职工对重庆啤酒控制权变更涉及的职工安置方案存在疑虑，重庆啤酒两家分公司部分车间暂停生产，截至该公告发出之日，尚未恢复正常生产。	
11	2010.6.22	职工消除疑虑恢复正常生产公告	经重庆啤酒及重啤集团与职工进行沟通、协调和疏导、解释，重庆啤酒两分公司已于6月18日23点全面恢复正常生产。	

续前表

序号	时间	公告标题	公告内容摘要	备注
12	2010.6.29	2010 年第二次临时股东大会会议资料	登载了《关于重庆啤酒（集团）有限责任公司向嘉士伯啤酒厂香港有限公司转让重庆啤酒 12.25％股份的议案》全文。	
13	2010.7.5	2010 年第二次临时股东大会决议公告	审议通过《关于重庆啤酒（集团）有限责任公司向嘉士伯啤酒厂香港有限公司转让重庆啤酒 12.25％股份的议案》。审议通过相应的《修改公司章程的决议》。	
14	2010.7.26	股份转让进展公告	重庆啤酒召开了职工代表大会履行了相关审议程序，就重啤集团向嘉士伯香港转让重庆啤酒 12.25％股份相关的职工安置方案已获得公司职工代表大会批准。	
15	2010.11.2	关于国有股转让进展公告	重庆啤酒收到国务院国资委《关于重庆啤酒股份有限公司国有股东转让所持股份有关问题的批复》（国资产权［2010］1228 号），同意重庆啤酒股东重啤集团将所持重庆啤酒 59 294 582 股股份（占重庆啤酒总股本的 12.25％）转让给嘉士伯香港。	依据《国有股东转让所持上市公司股份管理暂行办法》第 14 条。
16	2010.12.3	关于国有股转让进展公告	重庆啤酒于近日收到国家商务部商资批［2010］1188 号《商务部关于原则同意嘉士伯啤酒厂香港有限公司战略投资上市公司重庆啤酒股份有限公司的批复》，原则同意重庆啤酒（集团）有限责任公司将其持有的本公司 12.25％的股份转让给嘉士伯啤酒厂香港有限公司。	依据《外国投资者对上市公司战略投资管理办法》第 3 条。
17	2010.12.28	关于股权过户完成的公告	与本次股权转让交易相关的事项已经先后分别获得重庆啤酒董事会、股东大会、公司职工代表大会、国务院国资委、国家商务部的批准。重庆啤酒于近日收到中国证券登记结算有限责任公司上海分公司出具的《过户登记确认书》，公司股东重啤集团将其持有重庆啤酒 12.25％的股权（计 59 294 582 股）转让给嘉士伯香港的过户手续已办理完毕。	

六、上市公司并购中的特殊法律问题

（一）内幕交易及其防控

1. 并购重组领域是防控内幕交易的重点

内幕交易是指证券交易内幕信息知情人或非法获取内幕信息的人利用其掌握的未公开的、涉及证券的发行、交易或其他对证券交易价格有重大影响的信息，在内幕信息公开前买卖相关证券，或者泄露该信息，或者建议他人买卖相关证券的行为。内幕交易违反了证券市场"公开、公平、公正"的基本原则,不仅损害普通投资者和上市公司的利益,而且不利于资本市场的健康发展。证券监管部门已充分意识到内幕交易对资本市场的危害,2010年年底,国务院办公厅转发中国证监会、公安部、监察部、国务院国资委、预防腐败局《关于依法打击和防控资本市场内幕交易的意见》,就依法打击和防控资本市场内幕交易工作进行部署并提出具体要求。

伴随着上市公司并购重组日趋活跃,利用上市公司并购重组信息进行内幕交易现象逐渐呈现多发态势,逐步成为市场监管中的突出问题。根据中国证监会稽查总队的统计,2008年至2010年间,查实的内幕交易案件中内幕信息来自并购重组领域的比例超过50%。

2. 内幕交易的构成要件

内幕交易的构成要件包括:

(1) 行为主体为内幕人

内幕人可以是自然人,也可以是单位(包括法人和其他非法人组织,比如有限公司、股份公司、全民所有制企业、合伙企业、事业单位、机关、社会团体等)。

《证券法》第74条规定了内幕人的具体范围;中国证监会制定的《证券市场内幕交易行为认定指引(试行)》,就《证券法》第74第(7)项的"其他内幕人"进行了界定,其中明确"上市公司并购重组参与方及其有关人员"为内幕人。

(2) 相关信息为内幕信息

内幕信息,是指证券交易活动中,涉及公司的经营、财务或者对公司证券的市场价格有重大影响的尚未公开的信息。

与并购重组相关的内幕信息主要包括:上市公司收购的有关方案,公司股权结构的重大变化,持有公司5%以上股份的股东或者实际控制人持有股份或者控制公司的情况发生较大变化,公司合并、分立的决定,公司营业用主要资产的出售一次超过该资产的30%,公司的重大投资行为和重大的购置财产的决定等。

(3) 行为人在内幕信息的价格敏感期内进行内幕交易行为

从内幕信息开始形成之日起,至内幕信息公开或者该信息对证券的交易价格不再有显著影响时止,为内幕信息的价格敏感期。

根据《证券法》和中国证监会《证券市场内幕交易行为认定指引(试行)》,内幕交易行为包括:1) 以本人名义,直接或委托他人买卖证券;2) 以他人名义买卖证券(包括两种情形:一是直接或间接提供证券或资金给他人购买证券,且该他人所持有证券之利益或损失,全部或部分归属于本人,二是对他人所持有的证券具有管理、使用和处分的权益);3) 为他人买卖或建议他人买卖证券;4) 以明示或暗示的方式向他人泄露内幕信息。

3. 内幕交易的法律责任

如果满足前述构成要件,且不属于法定除外情形,则构成内幕交易违法行为,可能承担以下法律责任:

（1）刑事责任

《刑法》第 180 条第 1 款规定了"内幕交易、泄露信息罪"及其罚则：证券、期货交易内幕信息的知情人员或者非法获取证券、期货交易内幕信息的人员，在涉及证券的发行，证券、期货交易或者其他对证券、期货交易价格有重大影响的信息尚未公开前，买入或者卖出该证券，或者从事与该内幕信息有关的期货交易，或者泄露该信息，或者明示、暗示他人从事上述交易活动，情节严重的，处 5 年以下有期徒刑或者拘役，并处或者单处违法所得 1 倍以上 5 倍以下罚金；情节特别严重的，处 5 年以上 10 年以下有期徒刑，并处违法所得 1 倍以上 5 倍以下罚金。单位犯前款罪的，对单位判处罚金，并对其直接负责的主管人员和其他直接责任人员，处 5 年以下有期徒刑或者拘役。

（2）行政责任

《证券法》第 202 条规定了内幕交易违法行为的行政责任。内幕信息知情人或者非法获取内幕信息的人进行内幕交易的，责令：1）依法处理非法持有的证券，没收违法所得，并处以违法所得 1 倍以上 5 倍以下的罚款；2）没有违法所得或者违法所得不足 3 万元的，处以 3 万元以上 60 万元以下的罚款；3）单位从事内幕交易的，还应当对直接负责的主管人员和其他直接责任人员给予警告，并处以 3 万元以上 30 万元以下的罚款；4）证券监督管理机构工作人员进行内幕交易的，从重处罚。

（3）民事责任

《证券法》第 76 条规定了内幕交易违法行为的民事责任：内幕交易行为给投资者造成损失的，行为人应当依法承担赔偿责任。

4. 内幕交易的防控

为了防止并购重组过程中的内幕交易，中国证监会《关于规范上市公司信息披露及相关各方行为的通知》明确要求上市公司的股东、实际控制人及筹划并购重组等重大事件过程中的相关人员，应及时、主动向上市公司通报有关信息，并配合上市公司及时、准确、完整地进行披露。中国证监会《关于规范上市公司重大资产重组若干问题的规定》进一步强调，上市公司拟实施重大资产重组的，董事会、交易对方、证券服务机构及相关人员应当严格遵守《关于规范上市公司信息披露及相关各方行为的通知》的相关规定，切实履行信息披露等义务和程序。对于存在内幕交易行为的重大并购重组申请，中国证监会采取"异动即核查、涉嫌即暂停、违规即中止"的监管原则。如高淳陶瓷的并购重组申请曾因有关人员涉嫌内幕交易被依法中止，直至 2012 年 8 月才恢复审核程序。

《关于依法打击和防控资本市场内幕交易的意见》明确将通过建立实施内幕交易举报奖励制度、内幕信息保密制度、内幕信息知情人登记制度、完善上市公司信息披露和停复牌制度、健全考核评价制度等，联手打击内幕交易。

中国证监会依据上述意见，于 2011 年制定了《关于上市公司建立内幕信息知情人登记管理制度的规定》，规定收购人、重大资产重组交易对方以及涉及上市公司并对上市公司股价有重大影响事项的其他发起方，应当填写本单位内幕信息知情人的档案；上市公司进行收购、重大资产重组、发行证券、合并、分立、回购股份等重大事项，除填写上市公司内幕信息知情人档案外，还应当制作重大事项进程备忘录。国务院国资委亦依据上述意见，于 2011 年制定了《关于加强上市公司国有股东内幕信息管理有关问题的通知》，要求上市公司国有股东、实际控制人加强内幕信息管理，防控内幕交易。

（二）上市公司并购中的同业竞争与关联交易问题

无论是在 IPO 过程中，还是在上市公司并购过程中，同业竞争与关联交易都是中国证监会重点关注的问题。在 IPO 过程中，如果拟上市公司无法有效避免同业竞争或者减少关联交易，那么同业竞争与关联交易问题往往会成为 IPO 的实质性障碍。而在上市公司并购领域，中国证监会对同业竞争和关联交易的要求与 IPO 的要求是一脉相承的。

在 IPO 过程中，中国证监会关注的是控股股东、实际控制人与上市公司之间的同业竞争和关联交易；而在上市公司并购中，中国证监会主要关注收购人（及其一致行动人、控股股东、实际控制人，下同）与上市公司之间是否存在同业竞争和关联交易。

中国证监会《上市公司收购管理办法》要求收购人就其与上市公司的业务是否存在同业竞争或者潜在的同业竞争、是否存在持续关联交易作出说明；如果存在同业竞争或者持续关联交易的，还应提供避免同业竞争等利益冲突、保持被收购公司经营独立性的说明。

2016 年，中国证监会修订了《上市公司重大资产重组管理办法》，规定上市公司发行股份购买资产应当充分说明并披露本次交易有利于提高上市公司资产质量、改善财务状况和增强持续盈利能力，有利于上市公司减少关联交易、避免同业竞争、增强独立性。

第二节　中国企业境外并购

一、中国企业境外并购的概念

从世界经济发展的历史进程看，一个国家的企业境外并购是在该国国内并购的基础上发展起来的，是企业国内并购在世界经济一体化过程中的跨国延伸。境外并购跨越了国界，涉及两个或两个以上国家的企业、市场、法律制度及文化。

跨国并购（Cross-boarder Merger & Acquisition），是相对于"绿地投资"① 的一种对外直接投资方式。按照联合国贸发会议（UNCTAD）的定义，跨国并购包括两种：一种是外国企业与境内企业合并；另一种是收购境内企业的股权达 10% 以上，使境内企业的资产和经营的控制权转移到外国企业。

本书所称的中国企业境外并购是指，中国企业为了某种战略目的，通过一定的渠道和支付手段，收购境外企业的股权或资产，并继续运营被收购企业或新设企业运营被收购的

① 对外直接投资一般分为绿地投资和收购兼并（也称"褐地投资"）。绿地投资是指在目标国或地区新设机构，包括代表机构、分公司、子公司或其他法律形式的实体或机构。

资产的行为。

这里所说的渠道，是指由并购企业直接向目标企业投资，也可以由并购企业通过设立在境外当地的子公司、特殊目标公司、信托公司对目标公司的股权或目标资产实施并购，还可以与其他外国投资者联合进行并购。并购的支付手段，包括货币资金、以股换股、承担被收购企业的债权债务，以及认购被收购企业的发行的可转换债券等。并购标的公司既可以是上市公司，也可以是非上市公司。

二、我国对企业境外并购管理的法律制度

（一）境外投资项目的分类管理

为推动境外投资有序健康发展，指导境外投资方向，国家发改委、商务部、外交部、财政部、海关总署、国家税务总局、国家外汇管理局于 2006 年 7 月联合发布了《关于印发〈境外投资产业指导政策〉的通知》（发改外资〔2006〕1312 号）及其附件《境外投资产业指导目录》（以下简称"1312 号文"），将境外投资项目分为鼓励类、限制类和禁止类，进行分类管理。对于鼓励类境外投资项目，国家在宏观调控、多双边经贸政策、外交、财政、税收外汇、海关、资源信息、信贷、保险，以及双多边合作和外事工作等方面，给予相应政策支持；对于禁止类境外投资项目，国家不予核准并将采取措施予以制止；对于限制类境外投资项目，国家虽不予禁止但也不给予优惠政策支持。

针对境外投资过程中出现的新情况，2017 年 8 月 18 日，国务院办公厅发布了《国务院办公厅转发国家发展改革委、商务部、人民银行、外交部关于进一步引导和规范境外投资方向指导意见的通知》（国办发〔2017〕74 号）（以下简称"74 号文"），明确引入"鼓励发展＋负面清单"的新监管思路，将境外投资项目划分为"鼓励类""限制类"和"禁止类"进行分类管理。各类项目的具体内容如表 4-3 所示：

表 4-3

分类	具体内容
鼓励类	● 重点推进有利于"一带一路"建设和周边基础设施互联互通的基础设施境外投资。 ● 稳步开展带动优势产能、优质装备和技术标准输出的境外投资。 ● 加强与境外高新技术和先进制造业企业的投资合作，鼓励在境外设立研发中心。 ● 在审慎评估经济效益的基础上稳妥参与境外油气、矿产等能源资源勘探和开发。 ● 着力扩大农业对外合作，开展农林牧副渔等领域互利共赢的投资合作。 ● 有序推进商贸、文化、物流等服务领域境外投资，支持符合条件的金融机构在境外建立分支机构和服务网络，依法合规开展业务。
限制类	● 赴与我国未建交、发生战乱或者我国缔结的双多边条约或协议规定需要限制的敏感国家和地区开展境外投资。 ● 房地产、酒店、影城、娱乐业、体育俱乐部等境外投资。 ● 在境外设立无具体实业项目的股权投资基金或投资平台。 ● 使用不符合投资目的国技术标准要求的落后生产设备开展境外投资。 ● 不符合投资目的国环保、能耗、安全标准的境外投资。

续前表

分类	具体内容
禁止类	● 涉及未经国家批准的军事工业核心技术和产品输出的境外投资。 ● 运用我国禁止出口的技术、工艺、产品的境外投资。 ● 赌博业、色情业等境外投资。 ● 我国缔结或参加的国际条约规定禁止的境外投资。 ● 其他危害或可能危害国家利益和国家安全的境外投资。

根据 74 号文的规定，对于鼓励类境外投资项目，国家将在税收、外汇、保险、海关、信息等方面为企业创造更加良好的便利化条件；对于限制类境外投资项目，国家将引导企业审慎参与，并结合实际情况给予必要的指导和提示；对于禁止类境外投资项目，国家将采取严格管控措施禁止境内企业参与。另外，对于鼓励类、限制类和禁止类之外大量存在的允许类项目，具体应如何监管，在 74 号文中则没有提及，我们理解，在 1312 号文仍然有效的情况下，应该仍可适用 1312 号文关于允许类境外投资项目的原有政策。

（二）发展与改革部门境外投资立项核准或备案制度

根据国家发改委于 2017 年 12 月 26 日颁布、并将于 2018 年 3 月 1 日实施的《企业境外投资管理办法》（国家发展和改革委员会令第 11 号），国家根据不同情况对境外投资项目分别实行核准和备案管理。

《企业境外投资管理办法》所称境外投资，是指中华人民共和国境内企业（以下称"投资主体"）直接或通过其控制的境外企业，以投入资产、权益或提供融资、担保等方式，获得境外所有权、控制权、经营管理权及其他相关权益的投资活动。其中，"企业"包括各种类型的非金融企业和金融企业；"控制"是指直接或间接拥有企业半数以上表决权，或虽不拥有半数以上表决权，但能够支配企业的经营、财务、人事、技术等重要事项。"投资活动"包括但不限于：获得境外土地所有权、使用权等权益；获得境外自然资源勘探、开发特许权等权益；获得境外基础设施所有权、经营管理权等权益；获得境外企业或资产所有权、经营管理权等权益；新建或改扩建境外固定资产；新建境外企业或向既有境外企业增加投资；新设或参股境外股权投资基金；通过协议、信托等方式控制境外企业或资产。

根据《企业境外投资管理办法》的相关规定，投资主体直接或通过其控制的境外企业开展的敏感类项目，由国家发改委核准。敏感类项目包括涉及敏感国家和地区的项目及涉及敏感行业的项目。其中，敏感国家和地区包括：与我国未建交的国家和地区；发生战争、内乱的国家和地区；根据我国缔结或参加的国际条约、协定等，需要限制企业对其投资的国家和地区；其他敏感国家和地区。敏感行业包括：武器装备的研制生产维修；跨境水资源开发利用；新闻传媒；根据我国法律法规和有关调控政策，需要限制企业境外投资的行业。需要注意的是，根据前述 74 号文的规定，房地产、酒店、影城、娱乐业、体育俱乐部等境外投资、以及在境外设立无具体实业项目的股权投资基金或投资平台也须实行核准制。投资主体直接开展的非敏感类项目（指不涉及敏感国家和地区且不涉及敏感行业的项目），也即涉及投资主体直接投入资产、权益或提供融资、担保的非敏感类项目实行备案制。其中，投资主体是中央管理企业（含中央管理金融企业、国务院或国务院所属机构直接管理的企业，下同）的、投资主体是地方企业且中方投资额3亿美元及以上的，由国家发改委备案；投资主体是地方企业且中方投资额3亿美元以下的，由注册地的省级政府发展改革部门备案（包括各省、自治区、直辖市及计划单列市人民政府发展改革部门和新疆生产建设兵团发展改革部门）。

在我国的投融资法规体系中，国务院发布的《政府核准的投资项目目录》中关于政府对境外投资项目核准权限的相关规定，是国家发改委制定《企业境外投资管理办法》及《境外投资项目核准和备案管理办法》（于2018年3月1日《企业境外投资管理办法》正式施行时废止）时确定政府对境外投资项目核准权限的权源和依据。随着《政府核准的投资项目目录》中关于政府对境外投资项目核准权限的不断放松，《企业境外投资管理办法》中政府对境外投资项目核准权限的相关规定也相应不断修订。我们观察到，自《政府核准的投资项目目录》（2014年本）将政府对境外投资项目核准权限缩减为"涉及敏感国家和地区、敏感行业的项目，由国务院投资主管部门核准；前款规定之外的中央管理企业投资项目和地方企业投资3亿美元及以上项目报国务院投资主管部门备案"（此权限缩减内容继续保留在2016年更新后的目录中）后，相应地，国家发改委根据《政府核准的投资项目目录（2014年本）》简政放权的变化，于2014年12月发布了《国家发展改革委关于修改〈境外投资项目核准和备案管理办法〉和〈外商投资项目核准和备案管理办法〉有关条款的决定》（国家发展和改革委员会令第20号），废除了《境外投资项目核准和备案管理办法》中原"中方投资额10亿美元及以上的境外投资项目由国家发改委核准"的规定，并且，于2018年3月1日实施的《企业境外投资管理办法》中进一步废除"涉及敏感国家和地区、敏感行业中方投资额20亿美元以上须由国家发改委提出审核意见报国务院核准"的相关规定。鉴于《政府核准的投资项目目录》中简政放权后的政府核准境外投资项目核准权限已基本趋于稳定，且其所规定的备案权限体系也已与《企业境外投资管理办法》统一衔接，可以预见，我国的境外投资项目政府核准/备案权限体系将在一段较长的时间内稳定为"涉敏感项目须报国家发改委核准，不涉敏感项目的央企及地方企业3亿美元以上境外投资项目报国家发改委备案，其余境外投资项目省级发改委备案"的状态。

在境外投资立项审批及备案程序上，根据《企业境外投资管理办法》，国家发展改革委建立境外投资管理和服务网络系统。投资主体可以通过网络系统履行核准和备案手续、报告有关信息；涉及国家秘密或不适宜使用网络系统的事项，投资主体可以另行使用纸质材料提交。实行核准管理的项目，投资主体应当通过网络系统向核准机关提交项目申请报告并附具有关文件。其中，投资主体是中央管理企业的，由其集团公司或总公司向核准机关提交；投资主体是地方企业的，由其直接向核准机关提交。通常情况下，核准机关应当在受理项目申请报告后20个工作日内作出是否予以核准的决定。对于实行备案管理的项目，投资主体应当通过网络系统向备案机关提交项目备案表并附具有关文件。其中，投资主体是中央管理企业的，由其集团公司或总公司向备案机关提交；投资主体是地方企业的，由其直接向备案机关提交。备案机关在受理项目备案表之日起 7 个工作日内向投资主体出具备案通知书。

属于核准、备案管理范围的项目，投资主体应当在项目实施前取得项目核准文件或备案通知书。项目实施前，是指投资主体或其控制的境外企业为项目投入资产、权益（已办理核准、备案的项目前期费用除外）或提供融资、担保之前。属于核准、备案管理范围的项目，投资主体未取得有效核准文件或备案通知书的，外汇管理、海关等有关部门依法不予办理相关手续，金融企业依法不予办理相关资金结算和融资业务。获得核准或备案后，项目投资主体增加或减少，投资地点发生重大变化，主要内容和规模发生重大变化，中方投资额变化幅度达到或超过原核准、备案金额的 20%，或中方投资额变化 1 亿美元及以上、需要对项目核准文件或备案通知书有关内容进行重大调整的其他情形时，应在有关情形发生前向出具该项目核准文件或备案通知书的机关提出变更申请。

根据《国务院关于发布政府核准的投资项目目录（2016 年本）的通知》，发展与改革部门对中国企业开展境外并购项目进行审查所依据的文件，主要是我国相关法律、行政法规和国家制定的发展规划、产业政策、总量控制目标、技术政策、准入标准、用地政策、环保政策、用海用岛政策、信贷政策等。根据《企业境外投资管理办法》，发展与改革部门核准境外投资项目的条件为：不违反我国法律法规；不违反我国有关发展规划、宏观调控政策、产业政策和对外开放政策；不违反我国缔结或参加的国际条约、协定；不威胁、不损害我国国家利益和国家安全。另外，发展与改革部门对境外投资项目不予进行备案的情形有：违反有关规划或政策、违反有关国际条约或协定、威胁或损害我国国家利益和国家安全。

国家发改委核准涉及敏感国家和地区、敏感行业的境外投资并购时可书面征求有关部门的意见，对需要进行评估论证的重点问题可以委托有资质的咨询机构进行评估。此外，发展与改革管理部门内部主办部门外资处/司审批境外投资项目时，一般还需要报产业处/司会签。通常，会签部门的意见对于项目核准也具有重要的参考作用。

（三）商务部门境外投资（企业）核准或备案制度

根据《境外投资管理办法》（商务部令 2014 年第 3 号）、《商务部办公厅关于调整境外投资核准有关事项的通知》（商合字〔2007〕112 号）、《境外投资开办企业核准工作细则》（商合发〔2005〕527 号）以及《国务院办公厅转发国家发展改革委、商务部、人民银行、外交部关于进一步引导和规范境外投资方向指导意见的通知》（国办发〔2017〕74 号）等文件的规定，商务部门对境内企业在境外设立、并购非金融企业或取得既有境外非金融企业的所有权、控制权、经营管理权等权益等的境外投资行为，区分不同情形，分别实行备案和核准管理，并颁发《企业境外投资证书》。其中，企业境外投资涉及敏感国家和地区、敏感行业的，涉及房地产、酒店、影城、娱乐业、体育俱乐部等领域的，或者在境外设立无具体实业项目的股权投资基金或投资平台的，实行核准管理；除此之外的情形，实行备案管理。并购企业持《企业境外投资证书》办理外汇、银行、海关、外事等相关手续，并享受国家有关政策支持。当境外企业的名称、投资国家或地区、投资主体、投资金额、中方投资构成、经营范围、投资路径等原《企业境外投资证书》载明的境外投资事项发生变更的，应到原备案或核准的商务部门办理变更手续。发生终止情形时，应向原备案或核准的商务部门报告，由商务部门出具注销确认函。

根据《境外投资管理办法》（商务部令 2014 年第 3 号）、国务院办公厅转发国家发展改革委、商务部、人民银行、外交部《关于进一步引导和规范境外投资方向的指导意见》（国办发〔2017〕74 号），商务部门备案和核准的权限如表 4－4 所示：

表 4－4

审批形式	适用情形	申报材料①	审批程序
报商务部核准	● 投资敏感国家和地区（未建交国家、发生战乱国家、受联合国制裁的国家、我国缔结的双多边条约或协议规定需要限制的敏感国家和地区） ● 投资敏感行业（涉及出口国家限制出口的产品和技术的行业、影响一国或地区以上利益的行业）	● 境外投资申请表 ● 境外投资相关合同或协议 ● 有关部门对境外投资所涉的属于国家限制出口的产品或技术准予出口的材料印件 ● 企业营业执照复印件	● 中央企业直接向商务部提出申请 ● 商务部征求驻外使（领）馆（经商处室）意见 ● 商务部作出是否核准的决定
报省级商务部门核准	● 房地产、酒店、影城、娱乐业、体育俱乐部等境外投资 ● 在境外设立无具体实业项目的股权投资基金或投资平台		● 地方企业向省级商务部门提出申请 ● 省级商务部门初审 ● 省级商务部门征求驻外使（领）馆（经商处室）意见 ● 报商务部决定
商务部或省级商务部门备案	● 其他境外投资	● 境外投资备案表 ● 企业营业执照复印件	● 中央企业报商务部备案； ● 地方企业报省级商务部门备案

（四）外汇管理部门对境外投资资本项下用汇监管制度

根据《国家外汇管理局关于发布〈境内机构境外直接投资外汇管理规定〉的通知》（汇发〔2009〕30 号）的规定，我国对境内机构境外直接投资及其形成的资产、相关权益实行外汇登记及备案制度，并据以颁发《境外直接投资外汇登记证》。凭发展与改革管理部门批文、商务部门批文和《外汇登记证》才能将境外直接投资资金汇出境外。

根据《资本项目外汇业务操作指引（2013 年版）》《国家外汇管理局关于进一步改进和调整资本项目外汇管理政策的通知》（汇发〔2014〕2 号）、《国家外汇管理局关于进一

---

① 根据商务部对外投资和经济合作司于 2016 年 12 月 2 日在"对外投资合作信息服务系统"（即企业进行境外投资备案和核准填报申请的网络平台）上发布的通知，企业除应提交《境外投资备案表》或《境外投资申请表》、营业执照复印件外，还需提供以下材料：（1）对外投资设立企业或并购相关章程（或合同、协议）；（2）相关董事会议决议或出资决议；（3）最新经审计的财务报表（全套）；（4）前期工作落实情况说明（包括尽职调查、可研报告、投资资金来源情况的说明、投资环境分析评价等）；（5）境外投资真实性承诺书；（6）属于并购类对外投资的，还需在线提交《境外并购事项前期报告表》。

步简化和改进直接投资外汇管理政策的通知》（汇发〔2015〕13 号）及其附件《直接投资外汇业务操作指引》的相关规定，企业境外并购过程中，在出让方（卖方）要求缴纳的保证金、缴纳投标保证金、发生市场调查、租用办公场地和设备、聘用人员以及聘请境外中介机构提供服务所需的费用时，可以申请前期用汇。前期用汇的累计汇出额原则上不超过300 万美元且不得超过中方投资总额的 15％。如确有客观原因，前期费用累计汇出额超过300 万美元或超过中方投资总额 15％的，境内投资者需提交说明函至注册地外汇局申请（外汇局按个案业务集体审议制度处理）办理。前期用汇在境外账户留存期限为 6 个月，经申请可适当延长，但最长不超过 12 个月，超期资金需调回境内。前期用汇应列入直接投资总额，办理境外直接投资资金汇出时应扣减已汇出的前期费用金额。

根据《国家外汇管理局关于进一步改进和调整直接投资外汇管理政策的通知》（汇发〔2012〕59 号）、《国家外汇管理局综合司关于印发〈资本项目外汇业务操作指引（2013 年版）〉的通知》（汇综发〔2013〕80 号）及《直接投资外汇业务操作指引》的相关规定，在境内机构境外直接投资外汇登记管理中，中方的对外投资分为股权出资和债权出资，股权出资即商务部门颁发的境外投资批准证书中的注册资本金额；债权出资即为投资总额与注册资本之间的差额。以境外资金或其他境外权益出资的，外汇管理部门将审核其境外资金留存或境外收益获取的合规性。根据《国家外汇管理局关于发布〈境内机构境外直接投资外汇管理规定〉的通知》（汇发〔2009〕30 号）、《直接投资外汇业务操作指引》的规定，合法的境外直接投资资金来源包括：自有外汇资金、国内外汇贷款、人民币购汇、实物、无形资产、经外汇局核准的其他外汇资产、留存境外的境内机构境外直接投资所得利润等；如境内机构以其非法留存境外的资金或权益转做境外投资，不得办理境外直接投资外汇登记。境内机构设立境外分公司，参照境内机构境外直接投资管理。境外直接投资外汇登记由境内机构到注册地银行办理，银行通过外汇局资本项目信息系统为境内机构办理境外直接投资外汇登记手续后，境内机构凭业务登记凭证直接到银行办理后续资金购付汇手续。

以非货币形式境外投资的，在发生非货币形式出资后须及时到外汇局办理"非货币形式出资确认登记"。"非货币形式出资"主要包括实物、无形资产和股权出资。未办理非货币形式出资确认登记的，不得办理减资、转股、清算等资金调回。

根据《直接投资外汇业务操作指引》的规定，境外企业因减资、转股等需要汇回资金的，在注册地银行办理变更登记后，直接到银行办理后续境外资产变现账户开立、汇回资金入账等手续。境内投资主体设立或控制的境外企业在境外再投资设立或控制新的境外企业无须再办理外汇备案手续。境外企业因清算需汇回资金的，在境外投资企业的境内投资主体办理清算登记后，各境内机构可凭业务登记凭证直接到银行办理后续境外资产变现账户开立、汇回资金入账手续等。

（五）企业境外并购或竞标项目前期报告制度

根据《商务部、国家外汇管理局关于印发〈企业境外并购事项前期报告制度〉的通知》（商合发〔2005〕131 号）的规定，企业在确定境外并购意向后，须及时向商务部门和外汇管理部门提交《境外并购事项前期报告表》进行报告。原《境外投资管理办法》（商务部令 2009 年第 5 号）也规定企业办理并购类境外投资项目核准时应向商务部门提交《境外并购事项前期报告表》。但是，新《境外投资管理办法》（商务部令 2014 年第 3 号）中则简化了并购类境外投资项目的申报材料，不再要求向商务部提交《境外并购事项前期报告表》。不过，在资本外流形势严峻的情形下，为加强对并购类境外投资项目的真实性的审核，商务部对外投资和经济合作司于 2016 年 12 月 2 日在"对外投资合作信息服务系统"上发布通知，再次明确要求并购类境外投资项目必须提交《境外并购事项前期报告表》。

将于 2018 年 3 月 1 日实施的《企业境外投资管理办法》，取消了《境外投资项目核准和备案管理办法》及《国家发展和改革委员会关于实施〈境外投资项目核准和备案管理办法〉有关事项的通知》（发改外资〔2014〕947 号）中规定的 3 亿美元以上境外投资或竞标项目的信息报告制度（俗称"小路条制度"）。此前在"小路条制度下"，投资主体在对外开展实质性工作之前，应按照国家发改委规定的格式报送信息报告报送函和项目信息报告。地方企业通过所在地的省级政府发展改革部门向国家发改委报送项目信息报告。中央管理企业由集团公司或总公司向国家发改委报送项目信息报告。"小路条制度"的取消简化了重大项目的前期审核环节，无疑将大幅提高中方投标者在境外投资竞标环节的灵活度。

（六）境外矿产资源开发网上备案制度

根据《关于实行境外矿产资源开发网上备案的通知》（商合发〔2004〕408 号）的规定，境内企业拟在境外从事矿产资源勘查、勘探、开采、加工等经济活动的，应在跟踪筹备阶段，向商务部和国土资源部办理备案。备案后在线打印《境外矿产资源开发备案回执》，可作为企业享受国家相关政策支持和服务的重要依据之一。

（七）商务部反垄断局对于经营者集中行为的反垄断审查

根据《国务院关于经营者集中申报标准的规定》（国务院令第 529 号），一个或几个企业收购境外企业并取得境外企业的控制权或能够施加决定性影响的，即构成经营者集中行为。经营者集中达到下列标准之一的，经营者应当事先向国务院商务部反垄断局申报，反垄断局依法对经营者集中的行为进行反垄断审查，作出是否禁止经营者集中的决定，并书面通知该企业：（1）参与集中的所有经营者上一会计年度在全球范围内的营业额合计超过 100 亿元人民币，并且其中至少两个经营者上一会计年度在中国境内的营业额均超过 4 亿元人民币；（2）参与集中的所有经营者上一会计年度在中国境内的营业额合计超过 20 亿元人民币，并且其中至少两个经营者上一会计年度在中国境内的营业额均超过 4 亿元人民币。营业额的计算，应当考虑银行、保险、证券、期货等特殊行业、领域的实际情况，具体办法由国务院商务主管部门会同国务院有关部门制定。

（八）境外并购中的反不正当竞争监管制度

《商务部关于印发〈规范对外投资合作领域竞争行为的规定〉的通知》（商合发

〔2013〕88 号）确立了商务部门对对外投资合作领域不正当竞争行为的监管制度。该通知规定，企业在经营中应当遵循平等、公平、诚实守信的原则，遵守公认的商业道德。企业不应采取不正当竞争行为损害其他企业的合法权益，扰乱对外投资合作经营秩序。该通知还列举了对外投资合作领域不正当竞争行为，具体包括：（1）以商业贿赂争取市场交易机会；（2）以排挤竞争对手为目的的不正当价格竞争行为；（3）串通投标；（4）诋毁竞争对手商誉；（5）虚假宣传业绩；（6）其他依法被认定为不正当竞争的行为。根据该通知，商务部将会同有关部门建立对外投资合作不良信用记录制度，对违反本规定构成不正当竞争的对外投资合作经营行为将记录在案，并通报有关部门和机构。涉及企业 3 年内不得享受国家有关支持政策。违反该规定的，商务主管部门将依据《对外承包工程管理条例》《对外劳务合作管理条例》和《境外投资管理办法》予以处罚。合法权益受到不正当竞争行为损害的企业，可依法申请司法救济。

（九）境外并购的税务管理制度

根据国家税务总局《关于居民企业报告境外投资和所得信息有关问题的公告》（国家税务总局公告 2014 年第 38 号）的规定，居民企业成立或参股外国企业，或者处置已持有的外国企业股份或有表决权股份，符合以下情形之一，且按照中国会计制度可确认的，应当在办理企业所得税预缴申报时向主管税务机关填报《居民企业参股外国企业信息报告表》：（1）居民企业直接或间接持有外国企业股份或有表决权股份达到 10%（含）以上；（2）居民企业在被投资外国企业中直接或间接持有的股份或有表决权股份自不足 10% 的状态改变为达到或超过 10% 的状态；（3）居民企业在被投资外国企业中直接或间接持有的股份或有表决权股份自达到或超过 10% 的状态改变为不足 10% 的状态。

根据《企业所得税法》及其实施条例、《特别纳税调整实施办法（试行）》（国税发〔2009〕2 号）、国家税务总局《关于居民企业报告境外投资和所得信息有关问题的公告》（国家税务总局公告 2014 年第 38 号）等文件的规定，由居民企业，或者由居民企业和中国居民控制的设立在实际税负明显低于 12.5% 的国家（地区）的外国企业，并非由于合理的经营需要而对利润不作分配或者减少分配的，上述利润中应归属于该居民企业的部分，应当计入该居民企业的当期收入，并按照所得税法或税收协定的规定进行抵免。该居民企业办理年度企业所得税申报时，需填报《受控外国企业信息报告表》，并附报按照中国会计制度编报的年度独立财务报表。

根据国家税务总局《关于境外注册中资控股企业依据实际管理机构标准认定为居民企业有关问题的通知》（国税发〔2009〕82 号）、《境外注册中资控股居民企业所得税管理办法（试行）》（国家税务总局公告 2011 年第 45 号）、《关于依据实际管理机构标准实施居民企业认定有关问题的公告》（国家税务总局公告 2014 年第 9 号）等文件的规定，中国境内企业或企业集团作为主要控股投资者，在中国内地以外国家或地区（含香港、澳门、台湾）注册成立的企业，若其实际管理机构在中国境内，可自行判定并向其中国境内主要投资者登记注册地主管税务机关提出居民企业认定申请，经省级税务机关确认后，自被认定为居民企业的年度起，从中国境内其他居民企业取得的利息、红利等权益性投资收益，符合《企业所得税法》第 26 条及其《实施条例》第 17 条、第 83 条规定的可以享受免税待遇。

有关并购项目中的税务问题及筹划，具体可参见本书第九章。

（十）所投资境外企业日常运营管理制度

根据商务部《境外投资管理办法》（商务部令 2014 年第 3 号）的规定，在境外并购完成后，境外企业中方负责人应当面或以信函、传真、电子邮件等方式及时向驻外使领馆（经商处室）报到登记。须注意的是，商务部门核发的《企业境外投资证书》的时效均为两年，如未能在两年内在境外开展投资，《企业境外投资证书》自动失效。如需再开展境外投资，应当重新办理备案或申请核准。

根据《境外国有资产产权登记管理暂行办法》（国资境外发〔1992〕29 号）、《境外国有资产产权登记管理暂行办法实施细则》（国资企发〔1996〕114 号）等文件的规定，凡占有、使用境外国有资产的企业、公司、其他经济组织、行政事业单位，都必须向国有资产监督管理部门申报、办理产权登记手续，并且接受国有资产监督管理部门对境外国有资产产权变动、国有资产营运情况的检查和监测。2011 年 7 月 1 日实施的《中央企业境外国有资产监督管理暂行办法》（国务院国有资产监督管理委员会令第 26 号）对中央管理企业下属的境外企业管理进行了明确规定，要求中央管理企业下属的境外企业建立健全境外国有产权管理、资产分类管理、内部控制、会计审计等制度，加强投资、预算、融资、资金等方面的经营管理，严格执行重大决策、合同审核与管理程序。

根据《关于印发〈境外投资综合绩效评价办法（试行）〉的通知》（外经贸合发〔2002〕523 号）的规定，地方外经贸主管部门及中央管理企业负责对所属企业的境外投资项目，按照服务贸易类、制造业类和资源开发类等三个类别进行综合绩效评价。绩效评价的内容分资产运营效益、资产质量、偿债能力、发展能力和社会贡献五个方面。境外投资绩效评价每年进行一次。

根据商务部 2004 年制定的《国别投资经营障碍报告制度》的规定，我国实行国别投资经营障碍报告制度，境内投资主体在境外投资经营过程中遇障碍应报告给商务部，报告的信息将被记入国别信息数据库，作为商务部制定并发布年度《国别贸易投资环境报告》的基础材料之一，并供国内主管部门及有关部门参考。同时，商务部在接到报告后，将根据报告反映的问题，及时会同有关部门进行沟通和协商，提出处理意见和解决办法，或者通过高层互访、双边经贸混委会或其他外交途径进行磋商，帮助企业寻求尽快解决问题的途径。

（十一）所投资境外企业并购重组管理制度

根据《境外国有资产管理暂行办法》（财管字〔1999〕311 号）的相关规定，中央管理的境外企业的重大资本运营决策事项需由财政部或由财政部会同有关部门审核，必要时上报国务院批准。重大决策事项包括：（1）境外发行公司债券、股票和上市等融资活动；（2）超过企业净资产50％的投资活动；（3）企业增、减资本金；（4）向外方转让国有产权（或股权），导致失去控股地位；（5）企业分立、合并、重组、出售、解散和申请破产；（6）其他重大事项。中央管理境外企业的下列事项须报财政部备案：（1）不超过企业净资产50％的境外投资活动；（2）企业子公司发生上述六种重大决策事项。根据《中央企业境外投资监督管理办法》（国务院国有资产监督管理委员会令第35号）的规定，中央企业应当定期对实施、运营中的境外投资项目进行跟踪分析，针对外部环境和项目本身情况变化，及时进行再决策。如出现影响投资目的实现的重大不利变化时，应研究启动中止、终止或退出机制。中央企业因境外重大投资项目再决策涉及年度投资计划调整的，应当将调整后的年度投资计划报送国资委。前述《中央企业境外国有资产监督管理暂行办法》（国务院国有资产监督管理委员会令第26号）还规定，中央管理企业及其重要子企业收购、兼并境外上市公司以及重大境外出资行为应当依照法定程序报国资委备案或者核准。

根据《企业境外投资管理办法》的相关规定，已经核准或备案的境外投资项目如出现下列情况之一的，投资主体应当在有关情形发生前向出具该项目核准文件或备案通知书的机关提出变更申请：（1）投资主体增加或减少；（2）投资地点发生重大变化；（3）主要内容和规模发生重大变化；（4）中方投资额变化幅度达到或超过原核准、备案金额的20％，或中方投资额变化1亿美元及以上；（5）需要对项目核准文件或备案通知书有关内容进行重大调整的其他情形。

根据商务部《境外投资管理办法》（商务部令2014年第3号）的相关规定，企业境外投资经备案或核准后，原《企业境外投资证书》载明的境外投资事项发生变更的，企业应当向原备案或核准的商务部或省级商务主管部门办理变更手续。

由于我国实行资本项目下的外汇管制制度，根据《国家外汇管理局关于发布〈境内机构境外直接投资外汇管理规定〉的通知》（汇发〔2009〕30号）的相关规定，在境外企业整合经营过程中，境内机构将其境外直接投资所得利润以及所投资境外企业减资、转股、清算等所得资本项下外汇收入留存境外，用于设立、并购或参股未登记的境外企业的，须办理境外投资外汇登记手续；已登记境外企业发生名称、经营期限、合资合作伙伴及合资合作方式等基本信息变更，或发生增资、减资、股权转让或置换、合并或分立的，须办理境外投资外汇变更登记；已登记境外企业发生长期股权或债权投资、对外担保等不涉及资本变动的重大事项的，须办理外汇备案手续；境内机构持有的境外企业股权因转股、破产、解散、清算、经营期满等原因注销的，须办理《境外投资外汇登记证》注销手续。

境内机构因所设境外企业减资、转股、清算等所得资本项下外汇收入，通过资产变现专用外汇账户办理入账，或经外汇局批准留存境外。资产变现专用外汇账户的开立及入账经所在地外汇局按照相关规定核准，账户内资金的结汇，按照有关规定直接向外汇指定银行申请办理即可。

（十二）我国参加的鼓励和保护对外投资的国际双边和多边协定

我国与世界各投资东道国签订的国际投资的双边条约可以分为以下三种类型：（1）友好通商航海条约，主要内容包括：投资者出入境旅行居留、基本人权、待遇标准，财产权保护与尊重、企业经营管理权、税后、外汇、争议处理与管辖等、投资保证协定等内容；（2）投资保证协定，其主要包括投资保护条件、保险范围、投资者法律地位、代位求偿权、补偿办法、争议解决等内容；（3）促进与保护投资协定，其主要包括许可投资（国民待遇或最惠国待遇），国有化与补偿，因政治风险而造成损失应给予赔偿、补偿或恢复，代位求偿权，争议解决等内容。[①]

我国已加入的鼓励和保护对外投资的多边协定有：第一，《多边投资担保机构公约》，根据该公约设立的多边投资担保机构（MIGA）鼓励成员国之间尤其是向发展中国家成员国融通生产性投资，并致力于促进东道国和外国投资者间的相互了解和信任，为发达国家在向发展中国家的海外私人投资提供担保；第二，《解决国家与他国国民间投资争端的公约》，该公约是目前国际上仅有的解决外国投资者与投资所在国之间投资争议的国际公约；中国境外投资者应当充分利用该公约为解决境外投资争议提供帮助；第三，WTO 管辖的多边贸易协议，即《与贸易有关的投资措施协议》（TRIMs），其附录《解释性清单》列举了 5 种禁止的与贸易有关的投资措施，协议规定在货物贸易理事会下设立与贸易有关的投资措施委员会，监督该协议的运行，磋商与该协议的运行和执行相关的事宜；第四，《外国直接投资待遇指南》，其虽不具有约束力，但其提出的力图反映在促进外国直接投资方面普遍接受的国际标准，是对现存的多双边条约和有约束力的国际法规的一种补充。[②]

由于目前我国企业境外并购实践尚处于起步阶段，我国企业境外并购的法律体系尚不如西方发达国家成熟和完备，因此有可能因配套法规和政策不足而导致相关的行政部门、金融机构不能根据企业境外并购的实际需求对中国企业境外并购进行有效管理或给予及时支持。另一方面，部分法律规定的缺失也可能使创新的并购交易方案遇到一些法律阻碍，而境外投资企业不得不改变甚至放弃其境外并购交易的计划。此外，中国企业进行境外并购涉及多道审批程序，比如境外投资立项审批、投资许可审批、外汇管制、国有资产管理部门审批（国有企业）等程序。这种政出多门、程序烦琐的现状，可能导致审批程序需要较长的时间，由此可能会增加境外并购的时间成本，甚至使中国企业在境外并购的竞争中因为决策的效率低下而失去良好的商业机会。

三、东道国对外资并购的法律规制

由于外资并购对国家的经济安全有重要影响，几乎所有的国家都会制定并实施监督管

---

①② 梁咏. 中国投资者海外投资法律保障与风险防范. 北京：法律出版社，2010.

理外资并购的法律法规和政策。按照外资并购的整个项目周期划分，外国投资者直接投资
或并购境内企业的活动可以分为外资准入、外资运营以及外资退出三个阶段。为此，本节
将对东道国对外资进入、运营和退出的法律规制作简要的介绍。

（一）东道国对外资准入的法律规制

对外国投资设定准入条件，是一个国家行使经济主权的方式之一。基于这一主权，东
道国有权自主决定是否允许以及在何种条件下允许外国投资者在本国境内进行投资，而决
定的基础是东道国自身民族工业在相关产业的发展状态、资源的有效利用、环境的保护、
东道国对外资的准入权和设业权的开放程度等复杂的因素。对外国投资者而言，投资准入
所规范的是外资进入东道国所管辖领域的权利和机会；而对东道国而言，对投资准入主要
体现在其对外资的核准和审批方面。

在外资准入阶段，东道国对外国投资的法律规制，主要体现在对外国投资者设定所有
权或股东权利等方面的限制，制定鼓励外资发展产业的"肯定清单"及限制或禁止外资进
入行业的"否定清单"，对外资设定专门要求以作为外资获准进入、经营以及取得优惠政
策的前提条件等。世界主要资本输入国对外资准入的管理主要表现为外资在所投资公司中
持股比例的限制、要求外资履行特别义务、外资并购审批、特许审批制度及其惯例、针对
外资并购的反垄断审查等方面。

1. 对外资比例的限制

东道国通常在一些特定领域对外资实行股权比例限制，以体现东道国对外国投资者的
投资东道国的控制。在投资比例方面，发达国家通常采用相对控制标准，即把外资股份超
过25％即视为受外资控制；而发展中国家通常采用绝对标准，即以外资股份不超过50％
为限。发展中国家偏好在限制产业中将外资比例控制在50％以内，主要目的是既要达到吸
引外资、充分利用外资的目的，同时又要防止国民经济再度受到外国资本控制。①

2. 要求外资履行特别义务

东道国还可能要求外资履行特定义务，以此作为外资获准进入、运营及获得相关优惠
政策的前提条件（以下简称"履行要求"）。

根据联合国贸易与发展会议的不完全统计，履行要求的具体形式包括：当地含量要
求，贸易平衡要求，外汇限制要求，进口用汇要求，国内销售限制要求，与东道国合作伙
伴建立合资企业的要求，东道国合作伙伴最低股份要求，在特殊区域设立总部的要求，就
业要求，出口要求，在产品制造地或服务提供地进行销售或提供服务的限制要求，在给定
区域以外向特殊地区提供所生产的产品或提供服务的限制要求，作为独家供应商或服务提
供商的要求，进行技术转让、生产工艺或其他知识产权转让的要求以及研发要求等等。

此外，履行要求还可能与取得特定的优惠条件相联系，构成"附优惠措施的履行要

① 廖运凤. 中国企业境外并购. 北京：中国经济出版社. 2006.

求"。这些要求和条件作为投资的先决条件，可能会对外国投资者的投资决策、投资数量、规模以及流向等产生显著影响。[①]

3. 外资并购审批

为了更好地规范和管理外资，避免国家产业结构的失调和经济发展的不平衡，绝大多数国家都依法设立了专门审查外国投资的特别机构，统一行使东道国外资并购的审批权，例如，日本设立的"外资审议会"，加拿大设立的"外国投资审查局"，澳大利亚设立的"外资审查局"等机构，均为专门审查外国投资的特别机构。在美国，拟在美国境内进行外资并购的外国投资者负有申报义务，美国商务部和财政部有权对外资并购进行调查，美国总统有权中止或禁止有可能会威胁美国安全的收购。因此，了解东道国对于外资并购的审批制度和政策，积极与东道国审批部门进行正式申报前的沟通，对于顺利取得并购项目审批是非常重要的。

东道国在外资并购审查中，在不违背其所加入的多边或双边的国际公约或协定义务的前提下，基于国家安全而拒绝外资进入，是该东道国作为独立主权国家合法行使其经济主权的表现。多数国家对外资并购都建立了明确的国家安全审查制度。2008年2月，美国政府审计署对加拿大、中国、法国、德国、印度、日本、荷兰、俄罗斯、阿联酋和英国等国的外资投资管理体制进行了审查，确认加拿大、中国、法国、德国、印度、日本、俄罗斯和英国的外资投资管理体制中均有正式的外资并购审查程序，这些国家均将国家安全视为审批中最主要或应考虑的因素之一，该等国家都将外资并购能源、基础电信、交通等特定的敏感行业作为核心事项予以关注，一些国家对敏感交易设定了预先批准的要求。

4. 外资并购特许审批制度及其惯例

各国在对跨国并购按国际惯例进行法律规制的同时，还以国家利益为出发点做出特别规定。即使并购并未触犯反垄断法、证券法和外资审查法的有关规定，也可能因危害东道国国家利益而被拒绝。中国企业，尤其是中国国有企业需密切关注境外并购中"政治利益法律化、法律问题泛政治化"的问题，并有必要在策划境外并购时，预先做好相应的准备。对国有企业跨国并购的政治狙击通常会通过法律形式表现出来，尤其在特许审核当中。例如，澳大利亚《外国并购法》规定，由外国政府拥有15％或以上主体进行的投资活动，不论投资大小或性质，都必须得到其外资审查局的批准。在境外并购时，我国国有企业的政府背景可能对并购机会的取得和并购项目的实施造成负面影响，因为我国国有企业的行为往往被认为是政府行为，进而备受东道国相关部门乃至媒体的质疑。由于这一方面的原因，加上意识形态的差异，境外一些别有用心者往往会蓄意攻击中国国有企业的境外并购行为，有的甚至对此设置障碍加以阻止。此外，东道国国家利益给国有企业境外并购带来的政治风险，在特殊情况下，会因东道国临时通过的特别法案表现为具体的法律问题。东道国政府或立法机构通过这些特别法案设置针对并购交易的特许审核要求，以法律

---

① 廖运凤. 中国企业境外并购. 北京：中国经济出版社，2006.

的名义和程序实现东道国保护国家利益的政治目的。中航并购 MAMCO 案、中海油并购尤尼科案、中铝并购力拓案等一些我国国有企业的境外并购项目，都是因收购方是中国的国有企业，需要取得特许审批而导致失败的典型代表案例。

（1）中航—MAMCO 案。早在 1917 年 10 月 6 日，美国国会就通过《与敌贸易法》（Trading with the Enemy Act，TWEA）设置了外资并购安全审查制度，但美国真正确立外资并购安全审查制度是 1988 年美国国会通过的《1950 年国防产品法》（the Defense Production Act of 1950）修正案——《埃克森—弗罗里奥修正案》（Exon-Florio Amendment），其授权总统"基于国家安全利益，可否决外国投资者并购或接管美国企业的请求"。根据这一法案，1990 年 2 月，美国总统签署命令，要求中国航天航空技术进出口公司从美国 MAMCO 公司撤资，原因是 MAMCO 公司为波音公司提供一些高级零部件，美国政府担心此项并购会导致其在国家安全领域的领先地位受到威胁。这也是迄今为止，自《埃克森—弗罗里奥修正案》颁布后，美国总统第一次使用该法案授予的权利阻止商业交易。

（2）中海油—尤尼科案。[①] 2005 年，尤尼科由于财务危机向潜在投资者发出了收购要约邀请，当时中海油报价 185 亿美元（加 5 亿美元违约金），高于雪佛龙 170 亿美元报价，并承诺收购完成后绝大多数油气产品将继续在美国销售，墨西哥湾油气田的开发将为美国市场提供更多的油气供给，同时承诺将保留尤尼科绝大部分员工的工作。但雪佛龙的国际并购经验显然技高一筹，当竞争日渐白热化的阶段，雪佛龙打出了政治牌。共和党议员就拟议的并购案致信美国总统，称基于国家能源安全考虑美国的"外国在美投资委员会"（CFIUS）应对该案进行正式调查。国防部疑虑中国将掌握"空洞"技术，掩盖深海武器试验。中海油主动致函 CFIUS 要求启动该案的审查程序，而美国参议院随即通过一项修正案，规定凡是外国政府控制的公司在美收购，必须由国务卿向国会提交报告，任何政府部门和机构都必须在 30 天后才能审核该报告；几乎同时，美国参众两院在《能源法案》中增加一个条款，授权美国能源部、国防部及国土安全部，可以对中国能源需求造成的影响进行为期 120 天的审查，在完成该等严格审查至少三星期后，CFIUS 才能向总统提交政策建议。在重重压力下，中海油最终宣布放弃此次收购。

值得注意的是，在中海油收购尤尼科的过程中，美国国会部分议员强调中海油的国有企业身份，于是美国国防部、能源部、国土安全部、国务院、众议院、参议院乃至美国总统对该交易设置了重重阻碍。不仅如此，美国国会部分议员、金融界某些人士认为中海油对尤尼科的交易收到了中国政府的巨额补贴，不属于正常的商业收购。Newsweek 经济栏目评论员 Allan Sloan 声称中海油从其母公司获得了 25 亿美元的无息贷款和 45 亿美元利率为 3.5% 的长达 30 年的低息贷款，就他看来，这相当于给中海油每年提供了 4 亿美元的补贴，这些政治因素，最终导致这起并购案失败。

---

① 廖运凤. 中国企业境外并购. 北京：中国经济出版社，2006.

（3）中铝—力拓案。① 2009 年 2 月 12 日，中铝与力拓宣布签署战略合作协议，中铝将向力拓投资 195 亿美元。其中，72 亿美元用以认购力拓发行的可转换债券，债券的票面净利率为 9%，中铝可在转股期限内任何时候转股，转股后中铝在力拓的整体持股比例将由 9.3% 上升至 18%；另外的 123 亿美元将收购力拓核心矿业资产的部分股权以及力拓在全球的 9 个矿场的股权；中铝将获得力拓董事会的两个席位，并合资开发力拓在几内亚的镁矿项目。此项交易中，中铝注资心切，抑或为了表示与力拓长期友好合作的诚意，协议中除规定毁约支付 1% 的违约金外，未对力拓设置其他的限制性条款。根据相关规定，该项交易除应获得力拓董事会及股东大会等内部批准外，还应当获得中国商务部、澳大利亚外商投资审查委员会（FIRB）、澳大利亚竞争与消费者委员会（ACCC）、美国外国投资委员会（CFIUS）以及德国联邦企业联合管理局（GFCO）等五国政府机构的批准才可正式生效。该协议在获得了中国商务部、ACCC、CFIUS、GFCO 批准后，2009 年 3 月 16 日，FIRB 在澳洲证券交易所发布公告，称将延长对该交易的审查时间，在原定 30 天的审查期基础上，再增加 90 天，延至 2009 年 6 月 15 日。由于审查期限的延长，该期间国际市场资源价格突然发生逆转，铁矿石价格上扬，带动力拓股价上升，力拓通过配股等资本运作，已足以应对财务危机。2009 年 6 月 5 日，中铝宣布力拓董事会已撤销 2009 年 2 月 12 日宣布的双方战略合作交易的推荐，并按双方合作与执行协议向中铝支付 1.95 亿美元的违约金。

种种事实与事后分析表明，中铝未能成功投资力拓主要原因在于澳大利亚政界和舆论对澳大利亚大型资源企业被中国国有企业大比例参股普遍怀有危机感，于是政府通过延长特别审批期限使力拓赢得有利的市场机会，化解了财务危机，最终变相地使中铝失去了投资力拓的机会。

5. 针对外资并购的反垄断审查

近年来，的反垄断法、反托拉斯法已经成为世界各国限制外资并购的堂而皇之的"杀手锏"，因此，在制订境外并购可行性计划时，对东道国有权调查竞争的所有监管机构及其运作机制进行深入的研究并预先制定完善的应对预案是十分必要的。

首先，各国的反垄断法、反托拉斯法的规定不完全一致，大部分国家规制反垄断行为的调查程序都有初步调查和详尽调查之分，其中初步调查一般需要 30 天，而详尽调查通常需要 36 个月。这些漫长的程序不仅增加了时间成本、谈判成本，还将并购企业卷入应对调查期内要求提供相关信息、进行说明、回答质询等烦琐事务中，进而加大了并购风险的不可预测性。对此，中国企业在进行境外并购前要做好充分的准备，例如充分了解东道国作为监管外资并购行政监控手段的并购前期备案申报制度和程序，充分了解东道国反垄断立法设置的进入实质审查标准（如市场占有份额标准、直接或间接控制权标准）等，尽量避免成为成文法规明示的规制对象。

其次，东道国对并购中的反垄断监管可能来自其多个权力体系，一项并购很可能会同

---

① 梁咏. 中国投资者海外投资法律保障与风险防范. 北京：法律出版社，2010.

时或相继被多个机关调查[1]，中国拟发起境外并购的企业应当作好同时或相继地应对东道国不同调查机构"责难"的充分准备。在欧洲，欧盟采取以行政为主导的程序模式。在该模式下，欧盟委员会既享有根据《罗马条约》的授权制定规章制度的准立法权又享有调查取证、起诉审判的准司法权，在并购反垄断审查中可将外部的听证、法律咨询、行业咨询与内部司法审查手段结合，这种以欧盟委员会为主导的程序模式使被调查者的注意力只需专注于一个机关即可。与欧盟完全不同的是美国以法院为主导的程序模式，其联邦委员会和司法部反托拉斯局是享有立法权的准立法机关，同时联邦委员会又具有调查、起诉、审判的准司法权力，尤其是联邦委员会内设的行政法官把持着并购案的初审权；但法院仍然居于并购规制执行的核心地位，法院有权向当事人发出合并禁令，并对联邦委员会作出的决定享有最终的司法审查权。因此，中国并购企业有必要针对各国规制并购或调查并购程序对并购交易可能造成的潜在法律风险作出科学的预测并制定相应的应对措施。[2]

另外，境外并购所面临的反垄断阻碍，可能不仅仅体现在并购双方所在国之间，有时表面上似乎与并购完全无关的第三方也有可能对并购的成功造成阻碍，即第三方有可能依据"域外效力原则"对跨境并购进行阻挠。相对于已被国际上公认的"地域原则（属地原则）"和"国籍原则（属人原则）"，所谓"域外效力原则"，又称"效果原则"或"影响原则"，其主要内容是指对于发生在一国境外且与该国反托拉斯法相抵触的任何并购行为，不论行为者的国籍、行为的实施场所，只要并购企业在该国市场上是直接或间接的实际的竞争者，其并购行为都可能会受到该国反垄断法的管辖。[3] 这项原则源出美国联邦最高法院 1945 年对 Aluminum 一案的判决，其实行之初，被许多国家视为霸权主义而予以谴责和抵制，但后来又逐步被许多国家仿效和借鉴，现已随着经济全球化的发展而更为盛行。目前将"效果原则"制定为成文法或以判例形式存在并适用于司法实践的国家数量逐年增加，包括美国、德国、匈牙利、欧盟、日本等。该原则的蓬勃发展趋势使得境外并购的前期准备工作量明显加大，所面临的法律风险更加复杂多变。因为基于该原则，任何国家都可以凭借其国内法的规定判定一项域外并购对其国内市场的竞争是否有影响，而不受任何并购相关方的干涉；由此给并购发起人额外增加了应对并购对象所在国以外的其他国家反垄断法审查负担，并且可能需要面对由此产生的连锁反应。所以，我国企业在正式表示并购意向之前，不仅要研究并购交易对东道国市场的影响，还要考虑并购交易对可能涉及的其他各国市场的影响，并仔细研究该等国家相关反垄断立法，以避免成为众矢之的。[4]

（二）东道国对外资运营的法律规制

东道国在外资运营阶段的法律规制与外资并购后的整合紧密相关，其涉及东道国经济运行和管理的方方面面，综合表现为东道国给予外国投资者的投资待遇标准。东道国给予

---

[1] 梁咏. 中国投资者海外投资法律保障与风险防范. 北京：法律出版社，2010.

[2] 沈铀. 我国境外并购中潜在法律风险探微. 北方经贸.

[3] 陈丽华，陈晖. 反垄断法域外适用的效果原则. 当代法学，2003.

[4] 沈铀. 我国境外并购中潜在法律风险探微. 北方经贸.

外资的主要待遇标准有：国民待遇、最惠国待遇、公正与公平待遇以及国际法待遇等标准。

给予外资何种程度的投资待遇标准，是东道国在国家经济主权范围内可以自行决定的事项，往往与东道国的国家利益、经济战略、与其他国家的单边或多边关系，以及对待外资的态度紧密相关。实践中，东道国往往倾向于尽可能管制外资在其本国的活动而给予较低的待遇标准。因此，外国投资者要了解东道国的投资环境和给予外国投资者的投资待遇，除研究东道国的相关法律法规外，还应当关注东道国所参与的国际投资协定以及东道国与其母国之间签订的双边投资协定及东道国的司法判例，并关注国际投资仲裁裁决中所确立的各项判断标准。国际投资仲裁机构在国际投资仲裁实践中推动着这些标准在内涵和外延上的不断发展。例如，已在国际投资纠纷仲裁裁决中逐渐认可可以将最惠国待遇适用于投资争端解决的程序性事项中，并通过多个案例的裁决逐渐为公平公正待遇标准确立起了正当程序原则、透明度要求、尊重投资者正当期待以及善意原则等要件。[①]

相对于境内并购而言，跨境并购的运营在劳资、知识产权、环境保护、资源保护、外汇管制、进出口管制等方面存在一些需要特别注意的问题。

1. 防范跨境并购中的劳资法律风险

由于中国国内劳资法的规范与国际通行做法存在一定差异，加之经验和准备的不足，中国投资者在境外并购中并不善于应对和解决境外的劳资问题。部分中国投资者在境外并购中与当地雇员的劳动争议与纠纷不断，甚至遭遇集体罢工、游行抗议乃至政府出面干预，这一方面的问题不仅使中国企业境外并购中的运营成本大为增加，导致部分投资项目最终以失败告终；而且也可能恶化中国投资者在东道国继续投资的环境，进而影响中国投资者乃至中国政府在国际社会中的形象。所以，并购主体应高度重视并购对象所在国调整劳动关系的法律和法规及其实践。

1.1 遵守相关劳工标准

首先，东道国的劳动法一般具有强行法的效力，因此东道国国内劳动法所确立的该国劳工就业、获得劳动报酬、休息、获得劳动保护、培训、民主管理、结社、罢工、集体谈判、社会保障等基本劳工权利是中国企业首先应当尊重的。其次，中国企业应充分了解东道国是否签署并加入了联合国"三大人权公约"、《基本劳工权益原则宣言》、国际劳工组织制定的相关公约和建议书以及世界贸易组织相关贸易与投资协议等国际劳工公约。最后，中国企业还需注意拟并购的目标企业是否存在已承诺自愿执行的企业劳工标准。例如，一些发达国家内的品牌制造商与零售商在消费者运动的压力下为维护其品牌形象和市场竞争的需要制定了包含承担社会责任、遵守投资所在国的相关法律、维护劳工权益、改善劳动条件等内容的"公司生产守则"，并要求其承包商与转包商同样遵守。还有的并购目标企业可能已通过并正实施 SA8000 企业社会责任国际标准，该标准认证体系中含有较高水平的企业劳工保护的要求。我国企业在进行境外并购时尤其需要对已将 SA8000 移植

---

① 梁咏．中国投资者海外投资法律保障与风险防范．北京：法律出版社，2010.

为其国内法的并购对象所在国予以密切关注，因为在该等国家，为使并购获得批准所需提供的雇员安置标准远远高于我国乃至一些发达国家国内法的要求，且并购后承担的内部整合成本也是巨大的。[①]

1.2　依法派遣并购方管理人员

在境外并购及其运营过程中，中国企业通常需要委派其高级管理人员或其他人员到并购对象所在国参与并购后的企业经营管理或者提供劳务。因此，需要了解东道国的移民、外国人就业和签证的管理制度及政策是否对其有限制或特殊要求，以确保中国企业的外派人员能顺利、及时地参与或接手目标企业的运营管理。此外，中国企业还需要确认其预计的人员安排计划是否与东道国法律有冲突。例如，巴西、墨西哥、委内瑞拉、沙特阿拉伯等国家对其国内公司中外国雇员的数量有比例限制。与此同时，中国企业还需注意中国是否与相关的东道国签署了《友好通商航海条约》，因为这些国际协定的效力有时候在外籍人员劳务方面会高于东道国的国内法。[②]

事实上，作为对其他国家劳工保护方面规定的尊重，我国《商务部关于印发〈规范对外投资合作领域竞争行为的规定〉的通知》也要求，中国企业应安排外派人员接受职业技能、安全防范知识等培训，为外派人员办理出境手续并协助办理国外工作许可等手续，负责落实外派人员的劳动关系，承担境外人员管理责任，制定突发事件应急预案；企业外派人员应当取得项目所在国（地区）政府批准的用工指标，并符合当地有关法律规定的用工比例，不得通过压低劳工成本获得各类对外投资合作项目。

1.3　依法处理原雇员劳动关系

中国企业在境外并购中应当充分关注东道国法律是否允许在并购后的整合过程中可以任意解聘被并购企业雇员，解聘的条件如何，代价是否可以承受。同时，还必须关注被并购企业的雇员在并购后的薪酬待遇及福利保障水平是否允许并购主体根据企业预期利润适当浮动，还是必须维持原水平或必须与相关利益方共同协商决定。[③]

在跨国并购中，东道国法律对于如何处理并购中原雇员的劳动合同问题，概括起来，主要有以下三种方式：（1）继受原雇员劳动合同。如英国《企业转让（劳动保护）条例》规定被并购公司对其雇员的权利和义务自动转移给并购公司，并规定公司在并购前应通知工会代表并与之进行磋商。该条例旨在防范被并购公司的雇员因并购而被解雇，使并购公司承担了无条件接受被并购公司劳动者的法定义务。（2）依据"自愿雇佣原则"解除劳动合同。由于美国劳动法坚持"自愿雇佣"的原则，美国判例法中并未强制规定继任雇主继受前任雇主的雇员，因此，无论是并购公司还是被并购公司，均有权利解雇雇员。（3）基于经济型裁员终止劳动合同。一般国家的相关法律均承认企业享有经济裁员的权利，但经济性裁员通常也会受到法定解雇条件或"正当理由"、尽量避免、裁员标准需具有客观公正性等条件的限制。

---

①　梁咏. 中国投资者海外投资法律保障与风险防范. 北京：法律出版社，2010.
②　德勤华永会计师事务所有限公司和金杜律师事务所. 海外投资法律环境研讨报告，2008.
③　梁咏. 中国投资者海外投资法律保障与风险防范. 北京：法律出版社，2010.

1.4 妥善对待工会权利及其集体谈判、罢工等活动

并购主体需考察东道国法律是否将被并购企业的工会或雇员组织的同意或批准该次并购作为并购审批的法定条件，还是仅仅作为酌情参考标准。例如，法国劳动法规定，企业有义务在实施重大并购时征求工会的意见，而工会往往要求并购方承诺在相当长的时期内不得裁员及降低现有雇佣条件。又如，在加拿大，在中央政府层面及其各省层面都有不同的集体谈判法，虽然并不强制雇主进行集体谈判，但是却规定工会是代表希望进行集体谈判的工人进行集体谈判的唯一机构。为获得代表企业所雇佣工人的权利，工会必须证明自己获得多数支持。工会有权组织罢工，以实现谈判要求。企业出售后，工会保留对该企业的谈判权，并有权继续在新雇主取得企业经营权后继续运作。[①]

中国企业境外并购实践中曾多次遭遇劳工法律风险，其中有中国企业对东道国劳动法律不熟悉的原因，也有中国企业与东道国企业在管理文化上有较大冲突等原因。上汽—双龙案堪称中国企业境外并购遭遇劳工法律风险的典型。2004 年，上海汽车工业（集团）总公司与双龙汽车株式会社的债权银行达成协议，以近 5 亿美元的价格收购了双龙48.92％的股份，随后，上汽又通过二级市场增持双龙股份至 51.3％，并于 2006 年将其注入旗下的上海汽车集团股份有限公司。但是，从上汽收购双龙伊始，上汽与双龙工会之间的关系就一直比较紧张，动辄以泄露核心技术或窃取核心技术为由，向司法部门举报或组织大规模的罢工活动，给双龙的正常生产和经营活动造成了严重影响，也使收购协议所约定的运动型多用途汽车（SUV）技术转让及合作开发生产汽车等约定无法实施。2009 年 2月 10 日，韩国首尔中央地方法院批准双龙进入破产重整程序，根据法庭裁决，上汽将放弃对双龙的控制权，但双龙的经营状况并未得到改善。2009 年 7 月，劳资冲突进一步升级，双龙工会组织部分工人暴动，采用武装手段占领占据双龙平泽工厂，8 月韩国警方动用武力才强行控制整个厂房局势。2009 年 11 月，双龙进入破产程序后上汽拒绝进一步向双龙注资拯救双龙。2010 年 8 月上汽已清空了全部双龙股票，这项中国车企首次境外并购终于在 6 年后正式终止，上汽集团向双龙投资了 42 亿元人民币最终"血本无归"，最终也未能获得设计制造 SUV 车型的关键技术。

1.5 慎重对待劳动关系中的母公司责任[②]

由于母公司和子公司是相互独立的法律实体，在境外并购的架构中，中国企业作为母公司在东道国劳工雇佣关系中并不以雇主身份出现。但是，由于母子公司之间的密切联系，又会产生更复杂的劳动关系，因而，完全有必要考虑中国企业（通常作为母公司）在劳动关系中的地位及由此可能产生的责任承担问题。

在中国公司进行的并购时，还需注意母公司对子公司雇佣合同义务的责任。例如，美国等国家劳工法规定，如果能够证明母公司与子公司之间存在统一性，则母公司与子公司将被视为同盟雇主，应对其子公司的雇佣义务承担责任。这种统一性可能表现为：跨国公

---

① 普华永道. 中国企业海外投资指南. 2008.
② 梁咏. 中国投资者海外投资法律保障与风险防范. 北京：法律出版社，2010.

司集团达到共同所有权、控制权一体化；母公司对子公司行使控制权并成为子公司的承继公司等。如果子公司与工会订立的集体谈判协议中明确要求母公司对子公司的雇佣合同承担责任，则母公司亦需为子公司的雇佣合同承担责任。

中国的跨国公司还需注意劳动者在集团内调动时母公司的责任。西方一些国家，例如芬兰、法国、瑞士、新西兰等国法律规定，如果劳动者与母公司劳动合同不解除而直接从母公司派往子公司，那么除子公司当地的安全与健康标准、履行地强行法或集体协议的相关规定外，母公司还应依据原劳动合同的规定对该劳动者承担责任，除非该劳动者已与子公司订立了新的劳动合同。比利时等国家的劳动法进一步规定，在此情况下，即使在新合同代替了旧合同，如果子公司需要解除与该劳动者之间的劳动合同，应将其在母公司和子公司的工作年限合并计算。

对于跨国公司而言，解雇劳动者时母公司的责任可能存在以下三个主要问题：（1）是否应承担被解雇的雇员在集团内重新就业的责任。例如，法国劳动法规定，如果劳动者由母公司派往外国子公司工作后又被该子公司解雇，那么母公司须让其回国并负责让该劳动者在母公司内部取得与他以前职务地位相当的新工作；如果母公司准备解雇该劳动者，则应当适用终止无固定期限劳动合同的规定。（2）雇员在集团内成员中的服务期是否需要连续计算。例如，比利时劳动法规定，在跨国集团解除雇佣关系计算通知期限或经济补偿金时，劳动者在国外的服务年限或为同一跨国公司集团其他成员服务年限应该一并计算在劳动者的服务年限内。（3）母公司是否应对子公司雇员的解雇补偿金承担责任。如巴西等国家的劳动法明确规定，如果有限责任的子公司资产不足支付应付工资额时，其母公司应对因雇佣关系产生的债务承担责任，即此时所有股东必须以其自己的财产共同地偿付这些债务。

我国的跨国公司在计划跨境并购时，还需注意处理其境外子公司集体劳动关系问题。（1）对子公司工会及其集体劳动协议的承认问题。实践中，有些著名的跨国公司如沃尔玛，长期以来一直拒绝承认工会，并据此否认境外子公司与工会签订的集体劳动协议的效力。这种反工会政策或不承认工会是违背有关国家的国内法和国际条约的。（2）对工会的信息披露。工会只有在充分了解有关企业的经济状况的前提下才能有效地履行谈判和其他职能，但劳动者在与雇佣单位尤其是跨国公司的谈判中天然地处于信息不对称地地位。因此，并购企业所在国法律对雇佣单位或跨国公司对其实体内的工会是否设定了强制信息披露义务就变得尤为重要。英美等国的法律偏重对雇佣单位的保护，仅要求雇佣单位在集体谈判期间就工会提出特别要求披露与谈判有关的信息，除此之外雇主没有其他的披露信息义务，因此，工会必须证明它所要求的信息是与其作为谈判代表履行职责相关并必要的。而欧洲大陆国家信息披露规定则较为广泛，例如荷兰规定劳动理事会有权得到与企业发展有关的信息，并对企业拟作出的重要决定享有事前参与讨论的权利，此外还对企业控制权的转移享有事先协商权。（3）劳动者代表参与决策。在跨国公司体系中，目前尚不可能让子公司劳动者代表母公司进行决策或进入决策中心。有些国家对参与管理的立法不适用于在外国设立的企业有明确规定。

中国企业境外并购成功的标志，绝不仅仅是在东道国签订并购协议或建立新企业，并购能否成为投资者发展和资本保值增值的有效手段，关键在于投资后的整合过程是否顺利，而并购整合中被收购对象与收购公司的雇员问题所引发的劳资法律纠纷是境外并购中最敏感的问题之一，如果处理不当，甚至可能导致东道国国内社会产生局部动荡而导致法律问题被"政治化"，作为终局性措施，政府的介入可能会将收购当事方之间的矛盾升级为投资者与东道国国家之间对峙。中国企业应该高度重视跨境并购中涉及的劳资矛盾，并注意采取切实可行的应对措施。

2. 防范跨境并购中的知识产权法律风险

中国企业进行境外并购所涉及的知识产权问题，既包括从东道国获取相关知识产权法律风险防范的问题，也包括从中国向东道国转移知识产权时的产权保护问题。

2.1 关注东道国是否对技术转移进行管制

掌握先进的核心技术，往往有可能是中国企业进行境外并购的一个最重要的战略目的。因此，东道国法律对技术转移是否进行管制，是否设定技术合作或出口障碍同样也是中国企业境外并购前必须仔细论证的问题。由于技术涉及东道国企业的竞争优势、国家的创新能力乃至综合国力，对国家的经济发展与安全也有着重要的意义，因此任何国家对外资并购中所涉及的技术流出均采用一定的管制措施，管制的理由通常包括：（1）国家安全和公共利益，如中海油—尤尼科案中所述美国《艾克森—弗洛里奥修正案》明确规定以国家安全为由审查外资并购时需考虑的相关标准均提及了技术的流转对国家安全的影响；（2）经济利益，如中国控制中药生产技术、宣纸制作技术的流出；（3）外交政策，如当投资者母国与东道国的外交政策趋于紧张时，技术转移可能受到更严格的控制。[①]

2.2 向东道国转移知识产权时的产权保护

如并购主体需在境外并购中向被并购企业输出技术、商标等知识产权，以使被并购主体能以此作为核心资源进行生产经营，则被并购企业所在国的知识产权保护水平对并购方而言就非常重要。由于技术研发或品牌经营都需要消耗巨额资源，而复制已有技术的成本又可能非常低廉，因此所有的外国投资者对东道国的知识产权保护水平都需予以高度关注。

知识产权保护的地域性、各国国内知识产权保护规则的差异和保护水平参差不齐等因素，是知识产权投资、知识产权产品和服务难以在全球范围内获得全面保护和同等待遇的重大障碍。外国投资者在其母国或其他国家的著作权、专利权、商标权，原则上在东道国并不当然得到保护，必须依照东道国的知识产权法律履行了必要的义务、经过必要的程序后，方可取得并获得保护。东道国对知识产权保护力度的强弱对化工、生物医药、机械电子和电子设备等高科技产业的境外并购尤项目为关键。[②]

因此，当中国企业拟在制造业、高科技产业等行业进行境外并购时，应当充分了解东道国国内法所确立的知识产权保护标准、法律体系与救济机制，并应当关注东道国是否已

---

①② 梁咏．中国投资者海外投资法律保障与风险防范．北京：法律出版社，2010．

加入《保护工业产权巴黎公约》《商标注册马德里协定》《保护文学艺术作品伯尔尼公约》《世界版权日内瓦公约》《关于集成电路知识产权条约》《专利合作条约》及《与贸易有关的知识产权协议》等知识产权的国际保护公约或协定。

3. 防范境外并购中环境保护法律风险

东道国通常都会对外资并购活动可能对其生态环境造成的影响进行监管，中国企业在进行境外并购时除了要熟悉和遵守关于环保的国际多边公约、东道国相关环保法规之外，还应遵守包括环保方面内容的跨国公司良好行为准则。

被并购企业所在国关于环境保护的法律规定对于投资项目的合法性、可行性、投资成本等方面可能都会有影响。通常情况下，发达国家对环境保护有着更严格的法律标准和执行程序。因此，境外并购时需要对目标公司在环保、健康和安全方面进行尽职调查，以评估其在历史上及将来持续的经营活动中可能面临的环保风险。例如，南非几乎所有开发活动均受限于环境影响评估和相关规则。又如，在俄罗斯进行并购时，需充分考虑其核废料威胁、全球变暖和俄罗斯的冰原等环境问题，俄罗斯会依据其复杂的环保法规对土壤使用、地下水污染、气体排放、危险物质处理、危险废物的处理、封闭采矿区域复原、生态监测等方面均进行严格监管。[①]

依据有限责任原则，中国企业作为跨国公司和母公司与通过该境外并购而获得或为并购之目的在当地设立的子公司均有独立的法律人格，但当子公司引起严重的环境责任且母公司负有直接责任时，法院可能要求母公司和子公司共同承担环境责任。目前较为普遍的观点是：在子公司并未完全丧失自主性、在一定程度上受指示和安排的情况下，跨国公司母公司仅对由于其指示、安排所产生的债务负责任；但是在跨国公司母公司对其海外子公司进行全面控制，子公司完全失去其自主性的情况下，母公司应对其子公司的全部债务承担责任。印度帕尔博惨案的法院处理就体现了上述原理。1986 年 9 月，该案受害人及印度政府向印度法院提起诉讼，认为由于帕尔博工厂由其美国母公司 UCC 设计，其贮气设备设计标准较低，没有安装美国同类工厂应安装的应急性警笛设备，帕尔博工厂也从未向当地公众披露国该厂生产和贮存了大量的剧毒气体甲基异氰酸盐，导致毒气泄漏后附近居民未能及时得到警告及时逃生，因此 UCC 作为母公司对这一事件负有完全的直接责任。该案最终通过 UCC 与印度政府订立赔偿协议解决，UCC 向 4000 多名罹难者和将近 4 万名受伤者支付了 4.7 亿美元的损害赔偿金。[②]

4. 防范境外并购中资源保护法律风险

近年来西方许多跨国公司之间加速并购，并由此加强了对全球重要矿产资源的控制。中国也正在采取积极措施，鼓励资源勘探开发和利用行业的企业走出去，参与国家资源市场竞争，进一步加强国家资源发展战略。而目标国家保护矿产资源相关法律也直接影响中

[①] 德勤永华会计师事务所有限公司金杜律师事务所．海外投资法律环境研讨报告，2008.
[②] 梁咏．中国投资者海外投资法律保障与风险防范．北京：法律出版社，2010.

国矿产能源企业"走出去"战略能否顺利实施。[①]

大多数国家对矿产资源开发、利用和保护有专门的立法，有的是针对多种矿产资源的综合立法，也有对某些矿种（如石油、天然气、煤等）的专门立法。这些法律对矿产的勘探和开采条件、许可程序、土地及环境保护等方面进行了具体规定。有的国家的矿产资源立法对外国投资限制较多，例如限制外资比例、禁止外资投资某些矿种，或者规定有关政府部门有权在资源使用者的行为威胁到国家与公众安全或健康时，可以单方面停止履行采矿合同等资源使用合同等。[②]

近年来，随着中国"走出去"战略的实施，西方部分媒体相关报道有意将中国企业境外并购妖魔化，甚至将中国在部分国家或地区的投资行为称为"新殖民主义"，部分非政府组织也指责中国企业的境外并购行为缺乏企业社会责任意识，有"破坏环境""掠夺资源""生态倾销"之嫌。诚然，与以往发达国家的对外投资一样，部分中国海外投资在促进当地经济发展、创造就业机会的同时，确实对东道国的生态系统健康和全球经济发展可能产生不利影响，尤其是近年来中国海外投资项目多集中于大型资源性投资项目，这些资源开发区域往往同时也是生态敏感区，较易引发环境或资源争议。如果中国企业所进行的境外并购项目可能威胁或损害东道国环境或资源时，中国企业应积极采取相关措施，消除和减少可能造成的损害，同时还应加强相关信息披露，保障东道国公众的知情权，以确保当地政府和公众对投资项目的理解和支持。

近年来，中国作为投资者母国也逐渐重视对我国企业作为跨国公司的监管，并制定了相关规定，以增强中国企业在境外并购中的企业责任意识、设定其相关的责任。毕竟，如果中国企业在东道国的投资并购活动频繁引发环境侵权事件，不仅中国企业将最终承担巨大数额的损害赔偿，而且还会损害中国在世界海外投资行业的形象。2007 年 8 月 28 日，中国商务部和国家林业局联合发布了《中国企业境外可持续森林培育指南》，这是世界上第一部针对本国企业境外从事森林培育活动的行业指导行为规范和自律依据。2009 年 3 月 23 日，上述两个部门又联合颁布了《中国企业境外森林可持续经营利用指南》，确立了中国企业在对境外森林经营利用时应遵循有利于当地森林可持续发展、维护当地生态和环境安全的原则。2013 年 4 月 18 日，商务部印发了《规范对外投资合作领域竞争行为的规定》的通知，规定"企业应坚持互利共赢、共同发展的原则，建立健全科学规范的项目决策机制和质量管理制度。应遵守项目所在国（地区）法律法规，尊重当地风俗习惯，重视环境保护，维护当地劳工权益，积极参与当地公益事业，履行必要的社会责任。"这些规定的颁布与实施，对维护中国企业乃至中国政府在国际上承担社会责任的形象、推动绿色全球化都具有重要意义。[③]

5. 防范境外并购中外汇管制法律风险

和所有的并购一样，境外并购的目的主要是取得投资回报，因此中国企业能否将投资

①② 金杜律师事务所. 中国企业"走出去"法律指南, 2009.

③ 梁咏. 中国投资者海外投资法律保障与风险防范. 北京：法律出版社, 2010.

的资本金、利润或其他相关款项汇回本国也是中企业在实施跨境并购前需要密切关注并做好充分准备的问题。如果目标国存在外汇管制措施，则需考虑这些措施对外汇资金汇入、汇出该国的具体影响。通常，国外汇管制的宽严，取决于该国的经济、金融管理体系、国际收支状况等因素。以外汇管制宽严程度为标准，基本可以将投资目标国分为严格管制、部分管制和间接管制三类。[①]

实行严格外汇管制的国家和地区对国际收支的所有项目（包括经常项目、资本项目和平衡项目）都进行较为严格的管制。这类国家和地区通常经济不发达，外汇资金短缺，为了有计划地组织并合理运用稀缺外汇资源，调节外汇供求，稳定金融，这些国家和地区都实行比较严格的外汇管制措施。目前，约有 90 个发展中国家以及实行计划经济的国家，如巴西、哥伦比亚、阿富汗、伊拉克、乍得、摩洛哥、塞拉利昂、津巴布韦、印度、缅甸等都属于此类。

实行部分外汇管制的国家和地区包括一些比较发达的资本主义工业国如澳大利亚、法国、挪威、丹麦等，其国民生产总值较高，有较雄厚的黄金外汇储备，对外贸易的规模也较大。还有一些经济金融状况较好的发展中国家对外汇也只实行部分管制，如南非、牙买加、圭亚那等。实行部分外汇管制的国家目前有 20～30 个。

还有一些国家原则上取消了对非居民往来经常项目和资本项目外汇收付的直接管制，但事实上还保留或存在着一些间接的管制。实行间接管制的国家主要是发达的工业化国家，如美国、日本、德国、瑞士、卢森堡等。还有一些收支持续顺差的国家如沙特阿拉伯、科威特、阿拉伯联合酋长国等石油输出国家也属此类。实行间接外汇管制的国家和地区目前有 20 多个。

6. 防范境外并购中进出口管制法律风险

基于保护国内市场考虑，世界上几乎所有的国家都会对货物、服务及技术进出国境采取不同程度的限制措施。中国企业在境外并购投资，除了为了获得投资回报以外，还有不少旨在获得目标国的资源、设备或技术，或者向目标国出口销售自己的产品。东道国对相关货物或技术的进出口的限制性规定，主要表现为进口限制、出口限制及贸易制裁等形式。许多国家对一些战略性资源、涉及军事用途的货物或技术设有出口管制。例如，美国和加拿大均设有货物及技术出口管制清单，对相关货物及技术向任何国家或某些国家出口要求取得出口许可证或者禁止向某些国家出口。还有不少发展中国家为了保护本国民族工业的发展，对外国投资者的投资项目产生的内外销、原材料的采购等经营行为实行当地比例限制，除对某些货物的进口直接要求取得许可证外，还要求投资项目中尽量采用当地设备和材料，采购一定比例的本地产品。此外，欧美国家对某些国家如伊朗、朝鲜、古巴等国家仍实施贸易制裁措施，禁止向这些国家出口货物或技术，或从这些国家进口货物。如果中国企业在境外并购项目中拟在欧美国家投资设立海外子公司，则该等制裁措施对这些中国企业的欧美子公司也适用。因此，中国企业在对相关国

---

① 金杜律师事务所. 中国企业"走出去"法律指南，2009.

家投资时，需要事先了解这些制裁措施的适用范围，评估对境外并购项目的影响，是否可以采取规避措施；另一方面，如果向被制裁国家进行并购投资，则需要考虑相关外交政策风险。[①]

（三）东道国对外资退出的法律规制

中国企业的境外投资可能会因商业、法律或政治等方面因素，在东道国运营一段时间后部分或者全部退出东道国。我们可以将外资退出分为主动退出和被动退出两种情形。主动退出是指投资者主要出于商业性因素考虑主动将投资从东道国退出的情形，而被动退出是指因投资遭遇东道国征收和/或国有化，或其他限制措施，投资者被迫将投资从东道国退出的情形。[②] 东道国对外资退出的法律规制主要表现为东道国的资金转移制度、征收和国有化制度。

外资退出所要考虑的主要法律风险具体可参见本节第五部分"所投资境外企业清算破产中的法律风险及其防范"以及第六部分"所投资企业被征收和国有化的法律风险"。

四、境外并购保险机制

（一）并购保证与赔偿保险

在境外并购交易过程中，并购主体可能遭遇各种商业和非商业风险。一般认为，商业风险应该由投资者自己承担，但投资者可以就有关商业风险向保险公司投保化解。

各国企业境外并购的成功经验表明，购买并购保证与赔偿保险（又称"保证与陈述保险"）是转移并购风险的有效方法。并购保证与赔偿保险是一种专业责任险，在跨国并购中，一旦出现因交易一方所作的陈述虚假、误导陈述或违反其保证、或有欺诈行为导致损失的情况，购买保证赔偿保险的交易对方可以向保险公司主张损失补偿，从而控制交易风险，避免交易损失。适当采用并购保证与赔偿保险可以降低并购交易谈判的难度，可以将原本不可能达成的交易变成可能。例如，在并购交易中，如果双方对某项条款僵持不下时，可以考虑通过并购购买保证与赔偿保险将风险进行转移。但是，作为并购方，最根本的，还是要注重自己对目标企业或其资产的充分的尽职调查，必要时要委托专业的中介机构进行，而不能过于依赖并购保证与赔偿保险，因为向保险公司索赔也并不是容易的事。另一方面，即使购买了并购保证与赔偿保险，也要注意保险合同中保险公司设定的各项除外责任条款。目前中国企业进行境外并购时购买此类责任险的案例并不多见，这是中国企业境外并购有待补上的一个环节。[③]

① 金杜律师事务所.中国企业"走出去"法律指南，2009.
② 梁咏.中国投资者海外投资法律保障与风险防范.北京：法律出版社，2010.
③ 屈丽丽.监管办法难产 中国境外投资显现"结构性风险".中国经营报，[2011-03-18].

（二）多边投资担保机构提供的非商业风险国际保险

除了商业风险外，跨境并购还涉及多种非商业风险，其中政治风险是包括境外并购交易在内的境外投资行为面临的最大非商业风险。政治风险是指与东道国的政治、法律、社会有关的、人为的、投资者无法控制的风险。这类风险主要包括：（1）征收风险，即东道国基于国家和社会公共利益的需要对外国投资企业实行征用、没收或国有化；（2）转移风险，即东道国因其国际收支困难实行外汇管制，禁止或限制外国投资者将其资本、利润和其他合法收入转移出东道国；（3）战争和内乱风险，主要是指东道国政治局势动荡、民族或宗教派别冲突，发生革命、战争或内乱，使外国投资企业或财产遭受重大损失，以致不能继续经营；（4）违约风险，即东道国政府违约，而投资者无法或无法及时求助于司法机关或仲裁机构，或者虽有裁决但无法申请执行等。

境外投资可能遭遇的政治风险极大地阻碍了境外投资的发展。而境外投资保证制度则正是投资国鼓励境外投资和确保境外投资的安全与利益普遍行之有效的法律制度。多边投资担保机构（MIGA）作为世界银行集团的一员，成立于1988年，其宗旨是向外国私人投资者提供政治风险担保，包括征收风险、货币转移限制、违约、战争和内乱风险担保，并向成员国政府提供投资促进服务，加强成员国吸引外资的能力，从而推动外商直接投资流入发展中国家。自成立以来，MIGA已为85个发展中国家的投资型项目提供了135亿美元的担保。这些担保可使投资规避源于货币的不可兑换及其转账限制（禁兑险）、战争和内乱（包括恐怖主义和怠工）险、征用险及违约险等非商业性风险。MIGA担保的项目几乎涉及从旅游业到电信业及从银行业到制造业的所有行业。对能源、采矿业、重工业和基础设施行业的大型、资本密集型项目而言，由于其风险较高，故保险尤为重要。符合担保条件的项目包括源自任何一个成员国投资向任何一个发展中成员国的项目。符合担保的投资形式包括：股票持有者发行的股票、股东贷款和贷款担保以及技术援助、管理合约、租约、特许经营和许可协议及偿还的债券等。同时，经MIGA董事会特别多数票通过，可以将合格的投资扩大到其他任何中、长期形式的投资。MIGA也为独立的金融机构，诸如商业银行提供贷款保险。当被保险人因在东道国发生投保范围内的风险而遭受损失，且已经用尽了东道国境内可采取的行政救济手段后，有权向MIGA提出索赔的请求。当MIGA向或同意向被保险人支付保险金后，MIGA就取得代位权，有权代位向有关东道国和有关责任人索赔。[①]

MIGA不仅为流向发展中国家的投资的政治风险提供了一种国际保障机制，而且也有利于东道国和投资者之间的投资争端的非政治解决。中国企业进行境外并购有相当部分是流向发展中国家的，理论上这部分投资均可以向MIGA投保。而实践中，尽管中国是《汉城公约》的创始成员国，并认购了3 138股MIGA股份，占总股份数的3.318%，为第六大股东，但迄今为止，中国投资者从未使用MIGA机制对海外投资

---

① http：//baike. baidu. com/view/102615. htm. ，［2013－01－17］.

非商业风险予以保障。中国企业应当充分重视 MIGA 机制保障对于海外投资安全的重要潜在作用，区分不同的东道国、不同的投资项目，合理运用 MIGA 机制保障海外投资中的利益。[①]

（三）中国出口信用保险公司提供的非商业风险国内保险

境外投资保险制度是资本输出国或投资国政府对本国境外投资者承担政治风险的保险责任，基于保险契约负责补偿投资者因东道国政治风险所受损失，并取得代位求偿权的一种国内法律制度。2005 年国家发改委和中国出口信用保险公司（以下简称"中国信保"）联合发布了《关于建立境外投资重点项目风险保障机制有关问题的通知》（发改外资〔2005〕113 号），旨在建立我国境外投资重点项目风险保障机制。2006 年，国家开发银行、中国出口信用保险公司联合发布了《关于进一步加大对境外重点项目金融保险支持力度有关问题的通知》（开行发〔2006〕11 号），进一步提出国家开发银行和中国信保将共同建立境外油气、工程承包和矿产资源等项目金融保险支持保障机制，为国家鼓励的重点境外投资项目提供多方位的金融保险服务。中国信保是目前中国唯一能为海外投资提供政治风险保险的保险公司。根据中国信保对海外投资保险业务的投保指南，中国企业为境外并购向中国信保投保的要点如下[②]：

1. 承保范围

中国信保对中国投资者海外投资的承保范围为：（1）汇兑限制：指东道国政府实施的阻碍、限制投资者将当地货币兑换为投资货币或汇出东道国，或者使投资者以高于市场汇率的价格将当地货币兑换为投资货币或汇出东道国。（2）征收：指东道国政府采取国有化、没收、征用或未经适当法律程序的行为，剥夺了被保险人或项目企业对投资项目的所有权或经营权；或剥夺了被保险人或项目企业对投资项目资金的使用权或控制权。（3）战争及政治暴乱：战争指投资所在国发生的战争、革命、暴动、内战、恐怖行为以及其他类似战争的行为。战争及政治暴乱险的保障范围包括因战争造成的项目企业有形财产的损失和因战争行为导致项目企业不能正常经营的损失。（4）政府违约：指东道国政府违反或不履行与被保险人或项目企业就投资项目签署的有关协议，且拒绝按照仲裁裁决书中裁定的赔偿金额对被保险人或项目企业进行赔偿的行为。（5）承租人违约：指承租人因不可抗力以外的原因，不能向被保险人或出租人支付《租赁协议》下应付租金的行为。

2. 合格投资

中国信保固定了判断合格投资的三项标准：（1）必须符合中国国家政策和经济、战略利益；（2）投资形式上要求比较宽泛，直接投资（包括股权投资、股东贷款、股东担保等）、金融机构贷款和其他经批准的投资均包括在内，未对经营管理权作出特别的要求；

---

① 梁咏. 中国投资者海外投资法律保障与风险防范. 北京：法律出版社，2010.
② http：//www. sinosure. com. cn/sinosure/cpyfw/tzbx/gytzbx/gytzbx. html，〔2009 - 01 - 15〕.

（3）对是否为新投资未作要求，无论投资是否完成，均可投保海外投资保险。

3. 合格投保人

中国信保规定了投保人必须符合以下三项要求之一：（1）在中华人民共和国境内（香港、澳门、台湾地区除外）注册成立的金融机构和企业，但由香港、澳门、台湾地区的企业、机构、公民控股的除外；（2）在香港、澳门、台湾地区和中华人民共和国境外注册成立的金融机构和企业，如果其95％以上的股份在中华人民共和国境内企业、机构控制之下，该境内企业、机构可以作为投保人；（3）其他经批准的企业、社团和自然人。

4. 保险金赔付

海外投资保险承保投资者的投资及以赚取的收益因承保风险而遭受的损失。作为保险人的中国信保，在收到被保险人理赔申请后，依据法律和保险合同确定应予赔偿的保险金额，一般包括投资者的投资及利润遭受的损失。值得注意的是，东道国政府与中国政府之间签订的双边协议中投资保险代位权的规定，是国内海外投资保险机构（即中国信保）向东道国形式代位求偿权的国际法依据。

5. 程序要求

投保人向中国信保投保海外投资保险需提供的资料包括：（1）投资者情况介绍，包括营业执照复印件、有资格进行海外投资的证明文件、最近三年的年报和财务会计报表、与投资项目相关的经验以及能证明投资者有能力经营投资项目的其他资料；（2）投资项目背景情况及简要介绍，包括投资金额、方式、期限、出资方式及来源、项目的进度、对中国和东道国的影响；（3）融资情况介绍，包括融资银行、融资金额、还款期限等，项目建议书和可行性报告；（4）与投资项目相关的协议、担保、保证和东道国与中国政府的批准文件等。

五、境外投资企业清算破产中的法律风险及其防范

（一）境外投资企业自愿解散、破产与清算

当中国企业在境外投资设立的海外子公司出现法定或章程规定的解散事由时，该海外子公司均应通过所在国法律和/或行业组织制定的清算程序结束既存的法律关系、分配剩余财产，从而最终消灭该海外子公司的法人人格。依照导致公司解散原因的不同，可以将公司清算分为破产清算与解散清算，破产清算一般按所在国破产法程序进行，而解散清算一般按所在国公司法程序进行。为保护外部债权人利益，未经清算的公司不得消灭是各国普遍认可的一项公司法基本原理。

（二）自愿解散清算中的资金自由转移问题

在自愿解散的清算中，如果海外子公司清算后尚有剩余财产可分配给投资者母公司，

则能否将部分或所有资金（包括投资及其收益）自由且不受延迟地转移出东道国将成为最需要考虑的问题。①

原则上，国际法及东道国国内法通常都允许投资正常退出。中国国内法也要求中国投资者在境外投资终止时将投资剩余财产和收益及时汇回中国。例如，中国已加入的国际多边投资协定《汉城公约》规定，缔约国应承担的一项义务是，允许外国投资者将在东道国获得的当地货币转换成可自由使用货币或投资者可接受的另一种货币并汇出东道国。此外，《汉城公约》还将货币汇兑险纳入 MIGA 可承保范围。中国目前已签订的主要中外双边协定对于资金转移的规定，总体趋势是扩展允许转移的资金范围，并增加了不得延迟和可自由兑换货币的要求。关于汇率的要求大多数以转移日汇率为准。因此，一般情况下，中国投资者应随时有权将投资剩余财产及投资相关的收益转移出东道国。②

但是，必须指出的是，绝大部分东道国都会打击外资非正常撤离。因此，外国投资者要求转移的资金（包括投资剩余财产和投资收益）应在东道国履行完毕相关纳税义务，如果是投资全部退出（即整体撤资）还必须完成清算程序，否则东道国可能根据已经缔结的《民商事司法协助条约》《刑事司法协助条约》和《引渡条约》追究外国投资者的有关责任人的责任。③

（三）破产解散清算中的母公司责任

根据有限责任的公司法原则，母公司对其海外子公司陷入困境或破产所形成的债务和行为，原则上可以不承担任何责任。但是，考虑到母公司作为子公司的控股或支配股东也可能利用其优势地位进行诸如抽逃出资、转移定价、减少税负、以母公司名义误导债权人与子公司发生交易、通过融资结构安排获得较优先的破产受偿顺序等转嫁风险、侵害债权人权益的行为，近年来国际上逐渐加强了对跨国公司母公司在其海外子公司破产清算中的法律责任，将公司集团（包括跨国公司）与单一公司实体的破产进行综合对待。例如，联合国国际贸易法委员会通过了 1997 年《跨境破产示范法》和 2004 年《破产法立法指南》以后，其工作组从 2006 年后又在此基础上开始审议关于如何对待公司集团破产的问题。④

中国现行立法中对中国跨国集团海外子公司破产清算的相关规定，主要可参见中国《企业破产法》第 5 条的规定："依照本法开始的破产程序，对债务人在中华人民共和国领域外的财产发生效力。对外国法院作出的发生法律效力的破产案件的判决、裁定，涉及债务人在中华人民共和国领域内的财产，申请或者请求人民法院承认和执行的，人民法院依照中华人民共和国缔结或者参加的国际条约，或者按照互惠原则进行审查，认为不违反中华人民共和国法律的基本原则，不损害国家主权、安全和社会公共利益，不损害中华人民共和国领域内债权人的合法权益的，裁定承认和执行。"此外，关联公司破产清算相关的问题还可以通过破产法中的破产撤销权制度和破产无效行为制度、公司法

---

①②③④　梁咏．中国投资者海外投资法律保障与风险防范．北京：法律出版社，2010．

确立的关联交易损害赔偿制度和法人人格否定制度、民事法律确定的诚实信用原则和公平交易原则进行处理。最高人民法院《关于企业开办的其他企业被撤销或歇业后民事责任承担问题的批复》和《关于审理企业破产案件若干问题的规定》中也有对关联公司破产清算的相关规定。

六、境外投资企业被征收的法律风险

（一）合法征收的构成要件

征收和国有化是东道国基于其公共利益的需要对私人企业部分或全部资产实行征用，收归国家所有的强制性措施。[①] 征收和国有化的区别主要在于实施的对象，征收是东道国政府对某一个特定对象的资产实施征用，而国有化通常是东道国针对整个行业进行的征用的行为。征收和国有化从性质、构成和赔偿标准等问题上基本一致[②]，为了简化表述，下文统称"征收"。

作为国家主权的一部分，国际法并不否认东道国有权对外国投资进行征收和国有化，但是，东道国不能滥用其征收权力，否则就会构成非法征收。原则上，合法的征收应同时符合以下四项要件：（1）以公共利益为目的；（2）遵循正当法律程序；（3）不存在歧视；（4）给予一定的补偿。[③]

（二）征收的补偿原则与标准

发生征收时，东道国政府与外国投资者之间经常会就补偿标准发生纠纷。西方国家强调补偿标准应符合及时、充分、有效三原则的要求，而发展中国家往往主张合理或适当的补偿标准。中国与其他国家签订的双边国际协定中，一贯反对"充分赔偿"或"足额赔偿"，而采用"合理的""适当的"或"公平的"补偿原则。另外，大部分中外双边国际协定都有补偿不得延迟，支付需用可自由兑换货币的规定。[④]

就补偿的计算标准，中外双边国际协定一般规定以"在征收立即发生之前"或"征收已经为公众所知之时"被征收投资权益的投资价值作为征收赔偿的基础，即一般应以市场价值、适当价值、真实价值对被征收的投资权益进行估价，或者补偿标准应按照将使投资者"置于相当于征收和国有化没有发生的相同财政状况下"等方式予以确定。此外，中德双边协定还规定："关于征收措施的补偿标准，应投资者要求，仍可由东道国法院进行审查。"为投资德国的中国投资者遭遇征收补偿标准争议时提供了司法救济途径。

---

① See M. Sornarajah. *The International Law on Foreign Investment*. Cambridge：Cambridge University Press，1994：283.
②③④ 梁咏. 中国投资者海外投资法律保障与风险防范. 北京：法律出版社，2010.

（三）征收的新发展：间接征收与部分征收

20 世纪 80 年代以来，各国对外资实行大规模的国有化和直接征收已经很少发生，但外国投资者与东道国之间发生关于间接征收的争议数量却大大增加。国际投资争端解决中心（ICSID）通过其国际投资争端仲裁裁决确立了关于"间接征收"的构成要件，即只要东道国的强制性行为使外国投资者对其财产权的重要部分的享有变得无效，则该东道国的强制性行即已构成间接征收。间接征收最重要的特点在于，尽管未剥夺或转移投资的所有权或控制权，但投资者的投资收益却被实质性地剥夺了，间接征收关键是破坏了从经济角度使用投资获利的可能性。随着东道国管理公共事务日益地复杂化和精巧化，间接征收在将来相当一段时期内都将会是国际投资中的热点问题。[1]

部分征收的概念源自于"实质性剥夺"，即东道国征收了外国投资者的部分权益（往往是实质性权益）后，由投资者仍然保留余下部分的权利。国际投资实践中，部分征收主要表现为两种情形：其一，外国投资者在一个东道国内存在多个具有内在联系的投资项目，其中一部分项目受到征收行为的影响，而并非所有的项目都受到影响；其二，投资者已经获得一个投资项目中具有内在联系的数个权利，部分征收剥夺了其中的部分权利而非所有权利。

2008 年比利时政府对比利时富通集团（以下简称"富通"）进行强制拆分，导致其价值大幅减损，可以视为对富通单一最大股东中国平安保险（集团）股份有限公司（以下简称"平安"）的间接征收。2007 年 11 月，平安斥资 18.1 亿欧元购入 9501 万股股份，之后又增持富通股份至 1.1 亿股，持股比例达 4.99％，成为富通最大的单一股东。2008 年下半年富通面临整体性金融危机，比利时政府以维持金融体制稳定、保障广大股东和客户权益以及维护就业为名，通过其下属的联保投资和参股公司对富通进行了强制拆分，以 47 亿欧元购买富通下属的富通比利时银行的股份，之后又决定将该银行 75％的股份转售给法国巴黎银行。被强制拆分后的富通仅剩下富通国际保险和一个总值为 104 亿欧元被视为"有毒资产"的结构性商品投资组合，富通股权的实际价值不及拆分前价值的20％。由于强制拆分未经富通股东大会决议通过，遭到富通股东的强烈反对。经反复磋商和表决，2009 年 4 月底，富通股东大会最终同意了巴黎银行第三次出价，以 37 亿欧元的总价出售了富通银行 75％的资产和比利时富通保险 25％的股份，比例时政府为不良资产提供政府担保。为安抚中小股东，在比利时政府与巴黎银行所达成的转售协议中规定，比利时政府成立一项特别基金，以发行息票的形式让居住在欧盟境内的富通股东分享比利时政府转售所获得的溢价收益作为补偿，但作为富通最大单一股东的平安却因不在欧盟境内而被排除在该特别基金待遇之外。除比利时政府外，荷兰和卢森堡政府也分别斥资收购了富通在其各自境内的业务。比利时政府对富通资产的强行拆分收购并转售的行为，导致了富通企业价值的大幅减损，应被视为对富通股东财产权利整体性、根

---

① 梁咏. 中国投资者海外投资法律保障与风险防范. 北京：法律出版社，2010.

本性、实质性的干预，且事后对中国投资者平安没有任何补偿措施，应被视为构成了非法的间接征收。

中国和比利时同为《华盛顿公约》的缔约国，虽然中国对《华盛顿公约》第 25 条第 4 款作出了保留，同意仅就国有化或征收的补偿问题交付 CISID 解决，但仍有权就国际投资中的补偿问题提起国际仲裁，即平安作为投资者虽无权向 CISID 提起拆分行动的合法性之诉，但有权提起征收补偿之诉。因此，平安完全可以向比利时司法机关寻求司法救济，或者将该间接征收补偿纠纷提交国际仲裁。但遗憾的是，迄今为止我们仍未看到平安拿起法律的武器，就富通被间接征收提起任何补偿之诉，维护其境外投资的合法权益。

第三节　管理层收购

一、基本概念

（一）管理层收购的概念及起源

管理层收购，即 MBO（Management Buy-out），是指公司管理层通过购买该公司的全部或大部分股份来获得该公司控制权的行为。[①]

关于管理层收购的起源，学术界一般认为其最早由英国经济学家迈克·莱特（Mike Wright）发现。1980 年，作为英国诺丁汉大学教授的迈克·莱特在研究公司的分立和剥离时发现，在被分立或剥离的企业中，有相当一部分被出售给了管理该企业的管理层。后来，英国对此类收购进行融资的主要机构——工商金融公司（Industrial and Commercial Finance Corporation）把这种现象界定为管理层收购，即 MBO，该名称一直沿用至今。[②]

20 世纪 70 年代，美国出现了最初的管理层收购案例。1976 年，美国 KKR 公司意欲收购罗克威尔公司下属一个齿轮部件制造厂。为了达到收购目的，KKR 通过承诺将来给予被收购公司管理层一定比例股权的做法，将该等管理人员联合起来，从而取得了被收购公司董事会的批准和支持。KKR 最终顺利完成了此次收购，收购完成后，KKR 持股 80%，原公司管理层持股 20%。在历经 5 年的经营后，KKR 以原收购价 22 倍的价格将精心装扮后的公司对外出售，获得了巨大的收益，原公司管理人员也都一夜暴富。这就是 MBO 的最初实践。

随着管理层收购在英、美国家发展的日渐成熟及应用的普及，管理层收购也被欧洲大陆及其他国家所采用。20 世纪 90 年代初，管理层收购在处于经济转型的国家如俄罗斯、东欧等国十分盛行，并成为这些国家并购活动中的一个重要手段。

---

①②　王苏生，彭小毛 . 管理层收购——杠杆收购及其在公司重组中的应用 . 北京：中国金融出版社，2004：1.

（二）管理层收购的特点

管理层收购是企业并购的一种形式，但其与一般意义上的收购兼并又有所区别。其区别主要体现在管理层收购是专指收购者为管理层的一类收购。这就决定了管理层收购既具有收购兼并的基本特征，同时又有其自身的特色。管理层收购的特征主要体现在以下几个方面：

第一，收购主体特定。管理层收购的收购方通常为目标企业的现任管理层或者该等管理人员为实现收购目的而设立或控制的法人或其他组织。换句话说，管理层通常是管理层收购的主导者和发起者。

第二，收购资金通常来源于外部融资。作为杠杆收购的一种类型，管理层收购通常需要借助外部大量的债务或权益性融资来完成。杠杆效应使管理层在利用少量个人资本实现收购的同时也带来了沉重的债务负担，这就要求目标公司的管理者要有较强的组织运作资本的能力，改进公司的经营状况，提高企业运营质量，降低借贷融资的风险性，偿还债权人本金与利息。[①]

第三，收购完成后目标企业的实际控制权发生转移。收购完成后，目标公司的原股东通常全部或部分退出企业，管理层继而取得目标企业的实际控制权，这就使得企业的管理层同时也成为企业的所有权人，一定程度上实现了企业经营管理权与所有权的统一。

（三）管理层收购在我国的兴起与发展

1. 管理层收购在我国的兴起

自改革开放以来，国有企业改革一直是我国经济改革的重中之重。改革开放初期，我国先后对国企的分配制度和经营机制等方面进行了一系列改革，由于这些改革并不涉及核心问题——产权，并没有解决国有企业产权虚置、所有者缺位和管理层长效激励欠缺的问题，所以没有从根本上改变和解决国有企业效率低下的状况。随着党的十四大以后社会主义市场经济体制逐渐建立、发展和完善，市场竞争领域日益扩大和激烈，国企亏损问题日益严重。党的十五大确立了国有企业改革的方向，鼓励有条件的国有大中型企业进行结构调整和重组改制。党的十六大提出，要深化国有企业改革，进一步探索公有制特别是公有制的多种有效实现形式，大力推进企业的体制技术和管理创新，除极少数必须由国家独自经营的企业外积极推行股份制，发展混合所有制经济。党的十六届三中全会又提出，要建立现代产权制度，大力发展混合所有制经济，实现投资主体多元化，使股份制成为公有制的主要实现形式，进一步完善国有资本有进有退、合理流动的机制。此外，党的十七大报告进一步提出，深化国有企业公司制股份制改革，健全现代企业制度，优化国有经济布局和结构，增强国有经济活力、控制力、影响力。深化垄断行业改革，引入竞争机制，加强政府监管和社会监督。加快建设国有资本经营预算制度。完善各类国有资产管理体制和制

---

① 刘岩. 管理层收购（MBO）的困境与对策——理论、案例与操作方案. 北京：人民出版社，2006：4.

度。党的十八届三中全会明确指出要积极发展混合所有制经济，建立国有资本、集体资本、非公有资本之间交叉持股，相互制衡的新格局。该等国有经济布局和结构的调整就成了国企改革的重要主题，改革的重点则是国有企业战略性退出市场竞争性领域。而西方国家已经流行的 MBO 就被借鉴过来成为国有企业产权制度改革和国有资本退出的一种手段。正是在这种国企改革的大背景下，我国的管理层收购（MBO）应运而生，并在 21 世纪初掀起了一股热潮，尤其是 2002 年上市公司 MBO。[1]

2. 我国管理层收购的发展

我国的管理层收购与西方市场经济成熟国家的不同，主要是在国企产权改革的大背景下产生和发展的。1995 年以后，中小型国有企业以管理层收购或职工持股方式将企业转给本企业的管理层和职工，成为国有企业改制的最主要方式，管理层收购在这一时期发展迅速，在我国中小企业改制运作中发挥了巨大的作用。

鉴于我国法律制度的不健全，金融市场发展不成熟等原因，我国国有企业管理层收购的发展一直是问题与质疑不断，国有企业的管理层收购受行政性政策影响非常明显。

早在 20 世纪 80 年代，我国一些国有企业就通过内部集资入股来扩大生产规模，使职工（包含管理层）借助职工持股会的形式实现对企业的控制。典型的案例就是 1997 年 3 月，上市公司大众科创的管理层借助职工持股会间接实现了对企业的控制和 1999 年民营企业四通集团的管理层收购。当时 MBO 还是一个比较敏感的词汇，企业主要还是通过职工持股会这种过渡手段实现的，并未通过直接方式操作，这算是 MBO 在我国的一种初级探索阶段。[2]

2001 年 3 月，宇通客车成为第一家国有管理者实施直接 MBO 的案例。宇通客车总经理汤玉祥与 22 个自然人一起，共同设立上海宇通创业投资有限公司，并通过这家由汤玉祥任法定代表人的公司间接控股了上市公司——宇通客车。

2002 年，在政策导向下，国内 A 股上市公司管理层收购掀起了高潮。2002 年 12 月实施的《上市公司收购管理办法》，首次对上市公司管理层收购和员工持股等问题作出规定。2002 年先后有洞庭水殖、胜利股份、ST 甬富邦、维科精华、中国银泰、鄂尔多斯、佛山塑料、特变电工等公司实现了管理层收购。其中比较有代表性的有洞庭水殖和胜利股份。但与此同时，由于管理层收购中存在着定价、收购主体资格、融资、信息披露、是否引起国有资产流失等一系列问题，国有企业改革中的管理层收购方式越来越引起社会和政府的关注。

2003 年 3 月，财政部叫停了管理层收购。财政部在给原国家经贸委企业司《关于国有企业改革有关问题的复函》中建议："在相关法规制度未完善之前，对采取管理层收购（包括上市和非上市公司）的行为予以暂停受理和审批，待有关部门研究提出相关措施之后再做决定。"上市公司 MBO 由此步入了曲折发展时期。但是，即便如此，MBO 的步伐

---

① 王恒妮. 中国管理层收购的规范化研究. 北京：首都经贸大学，[2011 - 06 - 06].
② 李鹏. 我国上市公司管理层收购法律问题研究. 北京：北方工业大学，[2010 - 04 - 23].

丝毫没有减缓，而是从地上转入地下，手段更为隐蔽，形式更加多样。①

2003 年 12 月 31 日，国资委和财政部联合发布了《企业国有产权转让管理暂行办法》等一系列规范措施，完善了国有企业产权转让（包括转让给管理层）的操作程序，使管理层收购的操作有了规范的行为准则。

2004 年下半年，针对管理层收购导致国有资产流失的"郎顾之争"引发的国企改革方向问题，国资委明确表态，在国有大企业中实施管理层收购并控股，是将所有权与经营权合一，违反了所有权和经营权分离的原则，与中国国有企业建立现代企业制度、推进股份制改革的方向并不符合。国有大型企业的管理层收购因而被禁止，但一些中小企业在按照《关于规范国有企业改制工作意见》等文件的要求规范操作下可以探索管理层收购。虽然有政策限制，但在巨大的利益驱动下，管理层仍想尽一切办法进行管理层收购，2004 年有 15 家上市公司完成了管理层收购，如铜峰电子、康缘药业、美罗药业、海正药业、安徽水利等。②

2005 年 4 月 11 日，国资委出台《企业国有产权向管理层转让暂行规定》，再次强调，"大型国有及国有控股企业及所属从事该大型企业主营业务的重要全资或控股企业的国有产权和上市公司的国有股权不向管理层转让"。但时隔半年，2005 年 10 月 27 日修订并于 2006 年 1 月 1 日实施的《公司法》③（以下简称"2006 年公司法"）第 143 条有关上市公司回购股份用于奖励给本公司员工的规定和《国务院办公厅转发国务院国有资产监督管理委员会关于进一步规范国有企业改制工作的实施意见》中的相关规定，使国有大型企业管理层持股解禁，但仍然严格控制管理层持股，并且规定管理层持股总量不得达到控股或相对控股数量。

自此我国的管理层收购陷入多年的沉寂阶段，而许多公司仍然在进行不懈的探索。由于我国资本市场缺乏有效的融资工具和政策指引，对管理层收购交易主体、协议定价、运作过程等设计便成为实施的关键。比较典型的案例是 2006 年通过代持受让参拍上位的皇台酒业 MBO、2009 年 9 月新浪管理层的 MBO、2010 年借助上市再融资模式实现 MBO 的搜房网、2010 年年底利用居间公司控股子公司的宜化集团 MBO、2011 年 8 月借道信托以小撬大的丰原集团 MBO 和 2015 年年底通过寿光国资阵营减资使代表管理层及员工利益的持股比例"被动"超过国资阵营的晨鸣纸业 MBO。④

二、管理层收购的方式

根据国内资本市场理论，管理层收购的对象与公司上市前重组有紧密关系。在我国沪

---

① 胡杰武. 股权风云——中国上市公司管理层收购案例全集（1997—2008）. 北京：中国经济出版社, 2010.
② 王祯. 我国企业管理层收购（MBO）的困境与对策. 云南财经大学学报, 2010（2）.
③ 第十二届全国人民代表大会常务委员会第六次会议于 2013 年 12 月 28 日通过对《公司法》进行修改的决定，并将于 2014 年 3 月 1 日正式实施。
④ 深圳综合开发研究院. 公司金融研究特辑——MBO 系列相关案例, 2011 - 11.

深两市上市的企业多采用中国特色的母子公司结构，即一般剥离出较为突出的主营业务并以此成立子公司进行上市，母公司对其进行绝对或者相对控股。因此，在我国可以进行的管理层收购并不限于上市公司层面，还包括母公司（集团公司）层面、上市公司子公司层面，甚至母公司剥离出来的非核心资产进行管理层收购。但是在当前并购潮中的管理层并购仍然呈现"多元化"（Conglomeration）趋势，而理论界探讨的"反多元化"（Deconglomeration）并没有在并购实践中遍地开花，而只是剥离非核心业务的处理方式之一。

（一）母公司层面的管理层收购

由于我国上市公司的特殊模式，一般上市公司的母公司都是非上市公司，在2006年新修订的《上市公司收购管理办法》明确对间接收购作出规定之前，对上市公司母公司进行管理层收购在很大程度上规避了当时适用的相关法律对上市公司收购程序、审批和信息披露方面的强制性规定，特别是全面要约收购规定的限制。但是我们也应该看到，由于上市公司一般是母公司中的优质业务和优质资产，而一旦子公司上市后，剩下的资产和业务都有一定程度的瑕疵，管理层收购母公司的业务和资产时就不免面临成本过高而性价比过低的风险。同时，在2006年新修订的《上市公司收购管理办法》出台之后，对上市公司母公司进行管理层收购能够规避上市公司收购监管的优势也已丧失殆尽。

典型案例：

杭州天目山药业股份有限公司（"天目药业"600671）是一家股份制试点企业，1993年在上海证券交易所上市，主营业务为是药品和生物制品等。2000年第一大股东杭州天目山药厂是临安市市属国有企业。2000年6月，杭州天目山药厂改制为杭州天目永安集团有限公司，天目药业董事长钱永涛通过改制收购持有杭州天目永安集团有限公司65％股权。由于杭州天目永安集团有限公司持有天目药业30.16％股权，为控股股东，所以天目药业董事长钱永涛通过控制杭州天目永安集团有限公司从而间接控制了上市公司天目药业，实现了管理层收购。

杭州天目药业管理层收购是上市公司董事长以自然人身份利用母公司改制机会，绝对控股母公司而完成的管理层收购。

（二）上市公司层面的管理层收购

上市公司实施管理层收购具有多重原因，可能是为了激励管理层更好地提供服务，减少代理成本，也可能是为了对抗敌意收购。管理层在目标公司面临危险时实施管理层收购已经发展成为一种有效的反收购战术。在欧美发达国家，上市公司在实施管理层收购后一般都会失去上市资格，从上市公司转为非上市公司。所以为了退市的需要而进行管理层收购也存在很大可能性，因为这样就可以避免直接退市带来的一系列程序，从而减少运营成本。

典型案例：

山东胜利股份有限公司（"胜利股份"000407）是由山东省胜利集团公司独家发起的

股份有限公司，1996 年在深交所挂牌上市，主营业务为塑胶产品研制、化学农药、国内外贸易和生物技术。胜利股份原第一大股东山东胜利集团持有胜利股份 24.17%，是控股股东。后胜利集团由于经济纠纷导致所持国家股被冻结、拍卖，最后股权过于分散。一家民营企业通百惠通过竞拍获得胜利股份 13.77%，随后持有胜利股份 6.98% 股份的第三大股东山东胜邦集团便与之展开旷日持久的股权争夺战，而管理层收购正是在控制权竞争中实现的。2002 年 7 月，由胜利股份、胜利股份第一大股东胜邦集团、第三大股东胜利集团的中高级管理层发起设立山东胜利投资股份有限公司（"胜利投资"）。胜利投资先后受让胜利集团所持胜利股份全部 6.85% 股份（国家股），受让山东胜邦集团所持胜利股份 10.8% 股份（法人股）。在获得山东省政府和国家财政部先后审批后，胜利投资完成了管理层收购，成为胜利股份第一大股东。

该起收购曾被业内人士誉为最规范、最典型的管理层收购活动之一。首先，其收购主体采用通用的在外设立"投资公司"方法；其次，胜利股份的管理层收购既涉及国家股又涉及法人股，而且以不低于每股净资产价格的收购价格获得收购方与受让方一致认同；再次，该起收购得到财政部等大力支持，上报仅两个月就得到批复；最后，该起收购更多是利用管理层收购本公司股份达到保护公司控制权的目的。这也是该起收购作为反收购经典案例原因之所在。

（三）上市公司子公司层面的管理层收购

上市公司管理层在子公司层面进行管理层收购具有明显的"曲线救国"目的。直接收购上市公司面临着众多限制和复杂的程序，而收购上市公司的子公司则在信息披露的透明度和监管方面相对较弱，易于操作。此外，上市公司的子公司进行管理层收购也可以激励子公司管理层的积极性，达到提高管理效率、降低成本的效用。

典型案例：

上市公司子公司层面的管理层收购多是出于激励子公司管理层之目的，但是实践中也不乏将子公司控股权"送出"的案例，如金丰投资（600606）的子公司上海上房绿化建设有限公司（"上房绿化"）管理层收购案例。

2002 年 10 月，金丰投资董事会审议通过其子公司上房绿化改制方案。同意将金丰投资所持上房绿化 60.6% 的股权转让给该公司经营管理层，转让金额以 2001 年 12 月 31 日该公司经评估后的净资产值为依据确定为 509.04 万元。股权转让后，金丰投资仍持有上房绿化 18% 的股权。

该起收购是很典型的上市公司子公司进行管理层收购的案例。但是此举没有仅仅被解读为激励上市公司子公司管理层而进行的收购，直接转让子公司 60.6% 的股权很容易让业内对子公司管理层进一步的企图产生联想。

（四）剥离母公司非核心资产进行管理层收购

此种现象在我国尤其突出。集团公司往往为了上市，将优质资源（优质资产和优质业

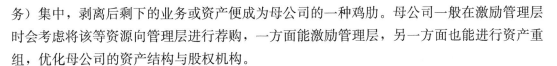

务）集中，剥离后剩下的业务或资产便成为母公司的一种鸡肋。母公司一般在激励管理层时会考虑将该等资源向管理层进行荐购，一方面能激励管理层，另一方面也能进行资产重组，优化母公司的资产结构与股权机构。

典型案例：

"恒源祥"既是我国驰名商标，又是中华老字号。2000 年以前，恒源祥的母公司是国资背景的上海万象集团。2000 年 8 月，世茂集团以 1.44 亿受让黄浦区国资委持有上海万象的 26.43％股份。在主营业务为房地产的世茂集团入主上海万象后，以主营业务为纺织业的恒源祥便被边缘化。世茂集团随时都有可能将恒源祥进行资产剥离。恒源祥总经理刘瑞旗为保存恒源祥品牌实施了管理层收购。刘瑞旗委托新世界集团（国资）收购恒源祥，然后由刘瑞旗设立的一家投资公司原价受让该股份，最终实现收购恒源祥的战略目的。

该起管理层收购有以下特点：首先，该起收购是在恒源祥随时可能被边缘化的情况下，将恒源祥资产和业务从母公司中剥离出来进行的收购；其次，收购资金来源是权益性融资。但是该权益性融资具有特殊性，不是提供资金方获得相应股权，也不是通过目标公司和管理层控制的公司实现换股取得目标公司的控制权，恒源祥融资完全依靠管理者刘瑞旗自身信誉和人格魅力获得的无利息、无期限、无担保的借款；再次，该起收购是刘瑞旗作为大股东与其他战略投资者一起收购了恒源祥全部股权，而没有与其他管理层合作收购。某种意义说，这是一个人的收购。

三、管理层收购的主体

管理层收购作为杠杆收购的一种，在蕴含着巨大利润的同时，也潜伏着不特定的风险。虽然原则上自然人可以直接作为收购方实施收购，但鉴于个人的资金量往往比较有限，在应对金额巨大的收购时管理层个人往往力不从心。因此，在收购实践中，为了降低收购过程中潜在的风险，促成交易的顺利完成，管理层通常会借助于一个第三方载体作为法律层面上的收购主体，这一方面可以缓解融资形成的债务压力，另一方面可以避免公众的过度关注。具体来说，根据我国管理层收购的实践情况，管理层在借助第三方载体时有如下几种选择：设立职工持股会；新设一家公司或控制一家旧公司作为壳公司；委托信托机构实施收购；引入战略投资者与其一起实施收购等。

（一）职工持股会作为收购主体

据统计，截至 2002 年年底，在上市公司前十大股东中，职工持股会直接持股的上市公司共 47 家，其中直接持股比例在 10％以上的上市公司有 5 家。① 在我国，职工持股会是特殊历史时期的产物，它是伴随着我国的国企产权制度改革而产生的。20 世纪 80 年代

---

① 王苏生，彭小毛．管理层收购——杠杆收购及其在公司重组中的应用．北京：中国金融出版社，2004：61．

末 90 年代初，我国企业在尝试股份制改革的过程中，允许采取定向募集方式设立的股份公司在经过批准的前提下可以向本公司内部职工发行部分股份。

在内部职工股发行交易的过程中，相关部门陆续颁布了一些部门规章，对职工持股会的运作加以规范。根据民政部、外经贸部、国家体改委、国家工商行政管理局于 1997 年 10 月 6 日发布的《关于外经贸试点企业内部职工持股会登记管理问题的暂行规定》，"职工持股会是专门从事企业内部职工持股资金管理，认购公司股份，行使股东权力，履行股东义务，维护出资职工合法权益的组织。职工持股会会员以出资额为限，对持股会承担责任，职工持股会以其全部出资额为限，对企业承担责任。职工持股会的资金不能进行本企业以外的其他投资活动。职工持股会依法登记后取得社会团体法人资格。民政部门是外经贸试点企业职工持股会的登记管理部门，负责职工持股会的成立登记、变更登记、注销登记和监督管理。"

随着职工持股会法律地位的明确及其在我国企业股份制改革中的普及和发展，在第三方载体相对匮乏的情况下，职工持股会自然成为管理层想要借助的热门收购载体。在这一时期，通过职工持股会进行管理层收购的案例包括新天国际（职工持股会单独作为收购主体）、杉杉股份（职工保障基金协会作为收购主体）等。

但是，职工持股会作为管理层收购的第三方载体的时间并没有持续很久。一方面，由于根据《社会团体登记管理条例》等法规，职工持股会属于非营利性的社会团体法人，不得从事投资收购等明显带有营利目的的活动。因此，职工持股会作为管理层收购的收购主体是与当时已有的法律、法规相违背的。另一方面，实践证明，职工持股会作为管理层收购主体存在一些弊端，包括限制了其他公民参与的可能，有失公平；管理层和职工因存在一定的利益冲突而难以进行股权分配；等等。

因此，从 1999 年起，民政部门停止了对职工持股会的登记。此后，国家出台了一系列的政策、法规[①]，中国证监会《关于职工持股会及工会能否作为上市公司股东的复函》中明确，"职工持股会属于单位内部团体，不再由民政部门登记管理。对此前已登记的职工持股会在社团清理整顿中暂不换发社团法人证书。因此，职工持股会将不再具有法人资格。在此种情况改变之前，职工持股会不能成为公司的股东"。中国证券监督管理委员会法律部《关于职工持股会及工会持股有关问题的法律意见》中明确："在民政部门不再接受职工持股会的社团法人登记之后，职工持股会不再具备法人资格，不再具备成为上市公司股东及发起人的主体资格，而工会成为上市公司的股东与其设立和活动的宗旨不符。"中华全国总工会、对外贸易经济合作部、国家工商行政管理总局《关于外经贸试点企业内

---

① 2000 年 7 月 7 日，民政部发出《关于暂停对企业内部职工持股会进行社会团体法人登记的函》，暂停企业内部职工持股会的审批登记工作。2000 年 12 月 11 日，证监会发布《关于职工持股会及工会能否作为上市公司股东的复函》，规定职工持股会属于单位内部团体，不再由民政部门登记管理。对此前已登记的职工持股会在社团清理整顿中暂不换发社团法人证书。因此，职工持股会将不再具有法人资格。在此种情况改变之前，职工持股会不能成为公司的股东。2002 年 11 月 5 日，证监会发布《关于职工持股会及工会持股有关问题的法律意见》，规定对拟上市公司而言，受理其发行申请时，应要求发行人的股东不属于职工持股会持股，同时，应要求发行人的实际控制人不属于职工持股会持股。

部职工持股会登记暂行办法》中明确："职工持股会是企业内部持股职工的组织，负责管理企业内部职工股份，代表持股职工行使股东权力，履行股东义务，维护持股职工利益。职工持股会的资金不能进行本公司以外的其他投资活动。"前述法律法规否定了职工持股会作为管理层收购的收购主体。管理层以职工持股会作为收购主体对目标公司实施收购的空间已基本上不复存在。[①]

（二）壳公司作为收购主体

借助壳公司进行管理层收购主要通过以下两种方式开展：一是设立一家新的公司作为收购主体，二是控制一家已有的旧公司，将该等公司作为收购主体。由于寻找旧公司往往会引发尽职调查，代价较高，且可能有潜在债务风险，因而，实践中，通过新设一家公司作为收购主体的方式更为普遍。

借助壳公司进行管理层收购的好处在于，一方面，管理层可以通过将壳公司资产作为抵押向银行贷款等途径扩大融资渠道，缓解融资压力；另一方面，可以相对减少收购成本和收购风险。然而，在 2006 年施行 2005 年修订的《公司法》之前，借助壳公司进行管理层收购有一个非常大的法律障碍。《公司法》（2004 年修正）规定：公司向其他有限责任公司、股份有限公司投资的，除国务院规定的投资公司和控股公司外，所累计投资额不得超过本公司净资产的 50%，在投资后，接受被投资公司以利润转增的资本，其增加额不包括在内。这就意味着，如果目标公司的收购价为 5 000 万元，则作为该等管理层收购第三方载体的壳公司的净资产至少为 1 亿元。这就大大增加了收购的成本，而且还具有很大的法律风险。2005 年公司法取消了该等规定，同时还规定允许设立一人有限责任公司，这就为管理层通过壳公司进行收购扫除了法律上的障碍。

尽管如此，管理层借助壳公司实施收购仍然存在一些法律问题，主要体现在以下两方面：第一，双重税负问题。所谓双重税负，就是指公司在缴纳企业所得税后，股东还要就所分得的利润缴纳个人所得税。这就导致公司利润要被两次征税，一次在公司层面，一次在股东层面。双重征税使得管理层收购的成本大大增加，因此，管理层在考虑借助壳公司实施收购之前，一定要好好计算借助壳公司进行收购所节省的成本是否大于壳公司被双重征税所增加的税收负担。第二，2005 年修订的公司法仍规定有限责任公司的股东不得超过 50 人，这在一定程度上限制了管理层联合多个投资人进行收购的行为，限制了管理层的外部融资。

（三）管理层联合信托投资公司共同作为收购主体

随着《信托法》《信托公司管理办法》和《信托公司集合资金信托计划管理办法》的相继出台和修订，我国信托业日渐成熟，且逐渐被管理层收购业所关注。2002 年 11 月，新华信托首创 MBO 资金信托计划，拉开了运用信托进行 MBO 的序幕。2003 年 1 月，衡

---

① 任自力.管理层收购（MBO）的法律困境与出路.北京：法律出版社，2005：116.

平信托全兴集团 MBO 股权收购信托计划的成功发行，使得 MBO 的信托模式引起了社会的极大关注。① 以信托投资公司作为收购主体的管理层收购模式，具体来说包括以下几种：（1）由信托投资公司向管理层提供杠杆贷款，作为收购资金；（2）信托投资公司作为受托人，接受管理层委托的资金并将该等资金用于收购目标公司；（3）信托投资公司作为共同收购人收购目标公司股份，再选择一定的时机由管理层回购。

通过引入信托投资公司实施管理层收购，不仅可以解决管理层收购中收购资金不足、收购主体不明、收购效率不高等难题，真正发挥管理层收购的杠杆收购特性，更为重要的是，在收购资金合法性、资产定价的合理性等方面，也使得管理层收购更加透明。然而，信托投资公司作为管理层收购载体也存在着一些问题，如目标公司管理层须向信托公司支付一笔不菲的信托费用或融资费用，管理层的融资成本较高。另外，根据《企业国有产权向管理层转让暂行规定》第 9 条的规定，管理层不得采取信托或委托等方式间接受让企业国有产权。这就限制了信托投资公司作为收购主体模式的进一步发展。

（四）管理层以自然人身份作为收购主体

从法律规定的层面来讲，自然人作为收购主体是我国法律所允许的。特别是 2003 年 12 月国资委和财政部联合发布的《企业国有产权转让管理暂行办法》和 2005 年 4 月联合发布的《企业国有产权向管理层转让暂行规定》，进一步明确了管理层可以直接以自然人身份作为收购主体实施收购。

但在实践中，管理层以自然人身份进行收购的情况并不多见，主要原因在于管理层以自然人身份进行收购存在着下列弊端：第一，人数及投资能力的限制。如果目标公司是有限责任公司，则该等收购要受到《公司法》要求的股东人数不得高于 50 人的限制；如果目标公司是股份公司或上市公司，则鉴于股份总数量较大，管理层个人有限的投资能力决定了其很难控制目标公司。第二，融资能力限制。由于个人在资信和偿债能力方面存在固有的缺陷，且商业银行等往往给个人贷款设置更多限制，因而，管理层个人的融资能力往往有限，很难凭自己的力量完成收购。

（五）引入战略投资者与管理层一起作为收购主体

引入战略投资者与管理层联合进行收购也是管理层收购的一种模式。战略投资者既包括相关产业公司，又包括投资银行、股权投资基金等专业投资机构。前一类战略投资者进入公司多出于自身经营战略的考虑，例如纵向或者横向控制相关产业链、向新的产业领域的业务拓展等，因此其收购目标公司的股权显示的是其对公司业务的兴趣和对公司未来发展的信心，其是否退出目标公司取决于公司的发展状况；后一类战略投资者是专事 MBO 的机构投资者，其虽然拥有大量公司的股份，但是他们的初衷并不是成为企业的所有者，而是取得股权和债权投资的收益，希望在一个有限的时期内尽快收回投资，他们希望在公

---

① 张炼周．从管理层收购信托看信托制度发展．管理研究，2008.

司中扮演的角色是企业经营的服务人、咨询人和监督者，而并不愿意亲自介入企业经营管理。

在联合收购的整个过程中，需要解决两个重要的问题：第一，战略投资者和管理层的利益平衡问题。这一问题主要是通过双方事先的协商和谈判来解决。一般而言，双方会通过协商谈判来确定其各自的出资额和股权比例、战略投资者的投资回报率，并就管理层未来如何收购战略投资者所持目标公司股权达成协议。第二，战略投资者的投资收益及退出路径问题。战略投资者一般通过利息和股息取得投资收益，管理层通过分红来偿还 MBO 融资的债务本息。根据不同的情况，战略投资者会选择通过发行上市、股权转让等方式来实现退出。

恒源祥 MBO 是成功引进战略投资者完成 MBO 并取得较好业绩的典型案例。从公开披露的信息来看，当时恒源祥总经理刘瑞旗联合战略投资人发起成立新公司恒源祥投资发展有限公司作为本次收购的壳公司，之后刘瑞旗和战略投资人以该公司的名义直接出资 9 200 万现金购买冠以"恒源祥"商号的 7 家公司的股权。本案中的战略投资人主要是行业内的生产商，刘瑞旗凭借其自身的良好市场信誉和人格魅力得到这些战略投资人的大力支持。

四、管理层收购的定价

管理层收购由于其自身的复杂性，特别是涉及国有资产流失问题，因而备受学者关注。2004 年学术界的"郎顾之争"更是将我国是否适合管理层收购以及管理层收购机制优劣等推到学者讨论的风口浪尖。其中，在实施管理层收购过程中，最重大的、牵涉利益广泛的便是收购标的定价问题。如果管理层收购定价过低，会损害其他股东利益，甚至会造成国有资产流失；定价过高，无疑会打击管理层实施收购的积极性。所以，合理的管理层收购定价机制是影响整个收购成功的核心因素之一。

我国的管理层收购定价机制经历了如下过程：

（一）非市场化态势明显，净资产成为定价标准

就我国目前管理层收购实践来看，我国管理层收购价格通常与每股净资产价格联系紧密。该种做法主要因为管理层收购在我国最初是在国有企业改制中使用的。因此，为防止国有资产流失，国有资产管理部门于 1997 年发布了《股份有限公司国有股股东行使股权行为规范意见》（已失效），在肯定国有股股东可以将国有股份转让给境内外自然人和法人的同时，也对转让价格做了明确要求："转让股份的价格必须依据公司的每股净资产值、净资产收益率、实际投资价值（投资回报率）、近期市场价格以及合理的市盈率等因素来确定，但不得低于每股净资产值。"此后，在我国无论是否国有企业实施管理层收购，每股净资产俨然已经成为定价之基础，收购价格始终围绕每股净资产上下浮动。

（二）市场化演进，市场竞价成为新定价基础

社会主义市场经济体制不断完善，固定以每股净资产为管理层收购定价基础不断招致批评，而此前最常用的协议转让则由于存在暗箱操作导致国有资产流失而成为争论焦点。不破不立，新定价基础呼之欲出。2003 年国资委和财政部联合发布的《企业国有产权转让管理暂行办法》规定了企业国有产权转让的新方式，明确要求"企业国有产权转让应当在依法设立的产权交易机构中公开进行，不受地区、行业、出资或者隶属关系的限制"。同时该办法还规定："企业国有产权转让可以采取拍卖、招投标、协议转让以及国家法律、行政法规规定的其他方式进行。""在清产核资和审计的基础上，转让方应当委托具有相关资质的资产评估机构依照国家有关规定进行资产评估。评估报告经核准或者备案后，作为确定企业国有产权转让价格的参考依据。"至此，产权交易机构等公开交易市场成为竞价新平台。2005 年股权分置改革后，交易市场基本上呈现全流通态势，原先不能流通的国有股和法人股也活跃起来，因此，能够实时反映资产价值的交易价格便应运成为管理层收购定价的新基础。

此外，国务院国资委与中国证监会于 2007 年 6 月 30 日联合颁布的《国有股东转让所持上市公司股份管理暂行办法》规定，国有股东转让上市公司股份的价格应根据证券市场上市公司股票的交易价格确定。国有股东采取大宗交易方式转让上市公司股份的，转让价格不得低于该上市公司股票当天交易的加权平均价格。国有股东协议转让上市公司股份的价格应当以上市公司股份转让信息公告日（经批准不须公开股份转让信息的，以股份转让协议签署日为准）前 30 个交易日的每日加权平均价格算术平均值为基础确定；确需折价的，其最低价格不得低于该算术平均值的 90％。

五、管理层收购的融资

（一）管理层收购的融资类型

管理层收购是资本市场的产物，其运作更是离不开资本。由于收购标的的价格往往超出管理层的支付能力，因而，管理层通常只支付收购资金中的一小部分，其他资金需要通过外部融资来筹集。根据国外管理层收购的实践，管理层收购的融资方式可以总结为：债务融资、股权融资和混合型融资。这三类融资方式各具特点。所谓债务融资，是指管理层通过举债筹措资金，资金提供者作为债权人享有到期收回本息的融资方式。在这种模式下，资金提供者不直接或间接享有任何目标公司的股权。股权融资与债务融资不同，资金提供者通常还会直接或间接地持有目标公司的股权。混合型融资，顾名思义，就是兼具股权融资和债务融资性质的一种融资模式，如可转换债券等。管理层可以选择不同的对象进行融资，包括银行、其他金融机构或个人。

这里以美国的管理层收购为例。在美国的管理层收购中，80％的资金是靠融资而来

的，其资金来源主要是优先债、次级债以及股权融资。优先债融资是美国 MBO 最主要的方式，融资比例一般在 50%～60%，由商业银行、保险公司等作为债权人，由于可以从被收购公司的收入中优先获得偿还，因而债务风险相对较小。次级债融资比例在 20%～30%，包括过桥贷款（bridge loan）、延迟支付债券与从属债券等。[1]

相对于国外比较成熟的管理层收购融资模式，我国管理层收购的融资方式由于资本市场发达程度、融资工具、法制环境等因素的限制而仍处于较为单一的状态。我国管理层收购的主流融资方式是自筹和股权质押贷款，具体而言主要包括以下几种：

1. 银行贷款

根据《商业银行法》，商业银行开展信贷业务，需要严格审查借款人的资信，实行担保，保障按期收回贷款。商业银行应当严格审查借款人的借款用途、偿还能力、还款方式等情况。此外，商业银行贷款，借款人应当提供担保。商业银行应当对保证人的偿还能力、抵押物、质物的权属和价值以及实现抵押权、质权的可行性进行严格审查。只有对于经商业银行审查、评估，确认借款人资信良好，确能偿还贷款的，商业银行才可以给予其不提供担保的信用贷款。综上，商业银行通常不向个人提供信用贷款。因此，管理层若要获得银行贷款就要提供相应担保。

实践中，管理层通常使用目标企业的股权质押给相关银行以获取商业贷款，但这种股权质押贷款通常只有在下列情形（满足其中任意一个即可）下才可行：（1）在获得目标公司控制权之前，管理层已经持有目标公司一部分股权。在这种情况下，管理层可以将其已持有的这部分股权质押给银行，取得商业贷款以收购目标企业的其他股权。（2）管理层先寻找到一家金融中介机构为其提供过桥贷款，并将该等贷款用于收购目标企业的股权。在收购完成后，管理层再通过将其持有的目标公司股权质押给商业银行的方式取得贷款，并用这笔贷款偿还提供过桥贷款的金融中介机构。

但是，银行贷款的局限性在于其用途的有限性。根据中国人民银行 1996 年发布的《贷款通则》的规定，银行贷款不得用于从事股本权益性投资（国家另有规定的除外），也不得将贷款用于有价证券、期货等方面的投机经营。鉴于股权收购属于权益性投资，利用银行贷款进行管理层收购属于前述《贷款通则》禁止的行为，虽然实践中对此规定有所突破，但其合法性仍存疑问。

2. 过桥贷款

管理层收购中所使用的过桥贷款，一般是指在收购意向达成以后，管理层向相关投资银行或 MBO 基金申请的，由投资银行或 MBO 基金以其自身资信支持的短期限、高利率融资。管理层收购成功后，目标公司或收购主体再通过发行债券来偿还贷款。过桥贷款为管理层收购的顺利进行提供了过渡性的资金支持。过桥贷款的特点在于期限短、利率高、回报性强。一般而言，过桥贷款的利率通常高于国债利率或基金利率5～8个百分点。

---

[1]　梁佳佳．我国管理层收购的融资风险以及防范问题．中国商界，2010（5）．

在美国等金融市场成熟的国家，过桥贷款已被广泛运用于管理层收购。但在我国，由于投资银行等能为管理层提供融资的金融中介机构较少且融资工具单一，因而，过桥贷款在我国应用的较少。最早公开使用过桥贷款作为管理层收购资金的是佛塑股份。佛塑股份在股份转让协议中披露作为收购主体的壳公司富硕宏信投资公司只缴纳了3亿元的巨额收购资金中不到10％的部分，其余收购资金拟通过过桥贷款解决。新浪于2010年4月向美国SEC递交的13D文件也披露了新浪实施MBO的1.8亿美元巨额资金的来源：以曹国伟为首的新浪六人管理团队出资5 000万美元，曹国伟抛售50万股个人持有的新浪股票，套现2 251万美元；三家私募基金出资7 500万美元；美林证券提供5 800万美元贷款。

3. 个人民间借贷

由于银行贷款的门槛较高，有些管理层选择求助于民间资本。这种民间借贷高度依赖于管理层的个人信用，且借贷成本也较高，主要表现在资金提供方往往会要求较高的利率。但是，最高人民法院于1991年颁布的《关于人民法院审理借贷案件的若干意见》明确规定，民间借贷的利率可以适当高于银行的利率，但最高不得超过银行同类贷款利率的四倍（包含利率本数）。超出此限度的，超出部分的利息不予保护。除此之外，管理层民间借贷涉及人数较多、金额较大的行为还可能触犯《刑法》，构成非法集资罪或非法吸收存款罪。综上，个人民间借贷这一融资方式在我国目前很难受到法律、法规的保护。

4. 信托融资

信托融资是管理层收购常用的一种融资方式。具体而言，信托融资又可分为两种：债务型信托融资和股权型信托融资。债务型信托融资是指信托公司直接向管理层提供贷款，管理层利用该等贷款收购目标公司股权。在这种模式下，信托公司单纯是资金的提供方，类似于银行贷款，因此同样也涉及担保问题。股权型信托融资是指通过信托计划进行融资。典型的信托计划融资架构是管理层委托信托公司发起集合资金信托计划，投资者将资金信托给信托公司，信托公司将资金贷给管理层用于股权收购，管理层再将股权质押给信托公司。收购完成后，管理层按期将股利分红支付给信托计划投资人，直至信托计划到期。[①] 虽然信托计划有效解决了管理层收购的资金问题，但由于实践中存在许多利用这种方式低价收购国有股权并导致国有资产流失的情况，因而，2005年国资委和财政部联合颁布《企业国有产权向管理层转让暂行规定》，明确规定管理层不得通过信托或委托等方式间接受让企业国有产权。

5. 向目标公司融资

在目标公司资金充沛的情况下，有些管理层会考虑向该等目标公司借入资金用以收购该目标公司。但国资委和财政部于2005年发布的《企业国有产权向管理层转让暂行规定》规定："管理层受让企业国有产权时，应当提供其受让资金来源的相关证明，不得向包括标的企业在内的国有及国有控股企业融资，不得以这些企业的国有产权或资产为管理层融

---

① 蒋星辉. 管理层收购融资法律制度研究. 法律适用，2009（1）.

资提供保证、抵押、质押、贴现等。"这就明确禁止了管理层向目标公司融资这一方式。此外,《上市公司收购管理办法》也规定,被收购公司董事会不得利用公司资源向收购人提供任何形式的财务资助。

(二)股权投资基金与 MBO

鉴于我国目前 MBO 融资渠道的狭窄,因此很多人提出要引进股权投资基金及风险投资基金等专业投资机构参与我国的管理层收购,但在实践中这种操作尚未得到广泛运用。本书在此试图抛砖引玉,初步探讨该等融资模式的可行性,这里以引入海外股权投资基金(PE)为例进行分析。

如图 4-2 所示,首先,境外 PE 与目标公司管理层团队分别在海外设立各自的 SPV,之后由 SPV 1 和 SPV 2 共同在境内设立一家外商独资企业(WOFE),并由该 WOFE 作为 MBO 的收购主体,对目标公司股权进行收购。在 WOFE 中,境外 PE 和目标公司管理层团队可约定各自 SPV 出资的比例。

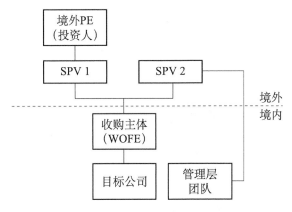

图 4-2 境外 PE 参与 MBO

上述安排的好处在于,对于目标公司管理层而言,一方面,其获得了收购目标公司所需的资金,解了燃眉之急;另一方面,境外 PE 大多拥有先进的管理经验、战略眼光、资源、渠道优势和品牌效应,可以带动目标公司今后的健康发展。对于境外 PE 自身而言,由于管理层对目标公司的了解,这就使得境外 PE 可以获得较为合理的收购价格,大大减轻因为其与目标公司的股东之间的信息不对称而存在的收购风险。此外,管理层自身愿意收购目标公司的举动也会让境外 PE 对目标公司今后的发展更有信心。

但是在该等交易架构下,依然存在着 MBO 一些固有的问题,如管理层滥用信息优势。因为目标公司的管理层团队对目标公司大多深入了解且在目标公司中有一定的经营决策权力和影响力,这种信息不对称很容易导致产生道德风险,即目标公司管理层可能会为了自己的利益不惜采用调剂或隐藏利润的方法来扩大账面亏损,从而压低收购价格,等收购完成后,再恢复账面利润,从而实现高分红派现,若目标公司为国有企业,则相关国有资产就这样以分红的形式流入了管理层和境外投资人的囊中。

关于境外 PE 的退出途径，较为可行的包括目标公司股票上市后退出、通过场外交易市场退出，以及与目标公司管理层约定回购条款，要求管理层在特定的情况下回购其所持股权等。在目标公司实现 MBO 后上市的情况下，根据相关上市规则的规定，由于目标公司实现 MBO 后公司控制权发生变更的，该公司需要自变更发生后重新运营一定期限（通常中国大陆要求是 3 年，香港地区要求则为 1 年）方可申请上市。

境内 PE 参与 MBO 的架构原理与境外 PE 参与 MBO 的原理基本相同，本书在此不再赘述。具体架构请见图 4 - 3。

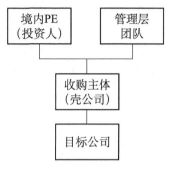

图 4 - 3   境内 PE 参与 MBO

第四节   国有企业并购

一、概述

对本节进行第二版修订时，恰逢经国务院办公厅转发的《国务院国资委以管资本为主推进职能转变方案》（以下简称"《转变方案》"）颁布。《转变方案》进一步将完善监督机制、实现国有资产保值增值、防止国有资产流失、提高国有资本效率、增强国有企业活力作为国资监管的目标。《转变方案》明确指出，国有资产监管部门要严格依据《公司法》《企业国有资产法》《企业国有资产监督管理暂行条例》等法律法规规定的权限和程序行权履职。在提出国有资产监督管理转变方针及试点措施的同时，《转变方案》要求国务院国资委要积极适应职能转变要求，及时清理完善相关国有资产监管法规和政策文件。

鉴于此，本节从"防止国有资产流失，实现国有资产保值增值"的国有资产监管目的出发，对国有企业并购中主要涉及的国有资产产权界定和登记、国有资产监督管理部门、国有产权交易决策及交易程序等重点法律问题予以论述。

二、国有资产产权界定和登记

国有资产产权界定是国有企业并购成功进行的前提与保障，对于维护国家和其他产权

主体的利益具有十分重要的意义。

（一）国有资产

关于国有资产的范围，2008 年颁布的《中华人民共和国企业国有资产法》规定，国有资产是指"国家对企业各种形式的出资所形成的权益"。2011 年修订的《企业国有资产监督管理暂行条例》规定，国有资产是指国家对企业各种形式的投资和投资所形成的权益，以及依法认定为国家所有的其他权益。2003 年颁布的《企业国有产权转让管理暂行办法》（国资委财政部令第 3 号）中，企业国有产权是指国家对企业以各种形式投入形成的权益，国有及国有控股企业各种投资所形成的应享有权益，以及依法认定为国家所有的其他权益。

从上述规定可以看出，企业国有资产具有三大特征：一是国家是出资人；二是国家以各种形式出资，除现金外，包括国家用实物、知识产权、土地使用权、股权等可以用货币估价并可以依法转让的非货币财产作价出资；三是国家出资后，不再对其出资的具体财产拥有所有权，而是转化为其对企业享有的权益。

（二）国有资产产权界定

1. 国有资产产权界定的原则

国有资产产权界定包括两个方面的内容，一是界定哪些资产归国家所有；二是界定由国有资产所有权派生出来的权利由谁享有。

我国国有资产界定依据"谁投资、谁拥有产权"的基本原则进行。基于这一原则，可以从三个基本方面判定企业国有资产的产权归属：（1）初始投资者是国家，投资权益界定为国有资产；（2）国家初始投资增值，增值的权益界定为国有资产；（3）由国家优惠政策形成资产，包括税前还贷、减税免税等形成的资产权益，虽然不是国家直接投资，但应视为国家投资，其资产权益界定为国有资产。按照上述方法，通过核查企业相关原始财务资料，可以具体界定各类型企业中国有资产。

国有单位因行政划转行为取得的产权，不适用"谁投资、谁拥有产权"的原则，而应根据划转后的实际情况确认产权归属。

2. 国有资产产权界定的内容

按照国有资产持有主体及交易主体的不同，国有产权界定包括：（1）全部或部分占用国有资产的单位的国有产权界定，如国有企业的国有产权界定，对国有企业与外国投资者共同投资设立的中外合资经营企业的国有产权界定等；（2）国有单位与其他经济成分单位之间的国有产权界定，如国有企业与集体企业之间发生的联营、产权交易时所进行的国有产权界定；（3）国有单位之间的国有资产进行的国有产权界定，如国有企业间发生产权纠纷时所进行的国有产权界定。

2.1 国有企业中的国有资产产权界定

国有企业中，无论是国家直接投入的，还是企业在生产经营活动中取得的，均属国家所有，具体而言：

（1）依法代表国家投资的部门、机构和国有企业分别以货币、实物、国家所有的土地使用权及知识产权等向企业投资，形成的国家资本金和国有法人资本金，界定为国有资产。

（2）国有企业在税后利润中按照国家规定划转而增加的资本金，从税后利润中提取的盈余公积金、公益金、未分配利润等。

（3）以国有企业、事业单位的名义担保，全部以借入资金投资创办的企业所积累形成的净资产。

（4）国有企业接受馈赠形成的资产。

（5）实行《企业财务通则》和《企业会计准则》（以下简称"两则"）前，国有企业从留利中提取的职工福利基金、职工奖励基金和实行"两则"后用公益金购建的集体福利设施而相应增加的所有者权益。

（6）国有企业中党、团、工会组织等占用企业的财产，但以党费、团费、会费以及按照国家规定由企业拨付的活动经费等结余购建的资产除外。

2.2　中外合资、合作经营企业中的国有资产产权界定

国有企业与外商组建的中外合资、合作经营企业资产中有下列情形之一的，界定为国有资产：

（1）国有企业以货币、实物、土地使用权和无形资产等作为出资投入形成的资产。

（2）国有企业以分得利润按照双方协议向企业再投资或者优先购买另一方股份所形成的资产。

（3）可分配利润及从税后利润中提取的各项基金中，双方约定分配比例的，从其约定；没有约定分配比例的，国有企业方按照投资比例所占有的相应份额，但用于职工奖励、福利等分配给个人消费的基金除外。

（4）企业清算或者解散时，国有企业方接受赠与或者无偿留给国有企业方继续使用的各项资产。

2.3　股份制、联营企业中国有资产产权界定

有限责任公司、股份有限公司和股份合作制企业（以下统称"股份制企业"）中下列情况形成的资产，界定为国有资产：

（1）国家机关或其授权单位向股份制企业投资形成的股份，包括现有已投入企业的国有资产折成的股份，构成股份制企业中的国家股。

（2）全民所有制企业、国有独资公司、国有控股企业向股份制企业投资形成的股份，构成国有法人股。

（3）股份制企业的公积金、公益金和未分配利润中，国家或者国有企业按照投资比例所占有的相应份额。

（4）股份制企业按照规定享受税收返还等优惠政策的资金，已经形成的国有股。

2.4　集体企业中国有资产产权界定

根据《集体企业国有资产产权界定暂行办法》及国家经贸委、财政部、国家税务总局

关于印发《城镇集体所有制企业、单位清产核资产权界定暂行办法》的通知（国经贸企〔1996〕895号）规定，集体企业产权界定应遵循"谁投资、谁拥有产权"的原则进行，即从资产的原始来源入手，界定产权。凡国家作为投资主体，在没有将资产所有权让渡之前，仍享有对集体企业中国有资产的所有权。基本界定办法如下：

（1）全民所有制企业、事业单位、国家机关等（以下简称全民单位）以货币、实物和所有权属于国家的土地使用权、知识产权等独资创办的以集体所有制名义注册登记的企业单位，其资产所有权界定按对国有企业产权界定规定办理。但依国家有关国有资产管理法律、法规规定或协议约定并经国有资产管理部门认定的属于无偿资助的除外。

（2）新建的企业，开办资金完全由全民单位以银行贷款及借款形式筹措，生产经营以集体性质注册的，其资产产权界定比照前款规定。

（3）全民单位用国有资产在集体企业中的投资及按照投资份额（或协议约定）应取得的资产收益界定为国有资产。

（4）全民单位以资助、扶持等多种形式向集体企业投入资金或设备，凡投入时没有约定是投资或债权关系的，一般应视同投资性质。如有争议，可由双方协商，重新确定法律关系并补办有关手续，协商不成的，由国有资产管理部门会同有关部门进行界定。但下列情况不作为投资关系：1）凡属于1979年以前投入的，可视同垫支借用性质；2）凡集体企业已按期支付折旧等费用，可视同租用关系处理。

（5）集体企业在发展过程中，使用银行贷款、国家借款等借贷资金形成的资产，全民单位只提供担保的，不界定为国有资产。但履行了连带责任的，全民单位应予追索清偿。集体企业确实无力按期归还的，经双方协商可转为投资。转为投资的部分界定为国有资产。

（6）集体企业在开办初期或发展过程中，享受国家特殊减免税优惠政策，凡在执行政策时与国家约定其减免税部分为国家扶持基金并实行专项管理的，界定为扶持性国有资产。

（7）集体企业享受国家税前还贷和以税还贷等特殊优惠政策而形成的资产，其中国家税收应收未收部分，界定为扶持性国有资产。

除上述条款外，集体企业中的下列资产，不界定为国有资产：

（1）国家以抚恤性质拨给残疾人福利企业的实物和资金等形成的资产。

（2）全民单位在劳动就业服务企业开办时拨给的闲置设备等实物资产。

（3）全民单位所属人员将属于自己所有的专利、发明等带给集体企业所形成的资产。

（4）明确约定为借款或租赁性质支持集体企业发展而形成的资产。

（5）集体企业依据国家统一的法律、法规和政策享受减免税优惠而形成的资产。

（6）其他经认定不属国有的资产。

集体企业的产权界定由各级国有资产监督管理机构审核批准。

（三）国有资产产权界定的情形和程序

占有、使用国有资产的单位，发生下列情形的，应当进行国有资产产权界定：

（1）与其他企业、经济组织和个人合资、合作的。

（2）设立或者改制为股份制企业以及其他经济组织的。

（3）发生产权转让的。

（4）国家所属企业创办企业和其他经济实体的。

（5）国有资产监管机构认为需要界定的其他情形。

就产权界定的程序而言，主要包括：（1）全民所有制企业单位的各项资产及对外投资，由全民所有制单位首先进行清理和界定，其上级主管部门负责督促和检查。必要时可以由上级主管部门或国有资产监管机构直接进行清理和界定。（2）全民所有制单位经清理、界定，已清楚国有资产的部分，按财务隶属关系报同级国有资产监管机构认定。（3）经认定的国有资产，按照规定办理产权登记等有关手续。

（四）国有资产的产权登记

国有资产的产权登记是依法确认国有资产产权以及企业、单位占有、使用国有资产的法律行为，其结果是以国有资产监管或财政部门核发的《中华人民共和国企业国有资产产权登记证》作为授予国有资产经营管理人享有占有、使用和依法进行处分权利的法律凭证。

企业国有资产产权登记按照"国家所有，分级管理，授权经营，分工监管"的原则，由各级政府对属本级管理并已取得法人资格的企业或国家授权投资机构的企业占有、使用的国有资产进行产权登记。进行国有资产产权登记的主体包括：国有企业，国有独资公司，国家授权的投资机构，设置国有股权的有限责任公司和股份有限公司；国有企业、国有独资公司或国家授权投资机构投资设立的企业和其他形式占有、使用国有资产的企业。

做好产权登记工作，是完善国有资产产权界定，从而实现国有资产有效管理的有力保障。

三、国有资产监督管理部门

根据国有资本出资机构的不同以及持有国有资产企业性质的不同，国有资产监管部门也不同。

（一）国有企业的国有资产监督管理

国务院于 2003 年 5 月 27 日下发《企业国有资产监督管理暂行条例》（国务院令第 378 号令，该暂行条例于 2011 年修订），规定国有及国有控股企业、国有参股企业中的国有资产监督管理，适用该条例。

根据上述条例，国务院，省、自治区、直辖市人民政府，设区的市、自治州级人民政府，分别设立国有资产监督管理机构。国务院国有资产监督管理机构代表国务院履行出资人职责，省、自治区、直辖市人民政府国有资产管理机构，设区的市、自治州级人民政府国有资产管理机构代表本级政府履行出资人职责。国有资产监督管理机构根据授权，依法履行出资人职责，依法对企业国有资产进行监督管理。据此，国务院国资委及各级地方国资委对其履行出资人职责的企业，即国有及国有控股企业、国有参股企业的国有资产进行监督管理。

根据国务院国资委和财政部发布的《企业国有产权转让管理暂行办法》（国务院国资委、财政部令第 3 号，于 2004 年 2 月 1 日实施，以下简称"《3 号令》"）和《企业国有资产交易监督管理办法》（国务院国资委、财政部令第 32 号，于 2016 年 6 月 24 日发布，以下简称"《32 号令》"），国有资产监督管理机构负责所监管企业的国有资产交易监督管理；国家出资企业负责其各级子企业国有资产交易的管理，定期向同级国资监管机构报告本企业的国有资产交易情况。

（二）事业单位的国有资产监督管理

根据财政部于 2006 年 5 月发布的《事业单位国有资产管理暂行办法》（财政部令第 36 号，于 2006 年 7 月 1 日实施），各级财政部门是政府负责事业单位国有资产的职能部门。

就事业单位国有资产管理，财政部在《事业单位国有资产管理暂行办法》的基础上，分别制定发布了《中央级事业单位国有资产管理暂行办法》（财教〔2008〕13 号，于 2009 年 3 月 15 日实施），《中央级事业单位国有资产处置管理暂行办法》（财教〔2008〕495 号，2009 年 1 月 1 日实施），《中央级事业单位国有资产使用管理办法》（财教〔2009〕192 号，2009 年 9 月 1 日实施），《事业单位及事业单位所办企业国有资产产权登记管理办法》（财教〔2012〕251 号，于 2012 年 9 月 5 日实施），《财政部关于进一步规范和加强行政事业单位国有资产管理的指导意见》（财资〔2015〕90 号），对事业单位国有资产登记、处置行为进行规范管理，明确事业单位国有资产处置应当遵循公开、公平、公正的原则，履行主管部门和财政部门审批程序。

（三）金融企业的国有资产监督管理

金融企业是指所有获得金融业务许可证的企业和金融控股（集团）公司。根据《企业国有资产监督管理暂行条例》，金融机构中的国有资产监督管理，不适用本条例，即金融企业的国有资产不受各级国有资产监督管理机构的监管。

金融企业的国有资产由各级财政部门监督管理。2001 年 7 月 14 日发布的《中华人民共和国财政部办公厅关于金融企业国有产权登记工作归财政部金融司管理的通知》（财办金〔2001〕150 号）从金融企业国有资产管理的源头，即金融企业确认国有产权，办理国有资产登记这一步，进一步明确了财政部门是金融企业国有资产的监督管理部门。

就金融企业的国有资产管理，财政部分别于 2007 年 10 月发布《金融企业国有资产评估监督管理暂行办法》（财政部令第 47 号，于 2008 年 1 月 1 日实施），2011 年 6 月下发《关于金融企业国有资产评估监督管理有关问题的通知》（财金〔2001〕59 号），对金融企业国有资产管理中涉及的国有资产评估问题予以规范。

财政部于 2009 年 3 月 17 日发布的《金融企业国有资产转让管理办法》（财政部令第 54 号，于 2009 年 5 月 1 日实施），2009 年 12 月发布的财政部《关于贯彻落实〈金融企业国有资产转让管理办法〉有关事项的通知》（财金〔2009〕178 号），2011 年 9 月 28 日发布的的财政部《关于印发〈金融企业非上市国有产权交易规则〉的通知》（财金〔2011〕118 号，于 2012 年 1 月 1 日实施）；2012 年发布的财政部、国资委、中国证监会、社保基金会《关于进一步明确金融企业国有股权转持有关问题的通知》（财金〔2013〕78 号），对金融企业国有产权交易的范围、交易形式、审批权限、交易程序、法律责任进行了规定。

（四）中央文化企业的国有资产监督管理

就中央文化企业的国有资产管理，财政部分别于 2012 年 12 月 22 日发布《中央文化企业国有资产产权登记管理暂行办法》（财文化资〔2012〕16 号，以下简称“《文化企业产权登记暂行办法》”）和《中央文化企业国有资产评估管理暂行办法》（财文资〔2012〕15 号），2015 年 6 月 19 日发布财政部《关于开展中央文化企业国有资产产权登记与发证工作的通知》（财文资函〔2015〕4 号），确立了中央文化企业国有资产产权登记、评估的基本管理制度。

2013 年 5 月 7 日，财政部又发布了财政部《关于加强中央文化企业国有产权转让管理的通知》（财文资〔2013〕5 号）和《中央文化企业国有产权交易操作规则》（财文资〔2013〕6 号），确立了中央文化企业国有资产交易的基本管理制度。

根据上述文件，财政部是中央文化企业及其各级子企业占有、使用、转让国有资产的监督管理部门。中央文化企业的国有产权转让，以及由中央文化企业直接管理和控制、资产总额和利润总额占本企业比例超过 30％的重要子企业的国有产权转让，由财政部依法决定或者批准。中央文化企业其他的子企业的国有产权转让事项由所出资中央文化企业自行决定。

四、国有产权交易程序

国有企业并购活动中，主要的并购方式包括：收购国有企业产权或股权，通过增资方式持有国有企业股权，以及收购国有企业资产。该等并购方式均涉及国有资产交易。

关于国有产权交易，由国务院国资委和财政部联合发布并于 2004 年 2 月 1 日起实施的《3 号令》一直是国有产权交易的主要监管规定，是进行国有产权交易以及审核国有产权交易是否合法合规的主要依据。随着国有企业改革的深化，并结合现阶段国家经济发展和政府职能的特点，国务院国资委和财政部于 2016 年 7 月 1 日联合发布了《32 号令》，旨在结合最新的国有企业及国有资产交易情况，规范企业国有资产交易行为，加强企业国有资产交易监督管理，防止国有资产流失。

《32 号令》并不是替代《3 号令》，而且在《3 号令》的基础上增加了相关内容。根据《32 号令》，现有企业国有资产交易监管相关规定与本办法不一致的，以本办法为准。因此，实践中，需要根据国有企业并购交易的具体内容，遵照上述两个办法的适用条款执行。

（一）适用范围

根据《32号令》，以下企业国有资产交易行为，须遵守该办法进行交易，包括：（1）履行出资人职责的机构、国有及国有控股企业、国有实际控制企业转让其对企业各种形式出资所形成权益的行为，即企业产权转让；（2）国有及国有控股企业、国有实际控制企业增加资本的行为，即企业增资（政府以增加资本金方式对国家出资企业的投入除外）；（3）国有及国有控股企业、国有实际控制企业的重大资产转让行为，即企业资产转让。

上述进行企业国有资产交易行为的主体，即国有及国有控股企业、国有实际控制企业包括：（1）政府部门、机构、事业单位出资设立的国有独资企业（公司），以及上述单位、企业直接或间接合计持股为100%的国有全资企业；（2）前款所列单位、企业单独或共同出资，合计拥有产（股）权比例超过50%，且其中之一为最大股东的企业；（3）前述第（1）、（2）款所列企业对外出资，拥有股权比例超过50%的各级子企业；（4）政府部门、机构、事业单位、单一国有及国有控股企业直接或间接持股比例未超过50%，但为第一大股东，并且通过股东协议、公司章程、董事会决议或者其他协议安排能够对其实际支配的企业。

（二）决策及审批

国有企业并购，需就交易行为履行内部决策及外部审批程序。

1. 内部决策程序

根据《32号令》，国有企业进行产权转让或增资，需履行内部决策程序，其中：（1）国有企业产权进行转让的，应该由转让方按照企业章程和企业内部管理制度进行决策，形成书面决议。国有控股和国有实际控制企业中国有股东委派的股东代表，应当按照本办法规定和委派单位的指示发表意见、行使表决权，并将履职情况和结果及时报告委派单位；产权转让涉及职工安置事项的，安置方案应当经职工代表大会或职工大会审议通过；涉及债权债务处置事项的，应当符合国家相关法律法规的规定。（2）国有企业进行增资的，应当由增资企业按照企业章程和内部管理制度进行决策，形成书面决议。国有控股、国有实际控制企业中国有股东委派的股东代表，应当按照本办法规定和委派单位的指示发表意见、行使表决权，并将履职情况和结果及时报告委派单位。

据此，国有企业产权转让的，进行内部决策的主体是转让方；国有企业进行增资的，进行内部决策的主体是增资企业。

2. 外部审批程序

根据《32号令》：（1）国有企业产权转让的，其审批权限为：国家出资企业的产权转让由其主管国资监管机构负责审批；如因产权转让致使国家不再拥有所出资企业控股权的，除经本级国资监管部门审批外，还须由国资监管机构报本级人民政府批准；国家出资企业的子企业的产权转让由国家出资企业决定。如为重要子企业的产权转让，需报同级国资监管机构批准。（2）国有企业进行增资的，其审批权限为：国资监管机构负责审核国家出资企业的增资行为。其中，因增资致使国家不再拥有所出资企业控股权的，须由国资监管机构报本级人民政府批准。国家出资企业决定其子企业的增资行为。其中，对主业处于关系国家安全、国民经济命脉的重要行业和关键领域，主要承担重大专项任务的子企业的增资行为，须由国家出资企业报同级国资监管机构批准。增资企业为多家国有股东共同持股的企业，由其中持股比例最大的国有股东负责履行相关批准程序；各国有股东持股比例相同的，由相关股东协商后确定其中一家股东负责履行相关批准程序。

（三）审计与资产评估

对标的国有资产进行审计与资产评估是企业国有资产交易中的重要环节，是国有资产交易定价基础和确保交易价格公允、防止国有资产流失的重要依据。

为此，《32号令》规定，产权转让事项经批准后，由转让方委托会计师事务所对转让标的企业进行审计。对按照有关法律法规要求必须进行资产评估的产权转让事项，转让方应当委托具有相应资质的评估机构对转让标的进行资产评估，产权转让价格应以经核准或备案的评估结果为基础确定。国有企业增资在完成决策批准程序后，应当由增资企业委托具有相应资质的中介机构开展审计和资产评估。

实践中，我们经常遇到，国有参股企业进行股权转让时，涉及交易的国有股权比例非常小，甚至不足1%，但仍要为此对目标企业进行整体审计，导致增加企业成本支出的情况。《32号令》为此规定了不需要审计或评估的例外情形，包括：

1. 涉及参股权转让不宜单独进行专项审计的，转让方应当取得转让标的企业最近一期年度审计报告。

2. 企业增资时，符合《32号令》第38条规定的任何一种情形的，可以不进行专项评估而以最近一期审计报告为增资依据，相关情形包括：（1）增资企业原股东同比例增资的；（2）履行出资人职责的机构对国家出资企业增资的；（3）国有控股或国有实际控制企业对其独资子企业增资的；（4）增资企业和投资方均为国有独资或国有全资企业的。

据此，国有企业进行产权转让的，如果系国有参股企业股权转让，可以不进行整体审计；且仅对按照法律法规要求必须进行资产评估的产权转让，才进行资产评估，从而大大降低了国有参股企业的产权交易成本和时间。

（四）产权交易所进行交易

国有企业并购完成上述内部决策、外部审批和审计与资产评估程序后，即可进入产权交易市场进行公开交易。

1. 信息披露

为确保国有资产交易的公开性，国有资产交易信息需根据情况进行披露，《32号令》对三种交易方式分别规定如下：

（1）产权转让：原则上通过产权市场公开进行。转让方可以根据企业实际情况和工作进度安排，采取信息预披露和正式披露相结合的方式，通过产权交易机构网站分阶段对外披露产权转让信息，公开征集受让方。其中，正式披露信息时间不得少于 20 个工作日。因产权转让导致转让标的企业的实际控制权发生转移的，转让方应当在转让行为获批后 10 个工作日内，通过产权交易机构进行信息预披露，时间不得少于 20 个工作日。

（2）增资：企业通过产权交易机构网站对外披露信息公开征集投资方，时间不得少于 40 个工作日。

（3）资产转让：转让方应当根据转让标的情况合理确定转让底价和转让信息公告期：

1）转让底价高于 100 万元、低于 1 000 万元的资产转让项目，信息公告期应不少于 10 个工作日；

2）转让底价高于 1 000 万元的资产转让项目，信息公告期应不少于 20 个工作日。

据此，企业国有资产进入产权交易市场进行交易，需进行信息披露。其中，产权转让上述规定对产权转让引入预披露制度，并且规定如果产权转让导致转让标的企业的实际控制权发生转移的，则转让必须进行预披露。

关于信息披露的内容，《32 号令》作出了具体规定。

同时，《32 号令》要求产权转让原则上不得针对受让方设置资格条件，确需设置的，不得有明确指向性或违反公平竞争原则，所设资格条件相关内容应当在信息披露前报同级国资监管机构备案，国资监管机构在 5 个工作日内未反馈意见的视为同意。

2. 非公开协议转让/增资

根据《32 号令》，符合相关情形的产权转让/增资，经相关国资监管机构批准或者国家出资企业审议决策，可以采取非公开协议转让/增资，具体情形如表 4-5 所示：

表 4-5

交易方式	可以采取非公开协议转让/增资的情形	其他限制规定
产权转让	（一）涉及主业处于关系国家安全、国民经济命脉的重要行业和关键领域企业的重组整合，对受让方有特殊要求，企业产权需要在国有及国有控股企业之间转让的，经国资监管机构批准，可以采取非公开协议转让方式； （二）同一国家出资企业及其各级控股企业或实际控制企业之间因实施内部重组整合进行产权转让的，经该国家出资企业审议决策，可以采取非公开协议转让方式。	转让价格不得低于经核准或备案的评估结果。
增资	（一）以下情形经同级国资监管机构批准，可以采取非公开协议方式进行增资： 1. 因国有资本布局结构调整需要，由特定的国有及国有控股企业或国有实际控制企业参与增资； 2. 因国家出资企业与特定投资方建立战略合作伙伴或利益共同体需要，由该投资方参与国家出资企业或其子企业增资。 （二）以下情形经国家出资企业审议决策，可以采取非公开协议方式进行增资： 1. 国家出资企业直接或指定其控股、实际控制的其他子企业参与增资； 2. 企业债权转为股权； 3. 企业原股东增资。	
资产转让	同产权转让	

3. 公开转让/增资

除上述可以采用非公开协议形式转让的情形外，产权转让信息披露期满，产生符合条件的意向受让方的，按照披露的竞价方式组织竞价，竞价可以采取拍卖、招投标、网络竞价以及其他竞价方式，且不得违反国家法律法规的规定。受让方确定后，转让方与受让方应当签订产权交易合同，交易双方不得以交易期间企业经营性损益等理由对已达成的交易条件和交易价格进行调整。

（五）价格的确定及支付

经核准或备案的国有资产评估结果是国有产权转让的定价依据，为防止国有资产流失，产权转让价格不得低于资产评估结果。

关于产权转让交易价款的支付，原则上应当在交易合同生效之日起 5 个工作日内一次付清。金额较大、一次付清确有困难的，可以采取分期付款方式。采用分期付款方式的，首期付款不得低于总价款的 30%，并在合同生效之日起 5 个工作日内支付；其余款项应当提供转让方认可的合法有效担保，并按同期银行贷款利率支付延期付款期间的利息，付款期限不得超过 1 年。

（六）产权交易凭证及相关变更登记

1. 产权交易凭证

产权交易凭证是证明国有产权交易完成的标志。根据《32 号令》，产权转让交易合同生效，并且受让方按照合同约定支付交易价款后，产权交易机构应当及时为交易双方出具交易凭证。而对于增资的情况，则在增资协议签订并生效后，产权交易机构即应当出具交易凭证，而无须待完成增资现金交付或资产交割。

2. 相关变更登记

企业国有产权转让成交后，交易双方凭借产权交易机构出具的产权交易凭证，按照交易具体情况，办理相关产权变更登记手续，包括国有资产产权变动登记、股权工商变更登记、增资/转让资产的资产权属变更登记。

▌ 第五节　外资并购

一、外资并购总论

（一）外资准入和外商投资政策

外资并购一般是指外国投资者从现有股东处购买或通过增资取得在中国设立的企业的

股权，或在中国购买资产/业务并在其基础上设立中国企业运营该资产/业务的直接投资活动。在外商直接投资的范畴之内，其概念主要区别于在华新设企业、从零开始组织并整合生产/经营要素的"绿地投资（green field investment）"。

在 2003 年 3 月 7 日外经贸部、国家工商总局、国家税务总局和国家外汇管理局联合发布《外国投资者并购境内企业暂行规定》（下称"2003 年规定"）开始实施之前，外国投资者投资中国的主要方式是依据三资企业法采用新设的方式成立外商投资企业，或依据 1997 年 5 月 28 日发布、至今仍在实施的《外商投资企业投资者股权变更的若干规定》购买已经设立的外商投资企业的股权或认购其增资。2003 年规定于 2006 年 8 月 8 日被六部委联合发布的《关于外国投资者并购境内企业的规定》所代替。2009 年 6 月 22 日商务部对其进行了部分修订，该修改版本在实践中被简称为"10 号令"。上述法律、规章与 1999 年外经贸部和国家工商总局联合发布并于 2001 年 11 月 22 日修订的《关于外商投资企业合并与分立的规定》、2000 年 7 月 25 日发布的《关于外商投资企业境内投资的暂行规定》，以及《公司法》《证券法》《合伙企业法》《反垄断法》《物权法》《担保法》《合同法》《企业国有资产法》及其各自的配套法规、规章和司法解释一起，构成了规范外资并购的基本法律框架。[①]

在中国法律体系之下，外资并购被作为外商投资的主要方式之一而受到纷繁庞杂的外商投资法律、法规体系的规范，这个法律体系的形成伴随着中国对外开放的深入和中国的社会转型与经济的发展，也逐渐使外商投资更加便利。理解这一点，有利于避免在将"外资并购"作为并购法律实践的一个专题进行单独论述时，忽视其与外商投资法律规范及实践的紧密关联关系。在实践中，由于专门规范有外国投资者参与的股权/资产买卖、企业合并及分立活动的法律规定十分有限，许多具体问题（包括宏观政策和操作细节）都需要回到外商投资的相关法律、法规和部门规章中寻找答案。因此，如果对于外商投资的法律框架以及相关的历史和商业常识缺乏基本的了解，则很难窥见外资并购的门径。

1. 外商投资概述

囿于篇幅限制及相关内容之于本节主题的重要性和必要性，本小节意图以最凝练的方式概括外商投资法律的基本框架。

中国在经济领域的对外开放一直遵循有选择的"拿来主义"，对于外商投资进入国民经济各个部门，采取了鼓励、允许、限制和禁止几种态度。作为指导外商投资的产业政策，政府计划部门和外商投资主管部门从 1995 年开始发布《外商投资产业指导目录》，截至 2011 年 12 月 24 日最新版本发布，其间经历了 1997 年、2002 年、2004 年、2007 年、2011 年、2015 年和 2016 年七次修订。此外，《中西部地区外商投资优势产业目录》《辽宁省外商投资优势产业目录》（目前已经失效）等区域性外商投资产业政策也发挥着类似

[①]　由于本书就上市公司并购及国有资产转让设有专门章节，因而本节内容并不涉及这两部分内容。就该两则专题与外资并购交叉的部分，相关部委曾于 2004 年发布《关于上市公司国有股向外国投资者及外商投资企业转让申报程序有关问题的通知》，在实践中需要加以参考。

的作用。由于对审批权限和优惠措施会产生直接影响，这些产业政策一般是律师接手一项外资并购案件最先需要考虑和确认的问题。2016年9月3日，全国人大常委会就外商投资相关的四部法律发布修改决定，吹响了外国投资监管从"普遍审批制"向"有限备案制"转变的号角。2016年10月8日，国务院总理李克强主持召开国务院常务会议。会议确定，根据全国人大常委会关于修改外资企业法等法律的决定，今后举办外商投资企业，凡不涉及2015年版《外商投资产业指导目录》中禁止类、限制类和鼓励类中有股权、高管要求的规定等准入特别管理措施的，企业设立及变更一律由审批改为备案，且备案不作为办理工商、外汇登记等手续的前置条件。由此，将2015年和2016年版的《外商投资产业指导目录》转变成为"外资准入特别管理措施"，即通常所说的外资准入"负面清单"。

中国最早吸引的外商投资，基本上集中于工业生产领域。观诸1995年和1997年发布的《外商投资产业指导目录》，其中大部分内容都集中于各种各样的"工业"部门。外国投资者在工业领域进行投资，除了投资主体的身份异于内资企业，相关生产项目所需的水、电、汽、热、土地、交通、原材料供应等综合配套措施，与内资企业并无本质区别。因此，在20世纪80年代初，对于外商投资项目的审批，即形成了计划部门负责投资项目审批和外经贸部门负责外商投资企业合同、章程及企业设立核准的分工格局。历史上曾经负责项目审批的部门包括国家计划委员会、国家经济委员会（及其后的国家经济贸易委员会）。① 目前，相关职能主要由国家发展和改革委员会及工业和信息化部（及其对应的地方政府职能部门）分担。对于外商投资企业设立及其相关合同、章程的审查，历史上曾经由外国投资管理委员会、对外经济贸易部、对外贸易经济合作部负责，目前主要由商务部及其对应的地方政府职能部门负责。② 外商投资项目（及承建相关项目的外商投资企业设立）的审批权限依据项目投资总额的大小、国家对相关项目支持与否的态度，以及是否需要国家综合平衡等因素在中央和地方之间进行划分。就其趋势而言，审批权限不断向地方转移。目前，大部分工业生产类的外商投资项目已经可以由地方政府的相关职能部门负责项目核准或备案，在"有限备案制"的适用范围内，合资合同和公司章程也无须再由商务部门审批。

对于大型工业生产项目而言，由于涉及建设用地、规划、环保、消防、安全评估、节能评估、职业病防治等方面的前置审批，取得发改委的投资项目核准或备案远较取得商务部门的合同/章程批准或备案更加复杂和困难。就外国投资者采用资产转让方式完成的交易而言，由于外国投资者将基于收购取得的资产新设并运营一个或数个投资项目（或者也可以理解为项目运营主体的变更），上述各个政府职能部门从不同角度的核准或备案在该种外资并购模式中是必须考虑的因素。就目标公司为外商投资企业的股权收购，由于国家

---

① 国家经济委员会于1956年5月设立，1970年6月并入国家计划委员会。1978年3月恢复成立国家经济委员会，1988年4月撤销。1993年3月重建并改名为国家经济贸易委员会。2003年3月，国家经济贸易委员会的职能分别整合到新设立的国资委、国家发改委、商务部等部门。

② 1982年，由进出口管理委员会、对外贸易部、对外经济联络部和外国投资管理委员会四个单位合并，设立对外经济贸易部，主管中国对外贸易。1993年3月16日，撤销对外经济贸易部，新设对外贸易经济合作部。2003年3月，在对外贸易经济合作部和原国家经济贸易委员会的基础上，组建中华人民共和国商务部。

发改委《外商投资项目核准和备案管理办法》（2014 年 5 月 17 日发布）第 21 条①的存在，从合规角度需要取得原来核准投资项目的发改委的批准。② 至于外国投资者和外商投资企业对境内企业的收购，依据上述《外商投资项目核准和备案管理办法》的规定，包括外商并购境内企业项目、外商投资企业再投资项目在内的各类外商投资项目，均要进行核准或备案。

　　在工业生产之外的服务贸易领域，主要是在 2001 年中国加入世界贸易组织之后，中国政府根据加入 WTO 议定书附件《服务贸易具体承诺减让表》的规定，不断通过国内立法的形式推进相关领域的对外开放，实践其对 WTO 各成员国的承诺。2005 年 1 月 21 日《商务部关于依法行政做好外商投资企业审批工作的通知》的总结是："为履行我国加入世界贸易组织承诺，依据外商投资三个法律及其实施条例（细则），我国已陆续制定并公布实施金融、保险、证券、商业流通、旅游、电信、建筑、医疗卫生、交通运输、广告、会展、电影电视制作等 40 多项服务贸易领域外商投资及港澳台的法规、规章"。其中类似2004 年的《外商投资商业领域管理办法》等部门规章，对外商投资实践均产生了相当大的影响。2008 年 12 月，商务部外国投资管理司发布了《外商投资准入管理指引手册（2008 年版）》，其中第五部分附表 1、附表 2 列举了下放或委托地方审批的 23 类服务业行政许可事项，以及 20 类仍由商务部保留审批权的服务业行政许可事项。但是，该版指引手册中关于权限划分的部分信息目前已经过时。2008 年之后，相关领域的立法工作仍然在稳步推进：一方面，新的服务贸易领域外商投资的管理规章不断出台；另一方面，根据实际情况的变化，对既有法规或规章不断进行修订和补充。这一时期的实践中，对于服务贸易领域的外商投资，发改委进行一般性投资项目核准或备案的角色基本淡出，而该领域的监管主要由商务部与相关行业主管部门共同实施。具体表现是，在企业设立和并购中，经常是商务部从带有共性的外资管理角度、相关主管部门从凸显个性的行业管理角度共同行使批准的权力。2015 年 10 月 2 日，国务院颁布《关于实行市场准入负面清单制度的意见》，规定"负面清单主要包括市场准入负面清单和外商投资负面清单"，要求"从 2018年起正式实行全国统一的市场准入负面清单制度"。该《意见》体现了国务院将"市场准入"与"外资准入"有意识地加以区分，就外国投资实施"准入前国民待遇加负面清单"管理模式的思路，客观上要求商务部逐步改变行业主管部门对特定领域或行业内的外国投资齐抓共管的工作方式。从 2016 年 10 月开始，前述外国投资的"有限备案制"开始实施，在其适用范围内的外资准入工作，都要统一调整到商务部于 2016 年 10 月 8 日发布的《外商投资企业设立及变更备案管理暂行办法》的轨道上来。商务部也由此开始了对历史

---

　　① 第 21 条规定，经核准或备案的项目如出现下列下列情形之一的，需向原批准机关申请变更：（1）项目地点发生变化；（2）投资方或股权发生变化；（3）项目主要建设内容发生变化；（4）有关法律、法规和产业政策规定需要变更的其他情况。

　　② 2004 年国家投资体制改革之后，各省、自治区和直辖市的地方发改部门基本上按照国家发改委《外商投资项目核准暂行管理办法》的行文发布了自己辖区内的外商投资项目核准办法。据我们观察，其中均有与《办法》第 18 条类似的规定。但在实践中，并非所有省级及以下的发改委均认为外商投资企业的股东变更需要发改委核准，其各自的执行口径也极不一致。

上曾经发布的大量外资管理部门规章和规范性文件的清理工作。比如，依据 2016 年 11 月 3 日发布的《商务部关于废止部分规章的决定》，前文提及的《外商投资商业领域管理办法》及其一系列补充规定均被废止。

此外，中国法律将外商投资性公司、外商投资创业投资企业和外商投资合伙企业三类外商投资企业设定为外国投资者。尽管它们是中国公司或企业，但在进行中国境内的投资时，中国法律将它们视为外国投资者并据以确认其所投资企业的法律性质及相关的法律适用规则。这也是在从事外资并购业务时必须注意的问题。

2. 外商投资基本管制架构的历史沿革

1979 年 7 月 8 日发布并于同日实施的《中外合资经营企业法》第 3 条规定："合营各方签订的合营协议、合同、章程，应报中华人民共和国外国投资管理委员会"①。1983 年 9 月 20 日国务院发布的《中外合资经营企业法实施条例》第 8 条规定："在中国境内设立合营企业，必须经中华人民共和国对外经济贸易部（以下简称对外经济贸易部）审查批准。批准后，由对外经济贸易部发给批准证书。凡具备下列条件的，对外经济贸易部得委托有关的省、自治区、直辖市人民政府或国务院有关部、局（以下简称受托机构）审批：（一）投资总额在国务院规定的金额内，中国合营者的资金来源已落实的；（二）不需要国家增拨原材料，不影响燃料、动力、交通运输、外贸出口配额等的全国平衡的"（上述审批原则在国务院 2001 年 7 月 22 日发布的对该实施条例的修订中并无变化）。此后，1986 年通过的《外资企业法》和 1988 年通过的《中外合作经营企业法》均有类似的规定。在登记机关之外，为全部或部分股东来自境外的外商投资企业设立专设审批机构的实践，大抵滥觞于此。

1983 年 1 月 31 日《国务院批转国家计委、国家经委、对外经济贸易部关于对外经济贸易工作中分工意见的通知》初步确立了外商投资企业投资项目和企业设立分类共管的格局，同时确立了以投资总额金额设限、兼顾国家综合平衡需求的审批权限下放原则。该通知规定："利用国外贷款或采取中外合资经营、合作经营、合作开发、补偿贸易方式进行建设的限额以上项目，其项目建议书、可行性研究报告，均由国家计委会同国家经委、对外经济贸易部、财政部、中国银行及有关部、委审批。其中，投资总额一亿元以上的，由国家计委组织初审后，报请国务院审批。限额以下的项目，按隶属系统，分别由主管部门或有关省、自治区、直辖市会同当地中国银行在国家计划规定的额度内审批，报国家计委、国家经委、对外经济贸易部、财政部备案。但对其中需要经全国综合平衡后才能解决燃料、动力、原料、交通运输等问题的，要报国家计委会同国家经委、对外经济贸易部及有关部门审批。"

从 1988 年开始，生产性外商投资项目的审批权限经历了一个不断向地方下放的过程。当年，将无须综合平衡及出口配额/许可证的外商投资项目的地方审批权限，提高到投资

---

① 1990 年 4 月 4 日修订后的同一法律第 3 条规定："合营各方签订的合营协议、合同、章程，应报国家对外经济贸易主管部门（以下称审查批准机关）审查批准。"

总额沿海 3 000 万美元①、内地 1 000 万美元。② 1996 年，内地地方政府的审批权限也提高到 3 000 万美元，与沿海城市拉齐。③ 此后，这一标准的设定再未按照沿海与内地进行区分。

1999 年 8 月 20 日《国务院办公厅转发外经贸部等部门关于当前进一步鼓励外商投资意见的通知》将鼓励类无须综合平衡项目的审批权限不论投资总额大小一律下放到省级人民政府。该通知规定："凡属鼓励类且不需要国家综合平衡的外商投资项目，均由省级人民政府审批，报国家计委、国家经贸委、外经贸部备案。"与此相配套，1999 年 10 月 15 日对外贸易经济合作部发布了《关于地方自行审批鼓励类外商投资企业报外经贸部备案有关问题的通知》，1999 年 12 月 6 日国家计委、国家经贸委发布了《关于扩大地方鼓励类不需要国家综合平衡的外商投资项目审批权限有关问题的通知》。

2004 年 7 月 16 日国务院发布了《关于投资体制改革的决定》，将"不使用政府投资建设的项目"由审批制改为核准制或备案制。但是，外商投资项目均在实行核准制的范围之内。后附于上述国务院决定的《政府核准的投资项目目录》第 12 条规定："《外商投资产业指导目录》中总投资（包括增资）1 亿美元及以上鼓励类、允许类项目由国家发展和改革委员会核准。《外商投资产业指导目录》中总投资（包括增资）5 000 万美元及以上限制类项目由国家发展和改革委员会核准。国家规定的限额以上、限制投资和涉及配额、许可证管理的外商投资企业的设立及其变更事项；大型外商投资项目的合同、章程及法律特别规定的重大变更（增资减资、转股、合并）事项，由商务部核准。上述项目之外的外商投

---

① 1988 年 3 月 23 日国务院发布的《关于沿海地区发展外向型经济的若干补充规定》规定："在沿海地区举办中外合资经营企业、中外合作经营企业，凡属符合国家指导吸收外商投资方向规定的生产性项目，建设和生产经营条件以及外汇收支不需要国家综合平衡，产品出口不涉及配额、许可证的，天津、上海、广东、福建、海南和北京仍按原规定，投资总额在三千万美元以下的项目由省（市）自行审批；辽宁、河北、山东、江苏、浙江和广西的自行审批权限，由原规定的投资总额五百万美元以下或一千万美元以下，扩大到投资总额在三千万美元以下的项目；经济特区的审批权限由原规定的轻工业三千万元、重工业五千万元以下，扩大到投资总额在三千万美元以下的项目。沿海省、自治区、直辖市所辖市、县的审批权限，由各省、自治区、直辖市人民政府在上述权限范围内自行规定。地方审批的项目应报国家计委和经贸部备案。"在沿海地区举办外资企业，除国发〔1985〕90 号文件规定的统一归口的项目外，也按上列审批权限办理。

② 1988 年 7 月 3 日国务院发布的《关于扩大内地省、自治区、计划单列市和国务院有关部门吸收外商投资审批权限的通知》规定：为了进一步贯彻对外开放的方针，促进国民经济全面发展，国务院决定适当扩大内地省、自治区和计划单列市，国务院有关部委以及国家建材局、国家医药局、国家技术监督局、国家环保局、中国民航局、国家旅游局、国家海洋局、国家气象局、国家地震局和中国科学院吸收外商投资的审批权限。吸收外商投资的生产性项目，凡符合国家规定投资方向，建设和生产经营条件以及外汇收支不需要国家综合平衡，产品出口不涉及配额与许可证管理的，上述有关地方和部门的审批权限，由现行项目总投资额五百万美元以下提高到一千万美元以下。项目批准后报国家计委备案。

③ 1996 年 8 月 22 日国务院发布的《关于扩大内地省、自治区、计划单列市和国务院有关部门等单位吸收外商直接投资项目审批权限的通知》规定："为了进一步扩大对外开放，促进国民经济持续、快速、健康发展，并为逐步缩小地区差距创造条件，国务院决定适当扩大内地省、自治区和计划单列市，国务院有关部委、直属机构以及中国科学院、船舶工业总公司、兵器工业总公司、航空工业总公司、航天工业总公司、核工业总公司、石油化工总公司、有色金属工业总公司和解放军总后勤部吸收外商直接投资项目的审批权限。凡符合国家《指导外商投资方向暂行规定》和《外商投资产业指导目录》，中方投资和建设、生产经营条件以及外汇需求可自行平衡解决的吸收外商直接投资的生产性项目，上述有关地方、部门及单位的审批权限，由现行项目总投资额 1 000 万美元以下提高到 3 000 万美元以下；项目批准后，需根据项目建设性质分别报国家计委、国家经贸委备案，企业合同、章程报外经贸部备案。"

资项目由地方政府按照有关法规办理核准。"至此，相关分权原则适用了将近 7 年之久。

2010 年 4 月 6 日国务院发布《关于进一步做好利用外资工作的若干意见》，该意见规定："《外商投资产业指导目录》中总投资（包括增资）3 亿美元以下的鼓励类、允许类项目，除《政府核准的投资项目目录》规定需由国务院有关部门核准之外，由地方政府有关部门核准。除法律法规明确规定由国务院有关部门审批外，在加强监管的前提下，国务院有关部门可将本部门负责的审批事项下放地方政府审批，服务业领域外商投资企业的设立（金融、电信服务除外）由地方政府按照有关规定进行审批。"与上述国务院意见相配套，2010 年 5 月 4 日国家发改委发布了《关于做好外商投资项目下放核准权限工作的通知》，2010 年 6 月 10 日商务部也发布了《关于下放外商投资审批权限有关问题的通知》。值得注意的是，上述国务院放权意见确立了在遵守法律、法规的前提下，服务业领域的外商投资企业的设立主要由地方政府审批的原则，以及中央负责外商投资审批的相关部门可以继续向地方政府下放权力的原则。关于前述第二个原则，国家发改委的放权通知基本上采用了与国务院意见类似的行文，并未进一步下放权力；但商务部在 2008 年至 2009 年间，即已经通过一系列通知向地方商务部门下放了相当大一部分审批权力。[①] 在其上述 2010 年的放权通知中，商务部重新启用了 2004 年投资体制改革之前鼓励类无须综合平衡的外商投资企业的设立无须考虑国务院规定的投资总额限额，可以直接由地方商务部门审批的概念，但其客观上造成了限额以上鼓励类项目需要由国家发改委核准项目而仅需地方商务部门审批合同、章程的局面。

此后，国务院就《政府核准的投资项目目录》在 2013 年、2014 年和 2016 年连续进行了三次更新，目前的分权口径是限制类投资总额（含增资）3 亿美元及以上的外商投资项目由国家发改委核准（其中 20 亿美元以上的国家发改委需向国务院备案），限制类 3 亿美元以下的由省级政府核准，其余的全部适用项目备案制。而就商务部的外资管理而言，如前述，目前已经实施"有限备案制"，在其范围内的备案工作基本上由省级商务部门组织和负责，与投资总额的金额已经无关。当然，在适用合同章程批准管理的外国投资交易范围内（主要是限制类和少数有股权或高管要求的鼓励类外国投资，以及外国投资者并购境内非外商投资企业、外国投资者战略投资上市公司、外商投资企业在限制类领域内进行境内再投资等特定类型的交易），国务院 2016 年版《政府核准的投资项目目录》内的上述分权原则仍然适用。

（二）外资并购的类型

中国法律体系下的公司并购无外乎股权收购、资产收购、合并和分立几种类型。外资并购则由于收购主体及对象的不同在上述大的分类之下又有细分。

依据六部委 10 号令第 2 条的界定，其管辖范围主要由两部分组成：其一，股权收购

[①] 这些通知包括 2008 年 8 月 5 日商务部《关于下放外商投资股份公司、企业变更、审批事项的通知》、2008 年 8 月 27 日商务部《关于进一步简化和规范外商投资行政许可的通知》，以及 2009 年 3 月 5 日商务部《关于进一步改进外商投资审批工作的通知》。

方面，外国投资者购买境内非外商投资企业（即通称的"内资企业"，在 10 号令中被定义为"境内公司"）中的股权或认购其增资；其二，资产收购方面，外国投资者购买中国企业（包括依据中国法律设立的内资企业和外商投资企业）资产并以其为基础设立外商投资企业，或新设外商投资企业购买中国企业资产的行为。目前，此类交易在商务部门的审批中均不适用备案制。

就外国投资者购买已经设立的外商投资企业中的股权或认购其增资的行为，主要受《外商投资企业投资者股权变更的若干规定》规范。此类交易目前在商务部门的审批中被理解为外商投资企业的变更，外资准入"负面清单"之外的交易适用备案制。

已经设立的外商投资企业购买其他中国企业股权的行为，主要受《关于外商投资企业境内投资的暂行规定》规范，此类交易目前也不适用商务部门的备案制。正在经营的外商投资企业购买其他中国企业资产的行为，则与任何两个中国企业之间的资产收购交易没有性质上的区别，理论上和实践中并不纳入外资并购的范畴来考虑。但实际上，既存外商投资企业的资产收购与 10 号令下规范的外商资产收购之间的界限其实很难明确划分，因为外国投资者新设外商投资企业而后购买中国企业资产的行为，几乎就是两个中国企业之间的资产转让交易。这种模糊性导致实践中，商务部门对于外商先设立收购主体，再进行资产并购的审批几乎等同于外国投资者设立外商投资企业的审批，很少有地方商务部门会仔细审核冗长、复杂的资产并购合同及其相关的交易文件。但是，从发改委进行外商投资项目核准的角度来看，二者还是存在不小的差别：在 10 号令的语境下，外国投资者或其新设的生产类外商投资企业所购买的资产几乎是界定所谓"投资项目"范围的唯一基础。在外国投资者基于购买的资产设立外商投资企业的过程中，由这些资产所构成的生产"项目"是发改委核准相关外商投资项目的唯一基础，而对外商投资项目的核准则从程序上构成了商务部门批准设立生产类外商投资企业的前提条件。但是，本段所讨论的既存外商投资企业购买资产的情形下，相关外商投资企业已经设立，并且其设立时（如果属于生产类项目）并不依赖所收购的资产而取得相关项目核准；相反，前述外商投资企业一般已经在运营一个或数个与收购无关的项目（当然其业务也可能是提供非生产类的服务），在此基础上，该外商投资企业在经营过程中收购资产，并使收购所得资产构成其既存项目的一部分或构成全新的项目。这种资产收购行为本身并不必然引发商务部门的审批程序（当然，如果新项目要求外商投资企业增加其投资总额或注册资本则另当别论），但由于新的外商投资项目的出现，将引发发改委与项目核准或备案相关的审批程序。

就外商投资企业的分立，或外商投资企业之间或外商投资企业与内资企业之间的合并而言，主要受《关于外商投资企业合并与分立的规定》规范。目前中国尚无明确的法律、法规规范外国公司与中国公司之间的合并，尤其是合并之后的实体适用外国法律而设立与存续的情况（因为除了银行等金融机构之外，中国法律并不支持外国公司在中国设立具有业务经营能力的分支机构）。如果合并之后的实体适用中国法律设立，在不违反境外法律的情况下，中国的法律及实践似乎并不禁止中国企业拥有不具有独立法人地位的境外分支机构。

二、尽职调查中需要注意的特殊问题

尽职调查的质量是收购成功的基础，在某种意义上这对买方和卖方都适用。关于尽职调查的一般性问题，本书此前的章节已有详述，本节重在介绍外资并购的尽职调查中带有共性的一两个特殊问题。

（一）项目审批

考察待收购项目的合法性是外资并购中法律尽职调查的基础性工作。例如，若被收购公司业务属于宏观调控行业，则对收购项目合法性的判断就要更加谨慎。

2004 年国家投资体制改革之后，不使用政府投资建设的内资项目不再实行审批制，实行核准制的项目也仅被限定在《政府核准的投资项目目录》的有限范围内。实践中，政府对私人部门投资的介入越来越少，大部分内资建设项目通过简单的网上备案即可完成其向地方发改委申报的义务。因此，在内资企业之间的并购项目中，除非待收购项目涉及需要政府核准的重大投资，内资目标公司原来的项目审批状况一般而言并不是需要特别关注的问题。

但是，对于在外商投资领域仍然保持着项目核准制度的限制类项目而言，需向投资主管机关（目前主要是发改委和工信部及其各自的地方对应机构）提交项目申请报告，取得相关部门对外商投资项目的核准。在此类外资并购交易中，由于涉及将作为目标公司的内资企业转制为外商投资企业（或外商投资企业再投资公司）、新设外商投资企业或者外商投资企业本身的股东变更，项目核准制度在上述几种情况下均需适用，这一点前文已有讨论，不再赘述。因此，收购标的（包括股权收购中的目标公司和资产收购中的目标资产，本节下文同）本身的项目审批状况如何，对于在完成外资并购交易过程中顺利取得项目核准就显得尤为重要。针对收购标的的法律性质，律师需要依据不同的标准判断相关生产项目历史上是否已经取得适当的批准或核准。

对于目标公司或目标资产的出售方是外商投资企业的情况，其项目核准和审批权限划分的大体架构在本节前面"外商投资基本管制架构的历史沿革"部分已经有所介绍。

对于目标公司或目标资产的出售方是外商投资企业再投资公司的情况，在 2008 年 7月 8 日国家发改委发布 1773 号文件之前，关于这种类型的公司应该按照外资还是内资的投资体制进行管理，法律上并不清晰，各地的实践也相当混乱。根据 1773 号文件的要求，包括外商投资企业再投资项目在内的各类外商投资项目均要实行核准制。尽管实践中这一原则对 2008 年之后的外商投资项目核准更具指导意义，但从法律解释上，我们认为它属于对 2004 年《外商投资项目核准暂行管理办法》中所谓"外商投资项目"的外延进行的解释和澄清，并非自 2008 年 1773 号文件发布之后才对外商投资企业再投资项目发生效力。这种解释的效果之一，实际上解决了 2004 年之后上马的外商投资企业再投资项目应该比照外商投资项目进行项目核准管理的法律适用问题。因此，关于此类项目的核准和审批权限划分，至少在 2004 年投资体制改革之后，应该按照前面"外商投资基本管制架构的历史沿革"部分介绍的原则审查其合法性。

对于目标公司或目标资产的出售方是内资企业的情况，在不同的历史时期也遵循不同的投资管制方式和审批权限划分原则，其大体可以归纳如下：

1. 1987 年 3 月—1991 年 8 月

1987 年 3 月 30 日发布的《国务院关于放宽固定资产投资审批权限和简化审批手续的通知》和《国家计委、国家经委关于贯彻执行〈国务院关于放宽固定资产投资审批权限和简化手续的通知〉几个具体问题的通知》的有关规定是：

（1）大中型基本建设项目和总投资额在 5 000 万元以上的技术改造项目，其项目建议书和可行性研究报告，经国家计委会同国家经贸委审查后，由国家计委审批。

（2）总投资额在 5 000 万元以下的，其审批权限由地方政府和主管部门自行确定。其中，总投资额在 5 000 万元以下、2 000 万元以上的基本建设项目和技术改造项目，由主管部门或地方政府审批后，报国家计委（技术改造项目同时报国家经贸委）备案。

2. 1991 年 8 月—1995 年 7 月

根据 1991 年 8 月 9 日发布的《国务院关于继续严格控制固定资产投资新开工项目的通知》的规定，在该期间内，基本建设项目和技术改造项目的审批权限做如下调整：

（1）大中型基本建设项目由国家计委审核后报国务院审批；总投资额在 5 000 万元以上的技术改造项目经国家计委会签后，报国务院生产办公室审批，并报国务院备案。

（2）小型基本建设项目和总投资额在 5 000 万元以下的项目由地方政府审批，总投资在 100 万元及其以上的，报省、自治区、直辖市人民政府审批；总投资在 100 万元以下的，由省级计委（计经委、经委）或省、自治区、直辖市人民政府授权的省直单位审批，计划单列市享有省级计划管理权限。属于中央项目，均由项目主管部门审批。

（3）前述小型和 5 000 万元限额以下的项目，凡总投资额在 1 000 万元及其以上的，要报国家计委（技改项目报国务院生产办公室）备案，国家计委（国务院生产办公室）在收到文件后 1 个月内有权根据有关规定否决。凡越权审批项目的，要追究审批者的责任，并视情况对项目进行处理。

3. 1995 年 7 月—2004 年 7 月

根据 1995 年 7 月 14 日发布的《国务院关于严格限制新开工项目、加强固定资产投资资金源头控制的通知》的有关规定，该期间内的审批权限划分如下：

（1）总投资额 2 亿元以上的基建项目的项目建议书、可行性研究报告和技术改造项目的可行性研究报告，必须由国家计委、经贸委审核后报国务院审批。

（2）其他大中型基本建设项目和 5 000 万元限额以上技术改造项目的项目建议书和可行性研究报告，由国家计委、经贸委审批。

（3）地方小型基建和 5 000 万元限额以下的技术改造项目的项目建议书、可行性研究报告，由省级（含计划单列市）人民政府授权各级计委、经贸委审批；中央小型基建和

5 000 万元限额以下技术改造项目由国务院各部门、各直属机构审批。

（4）其他任何单位无权审批项目。要严格按照基本建设、技术改造项目划分标准审批项目，防止以技改名义搞基本建设项目。

4. 2004 年 7 月至今

根据 2004 年 7 月 16 日发布的《国务院关于投资体制改革的决定》及 2004 年 9 月 15 日国家发改委发布的《企业投资项目核准暂行办法》的有关规定，企业投资项目管理制度发生重大变化，对于企业不使用政府投资建设的项目一律不再实行审批制，而根据不同情况实行核准制和备案制。其中，政府仅对重大项目和《政府核准的投资项目目录》范围内的项目实行核准制，其他内资项目无论规模大小，均适用备案制。企业投资建设实行核准制的项目，仅需向政府提交项目申请报告，不再履行批准项目建议书、可行性研究报告和开工报告的程序。对于备案项目，除国家另有规定外，由企业按照属地原则向地方政府投资主管部门备案。

上述政府规范性文件中，关于大、中、小型项目的划分，主要依据 1978 年 4 月 22 日国家计委、国家建委和财政部发布的《关于基本建设项目和大中型划分标准的规定》进行界定。

值得注意的是，2004 年之后省级人民政府在各自的辖区范围内也进行了大规模的审批权力下放，目前很多省份县级外商投资项目及企业设立的核准、备案权力都达到了鼓励、允许类投资总额一亿美元或以上的规模。在考虑作为外资并购项目目标公司设立和存续的合法性时，不仅要注意中央与地方之间的分权，也要注意地方各级政府之间的分权。

与收购标的投资项目合法性有关的瑕疵，对律师而言，是外资并购交易中最棘手的问题之一，我们习惯上称之为"与生俱来的缺陷"（birth defect）。这类问题之所以棘手，不仅体现在其本身违法性质的严重性，更体现在对于相关违法行为在现实世界中的实际风险基本上无法进行有效评估。一方面，立法技术的缺陷和投资政策的多变导致相关义务的界线经常模糊不清，难以准确界定。另一方面，行政执法中的随意性和选择性又令同样性质的违法行为的实际后果经常在不同时间和不同地点大相径庭——严厉者如 2005 年前后宏观经济调控中被彻底关停、肢解、拍卖的江苏"铁本"；居中者如在外商投资商业企业领域从 1992 年开始断续 10 年的试点和清理整顿；而相当一部分有"准生"问题的项目在实践中并未受到相关政府部门的严格监管和处罚。

如果收购标的存在投资项目合法性瑕疵，我们一般会建议买方要求卖方向政府主管部门主动披露瑕疵，通过积极、有效的沟通争取得到相关政府部门的事后批准。至于这种解决方式能够取得的效果，完全因人因事而异。尽管不乏成功的先例，但总体而言，不能否认其具有相当大的难度，而且涉及的政府部门层级越高、行业越敏感，难度也就越大。如果卖方的努力不能成功，难题就又回到了买方。是否因此放弃整个交易，通常是非常艰难的抉择：如果收购标的处于宏观调控的敏感行业，我们一般建议客户，将无法拿到有权机关书面追认的"准生"问题视为一票否决事项（deal breaker）；否则，客户只能根据我们提供的对宏观法律环境的客观描述，自行判断是否愿意承担相关的法律风险和实践风险。

其中，实践风险可能包括：对于外资收购交易本身的核准可能造成障碍，以及即便交易能够完成，发改委仍有可能基于此前项目审批中的瑕疵，拒绝审查或核准目标公司未来希望进行的投资项目。

（二）外资收购交易本身可能引发的问题

尽职调查必须以即将进行的交易为最终依归，不仅要静态地寻找收购标的本身存在的法律瑕疵，更要以即将进行的交易为背景，动态地考虑并购交易可能引发的问题。这种尽职调查的方法最典型的表现，就是对目标公司签署的重大合同、协议中包含的相对方基于目标公司控制权变更或目标公司发生兼并重组时所享有的解约权、优先权和宣布债务提前到期权等特别权利的条款的关注。

在外资收购中，中国法律体系下的外商投资准入政策会导致目标公司本身正常合法的经营活动在潜在的外资收购完成时受到影响，下面试举一例说明。

一家从事商业印刷和包装领域的跨国公司意图收购一家中国中外合资公司的多数股权。收购前，中方投资者在该目标公司中居控股地位。目标公司的主营业务是包装装潢印刷和其他印刷品印刷，但其印刷许可证也允许其经营出版物印刷。依据外经贸部和新闻出版署于2002年1月29日联合发布的《设立外商投资印刷企业暂行规定》，"从事出版物、其他印刷品印刷经营活动的中外合营印刷企业，合营中方投资者应当控股或占主导地位。其中，从事出版物印刷经营活动的中外合营印刷企业的董事长应当由中方担任，董事会成员中方应当多于外方。"2007年以来的《外商投资产业指导目录》中，也分别含有关于从事出版物印刷的中外合资经营企业中方必须控股的明确表述。由于目标公司当时为中方控股，因而其保有从事出版物印刷和其他印刷品印刷的资格在法律上没有任何障碍，也不构成任何意义上的法律瑕疵。但是，买卖双方谈定的交易框架为，包括控股的中方股东在内的卖方共同向买方转让超过50％的股权，交易交割后，买方作为外国投资者在目标公司中拥有控股权，其中包括任命多数董事会成员以及董事长的权利。就交易各方追求的交割后股权结构而言，既存的出版物印刷资质显然构成了某种障碍。交易实施过程中可能在审批流程上面对如下困惑：如果目标公司仍然保有出版物印刷相关的经营范围和许可证资质，商务部门能否批准本项交易？显而易见，如果相关资质不做处置而按照交易各方同意的"外方控股"结构获批，交易交割的同时目标公司将立即处于违法经营的状态。因此，相关问题必须作为一个待决事项，在交易各方和政府主管部门之间寻找都能接受的解决方案，并通过适当的权利、义务设置将各方同意的解决方案反映在股权转让协议中。

类似的情况还会出现在目标公司直接或间接拥有子公司的交易中。在这些交易中，目标公司本身所经营的项目或许对外资毫无限制，但是其某一层级的子公司所从事的行业和领域却可能有外资准入要求。如果目标公司本身具有实质性的经营活动（而非单纯的控股公司），地方审批部门可能并不顾及这种目标公司的子公司，也多半不关心外商投资是否会因此间接进入限制甚至禁止类的行业或领域。如果目标公司的子公司注册在其他省份，这种漏洞可能就更容易出现——在交易中，子公司注册地的政府部门可能根本无法观察到子公司中所属的目标公司持股结构的变化，其并没有动力或监督程序的启动机制与目标公司的主管机关进行跨地域的主动协调。有时，外国投资者会期望利用这些实践中的监管疏失绕过中国法律对外资准入的限制。但是，作为律师，我们必须意识到并且提示客户在此等情况下违反中国法律的风险。更多的时候，外国投资者可能并没有关注到目标公司的子公司所从事的一些经营活动（这些活动经常并不在投资者进行收购所关注的主要商业利益范围之内），以及这些活动可能给收购带来违反中国法律的风险。这种情况下，买方可能不得不要求卖方在交易之前实施必要的业务剥离，而尽职调查涵盖的广度和深度是发现这些问题并提出相应对策的基础和前提。

三、对价和支付

毫无疑问，如何为公司或资产并购中的收购标的定价并顺利实现对价的支付，在任何并购交易中都是各方最关心的核心商业问题。对于外资并购而言，由于外汇管制和政府审批制度的存在，在法律及合规的层面上，对价及其支付也经常成为并购交易中最复杂的部分。这种复杂性不仅影响交易文件的起草与履行，甚至也与收购标的未来的经营活动相联系。

（一）价值评估

对收购标的的价值进行评估是商业活动中惯常采用的协助定价手段。通过评估，买方试图实现几方面的目的：第一，佐证其出价或还价的合理性，减少价格谈判的难度和其中的非理性因素，增加己方的说服力和谈判筹码；第二，确保顺利通过自己公司内部的审批流程，避免己方的股东或相关方未来可能对定价是否合理或决策人是否履行了对公司的信义义务（fiduciary duty）的质疑和指控；第三，遵守公司的行为准则要求或履行适用法律项下的法律义务。当然，如果交易各方对上述内容均无顾虑，也不排除不经评估而"拍脑袋"作价的可能性。毕竟，评估与否主要在于保护交易各方的商业利益，应该主要受制于交易各方自身对交易成本与收益的考量。

但是，中国法律项下对于是否评估留给外资并购当事人的自由空间相当有限，其法律规定和实际操作层面的强制效力主要来源于下述几个方面：

第一，六部委10号令第14条明确规定："并购当事人应以资产评估机构对拟转让的股权价值或拟出售资产的评估结果作为确定交易价格的依据。并购当事人可以约定在中国境内依法设立的资产评估机构。资产评估应采用国际通行的评估方法。禁止以明显低于评估结果的价格转让股权或出售资产，变相向境外转移资本。"10号令第15条规定："并购当事人应对并购各方是否存在关联关系进行说明，如果有两方属于同一个实际控制人，则当事人应向审批机关披露其实际控制人，并就并购目的和评估结果是否符合市场公允价值进行解释。当事人不得以信托、代持或其他方式规避前述要求。"上述规定意味着，在外国投资者收购内资企业股权或购买内资企业及外商投资企业资产的交易中，审批机关会审查就收购标的价值所做的评估报告。需要注意的是，评估结果是交易定价的依据，而并非要求对价与评估结果完全一致或必须高于评估结果。

第二，如果收购标的为国家出资企业持有，或者交易的买方为国家出资企业，则根据《企业国有资产法》及与其相关的一系列法规、规章和规范性文件，均需对收购标的的价值进行评估并办理相关的评估结果核准或备案手续。这些要求自成体系，不仅仅适用于外资并购，在国有企业改制并购的相关章节另有详述。

第三，如果外国投资者或外商投资企业在中国购买资产用于新设公司或向目标公司增资，则依据《公司法》和国家工商总局《公司注册资本登记管理规定》的一般要求，必须对非货币资产进行评估。

第四，依据财政部和国家税务总局于 2009 年 4 月 30 日联合发布的《关于企业重组业务企业所得税处理若干问题的通知》，适用一般性税务处理规定的合并和分立交易，以及适用特殊性税务处理规定的股权收购和资产收购，相关的义务方均需向主管税务机关报送收购标的的资产评估报告。

第五，如果并购交易构成上市公司或其控股子公司的关联交易，则上市公司需要按照证券交易所的要求提供评估报告，就定价的公允性作出说明，及时作出披露并提交相关内部机构（股东大会或董事会）审议。

在确认中国法律项下对于外资并购交易是否存在强制性的评估要求时，应该综合交易各方及收购标的的身份特征以及交易的具体性质，全面考虑包括上述内容在内的适用法律规范的要求，避免在总结和预测交易流程时遗漏重要环节，给日后交割时间表的管理及交易的实施带来重大隐患。

（二）对价调整及实践中的困难

本书在交割的相关章节介绍了并购交易中对价的调整机制。就外资并购而言，由于外汇管制的存在，对价调整的具体实施却并不容易。在适用六部委 10 号令的外资并购交易中，外管局或外汇指定银行按照商务部门批准的收购对价批准和监督收付汇，既不能随意增加，也不能随意减少。即便是在外国投资"有限备案制"实施之后，对于"负面清单"之外外商投资企业的股权变更，商务部门已经不再审查相关股权转让协议，但外汇指定银行仍然会依据交易文件中确定的对价监督收付汇。仅就需要批准的交易而言，如果在交割时或交割后通过各方约定的调价机制最终确认的交易对价多于或少于商务部门批准或转让协议中约定的转让价格，那么最合规的方式就是由买卖各方签署修订协议，同意调增或调降此前在转让协议中预先确定的基础价格，并将价格调整重新提交商务部门审批。如果商务部门能够批准，则外管局一般会按照经批准的新价格监督收付汇。但是，交易交割后对价格调整的审查并非外资收购中的常规审批程序，商务部门是否受理申请、受理后多长时间会有结果、审查大致会遵循什么样的思路和原则，凡此种种都无章可循。实践中，我们看到少数成功取得调价批复的先例，也注意到更多失败的案例。商务部门有可能会认为，价格的调整动摇了审批机关批准交易的基础，所以不同意变更价格或者干脆拒绝受理变更价格的申请。如果价格的变动恰好跨越了原来审批机关的审批权限，局面就会变得更加复杂。即便在那些成功的案例中，也多半是通过反复沟通、花费诸多时间和精力才能最终取得调价批复。

除了重新取得商务部门的批复，外国买方也可以考虑按照经批准的基础价格先行支付全部对价，完成外汇管理层面的对价支付义务。而后通过诉讼或仲裁程序，在调降价格的情况下要求中方返还部分外汇金额（中方可以据此办理购付汇手续），在调增价格的情况下由外方追加支付部分外汇金额（中方可以据此办理入账及结汇手续）。当然，诉讼及仲裁的结果很难控制和预测，并且在时间和经济上均成本高昂，实为不得已而为之的选择。

无论采用上述二者中的哪种方式，转让协议中清晰、明确、具备可操作性的价格调整机制都是不可或缺的。对于政府重新审批而言，如果此前商务部门已经批准的转让协议中包含了明确的价格调整机制，那么对于此后的调价申请，在先的批准可能是一个合理的依据和有说服力的突破口。对于诉讼和仲裁程序而言，转让协议中约定的调价机制是要求争议解决机构支持调价的合同基础，其重要性自不待言。

当然，不同的交易背景和结构可能会为价格调整提供一些其他的可能性，需要依据具体情况做具体分析。比如，将收购标的设定为持有中国境内权益的境外公司/特殊目的公司，无疑有利于实施价格调整。当然，这也可能会引发诸如境外投资和返程投资的外汇管制等另外一些问题。

（三）对价部分保留条款的适用限制

出于保护作为卖方的中国投资者的目的，10 号令和在其之前商务部发布的其他一些规范性文件，均将外国买方支付对价的最长期限设定为转让交易进行工商登记变更后的 1 年，并且，在转让对价付清之前，只能按照实际支付的比例分配收益。这意味着，如果外国买方希望在交割之后保留部分转股对价用以防范卖方作出不实陈述或违反其保证、或违反其他合同义务的风险，那么在转让协议中其最长只能约定交割后 1 年的价款保留期限，并且，由于法律要求在工商登记变更之日起的 60 日内外方必须支付全部对价的 60%以上，外国买方在交割 6 个月后有权保留的交易对价无法超过全部对价的 40%。为行文和理解的方便，此处将工商登记变更的时间大致上等同于交易交割的日期。

如果外国买方希望将部分价款保留的时间更长一些，实践中就只能采取一些变通措施。常见的做法包括，通过另行签订账户监管协议，由各方选定的监管银行为中国卖方开立资产变现专用账户，直接将入账外币资金置于监管银行和交易各方的共同监管之下——没有监管各方的联合解付通知或者法院、仲裁庭的裁判，监管银行在监管期内不得将账户内的资金向任何一方解付。最终确定的交易对价将由外国买方按照相关法律和交易合同的要求全部支付至该监管账户（同时也是资产变现专用账户）。由于在现行结汇体制下几乎没有可能将外汇资金兑换成人民币进行监管，因而监管账户内的资金只能以外币形式保留。

同样由于外汇管制的原因，这种监管机制的有效性对于外国买方而言其实非常有限。

首先，一旦发生中国卖方违约或对价调整需要向外国买方返还部分受监管价款的情况，由于欠缺中国法律允许的基础交易或付汇事由，监管银行无法根据监管协议自动向外国买方支付外汇。就此，外方恐仍不得不求助于诉讼或仲裁的结果。其次，即使取得对外方有利的法院判决或仲裁裁决，外管部门可能仍然会认为，中方承担其违约赔偿责任并不影响外方履行其全额支付获批交易对价的义务。也就是说，外管局可能并不认可在交易对价和中方赔偿之间的抵销安排（即便相关安排已经在转让协议中有明确约定）。因此，上述外币资金监管的主要功能，可能仅在于锁定部分对价令中方无法结汇使用，从而迫使其就金额较小的违约责任尽快作出赔偿。

（四）对价支付对股东权利的影响

就仍然适用审批制的外资并购交易而言，外国买方在购买中国卖方的股权或资产时，对价的支付可能会对其交割后继续经营收购标的并取得投资回报的能力构成巨大的影响。六部委 10 号令第 16 条规定："外国投资者并购境内企业设立外商投资企业，外国投资者应自外商投资企业营业执照颁发之日起 3 个月内向转让股权的股东，或出售资产的境内企业支付全部对价。对特殊情况需要延长者，经审批机关批准后，应自外商投资企业营业执照颁发之日起 6 个月内支付全部对价的 60％以上，1 年内付清全部对价，并按实际缴付的出资比例分配收益"。

2015 年 2 月 13 日国家外汇管理局发布《进一步简化和改进直接投资外汇管理政策的通知》之后，原来监督外国买方转股对价支付的相关外汇管理手续被取消，在实践中大大降低了外国买方违反上述 10 号令规定的现实风险。但是，在外汇管理部门之外，一些地方的工商部门似乎也在有意无意地强化帮助中国卖方催收转股价款的职能。

在一家外国公司收购其所投资的中外合资企业中方全部股权的案例中，待外国投资者拿到变更后的目标公司营业执照时，公司名称、法定代表人和股东（发起人）名单均已如约更新，唯独营业期限的截止日期被修改成了发证日期的 3 个月之后，与公司章程的规定和商务部门的批复完全不同。关于为什么做如此修改，工商机关并未与股东或目标公司事先沟通。如果按照这种修改，经外国买方申请并经商务部门批准的数十年营业期限完全未受尊重，而 3 个月的时间又转瞬即逝，到时候难道目标公司要被强制清算吗？详询之下，原来这是该西部大省的工商系统处理外资收购登记事项时的惯常做法。其出处是该省"工商系统做好服务外商投资企业发展工作会议培训讲义"。该讲义传授了如下操作规范："……还有一点我们要把握的是，根据股权并购规定，外方应当在 3 个月内支付出让方股权对价款，对于这一块儿，我们的把握方法是，核发有效期 3 个月内的营业执照，待外方支付中方股权对价后，填写换照申请表，提交经外汇管理局合法进入的用于支付中方股权对价的款项登记表、批准证书复印件，核发与审批机关批准的经营期限一致的营业执照"。我们就此向该省的某地市级工商局咨询，如 3 个月后外方仍未支付对价可能产生怎样的后果？我们被告知，工商机关会催促目标公司办理营业执照延期，应该不至于出现营业执照被吊销等影响目标公司主体地位或民事行为能力的严重后果。至于可以延期几次、这种不确定状态最长会持续多长时间、如果买卖双方发生对价支付纠纷是不是目标公司的经营只能在这种不确定状态中持续下去等诸多问题，就不得而知了。

作为律师，类似上述地方实践所带来的风险和不确定性是我们必须面对的问题。在公权力坐上商人之间的谈判桌并强行为其中的某一方创造谈判筹码的时候，律师或许需要考虑，通过怎样的技术手段，才能重新恢复和维持真正有利于达成交易的微妙平衡和商业氛围。很多时候，这不仅仅只是外国投资者的需求。

四、政府审批对交易流程的影响

经营者集中审查和外资并购国家安全审查带来的实质性的问题，在于相关交易一旦涉及上述审查或其中之一，从交易文件签署到交割之间的过渡期就会严重拉长。由于上述中央层面的审查（如适用）均是地方商务部门审查交易文件的前置程序，其本身所需时间又具有高度的不确定性，因而就并购交易整体时间表的掌握而言，理论上不太容易通过安排不同层级的审批平行推进而节省交易各方的时间。

交易文件签署到交割之间的过渡期变长可能对外资并购交易带来下述一些影响：

在技术层面，预测交割的大致时间变得越发困难，对精细化管理交易流程和各方协作提出了更高的要求。比如，在涉及国有产权转让的交易中，资产评估报告是最早需要提交备案并作为国资管理机关批准股权出售依据的文件，但是，其使用有效期仅是评估基准日之后的 1 年。一般而言，评估基准日要早于评估报告出具日 2 个月以上，其后需要经历国资管理部门的审批、进场挂牌交易，以及可能的行业主管部门审批。如果还需要准备经营者集中审查或者国家安全审查，那么待到地方商务部门审批，资产评估报告很可能已经过期了。因此，对于相对复杂的适用 10 号令的外资并购交易而言，经验丰富、精熟流程的法律和财务顾问对于交易各方都具有不可忽视的价值。

在商务实质层面，过渡期过长可能增加外资并购交易最终无法交割的风险。签署交易文件时交易各方估值所依据的财务数据，就当时而言已经是几个月之前的版本。如果过渡期在半年以上甚至更长，那么交割时收购标的的定价基础几乎已经是 1 年以前的财务信息。此外，交易各方自身的经营状况和熟悉交易细节的人员在这段时间内也可能会发生不小的变化。期间一旦发生相关市场的剧烈动荡，极易导致交易中的某一方在交割之前萌生退意，进而引发纠纷。即便各方仍有完成交易的意愿，却可能已经很难坦然接受原来的价格了。这种困难之所以无法通过常规的价格调整机制来解决，原因在于，在漫长的等待交割的过程中，交易的一方或各方已经对收购标的的内在价值和赢利能力有了完全不同的认识。由于其认知变化异常重大，已经触及并购行为商业合理性和必要性的实质，因而无法通过比较收购标的的前后资产负债表的异同进行小修小补。

在一桩现有股东之外的外国投资者收购中外合资企业股权的交易中，由于交易本身的复杂性和经营者集中审查的进行，从交易签约到交割之间的过渡期长达近十个月之久，交易各方对可能引发交易提前终止的交割截止期限进行了三次顺延。作为目标公司本身的一个财务缺陷，其对单一大客户订单的依赖性非常之高。而恰恰在等待交割这段期间内，其大客户自身的市场份额在全球范围内经历了剧烈的下降，不得不对主要供应商（目标公司是其中之一）的订单和费率进行大幅度的削减。鉴于对目标公司的企业价值评估主要采用EBITDA倍数的方式作出，待到临近交割时，不仅目标公司的EBITDA与签约之前不可同日而语，此前买方在估值中所使用的倍数（类似于上市公司的市盈率），在交割时的市况下也显得过于高估了。基于种种原因，外国买方的财务顾问对于重开价格谈判的合理性和可行性并不乐观，力劝客户以商定的价格完成了交易。其理由之一，就是双方签署且经过政府批准的转股协议框架下，并未提供在这个阶段对企业价值进行重新评估的机制。当然，在适用外资准入审批制的情况下，交割之前轻言重开价格谈判是一件风险很大的事情。修订后的价格（与前面介绍的对价调整一样）需要重新取得批准，而这种价格修订（与前面介绍的对价调整不同）必定属于对原来价格的重大变更，其取得商务部门批准的难度更大。

显然，政府层面已经意识到上述问题。2010年4月6日国务院在《关于进一步做好利用外资工作的若干意见》及8月18日由国务院办公厅发布的相关通知中，几次三番要求清理涉外审批、缩短审批时间。但是，我们恐怕很难仅寄望于政府层面的工作改进。在常规的交易合同条款中，一旦出现针对目标公司财务和经营状况的重大不利影响（material adverse effect），买方可能会取得拒绝交割而提前终止交易的权利。但是，能否通过合同中预先设定的机制给交易各方提供除终止合同之外的其他解决方案，以及这些方案在实践中是否能够有效实施，恐怕一时之间很难给出具有普遍借鉴意义的答案。提出问题虽只是第一步，却是重要的第一步。只有明确了关注的角度和要点，才有可能结合交易中的具体条件和当事人的立场及诉求，通过个案分析提出切合实际并具有可操作性的建议。

与并购相关的反垄断审查和国家安全审查

第一节　与并购相关的反垄断审查

一、与并购相关的反垄断审查——经营者集中申报概述

经营者通过合并及购买股权或资产等方式进行的交易，可能引起减少其他竞争者的数量、扩大并购后该竞争者的规模，从而影响相关市场内有效竞争的结果。因此，根据相关立法的规定，经营者应将达到申报标准的交易进行申报，经反垄断主管机构审查之后，根据批准与否的结果实施或终止该交易。这种制度就是通常所说的与并购相关的反垄断审查，根据我国反垄断法的规定，其正式名称为"经营者集中申报"。

我国实行经营者集中事前申报制度，未经申报并获批准不得实施集中，其性质为行政许可。如果发生经营者集中依法应申报而未申报，未获批准实施集中等违法的行为，执法机构可以给予相应行政处罚。[①]

经营者集中申报制度肇端于百年之前的美国，在我国建立历史不长，但发展迅速。从2008 年反垄断法实施以来，每年审结的案件都呈现增长趋势，已经接近国外水平，2008年 16 件、2009 年 78 件、2010 年 109 件、2011 年 171 件。截至 2012 年 12 月 26 日，2012年，审结 154 件[②]；2013 年，共审结 215 件[③]；2014 年审结 245 件；2015 年审结 312 件；2016 年审结 395 件。[④] 从境外司法管辖区的情况来看，欧盟每年收到的申报约为 300 件～400 件。[⑤]

要了解与并购相关的反垄断审查，首先需厘清经营者集中这一基本概念。下文从几个方面对经营者集中这一概念做初步的诠释。

---

① 《反垄断法》第 48 条规定，经营者违反本法规定实施集中的，由国务院反垄断执法机构责令停止实施集中、限期处分股份或者资产、限期转让营业以及采取其他必要措施恢复到集中前的状态，可以处 50 万元以下的罚款。

② 中央政府门户网站．商务部召开"2012 年反垄断工作进展"新闻发布会，http：//www.gov.cn/gzdt/201212/30/content_2302199.htm，[2012－12－28]．

③ 根据商务部网站，2013 年共无条件批准案件 211 件（详见 2013 年 4 月 2 日《2013 年第一季度无条件批准经营者集中案件列表》，2013 年 7 月 3 日《2013 年第二季度无条件批准经营者集中案件列表》，2013 年 10 月 8 日《2013年第三季度无条件批准经营者集中案件列表》，2014 年 1 月 11 日《2013 年第四季度无条件批准经营者集中案件列表》），此外，2013 年商务部附条件批准案件 4 起，两者相加为 215 件。

④ http：//www.mofcom.gov.cn/article/ae/ai/201501/20150100882509.shtml，http：//www.mofcom.gov.cn/article/ae/ai/201601/20160101235053.shtml，http：//wss.mofcom.gov.cn/article/a/c/201702/20170202508890.shtml，[2017－06－15]．

⑤ 耿雁冰，徐新．商务部：明年开始强制申报经营者集中．21 世纪经济报道，http：//finance.ifeng.com/news/macro/20111228/5350765.shtml，[2011－12－28]；李予阳，亢舒．商务部审结经营者集中反垄断申报案件 382件．中国经济网，转引自腾讯网 http：//finance.qq.com/a/20120115/000048.htm，[2012－09－18]．以上数据根据中国商务部公告及发布会和相关新闻计算，可能会有遗漏或错误，权威数据以商务部最新发布的数据为准。

（一）经营者集中概念及其与企业并购概念之异同

"经营者集中"是我国 2007 年 8 月 30 日公布，并自 2008 年 8 月 1 日起施行的《中华人民共和国反垄断法》（"《反垄断法》"）所使用的概念。该法虽未规定经营者集中的概念，但其第 21 条规定如下情形属于经营者集中：

（1）经营者合并。

（2）经营者通过取得股权或者资产的方式取得对其他经营者的控制权。

（3）经营者通过合同等方式取得对其他经营者的控制权或者能够对其他经营者施加决定性影响。

在此之前，2003 年商务部（前身为外经贸部）发布的《外国投资者并购境内企业暂行规定》（"并购暂行规定"），为最早系统规定经营者集中申报的规定。[①] 该规定中的用语为"并购"。

从"并购"到"经营者集中"的用语发展，显示出企业并购与经营者集中两个概念之间，犹如古语"蔺相如，司马相如，名相如，实不相如"。

反垄断法中所述"集中"系从欧共体法律中直接翻译而来的。[②] 欧盟 2004 年修改的《关于企业集中控制（EC）第 139/2004 号理事会条例》规定，如果一行为导致相关企业控制权发生持续性变化，并进而给市场结构带来持续性变化，则该行为构成集中（concentration）。集中的形式包括合并、收购、合同控制、设立合营企业等。[③]与企业并购相比，两者之间相似之处在于，两者均包括合并以及以取得控制权为目的的股权收购和资产收购。然而，两者之间仍有不同之处，经营者集中的含义更广，最终落脚在可能对市场结构和市场进入等竞争状况产生影响的各类型交易，形式上并不局限于并购交易。

目前在实践中，对于经营者集中概念的理解，通常需要把握如下要点：

1. 控制

"控制"是认定一项交易是否构成经营者集中的核心因素。控制类似于黏合剂，使参与集中的各经营者之间的行为协调一致，从而对市场竞争产生影响。控制概念构成了界定"商业交易在市场上导致持续结构变化"不可或缺的一项因素。[④]

控制这一概念在反垄断法之外的其他法律和经济领域也多有使用。例如，公司法、上市公司收购管理办法、会计领域合并财务报表的相关规则中都使用了控制这一概念，但侧

---

① 该规定后经 2006 年和 2009 年修改，目前已经与《反垄断法》衔接。

② 商务部条法司编. 反垄断法理论与中外案例评析. 北京：北京大学出版社，2008：251.

③ 该条例规定的集中包括如下情形：（1）两家或更多以前独立的企业或企业的一部分进行了合并；或者（2）已经控制了至少一家企业的一个人或多人，或者一个或多个企业，通过购买证券或资产、通过合同或其他方式，直接或间接地获得了一家或多家其他企业全部或部分控制权；（3）建立永久性履行一个自主经济体所有功能的合营公司. 安德雷斯·冯特·葛拉雷兹等. 欧盟企业合并控制制度——法律、经济与实践分析. 解琳等译. 北京：法律出版社，2009：5，448-454.

④ 安德雷斯·冯特·葛拉雷兹等. 欧盟企业合并控制制度——法律、经济与实践分析. 解琳等译. 北京：法律出版社，2009：10.

重点和落脚点不同。例如，公司法对于控股股东、实际控制人的规定主要为解决控股股东和实际控制人利用关联公司损害公司及其他股东的利益的问题。[①] 而经营者集中语境下的控制则是为解决何种行为构成将带来对市场结构和竞争状况变化的问题。因此，经营者集中领域中控制的概念不能完全等同于上述领域中的控制概念。而且，由于经济活动的复杂多变，经营者集中语境下的控制含义更为丰富复杂，在各国的竞争法中都向来属于难点问题。

我国反垄断法则将"控制"和"取得决定性影响"作为界定经营者集中的要素，但是并未对控制进行明确的定义。国务院法制办 2009 年 3 月公布的《经营者集中申报暂行办法（草案）》规定，反垄断法第 20 条第 2 款和第 3 款所称"取得对其他经营者的控制权"包括：（1）取得其他经营者 50％以上有表决权的股权或资产；（2）虽未取得其他经营者 50％以上有表决权的股权或资产，但通过取得股权或资产以及通过合同等方式，能够决定其他经营者一名及以上董事会成员或核心管理监督机构人员的任命、财务预算、经营销售、价格制定、重大投资或其他重要的管理和经营决策。控制权的取得应当根据前述各项因素进行综合判断。但为保护中小股东的权益而授予其对公司章程变更、资本金增减或清算等事项的否决权不视为取得控制权。然而，在 2009 年 7 月商务部正式通过并发布的《经营者集中申报办法》中并没有上述内容，因此，目前立法上并没有明确的"控制"的定义。2014 年，商务部在《关于经营者集中申报的指导意见》中，规定评估的控制的各项要素（包括交易目的，股权比例，股东会和董事会的组成和表决机制，高级管理人员任免，股东、董事之间的关系，是否存在委托行使投票权、一致行动人等，经营者之间的重大商业关系，合作协议等），但并没有确定各项要素中达到何种程度构成控制的标准。

由于控制是确定一项交易是否构成经营者集中而首当其冲要解决的问题，虽然没有立法定义，但目前的申报实践已经对控制有了一些通常的理解：

首先，按控制主体的数量划分，控制可以分为单独控制和共同控制两大类。单独控制是指某一经营者可以完全单独地取得对于其他经营者的控制，常见的情况是经营者取得绝大多数（超过 50％以上）甚至全部的有表决权股权或资产，可以对经营者重要事项甚至全部事项直接作出决议，而无须依赖于其他经营者的意见，这种控制也常被称为积极控制。共同控制是指多个经营者共同控制其他经营者，常见的情况是多个经营者所取得的对特定经营者股权或资产比例类似（例如，分别取得 50％的比例），因此对其重要事项的决策需共同作出决议；或者尽管股权或资产比例存在多少的差别，但持有特定经营者股权或资产份额较大的一方经营者对于特定经营者的重要事项的决议需取决于较小份额的另一方经营者的同意，后者往往通过取得对特定经营者重要事项的否决权的方式享有实际的控制权，这种控制也常被称为消极控制。小股东消极控制和小股东利益保护往往难以区分。其主要原因在于确定控制存在与否的重要事项范围很难确定，在实践中往往根据是否影响市场结构和竞争的整体原则进行确定。具体事项通常既包括宏观经营管理战略，又可能包括对日

[①] 公司法（2005 年）规定："公司的控股股东、实际控制人、董事、监事、高级管理人员不得利用其关联关系损害公司利益。""公司为公司股东或者实际控制人提供担保的，必须经股东会或者股东大会决议。"

常经营管理事项，常见的情况包括商业计划、财务预算、经营销售、价格制定、对外投资、权力机构（例如董事会）成员和高级管理人员的任命、重大交易等。

其次，按控制的形式划分，控制可以分为法律上的控制和实际上的控制。前者包括利用法律层面的手段加以控制，例如股权、资产和合同方式等。而后者则是实际的、事实性上的控制，例如，一方经营者对于其他经营者的知识产权的控制、供需关系的控制、历史上参与该经营者经营管理的情况等。区分并提出实际上的控制的提出原因主要在于现实的经济活动中存在为避免被认为取得控制权，经营者通过事实安排（而不是通过法律文件安排）实际上取得对其他经营者的控制的情况。但是，实际控制在实践中十分难以识别，个案各有特征。从法律的可预见性而言，笔者认为，在认定某个经营者是否对其他经营者取得控制时，应以法律上的控制认定为主，事实层面的控制认定为辅。

最后，为判定是否构成经营者集中之目的，是否取得控制权与否不必取得无可动摇的定论。如果存在取得控制权的可能，则已足以认为构成经营者集中而需提交反垄断执法机构进行审查。

此外，"控制"不仅是在申报阶段判断何种交易构成经营者集中而需申报的要素，也是在审查阶段判断经营者集中交易所涉经营者范围（即判断何方经营者属于"参与集中经营者"）所考虑的因素。

例如，在商务部审查附条件批准佩内洛普有限责任公司（"佩内洛普"）收购萨维奥纺织机械股份有限公司（"萨维奥"）一案中①，交易本身构成经营者集中并无争议。但是如果交易一方佩内洛普的全资控股股东 Alpha Private Equity Fund V（"Alpha V"）被认为控制其持有少数股权的子公司乌斯特技术有限公司（"乌斯特"），由于乌斯特具有较高的市场份额，可能引起影响竞争的问题而导致交易附加限制性条件通过。为了确定该问题，商务部首先分析了两者之间的股权关系，即 Alpha V 持有乌斯特 27.9% 的股份，为其第一大股东；其次重点对前者是否可能参与或影响乌斯特的经营活动进行了审查，内容包括乌斯特的股权结构、股东大会表决机制、股东大会历史出席记录、董事会的组成和表决机制等。商务部认为，不能排除 Alpha V 参与或影响乌斯特经营活动的可能性。尽管商务部在对该案的公告中并没有采用"控制"的字眼，实际上，Alpha V 已经被认为可能控制乌斯特。因此，商务部认为，乌斯特与被并购方（即萨维奥）所控制的另一家名为络菲的公司是全球仅有的两家自动络筒机电子清纱器制造商，集中完成后，上述实体有可能通过 Alpha V 协调其经营活动，排除、限制自动络筒机电子清纱器市场的竞争。同时，Alpha V 也有可能通过对乌斯特和络菲的控制和影响从事上述排除、限制竞争行为。

上述案例中，对"控制"问题的分析目的在于审查时确定集中所涉及的经营者范围，尽管并不是直接判断构成经营者集中要素的控制，也没有对控制作出最终结论，但是其从侧面反映了对于控制权分析的复杂性，具有一定的参考意义。

---

① 参见商务部公告 2011 年第 73 号《关于附条件批准佩内洛普有限责任公司收购萨维奥纺织机械股份有限公司反垄断审查决定的公告》。

2. 不因国别论集中

随着跨国公司和跨国并购的兴起，反垄断法也具有域外适用效力。反垄断法的域外适用，是指内国反垄断法超越领土范围，适用于对国内产生影响的一切限制性竞争行为，而不论行为是否发生在内国，也不论行为人的国籍是什么。① 目前，各国对于反垄断法的域外适用一般存在三种不同的原则，即效果原则、合理原则和单一经济体原则。② 我国《反垄断法》规定："中华人民共和国境内经济活动中的垄断行为，适用本法；中华人民共和国境外的垄断行为，对境内市场竞争产生排除、限制影响的，适用本法"；"经营者集中达到国务院规定的申报标准的，经营者应当事先向国务院反垄断执法机构申报，未申报的不得实施集中"。因此，在经营者集中申报制度中，境外发生的达到申报标准的经营者集中行为也需在国内进行申报，体现了效果原则和合理管辖原则的结合。

并购暂行规定中的"并购"包括"外国投资者并购境内企业"和"境外并购"两种情形。与其相比，反垄断法中的经营者集中不限于经营者的来源和集中发生地，也并不区分所涉及集中企业的国别和性质。无论是中国境内的境内企业之间的集中，还是境外企业与境内企业之间的集中，或是境外企业之间的集中，均属于经营者集中所规制的范畴。

诸如欧盟、美国等其他司法管辖区的反垄断规定也大多具有域外适用效力，对于一些大规模的全球性经营者集中交易，需要在不同司法管辖区分别向当地执法机构提起申报。

3. 集中的表现形式多样化

作为一个开放式的概念，经营者集中以取得控制为要素，涵盖了合并、收购、组建合营企业等各种对市场结构和市场竞争带来影响的交易。

设立合营企业的行为不属于企业并购，其是否属于经营者集中曾经在理论上和立法上长期存在争议。其原因在于，无论是并购暂行规定，还是反垄断法，均未明确将设立合营企业列举为经营者集中情形之一。尽管在反垄断执法机构和立法机构发布的立法草案征求意见稿中曾经试图增加列举设立合营企业的情况，但最终出台的政府规章中该部分内容却最终付之阙如。③

在实践中，执法机构对该问题的态度一直较为一致，即认定设立合营企业属于经营者集中情况。一方面，执法机构发布的规范性文件提及了设立合营企业的形式④，另一方

---

① 商务部条法司编. 中国企业并购反垄断审查相关法律制度研究. 北京：北京大学出版社，2008：182.

② 效果原则：美国提出，通常含义是指如境外行为具有影响美国商业的意图并实际产生了这种效果，美国即可获得管辖权。合理管辖原则：是指在考虑政府利益分析、国际礼让原则的情况下，对效果原则的范围进行一定的修正和缩减。单一经济体原则：欧盟提出，位于共同体内子公司，由于之外的母公司对其控制关系，子公司行为视同于母公司行为，而不论母公司位于何地。商务部条法司编. 中国企业并购反垄断审查相关法律制度研究. 北京：北京大学出版社，2008：183－189.

③ 国务院法制办2009年3月公布的《经营者集中申报暂行办法（草案）》中曾规定："两个或两个以上经营者（简称母公司）共同设立一个持续、独立经营的新企业，构成《反垄断法》第二十条所称的经营者集中；但仅承担母公司的研发、销售或生产特定产品等某项具体职能的特定目的公司除外。"但在2009年7月商务部通过并发布的《经营者集中申报办法》中并无该部分内容。

④ 商务部2009年1月发布的《关于经营者集中申报文件资料的指导意见》将"组建合营企业"列举为集中形式的一种。

面，2011 年 11 月 10 日商务部发布的《关于附条件批准通用电气（中国）有限公司与中国神华煤制油化工有限公司设立合营企业反垄断审查决定的公告》（2011 年第 74 号）则在实践中权威性地确认了企业进行合营应受经营者集中的规制。

尽管如此，从法源角度而言，设立合营企业的行为应属于《反垄断法》第 21 条第 2 款情形还是第 3 款情形尚未有权威性解释。

更为重要的是，是所有设立合营企业的行为，还是只有设立特定合营企业的行为才属于经营者集中法规规制的情形，是实践中需要确认的重大问题。例如，关于是否应将共同控制作为需申报合营企业的要件的问题，因为组建合营企业的行为可能导致为其股东通过合营企业平台进行集中，从而对市场结构产生影响，但如果合营企业的股东一方单独控制该企业，而另一方股东没有控制权，该设立合营企业的行为更加类似于一方股东设立独资企业的行为，不太可能使各股东通过该合营企业得以集中从而影响市场结构。如果一刀切要求所有设立合营企业的行为均需申报，就有可能加重审批机关和申报人的负担。该问题在 2009 年商务部《关于经营者集中申报的指导意见》中得到了解决，即将新设合营企业的情形分为共同控制和由一方股东单独控制两种情况，前者构成经营者集中，后者不构成经营者集中。

除了上述问题外，在实践中，有关合同控制与经营者集中之间的关系还有待于进一步研究。合同控制，也称为 VIE 结构、协议控股结构，尽管该结构是以取得控制为目的，但由于合同控制可能涉嫌规避相关的产业投资限制或特别审批程序，使其具有内在固有的政策风险。对于其是否应被视为"合法"的经营者集中而提交申报，实践中，立法和执法机构的态度目前仍不明朗。

（二）经营者集中申报制度设立的意义

对于市场竞争，经营者集中既可能引起积极后果，又可能引起消极后果：一方面，其有利于结合经营者之间的协力优势，取得规模经济和范围经济，也可能增加经营者市场选择自由，便于其退出或进入市场，从而有利于竞争。另一方面，经营者集中可能导致市场集中度提高，给市场结构带来不利影响，可能引起限制或排除竞争的结果，因此，需要政府部门予以管制。例如，哈佛学派（Harvard School）的产业组织理论以"结构—行为—绩效"（Structure-Conduct-Performance，简称"SCP"）分析范式为主流，认为企业的市场结构、市场行为和市场绩效之间存在一种单向的因果联系：行业集中度高的企业（即该市场只有几家企业）总是倾向于提高价格、设置障碍，以便谋取垄断利润，阻碍技术进步，造成资源的非效率配置；要想获得理想的市场绩效，最重要的是要通过公共政策来调整和改善不合理的市场结构，限制垄断力量的发展，保持市场适度竞争。[①]

由于经营者集中对市场竞争的影响具有两面性，一方面不能一概而论地禁止任何经营

---

① 刘艳婷 . 经济全球化条件下的垄断寡占市场结构及其效率、政策研究 . 世界经济学博士论文，2009；MBA 智库百科（http：//wiki.mbalib.com/）. 随着经济学的发展，对此学说也有不同的意见，并有其他学说提出，如芝加哥学派、后芝加哥学派等，在此不赘述。

者集中的交易，另一方面也不能无条件地批准所有经营者集中的交易。因而，需要设立经营者集中申报制度，经过政府部门审查，对于不会引起消极后果的经营者集中予以批准，对于将引起消极后果的经营者集中予以禁止；如果消极后果可能通过附加限制条件加以纠正，则可以给予附加限制条件批准。

从全球范围来看，许多国家认可了该项制度设立的必要性。目前，已有超过 60 个国家制定了有关经营者集中申报的立法，其中美国、欧盟的相关制度发展比较成熟，包括中国在内的亚太国家也陆续建立了该制度。

（三）我国经营者集中申报主管机构和法律框架

《反垄断法》第 10 条授权国务院规定承担反垄断执法职责的机构（"国务院反垄断执法机构"）。国务院规定，由国家工商行政管理总局、国家发展和改革委员会、商务部负责反垄断法的具体执法工作，即这三个部门同属于国务院反垄断执法机构。[①] 依据国务院办公厅 2008 年印发的《商务部主要职责内设机构和人员编制规定》，商务部（下设反垄断局）依法对经营者集中行为进行反垄断审查。国家工商行政管理总局、国家发展和改革委员会根据该部门的主要职责内设机构和人员编制规定，分别负责垄断协议、滥用市场支配地位、滥用行政权力排除、限制竞争方面的反垄断执法工作（价格垄断行为除外）和价格垄断等反垄断法所规定的其他垄断行为。

尽管商务部为经营者集中申报的执法机构，但由于上述三家机构的职责安排，如果一项经营者集中可能涉及其他垄断行为，例如，如果各股东为设立合营企业所签订的合资协议中规定了可能涉及限制竞争的内容，是由收到申报的商务部联合其他两家部门共同审查给予申报人统一审批和处理意见，还是在商务部审查完毕之后，由其他两家部门另行审查，分别给予申报人审批和处理意见，目前实践中各执法机构的监管对此应如何衔接尚不明确。

如表 5-1 所示，经营者集中申报法律框架中既包括法律、行政法规，也包括大量的部门规章和规范性文件，还包括反垄断领域中所特有的指南性文件。作为法律，《反垄断法》第四章提纲挈领地规定了经营者集中的具体情形、审查阶段的法定期限、免于申报情形、审查时所需考虑的因素、审查决定的类型、未依法申报的处罚等关键性的实体和程序性问题。作为行政法规，《关于经营者集中申报标准的规定》明确了需要申报的经营者集中交易的量化标准。作为涉及反垄断法各种垄断行为的相关市场问题，国务院反垄断委员会统一发布了《关于相关市场界定的指南》，规定了如何从需求替代和供给替代两个方面界定相关商品市场和相关地域市场。

在上述上位法的基础上，部门规章和规范性文件作出了大量解释性和补充性的规定，加强了上位法的执行力。围绕着如何申报的主题，《经营者集中申报办法》《金融业经营者集中申报营业额计算办法》、经修订的《经营者集中反垄断审查申报表》等规定了如何计

---

① 国家工商行政管理总局网站．http：//www.saic.gov.cn/fldyfbzdjz/zflt/200909/t20090927_71218.html.

算营业额、界定参与集中经营者、准备相关文件等内容；围绕着如何审查的主题，《经营者集中审查办法》《关于经营者集中附加限制性条件的规定》《关于评估经营者集中竞争影响的暂行规定》等规定了审查中如何进行征求意见、听证等程序，以及审查时如何评估影响竞争的因素、如何附加限制性条件等内容；围绕着未依法申报如何处理的主题，《未依法申报经营者集中调查处理暂行办法》规定了对于未依法申报的案件处理中的举报、立案、调查和处理等一系列程序。《关于经营者集中简易案件适用标准的暂行规定》和《关于经营者集中申报的指导意见》对于简易案件的标准、申报文件和程序进行了规定。

从上述立法情况来看，对于经营者集中申报这种专业性领域，执法机构顺应实践需求，制定了相关指南性的规定，有利于执法机构和申报方的实践操作。遗憾的是，上位法未对控制问题作出规定。根据《立法法》第 80 条的规定，部门规章规定的事项应当属于执行法律或者国务院的行政法规、决定、命令的事项。寄希望于层级效力更低的部门规章对作为关键性的控制问题作出规定似乎有越级之嫌，有关控制的明确定义还需要法律或行政法规作出澄清。

表 5-1 经营者集中申报主要法规及规范性文件*

名称	立法层级	立法部门	公布日期
中华人民共和国反垄断法	法律	全国人民代表大会常务委员会	2007 年 8 月 30 日
关于经营者集中申报标准的规定	行政法规	国务院	2008 年 8 月 3 日
关于相关市场界定的指南	指南性规定	国务院反垄断委员会	2009 年 5 月 24 日
经营者集中申报办法	部门规章	商务部	2009 年 7 月 15 日
经营者集中审查办法	部门规章	商务部	2009 年 7 月 15 日
金融业经营者集中申报营业额计算办法	部门规章	商务部、中国人民银行、中国银行业监督管理委员会、中国证券监督管理委员会、中国保险监督管理委员会	2009 年 7 月 15 日
关于评估经营者集中竞争影响的暂行规定	部门规章	商务部	2011 年 8 月 29 日
未依法申报经营者集中调查处理暂行办法	部门规章	商务部	2011 年 12 月 30 日
经修订的《经营者集中反垄断审查申报表》	规范性文件	商务部	2012 年 6 月 6 日
关于经营者集中简易案件适用标准的暂行规定	部门规章	商务部	2014 年 2 月 11 日
关于经营者集中简易案件申报的指导意见（试行）	规范性文件	商务部	2014 年 4 月 18 日
关于经营者集中申报的指导意见	规范性文件	商务部	2014 年 6 月 6 日
关于经营者集中附加限制性条件的规定	部门规章	商务部	2014 年 12 月 4 日

* 截至 2017 年 6 月 15 日，表中立法层级为笔者根据颁布部门情况的理解所进行的整理。

二、经营者集中申报

（一）申报人、申报标准及豁免情形

1. 申报人、申报义务人

顾名思义，申报人是向商务部申请提交经营者集中申报的经营者。申报义务人是指负有经营者集中申报义务的经营者，如未依法申报经营者集中将承担相应的法律责任。[①] 根据《经营者集中申报办法》，通过合并方式实施的经营者集中，由参与合并的各方经营者申报；其他方式的经营者集中，由取得控制权或能够施加决定性影响的经营者申报，其他经营者应予以配合。

《经营者集中申报办法》还规定了一种特殊情形，即如果申报义务人未进行集中申报，其他参与集中的经营者可以选择提出申报。因此，申报人不一定是申报义务人。

但是，在上述情况下，申报义务人为法律责任承担者，其责任远远大于其他经营者。例如，取得控制权收购方的责任将大于目标公司和因交易失去控制权的卖方，而其他经营者由于不是申报义务人，没有因法律责任而产生的压力，如果其他经营者不予配合，从而导致申报义务人无法提起申报。因此，从立法的角度，还需要考虑从更为公平的角度对责任分配加以规定，以提高各方的申报积极性。

2. 申报标准及豁免情形

经营者集中在经济生活中频繁发生，如果任何经营者集中均需申报，则将给执法机构和申报人带来沉重的负担，从而使该制度无法实际有效运行。大部分小规模的经营者集中并不会对市场结构引起实质性影响，只有可能对市场结构引起实质性影响的规模较大的经营者集中才应进行申报。因此，设定申报标准的目的是，确定需要申报的经营者集中的门槛，将不至于对市场结构引起实质性影响的经营者集中区分出来，使其免于经营者集中申报。

通观各国的申报标准，其考虑因素主要包括反映经营者经济力量的营业额、资产、市场份额、交易规模等。在我国申报标准制定的过程中，根据"客观、明确，便于参与集中的经营者以及反垄断执法机构判断和掌握，并有明确的行为预期"的原则[②]，采取了将营业额作为申报因素的定性标准。具体量化为如下金额：

（1）参与集中的所有经营者上一会计年度在全球范围内的营业额合计超过 100 亿元人民币，并且其中至少两个经营者上一会计年度在中国境内的营业额均超过 4 亿元人民币。

（2）参与集中的所有经营者上一会计年度在中国境内的营业额合计超过 20 亿元人民

---

① 商务部反垄断局关于《经营者集中申报办法》和《经营者集中审查办法》的解读，http：//www.gov.cn/aarticle/zhengcejd/bj/201001/20100106740352.html？482750115＝3871817762，［2010－01－12］.

② 国务院法制办负责人就《国务院关于经营者集中申报标准的规定》答记者问，http：//www.gov.cn/zwhd/2008－08/04/content_1063736.htm，［2008－08－04］.

币，并且其中至少两个经营者上一会计年度在中国境内的营业额均超过 4 亿元人民币。

首先，按照这个标准，一方面我国绝大多数限额以上企业的并购活动不需要申报，另一方面，又可以把规模较大的经营者集中纳入申报范围，防止产生排除或者限制竞争的后果。作为经营者集中制度设立之初的标准，上述标准施行一段时间后，如果不合适，可以及时调整。① 采取至少两个经营者达标的方式综合考虑了交易各方的实力，可以有效避免大型企业无论大小任何交易都要申报的沉重负担。采取合计的方式可以避免中小企业之间进行的交易频繁进行申报。

其次，出于便于掌握的目的，上述标准中的营业额并不仅限于经营者集中所具体涉及领域的营业额，而是指参与集中经营者在各业务领域的总营业额。

再次，作为解决申报与否的程序性标准，申报标准不等同于审查标准，也并不意味达到申报标准的经营者集中必然会产生垄断，而只是明确达标经营者集中应当申报，申报是否可以得到批准将按照审查标准进行审查。因此，认为凡是达到申报标准的经营者集中就是垄断的理解，或者认为达到申报标准但自行认为不会导致垄断而不予申报的理解都是不正确的。

最后，作为对营业额标准的补充，《关于经营者集中申报标准的规定》规定："未达申报标准，但按照规定程序收集的事实和证据表明该经营者集中具有或者可能具有排除、限制竞争效果的，国务院商务主管部门应当依法进行调查。"由于营业额标准比较单一，为免挂一漏万，制定该条兜底性条款有其合理性，但从法的稳定性和预见性方面考虑，对于一项未达申报标准而没有申报的交易，在其事后对其再进行调查，将对交易的稳定性带来不利影响。对于这种情况，立法机构和执法机构应当谨慎对待。

达到上述申报标准的经营者集中，除非有豁免情形，则需进行申报，我国反垄断法规定的豁免情形属于企业集团内部重组情形，即：

（1）参与集中的一个经营者拥有其他每个经营者 50％以上有表决权的股份或者资产的。

（2）参与集中的每个经营者 50％以上有表决权的股份或者资产被同一个未参与集中的经营者拥有的。

（二）申报文件准备

商务部反垄断局于 2009 年 1 月公布了《关于经营者集中申报文件资料的指导意见》（含经营者集中申报表），并在 2012 年 6 月公布了经修订的《经营者集中申报表》。目前申报人均按照上述规定进行申报文件的准备，通常采取完整申报表加上作为附件的支持性文件的方式准备申报文件并进行提交。申报文件的目的在于向商务部完整地说明其拟进行的经营者集中对竞争的影响，供商务部审查。

---

① 国务院法制办负责人就《国务院关于经营者集中申报标准的规定》答记者问，http：//www.gov.cn/zwhd/2008 - 08/04/content_1063736.htm，[2008 - 08 - 04].

由于申报的复杂性和专业性，申报人不但需要交易其他方的配合，而且通常需要委托律师事务所进行协助，为取得关键性的市场数据和进行市场分析，也可能需要市场研究公司、相关行业内和经济学专业人士的协助。

1. 参与集中经营者的确定

界定参与集中的经营者不仅与如何计算经营者营业额以判断其是否需要申报有关，而且《关于经营者集中申报文件资料的指导意见》及经修订的《经营者集中申报表》中所要求提供的多数信息均指向"参与集中经营者"。由于交易中通常涉及多方主体，例如买方、目标公司、卖方、合营企业股东、合营企业等，准备申报文件的首要任务为界定参与集中的经营者。

参与集中经营者的确定问题"看起来非常有技术性，但这个问题却是执行经营者集中反垄断控制制度的起点之一，在理论上和实践中采用何种逻辑和法律技术解决这个问题，直接关系到对经营者集中的概念，甚至是经营者集中控制制度宗旨的理解，不可不重视之"[①]。

由于该问题的重要性和复杂性，理论上对该问题存在一定的争议，经修订的《经营者集中申报表》根据不同的交易形式对此进行了规定。

（1）合并

合并各方均为参与集中的经营者。

（2）股权或资产收购、合同控制等

1）取得控制权的经营者和目标经营者为参与集中的经营者。

2）取得控制权或能够施加决定性影响的经营者和目标经营者为参与集中的经营者。

（3）新设合营企业

合营企业的共同控制方均为参与集中的经营者，合营企业本身不是参与集中的经营者。

（4）在既存企业的基础上通过交易形成合营企业

1）如既存企业本身为合营企业，既存企业和交易后所有对其有控制权或者能够施加决定性影响的经营者均为参与集中的经营者。

2）如既存企业在交易前由一个经营者单独控制，交易后所有有控制权或者能够施加决定性影响的经营者为参与集中的经营者。

3）如交易前的单独控制方交易后仍拥有控制权或者能够施加决定性影响，既存企业不是参与集中的经营者。交易前单独控制方交易后不再拥有控制权或者能够施加决定性影响的，既存企业是参与集中的经营者。

2. 申报文件的内容

申报文件的目的在于完整地阐述什么人拟进行什么样的交易、该交易涉及何种相关市场、交易完成后将对对该市场竞争状况产生什么样的影响这一主题。我国《关于经营者集中申报文件资料的指导意见》及经修订的《经营者集中申报表》中所要求提供的文件大体

---

① 尚明，孔玲，叶军．界定参与集中的经营者浅析．法律适用，2012（4）．

可以分为如下四大类：

（1）参与集中经营者及其关联公司的基本情况

此部分内容目的在于介绍参与集中经营者的基本情况，特别是有关其营业额是否达标的信息，以及其所从事的与相关市场有关的经营范围的信息。

此部分内容重点关注的支持性文件包括经审计的财务报告、中国关联公司的营业执照和批准证书等。

（2）本次经营集中交易的概况

此部分内容目的在于介绍交易的概况，特别是有关交易完成后相关公司的控制和关联关系、集中的动机、目的或经济合理性分析，以及集中后的市场发展前景和发展计划等。

此部分内容重点关注的支持性文件为集中协议。

（3）集中对相关市场竞争状况影响的说明

此部分内容的主旨是说明集中对相关市场竞争状况的影响，为文件准备的重点部分，特别是相关市场界定、集中对相关市场的市场结构、市场进入影响的信息。需要注意的是，在界定相关市场时，集中各方之间存在的横向重叠、纵向关系和相邻市场的业务关系为重点考察部分。

此部分内容重点关注的支持性文件为有关市场信息的文件，例如研究报告等。

（4）其他

此部分内容主要涉及地方政府和主管部门等第三方的意见、破产企业、国家安全、产业政策、国有资产、其他部门职能、驰名商标等问题。特别需要注意，第三方是否可能对集中提出反对意见，或者集中本身及参与集中的经营者是否存在不合规之处。上述事项虽然可能与竞争问题本身无关，但也有可能影响对集中的审查。

上述文件为普通案件所需文件，商务部自2014年起增加了简易案件审理类型。在简易案件中，可以相应减少提交文件和提供信息内容。例如，在关联公司方面，普通程序需要同时提交全部关联公司和与交易相关关联公司信息，而简易案件中只需要提交与交易相关关联公司信息。在相关市场信息方面，普通案件需要提交相关市场份额和市场进入两类信息，而简易案件中可以无须提供后者。

（三）申报程序及事前程序

申报人将准备好的申报文件提交商务部，商务部认为文件完备之后，进入立案和正式审查程序。有关审查程序的内容请见下文第三部分。如果商务部认为材料经营者提交的文件、资料不完备的，申报人应当进一步补交文件、资料。因此，在上述过程中，申报人的主要工作为准备申报文件和补充申报文件。

但是，对于复杂疑难的经营者集中交易，如存在可能引起竞争问题的业务或其他重大的问题，申报人和交易各方需要特别注意在申报前及在申报过程中一方面注意执法机构的反馈，另一方面及时、主动地与富有经验的律师事务所、经济学专家等沟通，以评估其影响，考虑是否存在交易被禁止或附加限制性条件批准的可能性，并事先做好准备。尤其是对于可能附加限制性条件批准的交易，需要考虑能够提出和能够接受哪些限制性条件，以免在审查过程中陷入被动。实践中，通常可能有两种处理方式：一种是对于为了避免政府挑战而需要实质剥离的交易，采取类似美国反托拉斯法实践中的先行补救的方法，即剥离资产或对交易进行其他类型的重组，重组从一开始就是交易的组成部分，并将在交易结束前完成。[①] 另一种是针对执法机构审查过程中提出的竞争问题有的放矢地提出并与执法机构协商限制性条件的方案。

　　如果经营者对于是否需要申报、申报文件准备的具体细节等问题存在疑问，根据《经营者集中申报办法》的规定，在正式申报前，参与集中的经营者可以就集中申报的相关问题向商务部申请商谈（"申报前商谈"）。其方式为通过书面方式向反垄断局提出商谈申请，并预约商谈时间。书面申请应包括申请人、申请事项、交易概况、拟商谈问题以及联系人等信息，供反垄断局考虑，双方以面对面商谈的方式沟通有关问题。

　　尽管申报前商谈程序不属于正式审查程序，也不是申报前必经程序，与商务部的沟通结果并非正式审查决定，只是参考性质的指导。但是由于反垄断申报问题复杂，对于执法机构和经营者而言，匿名咨询的方式具有太大的不确定性，所以通过事前商谈的程序，商务部可以较为全面地了解问题的背景，而经营者可以更好地了解商务部对未决问题的看法，避免对未决事项作出与商务部不一致判断所导致的潜在风险。其有利于经营者与商务部之间的沟通，便于完善申报文件，在其他司法管辖区也属于普遍流行的做法（见图5-1）。

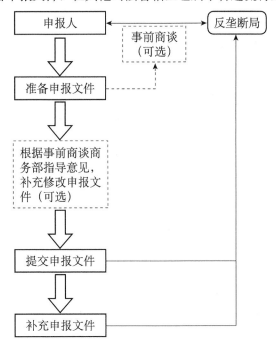

图5-1　正式申报及立案前流程图

---

　　① 美国律师协会反垄断分会编.美国并购审查程序暨实务指南.3版.李之彦，王涛译.北京：北京大学出版社，2010：53.

三、经营者集中审查

（一）审查程序

在目前实践中，申报人将申报文件提交给商务部的行政事务服务中心窗口，窗口接收后，行政部门的受理程序即被启动。受理之后，商务部可能要求申报人补充文件资料，文件齐备之后，商务部将下发立案通知。立案意味着正式审查程序的开始，根据反垄断法的规定，其包括初步审查阶段、进一步审查阶段和延长进一步审查阶段（详见图5-2）。

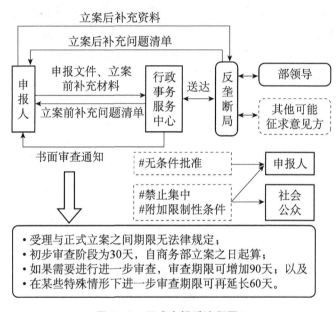

图5-2 正式申报后流程图 *

　　* 根据商务部网站公布的《商务部经营者集中反垄断审查流程图》及相关规定和实践操作整理，在简易程序中，立案后的初步审查阶段包括 10 天的案件公示期。

受理和立案之间期限并无法律规定，根据目前公布的附限制性条件的案例情况来看，取决于申报人补充文件和商务部审查文件直至齐备所需的时间，其约从数周到数月不等。

审查的方式主要为书面审查，在目前实践中，商务部也可以根据需要征求有关政府部门、行业协会、经营者、消费者等单位或个人的意见，其形式包括调查问卷、电话采访、听证会等方式。此外，亦可以采取实地调查的方式。例如，在松下公司收购三洋公司一案中，"为了解相关方面意见，商务部向涉及不同产品的 39 家同行竞争者和下游用户发放了调查问卷，对个别企业进行了电话采访，并赴深圳等地进行了实地调查"①。

取决于被征求意见方的反馈速度，征求意见程序所需时间可能较长，加之申报案件的日益增多加大了执法机构的工作量，并由于时间对于交易的重要性，审查期限日渐成为申

---

　　① 商务部公告 2009 年第 82 号《关于附条件批准松下公司收购三洋公司反垄断审查决定的公告》。

报人在申报过程中除竞争问题之外最为关心的问题。

美国、欧盟等反垄断执法机构在长期实践中，采取了对案件分类处理的方法，总结出甄别简易案件的标准和程序，对这些案件采取简易程序（也称为"快速审查程序"）处理，集中精力办理其他复杂的案件。而中国执法机构于2014年出台了简易案件适用标准和相关文件程序的规定，加快审查程序的进展。例如，在2015年年终综述中，商务部表示简易案件基本上都在初步审查阶段（30天内）审结。① 显然，简易程序可减轻申报人及执法机构的负担。此外，简易案件的摘要内容将在商务部网站公示，也便于公众对于案件发布意见。

（二）审查的实体标准

经营者集中审查的实体标准是执法机构对经营者集中申报进行审查并作出相应不同类型审查决定、决定批准与否的依据。在反垄断法的发展历史上，究竟以何种标准作为经营者集中的审查实体标准，存在市场支配地位审查标准和实质减少竞争审查标准的争论。市场支配地位审查标准以经营者的市场份额为标准，通过分析经营者集中行为是否会导致形成市场支配地位作为审查的实体标准。如果审查机构认为，当事人身边的经营者集中行为会加强经营者已有的市场支配地位，或者导致新的经营者市场支配地位的形成，则对于该项集中行为予以禁止，反之，则予以批准。欧盟曾一度采取该标准，但之后修订为接近实质减少竞争审查标准的"严重损害有效竞争"标准。② 实质减少竞争审查标准最早由美国《克莱顿法》提出③，如果交易的结果实质减少竞争或导致垄断，则该项交易将不被允许进行。市场支配地位审查标准常常被批评为过于僵化，过分注重对市场结构的评价，而忽视了动态的竞争环境和对竞争的影响。而实质减少竞争审查标准比较灵活、全面，但是由于其难以量化且确定性不强而受到质疑。④ 从美国的经验来看，需要更为量化的规定增加其可操作性。

我国《反垄断法》第28条规定："经营者集中具有或者可能具有排除、限制竞争效果的，国务院反垄断执法机构应当作出禁止经营者集中的决定。但是，经营者能够证明该集中对竞争产生的有利影响明显大于不利影响，或者符合社会公共利益的，国务院反垄断执法机构可以作出对经营者集中不予禁止的决定。"因此，我国经营者集中实体审查的标准为集中是否"具有或者可能具有排除、限制竞争效果"。类似于美国所采用的"实质性减

① http：//www.mof.com.gov.cn/article/ae/ai/201601/20160101235053.shtml，[2017-06-15]．

② 商务部条法司编．反垄断法理论与中外案例评析．北京：北京大学出版社，2008：278-281．

③ 该规定原文为："Acquisition by one corporation of stock of another no person engaged in commerce or in any activity affecting commerce shall acquire，directly or indirectly，the whole or any part of the stock or other share capital and no person subject to the jurisdiction of the Federal Trade Commission shall acquire the whole or any part of the assets of another person engaged also in commerce or in any activity affecting commerce，where in any line of commerce or in any activity affecting commerce in any section of the country，the effect of such acquisition may be substantially to lessen competition，or to tend to create a monopoly."

④ 史建三，钱诗宇．以国际视野看我国经营者集中中的实质审查标准．中大管理研究，2009（4）．

少竞争标准"。

就如何适用上述标准，我国《反垄断法》第27条列举了应当考虑的因素①，而《关于评估经营者集中竞争影响的暂行规定》对于如何适用上述因素进一步作出了规定。

结合上述规定以及申报和审查的实践情况，申报人申报和执法机构在审查过程中，在评估竞争影响时，通常将集中的类型分为两大类。

一类为横向重叠的集中，即参与集中的经营者的业务之间存在横向重叠，从事的是同一相关市场内的业务，所从事的业务之间彼此存在竞争关系。该类集中直接影响同一相关市场的市场结构，为各司法管辖区经营者集中审查中重点关注的类型。在表5-2有关附限制性条件批准的案例中，大多均属于此类集中。根据《关于评估经营者集中竞争影响的暂行规定》，评估经营者集中对竞争产生不利影响的可能性时，首先考察集中是否产生或加强了某一经营者单独排除、限制竞争的能力、动机及其可能性，理论上也被称为"单边效应"。当集中所涉及的相关市场中有少数几家经营者时，还应考察集中是否产生或加强了相关经营者共同排除、限制竞争的能力、动机及其可能性，理论上也被称为"协同效应"。

另一类为非横向重叠的集中，其又可分为纵向集中和混合集中，前者是指具有纵向上下游关系的竞争者之间的集中，而后者则是不具有横向和纵向关系的竞争者之间的集中。总体而言，非横向重叠的集中并不是各国经营者集中审查中重点关注的类型，但也有少量重大的纵向集中受到关注。例如，根据欧盟有关的指南，其关注要点为上下游之间产生的封锁效应。在表5-2通用汽车收购德尔福的案例中，前者为整车生产商，而后者为汽车零部件生产商，两者之间为典型的纵向关系。而混合集中的交易中一般是对具有一定关联关系的市场才予以关注。根据《关于评估经营者集中竞争影响的暂行规定》，参与集中的经营者不属于同一相关市场的实际或潜在竞争者时，重点考察集中在上下游市场或关联市场是否具有或可能具有排除、限制竞争效果。

考察经营者集中是否可能引起单边效应、协同效应和封锁效应等后果时，最重要的考虑因素为相关市场内市场份额、市场集中度和市场进入。

相关市场是指经营者在一定时期内就特定商品或者服务（以下统称商品）进行竞争的商品范围和地域范围。相关市场的界定为分析市场份额、市场集中度和市场进入等竞争分析的起点。其界定的基本原则为从需求和供给两方面进行替代性分析。对相关商品市场而言，如果各种商品之间具有较高的需求替代性和供给替代性，例如用途一致，彼此之间转产容易，则其可能属于同一相关商品市场。例如，在可口可乐收购汇源果汁一案中，商务部认为，100%纯果汁、浓度为26%～99%的混合果汁，以及浓度在25%以下的果汁饮料之间存在很高的需求替代性和供给替代性，应界定为同一果汁饮料市场，而果汁类饮料和

---

① 《反垄断法》第27条规定，审查经营者集中，应当考虑下列因素：（1）参与集中的经营者在相关市场的市场份额及其对市场的控制力；（2）相关市场的市场集中度；（3）经营者集中对市场进入、技术进步的影响；（4）经营者集中对消费者和其他有关经营者的影响；（5）经营者集中对国民经济发展的影响；（6）国务院反垄断执法机构认为应当考虑的影响市场竞争的其他因素。

碳酸类饮料之间替代性较低，属于不同的产品市场。① 对相关地域市场而言，如果地域之间具有较高的需求替代性和供给替代性，例如，各地域之间商品进出容易，则其可能属于同一相关地域市场。相关市场界定的问题比较复杂，限于篇幅，在此不进行铺开性的介绍。

市场份额一般是指某个经营者就相关市场内的销售额（或销售量）在该相关市场内全体经营者的总销售额（或销售量）所占的比重。《关于评估经营者集中竞争影响的暂行规定》认为，市场份额是分析相关市场结构、经营者及其竞争者在相关市场中地位的重要因素。市场份额直接反映了相关市场结构、经营者及其竞争者在相关市场中的地位。某个参与集中的经营者的市场份额越高，集中后各方参与集中经营者合并的市场份额就越高，集中产生排除、限制竞争效果的可能性也越大。

市场集中度是对相关市场的结构所做的一种描述，体现相关市场内经营者的集中程度，通常可用赫芬达尔—赫希曼指数（HHI 指数）和行业前 N 家企业联合市场份额（CRn 指数，也称为行业集中度指数）来衡量。HHI 指数等于集中所涉相关市场中每个经营者市场份额的平方之和。行业集中度指数等于集中所涉相关市场中前 N 家经营者市场份额之和。② 市场集中度是市场内竞争状况的反映，集中度越高，市场内竞争者数量越少，单个竞争者市场份额可能越高，来自其他竞争者的竞争约束压力越可能不足。《关于评估经营者集中竞争影响的暂行规定》认为，相关市场的市场集中度越高，集中后市场集中度的增量就越大，集中产生排除、限制竞争效果的可能性也越大。

顾名思义，市场进入一般是指新的经营者（潜在竞争者）进入相关市场，参与市场竞争。市场进入是市场内竞争状况发展趋势的反映，市场进入越难，潜在竞争者就越难以对市场内已有的竞争者产生竞争约束压力。如果市场进入越容易，从动态的观点来看，潜在竞争者进入可以增加相关市场内的竞争者数量，对已有的竞争者产生竞争约束压力，对于集中所可能产生的限制竞争效果可能越容易产生抵消的效果。另外，经营者集中可能提高相关市场的进入壁垒，集中后经营者可行使其通过集中而取得或增强的市场控制力，通过控制生产要素、销售渠道、技术优势、关键设施等方式，使其他经营者进入相关市场更加困难。③

从目前的立法来看，上述考察因素缺乏量化指标，例如，市场份额高于多少（50％还是 30％）、HHI 指数和 CRn 指数高于多少则可能使在相关市场中发生的集中具有或可能具有排除、限制竞争效果还需要立法的进一步规定。

除了上述考察因素外，《关于评估经营者集中竞争影响的暂行规定》还就集中对竞争产生的有利影响明显大于不利影响，或者符合社会公共利益的情形作出了规定，主要包括：集中对技术进步的有利影响；集中对消费者利益的积极影响；集中对提高经济效率、

① 商务部新闻发言人姚坚就可口可乐公司收购汇源公司反垄断审查决定答记者问. 商务部网站，［2009-03-25］.
② 参见《关于评估经营者集中竞争影响的暂行规定》第6条。
③ 参见《关于评估经营者集中竞争影响的暂行规定》第7条。

促进国际经济发展的影响。同时，集中对公共利益、经济效率的影响，集中各方的下游买方是否具有较强力量使各方难以实现提价等影响竞争行为的抵消性买方力量也在审查考虑之列。[①] 在实践中，对上述影响的分析比较抽象，似乎市场影响的作用弱于市场份额、市场集中度和市场进入这几项因素的作用。尽管如此，也不能完全忽视上述内容。例如，在表 5-4 希捷科技公司收购三星电子有限公司硬盘驱动器业务的交易中，以及西部数据收购日立存储，商务部的公告中专门对创新对于行业影响进行了分析，并将在创新领域投入研发资金作为批准交易的附加限制性条件之一。

（三）审查决定

根据《反垄断法》第 28 条和 29 条的规定，商务部所作出的审查决定包括三种类型：（1）不属于"具有或者可能具有排除、限制竞争效果的"或"经营者能够证明该集中对竞争产生的有利影响明显大于不利影响，或者符合社会公共利益的"的集中可以获得批准，也称为"不予禁止审查决定"；（2）"具有或者可能具有排除、限制竞争效果的"的集中则可能被禁止；（3）"具有或者可能具有排除、限制竞争效果的"集中也可能不予禁止但附加限制性条件，以减少集中对竞争产生的不利影响，也称为"附限制性条件的批准"。

根据商务部反垄断局网站公布的信息，截至 2016 年年底，在商务部审结的全部案件中，无条件批准约占 98%；附条件批准和禁止案件合计不到 2%。[②] 显然，未附加限制性条件的批准是商务部所做审查决定的主要类型。

根据反垄断法的规定，禁止审查决定和附限制性条件的批准审查决定应向社会公布。公告中值得关注和参考的内容是附限制性条件批准中所附限制性条件的内容。根据《经营者集中审查办法》的规定，限制性条件可以分为两大类：（1）结构性条件，即剥离参与集中的经营者的部分资产或业务；（2）行为性条件，即要求参与集中的经营者进行开放其网络或平台等基础设施、许可关键技术（包括专利及专有技术或其他知识产权）、终止排他性协议等行为。就同一案件，两者也可结合使用。

从表 5-2 所公布的限制条件内容来看，尽管具体内容各有不同，但值得注意的包括如下方面：

第一，从总体趋势来看，随着执法技术的成熟，限制性条件的内容越来越细化，对于限制性条件执行的期限、选择收购剥离资产第三方的条件、委托监督受托人协助监管、如何保证剥离资产的存活性和竞争性等均多有规定。

第二，行为性限制性条件有增长的趋势，对于行为性限制条件、执法机构如何在不增加企业负担的情况下有效监督、是否将有取消限制条件的方案都有待于进一步解决。

第三，剥离资产等限制性条件并不仅限于中国境内的资产，例如，表 5-2 中的松下

---

① 详见《关于评估经营者集中竞争影响的暂行规定》第 8~12 条。

② 以上数据根据中国商务部公告及发布会和相关新闻计算，可能会有遗漏或错误，权威数据以商务部最新发布的数据为准。

株式会社收购三洋电机株式会社的交易中限制性条件涉及剥离双方在日本工厂的资产。

第四，从交易主体来看，限制性条件所涉及的交易主体不仅为跨国公司，还包括私募股权基金（见表5-2中佩内洛普有限责任公司收购萨维奥纺织机械股份有限公司）、国有企业等（见表5-2中通用电气（中国）有限公司与中国神华煤制油化工有限公司设立合营企业）。

第五，从表中沃尔玛公司收购纽海控股有限公司33.6%股权的公告来看，重要的合规性要求（例如，获得相关业务许可等）也可能成为限制性条件的内容。

第六，特定案件中的交易各方彼此之间的竞争性信息交换也可能成为限制性条件的内容，即使成为公司的股东，也可能由于存在竞争关系而限制其股东权利的行使，包括股东和子公司之间的竞争性信息防火墙的安排等。例如，表中希捷收购三星硬盘驱动器业务的公告中，商务部要求希捷应当保持三星产品定价销售团队的完全独立性，在三星产品定价销售团队与希捷其他产品定价销售团队之间建立防火墙，防止双方交换竞争性信息。其中，竞争性信息是指任何可能导致竞争者之间协调彼此经营行为的信息，特别是任何有关产品价格、产量、客户、竞标等方面的信息。而在西部数据收购日立存储的公告中，除了类似条款外，商务部明确要求集中完成后，西部数据对Viviti公司行使股东权利，履行股东义务，不得损害两公司的独立性，不得排除或限制两公司之间的竞争，双方应当事先制定保障措施，特别是应当建立防火墙。

由此引发的另一个问题是，在交易完成后，交易方之间尚且可能存在竞争性信息交换的防火墙，在交易之前，交易方之间为达成交易经常也会交流信息，这种情况是否也需加以规制？参考域外的经验，美国司法实践中，主管机关对公司成立企业合营时所进行的信息交换行为已经加以关注，尽管公司在思考是否要成立一个企业合营时，必须交换一些信息以便于它们能够作出关于企业合营利益的有根据的决定，但是这些企业只能互相披露对于评估拟进行的交易来讲必要的信息。[1] 也需采取必要的措施和安排以免被认为具有垄断协议[2]的嫌疑。

第七，在2013年的几个案件中，商务部详尽地公布了申报方提出的救济承诺方案，并要求申报方在之后提出详细的操作方案。这些迹象表明，监管机构对于限制性条件的设定及其监督执行越来越具体和详尽。

第八，默克公司收购安智电子材料公司的申报中，体现了商务部对于存在相邻市场关系的交易中可能会评估竞争问题的因素。由于相邻市场关系导致竞争问题的情况比较少见，本案具有借鉴意义。本案中，液晶是平板显示器前板和背板之间实现照明功能的原材料，光刻胶是制造背板电子电路的原材料，二者为互补关系，构成相邻市场，交易双方分

---

① 美国律师协会反垄断分会编. 企业合营——竞争者之间合作行为的反垄断分析. 孟雁北，李然译. 北京：北京大学出版社，2011：59-60. 亦可参考美国律师协会反垄断分会编. 企业并购前的协同——关于抢先合并与信息交换的新规则. 郝倩等译. 相关章节，限于篇幅不再赘述。

② 垄断协议为反垄断法规制的另一种行为。我国《反垄断法》对于垄断协议、滥用市场支配地位、经营者集中和滥用行政权力排除、限制竞争四种行为作出了规定。

别生产上述产品，商务部认为本次集中完成后，默克具有利用相邻产品关系将液晶和光刻胶进行捆绑销售或交叉补贴的能力，可能损害市场竞争。

表 5 - 2　　　　　　　　　　　　　　附限制性条件的批准案例汇总

No.	经营者集中交易简况	公布时间	审查结果摘要
1	比利时英博公司（"英博公司"）收购美国 AB 公司（"AB 公司"）	2008 年 11 月	商务部对审查决定附加下列限制性条件： 1. 不得增加 AB 公司在青岛啤酒股份有限公司现有 27％的持股比例； 2. 如果英博公司的控股股东或控股股东的股东发生变化，必须及时通报商务部； 3. 不得增加英博公司在珠江啤酒股份有限公司现有 28.56％的持股比例； 4. 不得寻求持有华润雪花啤酒（中国）有限公司和北京燕京啤酒有限公司的股份； 如果违反上述任何一项条件，英博公司必须事先向商务部及时进行申报，商务部批准前，不得实施。
2	日本三菱丽阳公司（"三菱丽阳公司"）收购璐彩特国际公司（"璐彩特公司"）	2009 年 4 月	商务部决定接受集中双方所做承诺，附加限制性条件批准此项经营者集中，具体条件主要为：璐彩特国际（中国）化工有限公司（"璐彩特中国公司"）根据商务部要求和期限剥离产能，出售给一家或多家非关联的第三方购买人。在自拟议交易完成至完成产能剥离或完成全部剥离期间内，璐彩特中国公司应独立运营。集中双方将继续在相互竞争的基础上分别在中国销售 MMA，两家公司不得相互交换竞争性信息。未经商务部事先批准，合并后三菱丽阳公司在拟议交易交割后 5 年内不再在引起竞争问题的市场内收购也不再建新厂。
3	美国通用汽车有限公司（"通用汽车"）收购美国德尔福公司（"德尔福"）	2009 年 9 月	商务部决定接受集中双方提出的解决方案，附加限制性条件批准此项经营者集中，具体条件主要为： 保证德尔福及其控股和实际控制的关联企业将继续对国内汽车厂商无歧视性地供货等。 通用汽车和德尔福不得以非法相互交换和沟通第三方的竞争性保密信息。 保证德尔福及其控股和实际控制的关联企业应客户的合法要求，配合客户平稳转换供应商，不得提高其他整车厂商的转换成本，从而达到限制竞争的效果。 通用汽车应当对其所有汽车零部件的采购继续遵循多源供应和非歧视原则，无歧视性地采购。 通用汽车、德尔福应当定期向商务部报告其遵守上述限制性条件的情况，双方如有任何违反上述限制性条件的行为，商务部将依法予以处罚。
4	美国辉瑞公司（"辉瑞公司"）收购美国惠氏公司（"惠氏公司"）	2009 年 9 月	商务部决定附条件批准此项集中，要求辉瑞公司履行的义务主要为：在商务部指定的期限内，剥离在中国大陆地区辉瑞旗下品牌为瑞倍适及瑞倍适-旺的猪支原体肺炎疫苗业务。被剥离业务需包括确保其存活性和竞争性所需的有形资产和无形资产。

续前表

No.	经营者集中交易简况	公布时间	审查结果摘要
5	松下株式会社（"松下公司"）收购三洋电机株式会社（"三洋公司"）	2009 年 10 月	商务部决定附条件批准此项集中，要求松下公司和三洋公司履行的义务主要为：在商务部规定的期限内剥离三洋公司全部的硬币型锂二次电池业务、剥离三洋公司或松下公司其中一方的民用镍氢电池业务，松下公司剥离其 HEV 用镍氢电池业务，并放弃其与丰田合资的从事车用镍氢电池业务的司 PEVE 公司的控制，包括降低股权比例，放弃股东大会的表决权、董事委派权和对相关业务的否决权等。
6	诺华股份公司（"诺华"）收购爱尔康公司（"爱尔康"）	2010 年 8 月	商务部决定附条件批准此项集中，要求诺华和爱尔康履行的义务主要为：截至 2010 年年底，诺华全面停止向中国销售眼科抗炎/抗感染化合物——易妥芬产品；同时，在商务部审查决定生效之日起 5 年内，诺华不得重新将易妥芬产品或同样产品投放中国市场，在商务部规定的期限内，诺华终止上海视康与海昌隐形眼镜公司之间的《销售和分销协议》。
7	乌拉尔开放型股份公司（"乌钾"）吸收合并谢尔维尼特开放型股份公司（"谢钾"）	2011 年 6 月	商务部决定对该项集中附加限制性条件，要求经营者履行的义务主要为：合并后的公司应继续保持目前的氯化钾销售做法和程序，为中国市场稳定可靠、尽心尽力地供应种类齐全和数量充足氯化钾产品。维持惯常的协商程序，价格谈判应充分考虑与中国客户交易的历史情况与现状，以及中国市场的特殊性。
8	佩内洛普有限责任公司（"佩内洛普"）收购萨维奥纺织机械股份有限公司（"萨维奥"）	2011 年 10 月	商务部决定附加限制性条件批准此项集中，要求佩内洛普全资控股股东 Alpha V 的最终控制实体 Apef 5 履行的义务主要为在商务部指定的期限内，将其持有乌斯特的股份转让给独立第三方，转让完成前不得参与或影响乌斯特经营管理活动。
9	通用电气（中国）有限公司（"通用中国"）与中国神华煤制油化工有限公司（"神华煤制油"）设立合营企业	2011 年 11 月	商务部决定附加限制性条件批准此项集中，要求神华集团和神华煤制油履行的义务主要为：通用中国与神华煤制油设立合营企业，从事水煤浆气化技术许可，不得利用限制供应水煤浆气化技术原料煤，或者以供应原料煤为条件，迫使技术需求方使用该合营企业的技术，或者提高使用其他技术的成本。
10	希捷科技公司（"希捷"）收购三星电子有限公司（"三星"）硬盘驱动器业务	2011 年 12 月	商务部决定附加限制性条件批准此项集中，希捷应履行的义务主要为：在相关市场上维持三星硬盘作为一个独立竞争者而存在，包括为三星硬盘组建独立子公司、组建独立销售团队、独立定价、维持生产线的独立运行、设立独立的研发中心、双方不得交换竞争性信息等。希捷应履行继续维持和扩大三星产品产能的承诺。希捷不得迫使东电化（中国）投资有限公司排他性地向希捷或任何其他受希捷控制的公司供应硬盘磁头，或限制东电化向其他硬盘生产商供应磁头的数量。希捷承诺，该审查决定作出后 3 年内每年投资至少 8 亿美元，且将以希捷近年一贯的速度，继续在创新领域投入研发资金的承诺。

续前表

No.	经营者集中交易简况	公布时间	审查结果摘要
11	汉高香港控股有限公司（"汉高香港"）与天德化工控股有限公司（"天德化工"）组建合营企业	2012年2月	商务部决定附加限制性条件批准此项集中，要求交易双方履行的义务主要为：天德化工应基于公允、合理和不歧视的原则，向下游所有客户供应氰乙酸乙酯，包括：不得以不合理的高价销售产品，不得给予潍坊德高（该交易所设合营公司的新设子公司）更优惠的供货条件，不得与汉高股份和潍坊德高沟通竞争性信息等。
12	西部数据收购日立存储	2012年3月	西部数据及其关联公司和日立公司和其全资子公司Viviti公司及其应履行的义务主要为：在相关市场上维持Viviti公司作为一个独立的竞争者存在，包括维持Viviti公司交易前的状态，确保Viviti公司维持独立的法人地位并独立开展业务，包括但不限于研发、生产、采购、营销、售后、行政、财务、投资、人事任命等方面。西部数据对Viviti公司行使股东权利，履行股东义务，不得损害两公司的独立性，不得排除或限制两公司之间的竞争。西部数据和Viviti公司应各自维持相互独立的研发机构，应当根据市场需求状况合理确定产能产量，不得强制或变相强制客户从两公司排他性地采购其硬盘产品。继续在创新领域投入研发资金，以确保给客户带来更多创新性产品和解决方案。 西部数据在商务部规定的期限内向第三方剥离Viviti公司主要3.5英寸硬盘资产。
13	谷歌公司（"谷歌"）收购摩托罗拉移动公司（"摩托罗拉移动"）	2012年5月	商务部决定附加限制性条件批准此项集中。谷歌应当履行的义务主要为：谷歌将在免费和开放的基础上许可安卓平台，与目前的商业做法一致。谷歌应当在安卓平台方面以非歧视的方式对待所有原始设备制造商。本次交易后，谷歌应当继续遵守摩托罗拉移动在摩托罗拉移动专利方面现有的公平、合理和非歧视（FRAND）义务。
14	联合技术公司（"联合技术"）收购古德里奇公司（"古德里奇"）	2012年6月	商务部决定附加限制性条件批准此项集中，要求交易双方履行的义务主要为：在商务部规定的期限内剥离古德里奇的电源系统业务，向买方转让确保上述被剥离业务存活性和竞争性所需的有形资产和无形资产。
15	沃尔玛公司收购纽海控股有限公司（"纽海控股"）33.6%股权	2012年8月	商务部决定附加限制性条件批准此项集中。沃尔玛公司应当的义务主要为： （一）纽海上海此次收购，仅限于利用自身网络平台直接从事商品销售的部分（注：纽海控股将通过全资子公司新岗岭香港和纽海上海持有益实多的网上购物平台"1号店"）。 （二）在未获得增值电信业务许可的情况下，纽海上海在此次收购后不得利用自身网络平台为其他交易方提供网络服务。 （三）本次交易完成后，沃尔玛公司不得通过VIE架构从事目前由上海益实多电子商务有限公司（益实多）运营的增值电信业务。

续前表

No.	经营者集中交易简况	公布时间	审查结果摘要
16	安谋公司、捷德公司和金雅拓公司组建合营企业	2012年12月6日	商务部决定附加限制性条件批准此项集中。要求交易各方履行如下义务： （一）本次交易完成后，安谋公司将本着无歧视性原则，及时发布基于安谋公司应用处理器 TrustZone 技术之上研发 TEE 所必需的安全监控代码及其他信息，包括相关许可、授权的标准及条件。 （二）安谋公司不得通过对自有知识产权的特殊设计降低第三方 TEE 的性能。 （三）安谋公司的上述义务自商务部决定之日起 8 年内有效。安谋公司应当每年就其遵守上述义务情况向商务部报告。如果外部环境或合营企业发生重大变化，安谋公司可以向商务部申请变更或解除上述义务。
17	嘉能可国际公司（Glencore International plc，"嘉能可"）收购斯特拉塔公司（"斯特拉塔"）	2013年4月16日	商务部决定基于嘉能可最终救济方案的承诺附加限制性条件批准此项经营者集中，嘉能可和斯特拉塔应履行如下义务： （一）铜精矿市场 1. 剥离铜精矿资产。嘉能可应当剥离本交易后位于秘鲁的铜矿项目中持有的全部权益。 2. 维持集中前铜精矿的交易条件。 2013 年至 2020 年 12 月 31 日，嘉能可应每年向中国客户提供不低于最低数量的铜精矿长期合同报盘。 （二）锌精矿和铅精矿市场 2013 年至 2020 年 12 月 31 日，嘉能可应当继续向中国客户提供锌精矿和铅精矿长期合同和现货合同报盘，其报盘条件应公平、合理，并在考虑相关因素的情况下与当时通行的国际市场条款一致。 （三）限制性条件的监督执行 限制性条件的监督执行除按商务部公告办理外，最终救济方案对嘉能可也具有法律约束力。嘉能可应当委托独立的监督受托人进行监督并按时汇报义务履行的情况。
18	日本丸红株式会社（"丸红公司"）收购美国高鸿控股有限责任公司（Gavilon Holdings, LLC，"高鸿公司"）	2013年4月22日	商务部决定附加限制性条件批准此项经营者集中。交易双方应当履行如下义务： （一）维持丸红公司和高鸿公司向中国出口和销售大豆业务的分离与独立，包括组建两支独立的运营团队，维持丸红大豆子公司与高鸿大豆子公司之间的分离和独立，丸红大豆子公司不得从高鸿美国资产（高鸿公司单独控制的位于美国的用于产品采购和出口的资产）采购大豆，除非交易依据公平市场条件进行。丸红大豆子公司和高鸿大豆子公司之间不得交换竞争性信息等。 （二）丸红公司应委托独立的监督受托人对丸红公司履行上述义务的情况进行监督，并按时汇报义务履行的情况。24 个月期满后，丸红公司可以向商务部提出解除上述第（一）项义务的申请。

续前表

No.	经营者集中交易简况	公布时间	审查结果摘要
19	美国百特国际有限公司（Baxter International Inc.，"百特"）收购瑞典金宝公司（Gambro AB，"金宝"）	2013年8月8日	商务部决定附加限制性条件批准此项经营者集中。百特和金宝应履行如下义务： （一）百特剥离其全球的CRRT业务。 （二）2016年3月31日前，百特在中国境内终止尼普洛代工生产协议。 （三）限制性条件的监督执行除按商务部公告办理外，最终救济方案对百特也具有法律约束力。百特应委托监督受托人进行监督。
20	联发科技股份有限公司（"联发科技"）吸收合并台湾开曼晨星半导体公司（"晨星台湾"）	2013年8月26日	商务部决定基于交易双方提交的《最终救济方案》附加限制性条件批准此项经营者集中。 （一）保持晨星台湾作为独立竞争者的法人地位。 （二）联发科技行使有限股东权利。 （三）联发科技和晨星台湾未经商务部批准不得进行业务合作。防止信息交换并保障晨星台湾高管和员工的独立性及各种经营的一贯做法。 （四）联发科技和晨星台湾在LCD电视芯片市场并购其他竞争者，应事先向商务部申报，未经批准不得实施。 （五）双方应按期向商务部书面汇报履行义务的进展情况。三年期满后，申请解除"保持晨星台湾作为独立竞争者的法人地位"相关义务。
21	赛默飞世尔科技公司收购立菲技术公司	2014年1月15日	根据赛默飞世尔科技公司向商务部提出的救济方案，商务部决定附加限制性条件批准此项经营者集中。赛默飞世尔科技公司应当履行如下义务： (1) 剥离其全球细胞培养业务。 (2) 出售其所持有的位于中国境内的兰州民海生物工程有限公司51%的股权。 (3) 剥离其全球基因调整业务。 (4) 未来10年中以每年1%的幅度降低SSP试剂盒和SDS-PAGE蛋白质标准品的中国市场目录价，同时不降低给予中国经销商的折扣。 (5) 未来10年中依据第三方的选择以代工协议（OEM）方式向第三方供应SSP试剂盒和SDS-PAGE蛋白质标准品或给予第三方有关SSP试剂盒和SDS-PAGE蛋白质标准品的永久非排他性技术许可。
22	微软收购诺基亚设备和服务业务	2014年4月8日	根据微软、诺基亚向商务部作出的承诺，商务部决定附加限制性条件批准此项经营者集中，微软、诺基亚应按要求履行其承诺并接受商务部依法监督。微软、诺基亚承诺的条件如下： （一）微软方面： 1. 对于在智能手机中实施的，为行业标准所必要的，同时微软已向标准制定组织（SSOs）作出过承诺会以公平、合理和无歧视（FRAND）条件提供许可的微软专利（以下简称标准必要专利），自本集中交割之日起，微软继续遵守相关原则（略） 2. 关于未向任何行业标准承诺的"项目专利"（以下简称非标准必要专利），自本项集中交割日起，微软将履行许可和转让方面的义务（略）。 （二）诺基亚方面： 1. 继续履行其向标准制定组织作出的承诺，遵守相关原则，履行许可和转让方面的义务（略）。

续前表

No.	经营者集中交易简况	公布时间	审查结果摘要
23	默克公司收购安智电子材料公司	2014年4月30日	商务部经审查后，认为默克收购安智案对液晶和光刻胶市场可能具有排除、限制竞争效果。根据默克向商务部作出的承诺，商务部决定附加限制性条件批准此项经营者集中，默克应当履行如下义务： （一）不得进行任何形式的捆绑销售，直接或间接迫使中国客户同时购买默克和安智的产品，包括不对默克液晶产品和安智光刻胶产品之间进行任何形式的交叉补贴。 （二）当默克许可液晶专利时，基于非排他性的、不得转许可的条款实施。所有条款均将遵守商业上合理的、非歧视性的原则。 （三）每半年向商务部报告上述义务的履行情况；如果默克在中国签订任何液晶的专利许可协议，将事先通知商务部。
24	科力远、丰田中国、PEVE、新中源、丰田通商拟设立合营企业	2014年7月2日	鉴于此项经营者集中可能会对全球车用镍氢电池市场和中国混合动力汽车市场产生排除、限制竞争的效果，商务部决定附加限制性条件批准此项集中，要求合营当事方及合营企业（科力美）履行如下义务： （一）科力美应当遵循公平、合理、无歧视原则，向第三方广泛销售其产品。 （二）在市场有相应需求的情况下，科力美应该在投产后3年内实现产品的对外销售等。
25	诺基亚收购阿尔卡特朗讯	2015年10月19日	商务部经审查后，认为诺基亚收购阿尔卡特朗讯全部股权案对无线通信标准必要专利许可市场可能具有排除、限制竞争效果。根据诺基亚向商务部作出的承诺，商务部决定附加限制性条件批准此项经营者集中，诺基亚应按要求履行其承诺并接受商务部依法监督。诺基亚承诺的条件如下： 诺基亚就其在收购阿尔卡特朗讯交易完成之日拥有的2G、3G和4G蜂窝通信标准必要专利（以下称SEPs），包括阿尔卡特朗讯拥有的2G、3G和4G蜂窝通信标准必要专利，履行以下承诺： （一）诺基亚确认其支持相关原则（略）。 （二）当诺基亚在未来将SEPs转让给第三方时，诺基亚需履行相关义务（略）。 （三）当诺基亚在未来将标准必要专利转于新的所有人时需履行相关义务（略）。
26	恩智浦收购飞思卡尔	2015年11月25日	鉴于此项经营者集中可能会对全球射频功率晶体管市场产生排除、限制竞争的效果，根据恩智浦向商务部提交的《桑巴协议》以及最终承诺，商务部决定附加限制性条件批准此项集中，要求恩智浦履行如下义务： （一）完全剥离其射频功率晶体管业务。 （二）严格按照其向商务部提交的《桑巴协议》向北京建广出售上述业务。 （三）自公告之日起至剥离完成，严格履行商务部《关于经营者集中附加限制性条件的规定（试行）》第二十条规定，确保剥离业务的存续性、竞争性和可销售性。 （四）在剥离业务交割后的过渡期间内，严格按照相关协议规定及承诺向剥离业务的买方提供相关服务。

续前表

No.	经营者集中交易简况	公布时间	审查结果摘要
27	百威英博啤酒集团收购英国南非米勒酿酒公司	2016年7月29日	鉴于此项经营者集中对相关市场具有排除、限制竞争的效果，按照商务部2008年第95号公告规定，根据百威英博和南非米勒提交的限制性条件最终方案，商务部决定附加限制性条件批准此项集中，要求百威英博和南非米勒履行如下义务： （一）剥离南非米勒持有的华润雪花49％股权。 （二）严格按照百威英博向商务部提交的《协议》向华润啤酒出售华润雪花49％股权。 （三）确保剥离于百威英博收购南非米勒股权交易完成后24小时内完成。自公告之日起至剥离完成，严格遵守商务部《关于经营者集中附加限制性条件的规定（试行）》第二十条规定，确保剥离股权的存续性、竞争性和可销售性。
28	雅培公司收购圣犹达医疗公司	2016年12月3日	鉴于此项经营者集中对中国小腔血管闭合器市场具有排除、限制竞争的效果，根据雅培向商务部提交的限制性条件最终方案，商务部决定附加限制性条件批准此项集中，要求雅培和圣犹达履行如下义务： （一）剥离圣犹达的小腔血管闭合器业务。 （二）严格按照《购买协议》向泰尔茂出售剥离业务并提供过渡期服务。 （三）剥离业务于雅培收购圣犹达交易完成之日起20日内完成交割。自公告之日起至剥离业务交割完成，严格履行商务部《关于经营者集中附加限制性条件的规定（试行）》第二十条规定，确保剥离业务的存续性、竞争性和可销售性。 （四）雅培在剥离业务交割完成之日起10日内，向商务部提交剥离情况书面报告，并在其后每半年向商务部提交过渡期服务书面报告。
29	陶氏化学公司与杜邦公司合并	2017年4月29日	鉴于此项经营者集中对中国水稻选择性除草剂市场、水稻杀虫剂市场可能具有排除、限制竞争的效果，对全球酸共聚物市场、离聚物市场具有排除、限制竞争的效果，根据申报方向商务部提交的限制性条件建议最终稿，商务部决定附加限制性条件批准此项集中，要求陶氏和杜邦履行如下义务： （一）剥离杜邦用于水稻选择性除草剂活性成分甲磺隆、四唑嘧磺隆和仅包含上述活性成分的制剂及所有相关产品登记和等待中的产品登记。 （二）剥离杜邦用于水稻杀虫剂的活性成分溴氰虫酰胺、氯虫苯甲酰胺、茚虫威和仅包含上述活性成分的制剂及所有相关产品登记和等待中的产品登记。 （三）在本交易交割后5年内以合理价格（即不高于过去12个月平均价格）在非排他性的基础上向有意愿、并遵守所有财务义务及中国法律法规（包括《农药管理条例》）的第三方中国公司供应苄嘧磺隆、苄嘧磺隆＋唑草酮、吡嘧磺隆混合活性成分/活性成分和杜邦在中国现有的仅包含以上混合活性成分/活性成分的制剂。 （四）为专门控制水稻飞虱之目的，在本交易交割后5年内以合理价格（即不高于过去12个月平均价格）在非排他性的基础上向有意愿、并遵守所有财务义务及中国法律法规（包括

续前表

No.	经营者集中交易简况	公布时间	审查结果摘要
			《农药管理条例》）的第三方中国公司供应陶氏的特福力（氟啶虫胺腈）或陶氏在中国销售的其他仅包含氟啶虫胺腈的制剂。 （五）在本交易交割后 5 年内不得要求中国经销商在中国排他性地销售苄嘧磺隆＋唑草酮、吡嘧磺隆、苄嘧磺隆、五氟磺草胺、氰氟草酯、五氟磺草胺＋氰氟草酯、五氟磺草胺＋丁草胺，以及交易双方在中国现有的所有仅含有以上 7 种混合活性成分/活性成分的制剂；不得要求中国经销商在中国排他性地销售氟啶虫胺腈或陶氏在中国现有的包含氟啶虫胺腈的制剂（即特福力）和爱本（氟啶虫胺腈＋毒死蜱）。 （六）剥离陶氏的酸共聚物业务。 （七）剥离陶氏的离聚物业务。 （八）自公告之日起至剥离完成，应严格履行商务部《关于经营者集中附加限制性条件的规定（试行）》第二十条规定，确保剥离业务的存续性、竞争性和可销售性。

以上案例摘要系根据商务部网站截至 2017 年 6 月 15 日公告的内容整理，公告全文请见商务部网站，http：//fldj. mofcom. gov. cn/article/ztxx/。

第二节　与并购相关的国家安全审查

一、外资并购与国家经济安全

2006 年以前，我国对外资并购管理主要是通过《外国投资者并购境内企业的暂行规定》和《外商投资产业指导目录》及其相关配套法规实现的。2005 年凯雷收购徐工、德国舍弗勒并购洛阳轴承、克虏伯并购山东天润曲轴等外资并购曾经一度引发了"保护民族品牌""保护经济安全"等强烈的呼声，但届时有关部门对此审查时只能从产业政策的角度进行审查，并无任何从国家安全和国防安全等角度进行审查的法律依据和相应操作。

与此同时，中国企业的海外投资却屡屡遭遇国外安全审查机构的审查。2005 年 8 月，面对美国政治上前所未有的反对声音和政治干涉，尽管中海油超出雪佛龙的竞价约 10 亿美元，但仍不得不因涉及美国国家安全问题撤回并购优尼科的报价。

2006 年 2 月，装备制造业率先出台限制性规定。《国务院关于加快振兴装备制造业的若干意见》[①] 规定："大型重点骨干装备制造企业控股权向外资转让时应征求国务院有关部门的意见。"部分装备制造业领域的外资并购因此被紧急叫停。

2006 年 12 月 5 日，《国务院办公厅转发国资委关于推进国有资本调整和国有企业重组指导意见的通知》（国办发〔2006〕97 号）出台，强调"引入境外战略投资者，要以维护

---

① 2006 年 2 月 13 日发布，国发〔2006〕8 号。

国家经济安全、国防安全和产业安全为前提"，而前任国资委主任李荣融更是在答新华社记者问中指出了保持国有企业在关键行业控制力的重要性。他指出，根据国资委的最新部署，国有经济应对关系国家安全和国民经济命脉的重要行业和关键领域保持绝对控制力，包括军工、电网电力、石油石化、电信、煤炭、民航、航运等七大行业；国有经济对基础性和支柱产业领域的重要骨干企业保持较强控制力，包括装备制造、汽车、电子信息、建筑、钢铁、有色金属、化工、勘察设计、科技等九大行业。自此，上述行业成为外资并购的高度敏感区域。

国家安全、经济安全、产业安全的有关政策性规定虽然散见于上述文件，但这些规定过于分散、单薄，无法形成有效的针对外资并购的国家安全审查法律体系。

2006 年 8 月 8 日，商务部等六部委联合发布的《关于外国投资者并购境内企业的规定》（即"10 号令"）中，首次正式提出了并购国家安全审查的概念。10 号令指出，外国投资者并购境内企业并取得实际控制权，涉及重点行业、存在影响或可能影响国家经济安全因素的，当事人应就此向商务部进行申报。但是，由于缺少相关的实施细则和操作规程，10 号令出台后，在相当长的时期内，商务部门并未实际要求亦未实际受理外国投资者进行并购安全审查的申报。

2007 年我国颁布的《反垄断法》规定，对外资并购境内企业或者以其他方式参与经营者集中，涉及国家安全的，除依照《反垄断法》的规定进行经营者集中审查外，还应当按照国家有关规定进行国家安全审查。但是，国家安全审查的法规却迟迟未予出台。

二、中国安全审查制度

（一）安全审查法律体系

2011 年 2 月伊始，中国外资并购的法律体系中终于出现了独树一帜的"国家安全审查"体系，承担起架构包括外资准入审查、反垄断审查以及安全审查的三大外资并购审查体系中的重要角色。截至 2013 年年底，虽然该等法律体系的建设还尚显单薄，法规条文的严谨性和操作性等方面都有一定欠缺，但从外资并购的政府监管角度，已经掷地有声地在中国外商投资领域增添了一项重要审批环节，其影响力也在日益扩大中。

截至 2013 年年底，国家安全审查适用的法律、法规主要包括：

（1）《关于建立外国投资者并购境内企业安全审查制度的通知》

国务院办公厅于 2011 年 2 月 3 日发布的《关于建立外国投资者并购境内企业安全审查制度的通知》（2011 年 3 月 1 日起实施，国办发［2011］6 号，以下简称"国办发 6 号文"），第一次确立了"国家安全审查"制度，并对安全审查的范围、审查内容、审查程序及审查机关等方面进行了概括性规定。

（2）《商务部实施外国投资者并购境内企业安全审查制度有关事项的暂行规定》（已失效）

在国办发 6 号文的基础上，作为安全审查的受理和初审机关，商务部旋即于 2011 年 3 月 4 日公布了《商务部实施外国投资者并购境内企业安全审查制度有关事项的暂行规定》（以下简称"暂行规定"），作为外国投资者申报的指南以及商务部行使"安全审查"职能的依据。鉴于该文颁布的紧迫性和试验性，为名副其实的"暂行规定"，有效期仅为 2011 年 3 月 5 日至 2011 年 8 月 31 日，不到半年时间。

（3）《商务部实施外国投资者并购境内企业安全审查制度的规定》

经过了 2011 年 3 月至 8 月的实践及广泛地征求意见，商务部于《暂行规定》的基础上加以补充，发布了《商务部实施外国投资者并购境内企业安全审查制度的规定》（2011 年 8 月 25 日公布，9 月 1 日起实施，2011 年第 53 号，以下简称"商务部 53 号文"），并于同日在其网站上公布了《商务部关于实施外国投资者并购境内企业安全审查制度的办事指南》。商务部 53 号文和安全审查办事指南较为详细和明确地架构出安全审查的申报申请文件、申报和审查流程以及审查时限等方面的内容。

（4）《国务院办公厅关于印发自由贸易试验区外商投资国家安全审查试行办法的通知》

为做好中国（上海）自由贸易试验区、中国（广东）自由贸易试验区、中国（天津）自由贸易试验区、中国（福建）自由贸易试验区等自由贸易试验区（以下统称"自贸试验区"）对外开放工作，试点实施与负面清单管理模式相适应的外商投资国家安全审查（以下简称安全审查）措施，国务院办公厅于 2014 年 4 月 8 日发布自贸试验区适用的外商投资国家安全审查试行办法。

（二）安全审查要点和要素

1. 审查的行业范围

根据国办发 6 号文，安全审查的行业范围为外国投资者并购涉及以下行业的企业：

（1）军工及军工配套企业，重点、敏感军事设施周边企业，或关系国防安全的其他单位。

（2）关系国家安全的重要农产品、重要能源和资源、重要基础设施、重要运输服务、关键技术、重大装备制造等行业。

值得注意的是，对外国投资者并购涉及前述第（2）类行业的企业，安全审查的范围限于外国投资者可能取得境内企业实际控制权的外资并购；而对于前述第（1）类行业的企业，安全审查并不考虑外国投资者是否于并购后取得境内企业实际控制权。

另外，上述行业范围极为宽泛，尤其是就"重要""重点""敏感"，国办发 6 号及商务部 53 号文均无任何定义或细化规定。根据我们目前的了解，商务部可能有内部参考使用的关于需要进行国家安全审查的行业目录，但该目录并不对外公布，且商务部随时可能对其进行调整。

2. 审查的交易类型

根据国办发 6 号文，须进行安全审查的外资并购交易类型超越了 10 号令的范围，具体包括以下四类：

（1）外国投资者购买境内非外商投资企业的股权或认购境内非外商投资企业增资，使该境内企业变更设立为外商投资企业。

（2）外国投资者购买境内外商投资企业中方股东的股权，或认购境内外商投资企业增资。

（3）外国投资者设立外商投资企业，并通过该外商投资企业协议购买境内企业资产并且运营该资产，或通过该外商投资企业购买境内企业股权。

（4）外国投资者直接购买境内企业资产，并以该资产投资设立外商投资企业运营该资产。

国办发 6 号文将可能触发国家安全审查的外资并购交易类型限制在上述四种情形。我们理解，其初衷可能是为了缩小国家安全审查的范围，避免将"无辜"的并购交易纳入审查范围，增加审查机关不必要的负担。

但是，随着商务部《暂行规定》的实施，商务部似乎发现上述四种并购类型并不能涵盖目前市场上外资并购所采用的所有并购方式，这些"漏网之鱼"促使其在商务部 53 号文出台时在第 9 条中明确规定："对于外国投资者并购境内企业，应从交易的实质内容和实际影响来判断并购交易是否属于并购安全审查的范围；外国投资者不得以任何方式实质规避并购安全审查，包括但不限于代持、信托、多层次再投资、租赁、贷款、协议控制、境外交易等方式。"

以协议控制（VIE）为例，在搭建 VIE 结构时，外国投资者设立外资企业，由外资企业与境内企业签署关于协议控制的相关合同，整个过程均不涉及国办发 6 号文所列举的四种情形，根据商务部 53 号文的规定，仍可能属于需要进行国家安全审查的范畴。截至 2013 年年底，商务部尚未披露曾受理任何涉及协议控制的国家安全审查申报。

值得注意的是，商务部于 2012 年 8 月 13 日发布的《关于附加限制性条件批准沃尔玛公司收购纽海控股 33.6% 股权经营者集中反垄断审查决定的公告》中强调："本次交易完成后，沃尔玛公司不得通过 VIE 架构从事目前由上海益实多电子商务有限公司（益实多）运营的增值电信业务。"虽然该公告针对的是反垄断申报案件，但从侧面反映了商务部对于外国投资者以 VIE 结构的方式投资属于外商投资限制类行业（包括增值电信业务），已经开始采取监管收紧的态度。因此，如果 VIE 结构涉及的行业或技术属于国家安全审查范畴，外国投资者仍应持谨慎态度，并适时联系商务部予以披露。

3. "实际控制权"的含义

国办发 6 号文规定，对于关系国家安全的重要农产品、重要能源和资源、重要基础设施、重要运输服务、关键技术、重大装备制造等行业，安全审查的范围限于外国投资者可能取得境内企业"实际控制权"的外资并购。对外国投资者取得实际控制权，即外国投资者通过并购成为境内企业的控股股东或实际控制人的情形，国办发 6 号文规定如下：

（1）外国投资者及其控股母公司、控股子公司在并购后持有的股份总额在 50% 以上。

（2）数个外国投资者在并购后持有的股份总额合计在 50% 以上。

（3）外国投资者在并购后所持有的股份总额不足 50%，但依其持有的股份所享有的表决权已足以对股东会或股东大会、董事会的决议产生重大影响。

（4）其他导致境内企业的经营决策、财务、人事、技术等实际控制权转移给外国投资者的情形。

以上可以看出，国办发 6 号文对"实际控制"的概念规定范畴较广，除了实现对目标公司的控股会被当然视为取得"控制"之外，还包括在非控股情形下实现对目标公司的股东会或董事会的表决权的控制，或对目标公司经营决策权方面的控制。

4. 受理和审查机构

安全审查的受理和初步审查机构为商务部外资司，并建立了安全审查部际联席会议（"联席会议"）制度，承担更为实质的审查工作。就某一外资并购安全审查申报，商务部初审后，若认为该交易属于并购安全审查范围的，其将提请联席会议进一步审查。联席会议在国务院领导下，由发展改革委、商务部牵头，根据外资并购所涉及的行业和领域，会同相关部门，就外资并购开展更为实质的安全审查并作出决定。值得注意的是，在外资并购的安全审查机制中，最高的审查机构并非联席会议，而是国务院。根据现行安全审查机制，若联席会议在经过一般审查和特别审查两个阶段后仍不能就某一交易是否存在国家国防或经济安全问题得出结论性意见，该交易应被提交国务院处理，由国务院作出最终决定。

5. 审查因素

国办发 6 号文对审查机关（商务部及联席会议）就安全审查申报的审查因素做了原则性的规定：并购交易对国防安全，包括对国防需要的国内产品生产能力、国内服务提供能力和有关设备设施的影响；并购交易对国家经济稳定运行的影响；并购交易对社会基本生活秩序的影响；并购交易对涉及国家安全关键技术研发能力的影响。

通读上述审查因素不难发现，目前审查的因素是高度抽象、概括的，从而授予审查机关在审查时较大的灵活性和自由裁量权。

6. 排除适用的情形

目前安全审查法律体系并非适用于所有外资并购的情形，国办发 6 号文和商务部 53 号文表明外国投资者并购境内金融机构的安全审查另行规定。目前，国内尚未颁布任何关于外国投资者并购境内金融机构的安全审查的规定。

7. 交易调整

安全审查通过后，并购交易进行调整的情形，商务部 53 号文亦作出了规定：外国投资者并购境内企业申请未被提交联席会议审查，或联席会议审查认为不影响国家安全的，若此后因调整并购交易、修改有关协议或文件等因素，导致该并购交易属于国办发 6 号文明确的并购安全审查范围的，当事人应当停止交易，由外国投资者按照本规定向商务部提交并购安全审查申请。

（三）自贸试验区试行办法

依照《国务院办公厅关于印发自由贸易试验区外商投资国家安全审查试行办法的通知》，自贸试验区的外商投资国家安全审查制度增加了审查范围，也明确了审查内容。

1. 审查范围

外国投资者在自贸试验区内投资军工、军工配套和其他关系国防安全的领域，以及重点、敏感军事设施周边地域；外国投资者在自贸试验区内投资关系国家安全的重要农产品、重要能源和资源、重要基础设施、重要运输服务、重要文化、重要信息技术产品和服务、关键技术、重大装备制造等领域，并取得所投资企业的实际控制权。

外国投资者在自贸试验区内投资，包括下列情形：

（1）外国投资者单独或与其他投资者共同投资新建项目或设立企业。

（2）外国投资者通过并购方式取得已设立企业的股权或资产。

（3）外国投资者通过协议控制、代持、信托、再投资、境外交易、租赁、认购可转换债券等方式投资。

2. 审查内容

（1）外商投资对国防安全，包括对国防需要的国内产品生产能力、国内服务提供能力和有关设施的影响。

（2）外商投资对国家经济稳定运行的影响。

（3）外商投资对社会基本生活秩序的影响。

（4）外商投资对国家文化安全、公共道德的影响。

（5）外商投资对国家网络安全的影响。

（6）外商投资对涉及国家安全关键技术研发能力的影响。

（四）审查程序

以下简要介绍我国国家安全审查的主要步骤：

1. 启动方式

启动安全审查程序的主要方式包括三种：外国投资者自行申请、地方商务部门要求以及依举报启动。

1.1　自行申请

安全审查的启动，最常见的是依据并购方外国投资者的申请。两个或者两个以上外国投资者共同并购的，可以共同或确定一个外国投资者向商务部提出并购安全审查申请。

1.2　地方商务部门要求申请

地方商务主管部门在按照 10 号令、《外商投资企业投资者股权变更的若干规定》等有关规定受理并购交易申请时，对于属于并购安全审查范围，但申请人未向商务部提出并购安全审查申请的，应暂停办理，并书面要求申请人向商务部提交并购安全审查申请，同时将有关情况报商务部。

地方商务部门要求申请机制实质上为国家安全审查设置了第二道防线。在外国投资者未自觉进行申报的前提下，由地方商务主管部门进行监督。事实上，根据我们截至目前的经验，对于涉嫌安全审查的外资并购，地方商务部门均保持高度的敏感性，在批准前通常会建议并购方与商务部进行磋商，确认是否应当进行申报。

1.3　举报申请

外国投资者并购境内企业，国务院有关部门、全国性行业协会、同业企业及上下游企业认为需要进行并购安全审查的，可向商务部提出进行并购安全审查的建议，并提交有关情况的说明。商务部可要求利益相关方提交有关说明。

就该种举报，属于并购安全审查范围的，商务部应提交联席会议。联席会议认为确有必要进行并购安全审查的，商务部根据联席会议决定，要求外国投资者按本规定提交并购安全审查申请。

2. 申报前商谈

根据商务部53号文，在向商务部提出并购安全审查正式申报前，申请人可就其并购境内企业的程序性问题向商务部提出商谈申请，提前沟通有关情况。该预约商谈不是提交正式申请的必经程序，商谈情况不具有约束力和法律效力，不作为提交正式申报的依据。

在反垄断申报制度中，商务部已确立了申报前商谈的机制，经过多年的反垄断审查实践，该机制收到了良好的效果。因此，无论是在《暂行规定》还是商务部53号文中，商务部都沿用了这一机制。通过商谈，商务部可排除不需要进行申报的交易，增加对交易的了解，并可提前对外国投资者的程序性问题进行指导，从而提高政府部门的审查效率。

3. 受理通知

与反垄断申报最初的制度类似，国家安全审查目前适用的是"没有消息就是好消息"的通知程序。也即，自商务部以"受理通知书"形式书面通知申请人受理申请之日起15个工作日后，商务部未书面告知申请人该并购涉及国家安全问题的，该安全审查申请被视为已经通过，申请人即可按照国家有关法律、法规办理其他并购审批手续。

4. 审查

商务部受理安全审查的申请后，审查材料并判断该外资并购是否涉及国家安全审查问题，如涉及，即将该外资并购提交联席会议进行审查。

联席会议的审查又分为两类：一般性审查和特别审查。

4.1　一般性审查

联席会议对商务部提请安全审查的并购交易，首先进行一般性审查。一般性审查采取书面征求有关部门意见的方式进行。如有关部门均认为并购交易不影响国家安全，则不再进行特别审查，由联席会议提出审查意见。

4.2　特别审查

如有部门认为并购交易可能对国家安全造成影响，联席会议应启动特别审查程序。启动特别审查程序后，联席会议组织对并购交易的安全评估，并结合评估意见对并购交易进行审查。意见基本一致的，由联席会议提出审查意见；存在重大分歧的，由联席会议报请国务院决定。联席会议不能在期限内完成特别审查程序的，可报请国务院决定。审查意见由联席会议书面通知商务部。

5. 审查结果

对不影响国家安全的，申请人可按照 10 号令、《外商投资企业投资者股权变更的若干规定》等有关规定，到有权审批机关办理并购交易手续。

对可能影响国家安全且并购交易尚未实施的，当事人应当终止交易。申请人未经调整并购交易、修改申报文件并经重新审查，不得申请并实施并购交易。

外国投资者并购境内企业行为对国家安全已经造成或可能造成重大影响的，根据联席会议审查意见，商务部会同有关部门终止当事人的交易，或采取转让相关股权、资产或其他有效措施，以消除该并购行为对国家安全的影响。

6. 不申报的后果

虽然国办发 6 号文和商务部 53 号文对需要提交国家安全审查申报但并未予申报的并购行为未规定明确的处罚后果，但是 10 号令第 12 条早就规定有原则性的未予申报的后果：当事人未予申报，但其并购行为对国家经济安全造成或可能造成重大影响的，商务部可以会同相关部门要求当事人终止交易或采取转让相关股权、资产或其他有效措施，以消除并购行为对国家经济安全的影响。

7. 安全审查流程图

图 5-3 为现行法律体系下外资并购安全审查流程图。

（1）不要忽视安全审查申报制度的存在。鉴于现行法律体系下对某一外资并购是否应当提起国家安全审查申报并无明确的标准，该等制度尚处于起步阶段且截至目前还未发生已完成交易因未提交安全审查而受到处罚的先例，有的外国投资者可能存有侥幸心理，认为可以尽量规避安全审查申报。实则不然。一则中国现行法律体系对应报未报安全审查的处罚后果已经在 10 号令中有原则性规定，二则外资并购的准入审批、反垄断审批或向政府部门办理其他任何登记备案等环节均有可能发现某一交易涉嫌国家安全问题，从而在交易过程中或交易完成后揭示该等交易应报未报的事实。

（2）尽早和商务部接触。若正在进行的交易可能涉及国家安全审查，在交易主要安排（包括目标公司、交易方式、交易后对目标公司的控制和管理安排等内容）确认后，外国投资者应尽早向商务部了解拟定交易是否需要提交安全审查申报。若必要，应向商务部申请申报前商谈。申报前商谈虽无法定效力，但从某种程度上可以得出商务部对拟定交易是否需要申报安全审查的态度。申报前商谈对于涉嫌安全审查申报的交易尤其有意义，交易双方可以试图向商务部了解，一旦提交申报，是否可能触发联席会议审查、审查时间和通过审查可能性，从而对交易流程作出相应安排，使交易交割掌控自如。尽早确定拟定交易是否需要提交安全审查申报，对于整个交易的整体时间规划至关重要。笔者就曾经接触有

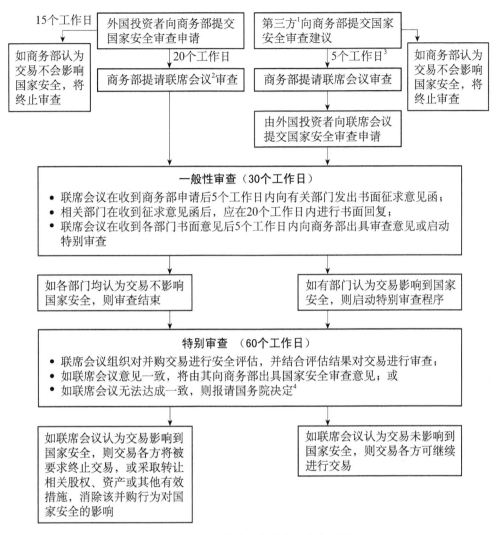

图 5-3 外资并购国家安全审查流程图

注：

1. 第三方的范围非常广泛，包括国务院相关部门，全国性行业协会、同业企业及上下游企业。

2. 即部际联席会议，在国务院领导下跨部委组成，由国家发展和改革委员会及商务部牵头。

3. 5个工作日：第三方提出国家安全审查的建议后，商务部可要求利益相关方提交有关说明。属于国家安全审查范围的，商务部应在5个工作日内将审查建议提交联席会议。

4. 现行法规中并未对国务院审查决定的期限明确规定。

项目涉嫌安全审查申报，但是客户不顾律师建议不愿和商务部商谈，一味推进项目进展，仅提交拟定交易在地方商务部门的外资并购审批和商务部反垄断局的反垄断审查，以为可以尽快交割，但终因被商务部要求提交安全审查申报搞得措手不及，耽误了交易交割进展。

（3）中文申报文件。鉴于国家安全审查的申报文件必须为中文，境外投资者应尽早开始准备相关申报信息，并咨询有相关申报经验的律师事务所，避免因申报信息不足等申报文件本身原因导致国家安全审查时间延长。

三、美国并购安全审查制度

我国的外资并购国家安全审查机制并不是一个闭门造车的结果，而是借鉴了我国此前关于反垄断申报的实践，并参考了国外大量现行的法律制度的成果。而各国关于外资并购国家安全审查的制度中，又以美国最为先进、借鉴意义最大。以下简要介绍美国的外资并购国家安全审查制度，以便更深入和全面地理解我国现行的外资并购国家安全审查机制。

（一）美国安全审查法律体系及其发展史

20 世纪 70 年代，因美国工业化完成较早，且对绝大多数产业的外资并购国内企业持开发态度，外资对美国企业的并购日益增多。美国民众和媒体对此极为担心，并将外资的快速流入解读为外国与美国的经济战，而美国国会更是将其上升到损害国家经济利益的高度，强烈要求对外资并购进行限制。在此背景下，1975 年春，CFIUS（外国投资委员会）依据福特总统的行政命令应运而生。CFIUS 为财政部牵头的跨政府机构，其成员包括来自财政部、国土安全部、国防部、商务部、司法部、能源部、美国贸易代表办公室、科技政策办公室，以及两个没有投票权的常委（国家情报局和劳工部），其当时的职责为分析可能影响美国国家利益的投资。当时，除在极端情形下建议总统援引《国际紧急经济权力法》（International Emergency Economic Powers Act）外，CFIUS 无权采取任何有法律约束力的行为。[①]

20 世纪 80 年代，美国的外资并购再次抬头，尤其是日本企业，在汽车、钢铁、家用电器、石油化工等行业发展迅猛，并以并购的形式大量涌入美国。1988 年美国国会通过了修正《1950 年国防产品法》第 721 条的《埃克森-弗罗里奥法案》（Exon-Florio Provision）。该法规确立了 CFIUS 审查外资并购的标准，即基于"国家安全和影响国家安全的实体商务"的风险，但其颁布时未对"国家安全"进行明确定义。[②]

2005 年，中国海洋石油有限公司要约收购美国优尼科公司，但由于中国海洋石油有限公司的国有企业背景，以及石油行业的战略地位，终因美国国会及公众的强烈反对，中海油不得不放弃这场历时半年、涉及金额达 185 亿美元的竞购。2006 年，阿联酋政府控制的迪拜世界港口公司（DPW）拟并购美国 P&O 公司，该公司拥有 6 个主要港口的经营权。该并购交易通过了 CFIUS 的审查并得到了总统的批准，但遭到了美国国会的极力反对。这两个案例在美国引发了长达两年的对于现有外资并购安全审查法律的争论。在此背景下，2007 年 7 月 26 日，布什总统签署《2007 外国投资与国家安全法》（Foreign Investment and National Security Act 2007，简称"FINSA"）作为对《埃克森弗罗里奥法案》的修订，并于同年 10 月 24 日生效。为配合 FINSA 的实施，2008 年 11 月，美国财政部公

---

①② See Rahul Prabhakar, "Deal-Breaker: FDI, CFIUS, and Congressional Response to State Ownership of Foreign Firms", http://ssrn.com/abstract=1420790.

布 FINSA 的实施细则——《外国人合并、收购和接管规定》(Regulations Pertaining to Mergers, Acquisitions, and Takeover by Foreign Persons),该实施细则于同年 12 月 22 日正式生效。

FINSA 及其实施细则在《埃克森-弗罗里奥法案》的基本框架上,结合了 CFIUS 在审查实践中积累的经验,从实体和程序上进一步完善了美国的外资并购国家安全审查法律体系。值得注意的是,FINSA 在其前言中强调,其立法目的为:"在促进外国投资、创造和保护就业以及改进国家安全审查机制的同时,确保国家安全"。因此,美国国家安全审查制度的目的仍是在促进外国投资和确保国家安全间寻找平衡点,而非限制外资进入。

通过上述一系列法规,CFIUS 得以合法建立,总统和 CFIUS 获得授权审查"受管辖交易"(covered transaction);而 CFIUS 进行国家安全审查的目的被确定为:允许 CFIUS 识别并提出任何可能因"受管辖交易"导致的国家安全风险,并要求总统决定是否暂停或禁止该项交易或采取其他措施。[①]

目前的 CFIUS 由美国 9 个部委的一把手组成,由财政部长担任主席,其他核心成员来自司法部、国土安全部、商业部、国防部、国务院(即外交部)、能源部、美国贸易代表办公室和科技政策办公室。[②] CFIUS 从不针对具体的案例和事实情形公布官方的指导性意见,亦不对外披露其内部考量标准。此外,CFIUS 从不就其给予交易双方的指示给予任何注释或说明。因此,并购交易方亦无从挑战 CFIUS 的决定。[③]

(二)美国国家安全审查重要概念

1. "国家安全"

FINSA 及其实施细则均未对"国家安全"作出明确定义,只声明审查将会通过个案具体分析的方式进行。通过这种方式,CFIUS 得以就存在国家安全顾虑的所有单独案件进行完全的审查,而不是简单列举外资禁止、限制或不被鼓励的行业。

2. "受管辖交易"

根据 FINSA 等法规,"1988 年 8 月 23 日之后提议或待决的,可能导致外国人控制美国商业的任何交易"均属于总统和 CFIUS 有权审查的"受管辖交易"。"控制"被定义为:有权直接或间接地决定实体的重要事项,而无论该权利是否行使,包括通过持有企业多数股权、占相对多数的投票权、在董事会占有席位、投票代理、特殊股份、合同安排、协同行动安排或其他方式等。

(三)CFIUS 审查特点[④]

1. CFIUS 审查角度

CFIUS 的审查仅限于国家安全的角度。CFIUS 仅关注于"受管辖交易"导致的真正

---

①②③④ 见美国财政部网站,http://www.treasury.gov/resource-center/international/foreign-investment/Documents/CFIUSGuidance.pdf,[2012 - 09 - 30].

的国家安全顾虑，而不考虑国家的其他利益。

2. 仅总统有权暂停或禁止"受管辖交易"

如 CFIUS 或其任何成员建议暂停或禁止交易，或 CFIUS 需要总统对交易作出决定，CFIUS 可向总统报告该等交易。为防止总统滥用决定权，总统仅在满足以下条件的情况下才有权行使决定权：（1）基于可靠证据，总统认为外资控制可能对美国国家安全构成威胁；（2）总统依其判断认为，除《埃克森-弗罗里奥法案》和《国际紧急经济权力法》外，其他法律规定无法为保护美国国家安全提供充分和合理支持。

3. 国会的监督①

FINSA 规定，CFIUS 应就其完成的工作向国会汇报，包括：（1）在完成审查和调查程序后向国会提供证明文件，说明所审查和调查交易的详细内容；（2）就其工作向国会提交年度包括，包括过去 12 个月中所有经 CFIUS 审查和调查的交易、对外商直接投资和核心技术的分析，以及对其他国家外商直接投资的研究报告。

4. 程序特点

4.1　申报前磋商②

申报前磋商为 CFIUS 在实践中形成的机制并在 2008 年得以成文化。通过申报前磋商，CFIUS 得以提前对交易的情形有所了解，从而判断是否需要进行正式申报，以及申报时需要提供的补充信息等，以便 CFIUS 在审查时能高效地得出结论。

4.2　自愿申报与强制审查相结合③

FINSA 鼓励公司主动就存在国家安全潜在风险的交易进行申报。如果就"受管辖交易"主动向 CFIUS 申报，且 CFIUS 认为不存在国家安全的顾虑并根据相关规定作出决定，该交易将享受安全港待遇，从而免于暂停或终止。但是，如果公司申报时提供了虚假或误导性信息或遗漏重要信息，或未遵守缓解协议且无其他补救措施，则交易无法享受该等豁免。若相关方未主动申报受管辖交易，总统或 CFIUS 有权随时单方启动审查程序，即使该交易已经完成。

4.3　审核程序和调查程序④

CFIUS 安全审查程序分为审核程序（national security review）和调查程序（national security investigation）。

CFIUS 的审核期限为自受理之日起 30 日。经审核作出结论的，财政部将告知交易双方 CFIUS 的审查结果。财政部部长助理或更高级别的官员应会同主要审查机构向国会证明 CFIUS 确定无任何未决的国家安全顾虑。

---

　　① 《2007 外国投资与国家安全法》（Foreign Investment and National Security Act 2007），Section 7 "Increased Oversight by Congress".

　　② 《外国人合并、收购和接管规定》（Regulations Pertaining to Mergers, Acquisitions, and Takeover by Foreign Persons），31 CFR 800.401.

　　③④ 《2007 外国投资与国家安全法》（Foreign Investment and National Security Act 2007），Section 2（a）"National Security Reviews and Investigations".

如 CFIUS 在 30 天审核期结束后，对特定交易还有可能开展 45 天的调查程序。根据 FINSA 及其实施细则，调查程序应在如下情形下启动：（1）任何 CFIUS 成员部门（不包括无投票权的成员）认为交易有可能损害美国国家安全且该威胁未能消除；（2）CFIUS 授权的主要审查机构建议启动调查程序并经 CFIUS 同意；（3）交易由外国政府控制或导致任何美国的或在美国境内的"核心基础设施"受外国控制，且未取得部长或副部长级别官员关于"不会影响"国家安全的结论。

4.4 罚款

任何人因故意或重大过失，在申报中提交虚假陈述或信息遗漏或作出虚假证明，或任何人因故意或重大过失，违反对并购交易的限制条件或缓解协议，则 CFIUS 可视违规行为对其处以不超过 25 万美元的罚款。[①] 此外，CFIUS 有权在缓解协议中设置违约金条款。

（四）中国企业在美国遭遇的国家安全审查

1. 概况

根据 2011 年度 CFIUS 年报的统计，2008 年至 2010 年期间，中国企业共向 CFIUS 进行了 16 起并购交易申报[②]，其中，2008 年 6 起，2009 年 4 起，2010 年 6 起。申报的交易中，8 项交易涉及制造业，3 项交易涉及金融信息及服务业，涉及采矿、4 项公用事业及建筑领域，1 项交易申报涉及批发、零售贸易领域。

中国企业向 CFIUS 申报的交易虽然基数不大，但遭遇的困难和障碍却不小，诸如华为、中海油等都曾迫于 CFIUS 压力而主动撤销交易，在鲜有的几个成功案例中，中国企业亦是在作出较大让步后才获得批准。

2. 典型案例回顾

（1）联想收购 IBM 全部 PC 业务[③]

2004 年 12 月 8 日，中国联想与 IBM 共同签署转让协议：联想以 12.5 亿美元购入 IBM 全部 PC 业务。12 月 29 日，IBM 主动向 CFIUS 递交国家安全审查申报。2005 年 1 月 27 日，CFIUS 正式展开调查，因 1984 年中科院曾对联想投资 2.5 万美元，CFIUS 部分成员将联想认定为国有企业，并认为中国可能会利用兼并后的联想窃取美国机密技术，所以其以国家安全为由，坚持必须在 3 月 14 日前向布什总统提交安全背景调查意见。2005 年 3 月 9 日，联想宣布 CFIUS 通过交易审查。虽然交易获批，但联想为此作出了巨大的妥协和让步。为打消 CFIUS 关于国家安全的顾虑，新联想既不能在美国的土地上生产 PC，更不能从 IBM 直接接收美国政府这一最大客户。从商业利益上考虑，运营成本增

---

① 《外国人合并、收购和接管规定》（Regulations Pertaining to Mergers, Acquisitions, and Takeover by Foreign Persons），31 CFR 800.801.

② 数据代表申报的次数，未考虑就一次交易进行多次申报的情况。

③ 郭瑾文．联想收购 IBM-PCD 案回顾与分析．中国民商法律网，http：//www.civillaw.com.cn/Article/default.asp? id=25361，［2006-03-22］；联想并购 IBM 遭遇"安全审查"．http：//tech.sina.com.cn/it/2007-09-05/14511720388.shtml，［2007-09-05］．

加，生产销售无法实现本地化，联想的竞争力被极大削弱。

（2）华为参与收购 3Com[①]

2007 年 9 月 28 日，华为科技与贝恩资本（Bain Capital）宣布双方将合组公司，斥资 22 亿美元全面收购 3Com 公司；贝恩资本将持股 83.5%，华为将持股 16.5% 并取得董事会席位。3Com 开发反黑客入侵软件、其他电脑软件装置等产品，其于 2004 年收购了从事网络安全公司 Tipping Point。2007 年 10 月 4 日，贝恩资本与 3Com 联合向 CFIUS 申请进行国家安全审查。在申请文件中，贝恩资本与 3Com 称，华为不会获得 3Com 公司的管理运营权，也不会由此获得任何美国敏感科技或美国政府订单。但是，CFIUS 认为，华为的创始人兼总裁任正非曾在中国人民解放军服役，且外国公司有可能影响及改造关键技术（例如美国军方用的软件）。随后，交易方提出一个修改性结构，尝试消除 CFIUS 的疑虑。在该结构中，3Com 将会在华为收购股份前出售位于 Tipping Point 的分部给另一方。3Com 的 Tipping Point 分部所生产的是反黑客入侵软件。这些努力被证实徒劳无功，这宗交易由于在华盛顿遭遇政治反对而最终失败，收购计划取消。

（3）华为收购 3leaf 公司[②]

2010 年 5 月，华为美国子公司在 3leaf 公司破产之际以 200 万美元收购了美国服务器技术公司 3Leaf 的云计算领域的知识产权资产。交易完成后引起了 CFIUS 以及美国五角大楼的关注。甚至有五位国会议员致信美国时任财政部长盖特纳和商业部长骆家辉，认为这一收购直接危害到了美国的国家安全。2010 年 11 月，华为自愿向 CFIUS 递交了正式申请，请其对此交易进行审查并给予了全力配合。CFIUS 认为这笔交易将对美国国家安全构成威胁，要求华为剥离收购 3Leaf Systems 所获得的科技资产。面对这种遭遇，华为曾表示拒绝接受 CFIUS 提出的条件，但迫于压力于一周后宣布放弃收购交易。

（4）中国西色国际投资有限公司—美国优金公司（first gold）[③]

西色国际投资有限公司是一家国企，隶属于西北有色地质勘查局，西色国际投资有限公司与优金公司于 2009 年达成收购协议，该项目总投资 2 650 万美元。其中 950 万美元用于认购 1.47 亿股已授权但未发行的股份，占发行实施后在外股份的 51%。如果这桩收购交易成功，西色国际将获得美国内华达州 4 个矿区 43 万平方公里的采矿权、146 勘区证和探明储量不少于 6.4 万盎司的黄金资源。但该交易遇到了 CFIUS 的阻挠，CFIUS 调查显示，这些金矿靠近美国重要军事基地，决定向总统建议阻止交易。2010 年 12 月，西色公

---

① 财经杂志：华为收购 3Com. http：//tech. sina. com. cn/t/2007 - 10 - 24/10251811314. shtml，［2007 - 10 - 24］；华为收购 3COM 失败内幕：触动美国国家安全神经 . http：//tech. ifeng. com/special/huaweiyindushouzu/detail_2010_07/10/1750000_0. shtml，［2010 - 07 - 10］.

② 华为并购美国 3Leaf 失败案例 . 能源观察网，http：//www. chinaero. com. cn/rdzt/gjhjyzt/aljd/2012/02/115139. shtml，［2012 - 02 - 17］；华为放弃收购 3LEAF. 搜狐财经，http：//business. sohu. com/20110221/n279442988. shtml，［2011 - 02 - 21］；华为小收购惊动奥巴马 美再向中资并购说不 . 中国网，http：//www. china. com. cn/v/news/2011 - 02/19/content_21957182. htm，［2011 - 02 - 19］.

③ 美外资委先行"漏风"：西色国际购金矿遇阻 . 21 世纪网，http：//www. 21cbh. com/HTML/2009 - 12 - 22/158812. html，［2009 - 12 - 21］.

司主动撤销了交易。

（5）三一重工关联公司与 CFIUS 的争议①

相对于其他中国企业对 CFIUS 审查结果的默默承受，三一重工在美国关联公司，Rall Corporation（"Rall"）2012 年诉 CFIUS 的案件则格外抢眼。2012 年 3 月，Rall 收购了四个运营位于美国俄勒冈州风电场的项目公司。此后不久，美国海军建议，将其中一处风电场迁址以"降低风力涡轮机对此处空气的扰动和军事飞机的低空训练"。根据 Rall 公司的陈述，Rall 立即按美国海军的要求启动搬迁审批事项，并主动向 CFIUS 进行交易申报。但 CFIUS 作出决定，要求 Rall 和项目公司：立即终止所有建设和运营；于 6 月 30 日以前，移除库存或储存物品，不得在目标场地储存任何新物品；立即停止进入且不得进入目标场地。在此背景下，Rall 积极寻找买家，并将其拟向美国买家出售项目公司的情况告知 CFIUS。CFIUS 获悉后修订了其决定，在修订决定中，CFIUS 不仅再次重申原决定的内容，还对 Rall、项目公司及三一集团提出了其他关于资产出售的要求，包括不得出售三一集团生产的部件安装在目标场所、在完全搬迁前不得转让目标场所等。

2012 年 9 月 12 日，Rall 起诉 CFIUS 及 CFIUS 主席（财政部部长），认为其僭越法律授权（CFIUS 仅有审查权而无权直接发出禁令）、行事武断无常、违宪剥夺财产（在潜在收购方为美国企业的情形下仍禁止 Rall 出售三一集团生产的部件），并请求法院确认 CFIUS 无权禁止交易进行。2012 年 9 月 28 日，美国总统奥巴马以威胁美国国家安全为由签发行政命令，禁止 Rall 在目标场所兴建发电厂，限期 Rall 撤走全部财产和装置，并从该项目中撤出全部投资。就此，Rall 于 10 月 1 日又把奥巴马追加为被告，并向法院递交要求加快审理此案的动议。②

鉴于美国历史上鲜见对 CFIUS 进行司法审查的案例（根据相关文件记载，相关案例仅有 2006 年新泽西执行长官 Jon Corzine 诉 CFIUS，要求 CFIUS 调查迪拜港口世界公司收购美国港口，且原告在法院判决前已自动撤诉③）。Rall 诉 CFIUS 和美国总统可谓是美国国家安全审查制度建立以来的一个里程碑事件，该案目前还在审理中。

（五）中美国家安全审查制度异同

1. 制度特点

美国国家安全审查制度历经多年的沉淀和实践，为国际上最为先进的安全审查制度之一。多部门的法规像一张大网，成功地将涉及国家安全的外资并购纳入审查范围。

我国的安全审查制度仍为新生儿，许多具体程序和机制如何操作、原则如何适用尚不明确，有待根据今后的实践、案例和未来制度的发展进一步完善。但国办发 6 号文和商务

---

① 东方早报，http：//www. dfdaily. com/html/113/2012/9/17/862992. shtml 及 Rall 起诉书：Complaint for Declaratory and Injunctive Relief.

② 国际在线报道，http：//gb. cri. cn/27824/2012/10/18/3245s3890705. htm，[2012 - 10 - 18].

③ See John Elwood, "Landmark Foreign-Investment Suit Filed", http：//www. volokh. com/2012/09/15/landmark-foreign-investment-suit-filed/, [2012 - 09 - 30].

部 53 号文在安全审查的立法上，已迈出了重要的一步，正式建立了这一重要制度。

根据前文中对于我国安全审查制度的介绍，不难发现，与美国的制度类似，我国现行的立法也在努力向"既清楚又模糊"的方向努力。

首先，对于审查适用的对象和适用范围进行相对清楚的界定，避免伤及"无辜"。美国的机制就"外国人""美国企业""控制"都进行了最详尽的定义。而国办发 6 号文和商务部 53 号文进一步直接列举了涉及审查的行业，并对"外资并购境内企业""实际控制权"进行界定，以避免过度审查。

其次，美国和我国的法规都在避免因规定过于清晰而对审查产生局限性，或导致审查范围的盲点。安全审查的规定都在刻意避免对"国家安全""关键""敏感"（行业）等字眼作出明确的解释，而仅给予高度抽象的概括，从而授予审查机关较大的灵活性和自由裁量权。尤其是商务部 53 号文第 9 条，在交易类型上进一步堵住了国办发 6 号文遗留的盲区，要从交易的实质把握是否适用安全审查。但是，商务部 53 号文第 9 条将各种变相的并购情形均纳入管辖范围，存在过犹不及的风险，目前，该条款如何实践，将来如何细化，均仍是问号。

2. 审查机构

美国的国家安全审查，虽然由专门的 CFIUS 负责，但实际为各大部门组成的松散结构。审查启动和调查时，均由各部门自行进行，并将结论反馈给 CFIUS，效率相对较低。

中国的国家安全审查机构则看起来更为集中、更高效，由商务部负责统一受理，商务部和发改委牵头联席会议进行审查，征询各部门意见。

3. 调整手段

美国法下，CFIUS 可直接与并购方签订"缓解协议"或对交易施加限制条件，以实现国家安全和经济发展的平衡。就违反缓解协议约定情形，美国法规定，CFIUS 有权处以罚款，最高可达 25 万美元；此外，由于 CFIUS 有权在缓解协议中设置违约金条款，其还可依据缓解协议追究交易方的违约责任。

目前，我国法对影响国家安全的交易的调整手段较为简单、直接：对可能影响国家安全且并购交易尚未实施的，要求当事人终止交易；非经当事人对并购交易进行调整，不得再次申请并实施并购交易。对已经实施的交易，要求当事人采取转让相关股权、资产或其他措施，以消除该并购行为对国家安全的影响。由于不存在类似"缓解协议"的调整手段，我国法也就没有设定相应的罚款机制。随着安全审查制度的实施，为消除拟定交易对国家安全的影响，我国政府机关是否有可能介入当事人对交易结构的调整，甚至对交易的调整提出建议，我们将拭目以待。

4. 对安全审查机构的监管

美国法规定，CFIUS 审查和调查的所有案件及相关报告均应报国会且需向国会提交工作年报。由于国会的参与和监督，美国国家安全审查的政治色彩更加浓重，同时，由于国会议员的参与，交易信息的保密亦受到一定程度的影响。

在我国现行的安全审查体系下，联席会议仅在存在重大分歧时请示国务院决定，并未对商务部初审及联席会议审查的监督作出规定。

四、结语

应当注意的是，安全审查制度作为一国外资准入的监管制度，其目的并不是限制外资进入，而是在鼓励外国投资的同时维护国家安全。因此，平衡审查范围和审查原则的透明性及模糊性至关重要，既要防止对外资造成变相限制，更要强调国家安全重于经济利益。相信我国国家安全审查制度将迅速地发展起来，成为外资并购政府审批的重要环节。届时，中国的外资准入法律体系将更为严谨，外资并购政府审查形成由产业准入政策、反垄断调查和国家安全审查三道门槛搭建的立体结构。

并购项目中的劳动问题

第一节　概述

一、员工安置的重要性

企业并购过程中需要考虑的要素之一，是目标公司的人力资源及其与收购方人力资源的融合，而并购对目标公司劳动关系的影响及相关问题的处理则是不可回避的实际问题。随着《劳动合同法》等劳动法律、法规的实施，在并购项目中劳动关系的处理也越来越复杂。

《劳动合同法》实施的重大社会影响，在于《劳动合同法》增强了劳动者主体意识及集体意识。随着劳动者主体意识、集体意识的增强，劳动者对于在并购中劳动关系处理方案乃至并购整体方案的知情权和民主参与权的积极性也随之增强。因此，在并购过程中对于劳务用工方面的处理难度有所增加，特别是关于员工的安置。同时，《劳动合同法》第4条也明确规定，除了用人单位的规章制度，用人单位的"重大事项"，也需要经过法定的民主程序和公示，这对于并购中劳动关系处理的程序公正提出了全新的要求。

《劳动合同法》的这些变化使得并购中员工安置成为并购方面对的一把锋利的"双刃剑"。如果员工安置处理不当，则可能引发的群体性纠纷乃至冲突将给并购的顺利实施造成重大阻碍，甚至可能导致整个并购交易的失败；而如果员工安置处理得当，劳动者的知情权和民主参与权都将成为并购交易中积极的推动力，并为交易完成后更长时期内的人事整合奠定良好的基础。因此，员工安置成为企业在并购交易中需要谨慎考量的重要因素，应引起并购相关方的重视。

二、各种模式下的劳动问题简介

（一）资产并购模式下的劳动问题

1. 资产并购应否履行民主程序

在现实中，许多并购安排和交易属于企业商业秘密，往往在交易意向、条款和条件达成，甚至交易完成后才公之于众，而目标企业或目标资产所在企业的员工对此也并不知情，甚至是最后一批得知并购安排细节的人。资产并购，尤其是重大资产的并购，是否属于《劳动合同法》所规定的重大事项，而需要履行法定的民主程序，在实际操作中有很大争议。

我国《劳动合同法》第4条规定，用人单位应当依法建立和完善劳动规章制度，保障劳动者享有劳动权利、履行劳动义务。上述民主程序，如《劳动合同法》第4条所述，是指用人单位在制定、修改或者决定有关劳动报酬、工作时间、休息休假、劳动安全卫生、保险福利、职工培训、劳动纪律以及劳动定额管理等直接涉及劳动者切身利益的规章制度或者重大事项时，应当经职工代表大会或者全体职工讨论，提出方案和意见，与工会或者职工代表平等协商确定。该条进一步要求，在规章制度和重大事项决定实施过程中，工会或者职工认为不适当的，有权向用人单位提出，通过协商予以修改完善。用人单位应当将直接涉及劳动者切身利益的规章制度和重大事项决定公示或者告知劳动者。该条不仅规定了有关规章制度及重大制度需要履行民主程序，还规定了民主程序的实施方式和具体程序。

笔者认为，在目前相关法律机制尚不完善的情况下，就资产并购是否属于《劳动合同法》第 4 条所规定的"重大事项"而需要履行民主程序，法律并没有明确的规定，在实践中也还有很长的路要走。然而，在此之前，为了避免员工的激烈反对或发生群体性事件，并购双方在确保有关商业秘密得到保护的前提下，应积极邀请职工代表、工会部门，甚至劳动管理部门提早介入并购谈判，以确保并购过程中有关的劳动问题得以关注和解决，促进并购交易的顺利进行。同时，这也有利于并购完成后，目标公司员工的稳定和员工积极性的调动。当然，在征求员工意见前，应评估可能造成的影响，包括对于并购方案的整体推进的影响。

2. 资产并购与"客观情况发生重大变化"

如同企业日常劳动管理中遇到的情况一样，并购过程中关于目标企业是否可以依据"客观情况发生重大变化"而解除劳动合同，实践中主要存在两方面的难点，一为如何理解"客观情况发重大变化"，二为依照何种程序解除劳动合同。

依据《劳动合同法》第 40 条第 3 项的规定，劳动合同订立时所依据的客观情况发生重大变化，致使劳动合同无法履行，经用人单位与劳动者协商，未能就变更劳动合同内容达成协议的，用人单位提前 30 日以书面形式通知劳动者本人或者额外支付劳动者 1 个月工资后，可以解除劳动合同。但是《劳动合同法》并未明确何为"客观情况发生重大变化"。《劳动部关于〈劳动法〉若干条文的说明》（劳办发〔1994〕289 号）第 26 条对"客观情况"作出了解释，即发生不可抗力或出现致使劳动合同全部或部分条款无法履行的其他情况，如企业迁移、被兼并、企业资产转移等情形。除此之外，各地还可能对何为"客观情况"存在当地解释。例如，《北京市高级人民法院、北京市劳动人事争议仲裁委员会关于审理劳动争议案件法律适用问题的解答》（2017 年 4 月 24 日）第 12 条提到，"劳动合同订立时所依据的客观情况发生重大变化"是指劳动合同订立后发生了用人单位和劳动者订立合同时无法预见的变化，致使双方订立的劳动合同全部或者主要条款无法履行，或者若继续履行将出现成本过高等显失公平的状况，致使劳动合同目的难以实现。《解答》进一步规定，属于"劳动合同订立时所依据的客观情况发生重大变化"的情形一般包括：（1）地震、火灾、水灾等自然灾害形成的不可抗力；（2）受法律、法规、政策变化导致用人单位迁移、资产转移或者停产、转产、转（改）制等重大变化的；（3）特许经营性质的用人单位经营范围等发生变化的。由此可见，《解答》对于"客观情况"采取了较为严格的解释。因此，在依据这一法定理由与员工解除劳动关系之前，并购企业或目标企业应该就如何理解"客观情况发重大变化"了解当地的操作口径或向当地的劳动部门咨询，以判断拟定的资产并购是否属于"客观情况"。

需要注意的是，尽管存在上述的"客观情况"，还必须达到致使原劳动合同无法继续履行的程度。

基于"客观情况发生重大变化"的法定理由解除劳动合同的，用人单位应当按照如下的程序进行：（1）与员工就变更劳动合同进行必要的协商，且经过协商双方未就变更劳动合同达成合议；（2）用人单位提前30日书面通知员工或者额外支付员工1个月工资，该选择权在用人单位，员工无权干涉或要求；（3）按照员工在本单位的工作年限，依法向员工支付法定经济补偿。

此外，用人单位在解除有关员工的劳动合同之前，还有通知工会的义务。根据《劳动合同法》第43条的规定，用人单位单方解除劳动合同，应当事先将理由通知工会。用人单位违反法律、行政法规规定或者劳动合同约定的，工会有权要求用人单位纠正。用人单位应当研究工会的意见，并将处理结果书面通知工会。

（二）股权并购下的劳动问题简介

1. 股权并购不影响劳动关系的继续履行

股权并购，对于并购企业而言，是通过购买目标企业现有股东持有的目标公司部分或全部的股权，或通过认购目标企业新增股权或股份，成为目标企业的新股东，达到对目标进行控制的目的。而对于目标企业而言，是其股东通过转让部分或全部的股权给并购企业，或由收购方认购目标企业新增注册资本或新增股份，使目标企业的股东和股权结构发生了变化。因此，在股权并购的交易之下，目标企业本身作为用人单位的主体资格并没有发生变化，只是其登记注册事项发生了一定的变更，例如股东和股东出资额的变更。此外，目标企业因投资人的改变可能还会变更企业名称、更换法定代表人、改变企业的所有制性质等。

根据《劳动合同法》第33条的规定，用人单位变更名称、法定代表人、主要负责人或者投资人等事项，不影响劳动合同的履行。

如果股权并购导致用人单位的名称发生变更，用人单位应向登记机关进行名称变更登记。但是否应对劳动合同中用人单位的名称进行变更，各地规定不同。尽管如此，不论是否对劳动合同中的用人单位名称进行变更，都不影响劳动合同的继续履行。

目标企业的股东（即投资人）及其出资额发生变更，仅意味着用人单位的股权结构和出资比例发生了变化，该变化并不影响劳动合同的继续履行。

另外，目标企业的法定代表人发生变更，只是用人单位内部的组织机构发生了变化，也不影响用人单位的主体资格和劳动合同的继续履行。

在地方的司法指导意见中，也可能对此问题有类似规定。比如，广东省高级人民法院、广东省劳动争议仲裁委员会《关于适用〈劳动争议调解仲裁法〉、〈劳动合同法〉若干问题的指导意见》（粤高法发〔2008〕13号）第23条明确规定："用人单位变更名称、法定代表人、主要负责人或者投资人，不影响劳动合同的履行，劳动者的工作年限应连续计算。劳动者要求解除劳动关系并由用人单位（投资人）支付经济补偿金的，不予支持。"

综上，不论股权并购具体交易内容为何，也不论股权并购是否完成，都不影响被并购企业与其员工的劳动关系，双方都应按照劳动合同的约定继续履行，任何一方不得以此为由变更或解除劳动合同。

2. 与工龄相关的劳动权益的保护与并购方用工成本

股权并购下劳动关系继续履行，也使目标企业员工的工龄将被连续计算。在劳动关系中，有诸多事项与工龄挂钩，例如医疗期、年休假、与员工签订无固定期限劳动合同的可能性以及经济补偿金等。因此，并购企业作为投资人，在股权并购交易之前，就需要将上述用工成本考虑在并购计划内，特别是考虑因此增加的成本费用及对并购交易成本的整体影响。

员工医疗期与其累计工作年限和在本单位的工作年限直接相关，工作年限越长，医疗期越长，医疗期待遇也可能越高。

员工的累计工作年限决定了其法定年休假的长短，工作年限越长，法定年休假天数也越多。此外，许多企业的带薪年假政策往往高于法定标准。因此，员工在本单位的工作年限，也将可能影响其在本单位享有的年假天数。

员工的累计工作年限还会影响与员工签订无固定期限劳动合同的可能性。例如，工龄的连续计算可能会导致员工在本单位的连续工作年限满 10 年，从而使员工满足与并购企业订立无固定期限劳动合同的条件。同时，股权并购可能导致劳动合同订立次数的连续计算，因而可能导致并购企业负有与员工订立无固定期限劳动合同之义务。

员工的累计工作年限也会影响经济补偿金和赔偿金的计算。在股权并购中，如不涉及员工转移的情况，则员工的工龄应连续计算，进而导致在计算经济补偿金或经济赔偿金的金额时按照累计工龄计算。在资产收购等涉及员工转移的情况下，如属于"非因本人原因从原用人单位安排到新用人单位工作"之情形，那么如新单位承认员工连续工龄而原单位又不支付经济补偿时，员工的工龄也应累计计算，进而按照累计工龄计算经济补偿金或赔偿金。

基于以上因素，如果发生股权并购，并购方的用工成本将可能增加。

（三）特殊类型的并购

本部分所指的特殊类型的并购主要包括国有企业的股权并购和在境外发生的资产或股权并购两类。

1. 国有企业的股权并购

这一类并购可能出现如下几种情况：第一，并购国有独资公司的股权，导致国有独资公司变更为国有资本控股公司或非国有资本控股公司；第二，并购国有资本控股公司，导致国有控股公司变更为非国有控股公司；第三，其他类型的国有股权并购，其并未导致国有独资或国有控股地位的变化。对于上述第一、第二种情形，因涉及国有独资或控股地位的变化，属于国有企业改制的范畴，法律法规①在职工处理和安置上有如下特殊的要求：

（1）民主程序：改制方案必须提交企业职工代表大会或职工大会审议，听取职工意见，并按照有关规定和程序及时向广大职工群众公布。

（2）职工安置方案：职工安置方案必须经职工代表大会或职工大会审议通过，企业方可实施改制。职工安置方案必须及时向广大职工群众公布，其主要内容包括：企业的人员状况及分流安置意见，职工劳动合同的变更、解除及重新签订办法，解除劳动合同职工的经济补偿金支付办法，社会保险关系接续，拖欠职工的工资等债务和企业欠缴的社会保险费处理办法等。

（3）民主监督：企业实施改制时必须向职工群众公布企业主要财务指标的财务审计、资产评估结果，接受职工群众的民主监督。

（4）劳动合同及工龄的处理：改制为国有控股企业的，改制后企业继续履行改制前企业与留用的职工签订的劳动合同；留用的职工在改制前企业的工作年限应合并计算为在改制后企业的工作年限；原企业不得向继续留用的职工支付经济补偿金。改制为非国有企业的，要严格按照有关法律法规和政策处理好改制企业与职工的劳动关系。对企业改制时解除劳动合同且不再继续留用的职工，要支付经济补偿金。

（5）社会保险费等费用的处理：企业改制时，对经确认拖欠职工的工资、集资款、医疗费和挪用的职工住房公积金以及企业欠缴社会保险费，原则上要一次性付清。改制后的企业要按照有关规定，及时为职工接续养老、失业、医疗、工伤、生育等各项社会保险关系，并按时为职工足额交纳各种社会保险费。

2. 在境外发生的资产或股权收购

除反垄断法以外，中国法律不规范中国境外发生的并购交易。因交易发生在境外，不涉及中国境内实体，境内关联实体与员工之间的劳动关系应当按照劳动合同的约定继续履行。

三、员工安置的流程

员工安置方案的设计与实施，一般分为如下三个阶段进行：

1. 前期准备阶段

（1）在此阶段，并购企业首先应对目标企业进行尽职调查，包括调查与劳动关系及员工安置有关的情况。基于此调查结果，并购企业可制订初步的员工安置方案，并与目标企

---

①　参见《国务院办公厅转发国务院国有资产监督管理委员会关于规范国有企业改制工作意见的通知》（国办发〔2003〕96号）及《国务院办公厅转发国资委关于进一步规范国有企业改制工作实施意见的通知》（国办发〔2005〕60号）等相关规定。

业协商确定如下事宜：确定员工安置方案及项目预算。在尽职调查阶段应调查所涉员工的人数、工资、工龄、劳动合同签署等情况，在此基础上制定员工安置的初步方案，并确定员工安置中涉及的费用支出。

（2）建立工作组，确定员工安置方案实施阶段的参与人选。并购涉及员工安置的，应予以重视，并组建专门的工作组。工作组应由管理层、人事、财务、法务及公关等部门的人员组成，并在必要时引入外部律师，明晰组成人员的责任与分工，保证安置工作按照既定目标有条不紊地推进。

（3）就员工安置方案与政府部门沟通。在员工安置进入实施阶段前，就相关的安置方案与政府有关部门进行沟通，特别是涉及经济性裁员的（即需要裁减人员 20 人以上或者裁减不足 20 人但占企业职工总数 10％以上的），用人单位需要向劳动行政部门报告。

（4）设置员工安置相关进度表。在进入员工安置的实施阶段前，应设置员工安置的时间进度表，确立员工安置的实施步骤和时间，并制订相关的预备方案，在突发事件发生时，能有效地采取补救措施。

（5）明确相关部门职责，并对相关人员进行员工安置方案培训。在员工安置实施前，对于工作组的人员进行相关培训，包括各组成人员的分工和任务、与员工的沟通技巧、突发事件的应急处理方式等。

2. 项目执行阶段

在进入员工安置的执行阶段，一般需要进行如下工作：

（1）与员工就安置方案事先进行沟通。并购企业可以根据员工安置的实际情况，决定是否就员工安置方案进行事先沟通，征求员工的意见。如前文所述，在国有企业改制中，员工安置方案需要经职工代表大会或职工大会审批后方可实施。在资产并购项目中，为有利于项目的顺利推进及保持目标企业职工的稳定性，在确保商业秘密得以有效保护的前提下，建议邀请职工代表进行沟通。对于股权并购项目，用人单位虽无法定义务征求员工意见，但可根据实际需要，决定是否与员工进行事先沟通。

（2）确定并购项目公布日。另外，如涉及员工转移的，需要确定转移员工的签约日；如涉及人员裁减的，应公布裁减人员的解除日。

（3）合理设置协商期限。在员工安置方案的实施过程中，员工的利益将可能受到很大影响，尤其是在涉及员工转移、人员裁减等事项时。在此，用人单位应给予员工一定的协商期限，依据实际情况设置冷静期，以便员工作出有利其自身利益的选择。

3. 后期扫尾阶段

在此阶段，并购企业应总结前期方案进展情况并进行如下的扫尾工作：

（1）向政府部门报告并购项目进展。

（2）办理社保转移、变更登记（如有）。

（3）在后续程序中处理特殊员工的劳动关系问题。

（4）处理与有关员工的债权、债务关系，以及确保有关工作的顺利交接。

第二节　并购中的劳动尽职调查

一、劳动尽职调查的必要性

在并购交易中，法律尽职调查涵盖了目标企业的设立及存续状况、主体资格、经营状况，以及目标公司的资产、重大合同、债权与债务、诉讼或仲裁、劳动事项等各个方面，而劳动尽职调查构成了整个尽职调查的一个重要环节。

实践表明，系统、完整的劳动尽职调查，将为并购企业精确测算并购成本、分析和揭示劳动法律风险提供重要的事实和依据，还能帮助并购企业准确判断合适的"并购"价格。收购方还需要特别关注目标公司对员工的经济补偿，特别是国企员工转变身份或解除劳动合同的经济补偿，防止因员工得不到合理的经济补偿金而产生抵制情绪，影响并购之后目标公司的正常生产经营活动。与此同时，收购方还应当关注目标公司的员工构成，并据此拟议并购完成后员工的聘用方案，使并购企业既不介入目标企业与员工之间的劳动关系，又能以另行订立劳动合同的方法录用目标公司的基本员工。

二、劳动尽职调查的要点

劳动尽职调查主要应该包含以下几项内容：

（一）劳动人事统计数据

目标企业的劳动人事统计数据应当包括：（1）企业总人数及其分布状况，并按年龄、岗位、性别、劳动关系性质（如标准劳动关系、非全日制用工、劳务派遣人员、外包人员）等进行分类；（2）企业员工信息表（包括参加工作时间、劳动合同期限、工资、工龄、签约次数、性别、年龄等情况）；（3）企业员工的薪酬构成和计算标准，以及历史工资支付情况；（4）企业员工年休假的使用情况，以及未休年假补偿的计算标准和支付情况；（5）企业员工的年终奖及其他奖金的支付标准和实际支付情况；（6）企业加班制度、工时制度、加班申请审批情况以及加班费发放情况的统计数据；（7）企业离退休人员的具体情况（包括有无符合提前退休条件而提前退休的人员）；（8）企业管理人员在各部门的分布情况；（9）企业员工以及退休人员参加社保、公积金的情况（包括人数、基数、比例等）；（10）工伤人员、职业病人员、疑似职业病人员、接触职业病危害人员的具体人数、工伤级别、参加工伤保险情况及享受工伤保险待遇的情况；（11）处于"三期"女员工的具体人数及处于"三期"的具体情况；（12）企业有无 1962 年精简下放回乡仍在企业领取生活费的人员及其具体情况；（13）现阶段企业内退、协保、退养人员的标准以及具体人数和工资发放标准。

（二）劳动文本收集

劳动尽职调查中通常需要收集和审阅的用工文本包括：（1）适用于普通员工和高级管理人员的劳动合同范本，适用于外籍员工的劳动合同范本，以及适用于不同劳动合同期限的员工的劳动合同范本；（2）员工手册及其他有效的规章制度和人事政策；（3）集体合同；（4）各类专项协议，包括培训协议（服务期约定）、保密协议、竞业限制协议、员工激励（股权激励计划）等；（5）劳务派遣员工的用工文本，包括劳务派遣公司与目标企业签订的劳务派遣协议和劳务派遣公司与劳务派遣员工签订的劳动合同；（6）劳务外包的相关文本，包括劳务外包协议和人力资源服务外包协议等。

同时，还应统计目标企业是否存在未订立书面劳动合同的员工，并查明未订立书面劳动合同的原因。

（三）劳动事项说明

如下事项需要由目标企业提供详细的情况说明：（1）目标公司是否设立了工会组织，以及工会人员的任职情况、工会经费拨付情况；（2）目标公司是否设有职工代表大会、职工代表选举情况以及职工代表大会的活动情况；（3）员工福利情况；（4）企业是否存在劳动争议仲裁或诉讼；（5）企业是否存在重大劳动违法行为，以及是否受到劳动行政部门的处罚；（6）企业过往是否有涉及人数较多的人员裁减或法律规定的经济性裁员，以及裁员的具体情况。

（四）劳动证照及审批

劳动人事方面的证照及审批主要包括：（1）社会保险登记证明及社会保险缴付凭证；（2）住房公积金登记证明；（3）企业是否就部分岗位向当地劳动部门获批适用特殊工时制度，包括综合计算工时制和不定时工作制。

需要说明的是，以上是一般劳动尽职调查的通常要点。在实际操作中还要根据并购交易的具体情况和特点进行适当调整，以使劳动尽职调查更加符合并购企业或目标企业的商业意图。例如，如果被调查的目标企业是一家从事高新技术的企业，那么有关知识产权保护、保密、竞业限制以及员工激励等事项都是劳动尽职调查的重点。

▊ 第三节　员工安置方案之设计

劳动法律的一个突出特点就是地域性强，不同的地区可能存在不同的操作口径或政策规定。因此，在并购项目中设计员工安置方案时，除了要遵守《劳动合同法》等国家层面颁布的劳动法律法规的要求，还应当仔细研究并购所涉地的当地政策，必要时还应就不明确的法律问题和标准咨询当地的劳动部门。

一、资产并购中的员工安置

在资产并购中员工安置通常有两种不同的操作方式：一种方式为目标企业与员工解除劳动合同，并购企业与员工重新签订劳动合同，员工原来在目标企业的工作年限连续计算为在并购企业的工作年限，目标企业不向员工支付经济补偿金。另一种方式为目标企业与员工解除劳动合同，并向员工支付经济补偿金，并购方与员工重新签订新的劳动合同，员工与计算经济补偿金有关的工作年限重新计算。不论采取上述哪种方式安置员工，都需要注意如下一些问题。

（一）经济补偿金的测算

与目标企业员工协商解除劳动合同的关键在于员工安置方案的确定，而经济补偿金是员工同意协商解除劳动合同的重要基础。对于经济补偿金的计算，不同时段的工作年限有不同的法律依据，计算标准也不同。相应的，经济补偿金的测算因法律要求不同而分为2008年1月1日之前和2008年1月1日（含2008年1月1日）之后两段。

关于2008年1月1日之前工作年限的经济补偿金，主要依照《违反和解除劳动合同的经济补偿办法》（劳部发［1994］481号）的规定。经劳动合同当事人协商一致，由用人单位解除劳动合同的，用人单位应根据劳动者在本单位工作年限，每满1年发给相当于1个月工资的经济补偿金，最多不超过12个月。工作时间不满1年的按1年的标准发给经济补偿金。经济补偿金的工资计算标准是指企业正常生产情况下劳动者解除劳动合同前12个月的月平均工资。劳动者的月平均工资低于企业月平均工资的，按企业月平均工资的标准支付。

2008年1月1日之后工作年限的经济补偿金，主要依照《劳动合同法》的规定。按劳动者在本单位工作的年限，每满1年支付1个月工资的标准向劳动者支付。6个月以上不满1年的，按1年计算；不满6个月的，向劳动者支付半个月工资的经济补偿。劳动者月工资高于用人单位所在直辖市、设区的市级人民政府公布的本地区上年度职工月平均工资3倍的，向其支付经济补偿的标准按职工月平均工资3倍的数额支付，向其支付经济补偿的年限最高不超过12年。而对普通劳动者来说，只要劳动者月工资不高于用人单位所在直辖市、设区的市级人民政府公布的本地区上年度职工月平均工资的3倍，就不适用前述"3倍"和"12年"的计算封顶。

计算经济补偿金的基数，即月平均工资是指劳动者在劳动合同解除或者终止前12个月的平均工资。月工资低于当地最低工资标准的，按照当地最低工资标准计算。劳动者工作不满12个月的，按照实际工作的月数计算平均工资。

实践中，在上述法律要求的基础上，企业还应就经济补偿金的计算标准进一步与当地劳动部门进行沟通。比如，有的地方对于员工2008年1月1日前经济补偿金的计算基数，即员工月平均工资低于企业月平均工资的，按企业月平均工资计发；职工月平均工资超过企业月平均工资 3 倍以上的，按不高于企业月平均工资的 3 倍标准计发。因此，当地的不同操作标准是企业在员工安置项目中应特别注意的。

另外，法律还要求，经济补偿的月工资按照劳动者应得工资计算。根据《劳动部关于贯彻执行〈劳动法〉若干问题的意见》（劳部发〔1995〕309 号）第 53 条、《国家统计局关于工资总额组成的规定》（国家统计局令第 1 号）第 4 条的规定，工资包括计时工资、计件工资、奖金、津贴和补贴、加班加点工资，以及特殊情况下支付的工资等货币性收入。有鉴于此，在计算员工经济补偿金时，并购相关方应注意将以各种形式支付给员工的工资性收入都列入月工资的计算范围中（但部分地区的操作标准是不将加班工资计入计算基数中，因而还是应以当地操作标准为准）。需要特别注意的是，用人单位为员工缴纳的社会保险和住房公积金费用不计入经济补偿金的计算基数中，而员工个人缴纳的社会保险和住房公积金费用应计入计算基数中。实践中很多用人单位以劳动者的所谓"最低工资"或者"基本工资"作为工资计算基数是不对的。

如果基于以上所述的标准和原则进行经济补偿金的测算及月工资标准的确定等，能够为整个员工安置项目乃至并购交易的顺利进行奠定坚实的基础。

（二）加班费问题

在员工安置过程中，员工争议较多的还有加班费问题。具体而言，目标企业可能存在未向员工支付加班费和未能按法定标准向其支付加班费两大问题。收购方及其律师团队应当注意对目标企业适用的工时制度及加班费的支付情况进行审慎调查。

如果目标企业对部分员工的岗位实行不定时工作制或综合计算工时制，则相关工时制度应当获得当地劳动行政部门的批准，并办理相关手续。同时，不定时工作制和综合计算工时制批准的有效期通常有时间限制，批准适用的期限届满后，企业需要重新申请才能继续实行特殊工时制度。

根据综合计算工时制度，员工的加班费应在劳动部门所批准的一定期间内累计计算，即如果员工在一定期间内的总的工作时间超过劳动部门规定的小时数，用人单位才向员工就超出部分的工作时间支付加班费。但在实践中，目标企业可能并未严格执行综合计算工时制度的有关规定和结算要求，而是按照企业内部加班政策按月向加班的员工支付加班费。在这种情况下，如果员工与目标企业就加班费的支付产生争议，目标企业将可能面临一定的法律风险。在并购交易中，收购方应当注意就所有员工的加班情况进行汇总和整理，从而考虑是否由目标企业向员工支付加班费或要求目标企业就此事项作出承诺或安排，或由目标企业就收购方可能直接或间接承担的责任或遭受的损失作出赔偿。

事实上，用人单位未按照法定标准向员工支付加班费也是较为常见的问题。对于加班费的计算基数，根据《工资支付暂行规定》（劳部发〔1994〕489 号）第 13 条的规定，加班费的计算基数为不低于劳动合同规定的劳动者本人日或小时工资标准。然而，对于工资标准，目前有两种解释：一种为劳动部办公厅《关于印发关于〈劳动法〉若干条文的说明的通知》（劳办发〔1994〕289 号）第 44 条所规定的，工资是指用人单位规定的员工基本工资；另一种为劳动部《关于职工全年月平均工作时间和工资折算问题的通知》（劳社部发〔2008〕3号）中所规定的，劳动法中的"工资"是指用人单位依据国家有关规定或劳动合同的约定，以货币形式直接支付给本单位劳动者的劳动报酬，即员工的全额工资。上述两种解释在实践中均有争议。

关于加班费的计算标准问题，全国不少地方都作出了地方性的规定。比如，有些地方规定按照合同约定执行，有些地方规定按照基本工资和岗位工资执行，还有些地方按照工资总额确定。因此，在并购交易中，并购双方，特别是收购方，应当就上述不确定的法律事项事先与当地劳动行政部门进行沟通，了解当地在实践中所采用的加班费计算标准，从而尽可能地降低劳动争议产生的可能性，为并购交易的顺利实现扫清障碍。

除此之外，也有一些地方法规规定，允许对正常工作时间的工资进行约定，允许用人单位与劳动者在劳动合同中对加班工资或加班工资的计算基数进行约定，前提是其计算基数不得低于最低工资标准。这些规定为用人单位提供了事先约定的依据，可以为并购企业在人事整合过程中加以利用。例如，广东省高级人民法院、广东省劳动争议仲裁委员会出台了《关于适用〈劳动争议调解仲裁法〉、〈劳动合同法〉若干问题的指导意见》（粤高法发〔2008〕13号）第27条规定，"用人单位与劳动者虽然未书面约定实际支付的工资是否包含加班工资，但用人单位有证据证明已支付的工资包含正常工作时间和加班工资的，可以认定用人单位已经支付的工资包含加班工资。但折算后的正常工作时间工资低于当地最低工资标准的除外。"该指导意见第28条还规定："劳动者加班工资计算基数为正常工作时间工资。用人单位与劳动者约定奖金、津贴、补贴等项目不属于正常工作时间工资的，从其约定。但约定的正常工作时间工资低于当地最低工资标准的除外。"

如果用人单位安排加班却没有按照国家或地方的规定向劳动者支付加班费或支付的费用不足额，那么根据《劳动合同法》第85条的规定，劳动行政部门将责令用人单位限期支付加班费，逾期不支付的，将按应付金额50%以上100%以下的标准向劳动者加付赔偿金。

（三）社会保险缴纳问题

在实践中，很多企业出于节省人力资源成本的目的，往往不按照《劳动合同法》和《社会保险法》等法律、法规的要求为员工参加社会保险，或以较低的基数为员工缴纳社会保险。因此，社会保险缴纳问题也成为员工安置中经常出现的问题。

根据《劳动法》第72条、第73条的有关规定，"用人单位和劳动者必须依法参加社会保险，缴纳社会保险费"，"劳动者享受社会保险待遇的条件和标准由法律、法规规定"，"劳动者享受的社会保险金必须按时足额支付"。《社会保险法》还规定，用人单位为员工足额缴纳社会保险并扣缴员工个人缴费部分金额是用人单位的一项法定义务。根据法律的有关规定，用人单位在聘用员工后，应在当地社会保险经办机构为该员工开立社会保险个人账户，并每月为其缴纳社会保险费用。社会保险包含养老、医疗、工伤、生育和失业五项保险。其中，养老、医疗和失业保险由用人单位和员工分别按不同的比例缴纳，员工个人缴费部分将全额计入个人账户中，而用人单位缴纳部分按一定比例分别计入个人账户和社会统筹基金账户。工伤和生育保险则由用人单位按比例缴纳费用，员工个人不缴纳。

尽管各地已依法建立社会保险制度，但必须指出的是，中国东西部经济发展的差异及各地实践中存在不同的技术性障碍等因素直接影响了各项社会保险制度在各地建立的时间进程。换言之，各地只是根据各自不同的经济发展等情况，逐步推进各项社会保险制度的建立。这也可能导致同一用人单位的不同分支机构或关联企业于不同时期内在各地所参加的社会保险险种、缴费比例等会存在差异。

在实践中，各地除出台社会保险费缴纳的操作性规范外，往往可能根据各地的实际情况，或出于招商引资的需要，给予符合条件的外资企业在缴纳社会保险方面的优惠待遇，包括但不限于允许其在一定期间内可以免缴社会保险的部分险种或者允许外资企业以当地最低工资标准作为员工社会保险的缴费基数等。上述优惠待遇政策通常不对外公开，而仅以内部文件的形式在政府机构间执行。各地优惠政策对于社会保险缴纳的有关内容对外资企业具有重要的影响，在一定时期可以减少外资企业的用工成本。但是，由于此类优惠政策并非法律文件，其效力远低于法律及行政法规，因而，除非相关政府主管部门对免缴及低于法定标准缴纳社会保险事宜予以书面确认，否则，相关外资企业仍可能面临被要求补缴有关的社会保险并被处以行政处罚的法律风险。

由于全国各地经济发展的不平衡，不少社保经办机构的社会保险缴费系统单一、技术落后，导致各地在实践中的社会保险补缴业务操作各有不同。因而，如果企业选择在并购交易完成前对欠缴的社会保险费进行补缴，还应研究当地社会保险缴费政策，以确定补缴的可行性。即使当地社保经办机构同意为用人单位办理社会保险的补缴事宜，各年度不同的补缴基数和比例，以及各险种所涉费用是否可以补缴等问题都将取决于当地社保经办机构的实践。

由于社会保险费的缴纳由用人单位与员工缴纳两部分组成，缺一不可，因而在各地的社会保险费补缴实践中，尽管用人单位愿意为员工补缴社会保险费，但如果员工不愿意同时承担个人缴纳部分，当地社保经办部门将无法完成补缴事宜。因此，企业应在社会保险补缴事宜启动前，与员工充分沟通，取得其对社会保险费补缴事宜的有效配合，并合理确定员工承担个人缴纳部分的方式。

基于以上原因，并购企业应当综合考虑各方面的因素，以决定由目标企业对未缴或欠缴的社会保险进行补足，或者拨付专门款项用于日后的社会保险费补缴，或者考虑就社会保险补缴及赔偿事宜建立专项储备金。

（四）特殊员工的特殊补偿

在员工安置的进程中，能否解决特殊员工，即"三期"（孕期、产期、哺乳期）女员工、患职业病或接触职业病危害作业的员工、工伤员工、医疗期员工以及在本单位连续工作满15年且距法定退休年龄不足5年的员工的补偿问题是影响项目完成的重要因素。根据《劳动合同法》第42条的规定，除严重违纪等情形外，用人单位不得与"三期"女员工、工伤员工及医疗期员工解除或终止劳动合同。有鉴于此，就这部分特殊员工，企业在提出与其协商解除劳动合同时，向其提供的经济补偿标准可以适当高于适用于普通员工的经济补偿标准，即除了解除合同的经济补偿金外，需要另外根据实际情况，参考当地相关补偿标准，向特殊员工支付合理的特殊补偿金。

在上述原则的指导下，收购方应对全国、当地以及周边省市涉及特殊员工补偿的有关法律、法规进行细致的研究。如果国家法律法规对与特殊员工协商解除劳动合同的补偿没有明确的规定，可以参考和借鉴当地和周边省市的有关规定，最终确定特殊补偿方案。比如，在设计适用于"三期"女员工的特殊补偿方案时，将"三期"女员工在怀孕前的月工资和产假或哺乳假期间所享有的一定比例的工资等因素结合；对工伤员工，确定其补偿包括一次性工伤医疗补助金和一次性伤残就业补助金等。

（五）劳务派遣员工的安置

在员工安置中还可能涉及劳务派遣员工问题，收购方应当将此类员工单独分类进行安置。

劳务派遣是指用人单位根据自身工作特点和生产经营需要，通过劳务派遣公司派遣所需要的人员。实行劳务派遣之后，实际用人单位与劳务派遣公司签订劳务派遣协议，劳务派遣公司与劳务派遣员工签订劳动合同，而实际用人单位与劳务派遣员工之间只有用工关系，没有劳动关系。尽管如此，《劳动合同法》规定，用工单位给被派遣的员工造成损害的，劳务派遣单位与用工单位承担连带赔偿责任。因此，企业并不会因为与劳务派遣员工没有劳动关系而不承担其作为用人单位所需履行的任何责任和义务。

劳务派遣员工如被并购完成后的企业直接聘用，其在劳务派遣公司的工龄能否连续计算到新企业的工作年限中，法律对此并没有明确规定。一般而言，劳务派遣员工原先在用工单位工作时，是劳务派遣公司的员工，从劳务派遣公司获得报酬作为工资收入，并不是用工单位的员工。然而，值得注意的是，根据最高人民法院《关于审理劳动争议案件适用法律若干问题的解释（四）》（法释〔2013〕4号）第5条，对于"劳动者非因本人原因从原用人单位被安排到新用人单位工作"进行了规定，并认定在此过程中如有"劳动者仍在原工作场所、工作岗位工作，劳动合同主体由原用人单位变更为新用人单位"的情形，原用人单位未支付经济补偿的，劳动者依照《劳动合同法》第38条的规定与新用人单位解除劳动合同，或者新用人单位向劳动者提出解除、终止劳动合同，在计算支付经济补偿或赔偿金的工作年限时，劳动者可请求把在原用人单位的工作年限合并计算为新用人单位工作年限。据此，员工以劳务派遣形式为用工单位服务的时间是否应该计算在新企业的工作年限中，应由用人单位与员工在协议中作出明确约定，或由并购双方作出统一的安排。

目标企业在安置劳务派遣员工时应当考虑与劳务派遣公司进行积极、充分的沟通和协商。劳务派遣公司的配合将对此类员工能否安置成功起到十分重要的作用，如果员工拒绝接受目标企业的安置方案，劳务派遣公司对员工的说服、引导工作将是不可或缺的。

（六）过往年度解聘员工的经济补偿金补差问题

如果被收购企业在并购交易发生前曾经出现过一次性涉及较多人员的解聘，那么在并购交易的员工安置方案公布后，过往年度解聘的员工也可能提出企业未按国家法律规定的标准向其足额支付经济补偿金，要求企业按照现有的员工安置标准补足未支付的补偿款项。

根据《劳动合同法》的有关规定，如果用人单位存在解除或者终止劳动合同，未依照法律规定向劳动者支付经济补偿的情况，劳动行政部门将责令用人单位限期支付经济补偿；逾期不支付的，用人单位将可能承担按应付金额50％以上100％以下的标准向劳动者加付赔偿金的法律责任。因此，在向过往年度解聘员工支付经济补偿金时，如果企业确实存在补偿基数低于法定标准的情况，企业还应当考虑对这部分员工过去经济补偿金的差额部分予以补足。

二、股权并购中的员工安置

股权并购虽然不影响劳动关系的继续履行，但在控股式股权并购或100％股权并购的情况下，并购方作为目标企业控股股东或唯一股东，肯定不希望承担原企业的历史遗留问题。同时，考虑到是否要签订第二次劳动合同、无固定期劳动合同等问题，并购方希望与员工切断原劳动关系，建立新劳动关系，增加企业对员工的用工自主权，使目标企业的员工融入新的企业文化中。因此，收购方往往倾向于选择与员工重新开始。

在并购交易中，为了方便并购完成后从收购方进行目标企业的人力资源整合、企业文化整合和企业管理等，收购方应当考虑在股权交割前由目标企业自行完成对原有员工的安置，切断原劳动关系。这样，在股权收购的谈判中才能占据主动，对各种劳动问题予以妥善处理，并在最终的股权收购协议中作出明确约定。

（一）员工自行辞职

目标企业对本单位员工情况比较了解，也比较容易于与员工沟通。因此目标企业可以鼓励员工自行申请辞职，与目标企业解除劳动关系，同时目标企业给予员工一定的离职补偿。

虽然按照法律规定，在员工主动辞职的情况下，用人单位并不需要支付经济补偿金，但在实际操作中，用人单位如果希望员工顺利辞职，必须事先设计好员工离职补偿方案，通过离职补偿方案来引导员工辞职。一个好的离职补偿方案不但能有效平衡企业和员工的利益，提高员工的接受度，还能降低双方沟通成本和整个并购交易的成本。

总之，目标企业想切断与员工的劳动关系，从而能够顺利完成股权交易，就得付出相应的代价。离职补偿的标准一般参考经济补偿金的标准来执行。

（二）劳动合同到期终止

用人单位到期终止劳动合同，不需要任何理由，也不需要取得员工的同意。目标企业未完成对劳动关系的切断，在劳动合同到期时，收购企业就可以考虑终止劳动合同，取得用工自主权。

对于劳动合同期满终止，《劳动合同法》并未规定用人单位的提前通知义务。北京、江苏、浙江等地在《劳动合同法》实施之前制定的地方性规定中，规定了用人单位应当在劳动合同期满前 30 天通知员工，以保证员工的知情权。尽管《劳动合同法》作为新法和效力级别更高的法律并未要求用人单位承担此提前通知的义务，但是在并购交易的大背景下，企业提前 30 天征求员工意见或者通知员工其劳动合同即将终止是比较合适的。

如果企业采取提前通知的方式，应当尽量采用书面形式。根据最高人民法院《关于审理劳动争议案件适用法律若干问题的解释（二）》（法释〔2006〕6 号）的规定，因解除或者终止劳动关系产生的争议，用人单位不能证明劳动者收到解除或者终止劳动关系书面通知时间的，劳动者主张权利之日为劳动争议发生之日。因此，为了避免争议，企业应当注意以书面形式通知劳动合同的到期终止，并将该书面通知送达员工。

此外，劳动合同到期容易出现的法律问题是，劳动合同虽然到期，但有些情况下劳动合同无法终止，包括从事接触职业病危害作业的劳动者未进行离岗前职业健康检查，或者疑似职业病病人在诊断或者医学观察期间的；在本单位患职业病或者因工负伤并被确认丧失或者大部分丧失劳动能力的；患病或者负伤，在规定的医疗期内的；女职工在孕期、产期、哺乳期的；在本单位连续工作满 15 年，且据法定退休年龄不足 5 年的；以及法律、法规规定的其他不得终止的情形。

这里需要注意的问题是，劳动合同终止，用人单位应当向员工支付经济补偿金。在并购交易中，这种经济补偿金的支付最好在股权交割完成前，由原企业完成劳动合同的终止，并支付经济补偿金。对于到期终止的员工，新企业可以出于避免签订无固定期劳动合同等考虑，不予留用。然而，这种方案的弊端是，劳动合同的到期时间未必符合股权收购的进程，新企业对劳动合同未到期的员工只能继续留用。所以在收购股权的时候，一定要把握好股权交割的时间，最好在原企业劳动合同终止并支付完经济补偿金之后再进行股权交割。

如果在股权交割时劳动合同尚未到期，则在签订股权转让合同时，一定要就将来劳动合同到期，经济补偿金由哪一方承担及如何支付等问题和原股东及目标企业约定好。公平的支付方式是以股权交割日为准，交割之前的经济补偿金由原企业承担，交割以后的经济补偿金由新企业承担。实际操作中，一般是留用的员工与新企业发生劳动纠纷，要求支付经济补偿金，由新企业支付，之后新企业再按照股权转让时的约定分担经济补偿金。

（三）协商解除劳动关系

尽管根据法律规定，股权变动并不影响劳动关系的继续履行，但实践中，在股权转让经常会发生员工要求解除劳动合同并支付经济补偿金的问题。法律对于股权变动情况下经济补偿金的支付并没有明确规定，实践中，一般可由原用人单位与劳动者协商解除劳动合同，并按照协商的补偿标准支付经济补偿金。这种方案对新企业而言无疑是较好的选择。在股权收购之前，原企业就已经与员工解除了劳动合同，并支付了经济补偿金，这样新企业就有了完全的用工自主权。

三、合并、分立中的员工安置

（一）劳动合同继续履行

为实现对目标资产或股权的收购，有时需要对目标公司进行合并或分立。收购方和被收购方进行合并本身就是并购方式之一，因此我们需要了解合并和分立的法律含义，特别是在合并和分立两种情况下所可能涉及的劳动问题及其处理。

所谓公司合并，是指两个或两个以上的公司依照公司法规定的条件和程序，通过订立合并协议，共同组成一个公司的法律行为。公司合并分为吸收合并和新设合并两种形式。吸收合并又称存续合并，是指通过将一个或一个以上的公司并入另一个公司的方式而进行公司合并的一种法律行为。并入的公司解散，其法人资格消失。接受合并的公司继续存在，并办理变更登记手续。新设合并又称创立合并，是指两个或两个以上的公司以消灭各自的法人资格为前提而合并组成一个公司的法律行为。其合并结果，原有公司的法人资格均告消灭，新组建公司办理设立登记手续，取得法人资格。

所谓公司分立，是指一个公司依照法律的规定分为两个或两个以上的公司的法律行为。公司分立的形式有两种：一为新设分立，二为派生分立。新设分立是指原公司解散，而分别设立两个或两个以上新公司的分立方式。派生分立是指原公司存续，而其一部分分出设立为一个或数个新公司的分立方式。

根据《公司法》第172条的规定，公司合并可以采取吸收合并或者新设合并。一个公司吸收其他公司为吸收合并，被吸收的公司解散。两个以上公司合并设立一个新的公司为新设合并，合并各方解散。《公司法》第174条规定，公司合并时，合并各方的债权、债务应当由合并后存续的公司或者新设的公司承继。

具体到劳动关系事项上，公司合并方式下，用人单位或者保持不变或者变更为另一主体。而公司分立方式是员工与用人单位建立劳动关系后，用人单位由一个法人或其他组织分裂为两个或者两个以上的法人或其他组织，即由一个用人单位分裂为两个或两个以上的用人单位。

根据《劳动合同法》第34条的规定，用人单位发生合并或者分立等情况，原劳动合同继续有效，劳动合同由承继其权利和义务的用人单位继续履行。因此，在用人单位发生分立的情况下，原劳动合同继续有效，其目的是防止了用人单位以分立后原用人单位不存在或者劳动者的权利、义务已经转移到新的用人单位为由损害劳动者的合法权益。

在设计合并、分立两种情况下的员工安置方案时，还应当考虑企业所在地的地方政策。例如，《上海市劳动合同条例》第24条规定："用人单位合并、分立的，劳动合同由合并、分立后的用人单位继续履行；经劳动合同当事人协商一致，劳动合同可以变更或者解除；当事人另有约定的，从其约定。"这是一项授权性的条款，允许企业与员工之间通过协商找出更好的解决办法。

（二）工龄连续计算

在公司合并或分立情况下，由于原劳动合同继续有效，劳动合同由继承其权利和义务的用人单位继续履行，因此员工在原用人单位的工作年限是否连续计算值得收购方即新用人单位注意。

根据《劳动合同法实施条例》第10条的规定，劳动者非因本人原因从原用人单位被安排到新用人单位工作的，劳动者在原用人单位的工作年限合并计算为新用人单位的工作年限。原用人单位已经向劳动者支付经济补偿的，新用人单位在依法解除、终止劳动合同计算支付经济补偿的工作年限时，不再计算劳动者在原用人单位的工作年限。此外，最高人民法院《关于审理劳动争议案件适用法律若干问题的解释（四）》（法释〔2013〕4号）也对"劳动者非因本人原因从原用人单位被安排到新用人单位工作"作出了类似规定，在"因用人单位合并、分立等原因导致劳动者工作调动"的情形下，原用人单位未支付经济补偿，劳动者依照《劳动合同法》第38条的规定与新用人单位解除劳动合同，或者新用人单位向劳动者提出解除、终止劳动合同，在计算支付经济补偿或赔偿金的工作年限时，劳动者可请求把在原用人单位的工作年限合并计算为新用人单位工作年限。

（三）社会保险关系转移

劳动合同主体变更的，劳动合同变更后，需要由原用人单位将员工的社会保险关系转移到新的用人单位，由新的用人单位将其按照自己的员工进行管理。

■ 第四节　员工安置方案之实施

一、员工沟通

在员工安置的过程中，员工作为直接当事人的态度往往能够决定整个安置进程的走向。因此，企业如何与员工进行沟通显得异常重要。

在沟通过程中，企业应当注意安置方案所涉及的管理层员工与普通员工的区分，对其分别采取不同的沟通方式。管理层员工通常更易接触到企业高层决策及相关安置方案，如未能得到妥善处理，可能会对整体安置进程产生极大影响。故企业在安置进程中应当注重与所涉管理层员工的沟通，发挥其领导职能，并引导其积极推动员工安置进程。

比如，为了保证员工安置政策的有效传达和执行力，企业在公布员工安置方案之前，可以以部门为单位，对部门经理、法务部门、人事部门及其他高级管理人员进行统一培训，以确定管理层"口径统一、态度一致"。员工安置方案公布后，企业及管理层应当尽量以开放的态度积极倾听各类员工的意见，在了解并掌握员工对安置方案的态度之前，不要与员工辩论，甚至驳斥员工，更不要采取可能激化劳资矛盾的其他行为。

二、与工会的集体协商

在处理员工安置问题的过程中，积极与工会展开集体协商是必要的且能够提高沟通的效率。就中国内地的实际情况而言，长期以来，工会参与协商机制开展的并不广泛，很多细节性的规定也比较缺乏，很多企业也不愿意将工会纳入协商机制。然而，受到过去几年经济危机的影响，部分地区劳动部门、当地工会等陆续发文，要求各企业在人员安置、降低薪酬待遇等问题上加强集体协商，妥善处理劳动关系，防止矛盾激化，从而达到政府、企业和员工共渡经济难关的目标。

与工会展开集体协商的关键在于，一要组织好员工协商代表的选举工作，二要根据项目进行的不同阶段、政府部门的态度，及时调整与工会协商的策略。在集体协商过程中，工会扮演的角色往往是向员工和公司管理层两边施加压力，以图促成协商一致。

企业在处理员工安置问题时，除了可以通过与员工或工会平等对话或谈判的方式进行解决，对于发生的重大劳动问题，还可以向当地的劳动政府部门反映，通过企业、工会和政府的三方协商机制解决。值得注意的是，企业应特别重视通过三方协商机制确定后形成的决议和方案，并且应当严格遵守。另外，在员工安置方案执行过程中，企业如果遇到因劳动问题引发的危机事件，也可以考虑利用三方协商机制进行研究和解决。

三、与政府部门的沟通

在员工安置项目进行过程中，收购方及其律师团队需要注意与当地政府进行沟通。如果目标企业有位于不同地点的工厂、办公场所的（如开发区），还要与该等工厂、办公场所所在地的当地政府分别进行沟通。由于地方政府和开发区政府的利益不同，并购方及其律师团队可能需要协调不同政府部门的利益关系，并根据项目的进展不断调整沟通策略。

通常而言，当地政府和开发区管委会的利益和考量有所不同。工厂所在的开发区管委会可能更多地倾向于当地的经济利益，这主要是因为在目前政府绩效考核体制下，跨国公司或外资在当地投资设的生产性工厂被视为地方政府考核招商引资政绩的重要指标，也是地方给予外资企业土地使用权及税收等各项优惠政策的基础。本质上，开发区管委会并不希望看到工厂的迁移或关闭及员工的裁减，因此开发区管委会可能对整个员工安置项目的配合不够积极。而地方政府则更多地倾向于要求整个员工安置安排应尽可能维持社会稳定，这也直接影响了地方政府组建专项协调小组研究工厂关闭员工裁减事宜的主动性。

在处理涉及人数较多的大型员工安置项目的过程中，收购方及其律师团队必须密切联系有关政府部门，积极与其进行沟通和协商，以取得各级政府部门对项目的支持。这一方面是因为工厂迁移或关闭后期的资产转移或变现事宜需要相关政府部门的配合；另一方面也是因为当地政府部门往往会根据当地情况的不断变化，在其权限范围内出台地方性政策，并对相关政策作出解读，从而影响整个员工安置项目的走向。

四、危机处理

在员工安置过程中，如果沟通出现问题，可能爆发危机事件，危害公众对于企业的信任，影响企业正常的生产经营秩序，甚至造成停工、停产等事件。危机中的主要争议表现为：（1）企业是否欠发工资；（2）裁员、解雇是否应该向相关员工支付经济补偿金、社会保险费及其他积欠的福利待遇。

对于危机中常见并多发的群体性事件，企业应当在前期及时做好危机处理预案，建立危机处理机制，在群体性事件发生时，应冷静处理，及时开放沟通渠道，通过设置"冷静期"等方式妥善应对，避免激化群体矛盾。在此过程中，企业应注重与政府部门的沟通，积极参与政府部门的主持与引导下与指定员工代表间进行有效的沟通和谈判。同时，如针对集体性裁员，建议目标企业事先聘请安保公司，对于目标公司的高管及裁员小组组成人员的人身安全予以保障。同时，在处理危机事件时，企业应注意加强内部沟通，建立员工与高层之间直接对话渠道，规范内部管理制度和员工诉求的提出与解决体系，使员工的话语能被企业高层所知悉，从而也为企业决策提供重要依据。

五、裁员

员工安置方案的实施过程中，裁员方案作为其中的重点内容，对于员工安置的整体推进起到至关重要的作用。裁员方案的实施环节包括：

1. 前期准备环节

在制订裁员方案前，应对并购项目有关裁员的相关事实予以核查，包括目标企业的概况、裁员范围及人员构成，以及裁员所涉及的利益纠纷点（包括补偿金的方案、未休年假补偿、年终奖处理及特殊员工的特殊安排）。在调查清楚上述事实后，制订初步的裁员方案。

《劳动合同法》第41条规定，企业需要裁减人员20人以上或者裁减不足20人但占企业职工总数10%以上的，应当提前30日向工会或者全体职工说明情况，听取工会或者职工的意见后，裁减人员方案经向劳动行政部门报告。因此，如果企业并购涉及经济性裁员的，裁员方案应按照上述规定征求职工意见并向有关劳动行政部门报告。

关于裁员中征求员工意见，应注意沟通的时点把握，以免影响并购过程中其他事项的推进。此外，关于裁员方案须向劳动行政部门报告的问题，法律并未明确规定相关企业应向相关部门进行备案或是需要得到相关部门的审核及批复。实践中，各地有不同的要求和操作方式。在裁员方案的前期制订过程中，企业须重视与政府机构的沟通，以争取政府的支持和帮助。

2. 裁员方案的启动

在裁员方案的启动过程中，应注重裁员时点的选择，包括裁员方案的公布时间、方案完成时间、签约时限、宽限期限等。一般情况下，裁减人员的劳动合同解除时间应与企业的股权或资产交割日保持相对的一致性。

3. 裁员方案的选择

企业应综合考量目标企业的内部情况及外部环境制订相关的裁员方案。在通过尽职调查、准确掌握目标公司及被裁员工的相关情况后，选择有利于目标企业利益、有利于裁员顺利推进的合理方案。

前文所述的内部情况是指被裁员工的基本情况、目标公司劳资关系以及裁员预算等。外部环境是指当地的规范性法律文件、政府对于裁员的态度以及当地企业的一般做法，包括了解近期同行业同规模企业的补偿标准，使被裁员工感到裁员方案的公平公正，以防止员工对于裁员方案产生抵触情绪以致发生群体性事件。

4. 特殊情况下的员工安置

在企业并购过程中，往往会涉及一些特殊情况下的员工安置，如目标企业的境外股权发生变更，而境内的目标企业并未发生股权或者资产并购，但境内的目标公司可能根据业务需要进行部门的整合，即目标企业实体并未发生变更，但部门间进行了人员整合。这种情况下，可能发生人员的裁减。目标公司应注意，在具备正当的、合理合法的解除劳动关系的理由的前提下，方可裁减人员。建议目标企业与员工分别进行沟通协商，在获得员工同意后通过协商的方式解除劳动关系。如果员工无法与目标公司就处理决定达成一致意见，目标公司需要综合权衡，继续履行与员工的劳动合同或者依据《劳动合同法》第40条第3项（即"客观情况发生重大变化"）之规定解除与员工的劳动合同，并依法支付经济补偿金。在此过程中，目标公司需要注意保留可以证明公司对员工实施调薪调岗理由的证据以及与员工进行过协商最终协商不成的证据。需要特别注意的是，"客观情况发生重大变化"这一理由不可用于解除与"三期"女职工、医疗期员工等特殊员工的劳动关系。

5. 与员工的沟通方式

根据实践经验，建议裁员的沟通方法是"员工集体会议＋一对一面谈"这一组合方式。即目标企业先通过召开全员大会的方式在集体会议中公布裁员决定，后再"一对一"地与每一个被裁员工沟通具体的安置方案。采取这一组合方式的原因在于：（1）通过集体会议可以一次性传达相关文件材料和事实，提高沟通效率；（2）集体会议比较难以控制会场的秩序以及交流的节奏和进程，且人数众多的情况下容易引发更多问题，甚至导致难以控制的局面，而一对一的沟通可以降低上述问题出现的可能性，使企业对局面有较强的控制力，有利于按计划完成与员工的沟通。

同时，在一对一面谈时，目标企业应要求相关负责人员注意相关的沟通技巧，包括：（1）尽量遵守事先设定的面谈时间安排，避免让面谈的员工过久地等待；（2）沟通方式应做到简洁、直接、诚恳，清晰地说明协商解除方案的各项内容；（3）尊重员工，倾听员工的意见，观察员工的反应，适当、自然地回应员工的反应及提出的问题；（4）在贯彻执行解除方案方面的态度应明确、坚决，不要让员工感受到协商解除方案可以改变或者还有商量余地；（5）要严肃、认真、专业，避免与员工就协商解除事项之外的内容进行沟通，避免与员工闲聊或开玩笑；（6）在沟通中避免使用偏激的、压迫性的、争执性的语言。

六、并购后续事项

（一）离职手续

员工离职后，用人单位的处理员工劳动关系的程序性事项主要包括两个方面：一为离职交接手续，二为人事档案和社会保险关系转移手续。

在离职交接手续方面，《劳动合同法》第 50 条规定，离职员工应当按照其与用人单位的约定，办理工作交接。此外，《劳动合同法》还将经济补偿金的支付与工作交接联系起来，即如果用人单位因劳动合同的解除或终止应当向员工支付经济补偿的，在办结工作交接时向员工支付。也就是说，用人单位与员工最初在签订劳动合同时可以将具体的工作交接条款放入其中，作为日后离职工作交接的依据。如果离职员工未能如约履行工作交接义务的，用人单位可以视工作交接未完成而暂时不予支付经济补偿。

在人事档案和社会保险关系转移方面，《劳动合同法》明确规定了此为用人单位的责任和义务。用人单位应当在解除或终止劳动合同时出具解除或终止劳动合同的证明，并在 15 日内为离职员工办理档案和社会保险关系转移手续。用人单位违反规定未向劳动者出具解除或终止劳动合同书面证明的，将可能承担以下法律责任：（1）行政责任。根据《劳动合同法》的规定，劳动行政部门可以对用人单位向劳动者出具解除或者终止劳动合同的书面证明的情况进行劳动监察，如果存在用人单位违反劳动法律、法规未向劳动者出具解除或终止劳动合同的书面证明的，劳动行政部门有权责令改正；（2）赔偿责任。如果用人单位的上述违法行为给劳动者造成了损害的，还应当承担赔偿责任，例如劳动者因此未能及时足额享受失业保险待遇或者影响其重新就业。值得注意的是，地方性法规中可能允许劳动关系双方对此类问题进行特别约定，如《上海市企业工资支付办法》（沪人社综发〔2016〕29 号）第 7 条规定："企业与劳动者终止或依法解除劳动合同的，企业应当在与劳动者办妥手续时，一次性付清劳动者的工资。对特殊情况双方有约定且不违反法律、法规规定的，从其约定。"

（二）外国人就业手续变更

并购完成后，如果涉及外国人的就业单位、就业区域发生变更的，并购企业应当依法申请变更或重新申请外国人就业许可并获得批准，用人单位应当在 10 日内到当地公安机关办理居留证件的变更手续。涉及与被聘用的外国人解除劳动关系的，用人单位应及时报劳动保障部门、公安部门备案，同时交还该外国人的就业证和居留证件，并到公安机关办理外国人出境手续。

第五节　并购后的人事整合

企业并购后的人事整合是关系企业并购是否成功的关键因素之一，人事整合包括公司文化、规章制度、部门岗位设置及用工文本等一系列人事政策方面的整合。完善的人事整合过程，将使企业的生产经营和员工工作绩效平稳过渡，并能有效地防止整合期间因人事变动给企业带来的劳动法律风险。

一、企业文化整合

企业文化是企业在长期的生产经营实践中逐步形成的企业员工的共同价值观体系，它使企业独具特色，并区别于其他企业和经济组织。企业文化是企业在生产经营中最基本、最核心的部分，企业文化影响着企业运作的各个方面。

并购完成后，只有收购方与目标企业在文化上达到整合，才意味着双方真正的融合。对目标企业文化的整合，关系到并购后整个企业能否真正地协调和运作。当企业并购活动发生时，如果两个企业间的文化不能相容，可能会使被并购企业的员工丧失文化的确定感，继而产生行为的模糊性甚至抵触情绪，降低甚至取消对企业的承诺，最终影响收购方预期增值目标的实现。在对目标企业文化整合的过程中，应深入分析目标企业文化形成的历史背景，判断其优缺点，分析其与收购方文化融合的可能性，在此基础上吸收双方文化的优点，摈弃其缺点，从而形成一种完善的、有利于实现企业发展战略的文化。

二、部门、岗位设置整合

并购完成后，收购方将对目标企业实施新的经营战略和业务规划，因此可能需要根据生产经营的需要，对目标企业的组织和人事进行重新整合，即根据并购后对目标企业职能的要求，设置相应的职能部门，安排适当的人员。

一般来说，在收购完成后，目标企业和收购方因为新的经营战略和业务规划而导致职能部门的设置有如下几种情况：（1）原有的岗位设置因不再符合新的经营战略和业务规划而需要裁撤；（2）并购后因业务重叠而需要合并；（3）从提高企业管理效率和利于整合的角度出发而需要削减岗位等。例如，在财务、法律、研发等专业的部门和人员可以合并，从而发挥规模优势，降低费用；收购方和目标企业的营销网络可以共享，则营销部门和人员也应该进行相应的合并；符合目标企业原有生产经营需要而特殊设置的岗位不再满足新企业的经营战略的部门和岗位，可以撤销，将相关人员进行转岗或解聘。

通过组织和人事整合，可以使目标企业高效运作，发挥协同优势，使整个企业的运作系统互相配合，实现资源共享，发挥规模优势、降低成本费用，提高企业的效益。

三、企业规章制度整合

企业规章制度对企业的经营与发展有着重要的影响，因此并购完成后，必须重视对目标企业的规章制度进行整合。

从《劳动合同法》的角度来看，企业规章制度主要可以分为两类：一类是与劳动者切身利益密切相关的部分，主要是指劳动报酬、工作时间、休息休假、劳动安全与卫生、保险福利、职业培训、劳动纪律以及劳动定额管理等八项内容；另一类是不属于劳动者切身利益相关的范畴，主要包括日常管理、环境卫生、生产工艺等方面。前者属于《劳动合同法》严格调整的范畴，并购企业在后期人事整合过程中应当特别留意。

如果目标企业原有的规章制度十分健全，收购方则不必大修大改，可以直接利用目标企业原有的管理制度，甚至可以将目标企业的规章制度直接引进到收购方的企业中，改进收购企业的规章制度。如果目标企业的规章制度与收购方的要求并不相符，则收购方可以将自身的一些优良规章制度引进到目标企业之中，如福利待遇、激励机制、绩效考核制度等。通过这些规章制度的输出，对目标企业原有制度资源进行整合，使其发挥出更好的效益。向目标企业引入新的规章制度时，必须详细调查目标企业的实际情况，对各种影响因素作出细致的分析之后，再制订出周密可行的策略和计划，为规章制度的顺利整合奠定基础。

规章制度的整合如果涉及直接以收购方规章制度替代目标企业的规章制度或对目标企业原有规章制度进行实质性修改，都可能使目标企业员工的福利待遇发生变化，尤其是福利待遇水平的降低或取消某些福利待遇。当这些福利待遇属于劳动报酬、工作时间、休息休假、劳动安全卫生、保险福利、职工培训、劳动纪律以及劳动定额管理这八项内容或虽不属于上述八项内容，但已经直接涉及劳动者切身利益时，并购后的企业应当按照《劳动合同法》第 4 条的规定履行如下民主程序：（1）用人单位将草拟的规章制度或重大事项决议的内容交给职工选举出的职工代表大会讨论，没有职工代表大会的企业可将草案交由全体职工讨论；（2）让职工代表大会或全体职工提出方案和意见；（3）待职工的方案和意见反馈到用人单位之后，要进行分析、加工，充分吸收来自各方面的意见和建议；（4）修改后的草案再与工会或者职工代表进行协商，工会或者职工代表有修改建议权；（5）与会人员同意和通过最终的规章制度草案；（6）将规章制度进行公示或告知，为全体员工知晓。

并购后的企业在履行上述民主程序的过程中，应当注意保留如下证据：（1）民主决议选举职工代表的证据；（2）已经通过职工大会、职工代表大会等形式制定规章制度的证据；（3）有工会的企业，工会参与了规章制度的制定的证据；（4）修改后的规章制度已经公示或告知全体员工的证据。

最高人民法院《关于审理劳动争议案件适用法律若干问题的解释（一）》（法释〔2001〕14号）第19条规定，通过民主程序制定的规章制度，不违反国家法律、行政法规及政策规定，并已向劳动者公示的，可以作为人民法院审理案件的依据。所谓的公示，可以是要求每位员工签名表明自己已经阅读过，也可以在全体劳动者都经过的场合张贴，或者委托工会代为传达，或召开全体职工大会公开，或者委托职工代表代为公开，等等。一般来说，第一种形式的公示方式较为有效，因为在发生劳动争议时，用人单位需要有证据证明自己已经公示过相关的规章制度。

四、用工文本整合

企业用工文本主要分为如下几类：（1）劳动合同、聘用函；（2）外籍员工的劳动合同、聘用函；（3）专项协议，如培训协议、保密协议、竞业限制协议等；（4）集体合同；（5）特殊人员用工文本，如非全日制人员、退休返聘人员、实习人员、劳务派遣人员等；（6）其他日常用工文本，如入职信息表、绩效考核表、劳动合同续订或终止通知等。

企业用工文本整合与规章制度整合紧密联系在一起，对于并购完成后人事整合的顺利进行和劳动法律风险的防范起着至关重要的作用。

并购融资

第一节　概述

　　近年来，伴随着中国经济的腾飞，中国企业越来越多地走向国际市场，为获得资源、技术和市场而收购境外的能源、自然资源、医药、设备制造、服务业、金融等领域的重要企业。同时，中国国内多个行业出现产能过剩，企业并购重组、消化过剩产能的需求也日益迫切。此外，由于境外上市的中国企业不断出现财务造假以及相关境外资本市场出于保护本国企业和打击竞争对手等多种原因，在这些市场（主要是美国资本市场）上市的中国企业频繁遭遇机构（例如浑水研究公司（Muddy Water）等）做空，不仅股价大跌，而且融资功能基本丧失并面临高昂的监管成本，所以许多境外上市公司（包括阿里巴巴、哈尔滨泰富电气在内）均进行了上市公司的私有化，即公司的发起人股东从公众股东的手中收购股份从而使公司从资本市场退市转向一个更加友好的资本市场重新上市。

　　无论是中国企业的海外并购或私有化退市，还是中国企业的国内并购重组，都需要解决并购对资金的需求这一首要问题。但仅仅依靠企业的自有资金是不够的，企业通常希望资本市场能够为并购提供资金支持，中国企业走向世界的过程中更需要认真地考虑怎样利用国际和国内资本市场的资金来完成并购。

　　使用现金支付的并购交易大多依赖债务性融资，其主要表现形式是银行贷款。在利率水平较低的情况下，无论境内并购还是境外并购交易，并购方利用银行贷款完成并购交易，比使用自有资金或以其他方式（例如通过增资扩股进行股权融资或发行债券融资）筹资更经济。此外，并购贷款手续相对简便，相比股权融资，利息支出可以用来减轻企业税负，并且可以有效避免股权的稀释；相比发行债券融资，可以避免企业债券发行、销售的负担，并且可以与银行分担并购交易的风险。而对于商业银行来说，并购贷款目前虽然通常还构不成其主体贷款业务，但作为创新的服务手段，可以提高银行的竞争力，衍生出其他业务机会，提高非息差业务比重，例如通过担任并购交易的财务顾问或提供综合客户方案，银行可以获得可观的财务顾问费用收入等。

　　不仅如此，对并购方来说还可以借助收购融资（亦称"杠杆融资"，leveraged finance）的方式取得并购贷款。国际上，收购融资区别于传统的银行贷款融资，并购方采用杠杆手段，即并非以自己的资产负债表和信用为基础从银行融资，也不以自身现金流来偿还银行贷款，而是以拟收购的目标公司的资产来担保并购方从银行借得的并购贷款，并以目标公司的现金流偿还并购贷款。

　　正是这一特点，使得资金实力不强的并购方可以实现"蛇吞象"，使用大规模的银行杠杆融资并购资产规模超大的上市公司，并利用上市公司的资产和现金偿还并购贷款。在20世纪80年代风行于美国，并一直延续到2008年金融危机之前的杠杆收购均得益于这一金融创新。

　　本章主要介绍并购融资的策略分析、并购融资的其他资金来源、目前国内的并购贷款业务、并购贷款的特征、律师在国内并购贷款业务中的工作、并购贷款合同的关键条款、跨境并购贷款的基本框架和一般实践，并结合实例分析跨境并购融资安排的律师业务。

第二节 并购融资的策略分析和并购融资的其他资金来源

一、并购融资的策略分析

（一）杠杆目标公司的资产和现金流

一个企业若是以自己的资产负债表和信用为并购进行融资，所能获得的资金体量和实现的并购规模是有限的。目前中国银行业提供的并购贷款多以并购方的资产和信用进行担保和借贷，这使得一些企业的资产负债表不堪重负。例如，贵人鸟于 2015 年至 2016 年期间宣布进军体育产业，主要通过债务性融资收购体育相关公司，其资产负债率自 2015 年第三季度至 2016 年第三季度近一年时间里提高了约 15 个百分点，资产负债率高达 61.6%，位于行业较高资产负债率水平。所以，并购融资最为重要的一项策略是使并购融资的负担脱离并购方的资产负债表（off balance sheet）。

脱离并购方的资产负债表之后，贷款人需要在目标企业的资产负债表上寻找新的支持，即以目标企业的资产作为担保，并以其未来的收益作为还款的主要来源（即在并购完成后，用目标企业对并购方的分红或其他现金流安排，来偿还贷款的本息）。并购完成后目标企业的现金流和经营状况，对借款人即并购方的还款能力有重要影响。这也是为什么并购融资在国际市场上被称为"现金流贷款"（cash flow lending），而一般融资项目则俗称"资产负债表融资"（balance sheet lending，即融资的还款来源着眼于借款人自身的资产负债表，也即自身的债务偿还能力）。因此，贷款银行不仅依赖借款人的信用评估，而且要依赖目标企业的偿债能力，包括其资信、现金流和可担保资产，来决定是否发放并购贷款。

（二）进一步融资的空间

鉴于并购融资的还款主要来源于目标企业的现金流，并购融资的贷款人一般不能接受目标企业有其他的债权人分享现金流和担保资产，在目标企业出现资不抵债的情况下，这种矛盾更是不可协调。所以，并购融资的安排通常会包括同时向目标企业发放一笔贷款，用于目标企业清偿全部既有贷款，以解除所有为目标企业其他债权人设定的担保。同理，并购融资的贷款人通常也会限制借款人进一步向其他债权人融资的能力，以防止其他债权人与其竞争借款人的资产和现金流。

不过，并购方收购了目标企业后，在日常经营中必然需要有流动资金支持，因此从并购方角度而言，需要争取并购融资的贷款人提供必要的流动资金授信，或者要求并购融资的贷款人许可其向其他商业银行获取流动资金授信。

（三）对于并购条件的控制

并购的发起人总是希望尽可能降低并购贷款人对并购条件以及目标企业运营的控制，而并购融资的贷款人总是希望其对于并购条件及目标企业运营有一定程度的风险控制。所以，从并购融资的贷款人角度，不仅需要对目标企业事先进行尽职调查，而且要在融资文件中对于并购交易的条件进行控制，包括但不限于要求并购方在融资文件中就目标企业情况作出与目标企业的转让方在并购交易文件中作出的陈述和保证类似的陈述和保证，并将并购交易的先决条件同时也作为贷款交易的先决条件（以限制并购方轻易放弃并购交易的先决条件）。同时，贷款人通常还会要求并购方在融资文件中对于目标企业的运营作出符合贷款人利益的相关承诺。相应地，在谈判中，并购方总是希望能够削弱贷款人这一方面的控制，而保留并购的灵活性。

（四）杠杆率

并购方通常希望减少自有资金投入，而加重银行融资的比例，从而扩大并购的规模。但是并购融资的贷款人由于担心并购本身的风险以及并购方的道德风险，通常要求并购方的自有资金达到一定的比例。这一比例在国际上称为贷款成本比（即 loan to cost ratio，贷款资金与收购总成本的比例），通常为 60％到 70％；而在中国，这一比例根据银监会的要求通常不得超过 60％。

（五）避免或减少对发起人的追索

为了达到并购融资脱离资产负债表的效果，并购方总是希望并购融资的贷款人在目标企业或为并购而设立的特殊目的公司不能还款时对并购方无追索权，或仅对并购方享有有限追索权。

而从贷款人的角度来说，无追索权的交易通常是难以接受的，他们希望至少保留对并购方在以下情形发生时的有限追索：欺诈性或误导性的陈述、违反保证；未经允许而出售目标企业核心资产；对主要承诺的违反（包括消极担保、财务负债、合并、变更经营范围、分红、目标企业的所有权）；对于特殊目的公司和目标企业相关要求的违反；等等。

（六）资金承诺的确定性（certain fund）

在融资交易中，借款人总是希望贷款人的放款承诺越确定越好，以便其需要提款时就能够拿到相应的款项。而贷款人总是希望其作出贷款决定而依据的特定事实（在一项并购融资中，通常包括借款人的资信，目标企业的资产、运营和担保措施，市场条件等）自贷款合同签署后到实际放款日这段时期内不会发生对贷款人不利的改变；如果发生不利改变，则贷款人通常希望保留拒绝借款人提款的权利。

并购融资的贷款人的贷款承诺，在收购非上市公司的融资交易中通常是在收购协议签署之前作出，在收购上市公司的融资交易中通常是在收购竞价发出之前作出，而并购贷款要在收购交易实际完成交割的时候才会放款。因此，从承诺贷款到实际放款之间要经过很长的时间，这在那些需要经过反垄断或其他政府审批的收购交易中更是如此。对于需要融资的并购方而言，没有人愿意贷款人的放款承诺附加许多条件，除非这些条件是并购方能够控制的，或者是为完成并购交易本身而需要的。而贷款人一般来说也不愿意给出不附加合理条件的放款承诺。从交易所的角度来说，一般也要求贷款人的放款承诺是确定的，以避免由于贷款资金不到位造成收购失败，并进而引起市场混乱。

（七）财务指标的弹性

并购融资的贷款人通常希望要求目标企业满足严格的财务指标要求，包括但不限于利息保障（即一定财务期间的经营收入应当足以覆盖当期的应偿利息）、最低有形净值、资本性开支等。因此，从并购方角度，需要在财务指标方面与贷款人进行逐项谈判，以争取更大的空间。

二、并购融资的其他资金来源

（一）夹层贷款

夹层贷款通常指商业银行以外的一些专门从事债权投资的基金向并购方发放的用于并购的贷款，其偿还顺序劣后于商业银行优先贷款而收益率则高于商业银行优先贷款，在商业银行通常只容许50％到60％的杠杆比率的情况下，夹层贷款是十分有益的补充。

（二）垃圾债券

垃圾债券起源于20世纪80年代美国的资本市场，由垃圾债券之王德崇证券的米尔肯将其发挥至极致，主要目的是为杠杆收购基金的上市公司收购行为筹集资金，以高收益和高风险著称。有人认为中国出现的中小企业债券可称为垃圾债券。

（三）发新股融资

除了上文第（一）项和第（二）项所述的债务性资金之外，如果并购方是上市公司，还可以通过在资本市场发行新股的方法筹集股本性的资金来进行收购。其好处是可以节省利息支出，但其缺点是将摊薄并购方现有股东的权益比例。

（四）换股

上市公司在进行对外收购时，为避免大额的现金支付，还可以向目标企业的售股股东定向发行新股以换得其持有的目标企业股票。通过此种方式，既可以帮助并购方节省资金，也可以帮助目标企业的售股股东以目标企业的新股东身份继续分享公司的未来成长收益。

第三节　国内并购贷款

一、概述

国内的公司并购活动近十年来日趋活跃，但国内商业银行的贷款用于并购活动曾经一度是受限制的，其依据是中国人民银行制定并于 1996 年 8 月 1 日起施行的《贷款通则》。根据《贷款通则》第 20 条（对借款人的限制）的规定，借款人不得用贷款从事股本权益性投资，国家另有规定的除外。这一禁止性规定的初衷是防止银行贷款流入股市，以避免系统性的金融风险，但其负面效果是收购兼并无法从银行等正规资金渠道获得融资支持，间接迫使并购方在实践中通常以流动资金贷款名义获得融资，转而用于并购，使得本用于并购的贷款被按照流动资金贷款的品类进行产品设计和风险评估，实际上给银行造成了更大的风险。

如上所述，《贷款通则》对银行提供并购贷款并没有断然否定，其第 20 条留有伏笔，即"国家另有规定的除外"，但这个"另有规定"直到 2008 年年底才出现，就是中国银行业监督管理委员会（下称"银监会"）于 2008 年 12 月 6 日发布施行并于 2015 年 2 月 10 日修订的《商业银行并购贷款风险管理指引》（下称"《指引》"）。此前在实践中已有国家开发银行、中国工商银行等国内商业银行经银监会个案审批后向大型国企提供贷款用于并购的先例，如中海油收购优尼科（2005 年 6 月）等。[①] 按照银监会关于《指引》的通知（银监发〔2015〕5 号，下称"《通知》"）的规定，符合条件的商业银行可以开展并购贷款业务。需要说明的是，《指引》及关于《指引》的通知皆由银监会而非发布《贷款通则》的中国人民银行发布，是因为中国人民银行原来承担的对银行、金融资产管理公司、信托投资公司及其他存款类金融机构的监管职能，已经于 2003 年分离出来，并划归银监会行使，即由银监会作为国务院银行业监督管理机构负责对全国银行业金融机构及其业务活动监督管理。在《贷款通则》全面修订前，银监会以通知形式发布《指引》，可以理解为对《贷款通则》部分内容的"适当调整"[②]。

《指引》对于国内的经济活动而言，有一定的开创性意义。因为它不仅突破了《贷款通则》对贷款用于股权投资的限制，而且第一次在部门规章层面对并购行为做了明确界定。此前，"并购"一词在国内法律、法规中一直没有明确的定义。在《指引》发布前，最接近并购定义的尝试来自商务部、国务院国有资产监督管理委员会、国家税务总局、国

---

① 袁增霆.谨慎看待并购贷款新政.当代金融家，2009（1）.
② 《国务院办公厅关于当前金融促进经济发展的若干意见》（2008 年 12 月 8 日，国办发〔2008〕126 号），第 5 条。

家工商行政管理总局、中国证券监督管理委员会、国家外汇管理局联合颁布的《关于外国投资者并购境内企业的规定》(2006 年 9 月 8 日施行并于 2009 年 6 月 22 日修订)(以下称"《外资并购规定》")。《外资并购规定》所称"并购"只限于外国投资者并购境内企业范畴内的"并购",指"外国投资者购买境内非外商投资企业(以下称'境内公司')股东的股权或认购境内公司增资,使该境内公司变更为外商投资企业(即股权并购);或者,外国投资者设立外商投资企业,并通过该企业协议购买境内企业资产且运营该资产,或,外国投资者协议购买境内企业资产,并以该资产投资设立外商投资企业运营该资产(即资产并购)"。

《指引》所称并购,是指境内并购方企业通过受让现有股权、认购新增股权,或收购资产、承接债务等方式以实现合并或实际控制已设立并持续经营的目标企业的交易行为。这是对"并购"一词所做的普遍意义上的定义。如果不考虑对并购方的限定,这个定义在并购的方式方面超越了《外资并购规定》规定的并购的范围,尽管其规定的并购方式同样包括股权并购(受让现有股权和认购新增股权)和资产并购(收购资产、承接债务等)两种方式,但需要注意的是,《指引》所定义的并购限于并购方对目标企业实现合并或"实际控制"的并购,如何理解"实际控制",详见下文第三部分("国内并购贷款的特征")第(一)项。

二、《指引》及通知的主要内容

(一)关于通知

通知规定了商业银行可以开展并购业务的条件。这些条件包括:首先,开展并购贷款业务的商业银行限于商业银行法人机构,即各城市商业银行、农村商业银行、外商独资银行、中外合资银行。政策性银行、外国银行分行和企业集团财务公司开办并购贷款业务的,参照《指引》执行。其次,开展并购贷款业务的商业银行还需持续满足以下条件:有健全的风险管理和有效的内控机制;资本充足率不低于 10%;其他各项监管指标符合监管要求;有并购贷款尽职调查和风险评估的专业团队。

通知要求,如果已经开展并购业务的商业银行发生不能持续满足以上所列任一条件的情况,应当停止办理新发生的并购贷款业务,银监会各级派出机构也有权责令商业银行暂停并购贷款业务。实际上,在执行《指引》的过程中,有些开展并购业务的银行依据《指引》建立了管理并购贷款的内控制度。例如交通银行就在 2009 年初制定了《并购贷款业务管理暂行办法》和两个细则(《并购贷款尽职调查指引》及《并购贷款业务股权价值评估工作指引》),对并购贷款评估的主要金融工具、并购贷款的主要风险等进行了提示。

(二)《指引》

《指引》主要包括三部分内容:总则、风险评估和风险管理。

总则部分对并购、并购贷款进行了界定，提出了商业银行开展并购贷款业务应遵循"依法合规、审慎经营、风险可控、商业可持续的原则"，并要求商业银行制定并购贷款业务发展策略，建立比其他种类贷款更加严格的管理制度和管理信息系统。

风险评估一章要求商业银行全面评估并购贷款业务的战略风险、法律与合规风险、整合风险、经营风险、财务风险，涉及跨境交易的，还需评估国别风险、汇率风险和资金过境风险。同时，《指引》对每一类风险的分析内容进行了具体规定，要求商业银行在风险评估的基础上，综合判断借款人的还款资金来源是否充足、还款来源与还款计划是否匹配、借款人是否能够按照合同约定支付贷款利息和本金，并提出在并购贷款质量下滑时可采取的应对措施或退出策略，形成贷款评审报告。

风险管理一章对并购贷款设置了限制性条件，即商业银行全部并购贷款余额占同期本行核心资本净额的比例不应超过50％；对同一借款人的并购贷款余额占同期本行核心资本净额的比例不应超过5％；就一笔并购贷款交易而言，并购交易价款中并购贷款所占比例不应高于60％。并购贷款的期限一般不超过7年。此外，风险管理部分对商业银行受理的并购贷款应符合的条件、并购贷款的担保、并购贷款合同应约定的风险控制措施、放贷后对并购贷款的持续监管等方面均提出了具体要求。

三、国内并购贷款的特征

《指引》所规定的并购贷款具有如下特征：

（一）《指引》所规定的并购贷款限于为控制式并购提供贷款

并购市场中的并购，既包括控制式并购也包括非控制式并购。然而，《指引》中定义的并购是控制式的并购，也就是说，并购方实施并购的目的，不仅是参股目标企业然后单纯分享投资回报，而是为了合并或实际控制目标企业。

法律上所说的合并包括两种方式，即吸收合并和新设合并。吸收合并是指A公司吸收B公司，A公司继续存续，B公司在完成合并后解散，不需经过清算程序。例如，2004年1月，TCL集团吸收合并其旗下的A股上市公司TCL通讯，实现整体上市，原TCL通讯注销法人资格并退市，TCL集团向TCL通讯全体流通股股东换股并同时发行TCL集团人民币普通股，TCL通讯的全部资产、负债及权益并入TCL集团。新设合并是指A公司和B公司合并设立一个新公司C公司，C公司设立后，A公司和B公司解散。例如，2005年12月，中国路桥集团和中国港湾集团就是采用新设方式进行合并，合并后组建新的中国交通建设集团有限公司，原中国路桥集团和中国港湾集团被注销。无论采用吸收合并还是新设合并方式，最终都能达到控制目标企业的目的。

实际控制不是法律上的概念，而是对一种事实状态的描述，是指A公司通过投资关系、协议或其他安排实现的能够决定B公司的行为，如经营决策、财务、人事管理等。例如A公司持有B公司50％以上的股权，或虽持股不足50％，但A公司享有的表决权足以对 B 公司股东会、股东大会的决议产生重大影响，或通过协议等安排，能够支配 B 公司的行为等。这些都构成 A 公司实际控制 B 公司。

（二）允许对通过设立子公司（特殊目的公司）方式实施的并购提供贷款

《指引》规定，并购可由并购方通过其专门设立的无其他业务经营活动的全资或控股子公司进行。《指引》没有限制特殊目的子公司（SPV）的设立地，即 SPV 可以设立在境内，也可以设立在境外。因此，并购方可以通过在境内外设立 SPV 实施并购并由 SPV 作为借款人。采用 SPV 进行并购主要有以下方面的考虑：

1. 隔离风险

并购贷款的还款来源主要是目标企业盈利后向并购方支付的分红或其他现金流。并购完成后，如果目标企业经营发展状况达不到并购方预期的效果，那么其结果可能引发并购方财务困难，对并购方的生产经营造成不利影响。若以 SPV 实施并购，则可以有效隔离目标企业引起的风险。并购完成后，如果目标企业经营不善直至发生破产清算等情况，那么，SPV 作为借款人承担还款的义务和责任止于 SPV，债务就不会殃及作为母公司的并购方。

然而，并购融资的贷款人通常不愿意并购方完全置身度外。例如，并购融资的贷款人通常要求，若并购方的陈述存在虚假、误导，甚至欺诈，或目标企业在并购完成后违反关键的承诺与保证（例如不继续举债、处理重大资产或改变业务范围须经债权人同意），等等，贷款人将保留对并购方的有限追索权。

2. 享受税收优惠或合理避税

在海外并购的实践中，并购方通常采用在避税地（例如开曼群岛、英属维尔京群岛等）设立 SPV 的方式实施并购，其目的是享受当地的税收优惠待遇，如在税前扣除 SPV 支付的并购贷款利息，减少 SPV 的盈利，等等。

3. 方便剥离目标企业

并购方如基于战略发展、经营结构调整等需要，拟剥离目标企业所经营的业务，只需向第三方转让 SPV 股权就可以达到彻底剥离目标企业的目的。股权转让交易在实践中很常见也容易操作。

（三）以目标企业未来收益作为主要还款来源

《指引》要求商业银行评估经营和财务风险，具体评估内容包括评估并购后企业的经营风险、并购双方的未来现金流及其稳定程度、并购双方的分红政策及其对并购贷款还款来源造成的影响等。这里的"并购双方"指并购方和目标企业。因此，贷款人在决定提供贷款前，不仅需要调查借款人的情况，更需要对目标企业进行尽职调查和风险评估。在放贷后，要加强对目标企业资产和经营的监管，参与其重大经营活动，监控其重要的财务指标。需要注意的是，2015 年修订的《指引》相比于 2009 年原《指引》增加了贷款人在评估并购交易经营及财务风险时，应确保并购资金来源含有合理比例的权益性资金、防范高杠杆并购融资风险的要求。

（四）以未来取得的目标股权和资产作为担保

2015 年修订的《指引》将 2009 年原《指引》规定项下有关担保的强制性规定，修改为原则性规定，即商业银行原则上应要求借款人提供充足的、能够覆盖并购贷款风险的担保。并购贷款允许以未来取得的目标企业的股权和目标企业的资产为贷款提供担保。在通过设立 SPV 实施并购的情况下，SPV 在并购完成前没有财产为贷款银行提供担保。特别是在上市公司收购项目中，鉴于《上市公司收购管理办法》[①] 明确禁止上市公司为并购方的收购行为提供任何财务资助，这使得在收购完成之前，杠杆上市公司（目标企业）的资产和现金流为并购方的融资提供支持变得不可能，所以上述杠杆安排只能在收购完成之后方可进行。也就是说，在并购成功后，子公司方可获得目标企业的股权或资产，以其作为还款担保。但是，以未来取得的目标企业的股权或资产作为并购贷款的担保，对商业银行而言有时是有风险的，因为在借款人与商业银行签署贷款合同的时候，甚至有些情况下在借款人已经开始依据贷款合同提款的时候，借款人还没有取得目标企业的股权。原因是借款人需要先获得贷款支付并购对价，然后才能取得目标企业的股权，并办理股权质押登记，股权质押依法在登记后才能有效设立。这就导致商业银行发放贷款与获得股权质押担保之间存在一个时间差，如果在此过程中出现问题，贷款行就会面临风险。因此，《指引》特别规定，并购方以目标企业股权质押提供担保时，商业银行应采用更为审慎的方法评估其股权价值和确定质押率。

（五）并购贷款对风险的评估和资产监管的要求高

与其他种类贷款比较，并购贷款的复杂性和风险性都比较高，这是由并购交易本身的复杂性和高风险性决定的。因此，《指引》对并购贷款的风险评估和风险管理都作出了明确的规定，并且相比于 2009 年的原《指引》，2015 年经修订的《指引》在贷款人贷款风险评估和风险管理方面增加了一些新的规定。例如，要求贷款人向银监会或其派出机构报告贷款人就并购贷款集中度建立的相应限额控制体系，要求贷款人加强防控财务杠杆风险，要求贷款人加强防范关联企业之间利用虚假并购交易套取银行信贷资金的行为，并要求贷款人做好并购贷款的统计、汇总、分析等工作。由此，使并购贷款发放后，贷款银行对目标企业的资产监管超越对一般商业贷款情况下对借款人的资产监管要求。事实上，并购贷款的发放仅仅是一个完整的融资活动的开始，并购完成后，对目标企业的整合和经营才是关键。为此，贷款银行不但要了解目标企业的经营动向，还要参与其重大经营活动的决策，例如重大的资本性支出、资产出售、贷款、提供担保等，都要获得贷款银行的同意才

---

① 2006 年 5 月 17 日经中国证券监督管理委员会第 180 次主席办公会议审议通过，自 2006 年 9 月 1 日起施行，2008 年 8 月 27 日、2012 年 2 月 14 日和 2014 年 10 月 23 日修订，分总则、权益披露、要约收购、协议收购、间接收购、豁免申请、财务顾问、持续监管、监管措施与法律责任、附则 10 章 90 条。

能够进行。而这些是银行在一般商业贷款融资活动中并不经常涉及的。

尽管《指引》改变了并购贷款长期以来无法可依的状况，且自实施以来，中国并购贷款市场因为这一"指引"的出台而获得实质性的发展，整体规模（全行业并购贷款余额）从 2009 年的 200 亿元增长到 2012 年年初的 1 000 亿元，但还是受到一定的限制。[①] 主要是银监会为并购贷款设置了过高的门槛，例如，只有并购方获得目标企业控制权（一般理解是 51% 以上）的并购才叫"并购"；银行只能为整个并购提供不超过并购交易价款 60% 的资金；只鼓励支持战略性的具有产业相关性的并购，而原则上不支持财务性并购；等等。而目前中国市场无论是产业并购还是私募投资，都极少出现控制性并购，因为成长中的企业家们鲜有愿意出让公司的控制权的。再者，与国际市场相若，并购方通常需要贷款资金与并购总成本的比例在 60% 甚至 70% 以上，如果按照《指引》的要求自己筹集超过 60% 的资金，是相当困难的。

四、律师在国内并购贷款业务中的工作（以律师受聘于银行为例）

（一）在风险评估阶段

在商业银行对并购贷款申请进行风险评估的过程中，律师可以参与的工作集中于协助银行法律合规部门的对并购贷款涉及的法律与合规风险评估。按照《指引》的要求，这些工作包括下列事项的核查或验证：并购交易各方是否具备并购交易主体资格；并购交易是否按有关规定已经或即将获得批准，并履行必要的登记、公告等手续；法律法规对并购交易的资金来源是否有限制性规定；担保的法律结构是否合法有效并履行了必要的法定程序；借款人对还款现金流的控制是否合法、合规；贷款人权利能否获得有效的法律保障；与并购、并购融资法律结构有关的其他方面的合规性。这些工作以律师尽职调查报告、法律风险提示、法律意见书的形式向客户提供，用于其对并购贷款的风险评估。

各商业银行的并购贷款评审报告格式不同，但涵盖的内容类似。以某商业银行跨境并购贷款项目评审报告为例，其涵盖的内容包括但不限于：项目情况分析（项目由来、基本情况、权属情况）；交易情况分析（并购主体、交易结构、并购方案）；融资方案（额度测算、融资要求、融资性保函方案、银团贷款方案、境外外汇贷款方案）；并购贷款申请人（基本情况、财务情况、总体评价）；担保（土地使用权抵押、股权质押、保证、股权保购）；风险分析及应对措施（政策风险、授信风险、交易风险、经营风险、汇率风险、保证风险、境外法律风险、再融资风险）；结论。

1. 接受贷款银行的委托，对并购方和目标企业进行法律尽职调查

有关并购贷款的法律尽职调查的内容。

第一，是对借款人和目标企业主体资格的审查，内容是借款人和目标企业设立和存续

---

① 据 2011 年 3 月 1 日《21 世纪经济报道》和人民网郑州 2012 年 3 月 27 日报道。

的合法性和有效性。审查主体资格要求借款企业提供证明其依法设立的批准/备案文件（如果适用）和设立登记文件。对于某些公司，法律、法规要求其设立需经批准或备案。例如，若借款人或目标企业是中外合资经营企业，就需审查其设立是否经过了相关商务部门的批准或备案（取决于是否涉及国家规定实施准入特别管理措施）。为此，应要求该合资经营企业提供《中华人民共和国外商投资企业批准证书》或《外商投资企业备案回执》、合资经营企业合同和章程的批复文件（如适用）。如果借款人或目标企业是项目公司，例如火电厂项目的能源类基础设施公司，则还需要审查拥有审批权限的发展改革部门的项目核准文件，有关规划管理部门对厂址选择的批准文件，有关土地管理部门对项目用地颁发的土地权属证明文件，有关环境保护部门对环境影响评价报告书的批准，等等。有关企业的设立登记文件，主要是审查被调查企业最新的企业法人营业执照（如果被调查企业具有法人资格）或营业执照（如果被调查企业不具有法人资格，例如分公司）。

第二，是审批和许可方面的审查。具体包括并购交易以及并购方和目标企业经营其业务涉及在国家产业政策方面的合规情况、行业准入、反垄断、国有资产转让等，以判断其是否已按适用法律法规和政策要求取得有关部门或机构的批准，或是否履行了相关的手续。这个方面的审查需结合企业营业执照上登记的经营范围，判断公司从事经营范围内的活动需取得哪些部门或机构的批准。以火电厂项目为例，火电厂项目在建设开工前和建设过程中需要取得一系列批准文件，例如初步设计批复、建设用地规划许可、建设工程规划许可、建设工程施工许可证、建设项目竣工环境保护验收、建设工程消防验收和规划竣工验收等。如果在建设或生产过程中需要排放污染物，还需审查其是否取得了排污许可，如果在建设或生产过程中需要用水，需要审查是否取得了取水许可等。总之，不同行业类型的企业需要取得的审批和许可也不同。有的行业还需要审查企业是否取得了相应的资质，例如建筑企业，从事工程建设需要取得相应的资质等级证书。

第三，对公司治理结构的审查。审查的文件包括公司章程和其他内部组织性文件（例如董事会议事规则、总经理的权限范围等）。审查的目的在于了解并购方和目标企业的内部授权机制，弄清楚并购方和目标企业签署并履行并购交易文件、并购贷款合同、担保文件需要哪些授权、履行哪些手续等，并据此要求并购方和目标企业提供相应的合法授权文件，从而确保并购交易文件、并购贷款合同和担保文件的签署和履行，符合并购方和目标企业章程和内部授权的要求，合法有效。

第四，审查分红条件及规则。由于并购贷款的还款主要来源是目标企业的分红，因而对目标企业分红条件和规则的审查显得格外重要。在签署并购贷款合同前，银行需审查目标企业的章程、股东协议对分红是否有限制性规定，并审查公司是否有其他限制分红的内部政策。此外，银行更应该关注并购后目标企业的分红政策是否会发生变化。因此，需要在相关交易文件中要求并购方承诺，在并购后，并购方将确保目标企业的章程、股东协议、内部政策等不会被作出可能有损于贷款人利益的修改，特别是对目标企业向股东分红进行限制。

第五，对还款现金流有重要影响的业务合同的审查。业务合同包括上游合同（原材料购买协议、水电气热等能源供应协议、场地的租赁协议等）和下游合同（产品销售合同、售后服务合同等），这些合同与目标企业的经营密切相关，对企业业绩有直接的影响。而对于一些非生产性的公司或高科技企业，其经营发展可能高度依赖于合同安排及知识产权来源和保护，在这种情况下，目标企业与业务有关的合同及其内容就更加重要。因此，需审查这些合同是否存在对目标企业重大不公允或重大不利的条款、对目标企业是否有潜在的风险等，以便银行正确评估并购方和目标企业的风险程度。

第六，审查还款担保（包括资产抵押、股权质押、第三方保证，以及符合法律规定的其他形式的担保）是否合法有效，以及还款担保涉及的重大资产状况。这些资产包括房地产、机器设备、股权、知识产权、应收账款等。对房地产，需要审查权属证明文件，例如房屋所有权证、土地使用权证或不动产统一登记权证。在审查房地产权属证明文件时，要注意土地使用权取得的方式。如果担保人是以划拨方式取得的国有土地使用权，需审查国土资源管理部门对划拨用地的批复；如果是以出让方式取得的，则需核实土地出让金和相关税费是否已经全部缴纳。在审查知识产权的权属证明文件时，需要查核注册登记文件，例如专利权证、商标注册证等，还要注意知识产权登记展期、变更或是否已有质押的问题。有关应收账款质押，则需要审查相关的销售合同或服务协议，了解担保人是否已经适当履行了合同义务、支付方对担保人是否享有抗辩权等。

第七，对于现有借贷情况及资产设置担保状况，需要审查并购方和目标企业已经签署但尚未履行完毕的贷款合同，包括银行贷款及委托贷款；注意现有贷款合同中对借款人的限制性规定是否对并购贷款的签署和履行有影响，例如是否限制借款人进行并购，或限制借款人再融资或为再融资提供担保等；注意借款人的重大资产是否已经设置了担保，如果有在先担保，要注意设置关于并购贷款的担保的第二顺序的担保是否已能够取得顺序在先的债权人同意。

2. 在法律尽职调查过程中，应特别关注的问题

2.1　并购交易是否涉及国有出资企业

2009 年 5 月 1 日起施行的《中华人民共和国企业国有资产法》（"企业国有资产法"），是我国第一部关于企业国有资产管理的法律。该法对企业国有资产的权益归属、国有资产管理体制、国家出资企业及其管理者的选择与考核、国有资产出资人权益的重大事项、国有资本经营预算及国有资产的监督等基本问题作出了规定。

根据《企业国有资产法》，国有出资企业包括国有独资企业、国有独资公司、国有资本控股公司和国有资本参股公司。如果并购方、目标企业或目标企业的原股东有一方为国有出资企业，要考虑注意《企业国有资产法》以及其他国有资产管理的相关规定的适用。详见本书第四章第四节"国有企业并购"。

国有资产的问题比较复杂，也比较敏感，特别是《企业国有资产法》实施时间不长，缺乏解释和具体的操作程序。因此，就具体项目是否需要履行出资人职责的单位批准或政府批准，是否需要评估，适用公开程序，等等，均需具体项目具体分析。有关国有企业并购请见本书第四章第四节。

2.2　并购交易是否涉及上市公司

如果并购交易涉及上市公司，即并购方、目标企业或目标企业的原股东有一方是上市公司的，则需关注并购交易是否构成上市公司重大资产重组、是否属于上市公司收购、拟转让的上市公司股份是否存在限制转让、是否涉及私有化退市安排等情况。对于涉及上市公司的并购，详见本书第四章第一节"上市公司并购"。

2.3　并购交易是否涉及反垄断审查

2008 年 8 月 1 日起实施的《反垄断法》规定，经营者通过取得股权或者资产的方式，取得对其他经营者的控制权（即经营者集中），达到国务院规定的申报标准的，经营者应当事先向国务院反垄断执法机构申报，未申报的不得实施集中。

根据 2008 年 8 月 3 日国务院颁布的《国务院关于经营者集中申报标准的规定》，经营者集中达到规定标准之一的，经营者应当事先向国务院商务主管部门申报，未申报的不得实施集中。

对于并购交易中涉及的反垄断审查问题，详见本书第五章"与并购相关的反垄断审查"。

（二）在风险管理阶段

律师在此阶段的主要工作是起草、审查与并购贷款有关的合同文件，包括贷款合同、担保合同等并协调相关法域律师（本章第四节有关跨境并购贷款的案例对此有较多涉及），某些情况下还包括参与谈判。除贷款金额、贷款用途、利率及支付、还款安排等必备条款外，贷款合同的关键条款包括提款的前提条件、对借款人或目标企业重要财务指标的约束性条款、对借款人特定情形下获得的额外现金流用于提前还款的强制性条款、对借款人或目标企业的主要或专用账户的监控条款、确保贷款人对重大事项知情权或认可权的借款人承诺条款、违约事件条款及贷款人的违约救济条款。律师在起草贷款合同时，要注意《指引》对贷款合同明确要求的条款的要求，对以上关键条款的内容进行清晰的界定。

（三）贷款合同的关键条件

1. 提款前提条件

与其他种类贷款相同，并购贷款合同中应规定，只有在约定的条件均满足或被贷款人豁免后，贷款人才有义务向借款人发放贷款。其他种类贷款项目中，前提条件通常包括：借款人的资格合法，交易各方就达成交易已经获得适当的内部授权并就融资文件的签署和履行完成外部审批/登记/备案手续，担保文件已经签署并且相关担保已经有效设立并完善，借款人在规定时限内发出提款通知书，没有违约事件发生，没有重大不利事件，借款人未违反重要的陈述与保证，等等。需要提醒的是，如果借款人是境外 SPV，并且并购融资的贷款银行包括一家或数家境外银行，而担保主体是中国注册的主体，则该项担保安排构成内保外贷，需要就涉及该等境外银行的贷款部分向中国的外汇管理部门办理内保外贷登记。尽管国家外汇管理局 2014 年颁布的《跨境担保外汇管理办法》规定，未办理内保外贷签约登记不影响担保合同效力，但是如未办理内保外贷签约登记，担保人补办登记时需要说明合理理由，否则外汇管理部门可按未及时办理担保登记进行处理，在移交外汇检查部门之后再为其补办登记，从而延迟担保合同的履约进度，影响贷款人利益。

除内保外贷登记外，贷款人还需要关注 2015 年国家发改委《关于推进企业发行外债备案登记制管理制度改革的通知》（发改外资〔2015〕2044 号）。根据该规定，境内企业及其控制的境外企业或分支机构向境外举借的、以本币或外币计价、按约定还本付息的 1 年期以上债务工具，包括中长期国际商业贷款，须事前向发展和改革部门申请备案登记并在债务工具发行后 10 个工作日内向发展和改革部门报送相关信息，否则，国家发改委将有可能将其列入黑名单并将不良信用记录纳入国家信用信息平台。因此，如涉及上述外汇管理部门及发展和改革部门对相关融资文件的备案/登记/批准手续，建议在融资文件中将该等备案/登记/批准逐项列明，并将该等手续办理完毕的证明文件作为提款前提条件之一。

除了上述通常的前提条件外，并购贷款合同中，还需要包括与并购交易和目标企业有关的条件。具体而言，对于并购交易，商业银行需审查并购方自筹资金已足额到位和并购合规性条件是否已得到满足。例如，目标企业是否合法设立和有效存续；并购交易是否已经获得政府批准，是否履行了备案、报告、公告等程序。如果是目标企业或第三方提供担保，还需审查目标企业和第三方担保人的内部授权文件。如果目标企业现有的融资合同中对目标企业的重组和并购有限制，则要取得现有贷款银行的同意。

对于并购贷款，应针对并购交易的具体情况，设定特定的提款条件，并在贷款合同中予以明确的规定，而不应采用笼统、含糊的说法。例如，就并购交易需要取得的政府批准或备案，应明确发出批准或办理备案的具体政府机构的名称，以及所批准或备案的事项；否则，可能使贷款银行在审查贷款条件是否满足时产生疑惑，甚至银行和并购贷款的借款方就前提条件是否满足产生纷争。如果是分期提款，除首次提款条件外，可能需要就后续提款另行设定条件，这些条件通常包括提款通知是在提款期内发出的、借款人没有违约事件发生、借款人的所有声明根据当时条件仍然是真实的和正确的等。有些情况下，贷款银行应考虑将担保的完善作为后续提款的前提条件。这是因为担保完善需要时间，所以在借款人急需用钱的情况下，经贷款人同意，可以不将其作为首次提款的条件，而是推迟至后续提款时作为提款前提条件。

需特别注意的是，并购贷款的前提条件需要与并购交易项下的交易完成条件相匹配。例如，并购交易项下安排了付款时间，提款时间需要与此相对应，以便确保并购交易的完成，毕竟并购交易是主，并购贷款是辅。

2. 财务约束性条款

为保证还款来源稳定、可靠，贷款人需要密切关注借款人及目标企业的财务状况，对借款人及目标企业的财务支出进行必要的干预，并设定具体财务指标。财务支出的干预表现在，对借款人或目标企业资本性支出和负债进行限制。例如，限制投资或负债的种类或上限，要求借款人、目标企业每半年或每年提供财务预算，超过预算的支出需经贷款人同意，等等。

设定财务指标，目的是使贷款人能够及时了解借款人和目标企业的财务、经营状况，衡量其偿债的能力和贷款的安全度，是贷后监管的重要手段。如果借款人和/或目标企业的财务指标没有达到合同的要求，银行就可以宣布借款人违约，提前收回贷款。银行的这种权利，对借款人形成了一种压力，可以促使其加强公司治理，提高经营业绩。

实践中常见的财务指标包括资产负债率、偿债覆盖率、流动比率、利息覆盖率、净资产负债率等。

一个并购贷款合同不一定采用上述所有指标，贷款人可以根据需要，选择最相关的指标，以便对贷款的安全性设施有效地监控。

3. 强制提前还款

所谓强制提前还款，是指在发生特定事件的情况下，贷款银行有权宣布已经发放的贷款提前到期应付，并取消未发放的贷款额度。

引发强制提前还款的事件主要包括两类：一类是借款人在特定情况下获得额外现金流，应用于提前还款，例如，借款人发行债券募集资金、发行新股、出售资产、获得保险赔偿或经贷款人同意转让所并购的目标企业股权或资产等；另一类是借款人发生违约或其他影响贷款安全的重大事件，例如，因并购交易当事方发生争议致使并购交易不能完成交割，并购交易被法院或政府命令停止，或已经取得的有关并购交易的批准被撤销等。

4. 账户监管要求

为及时了解借款人、目标企业的财务状况，有效控制其资金的使用，商业银行通常对借款人和目标企业的银行账户进行监管。这些监管措施包括：要求借款人、目标企业将重要账户（接受贷款的账户、还款账户、分红账户、运营结算账户等）开立在贷款人或贷款人相关分支机构处；对每一监管账户内资金的来源和支出的范围进行明确规定；限制借款人或目标企业开立其他结算账户；限制借款人或目标企业账户行的职责等。账户的监管可以结合借款人、目标企业的年度预算进行，预算内的支出不需要经商业银行批准，但预算外的支出需要经商业银行同意。

为账户监管之目的，商业银行会要求借款人签署单独的账户监管协议，特别是在复杂交易或涉及的账户比较多的情况下。

5. 信息的披露（贷款人的知情权和认可权）

借款人应当确保贷款人的知情权。贷款人的知情权可帮助其间接参与借款人以及目标企业的公司治理，并且有利于降低借款人在公司治理中存在的道德风险。

《指引》第34条规定，商业银行应当在借款合同中规定，借款人有义务在贷款存续期间定期报送并购双方、担保人的财务报表以及贷款人需要的其他相关资料。财务报表（月度、季度、半年和年度的财务报告）是贷款人了解并购双方和担保人的财务指标、经营状况的重要途径。

贷款银行应要求，发生任何可能对贷款偿还具有重大影响的事件，借款人要立即通知贷款人，贷款人也可以要求就重大事项以债权人的身份列席有关会议（例如股东会、董事会、监事会等），以便及时获得第一手信息。借款人、目标企业的定期或临时的股东会、董事会决议，纳税情况，争议或重大诉讼情况，被行政处罚的情况，等等，均应及时通报贷款人。

《指引》第32条规定了十项对贷款的偿还有重大影响的事件，即重要股东变化；经营战略的重大变化；重大投资项目变化；营运成本异常变化；品牌、客户、市场渠道等的重大不利变化；产生新的重大债务或对外担保；重大资产出售；分红策略重大变化；担保人的担保能力或抵质押物发生重大变化；影响企业持续经营的其他重大事项。

发生上述任何事件，贷款人应有认可权，即未经贷款人的同意，借款人或目标企业不得进行该等事项。对于非借款人或目标企业可以控制的事项，应在发生后立即通报贷款人；否则，贷款人可视为该等事件已经危及贷款的安全，应及时采取相应的风险防范措施，例如要求借款人提供其他担保、冻结相关账户、要求提前还款、取消未提取的贷款额度、宣布借款人违约并行使担保权利等。

6. 违约事件及贷款人的救济措施

与其他种类的贷款相同，并购贷款合同通常规定，借款人或担保人违反贷款合同或担保文件的行为，均可触发违约事件。这些违约行为主要包括：违反贷款用途使用贷款；未能按时偿还贷款本息；违反声明和承诺；发生交叉违约（指借款人在其他重大合同项下发生违约事件也构成违反并购贷款合同）；借款人或目标企业无力清偿债务达到一定金额；借款人或目标企业发生破产、清算事件；借款人或目标企业涉及重大诉讼、仲裁；相关政府批准被取消或失效；借款人或目标企业公司控制权发生重大变更；等等。

贷款人对违约救济的措施包括取消尚未提取的贷款额度、要求提供额外担保、给予借款人弥补违约的宽限期（在可以弥补的情况下）、宣布已经提取的贷款立即到期应付、行使担保权利等。

■ 第四节　跨境并购贷款（案例）

一、背景

国内商业银行提供并购贷款，用于境内并购方公司通过受让境外公司现有股权或认购其新增股权，或收购境外资产、承接境外债务等方式，实现合并或实际控制已设立并持续经营的境外目标企业，在并购贷款解禁之后就出现了。相比于纯粹国内并购项目（即并购双方均属中国公司），跨境并购贷款在交易结构及其每一环节，因涉及的不同国家或地区法律制度、银行体系、时差等方面的差异，而相对复杂。本部分就笔者参与提供法律服务的跨境并购贷款项目案例加以说明。为保密起见，各方名称为化名且内容也做了简化处理。

在这个跨境并购贷款项目中，贷款人是国内某商业银行（L1 银行）和境外某商业银行（L2 银行）组成的银团，借款人是两家在英属维尔京群岛（BVI）登记设立的公司：B1 有限公司和 B2 有限公司，并购贷款用于借款人收购 V 铜矿公司（注册于 V 国）。交易结构包括股权收购、并购融资和担保安排。交易结构因贷款人、借款人、目标公司、担保人注册于不同的司法管辖区，以及融资、担保文件适用不同的管辖法而略显复杂。

二、项目结构

具体而言，股权收购前，V 公司的股东为 S1 公司与 S2 公司，分别持有 V 公司 50％的股权；B1 公司为一家在英属维尔京群岛（BVI）登记设立的公司，B1 股东（非中国国籍）持有 B1 公司 100％的股权；B2 公司为一家在英属维尔京群岛（BVI）登记设立的公司，B2 股东（中国国籍）持有 B2 公司 100％的股权；S1 公司、S2 公司、B1 公司、B2 公司签署了《V 铜矿公司股权转让协议》，根据该股权转让协议，S1 公司、S2 公司（作为转让方）分别向 B1 公司、B2 公司（作为受让方）转让其持有的 V 公司 35％的股权，B1 公司、B2 公司应向 S1 公司、S2 公司支付股权转让价款；股权收购完成后，B1 公司、B2 公司、S1 公司与 S2 公司将分别持有 V 公司 35％、35％、15％、15％的股权；L1 银行与 L2 银行（作为代理行、账户行和参加行）（下称"银团"）组成银团，通过银团贷款方式向 B1 公司、B2 公司（作为共同借款人）提供并购贷款，用于收购 V 公司 70％的股权。

L1 银行贷款部分的保障措施包括：（1）国内 G1 公司以其持有的国内 S 市房地产开发有限公司的股权向 L1 银行提供股权质押担保；（2）G1 公司在 L1 银行存入保证金，作为 L1 银行在股权收购交割前发放的美元贷款本金的担保，担保方式为保证金质押担保；（3）S 市房地产公司以其拥有的位于 S 市的在建房地产向 L1 银行提供在建工程抵押担保；（4）S 市房地产公司将在 L1 银行开立监管账户，该账户将作为接收 S 市房地产项目的销售价款的专项账户；（5）S 市房地产公司以该监管账户向 L1 银行提供账户质押；（6）G1 股东（香港居民）作为 G1 公司的实际控制人向 L1 银行提供个人连带责任保证担保；（7）B1 股东以其持有的 B1 公司 100％的股权向 L1 银行提供股权质押担保；（8）B2 股东以其持有的 B2 公司 100％的股权向 L1 银行提供股权质押担保；（9）股权收购完成后，B1 公司以其持有的 V 公司 35％的股权向 L1 银行提供股权质押担保；（10）股权收购完成后，B2 公司以其持有的 V 公司 35％的股权向 L1 银行提供股权质押担保。此外，S1 公司与 S2 公司在香港设立的合资公司 HKJV 在 L1 银行指定的银行开立监管账户，L1 银行先将美元贷款本金支付到监管账户。股权收购交割前，该笔贷款本金不得支取。如未完成股权收购交割，该笔贷款本金从该监管账户退回出资收购账户直接还款，后续融资额度取消。

L2 银行贷款部分的担保安排，包括（1）B1 公司、B2 公司共同在参加行开立监管账户，并在监管账户中存入美元现金；（2）B1 公司、B2 公司以该监管账户向参加行提供账户质押担保。

三、律师的工作

基于上述项目结构，需要四地律师组成律师团为项目各方提供法律服务，包括中国律师、香港律师、BVI 律师和 V 国律师，其中中国律师为律师团牵头律师。

中国律师的主要工作包括：起草适用中国法的融资文件，例如 S 市房地产公司在建工程抵押协议、G1 公司就 S 市房地产公司股权进行质押的股权质押协议、G1 公司提供的保证金质押担保协议、由 G1 股东向 L1 银行提供连带保证的保证协议等；就本项目涉及的中国法问题向银团提供咨询；就中国主体的资格以及中国法律管辖的融资文件的合法性和有效性出具香港法律意见；作为律师团牵头律师，组织、协调、监督其他司法管辖区律师的工作。

香港律师的主要工作包括：起草适用香港法的项目协议，例如银团贷款协议、有关 HKJV 所开立监管账户的账户监管协议、B1 股东和 B2 股东将其持有的 B1 公司和 B2 公司股权进行质押的股权质押协议、B1 公司和 B2 公司在并购交易股权交割后持有的 V 公司各 35％股权（共计 70％）进行质押的股权质押协议等；审阅中国律师起草的 G1 股东个人保证协议；查询 B1 公司和 B2 公司是否在香港进行了非香港公司登记；办理该项目所需的香港登记手续；就该项目涉及的香港法问题向银团提供咨询；就香港主体的资格以及香港法律管辖的融资文件的合法性和有效性出具香港法律意见。

BVI 律师的主要工作包括：审阅 B1 公司和 B2 公司设立和登记文件；对 B1 公司和 B2 公司进行公司登记查询和司法查询；向登记机关查询并出具 B1 公司和 B2 公司的公司存续证明（Certificate of Good Standing）；审阅贷款协议、B1 股东和 B2 股东将其持有的 B1 公司和 B2 公司股权进行质押的股权质押协议、B1 公司和 B2 公司在并购交易股权交割后持有的 V 公司各 35％股权（共计 70％）进行质押的股权质押协议，并从 BVI 法律角度发表意见；起草涉及 BVI 主体的相关法律文件，例如批准 B1 公司和 B2 公司签署并履行上述协议的公司授权文件（包括董事会决议和/或股东会决议）、B1 公司和 B2 公司股权质押登记所需文件；办理 B1 公司和 B2 公司股权质押登记；就 B1 公司和 B2 公司主体资格出具 BVI 法律意见书。

由于目标企业是在 V 国注册的公司，所以 V 国律师承担的工作相对多一些。主要工作主要包括：对并购 V 公司所涉及的反垄断审查和其他政府审批/登记程序提出建议；对 V 公司股权转让的程序提出建议；对 V 公司股权质押的创设、登记和实现问题提出建议；对 V 公司股权转让方以及 V 公司进行公司登记查询并出具公司登记文件；审阅 V 公司股权转让方以及 V 公司的公司登记和授权文件；审阅 V 公司持有的探矿权证并对其有效性发表意见；审阅股权购买协议以及 B1 公司和 B2 公司在并购交易股权交割后持有的 V 公司各 35％股权（共计 70％）进行质押的股权质押协议，提出 V 国法律审阅意见；就以下三部分内容出具 V 法律意见书（不包括税务问题）：（1）V 公司股权转让方和 V 公司的主体资格，以及对本项目的内部授权文件，（2）V 公司持有的探矿权证的有效性，（3）并购交易以及上述股权购买协议和股权质押协议的合法性、有效性和可执行性；办理本项目涉及的 V 国法律要求登记、备案或其他股权质押所需手续；解答银团提出的与本项目有关的其他 V 国法律问题。

四、评述

从这个案例可见，跨国并购交易融资安排对律师工作的依赖性可能仅次于财务顾问。律师工作中最核心的部分，即直接影响交易顺利与否的决定性因素，一是律师团牵头律师的组织、协调、沟通能力和专业能力，二是目标企业注册地司法管辖区律师的经验和专业能力。由于跨国并购交易融资涉及多个司法管辖区的交易主体，涉及多个国家或地区的不同的法律制度（包括公司登记、公司存续、公司行为的登记、交易的监管、担保的审批或登记、资金汇兑和支付和争议解决等方面的法律、法规，以及类似交易的惯例），所以，由某个拥有国际化法律服务平台的律师事务所牵头，组织、配备可以提供交易涉及的各法域法律服务的执业律师，是启动交易的根本保证。在一所范围内有资格提供所有法域法律服务的律师事务所，几乎没有。有些国际性律师事务所，虽然可以提供多个法域的执业律师服务，但也难以覆盖所有法域，而且收费较贵，特别是对开展国际业务的国内银行和公司而言。

通过此项目的法律服务，我们感到，类似的项目，在法律服务方面，比较合理的安排，是以国内的大型国际化律师事务所为主，由该所主导配备相关法域律师事务所，组建国际律师团队，为客户提供全程、无缝隙的跨境法律服务。这样可以有效控制跨境并购交易融资所需的法律费用成本。目前，国内可以提供跨境并购交易融资法律服务并具备组织协调能力的律师事务所，除君合律师事务所等大所以外，寥寥可数。但随着越来越多的中国公司开展跨国并购业务、越来越多的中国的银行开展并购贷款业务，这种中国律师事务所的阵容，也在逐渐增加。进入这个阵容的中国律师事务所，需要有足够规模的涉外银行金融律师、公司并购律师、税务律师团队，在国内外主要中心城市设立了办公室，或者参加了覆盖全球主要中心城市律师事务所的国际化法律服务平台（例如 Multilaw、Lex Mundi、Best Friends 等），以便迅速配备国际律师团队，在最短的时间内帮助客户完成交易的策划、筹备、交割及收尾工作。

除承担牵头组织、协调工作的律师事务所外，并购交易中的目标企业所在地的律师事务所也起着举足轻重的作用。这不仅是因为并购交易最终要在目标企业所在地办理交割的主要法律手续，而且因为并购交易的合法性需要目标企业所在地的执业律师出具法律意见书进行确认。目标企业所在地的律师事务所是否有专业能力、是否有类似业务的丰富经验，直接影响到交易的效率和准确程度，甚至关乎交易的成败。

并购项目中的知识产权考虑

▦ 第一节　概述

知识产权资产已日益成为并购投资的重要标的，为了评估知识产权资产的价值、管理和控制并购交易的风险，交易双方都有必要在作出并购行动之前充分了解相关知识产权的实际状况，并在了解实际状况的基础上合理安排目标知识产权的转移及其权利负担。对于收购方而言，希望能够确定具有收购价值的目标知识产权，分析目标知识产权与其商业计划的契合度，避免投资的商业风险和法律风险。对于目标公司而言，则需要向收购方尽到如实说明的义务，尽量排除阻碍交易顺利进行的潜在干扰，实现其出售知识产权资产的价值最大化。

知识产权作为无形资产，其权利性质、价值评估标准和权利移转要求及程序等与有形资产相比都存在着特殊性。在知识产权资产所占比重较大的并购交易中，经常会把知识产权与企业管理架构、财务状况等其他法律关系区分开来，作为一项独立的法律关系加以考察。

▦ 第二节　并购项目中的知识产权

一、知识产权对于并购项目的重要意义

知识产权是一种无形资产，它看不见、摸不着，并不具有直接的经济价值，它的价值主要体现在法律赋予权利人的排他性。所谓排他性，是指知识产权所有人有权根据法律的规定禁止他人未经许可实施其所拥有的知识产权。这种排他性能够为权利人带来相对于其他竞争者的竞争优势，并可能使权利人因此获益。

在知识经济的时代，这种由知识产权所带来的竞争优势对于企业，特别是高科技企业显得至关重要。在很多高科技企业中，知识产权对其总产值的贡献率远远超过它们所拥有的有形资产，并且，这些企业所拥有的大量知识产权有效地阻击了它们的竞争者，使得它们能够在行业里处于领先地位。

在并购项目，特别是涉及高新技术产业的并购项目中，知识产权往往是买方选择目标公司的重要评价标准之一。目标公司的知识产权的质量和数量有时甚至决定了并购的成败与否和成交价格的高低。近年来不少吸引人们眼球的并购项目，例如联想收购 IBM、吉利收购沃尔沃、谷歌收购摩托罗拉等案例的背后，目标公司的知识产权对促成交易起了关键作用。

二、并购项目可能涉及的知识产权

既然知识产权对于企业的重要性不言而喻，那么并购中可能涉及哪些种类的知识产权呢？

当今国际上普遍认可的知识产权种类主要有：（1）版权或著作权；（2）邻接权；（3）专利权；（4）工业设计权；（5）商标专用权和商号权；（6）科学发现权；（7）集成电路布图设计专有权；（8）地理标志权；（9）商业秘密权；（10）反不正当竞争权。除此之外，还包括植物新品种权、域名权等。

在中国，上面提到的专利和工业设计以专利的形式来保护，商标专用权和地理标志权以商标的形式来保护，著作权和邻接权以著作权的形式类保护，而商业秘密权、商号权和域名权则被纳入反不正当竞争权范畴予以保护。目前中国与知识产权保护有关的专门法律、法规有专利法、商标法、著作权法、反不正当竞争法、集成电路布图设计保护条例、植物新品种保护条例等。

（一）专利权

虽然从1474年威尼斯颁布世界上第一部专利法到现在已经过去了五百多年，但对于到底什么是专利到目前为止仍然没有一个明确的、统一的定义。其中一个得到较为广泛认可的说法是，专利是由政府机关或者代表若干国家的地域性组织根据申请而颁发的一种文件，这种文件记载了发明创造的内容，并且在一定的时间期间内产生这样一种法律状况，即获得专利的发明在一般情况下只有经专利权人许可才能予以实施。[①]

从上述表述可以看出，专利权不能自动获得，而是需要由作出发明创造的个人或者受让该发明创造的单位和/或个人就该项发明创造向一个国家的有权机关或者代表若干国家的区域性组织提出申请，这些有权机关或者区域性组织在依法审查合格后向申请人颁发专利证书，赋予申请人在该国或该地区内对发明创造的、一定时间的专有权。作为代价，专利申请人需要在向普通公众公开的申请文件中详细披露其所作出的发明创造的内容，以便本领域的普通技术人员不经过创造性的劳动就能够根据该申请文件实现该发明创造。简而言之，专利制度就是一种允许申请人以公开发明创造的内容来换取在一定区域、一定时间内对某一技术的垄断权的制度。

在中国，专利申请同样需要经过上面提到的程序才能获得授权。中国的专利有发明专利、实用新型专利和外观设计专利三种形式。其中，发明专利和实用新型专利保护的都是新的技术方案，两者的区别主要体现在保护客体的具体类型、授权要求以及保护期限三方面的差异。具体而言，发明专利既可以保护方法也可以保护产品，而实用新型专利只能保护产品；发明专利的授予需要经过形式审查和实质审查，而实用新型专利的授予只经过形

---

① 国家知识产权局条法司．新专利法详解．北京：知识产权出版社，2001.

式审查；发明专利的保护期限为 20 年，而实用新型专利的保护期限为 10 年。与发明专利和实用新型专利不同，外观设计专利所要保护的是工业产品的外观而非技术方案，它实际上与前面提到的工业设计相对应。与实用新型专利相类似，外观设计专利的授予也仅经过形式审查，其保护期限也是 10 年。

（二）注册商标专用权

商标是商品生产者或经营者为了使自己销售的商品同其他商品生产者或者经营者的商品相区别而使用的一种专用标志。[①] 根据是否注册的情况，商标可以分为注册商标和未注册商标。除驰名商标外，一般的未注册商标在中国不享有商标专用权，不受中国商标法的保护，因此，我们在此仅讨论注册商标。没有特殊说明，下文中出现的商标仅指注册商标。

一般而言，商品生产者或者经营者以及服务提供者需要在一个国家的商标登记机关或者代表若干国家的区域性组织登记注册，才能获得在该国或者该地区内、在某一类或若干类产品和服务上独占使用注册商标的权利，即人们通常所说的注册商标专用权。尽管各个国家或地区的法律都规定了或长或短的注册商标有效期，但同时又规定注册商标有效期到期后可以无限次地续展，因此，商标专用权人对其注册的商标所拥有的独占权利在理论上应该是无期限的。

目前在中国可以注册的商标有商品商标、服务商标、集体商标和证明商标四种，地理标志在中国可以作为集体商标和证明商标进行注册。中国的注册商标保护期为 10 年，到期可以无限次续展。

（三）著作权

著作权，也称版权，其保护的对象是人类科学和艺术活动所产生的作品。

经过几千年的发展，人类科学和艺术活动所产生的作品种类不断丰富，到今天为止可以著作权保护的作品种类已经相当可观。科学技术持续发展导致新型作品不断涌现，使得著作权的保护对象也不断增多。例如，照相机的出现导致了摄影作品的产生，摄像机的出现导致了电影作品的产生，而网络技术的发展则导致了诸如博客、微博、微信等新型作品的产生。根据《保护文学艺术作品伯尔尼公约》的规定，目前可以享有著作权的作品大类就多达三十多种：书籍、小册子及其他著作；讲课、演讲、讲道及其他同类性质作品；戏剧或音乐戏剧作品；舞蹈艺术作品及哑剧作品；配词或未配词的乐曲；电影作品或以与电影摄影类似的方法创作的作品；图画、油画、建筑、雕塑、雕刻及版画；摄影作品以及与摄影类似的方法创作的作品；实用美术作品；插图、地图；与地理、地形、建筑或科学有关的设计图、草图及造型作品。可以肯定的是，随着科技的发展，今后还会有更多类型作品出现，著作权的保护范围也必将不断扩大。

---

① 孙笑侠，庄穆等．中国商标实务．北京：中国法制出版社，1991：1.

在中国，能够享有著作权的作品种类主要有以下九大类：（1）文字作品；（2）口述作品；（3）音乐、戏剧、曲艺、舞蹈、杂技艺术作品；（4）美术、建筑作品；（5）摄影作品；（6）电影作品和以类似摄制电影的方法创作的作品；（7）工程设计图、产品设计图、地图、示意图等图形作品和模型作品；（8）计算机软件；（9）法律、行政法规规定的其他作品。其中，每一大类还可包含多个小类，例如文字作品这一大类就可以包括小说、诗词、散文、论文等。

除了作品种类繁多，著作权的另一个特点是权利形式复杂。一方面，著作权人所可以享有多种形式的权利。例如，根据中国《著作权法》第 10 条的规定，著作权人可以享有的权利多达十七种：（1）发表权；（2）署名权；（3）修改权；（4）保护作品完整权；（5）复制权；（6）发行权；（7）出租权；（8）展览权；（9）表演权；（10）放映权；（11）广播权；（12）信息网络传播权；（13）摄制权；（14）改编权；（15）翻译权；（16）汇编权；（17）应当由著作权人享有的其他权利。其中，前 4 项为人身权，只能由作品的作者享有，不能许可和转让；后面的 13 项权利为著作权人的财产权，著作权人可以全部或部分地许可或转让。另一方面，由一个作品还可以衍生出多种分属于不同权利人的权利。例如，一本小说的作者可以对其作品享有包括翻译权、改编权在内的多种权利，而将这本小说翻译成其他语言的翻译者和将其改编成剧本的剧本作者又可对各自完成的作品享有独立的著作权。

著作权人从作品完成之日起即可依法自动对其作品享有著作权，登记不是获得著作权的必要条件。在中国，通常将著作权登记作为著作权人享有著作权的初步证据，公众可以借助于著作权登记材料来初步确定作品完成时间、作者和作品内容等信息。因此，著作权人主动地进行著作权登记，尤其是对重要的作品进行著作权登记有利于著作权人行使权利。相对于专利权最长 20 年的保护期，著作权的保护期要长得多，由自然人创作完成并享有著作权的自然人作品的保护期可以延续到该自然人死后第 50 年的最后一天，而由法人或其他组织主持创作并承担责任的法人作品的保护期到作品首次发表后第 50 年的最后一天。

（四）集成电路布图设计专有权

如果并购项目涉及电子制造企业，例如电子产品生产企业，还可能涉及集成电路布图设计专有权的转让和许可问题。集成电路布图设计专有权的保护对象为集成电路布图设计（以下简称"布图设计"），即集成电路中至少有一个是有源元件的两个以上元件和部分或者全部互联线路的三维配置，或者为制造集成电路而准备的上述三维配置。[①] 对布图设计的保护并不延及思想、处理过程、操作方法或数学概念等。

根据中国现行的集成电路布图设计保护条例，集成电路布图设计专有权需经国务院知识产权行政部门登记产生（目前由专利局负责布图设计的登记），保护期为 10 年，自布图

---

① 参见《集成电路布图设计保护条例》第 2 条，2001 年 10 月 1 日开始实施。

设计登记申请日或在世界范围内首次投入商业利用之日（以较前日期为准）起算。权利人有权禁止他人未经许可复制受保护的布图设计的全部或者其中任何有独创性的部分，或者为商业目的进口、销售或以其他方式提供受保护的布图设计、含该布图设计的基础电路或含该集成电路的物品。

（五）商业秘密权

目前，中国尚未制定专门的商业秘密法来保护商业秘密，而仅有《反不正当竞争法》第 10 条规定了商业秘密的含义并列举了视为侵犯商业秘密的几种行为。

根据《反不正当竞争法》第 10 条的规定，商业秘密是指不为公众所知悉、能为权利人带来经济利益、具有实用性并经权利人采取保密措施的技术信息和经营信息。即技术信息和经营信息必须具有秘密性、实用性、保密性和价值性才构成商业秘密。一般而言，可以作为商业秘密保护的技术信息主要有产品的配方、技术图纸、实验数据、工艺流程、技术报告、企业的技术规范等；可以作为商业秘密保护的经营信息主要有原材料价格、销售市场和竞争公司的情报、招投标中的标底及标书内容、供销渠道、贸易记录、客户名单、营销策略、管理模式等。理论上说，商业秘密的保护期可以无限长，只要商业秘密未被泄露，权利人就可以对其所拥有的商业秘密享有权利。

（六）其他知识产权

除了上面介绍的专利权、注册商标专用权、著作权、集成电路布图设计专有权和商业秘密权之外，并购项目可能涉及的知识产权还有域名权和植物新品种权。

随着网络技术的迅速发展，域名权对于企业的重要性也日益凸显。域名的作用与商标相类似，特征突出、易于记忆的域名对于企业宣传、推广，建立良好的商誉可以起到积极的推动作用。到目前为止，中国尚未颁布与域名有关的专门法律，仅有一些部门规章，如信息产业部于 2004 年 11 月 5 日颁布的《中国互联网络域名管理办法》，中国互联网络信息中心 2012 年 5 月 29 日颁布的《中国互联网络信息中心域名注册实施细则》，以及中国互联网络信息中心 2014 年 11 月 21 日颁布的《中国互联网络信息中心国家顶级域名争议解决办法》及《中国互联网络信息中心国家顶级域名争议解决程序规则》等，对与在中国境内注册的域名有关的法律问题（例如域名的管理、注册、争议处理等问题）进行规范。根据上述行政规章，企业可以向有资质的域名注册服务机构提出申请，并提交相关证明文件，由域名注册服务机构审查合格后予以注册，申请人因此获得域名权。

一般而言，可能拥有植物新品种权的公司主要是一些是农林企业。在中国，完成新品种植物育种的单位或个人需要根据《中华人民共和国植物新品种保护条例》（2013 年）及《中华人民共和国植物新品种保护条例实施细则（农业部分）》（2014 年）的相关规定向相应的审批机构（农业或林业行政部门）提交申请，经审批部门审核通过后方可享有植物新品种权。植物新品种权的权利人有权阻止任何单位或个人未经许可而为商业目的生产或销售授权品种的繁殖材料。根据被保护的植物种类不同，植物新品种权的有效期为 20 年

（适用于藤本植物、林木、果树和观赏树木）或 15 年（适用于其他植物）。

第三节　并购项目中的知识产权尽职调查

知识产权尽职调查（Intellectual property due diligence）就是针对目标知识产权的状况进行调查和核实，以便摸清目标公司的知识产权种类、数量、权利来源、法律状态、权利负担、潜在风险等。知识产权尽职调查有利于交易双方明确目标公司的知识产权现状，有针对性地就知识产权事宜进行谈判和作出相应安排。因此，知识产权尽职调查是并购交易中法律尽职调查的一个重要组成部分。

在很多情况下，知识产权尽职调查工作不仅涉及法律问题，还会涉及专业技术问题，因此，可能需要既熟悉相关法律知识，又具有一定技术背景的专利律师介入，有时还要借助企业技术人员和相关领域专家的配合。

一、知识产权尽职调查的程序

（一）了解并购目的，列出书面材料清单

知识产权尽职调查的执行与并购目的密切相关，所要收购的目标知识产权的商业价值取决于该知识产权与目标公司主营业务，及其与并购后的业务发展方向之间的关联程度。因此，调查人员首先需要了解收购方的意图、目标公司的大致情况，列出需要目标公司提供的书面材料清单，并按照整个并购过程的进度安排来制定知识产权尽职调查计划。这些书面材料包括：

1. 目标公司的基本信息，如公司历史、主营业务、运营模式、主要负责人的个人资料等；

2. 目标公司拥有的全部知识产权的清单；

3. 专利、商标、著作权、集成电路布图设计等各项知识产权的权利证书/登记证书或注册申请文件，以及权利维持费用的缴费凭证、专利说明书、软件功能描述等相关材料；

4. 目标公司与第三方签订的与知识产权相关的商业协议，例如权利转让协议、实施许可协议、质押协议、合作开发协议、技术服务协议、担保协议等；

5. 涉及目标公司的知识产权争议的相关材料，包括判决书、调解书、和解协议、仲裁决定、专利无效决定等；

6. 可能包含目标公司商业秘密保护政策的材料，如劳动合同、保密协议、竞业限制协议、员工管理手册、企业内部规章等；

7. 与目标公司研发流程相关的材料，如关于职务发明的管理和奖励制度、研发记录和技术成果的归档管理制度、技术研发团队的组成说明等；

8. 其他可能涉及知识产权尽职调查的材料。

（二）对书面材料进行初步审核

收到目标公司所提供的书面材料后，审查人员要依照上述清单进行核对，评估材料的完整性、真实性和关联性。如发现材料不完整或者不清楚，应要求目标公司补充材料或作出解释，也可以通过从公开渠道获得的信息（如国家知识产权局、商标局公布的官方数据等）进行查证核实。

通过初步审核书面材料，可以大致了解目标公司的基本运营状况、技术实力、知识产权保护力度，并提前发现存在的问题和风险，从而为下一步的深入调查打下基础。

（三）对目标公司的实地调查

在完成了对书面材料的初步审核后，调查人员可以被安排进入目标公司的生产经营场所进行实地调查。在此期间，调查人员可以查看书面材料原件、内部技术文档、产品实物、生产现场等，并与目标公司的管理人员、技术人员等进行面对面的交流和问答。

通过实地调查，能够及时补充遗漏的材料，澄清初步调查阶段所发现的疑点，对书面材料的真实性进行核实，并且有机会深入了解目标公司的技术研发和知识产权管理现状，如研发记录和技术成果是否被有效管理、目标公司拥有的知识产权在其实际生产经营中的应用情况等。实地调查中也可能会发现新的问题，需要进一步调查核实，直至厘清所有重要的事实。

（四）根据所掌握的材料作出调查报告

在完成书面材料审核和实地调查后，通过对所收集到的材料进行整理和分析，调查人员对目标公司的知识产权实际状况有了充分的了解，可以开始起草尽职调查报告。报告中要如实陈述调查中所查明的事实，并指出存在的问题和潜在风险。此外，在调查报告中也可以就解决问题、降低风险的方案给出专业性意见，供并购决策层参考。

二、知识产权尽职调查中的重点问题

（一）针对知识产权清单的分类和逐项核实

由于目标公司往往拥有多项不同种类的知识产权，因而需要针对目标公司所提供的知识产权清单进行梳理和分类。例如，调查人员可以甄别出经过登记注册的知识产权（如专利、商标、软件著作权、集成电路布图设计等）和未经登记注册的知识产权〔主要是技术秘密（know-how）〕，并按照知识产权种类或者与目标公司主营业务的关联程度排序。

另外，调查人员通过核查目标公司提供的知识产权证书、注册申请文件和其他相关材料，并借助通过公开渠道进行的检索查证，可以掌握各项知识产权的种类、数量、权利人、保护期限和范围、当前法律状态等信息。

除技术秘密外，一般知识产权都具有时效性、地域性的特点。调查人员需要确定相关知识产权的生效、届满时间，以及效力覆盖的地域范围。如果某项知识产权剩余的保护期过短，或者其保护效力没有覆盖投资方未来的目标市场，则可能会使收购该知识产权失去意义。

尤其要注意的是，知识产权的法律状态可能发生变动，而目标公司提供的知识产权证书往往只能表明权利授予时的状态，无法体现出后来的法律状态变动。因此，为实现并购目的，必须确定相关知识产权的当前真实法律状态。例如，专利证书是专利授权时颁发的权属证明，但在专利权转让后，专利证书上记载的权利人并不会相应变更，专利证书也可能并没有移交给新的权利人。这时仅凭目标公司出具的专利证书复印件并不能体现出权利移转的真实情况，调查人员只有向国家知识产权局调取专利登记簿副本或者查询国家知识产权局网站上定期公布的法律状态变更信息，才能了解到专利权属的变更情况。

而且，如果目标公司在获得知识产权后怠于维护，例如没有及时缴纳专利年费，也会导致权利的提前丧失。因此，调查人员还需要核查目标公司的专利年费缴纳记录、缴费收据、商标续展记录等资料，以了解目标公司对其知识产权的维护情况。

另外，某些知识产权的获得，如专利权、商标权的授予，必须经过政府主管部门的审查，即便目标公司已经提交了申请，但其申请是否能够获批仍存在不确定性。尤其是对于发明专利而言，国家知识产权局不仅要对申请文件做形式审查，而且要对发明创造本身的新颖性、创造性、实用性等方面做实质性审查。如果专利申请的技术方案本身不符合授权条件、撰写方式存在致命缺陷，或者申请人怠于配合审查，则该专利申请将会被驳回、无法获得授权。由于发明专利申请的实质审查周期长、被驳回的风险较大，对于知识产权清单中所列的发明专利申请项目，调查人员有必要进一步查证该专利申请当前所处的审查阶段，并对授权前景进行分析，以帮助收购方作出准确评估和决策。

上述工作一般通过核查书面材料就可以完成，但是目标公司的某些关键技术，如具体加工工艺、未公开的软件代码和文档等，往往以技术秘密的形式体现。关于技术秘密的实际状况、与并购目的契合度等信息，可能难以从目标公司提供的书面材料中得到证实，也无法从公开渠道取得，需要经过实地调查才能得到核实。

除了核实各项知识产权的真实性、有效性之外，调查人员还应当考虑到相关知识产权与并购目的的关联程度。例如，如果目标公司的某几项软件著作权仅仅是为了获得国家对软件企业的税收优惠政策而登记的[①]，实际上并没有在该公司的主要产品中使用，就应在尽职调查报告中予以说明。又如，对于目标企业所拥有的注册商标，用来标识企业形象或其主营产品的主打商标（house mark）的价值要远远超过未实际使用的防御性商标。

---

①　享受软件企业税收优惠政策的前提是取得"双软认证"，即软件产品登记和软件企业认定，而进行软件著作权登记是通过"双软认证"的硬性指标。

（二）确定知识产权的权属关系（ownership）

挖掘并理顺清单中各项知识产权的实际权利人和来源，对于并购能否成功至关重要。这牵涉并购交易中相关知识产权是否能有效地移转，以及投资方在并购后是否能按照其意愿顺利实施相关知识产权。

由于事先未能深入了解目标知识产权的真实权属，给收购方造成巨大损失的案例屡见不鲜。其中广为人知的是大众汽车公司对劳斯莱斯（Rolls-Royce）的收购案。1998年，大众出价4.3亿英镑从维克斯（Vickers）公司手中收购了劳斯莱斯汽车业务部门，然而，"劳斯莱斯"品牌名称及"双R"标志实际上并不属于劳斯莱斯汽车公司，而是由生产航空发动机的劳斯莱斯PLC飞机发动机公司拥有。大众付出高昂的收购代价，只买到了厂房和机器设备，却没有获得最具有商业价值的劳斯莱斯商标权，陷入了虽然能生产汽车却无权使用劳斯莱斯品牌的尴尬境地。而宝马后来居上，仅仅用4 000万英镑的代价就从劳斯莱斯PLC购得了劳斯莱斯品牌名称和"双R"标志，成为了劳斯莱斯品牌争夺战中最后的赢家。

在实践中，目标企业的知识产权权属关系有可能会比较复杂。例如，目标公司声称拥有的知识产权可能实际归在其企业负责人或技术骨干的个人名下，或者归在其关联公司名下，而目标公司本身并不是合法权利人。又如，某项知识产权也可能由目标公司与其他实体共有，目标公司无权单独出让其知识产权份额。因此，在知识产权尽职调查中需要仔细审查关于目标公司拥有目标知识产权的证明材料，并借助从公开渠道获得的信息进行核对，以确认目标知识产权的真正所有人。

在确定目标公司对其知识产权确实拥有支配权后，可能还要追查目标公司获得该知识产权的来源。例如，目标公司的某项关键技术可能是由其员工在加入公司时带来的，而该员工在加入目标公司之前曾经在相同领域的其他竞争公司工作，或者在大学等研究机构中从事类似技术的研发。这时就有必要查清该员工带来的技术是否属于职务发明，目标公司对该技术的拥有是否有可能受到第三方的挑战。另外，目标公司的某项知识产权可能是通过从第三方购买或者通过许可而获得的，则还要进一步追溯这种转让或许可是否有效、是否带有影响再次出让的附加条件。

一项知识产权可能曾在多个个人或实体间多次流转，期间也可能引入新的变化，例如在一项技术基础上不断加入后续改进。因此，调查人员要尽可能查清知识产权流转的历史链条，确保链条上各个环节的权利移转都是明晰、干净的，不会给最终的并购带来阻碍。

（三）自由实施（FTO，freedom to operate）调查

自由实施调查是指针对即将投放市场的产品，为了确定其研发、生产和销售是否会对他人知识产权存在侵权风险，而在实际商业实施之前所进行的检索和分析。自由实施调查通常会涉及专利检索或商标检索，下面主要就专利检索来阐述。

进行FTO专利检索之前，先要对目标技术本身有充分的理解，可通过阅读专利说明

书、企业提供的技术说明和内部技术文档，以及咨询相关技术人员，把握目标技术的主要特征和调查的重点。然后，调查人员根据目标技术的领域、主题和主要技术特征，或者根据主要竞争对手的名称等相关条件，设计出合理的关键词组合，运用检索工具进行检索。可使用的专利检索工具包括中国国家知识产权局、世界知识产权组织、美国专利商标局、欧洲专利局、日本特许厅等世界主要知识产权机构提供的公共专利数据库，以及诸如德温特（Derwent）等商用专利数据库。检索工具的选取应尽量结合计划投入的目标市场，并可以对多种检索工具科学地组合运用。关键词组合的设计应尽可能覆盖全面的检索范围，避免漏检。

这样检索得到的结果可能数量会很大，需要根据检索结果的主题相关性、权利有效性等条件进行初步筛选，排除掉与FTO调查目标明显不符的结果。在初步筛选后得到的可能相关的检索结果中，调查人员再就检索结果的主题、摘要、权利要求书等具体信息与目标技术进行比对和分析，以进一步缩小检索结果的范围。

对于FTO专利检索而言，如果目标技术包含了某一专利的某一项权利要求的所有技术特征，则未来该目标技术的实施就可能会对该专利构成侵权；反之，如果能清楚地确定某一专利的权利要求中有某一技术特征没有包含在目标技术中，则可以排除该目标技术的实施对该专利的潜在侵权风险。

由于调查人员对目标技术的了解未必准确和全面，在FTO调查中往往需要与技术人员进行沟通，以澄清技术问题。通过这样的比对和筛选，可能最终会排除掉所有检索结果的潜在侵权风险，也可能得到若干项与目标技术相关性较高的检索结果，调查人员据此可以对实施目标技术是否侵犯他人知识产权的风险作出评估。对于存在较大侵权风险的检索结果，还要进一步考察其有效期和有效范围，以及是否能作出规避设计（design around）。

（四）调查第三方可能提出的权利主张

在知识产权尽职调查中，还需要核查目标公司的知识产权是否设立过无形资产质押，是否曾许可给第三方使用，是否由于项目资助、股权投资、合作开发、所有权让渡、排他许可等情况而使第三方对目标公司的知识产权享有某种权益或设立过某种限制条件，如优先受让权、排他使用权、对权利再次转让和许可的限制，等等。如果存在这样的情况，将会影响到收购方对目标知识产权的顺利获得和自由支配。调查人员应仔细审阅目标公司与第三方的商业协议中有关知识产权的条款，找出所有可能存在风险的疑点，并考虑是否能够通过签订补充协议或出具承诺函等安排事先排除阻碍。

另外，调查人员还应关注目标公司以前和现在是否与第三方存在任何知识产权法律争议，如权属纠纷、确权争议、侵权纠纷等，这些法律争议是否已得到适当解决，是否会对并购交易产生不利影响。

（五）目标公司对知识产权的保护和管理状况

知识产权尽职调查中的另一个方面，是考察目标公司是否及时就其技术成果提出相关注册申请，是否在内部对其知识产权采取了有效的保护措施，以及是否对其研发流程和技术团队有成熟的管理机制。

例如，如果目标公司对其尚未公开的关键技术既没有及时申请专利，也没有采取必要的保密措施或者建立保密制度，则会存在泄密的风险，从而使收购方对该技术的收购失去意义。另外，目标公司对其知识产权的保护和管理能力也从一定程度上反映了该公司的真实技术实力。而且，在目标公司内技术成果和相关知识产权的归档和管理方式也牵涉并购交易中如何实现知识产权的顺利移转。因此，调查人员有必要对目标公司涉及技术秘密保密的内部协议和规章、文档和技术成果管理制度、专利申报计划、项目实施中的研发记录、发明披露（invention disclosure）制度、项目开发流程等材料进行审核。

另外，调查人员还需要关注目标公司对于职务发明的奖励制度及其执行情况。根据现行《专利法》第16条，被授予专利权的单位应对职务发明创造的发明人或设计人给予奖励，并且还需根据专利实施后取得的经济效益，对发明人或设计人给予合理的报酬。现行《专利法实施条例》第6章的第76条至第78条就职务发明创造的发明人或设计人的奖励和报酬作了进一步的规定。若单位未按照事先约定或法定要求支付职务发明的奖励或报酬，相关的发明人或设计人有权要求单位按照《专利法实施条例》第6章的相关规定支付相应的奖励或报酬。对于拥有大量职务发明专利的目标公司而言，若该公司没有及时足额地支付职务发明奖励和报酬，则可能面临巨额的赔偿，因此收购方需要对此给予足够的关注。

原则上，单位可以与其员工就发明人或设计人的奖励和报酬的计算及支付方式作出事先约定，没有约定的，则按照《专利法实施细则》第77条和第78条的规定执行。单位与其员工的事先约定可以有多种形式，例如，单位与单个员工签署的雇佣协议或其他协议，或者单位经合法程序通过的公司规章制度等。

在调查中，调查人员需要核实目标公司是否与相关职务发明的发明人或设计人就职务发明的奖励和报酬事宜签署了相关协议，或者目标公司是否有经合法程序制定的规章制度就职务发明的奖励和报酬进行了事先约定，以及目标公司是否实际足额支付了相应的奖励和报酬。如果目标公司无法提供关于职务发明奖励和报酬的约定或相关支付凭证，则收购方需要考虑要求目标公司就职务发明的奖励和报酬事宜签订补充协议或出具承诺函等安排，以事先排除阻碍。

（六）确定技术成果和知识产权的移转方式

目标公司的技术成果和相关知识产权最后是否能真实、顺利地移交给收购方，也是并购能否成功的关键。

对于必须经过注册才能享有的知识产权，其权利移转也需要经有权机构登记方能生效，具体的手续和步骤将在下文详述。

对于无须注册即可享有权利的知识产权，如配方、图纸、工艺流程、软件代码、技术文档等，调查人员需要通过实地调查来核实这些材料是否真实存在，是否与目标公司所声称的数量、种类、功能、完整性相一致，在目标公司中以何种方式、何种载体被管理和保存，目标公司意图通过什么途径移交给收购方，以及在并购完成后目标公司能否为收购方实施这些技术提供相应的辅导和支持。

第四节 知识产权权利转移的法定要求及程序

与一般动产所有权随交付而转移不同，法律对知识产权的转移有特殊要求，只有满足了这些特殊要求，知识产权的权利转移才能真正完成、才能受到法律认可。在著名的达能并购娃哈哈的案例中，"娃哈哈"商标未能按照双方最初的协议转入达能与娃哈哈合资的公司名下，就是因为娃哈哈在办理商标转让手续时所提交的转让文件不符合相关法律、法规的要求。如果当初达能在与娃哈哈合作时对商标转让的法定要求和必要手续有所了解，就不会发生商标无法转移的情况，达能也不会在后来跟娃哈哈签订关于商标许可的"阴阳合同"，双方合作的结果也可能与现在的情况完全不同。

鉴于此，并购各方有必要了解各类知识产权转移的法定要求和程序，以便顺利地完成知识产权的转移。下面，我们将介绍并购项目可能涉及的几类知识产权转移的法定要求及其具体程序。

正如本书第一章所介绍的，不同并购形式所产生的法律效果和责任承担方式也有所不同，这些差异同时还会影响资产转移的方式。在资产收购中，目标公司的相关资产基于合同关系转让给收购方，其中涉及的知识产权需以合同转让的方式发生转移，转让涉及转让方和受让方两方当事人。而对于公司合并，目标公司的知识产权基于继受关系（即"转让以外的其他事由"）转移到新设公司或者存续公司的名下，转移仅涉及新设公司或存续公司一方当事人。两种知识产权转移方式所依据的法律关系不同会导致权利转移的法定要求和程序也相应变化。我们在下文中将分别讨论基于不同法律关系，即合同关系和继受关系（其他事由）的知识产权转移所要满足的法定要求及程序。

一、专利权或专利申请权的转移

基于合同关系转移专利权或专利申请权的行为，在中国专利法中被称为专利权或专利申请权的转让行为。中国《专利法》第 10 条对专利权或专利申请权的转让做了明确规定，即当事人应当订立书面合同，并向国务院专利行政部门（即专利局）登记，由国务院专利行政部门予以公告，并且专利权或者专利申请权的转让自登记之日起生效。根据上述规定，如果收购方与目标公司仅仅签订了书面的专利权或专利申请权转让协议而未向专利局办理相关的转让登记手续，那么收购方不能真正获得相应的专利资产。一旦目标公司又与善意第三人签订专利权或专利申请权转让合同并向专利局办理相关的转让手续，该第三人可以依法取得相关专利权或专利申请权，收购方则只能追究目标公司的违约责任，而不能直接对相关专利或专利申请主张权利。因此，在涉及专利权或专利申请权转让的并购项目中，收购方要注意在签订专利权或专利申请权转让协议后及时向专利局办理转让手续。

需要注意的是，如果资产并购项目涉及国外企业与国内企业之间的专利权或专利申请权的转让，例如外资收购国内公司资产，或者国内公司收购海外公司资产，这种转让将被视为技术进出口，还应符合《技术进出口管理条例》的相关规定。具体而言，国内公司需要确定要转让的专利技术是否被列入商务部会同科技部制定的禁止进出口和限制进出口技术目录。如果要转让的专利技术系禁止进出口的技术，则不能进行转让。如果涉及的是限制进出口的专利技术，国内公司需要首先取得国务院商务主管部门的许可，否则不能办理与专利权或专利申请权转移相关的手续，例如中国专利转让、外汇、银行、税务、海关等手续。而对于自由进出口的技术，收购方和目标企业只需将其签订的专利权或专利申请权转让合同向国务院商务主管部门备案，即可凭国务院商务主管部分颁发的技术进出口合同登记证办理中国专利转让、外汇、银行、税务、海关等相关手续。

对于因公司合并而发生的专利权或专利申请权转移，新设公司或者存续公司需要根据中国《专利法实施细则》第14条的规定，在完成合并后凭工商部门出具的公司合并证明文件向专利局办理权利转移手续。

专利权或专利申请权转让手续一般可由受让方或其委托的专利代理机构办理。由于公司合并导致的专利权或专利申请权转移则可由新设/存续公司或者它们委托的专利代理机构办理。在办理专利权或专利申请权转移手续时，需要向专利局提交的文件主要有：

（1）著录项目变更申报书；

（2）转让双方签订的专利权或专利权申请权转让协议，或者由工商局出具的企业合并的证明文件；

（3）如果委托专利代理机构办理权利转移手续，还需提交由委托方签字或盖章的专利代理委托书；

（4）如果涉及技术进出口的，还需要提交国务院商务主管部门出具的技术进出口许可证或者技术进出口合同备案证明；

（5）缴纳著录项目变更费。

专利局收到上述文件后会进行形式审查，如果上述文件不符合相关法律规定，会要求申请人补正。专利权或专利申请权转移的申请经专利局审查合格后，专利局会给申请人颁发手续合格通知书并进行公告，专利权或专利申请权的转移自公告之日起生效。需要注意的是，如果在专利授权之后或者专利局已经做好专利授权公告准备之后提交专利权转移申请，专利局不会向新的专利权人颁发更新的专利权证书，新的专利权人需凭专利局就专利权转让事宜发送的手续合格通知书或者由专利局应权利人申请而出具的专利登记簿副本来行使专利权。

二、商标专用权的转让/转移

对于基于合同关系发生的注册商标专用权的转让，现行中国《商标法》第42条规定，注册商标转让必须由转让人和受让人签订转让协议并共同提出转让申请；受让人要保证使用注册商标的商品质量；转让申请需要经商标局核准并予以公告；转让自公告之日起生效。根据上述规定，如果并购项目涉及注册商标专用权的转让，收购方和目标公司需要及时向商标局办理商标专用权转让手续，否则无法真正获得权利。

对于因公司合并、兼并或改制等转移注册商标专用权的情况，接受相关注册商标专用权的新设/存续公司应根据《商标法实施条例》第32条的规定，凭工商行政部门出具的公司合并证明到商标局办理注册商标专用权转移手续。

对于已经申请但尚未获准注册的商标，也可以比照注册商标申请转让或移转。

与专利权或专利申请权转移不同的是，中国注册商标的转让/转移还必须符合一些特殊要求。具体而言，根据中国《商标法》第42条第2款的规定，商标注册人对其在同一种或者类似商品上注册的相同或者近似的商标应当一并转让，并且对容易导致混淆或者有其他不良影响的转让注册商标申请不予核准。不仅已注册的商标，包括在同一种或者类似商品上申请的相同或者近似的商标也应当一并转让。例如，以下几种情况所涉及的注册商标都必须一并转让，否则商标局不会批准注册商标权转让申请：（1）注册商标专用权人在同一种商品注册了相同或近似的商标，例如某公司在影碟机产品上分别注册的"红星"和"RedStar"商标；（2）注册商标专用权人在类似产品上注册了相同的商标，例如某公司分别在录音机和收音机产品上注册的"红星"商标；（3）注册商标专用权人在类似商品上注册了类似商标，例如某公司在录音机产品上注册了"红星"商标，在收音机产品上注册"RedStar"商标。为了避免不符合上述规定而导致商标专用权转让失败或者导致交易价格不确定，收购方应事先通过知识产权尽职调查全面了解目标公司的商标注册情况，并在商标专用权转让协议中要求目标公司将其在相同或类似产品上注册/申请的相同或近似商标无条件地一并转让给买方。

根据《商标法》的规定，商标专用权转让需要双方共同申请，即双方经办人共同到商标注册大厅提交转让手续，或共同委托商标代理机构办理。因公司合并、兼并或改制等而发生商标专用权转移的，商标专用权转移的手续可由新设/存续公司或者其委托的商标代理机构办理。在办理商标专用权转让/转移手续时，需要向商标局提交的文件主要有：

（1）转让/转移申请/注册商标申请书，其中对于转让商标专用权的情形，申请书需要由转让方和受让方共同签字/盖章。

（2）转让方和受让方的主体资格证明文件（例如营业执照）复印件。

（3）办理商标转移的，应当提交工商部门出具的公司合并、兼并或者改制文件和登记部门出具的证明等相关证明材料等。

（4）在委托商标代理机构的情况下，由转让方和受让方签字盖章的商标代理委托书。

（5）缴纳注册商标转让费。

商标局收到上述商标专用权转让/转移材料后会进行审查，审查合格后向受让方颁发转让证明并进行公告，相关商标专用权的转让/转移自公告之日起生效。需要注意的是，商标局在商标专用权转移后不会主动颁发载明新的商标专用权人的商标注册证，新的商标专用权人须凭转让证明和旧的商标注册证一并行使商标专用权。如果新的商标专用权人需要载明其名称的商标注册证，只需在转让完成后申请补发新的商标注册证即可。

三、著作权

对于著作权的转移，中国《著作权法》第 25 条规定，著作权中财产权的转让应当订立书面合同。根据《著作权法实施条例》第 25 条的规定，著作权转让合同可以向著作权行政管理部门备案。这表明著作权中财产权的转让并不需要登记生效，只要双方签订的转让合同所规定的转让条件满足，著作权即发生转移。在签订著作权转让协议时，需要注意写明转让的权利有哪些，不要遗漏重要的权利类型。

在实践中，由于登记并非作者享有著作权的必要条件，目标公司可能既拥有经过登记的作品，也可能拥有未经登记的作品。对于做过著作权登记的作品，如果收购方或新设/存续公司不就这些著作权的转移情况进行登记，可能出现公众无法了解权利主体变化经而导致新的权利人难以顺行使权利的情况，因此最好向原登记机构进行权利转移登记。而对于未经登记的作品，特别是一些重要的作品，建议收购方或者新设/存续公司也向登记机构办理著作权转移登记手续。这样既有利于今后行使著作权，又有利于避免目标公司在将著作权转让给收购方后重复转让或重复授权给第三人。

四、集成电路布图设计专有权

根据《集成电路布图设计保护条例》第 22 条的规定，集成电路布图设计专有权转让应当订立书面合同，并向国务院知识产权行政部门登记，集成电路布图设计专有权的转让自登记之日起生效。在实际操作中，可以由受让人或新设/存续公司或者它们委托的专利代理机构向专利局布图设计登记部门办理转移手续。布图设计专有权的转移手续与专利权相类似，可参照专利权转让，在此不再赘述。

五、商业秘密权

中国目前尚未有法律和行政法规规定商业秘密的转移条件，一般认为商业秘密的转移可以依照合同法的相关原则来确定商业秘密转移的效力。在实际操作中，交易双方一般会根据知识产权尽职调查所查明的商业秘密载体种类、数量来规定与商业秘密有关的资料移交和技术支持事宜，并设定商业秘密转移生效的条件。当转让协议所设定的转移条件成就时，可以认为相关商业秘密的转移生效。

需要注意的是，如果并购项目涉及国外企业与国内企业之间的技术秘密的转让，会涉及技术进出口的问题，也需符合《技术进出口管理条例》的相关规定。国内公司需要取得国务院商务主管部门的技术进出口许可（适用于限制进出口的技术）或者技术进出口合同备案证明（适用于自由进出口的技术），否则无法办理外汇、银行、税务、海关等相关手续。

六、其他知识产权

对于由中国互联网络信息中心负责管理的 CN 域名和中文域名，已注册域名的出让人应当按照《中国互联网络信息中心域名注册实施细则》向域名注册服务机构提交域名转让申请，经域名注册服务机构核准后，由域名注册服务机构予以变更运行。

对于植物新品种权的转让，中国《植物新品种保护条例》第 9 条规定，植物新品种的申请权和品种权的转让应当订立书面合同并向审批机关登记。同时，出于国家安全和社会公共利益的考虑，《植物新品种保护条例》还规定：涉及中国单位或个人向外国人转让植物新品种申请权或品种权的，需要经审批机关（即农业或林业部门）审批；国有单位在国内转让申请权或品种权的，需要其上级行政主管部门批准。如果并购项目涉及上述两种情形的植物新品种权转让，并购方需要事先获得相关部门的许可，才能办理转让手续。

第五节　知识产权许可协议

一、概述

知识产权的实施方式有权利人自己实施和许可他人实施两种。由于知识产权的实施需要一定的物质基础，权利人往往因不具有相应的实施能力或无法充分实施而选择将其拥有的知识产权许可他人实施，以实现利益最大化。而对于一些有实施能力的权利人而言，也常常会出于公司战略的考虑将知识产权许可他人实施或者从其他知识产权权利人处获得实施许可。因此，许可他人实施知识产权是实施知识产权的一种重要方式，并购项目中不可避免地会涉及知识产权的许可。

从目标公司在知识产权许可法律关系中所处的地位来看，目标公司既可能是向外许可的许可人，也可能是接受许可的被许可人。从许可的范围来看，许可协议既可能涉及知识产权效力所及的所有地域，也可能涉及部分有效区域；既可能覆盖整个有效期，也可能仅覆盖部分有效期；既可能授予普通的实施权，也可能授予独占的实施权；等等。从许可协议备案的情况来看，这些许可协议既可能经过相关部门的备案，也可能没有经过备案。从许可协议的生效时间来看，许可协议的生效时间既可能在并购项目启动之前，也可能在并购项目启动之后。

到目前为止，中国尚未就知识产权转移是否会影响在先许可协议的效力这一问题形成明确的法律规则。有一种观点认为，合同法中"买卖不破租赁"的原则可以适用于知识产权，即在后的知识产权转让协议不应影响在先的知识产权许可协议。另一种观点认为，在买方不知晓知识产权许可协议存在的情况下适用"买卖不破租赁"原则将导致对买方不公平的结果，因此，在买方不知晓在先许可协议的情况下不宜适用"买卖不破租赁"原则。[①] 对于该问题，我们认为，收购方在处理许可协议与转让协议之间关系时所应遵循的原则是：应在尊重在先的知识产权许可协议的前提下，权衡相关许可协议对实现并购目的的影响大小，并制订出最可行的解决方案，与目标公司充分沟通，争取目标公司的配合，以妥善安排在先许可协议。

二、作为买方的考虑

对于买方而言，知识产权许可协议会增加资产清理的复杂性、增大交易的不确定性和风险。因此，建议买方在并购谈判之初就要求卖方停止签订新的知识产权许可协议，或者在签订新的知识产权许可协议之前需要得到买方的同意，以控制新的许可协议可能带来的负面影响。对于在并购项目启动之前就已经签订的知识产权许可协议（以下简称"在先许可协议"）的安排问题，买方需要在衡量在先许可协议可能对并购造成的影响的基础上作出决定。

一般而言，要衡量在先许可协议对实现并购目的所造成的影响大小，其中一个重要因素就是许可的范围。影响许可范围的主要因素有许可地域、许可期间和许可方式三个方面。其中，许可地域和许可期间对权利人实施知识产权的影响作用比较明显，即许可地域越大、许可期间越长，对权利人的影响越大，许可地域越小、许可期间越短，对权利人的影响则越小。鉴于此，我们将在忽略许可地域和许可期间的影响的前提下，着重分析第三个因素——许可方式对许可范围、买方决策的影响，以及买方可以采取的对策。

知识产权许可方式主要有三种：（1）独占许可，即在一定期间、一定地域范围内，权利人只许可一个被许可人实施其知识产权，而权利人自己也不能实施相应的知识产权；（2）排他许可，即在一定期间、一定地域范围内，权利人只许可一个被许可人实施其知识产权，但权利人自己可以实施相应的知识产权；（3）普通许可，即在一定期间、一定地域范围内，权利人许可他人实施其知识产权，同时保留许可第三人实施该知识产权的权利。在许可期间和许可地域相同的情况下，三种许可方式中的独占许可对权利人的影响最大，因为独占许可排除了许可期间权利人在许可地域内自己实施知识产权的可能性，其结果是权利人在许可期间内丧失了许可地域内的市场。

在在先许可协议为独占许可并且该许可协议将在今后很长一段时间内有效的情况下，如果被许可的知识产权是实现并购目的的重要资产，那么买方应与卖方积极沟通，要求卖方与被许可方协商解除在先许可协议或修改在先许可协议的许可方式，以保证买方在并购完成后能够在所期望的期间和地域内实施该知识产权。如果卖方无法与被许可

---

① 尹新天. 新专利法详解. 北京：知识产权出版社，2011.

方就在先许可协议的解除或修改达成一致，买方需要充分考虑知识产权独占许可对并购项目带来的风险，必要时放弃收购相关资产乃至放弃并购。如果卖方独占许可给他人的知识产权并非实现并购目的的重要资产，或者独占许可协议即将到期，该独占许可协议对买方的影响相对较小，在此情况下买方可以根据需要决定要求卖方解除在先许可协议、放弃收购相关知识产权，或者与许可协议的当事方协商将该许可协议的所有权利和义务一并转移给自己。

在目标公司就某项知识产权获得独占许可的情况下，如果该项知识产权是实现并购目的的重要资产，买方应争取让卖方与权利人协商尽量延长许可期限并将许可协议的权利和义务一并转移给自己。反之，如果该项知识产权并非并购项目的所涉及的重要资产，买方可以根据需要决定是否要求卖方与许可方协商将相关许可协议的权利和义务一并转移给自己。

对于排他许可和普通许可这两种许可方式，由于它们并未排除权利人自己的实施行为，在理论上它们主要影响许可期间在许可地域内的市场划分，因而这两类许可对实现并购目的影响远小于独占许可。

在目标公司向外授予知识产权排他许可或普通许可的情况下，如果买方不希望被许可人在相关市场上与其竞争，则可以考虑要求卖方与被许可人协商解除在先的知识产权许可协议。而在卖方从第三方处所获得知识产权的排他许可或普通许可的情况下，买方可以视具体情况决定是否要求卖方与许可方协商将相关许可协议的权利和义务一并转移给自己。

要衡量在先许可协议对实现并购目的所造成的影响大小，另一个重要因素就是妥善安排在先许可协议所需的费用。买方可以主张卖方有义务保证其转让的知识产权没有权利负担，要求卖方承担妥善安排相关知识产权许可协议所需的一切费用。

三、作为卖方的考虑

对于卖方而言，在先许可协议会影响其所拥有知识产权的交易价值，解除在先知识产权许可协议有利于提高知识产权的转让价格，为自己谈判增加筹码。但是，与被许可人解除在先许可协议意味着卖方要承担一定的违约责任，有些情况下卖方可能需要为解除在先许可协议付出高昂的代价。因此，卖方需要衡量解除在先许可协议的成本与解除许可协议为知识产权增值所做的贡献，不能盲目地接受买方提出的解除在先许可协议的要求。如果解除在先许可协议的代价过大，卖方可以与买方及被许可方积极沟通，以修改协议或转让权利、义务的方式实现自身利益最大化。

另外，卖方还需要考虑的一个问题是技术改进的问题。技术的发展总是在先前技术的基础上进行的，卖方可能会在它以前拥有的专利和技术秘密基础上作出改进的技术方案。如果卖方将作为基础的专利和技术秘密毫无保留地转让给买方，它实施改进的技术方案时可能会侵犯这些已经转让的作为基础的专利和技术秘密。为了清除今后实施改进技术的障碍，卖方在转让专利和技术秘密时应该尽量争取获得买方的实施许可。

■ 第六节　注意事项

一、保密义务

在并购项目中，交易双方不可避免地会需要向对方披露自己的商业秘密，如收购方的战略意图、收购方的资金实力及资金来源、目标公司的财务信息和技术秘密、谈判条件等。一旦这些商业秘密被泄露，将会对商业秘密的拥有方造成无法挽回的损失。因此，交易双方必须在并购项目推进过程中需要注重对商业秘密的保护。

保护商业秘密的主要方式之一，就是在并购项目启动之初要求参与项目的各方（包括收购方、目标公司和相关中介机构）签订保密协议，明确规定商业秘密的范围、接触相关商业秘密的人员、涉密文件的标识与管理、商业秘密接触方的保密义务、涉密文件的返还和/或销毁义务、保密期限、泄露对方商业秘密时所应承担的法律责任等内容，以约束并购项目参与各方的行为。

除了签订保密协议，还应采取必要的保密措施来保护商业秘密。常见的保密措施有：划分商业秘密的秘密等级，对涉密文件进行标识和加密，安排专人管理涉密文件，限制接触涉密文件的人员数量和职级，明确能够接触各个秘密等级的商业秘密的接触人员，要求有权接触商业秘密的人员在规定地点接触涉密文件，严格限制对涉密文件的借阅和复制等等。

二、掌握技术诀窍的关键员工的安排

收购方获得目标公司的专利和技术秘密之后，要将其转化成现实的生产力，否则无法真正实现并购的目的。但在实践中，要真正地将专利文件和技术秘密文件所记载的技术转化成现实生产力，还需要目标公司中掌握技术诀窍的关键员工的帮助与指导。

尽管法律要求专利申请文件应该公开实现发明的技术方案，本领域普通技术人员根据专利说明书的记载能够实现发明。[①] 但是，出于保护技术秘密的考虑，申请人在提出申请时往往会将关键技术信息模糊化，只披露包含最佳参数在内的一个范围或者是能够概括最佳方案的上位概念，而不会在申请文件中披露能够获得最佳效果的技术方案。本领域的技术人员根据专利说明书记载的内容取得理想效果需要付出较高的代价，或者根本无法实现理想的技术效果。即使收购方能够通过知识产权尽职调查明确实现最佳效果所需的技术秘密并获得了全部的技术资料，消化、吸收这些技术秘密并实现最佳技术效果也往往需要花费大量的人力、物力。而且在很多情况下，获得最佳技术效果所需的技术诀窍无法用文字

①　参见《专利法》第26条。

的方式固定下来，只存在于掌握该技术的技术人员（即"掌握技术诀窍的关键员工"）的头脑之中，即所谓的"只可意会，不可言传"。如果缺少这些关键员工的帮助和指导，仅凭从目标公司获得的专利说明书和技术秘密文件，很难在短期内达到预期的技术效果，甚至无法达到预期的技术效果。

因此，要迅速地利用所获得的知识产权创造经济价值、顺利实现并购目的，收购方还需要重视对目标公司中掌握相关技术诀窍的关键员工的安排。收购方首先应该通过知识产权尽职调查了解目标公司中掌握技术诀窍的关键员工的名单。在此基础上，收购方可以考虑将保证一定的关键员工留用率作为交易条件。对目标公司采取激励措施，鼓励目标公司稳定关键员工的情绪，使这些关键员工愿意"随嫁"，从而保证交割后技术力量的连续性。

三、竞业禁止协议

在并购中需要考虑的另一个重要问题是竞业禁止。上面提到了关键员工是公司的重要财富，但是公司不能限制员工的自由流动。在并购中，往往会出现某些关键员工因种种原因而离开目标公司的情况。由于这些关键员工掌握着目标公司的商业机密或技术诀窍，如果其利用这些商业机密或技术诀窍从事与目标公司相同或相似的业务，会对目标公司形成竞争威胁、造成重大损失。所以，收购方需在并购中就目标公司关键员工的竞业禁止问题作出规定，要求目标公司与所有关键员工签订竞业禁止协议，保证关键员工在离开目标公司之后的一定时间内不从事与目标公司相竞争的业务，否则将承担相应的民事责任。

除了目标公司的关键员工，并购中还需要考虑目标公司股东（主要指创始人）、目标公司及收购方的竞业禁止义务，以防上述人员或公司的同业竞争行为损害双方的共同利益。

四、品牌的使用和共享

一般认为，品牌是一种名称、术语、标记、符号或图案，或是它们的相互组合，用以识别某个销售者或某群销售者的产品或服务，并使之与竞争对手的产品和服务相区别，品牌经注册后即成为注册商标。但与商标相比，品牌有着更丰厚的内涵。品牌不仅是一个标志和名称，更蕴涵着生动的精神文化层面的内容，是企业长期努力经营的结果，是企业的财富。

公司能够通过并购获得其他品牌以及附着于其上的市场地位和影响力，同时也可以借助于目标公司的资产来迅速扩张自身的品牌。在签订品牌使用与共享协议时，双方需要明确品牌使用的范围、使用方式及期间，并且规定不当使用品牌所应承担的责任，以督促使用品牌的各方维护品牌的良好形象、增加品牌的影响力和价值。

并购项目中的税务问题及筹划

并购是经济利益的重新组合。在并购的过程中必然伴随着物流（如资产、股权等并购标的的流转）和资金流（如现金、现金等价物等支付），而物流和资金流是税务关注的对象，因此，并购项目自始至终都伴随着税务问题。

第一节　影响并购模式的税务因素

中国税法的日益复杂（尤其是一系列技术性很强的反避税措施的出台）、税务机关征管的加强以及实践中经常出现的不同地区税收执法的差异，税务风险和税务后果已经成为并购项目中交易各方必须考虑的重要因素之一。并购会产生税务后果，但税务后果亦会影响并购模式的选择。聘请税务专业顾问，让其参与并购项目，通过其专业的服务，使并购参与方理解和识别项目中的税务风险，并使并购项目以一种税负最优化的结构进行，对于计划及实施与中国相关的并购项目交易各方已经不可或缺。

影响并购模式的税务因素通常包括并购双方的税负后果、目标公司的历史税务责任和风险、资产状况、税收优惠或者其他税务利益等。

一、并购双方的税负后果

在诸多并购交易模式中具体采取哪一种，一个重要考量就是并购双方的税负后果。某些交易模式可能使得一方或双方难以承受相关的税务负担，导致交易无果而终。因此，交易各方往往会借助其专业税务顾问及其他专业顾问的支持，寻找最佳的节税（tax-efficient）交易模式，以最大限度节省交易的金钱和时间成本。

并购双方的税务后果受多种因素的影响，主要包括：

1. 目标公司的资产情况。详见下文"目标公司的资产状况"。如果目标公司拥有很多有增值较大的不动产，如土地使用权，资产并购往往不是一个节税的模式。

2. 并购双方的主体性质。在并购一方是个人的情况下，其税负后果与公司作为并购一方时显然不同。

3. 交易是独立交易还是关联交易。在独立交易或非关联方之间的交易中，现金支付较为常见，一般难以适用免税重组或者特殊性税务处理；相应地，其纳税义务一般立即产生而不能获得减免或递延。关联方之间的并购交易一般不倾向于支付现金，因此有更多适用特殊性税务处理的可能性。但关联交易往往受到更多反避税规则的监管，比如转让定价、一般反避税条款等。

4. 并购是否为跨境交易。很多国家对跨境并购适用不同于境内交易的税收制度。另外，在跨境交易下，需要考虑国家间的双边或多边税收协定等的影响。

二、目标公司的历史税务责任和风险

一般地，收购方总想获得一个"干净的"目标公司。如果目标公司存在重大的潜在历史税务责任或风险，投资者则希望通过资产并购的方式进行交易。

三、目标公司的资产状况

如果目标公司有较多无形资产或有重大增值的不动产，买卖双方一般希望通过股权收购而非通过资产收购的方式进行交易。这是因为，在资产并购的方式下，土地增值税、增值税、契税、企业所得税、印花税等多税种会同时适用；而在股权收购的方式下，很多流转税一般都可以避免。

四、目标公司的税收优惠或其他税务利益

如果目标公司享受某种税收优惠，如过渡期税收优惠、高新技术企业税收优惠、国家规划布局内重点软件企业优惠等，采用资产并购的模式可能导致原税收优惠的丧失。

另外，如果目标公司有某些其他税务利益，需要考虑该税务利益是否由于并购而丧失。例如，如果目标公司有能够向将来年度结转的经营亏损，则需要考虑该经营亏损能否在并购后被继续利用。

▊ 第二节　企业所得税筹划

一、中国企业所得税法界定的并购类型和特殊性税务处理

（一）概述

2008年1月1日生效的《中华人民共和国企业所得税法》（下称"《企业所得税法》"）重塑了中国企业所得税法的体系。《企业所得税法》生效后，原有的关于企业并购税务处理的规定基本都已经作废。因此，关于企业并购的税务处理，主要应关注《企业所得税法》颁布以后的法律、法规及相关规定。

《中华人民共和国企业所得税法实施条例》（下称"《实施条例》"）第75条规定："除国务院财政、税务主管部门另有规定外，企业在重组过程中，应当在交易发生时确认有关资产的转让所得或者损失，相关资产应当按照交易价格重新确定计税基础。"该条确定了企业并购所得税的基本原则，即企业并购在交易发生时确认所得或者损失是一般原则，而

在交易发生时不确认所得或者损失是该一般原则的例外。所谓"国务院财政、税务主管部门另有规定外"目前主要指《财政部 国家税务总局关于企业重组业务企业所得税处理若干问题的通知》（财税〔2009〕59 号，下称"59 号文"）、《国家税务总局关于发布〈企业重组业务企业所得税管理办法〉的公告》（国家税务总局公告 2010 年第 4 号，下称"4 号公告"）、《非居民企业股权转让适用特殊性税务处理有关问题的公告》（国家税务总局公告 2013 年第 72 号，下称"72 号公告"）。此外，2014 年以来，为贯彻落实《国务院关于进一步优化企业兼并重组市场环境的意见》（国发〔2014〕14 号），国务院财政、税务主管部门还先后出台了财政部 国家税务总局《关于促进企业重组有关企业所得税处理问题的通知》（财税〔2014〕109 号，下称"109 号文"）、国家税务总局《关于企业重组业务企业所得税征收管理若干问题的公告》（国家税务总局公告 2015 年第 48 号，下称"48 号公告"），对企业并购所得税税收政策进行了调整和完善。

（二）并购类型

公司法意义上的每一种并购并非都是税法意义上的并购。根据 59 号文，企业所得税法意义上的并购包括以下类型：

1. 企业法律形式改变，是指企业注册名称、住所以及企业组织形式等的简单改变，但为其他重组类型涵盖的除外。

2. 债务重组，是指在债务人发生财务困难的情况下，债权人按照其与债务人达成的书面协议或者法院裁定书，就其债务人的债务作出让步的安排。

3. 股权收购，是指一家企业（收购企业）购买另一家企业（被收购企业）的股权，以实现对被收购企业控制的交易。收购企业支付对价的形式包括股权支付、非股权支付或两者的组合。

4. 资产收购，是指一家企业（受让企业）购买另一家企业（转让企业）实质经营性资产的交易。受让企业支付对价的形式包括股权支付、非股权支付或两者的组合。

5. 合并，是指一家或多家企业（被合并企业）将其全部资产和负债转让给另一家现存或新设企业（合并企业）。被合并企业股东换取合并企业的股权或非股权支付，实现两个或两个以上企业的依法合并。

6. 分立，是指一家企业（被分立企业）将部分或全部资产分离转让给现存或新设的企业（分立企业）。被分立企业股东换取分立企业的股权或非股权支付，实现企业的依法分立。

因此，59 号文规定的"并购"具有特定的含义，其仅仅限于上述六种类型。但这并不是说，其他没有为 59 号文涵盖的并购就不产生税务上的后果。59 号文的主要目的是从税收中性原则出发，将特定的并购类型纳入特殊性税务处理的框架下，使得税务成本不会成为纳税人进行合理并购的障碍。

59 号文对于并购类型的界定在很大程度上借鉴了美国税法的实践，即更多的是关注并购的形式而不是并购的经济实质。因此，在判断一个并购是否适用 59 号文时，首先需要判断该并购是否为 59 号文的六种形式之一。换言之，如果一个交易不属于六种形式之一，其就不受 59 号文的约束，无论其实质上能否被涵盖。

为本章之目的，我们仅仅讨论股权收购、资产收购、合并和分立。在境外并购重组中，往往会涉及非居民企业间接转让中国境内企业股权等财产的情形，但囿于篇幅所限，我们在本章中不进行具体论述。①

（三）一般性税务处理和特殊性税务处理

并购按其税务处理分为一般性税务处理并购和特殊性税务处理并购。一般性税务处理是指在企业所得税一般性原则下的税务处理，即企业并购要在交易发生时确认所得或者损失，而特殊性税务处理则是指在企业所得税例外原则下的税务处理，即在交易发生时不确认所得或者损失。

特殊性税务处理下的税务后果一般如下：（1）企业在将其股权或者资产转让而换取另一企业的股权时无须确认所得或者损失；和（2）受限于 59 号文的规定，被收购企业的税务特征，包括经营损失的结转、资产的计税基础、税收优惠等为收购公司所承继。

根据 59 号文和 109 号文的规定，并购同时符合下列条件的，可以选择适用特殊性税务处理：

（1）具有合理的商业目的，且不以减少、免除或者推迟缴纳税款为主要目的。

（2）涉及的资产或股权比例符合规定的比例，不得低于目标公司股权或资产的 50%。

（3）企业并购后的连续 12 个月内不改变重组资产原来的实质性经营活动。

（4）重组并购对价中股权支付金额符合规定的比例，不得低于交易支付总额的 85%。

（5）企业重组中取得股权支付的原主要股东，在重组后连续 12 个月内，不得转让所取得的股权。

在一个并购交易满足特殊性税务处理条件的情况下，交易各方可以选择适用一般性税务处理或者特殊性税务处理，即特殊性税务处理是为交易各方提供了一个选择或者便利，而非强制适用。这为 4 号公告第 4 条规定所证实："同一重组业务的当事各方应采取一致税务处理原则，即统一按一般性或特殊性税务处理。"

（四）特殊性税务处理的申报要求

实践中，特殊性税务处理在很大程度上依赖于地方税务机关的执行。在 59 号文和 4

---

① 目前，非居民企业间接转让中国境内企业股权等财产的所得税处理，主要为《国家税务总局关于非居民企业间接转让财产企业所得税若干问题的公告》（国家税务局总局公告 2015 年第 7 号，下称"7 号公告"）以及《国家税务总局关于加强非居民企业股权转让所得企业所得税管理的通知》（国税函〔2009〕698 号，下称"698 号文"）所规制。对于非居民企业实施"不具有合理商业目的"的安排，间接转让中国境内企业股权等财产，规避企业所得税纳税义务的，税务机关有权重新定性该间接交易，确认为直接转让中国境内企业股权等财产。7 号公告列示了在判断"合理商业目的"时所需要考虑的因素，对于特定情形可以直接判定为"不具有合理商业目的"，还引入了安全港规则，对于符合条件的非居民企业间接转让中国境内企业股权等财产的行为予以豁免。7 号公告的发布为非居民企业间接转让中国境内企业股权等财产的税务处理提供了较为清晰的指引，应为居民企业或非居民企业境外并购重组时所重视。

号公告颁布以后，不少税务机关反映一些规定在实际操作中不好把握，这两个文件如何与现实案例有机衔接缺乏规范可行的操作指引。同时，随着国家行政审批制度改革的推进，特殊性税务处理需要税务机关事先核准的管理方式越来越不适应企业并购重组的市场需要，亟待调整。基于上述背景，在充分吸收经验和广泛听取意见的基础上，国家税务总局于 2015 年 6 月 24 日发布了 48 号公告。该公告改变了特殊性税务处理的管理方式，由税务机关核准改为企业自行申报，同时重新设计了报告表及附表，规范了申报资料和征管流程，明确了征管要求，废止和修订了 4 号公告的部分条款。

1. 当事各方

48 号公告已不再执行 59 号文第 11 条"企业未按规定书面备案的，一律不得按特殊重组业务进行税务处理"的规定①，同时还废止了 4 号公告第 16 条，取消税务机关确认重组各方的做法，改由重组各方在重组业务完成当年，办理企业所得税年度申报时，分别向各自主管税务机关报送报告表及申报资料，接受后续管理。

因此，在特殊性税务处理并购中，"当事各方"的界定具有重要意义。其意义在于，"当事各方"是选择特殊性税务处理的权利主体，也是履行申报义务的责任主体。根据 48 号公告第 1 条的规定，"当事各方"在不同的交易类型中的范围有所不同：

（1）债务重组中当事各方，指债务人、债权人。

（2）股权收购中当事各方，指收购方、转让方及被收购企业。

（3）资产收购中当事各方，指收购方、转让方。

（4）合并中当事各方，指合并企业、被合并企业及被合并企业股东。

（5）分立中当事各方，指分立企业、被分立企业及被分立企业股东。

在股权收购中，将被收购企业纳入"当事各方"值得商榷。根据 59 号文的相关规定，即使在一般性税务处理中，被收购企业的所得税事项也保持不变。在特殊性税务处理中，被收购企业相关所得税事项同样保持不变。从这个角度来讲，被收购企业无需被"当事各方"所包含。虽然特殊性税务处理股权收购中，转让方持有被收购企业全部股权的 50% 以上，因此足可以控制被收购企业的决策机构，但也无法排除被收购企业由于各种原因阻碍收购方和被收购方适用特殊性税务处理的情形。因此，将被收购企业包含到"当事各方"有可能为收购方和被收购方选择适用特殊性税务处理造成负面影响。

2. 重组主导方

企业重组业务，符合 59 号文和 109 号文规定的条件并选择特殊性税务处理的，应按 48 号公告第 2 条的规定确定重组主导方：

（1）债务重组，主导方为债务人。

（2）股权收购，主导方为股权转让方，涉及两个或两个以上股权转让方，由转让被收购企业股权比例最大的一方作为主导方（转让股权比例相同的可协商确定主导方）。

① 2015 年 5 月 14 日，国务院发布《关于取消非行政许可审批事项的决定》（国发〔2015〕27 号），公布取消 49 项非行政许可审批事项，"企业符合特殊性税务处理规定条件业务的核准"在取消之列。

（3）资产收购，主导方为资产转让方。

（4）合并，主导方为被合并企业，涉及同一控制下多家被合并企业的，以净资产最大的一方为主导方。

（5）分立，主导方为被分立企业。

鉴于重组主导方是资产或股权转让方，是重组所得实现和递延的主体，48号公告要求其他当事方应当在重组主导方申报后，持重组主导方主管税务机关受理的报告表及附表和申报资料向其主管税务机关申报，以便于税务机关后续监管。

3. 申报要求

根据48号公告的相关规定，除发生其他法律形式简单改变情形外，重组各方应在重组业务完成当年办理企业所得税年度申报时，分别向各自主管税务机关报送《企业重组所得税特殊性税务处理报告表及附表》和申报资料。合并、分立中重组一方涉及注销的，应在尚未办理注销税务登记手续前进行申报。

重组主导方申报后，其他当事方向其主管税务机关办理纳税申报。申报时还应附送重组主导方经主管税务机关受理的《企业重组所得税特殊性税务处理报告表及附表》（复印件）。

对于办理特殊性税务处理申报的企业，税务机关会重点加强后续管理，在企业以后年度转让或处置重组资产（股权）时，将要求企业进行专项说明，并有权依法进行调整。

二、并购项目特殊性税务处理之一般问题

（一）合理商业目的

具有合理商业目的是适用特殊性税务处理的必要条件。设置"合理商业目的"的条件是确保特殊性税务处理给予纳税人的税收利益不被滥用，其功能类似于一个反避税制度。

"合理商业目的"首先出现于《企业所得税法》第47条规定："企业实施其他不具有合理商业目的的安排而减少其应纳税收入或者所得额的，税务机关有权按照合理方法调整。"《实施条例》第120条对此作出了解释："……不具有合理商业目的，是指以减少、免除或者推迟缴纳税款为主要目的。"该解释将"合理商业目的"的适用仅仅从缴纳税款的角度进行界定，应该说是一种狭义的和简单化的理解，并没有为实践适用带来多大的指导意义。实际上，"合理商业目的"原则为不少国家所采纳，但在现实中的适用是一个非常复杂的问题。很多国家往往通过一系列判例对其适用进行阐释。而在中国这样一个非判例法国家且有关法官对反避税相关的税法适用还不太熟悉的情况下，如何适用合理商业目的一般只能依赖于成文的指引。

因此，48号公告第5条进一步规定，企业重组业务适用特殊性税务处理的，申报时，应从以下方面逐条说明企业重组具有合理的商业目的：

（1）重组活动的交易方式。

（2）重组交易的实质结果。

（3）重组各方涉及的税务状况变化。

（4）重组各方涉及的财务状况变化。

（5）非居民企业参与重组活动的情况。

应该说，前述规定为纳税人说明其并购交易的合理商业目的提供了比较有用的指引。纳税人须根据其具体的交易模式和行业特点参照以上指引说明其交易的合理商业目的。实践中，税务机关对于并购交易的所谓合理的商业目的的认定并没有统一的标准，其更多的是关注一个并购交易是否会造成税款流失的可能性。

（二）并购中的利益持续原则

特殊性税务处理并购的内在假设是，持有公司资产的新企业或者新架构，以及旧股或资产换取的新股或资产在实质上是原企业利益的持续。利益持续原则构成特殊性税务处理税务规定的核心。这也是所得或者亏损在交易时虽然在技术上已经实现但是暂时不确认的原因。如果纳税人在交换时获得了现金，其所得就应该按比例确认。[①]

尽管59号文没有明确将利益持续原则作为一个基本原则，但是我们可以在其很多规定中看到该原则的体现。在企业层面，59号文要求企业重组后的连续12个月内不改变重组资产原来的实质性经营活动，而且转让的资产和股权不能少于75%（109号文将该比例调整为50%）。在股东层面，59号文要求取得股权支付的原主要股东，在重组后连续12个月内不得转让所取得的股权。根据4号公告，原主要股东是指原持有转让企业（对于资产收购和分立）或被收购企业（对于股权收购和合并）20%以上股权的股东。同时，59号文还要求在股权收购、资产收购、合并和分立中股权支付要占总支付额的85%以上。

这些规定旨在通过对并购中不同层面的限制以保持原股东在资产或股权变更所有人后仍能保持持续的利益联系。然而，4号公告中通过对"控股企业"的定义，已经构成了对利益持续原则的实质性背离，请见下文关于"股权支付"部分。

（三）股权支付

股权支付在实质上也是利益持续原则的体现。[②] 根据59号文的规定，股权支付是构成

---

① Boris I. Bittker and James S. Eustice. Federal Income Taxation of Corporations and Shareholders. Volume 1，7th ed.（New York：Warren，Gorham & Lamont，2006），pp. 10 - 12.

② 我们经常看到的一个观点是"必要资金原则"：在转让方获得股权支付的情况下，其经济利益尚未转变成现金，因而实际上并未实现。如果此时让转让方缴税，其缺乏必要的资金。笔者不赞同该"必要资金原则"可以构成特殊性税务处理税务规定的基础。事实上，税法中背离"必要资金原则"的规定不少，比如，对偏离正常交易原则的关联交易调整的诸多规定。又如，对资本市场定向增发模式产生较大影响的（尽管是个人所得税方面的规定，但是一个非常好的例子）《关于个人以股权参与上市公司定向增发征收个人所得税问题的批复》（国税函〔2011〕89号）规定："南京浦东建设发展有限公司自然人以其所持该公司股权评估增值后，参与苏宁环球股份有限公司定向增发股票，属于股权转让行为，其取得所得，应按照'财产转让所得'项目缴纳个人所得税。"

特殊性税务处理的一个必然条件。59 号文第 2 条规定："本通知所称股权支付，是指企业重组中购买、换取资产的一方支付的对价中，以本企业或其控股企业的股权、股份作为支付的形式"。在 4 号公告出台前，税务界一般认为，以控股企业的股权作为支付是为了借鉴美国的做法，在中国能够实现"三角并购"[①]。但是，4 号公告第 6 条对"控股企业"解释为："……控股企业，是指由本企业直接持有股份的企业。""本企业直接持有股份的企业"即为并购方的子公司或者参股的公司。

该解释看似简单的澄清，实则关系重大，因为其使得一些并购由于缺乏利益的延续性而仍然构成特殊性税务处理成为可能。以收购企业子公司的股权为对价支付时，交易后被收购企业持有的是收购企业的一个子公司，但是被收购企业对其出售的业务不再持有任何权益。比如，A 持有 a 100％的股权，B 持有 b 100％的股权。假定 a 和 b 从事的是不同的业务。A 由于业务整合，需要 b 的业务；而 B 同样想放弃 b 的业务从事 a 的业务。A 以 a 公司的股权置换 B 持有的 b 公司股权。在交易完成后，A 持有 b 100％的股权，B 持有 a 100％的股权。因此，A 完全退出了 a 的业务，B 完全退出了 b 的业务。

根据 4 号公告的规定，该支付是符合股权支付的要求的。而根据 59 号文的相关规定，该交易也是可能符合特殊性税务处理的条件的。实质上，股东 A 和 B 在股权交易完成后均退出了原来的业务，这并不符合利益持续的基本原则。如果这种情况被认为符合特殊性税务处理，将可能导致特殊性税务处理的滥用。比如，一公司要收购另一公司的 50％以上的资产，但须根据另一方股东的需要支付现金。此时，收购方可以选择用交易所需的现金注册一家新公司，其用新公司的股权作为购买被收购公司的资产的对价。在资产收购完成后，收购方将被收购方的资产装入收购方的企业中，而将其持有的新公司的股权完全支付给被收购方。根据 4 号公告的规定，收购方的支付应该可以构成股权支付，但该股权支付和现金支付并无实质区别（新公司资产负债表上与所有者权益相对应的资产完全为现金）。

因此，4 号公告对"控股企业"的如此规定实质上是对利益持续原则的背离。对此，一个看似比较合理的解释是，4 号公告对控股企业的解释是为了支持上市公司进行重组。具体请见下文"特殊性税务处理股权收购实践"的讨论。

（四）特殊性税务处理中 50％和 85％比率的适用

1. 50％和 85％比率要求

在股权收购、资产收购、合并和分立中，要适用特殊性税务处理，须具备以下 50％和 85％的比率要求，具体要求如下：

[①] 《美国国内税法典》（US Internal Revenue Code）第 368（a）（2）（D）部分规定使用收购方母公司的股份作为支付手段在满足某些条件的情况下可以构成特殊性税务处理并购。（The acquisition by one corporation, in exchange for stock of a corporation (referred to in this subparagraph as "controlling corporation") which is in control of the acquiring corporation, of substantially all of the properties of another corporation shall not disqualify a transaction under paragraph (1)(A) or (1)(G) if: (i) no stock of the acquiring corporation is used in the transaction, and (ii) in the case of a transaction under paragraph (1)(A), such transaction would have qualified under paragraph (1)(A) had the merger been into the controlling corporation.）

（1）股权收购：收购企业购买的股权不低于被收购企业全部股权的50％，且收购企业在该股权收购发生时的股权支付金额不低于其交易支付总额的85％。

（2）资产收购：受让企业收购的资产不低于转让企业全部资产的50％，且受让企业在该资产收购发生时的股权支付金额不低于其交易支付总额的85％。

（3）企业合并：企业股东在该企业合并发生时取得的股权支付金额不低于其交易支付总额的85％，同一控制下且不需要支付对价的除外。

（4）企业分立：被分立企业股东在该企业分立发生时取得的股权支付金额不低于其交易支付总额的85％。

2. 与适用50％比率相关的问题

在股权收购和资产收购中都有50％比率的要求。在股权收购中适用该比率一般比较简单，但是在资产并购中该比例的适用则比较复杂。企业拥有的资产包括流动资产、固定资产、无形资产等，不同资产的价值变化一般也不是同步的，这就造成不同资产的公允价值与账面价值之间的差异程度不同。因此，在资产并购中，按照账面资产计算满足50％比率时，按照公允价值计算可能无法满足该比率。有鉴于此，48号公告采用的是转让资产的公允价值占全部资产的公允价值的比例来判定是否符合特殊性税务处理。[①]

在股权并购中适用50％的比率的一个常见问题与中国的外商投资准入制度相关。比如，《外商投资产业指导目录》（2015年修订）对外资并购某些电信业务存在如下限制：增值电信业务外资比例不超过50％；基础电信业务外资比例不超过49％。在这些领域中，外资不能超过50％。这一因素导致在这些领域中的股权并购无法适用特殊性税务处理。目前，财政部、国家税务总局对该问题尚未作出专门规定。

3. 如何适用85％的比率

如何判定股权支付是否达到85％的比率要求并不明确。在判定85％的比例是否满足时，须判定"股权支付金额"和"交易支付总额"。"交易支付总额"一般容易判定：为交易双方共同认可的价格；在交易双方为关联方的情况下，须满足独立交易原则。

但是，"股权支付金额"是使用账面价值还是公允价值，尚无明确规定。59号文和48号公告的规定[②]似乎支持在股权收购中判定是否满足85％的比率时，要使用支付的股权的公允价值。笔者认为，由于"交易支付总额"采用的是公允价值基础，因而"股权支付金额"亦应采用公允价值以实现两个概念的可比性。而且，使用"股权支付金额"的公允价值更符合市场交易的常规。

---

① 48号公告附件一：《企业重组所得税特殊性税务处理报告表及附表》——"资产收购报告表"中要求填报"资产转让方全部资产的公允价值""资产转让方转让资产的公允价值"和"所转让资产占资产转让方全部资产的比例"。

② 59号文第2条规定："本通知所称股权支付，是指企业重组中购买、换取资产的一方支付的对价中，以本企业或其控股企业的股权、股份作为支付的形式……"；48号公告附件二：《企业重组所得税特殊性税务处理申报资料一览表》——"股权收购申报资料"要求"涉及非货币性资产支付的，应提供非货币性资产评估报告或其他公允价值证明"。

4. 税收优惠之延续

对被收购方享有的税收优惠能否延续，59 号文和 4 号公告在一般性税务处理和特殊性税务处理下作出了不同的规定。

在一般性税务处理中，如果享受税收优惠的企业被注销，其税收优惠随之消灭。另外，企业所得税优惠的延续不考虑企业持续经营能力。① 因此，59 号文采取了一种比较主观的和静态的方法，将吸收合并和存续分立下的税收优惠限于交易前的应纳税所得额。该种方法没有考虑并购给企业带来的协同效应和资源优化给企业经营带来的影响。59 号文并没有对股权收购和资产收购中的税务优惠作出规定；其似乎认为在股权收购和资产收购中，税收优惠不受到影响。

应该说，59 号文的该规定主要是针对过渡期税收优惠等整体税收优惠政策。对于其他需要获得特定资格的税收优惠，比如高新技术企业税收优惠等，在并购中同样存在一个承继的问题。但是，由于高新技术企业税后优惠需要动态地保持该高新技术企业资格②，其税收优惠能否承继并不是一个一般性问题。

在特殊性税务处理中，享受税收优惠的企业被注销的，其税收优惠仍然可以承继。此时需要区分两种情况：

（1）整体性税收优惠

在特殊性税务处理中，整体性税收优惠可以被承继。根据 4 号公告第 28 条的规定，凡属于就企业整体（即全部生产经营所得）享受税收优惠过渡政策的，合并或分立后的企业性质及适用税收优惠条件未发生改变的，可以继续享受合并前各企业或分立前被分立企业剩余期限的税收优惠。合并前各企业剩余的税收优惠年限不一致的，合并后企业每年度的应纳税所得额，应统一按合并日各合并前企业资产占合并后企业总资产的比例进行划分，再分别按相应的剩余优惠计算应纳税额。

（2）项目性税收优惠

根据 4 号公告的规定，合并前各企业或分立前被分立企业按照《企业所得税法》的税收优惠规定以及税收优惠过渡政策中就有关生产经营项目所得享受的税收优惠，在减免税期限内转让的，受让方自受让之日起，可以在剩余期限内享受规定的减免税优惠；减免税期限届满后转让的，受让方不得就该项目重复享受减免税优惠。目前，该项目性税收优惠主要指下面两种情形：

---

① 59 号文第 9 条规定："在企业吸收合并中，合并后的存续企业性质及适用税收优惠的条件未发生改变的，可以继续享受合并前该企业剩余期限的税收优惠，其优惠金额按存续企业合并前一年的应纳税所得额（亏损计为零）计算。在企业存续分立中，分立后的存续企业性质及适用税收优惠的条件未发生改变的，可以继续享受分立前该企业剩余期限的税收优惠，其优惠金额按该企业分立前一年的应纳税所得额（亏损计为零）乘以分立后存续企业资产占分立前该企业全部资产的比例计算。"

② 《科技部 财政部 国家税务总局关于修订印发〈高新技术企业认定管理办法〉的通知》（国科发火〔2016〕36号）第 16 条规定："高新技术企业发生更名或与认定条件有关的重大变化（如分立、合并、重组以及经营业务发生变化等）应在三个月内向认定机构报告。经认定机构审核符合认定条件的，其高新技术企业资格不变，对于企业更名的，重新颁发认定证书，编号与有效期不变；不符合认定条件的，自更名或条件变化年度起取消其高新技术企业资格。"

1）公共基础设施项目

根据《实施条例》的规定，国家重点扶持的公共基础设施项目，是指《公共基础设施项目企业所得税优惠目录》① 规定的港口码头、机场、铁路、公路、城市公共交通、电力、水利等项目。企业从事前款规定的国家重点扶持的公共基础设施项目的投资经营的所得，自项目取得第一笔生产经营收入所属纳税年度起，第一年至第三年免征企业所得税，第四年至第六年减半征收企业所得税。

2）环境保护、节能节水项目

根据《实施条例》第 88 条的规定，企业从事符合条件的环境保护、节能节水项目的所得，自项目取得第一笔生产经营收入所属纳税年度起，第一年至第三年免征企业所得税，第四年至第六年减半征收企业所得税。符合条件的环境保护、节能节水项目，须为《财政部 国家税务总局 国家发展改革委关于公布环境保护节能节水项目企业所得税优惠目录（试行）的通知》（财税〔2009〕166 号）包含的目录所涵盖，包括公共污水处理、公共垃圾处理、沼气综合开发利用、节能减排技术改造、海水淡化等。

三、并购项目特殊性税务处理之具体适用

如前所述，并购交易适用特殊性税务处理除需满足 59 号文第 5 条规定的要件外（下称"实质条件"），还须在税务机关完成申报（下称"申报要求"）。"实质条件"和"申报要求"在不同类型的并购项目的具体适用有所不同。

（一）合并

1. 适用特殊性税务处理的合并的条件及税务处理

1.1　实质条件

根据 59 号文、4 号公告和 48 号公告的规定，适用特殊性税务处理的合并须同时满足以下条件：

（1）具有合理的商业目的，且不以减少、免除或者推迟缴纳税款为主要目的。

（2）企业重组后的连续 12 个月内不改变重组资产原来的实质性经营活动。根据 4 号公告的规定，"企业重组后的连续 12 个月内"，是指自重组日起计算的连续 12 个月内。根据 48 号公告的规定，企业合并，以合并合同（协议）生效、当事各方已进行会计处理且完成工商新设登记或变更登记日为重组日。

（3）企业股东在该企业合并发生时取得的股权支付金额不低于其交易支付总额的 85%，或者同一控制下不需要支付对价。同一控制，是指参与合并的企业在合并前后均受同一方或相同的多方最终控制，且该控制并非暂时性的。能够对参与合并的企业在合并前

①　具体内容请见《财政部、国家税务总局、国家发展改革委关于公布公共基础设施项目企业所得税优惠目录（2008 年版）的通知》（财税〔2008〕116 号）。

后均实施最终控制权的相同多方，是指根据合同或协议的约定，对参与合并企业的财务和经营政策拥有决定控制权的投资者群体。在企业合并前，参与合并各方受最终控制方的控制在 12 个月以上，企业合并后所形成的主体在最终控制方的控制时间也应达到连续 12 个月。

（4）企业重组中取得股权支付的原主要股东，在重组后连续 12 个月内，不得转让所取得的股权。原主要股东，是指原持有转让企业或被收购企业 20％以上股权的股东。

1.2　申报要求

根据 48 号公告的规定，当事各方在重组业务完成当年，办理企业所得税年度申报时，除向主管税务机关报送《企业重组所得税特殊性税务处理报告表及附表》外，还应申报以下资料：

（1）企业合并的总体情况说明，包括合并方案、基本情况，并逐条说明企业合并的商业目的。

（2）企业合并协议或决议，需有权部门（包括内部和外部）批准的，应提供批准文件。

（3）企业合并当事各方的股权关系说明，若属同一控制下且不需支付对价的合并，还需提供在企业合并前，参与合并各方受最终控制方的控制在 12 个月以上的证明材料。

（4）被合并企业净资产、各单项资产和负债的账面价值和计税基础等相关资料。

（5）12 个月内不改变资产原来的实质性经营活动、原主要股东不转让所取得股权的承诺书。

（6）工商管理部门等有权机关登记的相关企业股权变更事项的证明材料。

（7）合并企业承继被合并企业相关所得税事项（包括尚未确认的资产损失、分期确认收入和尚未享受期满的税收优惠政策等）情况说明。

（8）涉及可由合并企业弥补被合并企业亏损的，需要提供其合并日净资产公允价值证明材料及主管税务机关确认的亏损弥补情况说明。

（9）重组当事各方一致选择特殊性税务处理并加盖当事各方公章的证明资料。

（10）涉及非货币性资产支付的，应提供非货币性资产评估报告或其他公允价值证明。

（11）重组前连续 12 个月内有无与该重组相关的其他股权、资产交易，与该重组是否构成分步交易、是否作为一项企业重组业务进行处理情况的说明。

（12）按会计准则规定当期应确认资产（股权）转让损益的，应提供按税法规定核算的资产（股权）计税基础与按会计准则规定核算的相关资产（股权）账面价值的暂时性差异专项说明。

1.3　税务处理

（1）合并企业接受被合并企业资产和负债的计税基础，以被合并企业的原有计税基础确定。

（2）被合并企业合并前的相关所得税事项由合并企业承继。

（3）可由合并企业弥补的被合并企业亏损的限额＝被合并企业净资产公允价值×截至

合并业务发生当年年末国家发行的最长期限的国债利率。

（4）被合并企业股东取得合并企业股权的计税基础，以其原持有的被合并企业股权的计税基础确定。

2. 现实障碍

当合并方和被合并方处于不同的税务机关管辖时，特殊性税务处理合并在现实中往往比较复杂。在合并中，被合并方要将资产和负债转到合并方并注销税务登记。如果适用特殊性税务处理，被合并方主管税务机关在合并发生时将不能对被合并企业及其股东增值部分（非股权支付除外）进行征税。在目前中国的财政和税收体系下，适用特殊性税务处理合并通常意味着被合并方税务机关税收利益的损失。

因此，可以预见的是，被合并企业所在税务机关通常会对特殊性税务处理合并采取消极的或者抵制的态度。而特殊性税务处理制度的初衷就是为纳税人的具有商业合理性的并购打开税务上的方便之门，这一初衷将可能由于地方税务机关保护其税收利益的本能而难以实现。

48号公告第4条确立的重组主导方先行申报制度是在现行制度下破解这一困局的有益尝试。根据48号公告的规定，如企业重组业务适用特殊性税务处理的，在办理企业所得税年度申报时，应当首先由重组主导方向主管税务机关申报，其他当事方向其主管税务机关申报时，应当附送重组主导方经主管税务机关受理的《企业重组所得税特殊性税务处理报告表及附表》（复印件）。该先行申报制度在一定程度上能够推动重组主导方以外的当事方主管税务机关对于企业采取特殊性税务处理的认可，便于当事各方采取一致性税务处理，对保障纳税人能够顺利享受特殊性税务处理政策具有重要意义。

（二）股权收购

1. 适用特殊性税务处理的股权收购的条件及税务处理

1.1　实质条件

根据59号文、109号文、4号公告和48号公告的规定，适用特殊性税务处理的股权收购须同时满足以下条件：

（1）具有合理的商业目的，且不以减少、免除或者推迟缴纳税款为主要目的。

（2）收购企业购买的股权不低于被收购企业全部股权的50％。

（3）收购企业在该股权收购发生时的股权支付金额不低于其交易支付总额的85％。

（4）企业重组后的连续12个月内不改变重组资产原来的实质性经营活动。根据4号公告的规定，"企业重组后的连续12个月内"，是指自重组日起计算的连续12个月内。根据48号公告的规定，股权收购以转让合同（协议）生效且完成股权变更手续日为重组日。

（5）企业重组中取得股权支付的原主要股东，在重组后连续12个月内，不得转让所取得的股权。原主要股东，是指原持有转让企业或被收购企业20％以上股权的股东。

1.2　申报要求

当事各方除报送《企业重组所得税特殊性税务处理报告表及附表》外，还应申报以下资料：

（1）股权收购业务总体情况说明，包括股权收购方案、基本情况，并逐条说明股权收购的商业目的。

（2）股权收购、资产收购业务合同（协议），需有权部门（包括内部和外部）批准的，应提供批准文件。

（3）相关股权评估报告或其他公允价值证明。

（4）12个月内不改变重组资产原来的实质性经营活动、原主要股东不转让所取得股权的承诺书。

（5）工商管理部门等有权机关登记的相关企业股权变更事项的证明材料。

（6）重组当事各方一致选择特殊性税务处理并加盖当事各方公章的证明资料。

（7）涉及非货币性资产支付的，应提供非货币性资产评估报告或其他公允价值证明。

（8）重组前连续12个月内有无与该重组相关的其他股权、资产交易，与该重组是否构成分步交易、是否作为一项企业重组业务进行处理情况的说明。

（9）按会计准则规定当期应确认资产（股权）转让损益的，应提供按税法规定核算的资产（股权）计税基础与按会计准则规定核算的相关资产（股权）账面价值的暂时性差异专项说明。

1.3 税务处理

（1）被收购企业的股东取得收购企业股权的计税基础，以被收购股权的原有计税基础确定。

（2）收购企业取得被收购企业股权的计税基础，以被收购股权的原有计税基础确定。

（3）收购企业、被收购企业的原有各项资产和负债的计税基础和其他相关所得税事项保持不变。

2. 股权支付与股权出资

企业股权收购要申请特殊性税务处理，需满足股权支付的条件。在股权收购中，"股权支付"与另外一个公司法上的概念"股权出资"存在着内在的紧密联系。

根据《公司注册资本登记管理规定》（国家工商行政管理总局令第64号）的规定，股东或者发起人可以以其持有的在中国境内设立的公司的股权出资。以股权出资的，该股权应当权属清楚、权能完整、依法可以转让。公司的注册资本由公司章程规定，登记机关按照公司章程规定予以登记。以募集方式设立的股份有限公司的注册资本应当经验资机构验资。

股权出资有两种方式：公司设立（"新设"）和公司增加注册资本（"增资"）。而59号文中对"股权支付"界定为："企业重组中购买、换取资产的一方支付的对价中，以本企业或其控股企业的股权、股份作为支付的形式"，似乎并没有涵盖新设的情况。因此，根据59号文的规定，新设似乎无法适用特殊性税务处理。这也许因为新设仍然是投资者自身的投资行为，而税法意义上的并购行为是假定发生在两个主体之间的交易。

但是，投资人以其持有的股权新设公司无法适用特殊性税务处理的问题在4号公告将

"控股企业"解释为"本企业直接持有股份的企业"后,有可能被解决:投资方可以用少量的现金新设一个公司,然后由该公司作为收购方去购买投资方持有的另外一个公司50%以上的股权。这样,投资方相当于以其持有的子公司50%以上的股权对新设子公司进行增资。如此,便有可能实现"股权出资"和"股权支付"之间的衔接。

3. 特殊性税务处理股权收购实践

在上市公司的实践中,由于各种各样的原因,采取特殊性税务处理的股权收购目前仍然少见。但是,很多并购交易都是可能适用特殊性税务处理的,尤其是在4号公告将"控股企业"界定为"本企业直接持有股份的企业"后。下面以"恒逸石化借壳ST光华上市"一例探讨适用特殊性税务处理的可能性。

恒逸石化借壳ST光华(股票代码:000703)上市于2011年6月份完成。恒逸石化借壳ST光华前双方结构见图9-1:

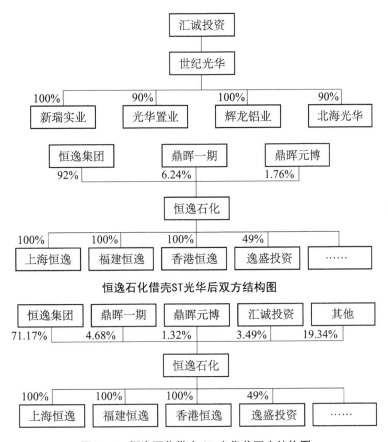

图9-1　恒逸石化借壳ST光华前双方结构图

该借壳上市分为以下互为条件、同步实施的三个步骤进行:

(1)重大资产出售。2010年4月29日,世纪光华分别与汇诚投资、恒逸集团、鼎晖一期及鼎晖元博签署了《重大资产出售协议》《发行股份购买资产协议》及《业绩补偿协议》。同日,汇诚投资与恒逸集团签署了《股份转让协议》。根据上述协议,世纪光华将其全部资产和负债向汇诚投资出售，且人随资产走，汇诚投资以现金支付对价。截至评估基准日 2009 年 12 月 31 日，恒逸石化委托评估的净资产账面值为 17 692.70 万元，在保持现有用途持续经营前提下净资产的评估值为 20 313.72 万元，增值 2 621.02 万元，增值率为 14.81%。

（2）发行股份购买资产。世纪光华以发行股份购买资产的方式购买恒逸集团及鼎晖一期、鼎晖元博合计所持有恒逸石化 100% 的股份。截至评估基准日 2009 年 12 月 31 日，恒逸石化委托评估的全部净资产账面值为 93 107.54 万元，评估值为 423 360.37 万元，增值 330 252.83 万元，增值率为 354.70%。由世纪光华向恒逸集团、鼎晖一期及鼎晖元博以每股 9.78 元（即世纪光华审议重大资产重组相关事宜的首次董事会决议公告日前 20 个交易日的 A 股股票交易均价）的价格发行 432 883 813 股股份的方式作为支付对价。

（3）股份转让。汇诚投资以协议方式将其所持世纪光华 1 223.705 万股股份转让给恒逸集团，恒逸集团以现金支付对价。经双方协商同意，《股份转让协议》下的标的股份的交易总价为 2.96 亿元，价格为 24.2 元/股。

由于以上三步中都是以现金支付，故无论是汇诚投资还是世纪光华，都须就其股权转让所得和资产转让所得并入其应纳税所得额缴纳 25% 的企业所得税。在 4 号公告对控股公司界定为"本企业直接持有股份的企业"后，以上三个步骤实质上可以简化为两个特殊性税务处理：

（1）资产收购。汇诚投资收购世纪光华的全部净资产，支付对价为汇诚投资以 20 313.72 万元向世纪光华进行增资（世纪光华为汇诚投资直接持有股份的企业）。

（2）汇诚投资以其持有的世纪光华 1 223.705 万股股份作为支付对价换取恒逸集团持有的恒逸石化 100% 的股份。两者之间的差额（423 360.37 万元－29 600 万元）由世纪光华向恒逸集团、鼎晖一期及鼎晖元博进行定向增发。

由于特殊性税务处理中获得的股权在 12 个月内不得转让（否则税务机关可以按照一般性税务处理进行调整），且第一步增值增值额只有 2 621.02 万元，交易各方可以选择将第一步按照一般性税务处理进行，但对第二步（增值 330 252.83 万元）按照特殊性税务处理进行。如此，有可能为恒逸集团及鼎晖一期、鼎晖元博节省巨额企业所得税。

（三）资产收购

1. 适用特殊性税务处理的资产收购的条件及税务处理

1.1　实质条件

根据 59 号文、4 号公告和 48 号公告的规定，适用特殊性税务处理的资产收购须同时满足以下条件：

（1）具有合理的商业目的，且不以减少、免除或者推迟缴纳税款为主要目的。

（2）受让企业收购的资产不低于转让企业全部资产的 50%。

（3）受让企业在该资产收购发生时的股权支付金额不低于其交易支付总额的 85%。

（4）企业重组后的连续 12 个月内不改变重组资产原来的实质性经营活动。根据 4 号公告的规定，"企业重组后的连续 12 个月内"，是指自重组日起计算的连续 12 个月内。根据 48 号公告的规定，资产收购，以转让合同（协议）生效且当事各方已进行会计处理的日期为重组日。

（5）企业重组中取得股权支付的原主要股东，在重组后连续 12 个月内，不得转让所取得的股权。原主要股东，是指原持有转让企业或被收购企业 20% 以上股权的股东。

1.2　申报要求

当事各方除报送《企业重组所得税特殊性税务处理报告表及附表》外，还应申报以下资料：

（1）资产收购业务总体情况说明，包括资产收购方案、基本情况，并逐条说明资产收购的商业目的。

（2）资产收购业务合同（协议），需有权部门（包括内部和外部）批准的，应提供批准文件。

（3）相关资产评估报告或其他公允价值证明。

（4）被收购资产原计税基础的证明。

（5）12 个月内不改变资产原来的实质性经营活动、原主要股东不转让所取得股权的承诺书。

（6）工商管理部门等有权机关登记的相关企业股权变更事项的证明材料。

（7）重组当事各方一致选择特殊性税务处理并加盖当事各方公章的证明资料。

（8）涉及非货币性资产支付的，应提供非货币性资产评估报告或其他公允价值证明。

（9）重组前连续 12 个月内有无与该重组相关的其他股权、资产交易，与该重组是否构成分步交易、是否作为一项企业重组业务进行处理情况的说明。

（10）按会计准则规定当期应确认资产（股权）转让损益的，应提供按税法规定核算的资产（股权）计税基础与按会计准则规定核算的相关资产（股权）账面价值的暂时性差异专项说明。

1.3　税务处理

（1）转让企业取得受让企业股权的计税基础，以被转让资产的原有计税基础确定。

（2）受让企业取得转让企业资产的计税基础，以被转让资产的原有计税基础确定。

2. 影响资产收购适用特殊性税务处理的实践因素

如果被收购公司资产负债表上存在重大升值的资产，比如房地产和无形资产，资产并购双方一般会考虑特殊性税务处理的可行性。[①] 目前，被收购企业存在升值重大的房地产往往成为选择特殊性税务处理的首要因素。尤其是在中国近几年的城市化进程中，房地产升值迅速；而且，房地产的价值一般会有一个相对明确的市场价值作为参考，因而易于为

[①]　同时，由于资产并购会带来大量的流转税负担，双方亦会考虑使用流转税方面的税收优惠制度。但这些制度适用的条件与所得税特殊性税务处理并不相同。流转税方面税收优惠制度的适用在很多时候可能比所得税特殊性税务处理更加重要。

税务机关所掌握。

无形资产在企业商业经营中的重要性日益增加，并成为很多企业最重要的资产。但是，由于无形资产的独特性，其市场价值一般很难有一个公开的价值作为参考；另外，无形资产的估值本身存在较强的技术难度，这些因素给交易双方通过评估机构做低无形资产提供了空间。[1]

但是，在资产收购中选择特殊性税务处理能够带来的企业所得税的税收优惠在很多时候并不能带来足够多的税务利益，以使纳税人主动、积极地选择特殊性税务处理。这通常是因为资产收购中的流转税税务负担，比如土地增值税，在很多时候可能比企业所得税更重。而满足特殊性税务处理并不能导致企业暂时免除流转税方面的税务负担。

3. 公开案例

在公开的上市公司的案例中，采用特殊性税务处理的资产收购并不多。但是，很多交易是有可能符合特殊性税务处理的条件的。下面以锦江股份重大资产置换案例探讨特殊性税务处理资产收购的可能性。

2010年5月14日，上海锦江国际酒店发展股份有限公司（以下简称"锦江股份"）发布了《重大资产置换及购买暨关联交易报告书》。[2] 在该披露的交易中，锦江股份同上海锦江国际酒店（集团）股份有限公司（以下简称"锦江酒店集团"）进行重大资产置换。该交易是锦江股份将拥有的星级酒店资产与锦江酒店集团拥有的经济型酒店资产进行置换，以实现双方避免同业竞争的目的。在本交易中，锦江股份以其拥有的分公司新亚大酒店、新城饭店全部资产负债、管理学院的全部权益、酒店管理99%股权、海仑宾馆66.67%股权、建国宾馆65%股权、锦江汤臣50%股权、武汉锦江50%股权、锦江德尔50%股权、扬子江40%股权、温州王朝15%股权（"置出资产"）作为对价收购锦江酒店集团拥有的锦江之星71.225%股权、旅馆投资80%股权、达华宾馆99%股权（"置入资产"）。

根据披露，本次交易标的资产的交易价格以经具有证券业务资格的资产评估机构评估确认的资产评估结果为基准确定，置入资产的交易价格为272 708.24万元，置出资产的交易价格为306 703.41万元。置入资产与置出资产交易价格的差额部分，由锦江酒店集团以现金的方式，一次性支付给锦江股份。据此，该交易的股权支付部分比例约为89%（272 708.24/306 703.41）。该交易置出资产占锦江股份2008年年末资产总额的95.32%，超过了75%的比例（109号文出台前该比例为不低于75%）。在4号公告将控股公司解释为本公司直接持有股份的公司之后，该交易有可能满足特殊性税务处理并购的条件。

---

[1] 由于非关联方之间在进行资产交易时一般按公允价值进行，因而须对其转让的资产的公允价值有一个明确的认定，其资产评估有客观的动力按照市场价值进行。但是，如果因此认为非关联方之间关于资产价值的评估报告均反映了其公允价值却是错误的。非关联方之间操纵资产评估报告的例子并不罕见，比如非关联方之间完全可以通过操纵资产评估报告以达到评估值最低（如略高于成本价以满足商务部门的审批要求等），而将其他部分在境外支付以达到避税的目的。

[2] http://www.cninfo.com.cn/cninfo-new/disclosure/fulltext/bulletin_detail/true/57953992.

（四）分立

1. 适用特殊性税务处理的分立的条件及税务处理

1.1　实质条件

根据 59 号文、4 号公告和 48 号公告的规定，适用特殊性税务处理的分立须同时满足以下条件：

（1）具有合理的商业目的，且不以减少、免除或者推迟缴纳税款为主要目的。

（2）被分立企业所有股东按原持股比例取得分立企业的股权。

（3）被分立企业股东在该企业分立发生时取得的股权支付金额不低于其交易支付总额的 85%。

（4）企业重组后的连续 12 个月内分立企业和被分立企业均不改变重组资产原来的实质性经营活动。根据 4 号公告的规定，"企业重组后的连续 12 个月内"，是指自重组日起计算的连续 12 个月内。根据 48 号公告的规定，企业分立，以分立企业取得被分立企业资产所有权并完成工商登记变更日期为重组日。

（5）企业分立中取得股权支付的原主要股东，在重组后连续 12 个月内，不得转让所取得的股权。原主要股东，是指原持有被分立企业 20% 以上股权的股东。

1.2　申报要求

当事各方除报送《企业重组所得税特殊性税务处理报告表及附表》外，还应申报以下资料：

（1）企业分立的总体情况说明，包括分立方案、基本情况，并逐条说明企业分立的商业目的。

（2）被分立企业董事会、股东会（股东大会）关于企业分立的决议，需有权部门（包括内部和外部）批准的，应提供批准文件。

（3）被分立企业的净资产、各单项资产和负债账面价值和计税基础等相关资料。

（4）12 个月内不改变资产原来的实质性经营活动、原主要股东不转让所取得股权的承诺书。

（5）工商管理部门等有权机关认定的分立和被分立企业股东股权比例证明材料；分立后，分立和被分立企业工商营业执照复印件。

（6）重组当事各方一致选择特殊性税务处理并加盖当事各方公章的证明资料。

（7）涉及非货币性资产支付的，应提供非货币性资产评估报告或其他公允价值证明。

（8）分立企业承继被分立企业所分立资产相关所得税事项（包括尚未确认的资产损失、分期确认收入和尚未享受期满的税收优惠政策等）情况说明。

（9）若被分立企业尚有未超过法定弥补期限的亏损，应提供亏损弥补情况说明、被分立企业重组前净资产和分立资产公允价值的证明材料。

（10）重组前连续 12 个月内有无与该重组相关的其他股权、资产交易，与该重组是否构成分步交易、是否作为一项企业重组业务进行处理情况的说明。

（11）按会计准则规定当期应确认资产（股权）转让损益的，应提供按税法规定核算的资产（股权）计税基础与按会计准则规定核算的相关资产（股权）账面价值的暂时性差异专项说明。

1.3 税务处理

（1）分立企业接受被分立企业资产和负债的计税基础，以被分立企业的原有计税基础确定。

（2）被分立企业已分立出去资产相应的所得税事项由分立企业承继。

（3）被分立企业未超过法定弥补期限的亏损额可按分立资产占全部资产的比例进行分配，由分立企业继续弥补。

（4）被分立企业的股东取得分立企业的股权（以下简称"新股"），如需部分或全部放弃原持有的被分立企业的股权（以下简称"旧股"），"新股"的计税基础应以放弃"旧股"的计税基础确定。如不需放弃"旧股"，则其取得"新股"的计税基础可从以下两种方法中选择确定：1）直接将"新股"的计税基础确定为零；2）以被分立企业分立出去的净资产占被分立企业全部净资产的比例先调减原持有的"旧股"的计税基础，再将调减的计税基础平均分配到"新股"上。

2. 适用特殊性税务处理的分立在实践中的限制

根据中国现行法律的规定，以原公司法人资格是否消灭为标准，可将分立方式分为新设分立和存续分立两种。存续分立，是指原公司以其部分资产另设一个或者数个新公司，原公司法人资格继续存续。新设分立，是指原公司以其全部资产分别划归给两个或者两个以上的新公司，原公司法人资格消灭而新设两个及以上的具有法人资格的公司。[①] 由于特殊性税务处理分立要求被分立企业所有股东按原持股比例取得分立企业的股权，而且分立企业和被分立企业均不改变原来的实质经营活动，[②] 一般只有原所有股东按原持股比例取得分立企业股权的存续分立才能适用特殊性税务处理。

59号文还要求企业重组中取得股权支付的原主要股东，在重组后连续12个月内，不得转让所取得的股权。因此，企业在选择特殊性税务处理分立的同时一般无法实现股东层面股权的分割。如果股东要实现股权的分割，只有在分立完成的12个月之后进行，否则将造成该分立不再满足特殊性税务处理的条件而须进行税务调整。59号文对特殊性税务

---

① 《国家工商行政管理总局关于做好公司合并分立登记支持企业兼并重组的意见》（工商企字〔2011〕226号）第2条规定："……公司分立可以采取两种形式：一种是存续分立，指一个公司分出一个或者一个以上新公司，原公司存续；另一种是解散分立，指一个公司分为两个或者两个以上新公司，原公司解散。"又见《对外贸易经济合作部、国家工商行政管理总局关于外商投资企业合并与分立的规定》（〔1999〕外经贸法发第395号，根据2001年11月22日《对外贸易经济合作部和国家工商行政管理总局关于修改〈关于外商投资企业合并与分立的规定〉的决定》修订，根据2015年10月28日中华人民共和国商务部令2015年第2号《商务部关于修改部分规章和规范性文件的决定》第二次修正）第4条："本规定所称分立，是指一个公司依照公司法有关规定，通过公司最高权力机构决议分成两个以上的公司。公司分立可以采取存续分立和解散分立两种形式。存续分立，是指一个公司分离成两个以上公司，本公司继续存在并设立一个以上新的公司。解散分立，是指一个公司分解为两个以上公司，本公司解散并设立两个以上新的公司。"

② 参见59号文第6（5）条。

处理分立的这些限制在很大程度上影响了特殊性税务处理分立在实践中的运用。这是因为，与被分立企业所有股东按原持股比例取得分立企业的股权相比，实践中更为常见的是在分立的同时实现股权的分割。从持续经营原则的角度，在股权分割的情况下，原股东仍与部分经营相联系，因而应该可以满足股东与经营的连续性。但是，59 号文无疑采取了一个比较严格的规定。

四、跨境并购之特殊性税务处理[①]

59 号文第 7 条规定，企业发生涉及中国境内与境外之间（包括港澳台地区）的股权和资产收购交易，除应符合本通知第 5 条规定的条件外，还应同时符合下列条件[②]，才可选择适用特殊性税务处理规定：

（1）非居民企业向其 100％直接控股的另一非居民企业转让其拥有的居民企业股权，没有因此造成以后该项股权转让所得预提税负担变化，且转让方非居民企业向主管税务机关书面承诺在 3 年（含 3 年）内不转让其拥有受让方非居民企业的股权（简称"非居民转让方—非居民受让方模式"）。

（2）非居民企业向与其具有 100％直接控股关系的居民企业转让其拥有的另一居民企业股权（简称"非居民转让方—居民受让方模式"）。

（3）居民企业以其拥有的资产或股权向其 100％直接控股的非居民企业进行投资（简称"'中国投'模式"）。

（4）财政部、国家税务总局核准的其他情形。

因此，在跨境的交易中，只有在以上规定的三种情形下才能适用特殊性税务处理。

（一）非居民股权转让的特殊性税务处理

72 号公告将非居民企业股权转让明确为非居民企业发生 59 号文第 7 条第 1 项（即"非居民转让方—非居民受让方模式"）、第 2 项（即"非居民转让方—居民受让方模式"）规定的情形。同时，72 号公告还明确了"非居民转让方—非居民受让方模式"包括因境外企业分立、合并导致中国居民企业股权被转让的情形。

1. 非居民转让方—非居民受让方模式

在该模式下，适用特殊性税务处理的条件为：

（1）具有合理的商业目的，且不以减少、免除或者推迟缴纳税款为主要目的。[③]

（2）受让方须为转让方 100％控股的子公司。

---

① 杨后鲁 . Conducting Corporate Reorganization：A New Tax Landscape-Part 1. DERIVATIVES & FINANCIAL INSTRUMENTS November/December 2009，pp. 195 - 208.

② 该处"同时符合下列条件"应理解为"同时符合下列条件之一"。

③ 实践中，如果该交易涉及传统的避税港的卖方，如英属维尔京群岛、开曼群岛、巴哈马群岛等，证明该交易的合理商业目的，一般非常困难。见下文"享受股息、利息和特许权使用费的较低预提税是否仍然可能"部分。

（3）转让方向受让方转让居民企业的 50% 以上股权。

（4）居民企业在并购后的连续 12 个月内不改变原来的实质性经营活动。

（5）受让方支付的对价中，股权支付金额须占 85% 以上。

（6）转让方非居民企业向主管税务机关书面承诺在 3 年（含 3 年）内不转让其拥有受让方非居民企业的股权。

（7）该项股权转让所得预提税负担没有发生变化。

1.1 与 207 号文之比较

与曾在"业界闻名"但已被废止的国税函〔1997〕207 号（下称"207 号文"）① 相比，59 号文和 72 号公告中规定的非居民企业之间进行的股权转让适用特殊性税务处理的条件要严格许多。这些规定似乎主要是限制过去依据 207 号文进行的税收筹划：

（1）59 号文要求受让方须为转让方 100% 直接控股的子公司，而 207 号文规定为"转让给与其有直接拥有或者间接拥有或被同一人拥有 100% 股权关系的公司"。显然，207 号文规定的适用范围要广很多。

（2）59 号要求转让方持有居民企业目标公司 75%（注：109 号文已修改为 50%）以上的股权，而 207 号文对持股比例没有要求。因此，理论上，在目标公司中 1% 的持股比例就足够。

（3）59 号文要求股权转让所得的预提税负担没有变化，而在 207 号文中并无该要求。

（4）59 号文要求转让方非居民企业向主管税务机关书面承诺在 3 年（含 3 年）内不转让其拥有受让方非居民企业的股权，而在 207 号文中并无该要求。

（5）72 号公告要求非居民企业股权转让选择特殊性税务处理的，应于股权转让合同或协议生效且完成工商变更登记手续 30 日内向税务机关备案。207 号文并没有类似要求。实践中，纳税人一般只需要说服其审计师就可以了。

1.2 207 号文下广泛采用的税收筹划架构已不可用

实践中，207 号文过去被广泛使用于实现"免税重组"② 的税收筹划中。例如，并购各方经常使用的一个筹划架构一般分为三个步骤：

（1）境外卖方在英属维尔京群岛（BVI）设立一个公司（以下简称"BVI 公司"）。BVI 公司再在香港设立一个公司（以下简称"香港公司"）。

---

① 《国家税务总局关于外商投资企业和外国企业转让股权所得税处理问题的通知》（国税函〔1997〕207 号）规定："近接一些地区询问：外国投资者由于在中国境内设立专门从事投资业务的外商投资企业（以下称境内投资公司）及其他形式的公司集团重组，将其或其集团内企业持有的中国境内其他外商投资企业的股权转让至境内投资公司，是否可以按股权成本价进行转让。对此类问题，经研究，现明确如下：在以合理经营为目的进行的公司集团重组中，外国企业将其持有的中国境内企业股权，或者外商投资企业将其持有的中国境内、境外企业的股权，转让给与其直接拥有或间接拥有或被同一人拥有 100% 股权关系的公司，包括转让给具有上述股权关系的境内投资公司的，可按股权成本价转让，由于不产生股权转让收益或损失，不计征企业所得税。"207 号文为《国家税务总局关于公布全文失效废止 部分条款失效废止的税收规范性文件目录的公告》（国家税务总局公告 2011 年第 2 号）所废止。

② 原 207 号文实质上规定的是企业所得税递延，在这点上与 59 号文相类似。但是，与 59 号文不同的是，实践中交易各方可以利用原 207 号文实现真正意义上的免税。此处使用"免税重组"意在与 59 号文中的特殊性税务处理区分。

（2）利用 207 号文的规定，中国境内目标公司的股权被转到香港公司而无须缴纳企业所得税。

（3）境外卖方将 BVI 公司出售给买方。

以上所描述的架构可以提供巨大的税收利益，具体表现在：

（1）中国境内目标公司的股权可以被按照账面价值进行转让，因而不会触及中国企业所得税。

（2）可以享受大陆与香港税收安排中规定的对股息、利息和特许权使用费较低的预提税税率带来的利益。

（3）香港公司收到的股息在香港免于征收利得税（profit tax），而且，香港公司对 BVI 公司进行的股息分配在香港无须缴纳预提税。

（4）香港对于销售不在其域内开展经营活动的 BVI 公司而产生的收益不征收利得税。

（5）可以避免在香港缴纳印花税。

因此，境外卖方可以通过以上操作以一种对资本收益基本无须缴纳任何所得税的方式退出投资，而同时，买方仍可以享受对股息、利息和特许权使用费较低的预提税带来的利益。然而，由于 59 号文的规定，以上架构中无须缴纳任何所得税的利益不再存在。首先，第二步中的香港公司必须为卖方 100% 直接控股的子公司；其次，对于股权转让所得预提税的负担不能发生变化；最后，卖方在 3 年内不能转让其持有的香港公司的股权。此外，第三步中的出售 BVI 公司的股权，属于间接转让中国境内企业的股权，根据 7 号公告的相关规定，如果税务机关认为该间接转让"不具有合理商业目的"，逃避企业所得税纳税义务，可以重新定性该交易，按照直接转让中国境内企业股权进行税务处理。

1.3　股息税率对"合理商业目的"的影响

实践中，一个重组交易是否具有合理商业目的是适用特殊性税务处理的关键因素。对于"非居民转让方—非居民受让方"模式下的股权转让交易，虽然 59 号文明确规定"没有因此造成以后该项股权转让所得预提税负担变化"（股权转让所得显然不包括股息、利息和特许权使用费），但是，如果一个交易主要是为了享受税收协定对于股息、利息和特许权使用费的较低预提税税率，税务机关很可能认为其不具有合理商业目的。[①] 这给"非居民转让方—非居民受让方"模式下适用特殊性税务处理带来了很大的困难。

我们曾经呼吁[②]：企业为未来的股息等利用税收协定进行筹划以减少其税务成本正是"合理商业目的"的体现。在企业重组的主要目的之一是享受股息等较低税收协定税率的情况下，税务机关给予特殊性税务处理会造成税款流失（股权转让以成本价进行；之前的未分配利润亦能享受新税收协定下较低的预提税优惠）的观点在逻辑上站不住脚。立法者完全可以规定，企业一旦选择特殊性税务处理，其股权转让之前的未分配利润在分配时只

[①]　南京国税曾以企业未分配利润享受股息、利息和特许使用费的较低预提税为由，否认股权转让具有合理商业目的，从而不予企业适用特殊税务处理。田青松，谢聪，徐云翔. 南京国税跨境股权转让追征税款 4060 万元. 中国税务报，[2011-01-12].

[②]　杨后鲁. 跨境并购特殊性税务处理之简评. 君合法律评论，2012（1）：10-11.

能按原税收协定进行处理，只有股权转让后新产生的股息方可能按照新税收协定的优惠税率进行（当然须满足受益所有人等要求）。因此，不能以股息将来享受的较低预提税而可能导致的税务利益的损失作为否定具有"合理商业目的"的理由。

我们很高兴地看到，72 号公告第 8 条规定，非居民企业发生"非居民转让方—非居民受让方"模式下的股权转让且选择特殊性税务处理的，如果转让方和受让方不在同一国家或地区，被转让企业股权转让前的未分配利润在转让后分配给受让方的，不享受受让方所在国家（地区）与中国签订的税收协定（含税收安排）的股息减税优惠待遇，并由被转让企业按税法相关规定代扣代缴企业所得税。这种对股权转让前的未分配利润采取差异化处理的方式实质上已经明确，税务机关不能以特定股权转让是为了享受税收协定规定的对股息较低的税率而否定其合理的商业目的。这与我们的呼吁是一致的。

2. 非居民转让方—居民受让方模式

59 号文第 7 条第 2 项规定了"非居民转让方—居民受让方"模式，即"非居民企业向与其具有 100％直接控股关系的居民企业转让其拥有的另一居民企业股权"。该项规定中使用的是"与其具有 100％直接控股关系的居民企业"，与第 7 条第 1 项中"其 100％直接控股的另一非居民企业"和第 7 条第 3 项中"其 100％直接控股的非居民企业"有很大的不同，后者明确指 100％控股的子公司，而"与其具有 100％直接控股关系的居民企业"可以理解为两种情形：

（1）非居民企业向其 100％直接控股的居民企业转让其拥有的另一居民企业股权，即受让方为非居民企业的子公司。此模式是对于 59 号文第 7 条第 2 项的通常理解，我们称之为"中国投"模式。

（2）非居民企业向 100％直接持有其股权的居民企业转让其拥有的另一居民企业股权，即受让方为非居民企业的母公司。此模式我们称之为"返程投资回归"模式。

2.1 "中国投"模式

（1）必要性

在 2008 年 1 月 1 日新企业所得税法实施后，"中国投"模式下的特殊性税务处理可以为企业带来重大的税收利益。2008 年以前，受原《中华人民共和国外商投资企业和外国企业所得税法》规定的"两免三减半"税收优惠措施驱使，外国企业在中国境内设立很多经营业务类似的实体的例子并不罕见。很多大型跨国公司在中国境内甚至有上百家企业。在不同新设实体为企业集团带来税收利益的同时，过多的经营实体亦带来了沉重的行政管理成本。随着新企业所得税法原则上取消了针对外商投资企业的"两免三减半"的税收优惠，许多外国企业希望对其中国境内的诸多经营实体进行重组，以实现节约行政成本和有效管理的目的。

而 59 号文"中国投"模式下的特殊性税务处理的规定，为外国公司将其持有的境内外商投资企业的股权进行集中，成立中国投资性公司或者区域总部提供了税务上的可能性。通过该重组，外国投资者便可以享受投资性公司的诸多利益，包括外商投资企业向投资性公司支付人民币股息可以享受居民企业之间派发股息免税的利益。投资性公司可以将其获得的人民币利润直接用于境内再投资而无须就该股息所得先缴纳企业所得税。[①]

（2）案例——湖北省恒隆企业集团非居民股权转让

湖北省恒隆企业集团是由香港晋明集团有限公司（Great Genesis Holdings Limited）独资组建的企业集团。该集团以 China Automotive Systems，Inc. 为主体在纳斯达克上市。该集团截至 2011 年 12 月 31 日的架构见图 9 - 2[②]：

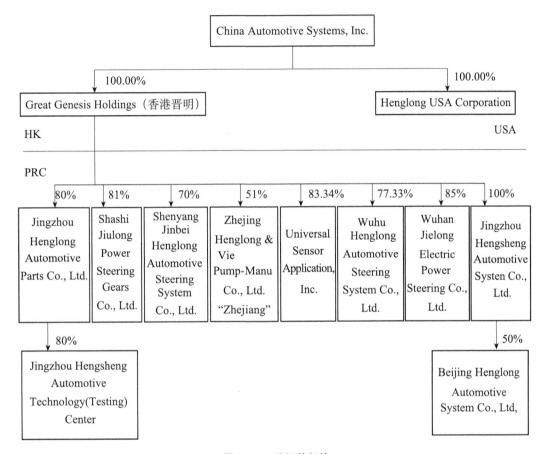

图 9 - 2 重组前架构

2011 年 10 月 12 日，该公司董事会批准了重组计划。重组后，香港晋明持有的境内所有权益，除了沈阳公司 Shenyang Jinbei Henglong Automotive Steering System Co.，Ltd. 70% 的股权和浙江公司 Zhejing Henglong & Vie Pump-Manu Co.，Ltd. 51% 的股权（注：该股权比例不符合 75% 的股权转让要求，因而不符合特殊性税务处理的条件）外，

[①] 《商务部、外汇局关于进一步完善外商投资性公司有关管理措施的通知》（商资函〔2011〕1078 号）规定："……外商投资公司可将其在中国境内获得的人民币利润、先行回收投资、清算、股权转让、减资的人民币合法所得，经所在地外汇局核准后，直接用于境内投资；外国投资者也可将其上述合法所得向投资性公司注册资本出资（或增资）后开展境内投资。"

[②] 该架构信息来源于公司向美国证监会申报的 10 - K 表，http：//www.caasauto.com/content/uploads/IR/SEC/2012426111936807.pdf. 由于没有公开的中文信息包括大多数相关公司的中文名称，此处的架构内容主要以英文体现。

都被转让给荆州恒盛汽车系统有限公司（Jingzhou Hengsheng Automotive Systen Co.，Ltd.）。该重组于 2012 年 1 月 19 日完成。根据公开报道，该重组为湖北省首例成功适用特殊性税务处理的非居民企业股权转让交易。[①] 重组后的架构见图 9 - 3：

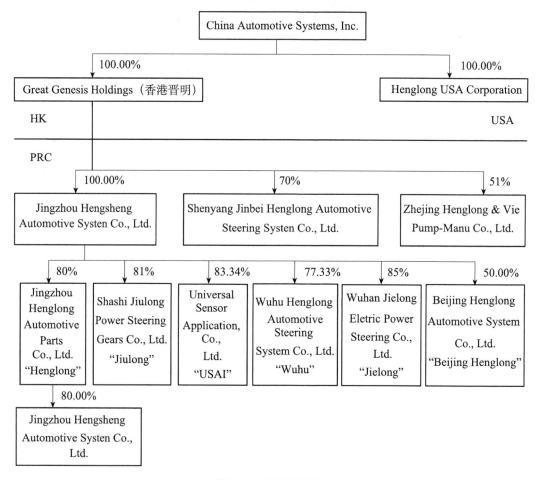

图 9-3　重组后架构

（3）境外合并、分立等导致的股权转让如何适用特殊性税务处理

在 72 号公告颁布之前，有境外企业尝试主张因境外企业分立、合并等导致的境内企业股权的转让只是境外股东名称的变更，因此不存在企业所得税的纳税后果，相应地，在此情形下甚至都不需要申请适用特殊性税务处理。

72 号公告规定，59 号文第 7 条第 1 项规定的情形包括因境外企业分立、合并导致中国居民企业股权被转让的情形。这就意味着，72 号公告直接将因境外企业分立、合并导致中国居民企业股权被转让的情形规定为可以适用特殊性税务处理的情形。72 号公告在扩大了可以适用特殊性税务处理的股权转让的范围的基础上，将由于因境外企业分立、合并等导致的境内企业股权的转让纳入税务机关监管的范围。

---

① http：//www. cnchu. com/viewnews-80557. html.

但是，因境外企业分立、合并导致中国居民企业股权的转让并不直接符合59号文第7条第1项的字面规定，因而是对其含义进行扩大的解读。相应地，59号文第7条第1项所规定的特殊性税务处理的条件亦应相应地调整。笔者认为，该种情形要适用特殊性税务处理需满足：1）具有合理的商业目的，和2）没有导致股权转让所得预提税负的变化这两个基本条件。但是，诸如境外合并的两个企业是否须具备100%直接控股关系、子公司合并母公司是否仍然可以适用、在境外企业进行分立的同时能否将持有的境内企业股权进行分割等情况如何适用，则并不清楚。

总之，因境外企业分立、合并导致中国居民企业股权的转让的情形比较复杂，如何适用特殊性税务处理需要更为深入、全面的研究。

2.2　"返程投资回归"模式

从税务的角度来说，"返程投资"曾一度作为中国境内投资者享受只有外商投资企业才能享受的"两免三减半"税收优惠手段而广为使用。然而，随着新企业所得税法统一了境内企业和外商投资企业的税务待遇，"返程投资"在税务上丧失了其必要性。而且，采用"境内—境外—境内"模式反而会带来难以预料的税务负担：境内运营公司向境外母公司派发股息须缴纳10%的预提所得税（根据中国与某些国家或地区的双边税收协定，可以降为5%）；境外母公司向境内派发的股息须在境内缴纳25%的企业所得税，而境内子公司所缴纳的预提所得税在现行规定下却无法得到抵免。① 因此，"返程投资"模式下中国投资者将可能面临无法抵免的双重征税负担。

59号文第7条第2项似乎也在为"返程投资回归"提供税务上的便利。实践中，我们尚未看到依赖于对59号文第7条第2项作出如此理解而享受特殊性税务处理的先例。我们理解，其主要的原因是，中国境内投资者可以申请境外公司的实际管理机构所在地在中国境内而将其认定为居民企业。② 《国家税务总局关于依据实际管理机构标准实施居民企业认定有关问题的通知》（国家税务总局公告〔2014〕第9号，下称"9号公告"）和《国家税务总局关于印发〈境外注册中资控股居民企业所得税管理办法（试行）〉的公告》（国家税务总局公告2011年第45号）为境外注册中资控股企业依据实际管理机构标准，被认定为居民企业提供了进一步操作细则。在被认定为居民企业之后，境外公司从境内获得的股息以及境外公司向其境内母公司派发的股息均属于居民企业之间派发股息而免征企业所得税。

目前，在国务院简政放权的大背景下，境外注册中资控股企业申请认定为居民企业操作规程已简化，企业可向其中国境内主要投资者登记注册地主管税务机关提出认定申请，层报省级税务机关确认。国家税务总局会在其网站定期发布《非境内注册居民企业认定信

---

① 《企业所得税法》第23条规定："企业取得的下列所得已在境外缴纳的所得税额，可以从其当期应纳税额中抵免，抵免限额为该项所得依照本法规定计算的应纳税额；超过抵免限额的部分，可以在以后五个年度内，用每年度抵免限额抵免当年应抵税额后的余额进行抵补：（一）居民企业来源于中国境外的应税所得……"《企业所得税法实施条例》第77条规定："企业所得税法第二十三条所称已在境外缴纳的所得税额，是指企业来源于中国境外的所得依照中国境外税收法律以及相关规定应当缴纳并已经实际缴纳的企业所得税性质的税款。"

② 《企业所得税法》第2条规定："企业分为居民企业和非居民企业。本法所称居民企业，是指依法在中国境内成立，或者依照外国（地区）法律成立但实际管理机构在中国境内的企业。"

息》，对外公告经省级（含计划单列市）税务机关审核认定的居民企业名单。[①] 在此情况下，境内投资者可以按照 59 号文第 7 条第 2 项的规定申请特殊性税务处理。

3. 备案和审核

与居民企业适用特殊性税务处理应当在年度汇算清缴时进行申报并提交相关资料的做法不同，目前，非居民企业股权转让适用特殊性税务处理仍应按照 72 号公告的要求，向主管税务机关进行备案。72 号公告对备案规定了两部分程序：备案和事后审核。如果非居民股权转让未能进行特殊性税务处理备案或备案后经调查核实不符合条件的，均会导致该股权转让不能适用特殊性税务处理。

（1）关于备案的程序和要求（表 9 - 1）

表 9 - 1

备案主体	在"非居民转让方—非居民受让方模式"下，由非居民转让方向被转让企业所在地所得税主管税务机关备案；在"非居民转让方—居民受让方模式"下，由境内受让方向其所在地所得税主管税务机关备案。
备案时间	股权转让合同或协议生效且完成工商变更登记手续后 30 日内
备案材料	（1）《非居民企业股权转让适用特殊性税务处理备案表》； （2）股权转让业务总体情况说明，应包括股权转让的商业目的、证明股权转让符合特殊性税务处理条件、股权转让前后的公司股权架构图等资料； （3）股权转让业务合同或协议； （4）工商等相关部门核准企业股权变更事项证明资料； （5）截至股权转让时，被转让企业历年的未分配利润资料； （6）税务机关要求的其他材料。
接受备案	资料齐全的，主管税务机关应当场在《非居民企业股权转让适用特殊性税务处理备案表》上签字盖章；资料不齐全的，不予受理，并告知备案人补正事项。

"税务机关要求的其他材料"由税务机关根据股权转让的模式确定。例如，在"非居民转让方—非居民受让方"模式下，税务机关有可能要求提供非居民转让方 3 年内不转让拥有受让方非居民企业股权的书面承诺等。

（2）关于审核的程序和要求（表 9 - 2）

表 9 - 2

事后审核	主管税务机关自受理备案之日起 30 个工作日内就备案事项进行调查核实、提出处理意见，并将全部备案资料以及处理意见层报省（含自治区、直辖市和计划单列市，下同）税务机关： (1) 在"非居民转让方—非居民受让方"的模式下；或 (2)"非居民转让方—境内受让方"模式下，受让方和被转让企业（i）在同一省且（ii）同属国税机关或地税机关管辖。 税务机关在进行核实时，如发现该股权转让情形造成以后该项股权转让所得预提税负担变化，包括转让方把股权由应征税的国家或地区转让到不征税或低税率的国家或地区，应不予适用特殊性税务处理。

---

① 2016 年 8 月 30 日，国家税务总局在其网站公布了最新一期经部分省级（含计划单列市）税务机关审核认定的居民企业名单，http://www.chinatax.gov.cn/n810214/n810606/c2257130/content.html.

续前表

告知函	境内受让方和境内被转让企业（i）不在同一省或（ii）分别由国税机关和地税机关管辖的情况下的额外的税务机关内部程序。受让方所在地省税务机关收到主管税务机关意见后 30 日内，应向被转让企业所在地省税务机关发出《非居民企业股权转让适用特殊性税务处理告知函》，告知其该股权转让是否符合特殊性税务处理以及是否征税。

这一事后审查程序似乎是适用于非居民企业股权转让的特别程序。但是，该事后审核的性质和如何适用还比较模糊。由此产生的一个问题是：非居民转让方何时可以获得适用特殊性税务处理的确定性？与此问题相关的另一个问题是，在受理备案的 30 个工作日的"等待期"届满的第二天，是否还需要获得税务机关某种形式的确认？此外，如果事后审核是备案的一个必要步骤，那么备案本身就不会单独产生纳税人可以适用特殊性税务处理的法律后果。这与备案制的初衷似乎存在冲突。

（二）对外投资

59 号文第 7 条第 3 项规定了对外投资下的特殊性税务处理的情形："居民企业以其拥有的资产或股权向其 100％直接控股的非居民企业进行投资。"需注意的是，在此情况下的特殊性税务处理是"其资产或股权转让收益如选择特殊性税务处理，可以在 10 个纳税年度内均匀计入各年度应纳税所得额"①。这与其他情形下的税务递延不同。

根据 4 号公告第 37 条的规定，在此情形下的特殊性税务处理，居民企业应向其所在地主管税务机关报送以下资料：

（1）当事方的重组情况说明，申请文件中应说明股权转让的商业目的。

（2）双方所签订的股权转让协议。

（3）双方控股情况说明。

（4）由评估机构出具的资产或股权评估报告，报告中应分别列示涉及的各单项被转让资产和负债的公允价值。

（5）证明重组符合特殊性税务处理条件的资料，包括股权或资产转让比例、支付对价情况，以及 12 个月内不改变资产原来的实质性经营活动、不转让所取得股权的承诺书等。

（6）税务机关要求的其他材料。

第三节　并购中的流转税筹划简析

在中国的税法体系下，流转税是并购交易中需要重点关注的问题之一。在很多情况下，流转税对并购交易的影响可能比企业所得税更大。囿于篇幅限制，本文无法对各种并

---

① 59 号文第 8 条。

购模式下的流转税问题——探讨。此处仅根据笔者的经验，对于几种模式中的流转税问题进行简要分析（见表9-3、9-4、9-5、9-6）。

一、吸收合并

表9-3

税种	简析
增值税	《国家税务总局关于纳税人资产重组有关增值税问题的公告》（国家税务总局公告2011年第13号）规定："纳税人在资产重组过程中，通过合并、分立、出售、置换等方式，将全部或者部分实物资产以及与其相关联的债权、负债和劳动力一并转让给其他单位和个人，不属于增值税的征税范围，其中涉及的货物转让，不征收增值税。"合并一般可以满足该文的规定，因而一般不征收增值税。此外，《国家税务总局关于纳税人资产重组有关增值税问题的公告》（国家税务总局公告2013年第66号）规定："纳税人在资产重组过程中，通过合并、分立、出售、置换等方式，将全部或者部分实物资产以及与其相关联的债权、负债经多次转让后，最终的受让方与劳动力接收方为同一单位和个人的，仍适用《国家税务总局关于纳税人资产重组有关增值税问题的公告》（国家税务总局公告2011年第13号）的相关规定，其中货物的多次转让行为均不征收增值税。"
土地增值税	《财政部 国家税务总局关于企业改制重组有关土地增值税政策的通知》（财税〔2015〕5号）规定："按照法律规定或者合同约定，两个或两个以上企业合并为一个企业，且原企业投资主体存续的，对原企业将国有土地、房屋权属转移、变更到合并后的企业，暂不征土地增值税。"但是，该文件不适用于房地产开发企业。
契税	《财政部 国家税务总局关于进一步支持企业事业单位改制重组有关契税政策的通知》（财税〔2015〕37号）规定："两个或两个以上的公司，依照法律规定、合同约定，合并为一个公司，且原投资主体存续的，对合并后公司承受原合并各方土地、房屋权属，免征契税。"该文件自2015年1月1日起至2017年12月31日执行。
印花税	《财政部 国家税务总局关于企业改制过程中有关印花税政策的通知》（财税〔2003〕183号）规定："以合并或分立方式成立的新企业，其新启用的资金账簿记载的资金，凡原已贴花的部分可不再贴花，未贴花的部分和以后新增加的资金按规定贴花。"

二、股权转让

表9-4

税种	简析
增值税	不适用。
土地增值税	一般不适用。
契税	不适用。
印花税	按照产权转移书据，按合同金额万分之五，由合同各方分别缴纳。

三、资产转让

表 9 - 5

税种	简析
增值税	资产转让须按转让价值缴纳增值税。但是，如果资产转让能够满足《国家税务总局关于纳税人资产重组有关增值税问题的公告》（国家税务总局公告 2011 年第 13 号）规定的"纳税人在资产重组过程中，通过合并、分立、出售、置换等方式，将全部或者部分实物资产以及与其相关联的债权、负债和劳动力一并转让给其他单位和个人"或者《国家税务总局关于纳税人资产重组有关增值税问题的公告》（国家税务总局公告 2013 年第 66 号）规定的"纳税人在资产重组过程中，通过合并、分立、出售、置换等方式，将全部或者部分实物资产以及与其相关联的债权、负债经多次转让后，最终的受让方与劳动力接收方为同一单位和个人的"情形，则不征收增值税。
土地增值税	增值额按照增值幅度适用 30％到 60％的累进税率。纳税人转让房地产所取得的收入减除扣除项目金额后的余额，为增值额。扣除项目包括：（1）取得土地使用权所支付的金额；（2）开发土地的成本、费用；（3）新建房及配套设施的成本、费用，或者旧房及建筑物的评估价格；（4）与转让房地产有关的税金；（5）加计扣除项目。
契税	土地使用权和房产的转让价值的 3％到 5％，但是，《财政部 国家税务总局关于进一步支持企业事业单位改制重组有关契税政策的通知》（财税〔2015〕37 号）规定："同一投资主体内部所属企业之间土地、房屋权属的划转，包括母公司与其全资子公司之间，同一公司所属全资子公司之间，同一自然人与其设立的个人独资企业、一人有限公司之间土地、房屋权属的划转，免征契税。"
印花税	按照产权转移书据，按照转让价值的万分之五贴花。

四、存续分立

表 9 - 6

税种	简析
增值税	分立过程中涉及的资产转让须按转让价值增值税。但是，如果资产转让能够满足《国家税务总局关于纳税人资产重组有关增值税问题的公告》（国家税务总局公告 2011 年第 13 号）规定的"纳税人在资产重组过程中，通过合并、分立、出售、置换等方式，将全部或者部分实物资产以及与其相关联的债权、负债和劳动力一并转让给其他单位和个人"或者《国家税务总局关于纳税人资产重组有关增值税问题的公告》（国家税务总局公告 2013 年第 66 号）规定的"纳税人在资产重组过程中，通过合并、分立、出售、置换等方式，将全部或者部分实物资产以及与其相关联的债权、负债经多次转让后，最终的受让方与劳动力接收方为同一单位和个人的"情形，则不征收增值税。
土地增值税	《财政部 国家税务总局关于企业改制重组有关土地增值税政策的通知》（财税〔2015〕5 号）规定："按照法律规定或者合同约定，企业分设为两个或两个以上与原企业投资主体相同的企业，对原企业将国有土地、房屋权属转移、变更到分立后的企业，暂不征土地增值税。"但该文件不适用于房地产开发企业。
契税	《财政部 国家税务总局关于进一步支持企业事业单位改制重组有关契税政策的通知》（财税〔2015〕37 号）规定："公司依照法律规定、合同约定分立为两个或两个以上与原公司投资主体相同的公司，对分立后公司承受原公司土地、房屋权属，免征契税。"

续前表

税种	简析
印花税	《财政部 国家税务总局关于企业改制过程中有关印花税政策的通知》（财税〔2003〕183号）规定："以合并或分立方式成立的新企业，其新启用的资金账簿记载的资金，凡原已贴花的部分可不再贴花，未贴花的部分和以后新增加的资金按规定贴花。"

第四节　中国企业境外并购中的税务筹划①

中国企业海外并购中的税务筹划是一个庞大的课题。囿于本文的篇幅所限，本部分无法面面俱到，而仅仅涵盖其中的一个问题：如何利用境外控股公司实现对外投资的税务优化。

一、境外控股公司设立地的选择

根据商务部、国家统计局和国家外汇管理局联合发布的《2014年中国对外直接投资统计公告》的统计，中国对外直接投资主要流向的前十个区域以及分别所占流量的比例为：香港（57.6%）；美国（6.2%）；卢森堡（3.7%）；英属维尔京群岛（3.7%）；开曼群岛（3.4%）；澳大利亚（3.3%）；新加坡（2.3%）；英国（1.2%）；德国（1.7%）和印度尼西亚（1%）。显然，以上列表中的区域例如香港、英属维尔京群岛和开曼群岛并不是投资的最终目的地，而是中间控股公司设立地。

事实上，将控股公司设立地选择在香港、英属维尔京群岛和开曼群岛等地并不一定是出于税务方面的考虑。非税方面的因素，如灵活的公司法制度、良好的投资融资平台等，在很多时候发挥着更大的作用。但是，我们看到，中国企业在对外投资的过程中越来越重视从税负最优化的角度选择中间控股公司的设立地。

从税务的角度来看，选择中间控股公司所在地目前需要考虑以下因素：

（1）中国的受控外国公司制度。《企业所得税法》第45条规定："由居民企业，或者由居民企业和中国居民控制的设立在实际税负明显低于本法第四条第一款规定税率水平的国家（地区）的企业，并非由于合理的经营需要而对利润不作分配或者减少分配的，上述利润中应归属于该居民企业的部分，应当计入该居民企业的当期收入。"《实施条例》第118条规定："企业所得税法第四十五条所称实际税负明显低于企业所得税法第四条第一款规定税率水平，是指低于企业所得税法第四条第一款规定税率的50%。"即实际税负低于12.5%。中国目前尚没有严格执行受控外国公司制度对居民企业的境外未分配利润进行征税。但是，一旦中国企业的境外利润积聚到一定程度，中国税务机关很可能捡起受控外

① 本部分参见杨后鲁. Structuring an Overseas Investment-What Do We Need To Know. *Asia-Pacific Tax Bulletin*，2011（卷17）.

国公司制度这把反避税利剑。

（2）情报交换制度与征管互助。中国签订的税收协定中都规定了情报交换条款，允许中国税务机关获取所需要的某些税务信息。虽然中国与传统的避税港均没有签订税收协定，但最近两年，随着国际上对于税收情报交换制度的推广和压力，尤其是OECD在这方面的努力，中国已经与巴哈马、英属维尔京、马恩岛、根西、泽西、百慕大、开曼群岛、阿根廷和圣马力诺等签署了税收情报交换协定。这些情报交换协定一般都规定："为本协议之目的，各缔约方应确保其主管当局有权获取并依据请求提供以下情报：（一）银行、其他金融机构以及任何人以代理或受托人身份（包括被指定人和受托人）掌握的情报；（二）有关公司、合伙人、信托、基金以及其他人的法律和受益所有权的情报，包括根据第二条的限定，在同一所有权链条上一切人的所有权情报；信托公司委托人、受托人、受益人以及监管人的情报；基金公司基金创立人、基金理事会成员、受益人以及基金公司董事或其他高级管理人员的情报。"因此，即使中国与这些国家没有税收协定，亦可以通过情报交换协定获取有关税务情报。另外，2013年8月27日，中国签署了《多边税收征管互助公约》，正式加入了全球最大的税收征管国际合作网络。该公约规定缔约国之间应互相提供在纳税评估、税款征收等过程中所需的各种形式的征管协作，包括：1）税收情报交换；2）税务检查；3）税款追缴和4）文书送达等。

（3）该国家（地区）与中国以及其他国家签订的税收协定网络。有着广泛的、比较优惠的税收协定网络是作为中间控股公司所在国家（地区）的必要条件之一。由于传统的避税港一般与大多数国家都没有避免双重征税的协定，其作为控股公司所在地可能面临负面后果。而如果在避税港公司的下面再加一层中间控股公司，则有可能影响境外所得税的间接抵免。[1]

目前，中国已对外正式签署了102个避免双重征税协定，其中98个协定已生效，和香港、澳门两个特别行政区签署了税收安排，与台湾地区签署了税收协议（尚未生效）。[2]中国签订的协定基本是以OECD范本或者联合国范本，或者两者的结合为基础。表9-7中列举的税收协定一般认为是中国签订的税收协定中比较优惠的。

表9-7

国家、地区 项目	香港	新加坡	瑞士	英国	比利时	埃塞俄比亚	荷兰	无协定
股息	5% (1)	5% (1)	10%	0%(4)/ 5%(1)/10%	5% (1)	5%	0%(4)/ 5%(1)/10%	10%
利息	7%	7%/ 10%(2)	10%	10%	10%	7%	10%	10%
特许权使用费	7%	6%/ 10%(3)	6%/ 10%(3)	6%/ 10%(3)	7%	5%	6%/ 10%(3)	10%

---

① 《财政部 国家税务总局关于企业境外所得税收抵免有关问题的通知》（财税〔2009〕125号）规定间接抵免条件的境外公司最多为三层。

② 国家税务总局网站，http://www.chinatax.gov.cn/n810341/n810770（截至2016年11月）.

续前表

国家、地区 项目	香港	新加坡	瑞士	英国	比利时	埃塞俄比亚	荷兰	无协定
转让 25％以上股权（非由不动产构成）的资本收益	来源国可以征税	来源国可以征税	来源国不可以征税	来源国可以征税	来源国可以征税	来源国不可以征税	来源国可以征税(5)	10％

注：

（1）须持股 25％以上；否则预提税为 10％。

（2）支付给银行或者金融机构的利息为 7％；其他为 10％。

（3）使用或有权使用工业、商业、科学设备的预提税为 6％；其他为 10％。

（4）如果受益人是缔约国另一方政府，其任何机构或缔约国另一方直接或间接全资拥有的任何其他实体，应仅在该缔约国另一方征税。

（5）有两个例外，即（i）在被认可的证券交易所上市的股票，条件是该居民在转让行为发生的纳税年度内转让股票的总额不超过上市股票的 3％；或者（ii）由缔约国一方政府，其任何机构或由该缔约国一方全资拥有的任何其他实体持有的股票，条件是该机构或实体是该缔约国一方居民。

从以上表格我们可以看到：

（1）对股息最优惠的预提税税率为 5％。该税率在表格中的大多数协定中均可以实现，尽管绝大多数要求持股 25％以上。

（2）对利息和特许权使用费最优惠的税率分别为 7％和 5％。

（3）资本收益的免税是中国投资者退出其投资的可能途径之一。在以上列表中，资本收益的免税在与瑞士和埃塞俄比亚的税收协定中均有规定。

在《企业所得税法》规定间接抵免制度前，多层控股架构在中国企业对外投资的税收筹划过程中并不常用。而《企业所得税法》中间接抵免最多可以涵盖三层外国公司的规定，使得多层控股架构可以应用于税收筹划中。尽管新加坡、瑞士、荷兰、英国和比利时由于其与中国的税收协定均有可能成为中国企业对外投资的控股公司设立地，但是诸多其他因素仍需考虑进来，比如其国（区）内法律、其与其他国家（地区）的税收协定等。由于与大陆地缘相近以及与大陆的税收安排，香港特区不仅是对大陆进行投资而且亦被认为是中国企业对外投资的一个很受欢迎的桥梁。在过去的几年中，香港的这一优势随着其与其他国家（地区）签订越来越多的税收协定日益凸显。① 表 9-8 为香港签订的比较优惠的税收协定：

表 9-8

国家、地区 项目	奥地利	比利时	中国大陆	卢森堡	荷兰	爱尔兰	瑞士	西班牙	英国	无协定
股息	0/10％(1)	0/5％/15％(2)	5％/10％(3)	0/10％(4)	0/10％(5)	0％	0％(6)	0％(7)	0％	0％
利息	0％	10％	7％	0％	0％	10％	0％	5％	0％(8)	0％

----

① 这并不意味着香港控股公司在所有的对外投资架构中均可以适用。比如，由于香港被巴西认定为避税港，使用香港公司对外投资反而会产生不利的税务后果；利息和资本收益在向非避税港公司支付时，适用 15％的税率；但向香港公司支付时，适用 25％的税率。

续前表

项目 \\ 国家、地区	奥地利	比利时	中国大陆	卢森堡	荷兰	爱尔兰	瑞士	西班牙	英国	无协定
特许权使用费	3%	5%	7%	3%	3%	3%	3%	5%	3%	4.95%(9)
转让普通股票(非由不动产构成)的资本收益	来源国不可以征税	来源国不可以征税	来源国可以征税	来源国不可以征税	来源国不可以征税	来源国不可以征税	来源国不可以征税	来源国不可以征税	来源国不可以征税	0%

注:

(1) 持股 10% 以上时,预提税为 0%;其他情况下预提税为 10%。

(2) 持股 10% 以上时,预提税为 5%;持股 25% 以上且持股期限为连续 12 个月以上时,预提税为 0%;其他为 15%。

(3) 持股 25% 以上时,预提税为 5%;其他为 10%。

(4) 持股 10% 以上或者持有的支付方股权的投资成本在 120 万欧元以上时,预提税为 0%;其他为 10%。

(5) 如果受益所有人直接持有派发股息的公司 10% 以上股权,且受益人为跨国公司集团的总部公司,提供该集团相当部分的整体监督和行政管理、并拥有行使这些职能的独立裁量权时,预提税为 0%。

(6) 须持股 10% 以上。

(7) 持股 25% 以上时,预提税为 0%;其他为 10%。

(8) 作为受益所有人的公司的设立、收购或维护的主要目的或者主要目的之一不能为获得协定利益。

(9) 应纳税所得额假定为特许权使用费的 30%,适用 16.5% 的税率,预提税税率为总额的 4.95%。

二、对外投资之多层控股公司架构(例)

中国企业对外投资的税收筹划架构没有统一的模式,须因投资目的地的不同而具体分析。综合中国的税收制度以及前述境外控股公司设立地的选择的诸多考量因素和笔者的经验,如下的多层控股架构可以作为对欧洲投资的一个架构选择(见图 9-4)。

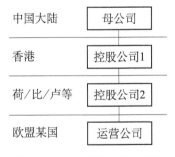

图 9-4 对外投资架构示意图

假定每层之间的持股比例均满足中国国内法间接抵免制度的规定,即每层直接持股在 20% 以上。在本结构中的税收后果如下:

(1) 根据欧盟母子公司指令①,运营公司向控股公司 2 派发的股息在运营公司所在国不缴纳预提税。运营公司向控股公司 2 支付的利息和特许权使用费根据欧盟利息和特许权

---

① See Council Directive of 23 July 1990 on the Common System of Taxation Applicable in the case of Parent Companies and Subsidiaries of Different Member States (90/435/Eec).

使用费指令①同样免于缴纳预提税。

（2）荷兰、卢森堡、比利时等许多欧洲国家一般都有所谓的参股免税制度（Participation Exemption）。在满足该制度条件的情况下，控股公司2收到的股息在其所在国免于纳税。因此，该股息在控股公司2所在国的税负可以为零。

（3）欧盟许多国家对其居民企业向母公司派发的股息不征收预提所得税。即使征收，香港与许多国家（地区）签署的税收协定将此降为零。比如，根据荷兰法律，在没有税收协定的情况下，对其居民企业对非居民企业母公司支付的股息、清算所得或其他利润分配，无论是现金形式还是实物形式，征税15%的预提所得税。② 但是，根据香港—荷兰税收协定，如果受益所有人直接持有派发股息的公司10%以上股权，且受益人为跨国公司集团的总部公司，提供该集团相当部分的整体监督和行政管理，并拥有行使这些职能的独立裁量权时，预提税为0%。③

（4）一些欧盟国家对于其居民企业对外支付的利息和特许权使用费不征收预提税，比如，荷兰对利息（参与利润分配的债券产生的利息除外）和特许权使用费不征预提税。

（5）资本收益的保护。一些欧盟国家对转让其居民企业股权所产生的资本收益在某些条件下征收企业所得税。但是，如前所述，香港签订的很多协定为转让普通股权（非由不动产权益构成）的资本收益提供了保护。因此，控股公司1转让控股公司2的普通股权产生的资本收益仅在香港征税。

（6）支付给香港居民企业的股息、利息和特许权使用费在香港一般免于征收利得税。转让境外子公司股权的资本收益在香港一般也不征收利得税。

（7）香港对其居民企业支付给非居民企业的股息和利息不征收预提税。对于特许权使用费，其应纳税所得额假定为特许权使用费的30%，在适用16.5%的税率后，预提税税率为总额的4.95%。

（8）中国大陆根据其直接抵免和间接抵免制度将对在香港、控股公司2所在国和运营公司所在国支付的企业所得税等给予抵免。

---

① See Council Directive 2003/49/EC of 3 June 2003 on a Common System of Taxation Applicable to Interest and Royalty Payments Made between Associated Companies of Different Member States.

② 荷兰国际财政文献局（IBFD）数据库，http：//online. ibfd. org/kbase/（限会员登录）.

③ 香港—荷兰税收协定第10（3）（e）条。根据该协定的议定书，成为跨国公司集团的总部公司的条件是：（a）公司集团由至少5个国家开展积极经营活动的居民企业构成，而且在每个国家开展的经营活动产生的所得占整个集团总收入的10%以上；和（b）该集团50%以上的总收入不能由缔约国另一方居民企业支付的股息构成。

并购争议解决

▊ 第一节　概述

一、并购项目引发争议的缘由

近年来，以股权收购、认购增资、资产转让等为代表的企业并购交易的数量呈现明显的上升趋势。随着企业并购交易数量的急剧增加，由此而引发的诉讼及仲裁案件数量也相应地增多。企业并购产生争议的缘由是多元化的，主要可以归纳为以下几个方面：

（一）尽职调查不彻底

关于尽职调查的概念、分类、方法、意义等，本书第三章第三节已经有详细讨论。对目标公司或目标资产的尽职调查本质是识别目标公司或目标资产的投资价值及投资风险。在执行投资计划之前，进行全面且透彻的尽职调查无疑是避免投资风险的有力措施。实践中，相当一部分并购争议源于尽职调查不彻底。因尽职调查不到位引发并购争议，收购方在通常情况下只能依据并购协议中目标公司和/或股东应当履行的信息披露义务或者其作出的相应的陈述与保证来追究被收购方的违约责任。

尽职调查不到位具体表现为以下几个方面：

1. 目标公司资产权利瑕疵

资产权利瑕疵可能导致并购对价无法反映目标公司资产的真实价值，从而引发收购方追究被收购方的违约责任。资产权利瑕疵主要表现为目标公司对其不动产（如厂房和土地使用权）、动产（如机器设备）、无形资产（如知识产权）等权利的瑕疵。

不动产权利瑕疵包括房屋产权及土地使用权方面的瑕疵，具体表现为：房屋无产权证，土地无土地使用权证，土地使用权出让金没有全额缴纳，涉及土地使用权的动迁安置问题没有彻底解决，房屋或土地之上存在抵押，房屋存在重大质量瑕疵，目标公司所在区域之土地和房产即将被政府征收或征用，等等。

动产权利瑕疵主要包括：目标公司对动产无所有权，或者其主要生产设备存在质量瑕疵，进口设备尚处于海关监管期，等等。

知识产权权利瑕疵包括商标、著作权及专利权方面的瑕疵，具体表现为：商标权/商标许可合同即将到期终止或者已经失效，著作权（如软件产品著作权）已经遭受侵权并且侵权状态还在持续，非法使用第三方的软件，专利权被宣告无效，等等。

2. 被收购方欺诈

被收购方欺诈主要表现为其提供的关于目标公司或目标资产的信息为伪造、变造、虚假、不真实，其对收购方虚报业绩、隐瞒债务，尤其是担保债务、做假账、虚列债权、隐瞒债权的真实情况等，或者对债务进行"技术处理"，致使收购方接收公司后债务增加、债权落空。

3. 目标公司面临行政处罚

目标公司在并购交易发生前或者发生时已经面临被相关行政机构行政处罚的风险（例如环境、税收、劳动等方面的重大行政处罚的风险），但未向收购方披露。环境行政处罚主要是生产性企业可能面临的问题，其可能因"三废"的不当排放、未缴纳相应的排污费等原因引起；税收行政处罚有可能因企业有偷税、逃税、漏税行为引起；劳动方面的行政处罚可能因目标公司未与劳动者订立书面劳动合同、未按时为劳动者缴纳"五险一金"所导致。

4. 目标公司存在重大诉讼/仲裁

尽管中国目前已有相对权威的官方诉讼案件数据库（例如，"中国裁判文书网"①），但是此类数据库公布的只是已决案件的法院文书，并不涉及正在进行的诉讼案件，且其更新的时间也有一定的滞后性。就商事仲裁案件而言，由于其法律程序本身的保密性质，目前没有公开渠道可以查询相关的仲裁裁决书。因而，除非目标公司主动向收购方披露，即便投资方进行了谨慎的尽职调查，也很难做到查明目标公司存在的所有潜在或者正在进行的诉讼以避免风险。重大的诉讼案件可能导致目标公司的资产遭受抵押、查封或者其银行账户被冻结，亦可能增加目标公司的负债。

作为整个并购交易过程中的重要步骤，收购方应对尽职调查予以充分的重视，并且应当聘请专业的中介机构对目标公司的公司设立与存续、资产、财务、知识产权、劳动人事、诉讼等方面进行彻底调查，尽可能地查明各种可能的风险。就某些客观上无法查明的问题，应当在交易文件中让被收购方就此作出相应的陈述和保证，规定违反保证，以及陈述为虚假、不真实或有误导的赔偿责任，将相关事项的设定为并购交易完成的先决条件或后决条件，从而降低并购的风险。

（二）相关法律文件的主体、签订程序或者内容违反法律、行政法规或者规章的规定，或者相关法律文件没有使用"法言法语"导致具体实施时产生争议

例如并购交易主体不适格，在涉及国有资产的并购中，若国有资产所有者缺位或不明确或不落实，往往出现出售企业的主体不明确，导致被出售的国有企业直接以所有人的身份与收购方订立产权转让合同，进而引发争议。又如，在 2002 年 11 月 5 日中国证监会与中国人民银行联合发布《合格境外机构投资者境内证券投资管理暂行办法》（已为《合格境外机构投资者境内证券投资管理办法》所替代）之前，中国法律禁止外商直接投资中国境内 A 股市场，此后，外商也只能通过 QFII（Qualified Foreign Institutional Investors，即合格的外国投资者）投资中国境内 A 股市场。若外国公司通过控股中国境内的合资公司

---

① http：//wenshu. court. gov. cn/Index.

从而实现控制合资公司所控股的上市公司的目的，则该交易可能会被认定为无效，双方因此可能会就责任分担问题产生争议。

同时，相关法律文件没有使用"法言法语"，导致协议各方对此有不同的理解从而产生争议。比如，并购协议中经常会出现"意向金"这样的模糊用语，如果没有对该等"意向金"指称的具体含义、相关正式协议签署后"意向金"如何处理进行清晰定义，则其究竟属于定金、预付款还是违约金就会在实践中产生争议。

（三）收购方未按约定支付交易对价

并购协议经有关部门批准之后，收购方未在法定或约定时间内支付交易对价或未按照合同以约定的货币支付交易对价，或者被收购方在收到收购方支付的交易对价之后，未在法定或约定的时间内转让相关股权，双方对自交易文件签订至交割完成这一段"过渡期"内的权责划分不明等等，也是导致并购交易纠纷的因素之一。

（四）未及时履行报批义务

并购协议订立之后，负有履行报批义务的一方不及时履行报批义务，导致交易拖延，收购方无法及时实现合同目的；或者报批之后，核准机关以交易文件不符合法律规定为理由未核准，负有报批义务的一方未能及时向收购方报告以修改交易文件的相关内容，从而影响交易进程，引发争议。

（五）附条件交易之条件未成就

有的并购交易中，并购协议中约定被收购方或目标公司必须在股权交割前满足特定的条件或获得特定的批文许可。例如，并购交易文件中约定，交易实施的前提条件是目标公司获得特定项目的特许经营授权，但目标公司可能由于政府机关的原因未能获得该项授权，由此可能导致并购争议；再如，并购交易文件约定，出售方应取得第三方的同意，而出售方却未取得。对于这些先决条件没有满足的情形，并购双方的当属人可能有争议。

二、并购项目中产生争议的主要类型

根据并购可能产生争议的原因，并购争议的类型主要有以下几项：

（一）协议效力纠纷

协议效力纠纷源于当事人各方就并购协议或其他约定各方权利、义务的并购交易文件的效力产生争议，这一类诉讼或仲裁案由通常为确认合同效力纠纷[1]，主要体现在以下几

---

[1] 参见《民事案件案由规定》第67条。

个方面：

1. 并购各方签订正式并购协议之前，已就并购事项订立投资意向书/框架协议，对并购交易的主要条款作出约定。但一方在正式签订并购协议之前对交易事项反悔，双方因此对投资意向书/框架协议中各方的权利、义务是否应当继续履行产生争议。

2. 并购协议报审批机关批准之前，一方当事人对并购交易反悔或出于其他原因，以协议尚未经审批机关批准为由，主张并购协议尚未生效。[①]

3. 因并购交易违反中国有关外资准入法律或者行政法规的相关禁止性规定，从而导致并购协议无效，并购方权利受到损害。

（二）股东出资纠纷

股东出资纠纷[②]主要源于股东的出资不到位或出资瑕疵，主要表现为以下几个方面：

1. 一方股东出资不到位、虚假出资、抽逃出资，导致目标公司注册资本严重不实或者经营发生困难，侵害其他股东之权益。

2. 以实物或知识产权出资的股东未能及时办理产权变更手续，或所出资实物或知识产权之存在质量瑕疵或权利瑕疵，侵害其他股东之权益。

3. 一方出资后，因目标公司对其负有债务，所以从目标公司中抽回相应的资金，自行抵消等额债务；或怠于履行出资义务，拒绝就等额债务部分出资，侵害其他股东之权益。

（三）企业债务纠纷

由于在资产评估中遗漏目标公司的债务，或未明确界定目标公司对外担保等隐性债务，或因当事人各方对企业债务承担约定不明、责任不清而导致的纠纷。

（四）价款支付纠纷

价款支付纠纷主要源于收购方未按期向被收购方支付股权转让或资产转让对价，也可能由于被收购方所转让股权或资产的瑕疵，导致收购方未能实现预期利益，拒绝支付损失金额所对应的对价。

（五）员工安置纠纷

员工安置纠纷主要体现为员工同企业之间的劳动纠纷。例如，员工主张并购交易本身为涉及员工重大利益的事项，应当经过民主程序征求员工的意见；新设并购交易中，若原企业职工被整体转移到新企业中，新企业未同员工续签或重新签订劳动合同，或者在新的

---

① 参见最高人民法院《关于审理外商投资企业纠纷案件若干问题的规定（一）》第1条。
② 参见《民事案件案由规定》第245条。

劳动合同中未就经济补偿金的支付、工作年限连续计算等问题进行明确约定；原企业职工被另行安置，未向员工支付经济补偿金；等等。

三、并购争议解决相关的法律、法规依据及其司法适用

（一）并购相关法律、法规体系及其效力层级

并购争议一旦诉诸法律程序，相应的争议处理机关实质上就成为了与并购相关法律、法规的适用主体。这些法律、法规根据其制定机关以及效力层级的不同，大致可以进行如下分类：

1. 法律。包括《公司法》《证券法》《物权法》《企业国有资产法》《反垄断法》、三资企业法等。

2. 行政法规。包括《外商投资产业指导目录》、三资企业法实施细则、《经营者集中申报标准的规定》等。

3. 与并购相关的各地方人民代表大会制定的地方性法规，或者民族自治地方人民代表大会制定的自治条例或者单行条例等。

4. 部门规章和其他规范性文件。包括《外商投资企业投资者股权变更的若干规定》《关于国有企业利用外商投资进行资产重组的暂行规定》《关于外国投资者并购境内企业的规定》《中央企业境外国有产权管理暂行办法》《上市公司收购管理办法》《境外投资管理办法》《关于评估经营者集中竞争影响的暂行规定》《国有资产产权界定和产权纠纷处理暂行办法》《中央企业重大法律纠纷案件管理暂行办法》等。

5. 司法解释。包括最高人民法院《关于审理与企业改制相关的民事纠纷案件若干问题的规定》《关于冻结、拍卖上市公司国有股和社会法人股若干问题的规定》《关于审理劳动争议案件适用法律若干问题的解释》《关于审理涉及金融资产管理公司收购、管理、处置国有银行不良贷款形成的资产的案件适用法律若干问题的规定》《关于审理行政赔偿案件若干问题的规定》《关于充分发挥审判职能作用保障和促进全民所有制工业企业转换经营机制的通知》等。

6. 与并购有关的地方各级人民政府发布的决定、命令和规章等。

上述法律、法规的基本效力位阶关系是：法律的效力高于行政法规、地方性法规、规章；行政法规的效力高于地方性法规、规章。地方性法规的效力高于本级和下级地方政府规章；省、自治区人民政府制定的规章的效力高于本行政区域内较大的市人民政府制定的规章；不同部门的规章、部门规章与地方政府规章具有同等效力，在各自的权限范围内施行。①

---

① 参见《立法法》第 88 至 91 条。

（二）诉讼和仲裁程序中相关法律、法规的适用

在企业并购过程中一旦发生争议，争议各方当事人可以选择进行诉讼，或者根据仲裁协议选择有管辖权的仲裁委员会进行仲裁。不同的争议解决程序中，相关法律、法规的实际适用会存在一定的差别。

如果争议方当事人选择在中国大陆的法院进行诉讼，根据最高人民法院相关司法解释[①]，在刑事案件中，上述法律或者司法解释会成为审理案件的直接依据；在民事案件中，法律或者司法解释亦会成为审理案件的直接依据，同时对于应当适用的行政法规、地方性法规或者自治条例和单行条例，人民法院也可以直接引用；对于行政案件，则应当引用法律、法律解释、行政法规或者司法解释，同时对于应当适用的地方性法规、自治条例和单行条例、国务院或者国务院授权的部门公布的行政法规解释或者行政规章，可以直接引用。

对于上述法律、法规以外的国务院各部委发布的命令、指示和规章，地方各级人民政府发布的决定、命令和规章，无论在刑事案件、民事案件或者行政案件中，人民法院结合案件具体情况经审查认定为合法、有效的，仅可以作为裁判说理的依据，但是不得直接援引作为审判案件的依据。

需要强调的是，涉外合同的当事人通常情形下可以选择处理合同争议所适用的法律。当事人如果选择适用外国法律，则该外国法律就成为具体案件的事实问题，需要由当事人自行提供该国法律并且相应承担提供不能的不利后果。涉外合同的当事人没有选择的，适用与合同有最密切联系的国家的法律。

如果当事人选择以仲裁程序解决纠纷，则上述相关法律、法规的适用就会因为仲裁程序本身的自治性而具有更大的空间。仲裁庭可以根据争议各方当事人的选择或者法院地法的指向，基于自身对案件事实的理解，选择性地适用相关法律、法规。但是该等法律选择适用并非完全不受限制，我国法律在对仲裁裁决的司法审查方面区分国内仲裁和涉外仲裁，采取区别对待。人民法院对国内仲裁裁决的审查包括适用法律和证据方面的审查，实质上是实体审查。[②] 如果国内仲裁裁决存在法律适用的错误，人民法院可以裁定不予执行。但对于涉外仲裁，法院无权对适用法律问题进行审查，仅能对仲裁程序问题进行审查。[③] 需要补充说明的是，如果涉外仲裁是由外国仲裁机构作出的裁决，则对该等外国仲裁裁决的审查一般会依据《联合国承认及执行外国仲裁裁决公约》（又称"《纽约公约》"）进行，并且同样侧重于形式审查。

---

① 参见最高人民法院《关于裁判文书引用法律、法规等规范性法律文件的规定》、最高人民法院《关于人民法院制作法律文书如何引用法律规范性文件的批复》。

② 参见我国《民事诉讼法》第237条第2款第4、5项的规定。

③ 参见我国《民事诉讼法》第274条的规定。

■ 第二节　并购实践中常用的争议解决方式

一、一般商事争议的解决方式

实践中，商事争议的解决方式主要有协商、调解、其他形式的 ADR（Alternative Dispute Resolution）[①]、仲裁以及诉讼。

（一）协商

协商是指在商事争议发生时，争议双方在自愿互谅的基础上直接进行磋商，并无任何第三方参与。协商可以在纠纷的任何阶段进行，是一种被广泛采用的当事人自行解决商事争议的方式。

（二）调解

调解是指争议的当事人通过合意自愿将他们之间的争议交付给他们信任的中立的第三方，由中立的第三方以适当的方式促进双方当事人协商达成和解的一种争议解决方式。调解在英文中一般被译成 Conciliation 或 Mediation，两者可以交换使用，没有实质的区别。[②]调解是 ADR 中最常见、最重要的一种。

调解必须在双方当事人自愿的基础上进行。进行调解的第三方可以由双方当事人自由选定。但在商事争议解决实践中，对于独立的调解程序而言，双方当事人一般选择专门的调解机构或仲裁机构进行调解。

调解的优越性在于它可以借助调解员的专业技术和解决争议的技巧方便、快捷地帮助当事人解决争议，调解达成的调解协议对当事人具有合同上的约束力。

值得一提的是，在中国的法院和仲裁机构审理案件过程中，法官和仲裁员通常在征得当事人同意后对案件进行调解，促成当事人达成和解。这种实践做法分别被称作"诉讼和调解相结合"或"仲裁和调解相结合"。在这种实践中，通过调解达成的协议所形成的文书与判决书或裁决书具有同等法律效力。

（三）其他形式的 ADR

除调解外，ADR 还包括其他形式，如专家裁定（Expert Determination）、微型审理（Mini-trial）、早期中立评估（Early Neutral Evaluation）等。

[①]　Alternative Dispute Resolution，译作"解决争议的替代办法"。关于 ADR 的范围，传统上指替代诉讼的所有争议解决方法（包括仲裁在内）。现在，大多数可接受的观点认为，ADR 指除了诉讼和仲裁以外的其他替代性的争议解决方式（不包括仲裁）。

[②]　王生长. 仲裁和调解相结合的理论与实务. 北京：法律出版社，2001：51.

专家裁定是当事人选定的主要用于解决技术性或其他专业性争议的方法。关于专家裁定的主要内容，下文将有专门的介绍。

微型审理是一种预测性程序，其目的在于通过向当事人告知其在纠纷中所具有的优势和劣势，并预测可能的裁判结果，促使当事人达成和解。其审理过程大致如下[①]：

当事人的有关人员分别向由双方的高级管理层和中立的第三人共同组成的"法庭（Tribunal）"陈述案情，而中立第三人则在评估纠纷方面提供法律帮助，并可以应要求告知可能的诉讼结果。在此基础上，双方当事人的高级管理层和中立的第三人开始谈判或召开调解会议。

早期中立评估是谈判的一种派生形态，它是指在纠纷发生后，双方当事人把纠纷提交给一名中立人或中立人小组，请求后者就可能的诉讼结果作出预测，以鼓励当事人实现和解。[②]

（四）仲裁

仲裁是指争议双方根据事先或者争议发生后达成的协议，自愿将其争议提交给第三方，由第三方按照一定程序居中裁判作出裁决，该裁决对争议双方当事人具有终局法律约束力的一种争议解决方式。

经过长期的发展，仲裁已经成为一种主要的商事争议解决方式。受理仲裁案件的第三方通常是常设的仲裁机构或临时仲裁庭，其作出的仲裁裁决依法或依国际条约可在仲裁地的法院或其他外国法院得到承认和执行。在国际商事案件中，仲裁是商人们解决争议的首选方法。其主要原因是根据 1958 年《联合国承认和执行外国仲裁裁决公约》（也称《纽约公约》）的规定，在一个缔约国作出的仲裁裁决，可在其他缔约国得到承认和执行。《纽约公约》具有广泛的代表性，截至 2015 年 9 月 17 日，有缔约国 156 个。[③] 我国也是纽约公约的成员方。因此，我国仲裁机构作出的仲裁裁决，依据该公约可在公约的另外 155 个成员方得到承认和执行。

（五）诉讼

诉讼是指双方当事人将争议提交给法院审理的争议解决方式，诉讼不以双方当事人同意为基础，当事人不可以自主选择程序或审判者，诉讼结果具有强制执行力。诉讼是争议解决的最后手段，但是因其对抗性强，很有可能损害双方合作关系，因而并非最好的解决商事争议的方式。特别是在解决国际商事争议中，诉讼无法与仲裁相比，因目前世界上尚没有类似于《纽约公约》的关于承认和执行外国法院判决的国际公约。

[①]　范愉 . ADR 原理与实务 . 厦门：厦门大学出版社，2002：119 - 120.

[②]　范愉 . ADR 原理与实务 . 厦门：厦门大学出版社，2002：120.

[③]　http：//www. newyorkconvention. org/new-york-convention-countries.

二、并购争议的常用解决方式

并购是一种特殊的商事活动，有当事人地域分布分散、交易流程长、涉及金额大、法律关系复杂、涉及专业问题较多等特点，因此，并购纠纷解决方式的选择也具有特殊性。

从国外的实践来看，为快速解决并购争议，当事人倾向于采用专家裁定、调解和仲裁等非诉讼方式来解决。考虑到并购争议的特点，专家裁定、调解和仲裁确实比较适合用于快速解决并购过程中的纠纷。

（一）专家裁定（Expert Determination）

1. 专家裁定的概念和特点

专家裁定（Expert Determination），也译作"专家鉴定"[①] 或"专家判断"[②]，是近年来西方并购实践中经常采用的一种纠纷解决机制，指争议各方将争议提交给一名中立的行业专家进行决断，一般约定其结果对各方均具有约束力。专家裁定因其快速、节约成本和专业性强等特点而受到当事人的欢迎。

专家裁定主要用于解决并购中的财务和技术纠纷，因此类纠纷具有较强的专业性，且常常发生在并购结束阶段，而诉讼和仲裁无法迅速、专业地解决此类纠纷。在这样的背景下，快速、有效率、节省时间和费用的专家裁定应运而生。

2. 专家裁定的适用范围、程序要求和专家的权限

作为一种由当事人自行约定的纠纷解决方式，专家裁定的适用范围、程序要求以及专家的权限均可由当事人自行约定，但在实践中，逐渐形成了一些惯例。

并购中的财务纠纷和技术纠纷专业性很强，法院的审判人员或仲裁员不一定具备相关的专业知识，由行业专家对这类纠纷进行裁决，可以保证裁定结果的专业性。

双方当事人一般在并购初期的协议中或在纠纷发生后的协议中约定对财务纠纷、技术纠纷采用专家裁定进行解决。需要注意的是，在约定专家裁定适用范围时，应注意专家裁定与诉讼、仲裁等其他纠纷解决方式的配合与协调，防止因纠纷解决方式的重合设置而发生不必要的争议。

专家裁定程序由专家选择程序和专家审理程序组成。

关于专家选择程序，双方可以在事先达成的协议中约定专家选择范围（如解决财务纠纷的专家在特定几家会计师事务所中进行选择）、专家人选的更换、时间限制等事项，也可以在纠纷发生后对这些事项进行约定，或者直接使用仲裁机构提供的专家裁定服务。如中国国际经济贸易仲裁委员会、北京仲裁委员会提供的建设工程争议评审服务，就是一种

---

① 艾伦·雷德芬，马丁·亨特. 国际商事仲裁法律与实践. 林一飞，宋连斌译. 北京：北京大学出版社，2005：45.

② 杨良宜，莫世杰，杨大明. 仲裁法. 北京：法律出版社，2006：35.

使用专家裁决解决争议的方式。①

关于专家审理程序，双方可以约定专家审理的具体程序，包括是采用书面审理还是举行听证会、专家审理的地点、采用的语言、专家裁定程序各个阶段的时限要求等。一些仲裁机构制定出了自己的专家裁定程序规则，规定了专家评审组的组成方式，双方当事人也可以在发生纠纷后选择适用此类程序。

专家的权限也是由双方当事人自行约定的，主要有召集当事人进行听证、要求当事人提供材料、进场调查等权限。合理的专家权限设定是专家裁定得以有效进行的前提，因此，在草拟专家裁定解决争议条款时，当事人及其法律顾问应根据实际情况对专家的权限范围进行合理设定。有些仲裁机构，如中国国际经济贸易仲裁委员会采用的专家评审规则具体列举了评审专家的以下八大权限，可供参考：

除非当事人另有约定，评审组的权力包括但不限于②：

（1）决定评审组对所涉争议的管辖权及评审争议的范围；

（2）决定评审程序的安排；

（3）召集会晤、进行现场考察和召开调查会，并决定与此有关的任何程序事宜；

（4）询问当事人、当事人的代理人和证人；

（5）要求当事人提交补充材料和书面意见；

（6）根据评审争议的需要，决定进行鉴定或者聘请专家就某一具体的法律或技术问题出具意见；

（7）在一方当事人缺席的情况下继续评审程序并出具评审意见；

（8）采取其他必要措施保证评审程序顺利进行和评审组正常履行职责。

3. 专家裁定的法律效力

双方当事人可以自行约定专家裁定结果具有的法律效力。一般认为专家裁定只具有契约上的约束力。尽管专家裁定缺乏法院程序或仲裁程序，但其仍然可能产生被当事人接受且具有约束力的决定。③

一般而言，直接约定专家裁定对双方具有约束力有较大风险，双方可以选择专家裁定作出之后依据裁决结果就纠纷事项作出约定，将裁决的效力以合同方式固定下来。

4. 专家裁定与诉讼、仲裁的关系

通过并购各方的合理约定，专家裁定和诉讼、仲裁可以相互配合，形成多层次的并购纠纷解决机制，以解决不同阶段、不同内容的并购纠纷，促进并购的顺利进行。

---

① 建设工程争议评审是指当事人在履行建设工程合同发生争议时，根据约定，将有关争议提交争议评审组进行评审，由评审组作出评审意见的一种争议解决方式。参见 2010 年 5 月试行的中国国际经济贸易仲裁委员会《建设工程争议评审规则》。

② 参见 2015 年 1 月 1 日试行的中国国际经济贸易仲裁委员会《建设工程争议评审规则》第 27 条。

③ 艾伦·雷德芬，马丁·亨特. 国际商事仲裁法律与实践. 林一飞，宋连斌译. 北京：北京大学出版社，2005：44.

在并购纠纷解决方式中，专家裁定与诉讼、仲裁之间的关系目前并无定论。① 一般而言，一旦专家组作出决定，则这种决定通常是有约束力的，并且必须被执行，除非或直到该决定被之后的仲裁所推翻。②

专家裁定事项是否可以排除司法机关的管辖，司法机关或仲裁庭是否有权就专家的独立公正性进行审查、是否有权就专家裁定结果的正确性进行审查，以及是否有权撤销专家裁定结果等问题，国内外的实践尚没有定论。就目前的情形来看，构成 ADR 一部分的专家裁定，尽管其鉴定或裁决程序本身更像仲裁程序，例如评审组的专家指定程序、对专家的独立和公正履行职责的要求、评审组的权力、评审意见送交仲裁机构核阅程序等③，但其尚不具有像仲裁裁决一样的终局效力。

当事人如果将专家裁定的结果以合同方式确定下来，那么司法机关或仲裁庭可以直接依据双方的合同进行裁判。

5. 专家裁定的不足与克服

专家裁定具有以下几点不足：

（1）鉴于当事人约定的不规范的专家裁定条款，有时很难判断双方在协议中约定的条款是否是专家裁定条款。

（2）如果当事人在协议中约定了专家裁定、调解、仲裁或诉讼等多种纠纷解决方式，且并未对各种解决方式的适用范围进行明确区分，有时很难判断某个具体问题适用哪种纠纷解决手段。

（3）很难确保专家裁定的程序符合双方当事人约定的程序要求。

（4）专家裁定中经常会出现超越专家知识范围的法律纠纷。

（5）如果法院或仲裁庭认为其审理不受专家裁定结果的约束，则需要对专家已经作出裁定的纠纷再次进行审理，造成资源和时间的浪费。

尽管有以上缺点和不足，但专家裁定作为 ADR 的一种，为当事人之间快速解决争议提供了一种方法上的选择，应鼓励当事人采用。

鉴于以上考虑，为了避免以上问题的发生，建议当事人采用提供专家评审服务的纠纷解决机构推荐的标准条款，以便顺利地利用专家裁定这种方法快速解决争议。

（二）调解

1. 并购争议中调解的特点

并购作为一种特殊的商事交易，具有涉及资金量大、法律关系复杂、专业性强等特

---

① M&A disputes and expert determination: getting to grips with the issues, Balz Gross, http://www. homburger. ch/fileadmin/publications/M_A_disputes_and_expert_determination_01. pdf，［2011 - 12 - 22］.

② 艾伦·雷德芬，马丁·亨特. 国际商事仲裁法律与实践. 林一飞，宋连斌译. 北京：北京大学出版社，2005：45.

③ 参见中国国际经济贸易仲裁委员会《建筑工程争议评审规则（试行）》的相关规定，http://cn. cietac. org/Accreditation/index. asp? hangye=1，［2011 - 12 - 28］.

点，因此，并购纠纷中的调解需要调解人具备法律或行业知识背景，对调解人的专业能力和斡旋能力要求较高；同时，并购纠纷中的调解具有较严格的程序限制，由于并购事项关系重大，并购纠纷发生后的调解也应该对时限、调解人员选择等程序事项作出具体约定，以保证调解可以快速、有效地进行。

2. 调解宜作为仲裁的前置程序

调解作为一种对抗性弱、回旋余地大的纠纷解决方式，可以很好地将纠纷化解在萌芽阶段，因此，在并购争议中将调解设置为仲裁的必经前置程序，作为最后解决争议手段的仲裁的有益补充，可以在很大程度上维护双方的合作关系，也可以促进纠纷的快速、圆满解决。但是，为了避免被意图拖延仲裁程序的当事人滥用，在起草包含调解在内的争议解决条款时，应注意表明：任何一方当事人都可以在任何时间或在经历一段简短的特定时间的协商、调解后提起仲裁，以避免一方当事人因未能满足仲裁的前提条件（协商或调解）而引发争论。①

3. 调解员的适当选择

调解员的选择应当重视两个标准，即中立性和专业性。调解人员的居中斡旋可以促进双方沟通，促使双方作出让步，有利于纠纷的解决。但是调解人员的中立性并不一定意味着调解人员必须来自独立的第三方。在实践中，一些纠纷由并购双方母公司高管等未直接参与并购的管理人员组成调解小组进行调解，也收到了非常好的效果。

调解人员的专业性可以保证其能够充分理解双方的利益冲突，依据经验和专业知识灵活地从中斡旋。为了保证调解人员的专业性，纠纷双方可以选择独立的行业专家或者未直接参与并购交易的并购双方的高级管理人员进行调解。

4. 调解机构

此外，当事人也可约定选择由独立的第三方提供的调解服务，如专门的调解机构或仲裁机构提供的调解服务。

4.1 仲裁机构的调解服务

国际上主要的商事仲裁机构一般都提供快速解决争议的调解服务，并为此制定了专门的调解程序规则。例如，国际商会仲裁院提供 ADR 服务，并制定有 ADR 规则②；北京仲

---

① 类似的条款如下："In the event of any dispute, controversy, or claim arising out of, relating to, or in connection with this contract, or the breach, termination, or validity thereof, a party wishing to commence arbitration shall first serve notice on the proposed respondent (s) that a dispute has arisen and demand that〔negotiation, conciliation, or mediation〕commence."〔specify procedure of negotiation, conciliation, or mediation〕commence. "Notwithstanding anything else contained herein, any party to such〔negotiation, conciliation, or mediation.〕shall have the right to commence arbitration at any time after the expiration of〔30 days〕after service of such demand for〔negotiation, conciliation, or mediation〕under this subsection. Any dispute concerning the propriety of the commencement of the arbitration shall be finally settled by arbitration pursuant to this section." See DEBEVOISE & PLIMPTON LLP, Annotated Model Arbitration Clause for International Contracts (2011), p. 25.

② http: //www. iccwbo. org/uploadedFiles/Court/Arbitration/other/adr_rules. pdf.

裁委员会提供调解服务，并制定有专门的调解规则和调解员名册，供当事人选用。[1]

4.2 调解机构的调解服务

目前世界上有很多专门的主要以调解的方法帮助当事人解决纠纷的机构，例如中国国际贸易促进委员会/中国国际商会调解中心[2]、上海经贸商事调解中心。[3]

5. 调解达成的和解协议的法律效力

经调解达成的和解协议视为双方达成的新的协议，与一般合同的法律效力相同。

实践中，为了增强调解协议的效力，使其具有可执行性，当事人可将调解协议提交仲裁机构作出裁决。调解机构一般会建议在调解协议中加入一个仲裁条款[4]，由仲裁条款约定的仲裁机构以和解裁决的形式赋予调解协议以法律强制执行力。仲裁机构对和解裁决案件一般采用快速解决争议程序，如规定由一名仲裁员审理，且具体的仲裁程序和期限可不受仲裁规则其他条款的限制等。[5]这种在实践中发展起来的仲裁和调解相结合的做法，在目前的法律框架下，比较好地解决了当事人关心的调解协议的强制执行力问题，实现了调解和仲裁两种争议解决机制的对接。

（三）仲裁

仲裁因其具有的终局法律效力和世界范围内的广泛的可执行性，已经成为国际商事并购中当事人首选的争议解决方式。

1. 仲裁在解决并购纠纷中的优势

仲裁在解决并购争议中的优势表现为以下几点：

（1）双方当事人可以自主选择审理案件的仲裁员。并购纠纷中常常涉及复杂的估值或财务问题，这就要求解决争议者具有行业或财务专业知识，而司法机关的法官并不一定能满足这种要求。

（2）涉及并购争议的各方通常不愿意将并购的细节公之于众，以防止竞争对手获取自

---

① http：//www.bjac.org.cn/mediation.

② 中国国际贸易促进委员会/中国国际商会调解中心及其各分会的调解中心，是以调解的方式，独立、公正地帮助中外当事人解决商事、海事等争议的常设调解机构。该中心成立于 1987 年，原名北京调解中心，现已在全国各省、市、自治区及一些重要城市设立分会调解中心共 42 家，形成了庞大的调解网络。各调解中心使用统一的调解规则，在业务上受总会调解中心的指导。http：//adr.ccpit.org/.

③ 上海经贸商事调解中心经上海市商务委、上海市社团局批准，于 2011 年 1 月 8 日正式成立，系作为独立第三方的商事调解机构。http：//www.scmc.org.cn.

④ 中国国际贸易促进委员会/中国国际商会调解中心调解规则（2011 年 12 月 6 日）第 28 条规定：当事人可以在调解协议中订立如下仲裁条款："任何一方均可将本调解协议提交中国国际经济贸易仲裁委员会，由该会主任指定一名独任仲裁员，组成仲裁庭，按照调解协议的内容作出仲裁裁决。仲裁庭有权按照其认为适当的程序和方式审理案件，且具体程序和期限不受该会仲裁规则有关条款的限制。仲裁裁决是终局的，对各方当事人均有约束力。"

⑤ 中国国际经济贸易仲裁委员会仲裁规则（2015 年 1 月 1 日版）第 47 条规定："仲裁与调解相结合……（十）当事人在仲裁程序开始之前自行达成或经调解达成和解协议的，可以依据由仲裁委员会仲裁的仲裁协议及其和解协议，请求仲裁委员会组成仲裁庭，按照和解协议的内容作出仲裁裁决。除非当事人另有约定，仲裁委员会主任指定一名独任仲裁员成立仲裁庭，由仲裁庭按照其认为适当的程序进行审理并作出裁决。具体程序和期限，不受本规则其他条款关于程序和期限的限制。"

己的商业秘密，但法院审理由于其公开性而无法满足这一要求，仲裁却可以采取全程保密的方式进行，因而具有保密性。

（3）并购争议常常会涉及不同国家的当事人，其使用的语言不尽相同，仲裁程序允许当事人自由选择仲裁过程中使用的语言，而法院通常在其审理程序中使用法院地的通用语言。

（4）仲裁比诉讼更友善、更商务化，而且由于经济因素在并购纠纷中占中心地位，其纠纷常常可以达成和解，而具有专业知识和行业背景的仲裁员可以促使双方达成和解协议，以最终解决纠纷。

仲裁裁决具有法律强制执行力。执行仲裁裁决的法律依据是各国关于仲裁的程序法（包括专门的仲裁法或民事诉讼法）以及关于仲裁的国际公约，例如 1958 年《联合国承认和执行外国仲裁裁决公约》。① 尤其是涉外并购案件，因可能涉及仲裁裁决的域外执行，所以一定要选择仲裁作为并购争议的解决方式。

2. 仲裁在并购不同阶段的使用

2.1 并购初始阶段的争议解决

并购活动初始阶段一般包括以下内容：初始的试探性会谈（Initial Exploratory Talks）、资料备忘录（Information Memorandum）的签订、初步协议的签订和包括尽职调查以及交易结构商谈在内的谈判阶段。

在这个阶段，需注意以下纠纷解决方式的设置：

（1）备忘录或者意向书中的纠纷解决方式设置。双方就交易的必备条款达成一致后，通常会起草并签订一份备忘录或者意向书，在其中列出设想中的交易结构。这种约定在当事人之间产生了要求履行协商、善意作为等义务的法律关系，当事人不履行此类义务可能会导致纠纷的发生。为了顺利通过仲裁方式解决此类纠纷，当事人需要在备忘录或意向书中约定仲裁条款，或者在发生争议之后达成仲裁协议，将纠纷提交给仲裁机构进行仲裁。

（2）保密和独家协议（Confidentiality and Exclusivity Agreement）中的纠纷解决方式设置。并购双方通常会签订保密和独家协议，约定双方不得披露谈判或尽职调查中获得的对方商业秘密，以及被收购方在一段时间内不得与其他公司进行关于并购的接触。当一方违背这种协议时，双方常常会对相关的合同罚金、损害赔偿和禁令等问题发生争议，因此，在保密和独家经营协议中，应该约定仲裁条款，以促进此类纠纷的快速、专业解决。

（3）尽职调查阶段发生纠纷的解决机制设置。尽职调查的结果对于双方的进一步谈判甚至最终的并购结果具有重要的意义，所以尽职调查阶段也常常会发生纠纷，最常见的是关于被收购方前期披露内容的纠纷。此时双方的纠纷主要集中于被收购方披露信息的完整性和对敏感信息以及企业经营困难的披露义务履行情况，这种纠纷会直接影响后续谈判和最终的并购结果。因此，通过约定针对此类纠纷的仲裁条款，可以协助双方尽快解决争议

---

① http://www.newyorkconvention.org/new-york-convention-countries.

并顺利地进行后续操作。

综上，在并购初始阶段，双方可能因为保密协议、信息披露等问题发生纠纷，这些纠纷的解决需要较快的速度和严格的保密，这就使得仲裁成为这个阶段纠纷的最有效解决手段。但在具体案件中，并不能一味依赖仲裁来解决争议，律师需要根据实际情况和双方的意愿灵活选择调解、谈判、专家裁定等方式与仲裁相配合，以期妥善解决纠纷。

2.2　并购完成阶段的争议解决

在并购协议达成或双方资产转移之后，双方当事人仍然可能因为被并购方的虚假陈述、资产的估值、资产的权利瑕疵等问题发生争议，仲裁在解决这些纠纷的过程中也可以发挥重要作用。

（1）关于陈述与保证的争议。在并购完成阶段，双方常常会因为卖方在合同中作出的关于财务状况、财产权属、财产估值和交易合法性等事项的陈述与保证和事实不符等问题发生争议。这种争议的解决同样需要较强的专业性和保密性，所以更适合通过仲裁解决。

（2）关于并购价格的争议。当前的并购常常不再沿用以往一次性支付对价的方式，而是通过设立财务表现支付计划（Earn out）[①] 来完成支付。具体而言，财务表现支付计划是指由于交易双方对价值和风险的判断不一致，买方除支付基本并购对价外，还将按照未来一定时期内被并购方的业绩表现进行支付的交易模式。在这种支付方式下，如果被并购方在约定时间内的盈利水平无法达到买方的要求，则双方很可能因为对价支付方面的意见不一致而发生争议；同时，涉及并购对价支付的财产估值、价格调整条款等问题也非常容易引发争议。这些争议涉及大量的财务问题和商业秘密，且具有急迫性，也适合采用仲裁的方式解决。

此外，并购完成阶段以及并购完成后的运营阶段还可能发生关于知识产权权属或许可、特许经营权等问题的争议，并购中律师应该予以审慎考虑并合理设置纠纷解决条款。

（四）并购合同中仲裁条款的设置

1. 起草仲裁条款需要考虑的一般因素

起草仲裁条款，首先，要考虑仲裁地点所在的国家关于仲裁的法律规定，特别是对仲裁条款内容或效力的特别规定；其次，要考虑是选择机构仲裁还是 Ad hoc 仲裁（临时仲裁）；再次，要考虑具体的仲裁机构选择、适用的仲裁规则、合同准据法、仲裁地点、仲裁语言等相关因素。

1.1　机构仲裁还是 Ad hoc 仲裁

目前，世界范围内存在众多提供国际商事仲裁服务的仲裁机构，较知名的有巴黎国际

[①]　Earn-out 是指原始并购对价之外的支付，如果被并购方在并购后一段时间内的财务表现优于并购协议事先约定好的水平，则并购方应向被并购方进行这种额外的支付，Earn-out 条款常常用在并购双方无法就并购对价达成一致意见的情形下，也译作"基于财务表现额外对价条款"。

商会仲裁院（ICC）[1]、瑞典斯德哥尔摩商会仲裁院（SCC）[2]、香港国际仲裁中心、中国国际经济贸易仲裁委员会等。这些仲裁机构具有悠久的历史和良好的口碑，具备强大的仲裁员队伍和严谨的仲裁规则，可以为当事人提供专业的仲裁服务。选择机构仲裁是目前解决并购纠纷的主流方式。

Ad hoc 仲裁，即临时仲裁，是指双方约定不选择机构仲裁，而自行选择仲裁员并约定仲裁地点、仲裁语言、仲裁规则以及适用法律等仲裁事项，由双方选定的仲裁员对纠纷进行仲裁，仲裁裁决对双方具有约束力。临时仲裁的优点在于费用省俭（不必缴纳仲裁机构管理费）且自由度更高，但是目前我国现行的仲裁法只承认机构仲裁而并未明确承认临时仲裁。根据《纽约公约》的规定，临时仲裁裁决也是《纽约公约》认可的一种裁决形式，对于在《纽约公约》其他缔约国内作出的临时仲裁裁决，我国法院也予以承认和执行。

1.2　仲裁机构的选择

如果选择机构仲裁，则应当仔细考虑仲裁机构。在选择仲裁机构时，应当结合仲裁机构所在地、仲裁机构的仲裁规则、仲裁机构的仲裁员队伍、仲裁机构裁决承认与执行的便利程度以及仲裁费用等问题综合考虑，选择最有利于当事人的仲裁机构。

1.3　仲裁规则的选择

一般而言，仲裁机构都会推荐选用自己的仲裁规则进行仲裁，不过目前很多仲裁机构也同意当事人自由选择或修改仲裁规则。在选择仲裁规则时，律师应当结合当事人的实际需求，选择在审理方式、审理时限等方面最有利于当事人的仲裁规则或者对相关仲裁规则进行修改后使用。

1.4　合同准据法的选择

国际并购合同常常涉及不同国家的当事人，由于不同国家民商事法律的差异，同样的法律事实很可能依据不同国家的法律得到不同的认定，从而使得同一案件依据不同国家的法律可能得出完全不同的结论。因此，选择适用最有利于当事人的准据法，是并购合同纠纷解决方式设置中最重要的环节之一。

此外，由于仲裁条款的独立性，当事人可以约定仲裁条款独自适用的准据法，仲裁条款准据法的选择会直接影响到仲裁条款有效性的认定，也十分重要。

1.5　仲裁地点的选择

仲裁地点的选择直接决定了仲裁程序法的适用。因此，首先应该考虑仲裁地的程序法对仲裁程序的潜在影响，以及在该地作出的裁决是否可以得到相关国家的承认与执行，然后考虑仲裁地点选择所涉及的时间、交通成本等问题。

1.6　仲裁语言的选择

与诉讼相比，仲裁的一大优点在于当事人可以自由选择仲裁程序使用的语言。一般而

---

① 巴黎国际商会仲裁院，the International Court of Arbitration of the International Chamber of Commerce（ICC）.

② 瑞典斯德哥尔摩商会仲裁院，the Arbitration Institute of the Stockholm Chamber of Commerce（SCC）.

言，应当依据双方参与诉讼人员的语言能力来决定仲裁程序使用的语言，选择双方均掌握的语言可以保证双方对仲裁程序的有效参与，也可以节省翻译费用。

2. 多层级的仲裁条款（Multi-tier Arbitration Clause）

多层级解决争议条款设计，一般是要求争议双方当事人先经过一个冷静期（Cooling Period），在这个期间内尝试解决争议的替代办法（ADR），在尝试 ADR 解决争议失败后再去启动有法律约束力的仲裁。实践中，两层级的解决争议条款比较常见，一般是要求在启动仲裁程序前先进行其他 ADR 的争议解决方法，主要是调解或者专家裁定。①

有些机构推荐的争议解决条款就是先调解后仲裁的两层级争议解决条款，例如波罗的海国际海运理事会（BIMCO）与伦敦海事仲裁员协会（LMAA）推荐的仲裁条款。② 该推荐的仲裁条款（a）部分是关于仲裁的约定，而（b）部分就是内容复杂的关于调解的约定。

关于先进行专家裁定、后进行仲裁的两层级的争议解决条款往往适用于技术性非常强的工程或其他合同中，需要由技术专家作出相关专业性判断后再进行仲裁。

例如、中国国际经济贸易仲裁委员会推荐的如下示范条款：

"合同各方同意适用中国国际经济贸易仲裁委员会建设工程争议评审规则（以下简称'评审规则'），成立常设评审组［或临时评审组］，评审组由三人［或一人］组成。

凡因本合同引起的或与本合同有关的任何争议，合同各方均可提交评审组，根据评审规则解决。争议未经评审或者经评审未能最终解决的，应当提交中国国际经济贸易仲裁委

---

① 杨良宜，莫世杰，杨大明．仲裁法．北京：法律出版社，2006：35．

② BIMCO/LMAA Arbitration Clause（2009）(a) This Contract shall be governed by and construed in accordance with English law and any dispute arising out of or in connection with this Contract shall be referred to arbitration in London······ (b) Notwithstanding the above, the parties may agree at any time to refer to mediation any difference and/or dispute arising out of or in connection with this Contract. In the case of a dispute in respect of which arbitration has been commenced under the above, the following shall apply：（ⅰ）Either party may at any time and from time to time elect to refer the dispute or part of the dispute to mediation by service on the other party of a written notice (the "Mediation Notice") calling on the other party to agree to mediation. （ⅱ）The other party shall thereupon within 14 calendar days of receipt of the Mediation Notice confirm that they agree to mediation，in which case the parties shall thereafter agree a mediator within a further 14 calendar days, failing which on the application of either party a mediator will be appointed promptly by the Arbitration Tribunal（"the Tribunal"）or such person as the Tribunal may designate for that purpose. The mediation shall be conducted in such place and in accordance with such procedure and on such terms as the parties may agree or，in the event of disagreement，as may be set by the mediator. （ⅲ）If the other party does not agree to mediate，that fact may be brought to the attention of the Tribunal and may be taken into account by the Tribunal when allocating the costs of the arbitration as between the parties. （ⅳ）The mediation shall not affect the right of either party to seek such relief or take such steps as it considers necessary to protect its interest. （ⅴ）Either party may advise the Tribunal that they have agreed to mediation. The arbitration procedure shall continue during the conduct of the mediation but the Tribunal may take the mediation timetable into account when setting the timetable for steps in the arbitration. （ⅵ）Unless otherwise agreed or specified in the mediation terms，each party shall bear its own costs incurred in the mediation and the parties shall share equally the mediator's costs and expenses. （ⅶ）The mediation process shall be without prejudice and confidential and no information or documents disclosed during it shall be revealed to the Tribunal except to the extent that they are disclosable under the law and procedure governing the arbitration. （Note：The parties should be aware that the mediation process may not necessarily interrupt time limits. ）. http：//www. lmaa. org. uk/lmaa-bimco-clause. aspx，［2011-12-27］.

员会，按照申请仲裁时该会现行有效的仲裁规则进行仲裁。仲裁裁决是终局的，对双方均有约束力。"

此外，当事人可以补充约定：

"评审组在发出评审意见前应当将评审意见草案提交中国国际经济贸易仲裁委员会进行核阅。"[1]

3. 并购实践中多层级的争议解决条款的设置

如前文所述，在并购过程中，不同阶段均有可能发生争议，且不同阶段发生的争议具有各自不同的特点。因此，针对这些特点，选择适当的争议解决方式，构建多层次的争议解决机制，是促进并购纠纷快速、妥善解决的最佳途径。

所谓多层级的争议解决条款，即包含专家裁定、调解和仲裁在内的多层级的争议解决条款，可以适应不同阶段、不同性质的争议解决。

3.1　并购前期的争议解决方式选择

例如，在前期的备忘录或意向书中，可以约定调解和仲裁相结合的两个层级的争议解决方式。如下所示：

"双方因备忘录或备忘录的履行发生的任何争议，应当首先由双方协商解决，在一方提出协商请求后一个月内未达成一致的，则应进入调解程序，调解方由双方共同选出，选择的范围包括双方未直接参与并购案的高管、行业资深专家和仲裁员等，进入调解程序后一个月内，双方仍未达成一致意见的，则任一方有权向北京中国国际经济贸易仲裁委员会提交仲裁，仲裁结果对双方具有约束力，仲裁地点为北京，仲裁适用中国国际经济贸易仲裁委员会仲裁规则，仲裁程序使用英文，本争议解决条款的准据法为中国法。"

3.2　并购过程中特殊类型纠纷的争议解决方式选择

对并购过程中发生的财务、技术等特殊类型的纠纷，可以另外约定专家裁定作为这类争议的解决方式，具体的条文措辞举例如下：

"虽然本合同第××条已对因本合同或本合同的履行而发生的争议的解决方式作出了约定，但与××项资产并购过程中资产估值、财务处理有关的争议应当在经历本合同第××条规定的协商和调解过程后进入专家裁定程序，裁决专家应由双方从×××律师事务所、×××会计师事务所和×××资产评估事务所的高级合伙人中选择，裁决专家组由律师、注册会计师、注册资产评估师各一人组成，专家裁定程序中，裁决专家可以以进场调查、审阅书面文件和面谈的方式进行审理，专家裁定应于裁决专家小组建成后一个月内作

---

[1] http://cn.cietac.org/Accreditation/index.asp?hangye=4，[2011-12-28]．另外，以下是一个英文的两层级的先专家裁决后仲裁的条款："Any dispute-shall-in the first place be referred in writing to and settled by a Panel of three persons（acting as independent experts but not as arbitrators）-；-the Contractors and Employer shall both give effect forthwith to every such decision of the Panel-unless and until the same shall be revised by arbitration—all disputes or differences—shall be finally settled under the Rules of Conciliation and Arbitration ofthe International Chamber of Commerce by three arbitrators appointed under such Rules—The seat of arbitration shall be Brussels. The construction validity and performance of the contract shall—be governed by and interpreted in accordance with the principles common to both English law and French law—"转引自杨良宜，莫世杰，杨大明．仲裁法．北京：法律出版社，2006：35.

出。双方均应受专家裁定结果约束，不得再就纠纷事项提起诉讼或仲裁"。

以上条款是基于当事人事先约定专家裁定具有终局性而作出的。如果当事人选择不约定专家裁定的终局性，则可采用专家裁定与仲裁相结合的两个层级的争议解决方式。例如，可进一步约定，如果当事人对专家裁定有异议，可以将争议提交仲裁解决。

4. 仲裁条款的可执行性与标准仲裁条款

在仲裁实践中，经常出现由于仲裁条款内容的不一致、不确定或不可执行等瑕疵而导致当事人仲裁的意愿无法实现、仲裁机构或仲裁庭无法行使仲裁管辖权的情况。[①] 因此，在签订合同阶段草拟好合同中的争议解决条款就显得非常重要，因为在争议实际发生后，当事人之间很难达成仲裁协议或很难就仲裁协议的补充达成一致。

为方便起见，国际上主要的仲裁机构都提供推荐的或称标准的仲裁条款供当事人选用。以下列举部分仲裁机构的标准仲裁条款。

4.1 中国国际经济贸易仲裁委员会推荐的仲裁条款（中英文）：

"凡因本合同引起的或与本合同有关的任何争议，均应提交中国国际经济贸易仲裁委员会，按照申请仲裁时该会现行有效的仲裁规则进行仲裁。仲裁裁决是终局的，对双方均有约束力。"

"Any dispute arising from or in connection with this Contract shall be submitted to the China International Economic and Trade Arbitration Commission for arbitration which shall be conducted in accordance with the Commission's arbitration rules in effect at the time of applying for arbitration. The arbitral award is final and binding upon both parties. "

4.2 瑞典斯德哥尔摩商会仲裁院推荐的调解/仲裁两层级仲裁条款

"Anydispute, controversy or claim arising out of or in connection with this contract, or the breach, termination or invalidity thereof, shall be solved by mediation in accordance with the Rules of the Mediation Institute of the Stockholm Chamber of Commerce.

Where the dispute cannot be settled by mediation, it shall be finally settled by arbitration administered by the Arbitration Institute of the Stockholm Chamber of Commerce (the 'SCC').

The Rules for Expedited Arbitrations shall apply, unless the SCC in its discretion determines, taking into account the complexity of the case, the amount in dispute and other circumstances, that the Arbitration Rules shall apply. In the latter case, the SCC shall also decide whether the Arbitral Tribunal shall be composed of one or three arbitrators. "

此外，该机构还推荐在仲裁条款中增加有关仲裁地点、仲裁语言和准据法的约定，

---

① 例如，根据中华人民共和国仲裁法的规定，在仲裁协议中必须指明仲裁机构，如果没有指明仲裁机构且事后当事人未能就仲裁机构达成一致的，则该仲裁协议是无法执行的。

例如：

"The seat of arbitration shall be [...].

The language to be used in the arbitral proceedings shall be [...].

This contract shall be governed by the substantive law of [...]. "

4.3　巴黎国际商会仲裁院（ICC）推荐的仲裁条款（中英文）

"凡产生于或与本合同有关的一切争议均应按照国际商会仲裁规则由依据该规则指定的一名或数名仲裁员终局解决。"

"All disputes arising out of or in connection with the present contract shall be finally settled under the Rules of Arbitration of the International Chamber of Commerce by one or more arbitrators appointed in accordance with the said Rules. "

值得注意的是，仲裁机构根据实践中遇到的问题可能对其推荐的仲裁条款进行适时修改，因此，建议在选择使用标准仲裁条款时先查阅相关仲裁机构最新的推荐仲裁条款，并根据实际情况进行相应取舍修改，以适应不同案件的具体情况。

（五）国际投资仲裁（Investor-State Arbitration）

1. 东道国与投资者之间的争议解决概述

国际并购达成之后，就形成了国际投资关系。国际投资可能涉及的主体有外国投资者、东道国合作者以及东道国政府，相应地，国际投资争议可以分为外国投资者和东道国合作者之间的争议以及外国投资者与东道国政府之间的争议。

外国投资者与东道国合作者之间的争议是平等主体之间的民商事争议，一般可采用协商、调解、仲裁和诉讼等方式解决。但是，外国投资者与东道国政府之间的争议，因其争议双方地位不平等、适用法律复杂等特点，其纠纷解决方式也具有特殊性。目前国际上主要用仲裁手段解决这类纠纷，这种"东道国与外国投资者之间的仲裁（Investor-State Arbitration）"与通常意义上的国际商事仲裁不同，它是依据国家之间的投资协定（双边或多边的）进行的仲裁，亦称为"投资仲裁（Investment Arbitration）"或"投资条约仲裁（Investment Treaty Arbitration）"，为叙述方便起见，以下统称"投资仲裁"。

2. 投资仲裁管辖权的依据

与国际商事仲裁类似，投资仲裁管辖权的法律依据也是仲裁协议。但与国际商事仲裁不同的是，投资仲裁中的仲裁协议通常不是发生投资争议的双方当事人之间直接达成的。投资仲裁管辖权的依据一般是东道国（在仲裁中通常是"被申请人"）和外国投资者（在仲裁中通常是"申请人"）所属国家的投资条约中关于仲裁的约定。在投资仲裁中，处理争议的实体法律是可适用的投资条约和国际公法。

历史上，投资者本身没有向东道国请求赔偿或其他救济的直接权利，投资者必须依赖本国政府，代表其提出索赔。后来许多双边投资协定在争端解决条款上做了彻底的改革。这一改革因 1965 年缔结的《解决国家与他国国民间投资争端公约》所创立的"国际投资争议解决中心（ICSID）"机制而成为现实。①

目前，在投资仲裁中既有机构仲裁也有临时仲裁。作为常设仲裁机构，ICSID 和斯德哥尔摩商会仲裁院（SCC）都提供投资仲裁服务。

3. 受理投资仲裁案件的机构或仲裁庭

目前作为常设仲裁机构受理投资争议的主要有 ICSID 和 SCC。

3.1 ICSID 仲裁简介

ICSID（International Centre for Settlement of Investment Disputes），即国际投资争端解决中心，是世界银行制定的《解决国家与他国国民间投资争端公约》（也称《华盛顿公约》②）所创设的旨在为各缔约国和其他缔约国国民之间的投资争端提供调解和仲裁的机构。

ICSID 体系中存在调解和仲裁两种争端解决机制，仲裁发挥着主要作用。

当事方要将争端提交给 ICSID 进行仲裁，必须满足争议当事人适格、争议性质适格和争议方书面同意将争议提交给 ICSID 等三个条件。

根据《华盛顿公约》第 25 条的规定，ICSID 的管辖适用于缔约国（或缔约国向中心指定的该国的任何组成部分或机构）和另一缔约国国民之间直接因投资而产生并经双方书面同意提交给中心的任何法律争端。当双方表示同意后，任何一方不得单方面撤销其同意。

关于同意提交仲裁的形式，ICSID 公约没有规定具体的形式，实践中书面形式的种类主要有③：

（1）东道国与外国投资者之间的协议中的"ICSID 仲裁条款"。

（2）争端当事双方在争端发生后达成专门的"ICSID 仲裁协议"。

（3）东道国外资立法中规定同意将其与外国投资者之间的争端提交 ICSID 管辖，争端发生后，外国投资者以书面形式表示接受。

（4）投资保护协定中的"ICSID 仲裁条款"。

（5）区域性投资条约中的 ICSID 机制。

ICSID 仲裁庭由争议双方选择的奇数仲裁员组成，当事人可以选择 ICSID 仲裁员名单中的仲裁员，也可以不受名单约束自由选择仲裁员，在约定期限内无法组成仲裁庭的，由 ICSID 行政理事会主席从 ICSID 仲裁员名单中选择仲裁员。ICSID 仲裁裁决对当事人具有约束力，且根据《华盛顿公约》，缔约国有义务承认和执行。

---

① 艾伦·雷德芬，马丁·亨特. 国际商事仲裁法律与实践. 林一飞，宋连斌译. 北京：北京大学出版社，2005：508-510.

② 《华盛顿公约》，1965 年由世界银行执行董事会通过，1966 年生效，随之成立了隶属于世界银行的"国际投资争端解决中心（ICSID）"。截至 2011 年 12 月 22 日，共有 157 个国家签署了该公约，其中 147 个国家已接受或批准公约，见 http：//icsid. worldbank. org/ICSID/FrontServlet? requestType = CasesRH&actionVal = ShowHome&pageName = MemberStates_Home，2011-12-22. 我国政府代表于 1990 年 2 月 9 日签署该公约，于 1993 年 1 月 7 日交存批准书。公约于 1993 年 2 月 6 日对我国生效。中国在加入该公约时提出一项保留，即中国政府认为 ICSID 只对因征收和国有化而产生的纠纷具有管辖权。

③ 黄东黎. 国际经济法. 北京：社会科学文献出版社，2006：398.

随着国际商贸关系的发展，ICSID 在解决国际投资纠纷中起到了越来越重要的作用，由图 10-1 可以看出 ICSID 按年度统计的受案数量。① 截至 2011 年 12 月 29 日，ICSID 共审结 227 起案件（Concluded Cases），另有 142 起未决案件（Pending Cases）。②

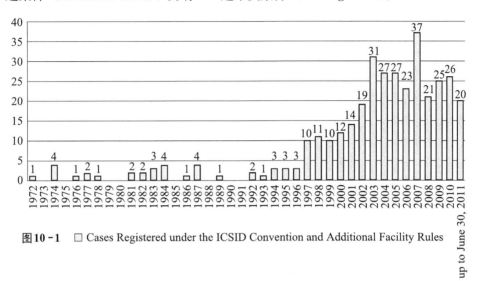

图 10-1　□ Cases Registered under the ICSID Convention and Additional Facility Rules

3.2　SCC 投资仲裁简介

在过去 10 年里，斯德哥尔摩商会仲裁院（SCC）共受理了 34 件投资仲裁案件，其中，双边投资保护协定（Bilateral Investment Treaty，简称"BIT"）项下的争议仲裁 24 件，能源特许协定（Energy Charter Treaty，简称"ECT"）项下的争议仲裁案件 7 件，投资者和东道国之间投资协定项下争议仲裁案件 3 件。在全部的 34 件案件中，使用 SCC 仲裁规则进行仲裁的案件 27 件，使用联合国国际贸易法委员会（UNCITRAL）仲裁规则进行仲裁的 7 件，但在这 7 个仲裁案件中，SCC 被申请作为指定仲裁员的机构，具体情况如图 10-2 所示：

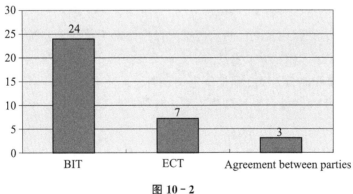

图 10-2

---

①　http：//icsid. worldbank. org/ICSID/FrontServlet? request Type＝ICSIDDocRH&actionVal＝ShowDocument&CaseLoadStatistics＝True&language＝English21，[2011-12-30]．

②　http：//icsid. worldbank. org/ICSID/FrontServlet? requestType＝CasesRH&actionVal＝ListCases，[2011-12-30]．

在使用 SCC 规则进行仲裁的案件中，大多数案件涉及东西方之间因自然资源（特别是在能源方面）勘探和购买而产生的争议，其中 5 件尚未审结，11 件已经就实体问题作出裁决书（其中的 6 个案件中申请人获得了部分胜诉）。其余的案件因缺乏管辖权、未预缴仲裁费用被驳回或当事人主动撤案而结案。①

4. 中国签署的投资保护协定关于仲裁的约定

截至 2010 年 11 月，中国已经与 130 个国家签订了双边投资保护协定②，有鉴于此，因双边投资协定引发的仲裁案件值得期待。有关投资仲裁的理论和实务的研究，应引起我国律师、法学研究人员的关注。

中国在早期即 1998 年以前签订的双边投资保护协定中，或者根本没有约定仲裁条款，或者仅包含限制性的仲裁条款（即仅同意将有关征收补偿金额的问题提交仲裁）；中国在 1998 年以后签订的投资保护协定中，一般同意可将任何法律纠纷提交仲裁解决，对争议的标的没有任何限制。但也有例外，有学者称中国在 1998 年后签订的双边投资保护协定中的仲裁条款仍然措辞狭隘，如 1999 年中国与巴林（Bahrain）和卡塔尔（Qatar）签订的投资协定。③

在中国签订的双边投资保护协定中，中国可以接受的仲裁包括 ICSID 仲裁和临时仲裁（Ad hoc）。

鉴于中国在 1990 年批准加入 ICSID 公约时宣布中国政府仅考虑将因征收或国有化而引起的补偿纠纷提交 ICSID 仲裁，因而有学者提出，中国加入公约时的上述保留使得新的投资保护协定中规定的将所有法律纠纷提交 ICSID 仲裁的规定变得不确定。④ 有观点认为，中国近期签订的 BIT 中约定的争端解决条款已经突破了前述中国对 ICSID 管辖权的保留，该项保留已经不再具有实际意义，但是在中国正式宣布撤销该项保留之前，从法理上说，该保留仍然具有法律效力。但如果中国在某个具体的双边投资保护协定中约定了同意将所有法律争议提交 ICSID 仲裁，那么应优先适用该双边投资保护协定的约定。

值得注意的是，中国在其签订的双边投资保护协定中承认了临时仲裁的效力。例如，《中国和德国关于促进和相互保护投资的协定》第 9 条第 32 页规定，争议应依据 1965 年 3 月 18 日《解决国家和他国国民之间投资争端公约》提交 ICSID 仲裁，除非争议双方同意依据《联合国国际贸易法委员会仲裁规则》或其他仲裁规则设立专设仲裁庭（ad hoc）。⑤

---

① 本部分统计数据截止日期为 2011 年 2 月 28 日，http://www.sccinstitute.com/? id=23696&newsid=39163，[2011-12-29]．

② 国务院新闻办公室于 2010 年 11 月 1 日上午 10 时举行新闻发布会，商务部副部长宣布中国已经与 130 个国家签订了双边投资保护协定。http://money.163.com/10/1101/10/6KDA7CKF00253B0H.html，[2011-12-28]．

③④ See Michael J. Moser, *Business Disputes in China*, Second Edition, Juris Publishing, Inc., Chapter 16.

⑤ China-Germany BIT, Article 9 (3), The dispute shall be submitted for arbitration under the Convention of 18 March 1965 on the settlement of Investment Disputes between States and Nationals of Other States (ICSID), unless the party in dispute agree on an ad-hoc arbitral tribunal to be established under the Arbitration Rules of the United Nations Commission on the International Trade Law (UNCITRAL) or other arbitration rules. 商务部条法司网站，[2011-12-30]．

类似的同意临时仲裁的规定也出现在中国与中亚国家的双边投资保护协定中，并同时指明使用斯德哥尔摩商会仲裁院的仲裁规则作为参考；中国与澳大利亚、蒙古、苏丹和赞比亚的投资协定中同意采用临时仲裁，但使用 ICSID 仲裁规则作为指导。[1] 可见，中国在解决与他国国民之间的投资纠纷中承认了临时仲裁的效力。

第三节　并购争议解决典型案例

一、法院判决获胜诉，要约豁免未取得

（一）案情简介

2000 年 5 月，乙市 A 公司与乙市某大学共同出资设立 B 公司，A 公司作为 B 公司控股股东，持有 B 公司 90% 的股权。

2006 年 6 月 28 日，B 公司与甲市 C 公司签订《股权转让协议》，约定 B 公司将其持有的 D 上市公司 10 355 万股社会法人股（占 D 公司总股本的 29%），全部转让给 C 公司，经双方协商一致确定转让对价为人民币 2 595 万元，C 公司在签约后一周内支付定金 778 万元，于 D 公司股权分置改革完成且目标股权办理过户登记至 C 公司名下当日内支付全部剩余款项。《股权转让协议》同时约定，协议生效日为协议经双方签字盖章并报送某证券交易所，以及中国证监会未对目标股权收购报告书在法律、法规规定的期限内提出异议，豁免受让方 C 公司的要约收购义务之日。此外，《股权转让协议》还约定，协议生效的先决条件之一为转让方 B 公司的股东会或董事会批准该协议。《股权转让协议》中约定的管辖法院为 C 公司所在地法院即甲市法院。

同日，B 公司董事会决议批准了《股权转让协议》。2006 年 7 月 3 日，C 公司按约向 B 公司支付了定金 778 万元。2006 年 7 月 18 日，甲市外资委同意将 D 公司股权转让申请报送国家商务部审批。2006 年 7 月 26 日，中国证监会受理了 C 公司提交的豁免要约收购申请。2006 年 9 月 4 日，甲市外资委批转了商务部同意股权转让的批复。

2006 年 7 月 24 日，因 B 公司欠 E 公司借款，乙市中级人民法院（下称"乙市中院"）查封了 B 公司持有的 D 公司 7 200 万股股份，后乙市中院于 2006 年 10 月 13 日判决 B 公司向 E 公司承担还款并赔偿利息损失，判决生效后 E 公司已申请执行被查封股权。

2006 年 8 月 14 日，因系争股权过户登记一直未办理，C 公司向甲市中级人民法院（下称"甲市中院"）提起诉讼，请求判令 B 公司履行《股权转让协议》，后 C 公司增加诉讼请求要求判令 B 公司将其所持有的 D 公司 10 355 万股社会法人股股权过户至 C 公司名下。

---

[1] Dils Eliasson, *Investment Treaty Protection of Chinese Natural Resources Investments*, http://www. trans-national-dispute-management. com/article. asp? key=1642, [2011 - 12 - 30].

2007 年 8 月 30 日，A 公司以 B 公司为被告、C 公司为第三人向乙市中院提起诉讼，认为 B 公司将其所持有的 D 上市公司巨额股份转让属于 A 公司的重大对外投资行为，B 公司应当事先告知股东并得到股东会的批准、且股权转让的价格明显过低，同时多项协议条款与我国现行法律、法规及政策相抵触，严重损害 B 公司及 B 公司股东 A 公司的合法权益。现由于 B 公司怠于主张该协议无效的权利，为维护 B 公司及其股东 A 公司的合法权益，请求 B 公司终止对《股权转让协议》的履行，停止对 A 公司的侵权行为，确认 B 公司与 C 公司签订的《股权转让协议》无效。

2007 年 10 月 15 日，就 C 公司诉 B 公司一案，甲市中院作出一审判决（下称"甲市一审判决"），判决 C 公司胜诉，判令 B 公司于判决生效之日起 10 日内继续履行《股权转让协议》，办理股权过户登记手续，将 B 公司持有的 D 公司 10 355.654 6 万股社会法人股全部过户到 C 公司名下。B 公司不服此判决，向甲市高级人民法院（下称"甲市高院"）提起上诉。2007 年 12 月 11 日，甲市高院作出二审判决（下称"甲市二审判决"），判决驳回 B 公司上诉，维持原判。

2007 年 11 月，就 A 公司诉 B 公司一案，乙市中院作出一审判决（下称"乙市一审判决"），判决 A 公司胜诉，判令 B 公司停止对 A 公司的侵权行为，解除《股权转让协议》，B 公司返还 C 公司 778 万元。C 公司不服此判决，向省高级人民法院（乙市为该省省会城市，下称"省高院"）提起上诉。2008 年 1 月，省高院作出二审判决（下称"二审判决"），判决驳回 C 公司上诉，维持原判。

2008 年 7 月 24 日，最高人民法院（下称"最高院"）决定提审上述在乙市审理的案件。2009 年 12 月 3 日，最高院作出民事裁定书（下称"最高院裁定书"），对乙市一审判决及二审判决予以撤销。

2009 年 5 月 21 日，最高院根据 B 公司的再审申请决定提审上述在甲市审理的案件。2009 年 12 月 3 日，最高院作出民事判决书（下称"最高院判决书"），判决变更甲市二审判决书主文为：本案《股权转让协议》有效并继续履行，待中国证监会豁免 C 公司的要约收购义务后，B 公司将其持有的 D 公司 10 355.654 6 万股社会法人股全部过户到 C 公司名下。

（二）各方意见

由上述案情简介可知，C 公司作为《股权转让协议》受让方，B 公司作为《股权转让协议》出让方，A 公司作为 B 公司控股股东，三方为各自利益在甲、乙两市相继发生讼争，形成相互独立且原被告颠倒的两套诉讼且均经过三级法院审理。事实上，本案焦点在于《股权转让协议》是否生效并具有可执行性，围绕这一焦点，在两套诉讼中，A、B、C 三公司为支持己方诉讼请求并反驳对方诉讼请求，主要形成了如下意见：

1. 《股权转让协议》受让方：C 公司

C 公司认为，《股权转让协议》是双方真实意思表示，应予履行，但由于 B 公司一方的原因，《股权转让协议》难以履行。

一方面，根据《股权转让协议》的约定，C 公司一直在通过自己的积极行为履行《股权转让协议》项下的相关约定，包括按约向 B 公司支付了相应的定金，并陆续取得了外资委及商务部的相关批复。

另一方面，由于 B 公司自身的原因导致其被 E 公司起诉并被查封了相关股权，致使中国证监会要约收购豁免审查程序无法继续进行。在此情况下，B 公司非但没有对被查封的 7 200 万股股权采取任何消除查封的积极措施，反而在 C 公司为促使《股权转让协议》得以继续履行而自愿代其偿还全部债务且获得债权人同意的情况下一再拒绝 C 公司的代偿，由此造成豁免审批迟迟无法获批。

C 公司认为，其履行了报送相关审批申请等各种程序要求，而 B 公司故意阻挠豁免审批的行为违反了《股权转让协议》的约定。

2.《股权转让协议》出让方：B 公司

B 公司认为，《股权转让协议》未经中国证监会批准豁免要约收购义务，不得生效履行，C 公司豁免申请未获中国证监会批准并非 B 公司造成，B 公司并未为自己利益不当阻止协议生效条件成就；同时，由于本案《股权转让协议》系受胁迫签订，非为 B 公司真实意思表示且转让价格明显偏低，显失公平，《股权转让协议》属于可撤销合同。

3. B 公司控股股东：A 公司

A 公司认为，B 公司将持有的 D 上市公司巨额股份转让属于公司的重大对外投资行为，B 公司应当事先告知股东并得到股东会的批准；且股权转让的价格明显过低，同时多项协议条款与我国现行法律、法规及政策相抵触，严重损害了 B 公司及 B 公司股东 A 公司的合法权益，因此，B 公司与 C 公司签订的《股权转让协议》应被认定为无效。

此外，A 公司还认为，鉴于《股权转让协议》未获得中国证监会要约豁免审批，《股权转让协议》由于事实上无法履行，亦应予以解除。

（三）法院观点

本案中，甲、乙两市的法院系统对于《股权转让协议》的效力问题作出了截然相反的判决，而甲市法院系统的观点最终得到了最高院判决书的支持，此外，最高院裁定书在撤销乙市法院系统作出的两判决同时，还对 A 公司诉讼请求的性质进行了辨析。

1. 甲市法院主要观点

甲市法院的主要观点是：C 公司已经履行了合同义务，而 B 公司为了自己利益不正当地阻止协议生效条件的成就，因此，《股权转让协议》已经生效；同时，根据《上市公司收购管理办法》的规定，中国证监会应就收购申请作出是否予以豁免的决定。在中国证监会审查期间，B 公司因与他人债务纠纷陷于诉讼，客观上导致中国证监会豁免要约收购审查程序无法继续进行，现中国证监会尚未对 C 公司豁免要约收购的申请作出决定，也就是说，中国证监会是否同意豁免 C 公司的要约收购义务尚处于不明确的状态，B 公司却以此推断中国证监会已经否决了 C 公司的豁免申请，并且 B 公司据此认为协议未生效，缺乏依据。

2. 乙市法院主要观点

乙市法院的主要观点是：B 公司违反公司章程的规定，未经股东会同意，董事会越权作出决议，将 B 公司持有的 D 公司股权以明显过低的价格转让给 C 公司，已构成对 B 公司股东 A 公司合法权益的损害。B 公司与 C 公司签订的《股权转让协议》，由于未取得 B 公司股东会的同意也未取得中国证监会豁免 C 公司的要约收购义务，该协议未生效，依法不得履行。根据协议约定，因约定的先决条件在 2006 年 12 月 29 日前未成就，该协议应终止。

3. 最高院主要观点

3.1 最高院裁定书

最高院认为，2007 年 8 月 30 日的诉讼中，A 公司的两项诉讼请求即请求 B 公司终止对《股权转让协议》的履行、停止对 A 公司的侵权行为与确认 B 公司与 C 公司之间的《股权转让协议》无效的性质分别为股东直接诉讼和股东代表诉讼，其所适用的程序规则和法律救济措施不同。

根据 A 公司提出的第一项诉讼请求，A 公司主张 B 公司构成侵权的事实基础是 B 公司与 C 公司签订的《股权转让协议》，与第二项诉讼请求一样，均指向 C 公司与 B 公司之间的股权转让行为。根据最高院查明的事实，甲市中院及甲市高院已对《股权转让协议》的效力作出认定，乙市中院及省高院重复对同一股权转让协议的效力进行审理违反了法发〔1994〕29 号最高人民法院《关于在经济审判工作中严格执行〈中华人民共和国民事诉讼法〉的若干规定》第 1 条第 2 项关于"当事人基于同一法律关系或同一法律事实而发生的纠纷，以不同诉讼请求分别向有管辖权的不同法院起诉的，后立案法院在得知有关法院先立案的情况后，应当在七日内裁定将案件移送先立案的法院合并审理"之规定。

然而对于 A 公司是否参与、批准其所诉的 B 公司侵权行为，即批准或默认本案《股权转让协议》的签订，以及 B 公司在未经股东会决议批准的情况下签订的《股权转让协议》是否对 A 公司股东权益构成侵害的问题，因该诉讼性质为股东直接诉讼，与前述的股东代表诉讼性质不同，A 公司可以另案解决。

3.2 最高院判决书

最高院认为，股权转让行为完全是经过合法的董事会决议通过的，转让价格亦未显失公平，因此，C 公司与 B 公司签署《股权转让协议》的整个过程均符合法律规定。

最高院还认为，要约收购豁免批准是法律赋予证券监管部门的行政审批权，但股权收购双方是否取得豁免要约，并不影响收购双方的合同成立及生效，也即豁免要约不是合同生效的必要条件，而是收购双方以何种方式对抗上市公司其他所有股东的法律条件。由于 B 公司拒绝 C 公司为实现解除查封标的股权而提出的代其偿还债务的方案，直接导致标的股权被冻结至今，因此中国证监会受理的要约豁免申请审查程序被迫中止。基于以上事实，B 公司为自己的利益设置障碍的行为显而易见。根据《中华人民共和国合同法》（下称"《合同法》")第45条第2款的规定，B公司为自己的利益不正当地阻止协议生效的条件成就的，应视为条件已成就，因此《股权转让协议》已经生效。此外，由于中国证监会是否同意豁免C公司的要约收购义务尚处于不明确状态，A公司亦无权主张因无法取得豁免而导致协议无效。

4. 本案分析

回顾该案，虽然A公司始终将B公司列为被告，但是，事实上二者均不愿股权转让交易得以完成。从这一点出发，结合案情可以判断：B公司认为《股权转让协议》当时约定的转让价格太低，但是鉴于《股权转让协议》确实是双方平等协商的结果，难以反悔，因而就安排其母公司A公司起诉B公司，同时列C公司为第三人在乙市中院提起诉讼，从而避开《股权转让协议》中约定的甲市法院管辖的约定，其终极目的就在于使《股权转让协议》无法继续履行下去。质言之，在本案中，B公司通过拒绝配合C公司的债务偿还方案等手段阻挠中国证监会的要约豁免审批，同时A公司提起确认《股权转让协议》无效的股东代表诉讼，双方互相配合，其目的都是阻止C公司取得D公司股权。

回顾整个案件：早在2006年6月，C公司就和B公司签订了《股权转让协议》，五年过去了，由于中国证监会至今未批准要约收购豁免申请，股权转让仍未实现，C公司的目的落空了；2007年8月，A公司就为了终结上述股权转让交易而提起诉讼，四年过去了，由于最高院的一纸裁决，A公司只能再次回到起诉的原点，A公司的目的同样落空了。综上所述，目前的局面对于A、C两公司而言是一个"双输"的结果。造成这一结果的原因很复杂，既有两公司自身的主观原因，也有法规修改带来的客观原因。在此，笔者不想过多讨论两公司的是非对错，而是欲从中立客观的角度出发，试图分析该案中展现的因协议收购上市公司股权而引发的若干法律问题。

第一，合同法定生效要件不同于合同约定生效条件。

《合同法》第44条规定："依法成立的合同，自成立时生效。法律、行政法规规定应当办理批准、登记等手续生效的，依照其规定。"《合同法》第45条规定："当事人对合同的效力可以约定附条件。附生效条件的合同，自条件成就时生效。附解除条件的合同，自条件成就时失效。当事人为自己的利益不正当地阻止条件成就的，视为条件已成就；不正当地促成条件成就的，视为条件不成就。"上述两条规定分别规定了合同的法定生效要件和合同的约定生效条件，二者区别明显，即前者为法定，合同双方必须严格遵守；后者为约定，可因合同一方的不当行为而无须遵守。

第二，股东直接诉讼和股东代表诉讼所适用的程序规则和法律救济措施不同。

针对A公司的上述诉讼请求，最高院民事裁定书明确指出："该两项诉讼请求的性质分别为股东直接诉讼和股东代表诉讼，其所适用的程序规则和法律救济措施是不同的。"股东直接诉讼，是指股东为了自己的利益而基于股权所有人地位向其他侵犯自己股东权益的人提起的诉讼。股东代表诉讼，是指当公司的合法权益受到不法侵害而公司却不起诉时，公司的股东有权以自己的名义起诉，而所获赔偿归于公司的一种民事诉讼。在本案中，A公司提起的两项诉讼请求，一项是请求B公司终止对《股权转让协议》的履行，停止对 A 公司的侵权行为；另一项是确认 B 公司与 C 公司签订的《股权转让协议》无效。两项诉讼请求所依据的法律基础是不同的，相对应的程序规则和救济措施也不同。A 公司在一个诉讼中提起性质不同的两个诉讼请求，并不符合民事诉讼法的相关规定。因此最高院裁定：对于 A 公司是否参与、批准其所诉的 B 公司侵权行为，以及 B 公司在未经股东会决议批准的情况下签订的《股权转让协议》是否对 A 公司股东权益构成侵害的问题，因该诉讼性质为股东直接诉讼，A 公司可以另案解决。

第三，证监会批准上市公司要约收购豁免申请，并非股权收购协议法定生效要件。

《中华人民共和国证券法》（下称"《证券法》"）第 96 条第 1 款规定："采取协议收购方式的，收购人收购或者通过协议、其他安排与他人共同收购一个上市公司已发行的股份达到百分之三十时，继续进行收购的，应当向该上市公司所有股东发出收购上市公司全部或者部分股份的要约。但是，经国务院证券监督管理机构免除发出要约的除外。"《上市公司收购管理办法》第 47 条第 3 款规定："收购人拟通过协议方式收购一个上市公司的股份超过 30％的，超过 30％的部分，应当改以要约方式进行；但符合本办法第六章规定情形的，收购人可以向中国证监会申请免除发出要约。收购人在取得中国证监会豁免后，履行其收购协议；未取得中国证监会豁免且拟继续履行其收购协议的，或者不申请豁免的，在履行其收购协议前，应当发出全面要约。"根据上述两条规定，协议收购上市公司股份超过 30％的，收购人在取得中国证监会要约收购豁免后即可按协议约定的转让价格履行收购协议，但是，要约收购豁免并非股权收购协议的法定生效要件，即在要约收购豁免申请获得中国证监会批准前，股权收购协议已经生效。如果要约收购豁免申请获批，则股权收购协议即可全部按协议约定的转让价格履行；如果要约收购豁免申请未获批准，股权转让协议仍然可履行，只是须发出全面要约。换言之，收购人既可通过申请要约收购豁免，亦可通过全面要约来实现股权收购，对于后者，超出拟收购上市公司股份 30％部分的股权转让将按照全面要约价格而非双方约定价格履行。综上分析，中国证监会批准上市公司股权收购要约豁免申请，并非股权收购协议的法定生效要件，而是股权收购协议可全面按协议约定之股权转让价格履行的法定条件。对此，协议双方可按《合同法》第 45 条将其约定为合同生效条件，但是，将中国证监会批准要约收购豁免约定为协议生效条件后，如果一方为自己利益不当阻止要约收购豁免申请获批，则该约定生效条件将视为成就。此时，股权收购协议已然生效，只是协议暂不能全面按协议约定之股权转让价格履行。

第四，为保护交易安全，一方无权因为股权转让价格过低而违反经合法程序达成的股权收购协议。

根据 C 公司提供的一份 B 公司董事会决议（相关证据已为最高院采纳）显示，B 公司出让其持有的 D 公司股权已经其董事会决议合法通过，质言之，相关股权转让行为已经 B 公司董事会同意。至于股权转让是否应经 B 公司股东会决议通过，事实上，C 公司无权也无法知晓 B 公司章程中对于表决事项的相关约定。相反，证据显示 B 公司的绝对控股股东 A 公司实际上是完全知晓系争股权转让事宜的。从保护交易安全的角度出发，应当认定，C 公司作为商事合同的一方，可以信赖 B 公司的董事会决议已足以代表其真实意思表示，而股权转让是否应经 B 公司股东会决议通过则是出让方 B 公司与其股东 A 公司之间的内部安排，与受让方 C 公司无关。同时，没有证据显示 B 公司系受胁迫而签订《股权转让协议》，因此，B 公司出让股权并未违反有关程序规定，C 公司与 B 公司签署《股权转让协议》的整个过程均符合法律规定。

可以肯定，《股权转让协议》的一方 B 公司与其母公司 A 公司始终反对甚至阻挠《股权转让协议》履行的根本原因应在于双方均认为股权转让价格过低，依据协议价格转让股权将有损于 A、B 两公司的商业利益。然而，鉴于《股权转让协议》是双方平等协商的结果，且已经过 B 公司董事会决议通过，因此，A、B 两公司均无权以股权转让价格过低为由质疑协议的合法性。

第五，为维护自身权益，第三方应申请以有独立请求权第三人身份加入既有诉讼程序，而非另行起诉并要求其他法院处理相同法律问题。

《中华人民共和国民事诉讼法》（下称"《民事诉讼法》"）第 56 条第 1 款规定："对当事人双方的诉讼标的，第三人认为有独立请求权的，有权提起诉讼。"并且原告增加诉讼请求，被告提出反诉，第三人提出与本案有关的诉讼请求，可以合并审理。同时，最高人民法院《关于在经济审判工作中严格执行〈中华人民共和国民事诉讼法〉的若干规定》（法发〔1994〕29 号）第 1 条第 2 项规定："当事人基于同一法律关系或同一法律事实而发生的纠纷，以不同诉讼请求分别向有管辖权的不同法院起诉的，后立案法院在得知有关法院先立案的情况后，应当在七日内裁定将案件移送先立案的法院合并审理。"因此，出于有效维权以及节约司法资源的角度考虑，认为某一股权收购协议的履行将有损其权益的第三方（例如转让方股东即 A 公司），其不应在有人民法院已立案处理相关股权转让法律关系的情形下通过另行起诉的方式来请求其他人民法院确认同一股权收购协议无效，而应及时向已立案人民法院以第三人身份提出独立诉讼请求来加入诉讼，从而维护自身合法权益。

第六，人民法院的司法审判权和证监会的行政审批权相互独立，不分高下。

根据最高院判决书所确认的内容，2006 年 7 月 26 日，中国证监会受理了 C 公司提交的豁免要约收购申请。在中国证监会受理 C 公司提出的豁免要约收购申请之时，所适用的与豁免审批有关的法律为 2002 年 12 月 1 日施行的《上市公司收购管理办法》（中国证券监督管理委员会令第 10 号），该办法已被 2006 年 9 月 1 日施行的《上市公司收购管理办法》（中国证券监督管理委员会令第 35 号）所替代。已失效的《上市公司收购管理办法》第 49 条规定："有下列情形之一的，收购人可以向中国证监会提出豁免申请：（一）上市公司股份转让在受同一实际控制人控制的不同主体之间进行，股份转让完成后的上市公司实际控制人未发生变化，且受让人承诺履行发起人义务的；（二）上市公司面临严重财务困难，收购人为挽救该公司而进行收购，且提出切实可行的重组方案的；（三）上市公司根据股东大会决议发行新股，导致收购人持有、控制该公司股份比例超过百分之三十的；（四）基于法院裁决申请办理股份转让手续，导致收购人持有、控制一个上市公司已发行股份超过百分之三十的；（五）中国证监会为适应证券市场发展变化和保护投资者合法权益的需要而认定的其他情形。"而现行有效的《上市公司收购管理办法》第 62 条规定："有下列情形之一的，收购人可以向中国证监会提出免于以要约方式增持股份的申请：（一）收购人与出让人能够证明本次转让未导致上市公司的实际控制人发生变化；（二）上市公司面临严重财务困难，收购人提出的挽救公司的重组方案取得该公司股东大会批准，且收购人承诺 3 年内不转让其在该公司中所拥有的权益；（三）经上市公司股东大会非关联股东批准，收购人取得上市公司向其发行的新股，导致其在该公司拥有权益的股份超过该公司已发行股份的 30%，收购人承诺 3 年内不转让其拥有权益的股份，且公司股东大会同意收购人免于发出要约；（四）中国证监会为适应证券市场发展变化和保护投资者合法权益的需要而认定的其他情形。"

对比上述两条款不难发现，新条款最大的变化在于删去了"基于法院裁决申请办理股份转让手续，导致收购人持有、控制一个上市公司已发行股份超过百分之三十的"这一要约收购豁免情形。因此，虽然 C 公司已获得认定《股权转让协议》有效的胜诉判决，但 C 公司并不能以此为由向中国证监会申请要约收购豁免。质言之，现行的《上市公司收购管理办法》遵循了这样的法理精神，那就是人民法院的司法审判权和证监会的行政审批权相互独立，不分高下，特别是在民事司法领域，人民法院有权裁判平等民事主体之间的民商事纠纷并对相关的民事法律关系予以规范；同时，当事人有义务履行人民法院作出的生效民事判决，但是中国证监会这类主管部门的行政审批事项则不受人民法院管辖。

5. 笔者建议

在分析了本案展现的若干法律问题后，下面笔者将就防范及解决以本案为代表的因协议一方控股股东反对而引发的上市公司股权协议转让纠纷提出几点建议。

第一，关于股权收购协议的约定。由于上市公司股价波动较大，所以，上市公司股权收购协议的履行确实会对交易双方甚至双方股东的商业利益产生很大影响（比如收购价格过低等）。虽然法律并未强制要求公司在协议出让其持有的上市公司股权前应通过股东会作出决议同意后方可签署相关协议，但是，为了避免出现类似本案的纠纷以及更好地确保交易安全，笔者建议，收购方应在交易前对被收购方的相关情况（包括内部组织文件、议事规则等）进行彻底调查。若 C 公司在尽职调查过程中能发现 B 公司的公司章程或者其他内部组织文件中对于同意对外转让或者处置股权等行为有特别约定，则双方可以在交易前根据此情况就协议的具体条款进行协商，以避免纠纷的发生。

第二，无法取得股权情况下的应对措施。如果协议双方未采取上述防范措施继而发生类似本案的股权转让僵局，为了最终实现股权转让，针对本案的情况，笔者有如下建议：

首先，C 公司可以根据法律规定继续寻求中国证监会的要约收购豁免审批。虽然现行的《上市公司收购管理办法》删去了原《上市公司收购管理办法》"基于法院裁决申请办理股份转让手续，导致收购人持有、控制一个上市公司已发行股份超过百分之三十的"这一要约收购豁免情形，但是新办法第 62 条同时还规定："有下列情形之一的，收购人可以向中国证监会提出免于以要约方式增持股份的申请：……（四）中国证监会为适应证券市场发展变化和保护投资者合法权益的需要而认定的其他情形。"根据该条规定，中国证监会可以对获得要约收购豁免的其他情形作出认定。从保护投资者利益这一角度而言，如果C公司已获得确认股权转让协议有效的生效法院判决，在此基础上，C公司仍然有可能获得要约收购豁免申请的批准。该条兜底规定仍然为司法裁决作为申请要约收购豁免情形的可能性开了口子。

其次，假设股权转让由于各种原因最终无法取得中国证监会的要约收购豁免审批，C公司也可以通过全面要约方式继续履行股权转让协议。《证券法》第96条规定："采取协议收购方式的，收购人收购或者通过协议、其他安排与他人共同收购一个上市公司已发行的股份达到百分之三十时，继续进行收购的，应当向该上市公司所有股东发出收购上市公司全部或者部分股份的要约。但是，经国务院证券监督管理机构免除发出要约的除外。"另外，《上市公司收购管理办法》第47条第3款规定："收购人拟通过协议方式收购一个上市公司的股份超过30%的，超过30%的部分，应当改以要约方式进行；但符合本办法第六章规定情形的，收购人可以向中国证监会申请免除发出要约。收购人在取得中国证监会豁免后，履行其收购协议；未取得中国证监会豁免且拟继续履行其收购协议的，或者不申请豁免的，在履行其收购协议前，应当发出全面要约。"根据上述规定，在最终未取得中国证监会要约收购豁免审批的情况下，C公司仍然可以通过全面要约的方式继续履行股权收购协议，协议事实上仍然有继续履行的可能。但需注意的是，根据《上市公司收购管理办法》第35条"收购人按照本办法规定进行要约收购的，对同一种类股票的要约价格，不得低于要约收购提示性公告日前6个月内收购人取得该种股票所支付的最高价格"之规定，C公司应根据实际情况作出判断，即衡量要约收购价格与协议收购价格的差价后再作出是否进行全面要约收购的决定。

最后，如果股权转让确实难以实现或实现股权转让的方式已无实际意义（比如通过远高于协议定价的全面要约方式收购股权），在相关要约收购豁免审批由于各种原因始终无法取得的情况下，笔者建议，C公司可以考虑放弃受让股权并向出让方主张赔偿，即通过退出交易并取得相应赔偿以尽量挽回C公司已发生的损失。在此，C公司可以考虑与A公司、B公司达成和解协议，明确C公司不再对相关股权主张权利；同时，由B公司偿还C公司已支付的所有股权转让款，并就C公司因股权转让纠纷所产生的相关费用及损失予以补偿，A公司亦应撤回对C公司的相关诉讼，一揽子解决本案的所有纠纷。如果无法达成和解协议，C公司甚至还可以考虑向B公司另行提起诉讼，主张其对C公司造成的损失承担相应的法律责任，包括赔偿C公司为办理要约收购豁免审批所产生的所有相关费用及预期利益损失，从而尽可能地挽回自己的损失。

二、风险投资领域第一案——凯雷状告沈南鹏"抢单"

（一）案情简介

凯雷投资集团（"凯雷"）计划于2007年入股新生源医药公司（"新生源"），入股后将占据新生源 38.02％的股权。凯雷聘请法律、科技及金融等顾问分析新生源的业务并进行详尽的尽职调查，打算日后在美国上市。但在 2007 年 10 月 9 日，即正式落实协议后翌日，新生源通知凯雷，其已于 4 天前和红杉资本中国基金（"红杉"）另签入股协议，而红杉不会遵守凯雷与新生源的协议条款。由此，凯雷失去新生源上市获利的机会。凯雷不满并质疑红杉从中作梗，同时怀疑其几个月的尽职调查等机密资料遭利用，遂提起诉讼。2008 年 12 月 2 日，凯雷旗下三家机构即凯雷亚洲投资顾问有限公司、凯雷亚洲成长基金 III 期以及 CAGP III Co-Investment LP，在香港高院对红杉中国基金执行合伙人沈南鹏提起诉讼，索赔 2.062 亿美元。

根据香港高院第 2502 号入禀书资料，2007 年 6 月，凯雷与任军开始讨论入股新生源事宜。从 6 月 20 日到 8 月 17 日，凯雷邀请了相关人员来查看运营业务、财务数字以及公司文件。其中包括：邀请美迈斯律师事务所进行法律尽职调查，自 6 月 25 日始，7 月 18 日出具报告；邀请 Aura Partners Limited 进行调查，这是一家位于上海的生命科学领域的机构，调查自 6 月 25 日始，7 月 19 日出具报告；邀请 Deloitte Touche Financial Advisory Services Limited 进行财务尽职调查，自 6 月 20 日开始，7 月 20 日出具报告。

凯雷指出，在 2007 年，凯雷花了大量时间对新生源的运营、商业模式、财务数据、实物资产和无形资产、知识产权等进行评估。之后，和任军分享了主要调查结果并且提供了增值建议，凯雷认为这些工作"增加了公司的价值，任军个人也由此受益"。凯雷强调，尽职调查的内容、凯雷的建议以及交易文件草案都是保密性内容，也具有排他性，这些效力自 6 月 6 日开始的 90 个工作日内有效。

（二）本案分析

美国风险投资界关于交易的诉讼并不少见，但在中国尚属首次，所以此案引起较大关注，并被称为 2008 年中国风险投资领域的第一案。尽管本案相关交易文件和最终的判决结果未向公众公布，但其中引发的诸多争议还是能给并购交易方带来一定的借鉴意义。

1. 投资方之间的纠纷

在此案进行的过程中，有消息披露，沈南鹏在新生源创立时设立过一笔天使投资基金，并且参与制定了公司的股权结构。就此，沈南鹏与新生源签订过一份对赌协议，约定如新生源能吸引到第二轮的风险投资，沈南鹏可要求受让该部分股权。凯雷在对新生源做尽职调查时，新生源并未将这份对赌协议公开。而在凯雷与新生源签订协议的前 4 天，沈南鹏选择行使对赌协议项下的权利从而改变了新生源原本的股权结构。

凯雷和红杉的纠纷，事实上是风险投资人之间对目标公司股权受让的纠纷。实践中，在上市之前，很多企业都会多次融资。一般来说，早期投资的风险投资人大都是普通股东，其进入价格相对较低，投资额不大。而第二轮或更晚入股的投资人，多数实力雄厚，例如凯雷这样的私募股权投资者，并且往往期待高于早期投资者的股东权利。在沈南鹏被诉之前，已经存在很多风险投资人之间的纠纷。由于后来者多数资金实力较强，因而通常都是普通股股东作出让步，如出让部分股份。

如根据中国法律理解，股权出让应基于目标公司股东与投资者之间的平等合意所达成。本案中，尽管凯雷先期与新生源签署了一系列备忘录并投入了大量人力、对新生源财力进行尽职调查，但最终新生源仍有权选择受让股权的主体，对此凯雷无权干涉。

2. 投资方利益保护

投资方在有投资意向前，应该跟目标公司签署一份有法律效力的备忘录，确保企业提供关于企业内部情况的资料真实、完整，并仔细阅读涉及股东权益变化的所有条款。同时，在签署正式合同时，机构还可以在投资合同中做一些约定，比如，若事后发现企业隐瞒一些应披露的事项而对出资方带来损失，可以要求对方回购股权等。

从本案来看，尽管凯雷难以要求新生源出让其股份，但是，基于其前期所投入的人力、财力等损失，可以向交易方（如本案中的红杉及相关方）提起索赔主张，包括凯雷在磋商和尽职调查期间投入的时间及精力、新生源按正常上市退出获取的回报等。

3. 法律适用和争议管辖的选择

由于投资方与目标公司之间的此类风险投资往往会考虑选择适用外国法及外国法院/仲裁机构管辖，由此产生的相关纠纷也就往往会涉及外国法律的适用和管辖争议等诸多问题。同样，由此产生的投资者之间的纠纷也往往涉及外国法律适用及外国法院管辖的问题。从本案公布的情况来看，凯雷选择沈南鹏为被告在香港法院起诉，并未基于与新生源达成的备忘录提起诉讼，其据以选择的适用法律亦应为外国法律。由于包括美国法在内的英美法体系对于并购交易中的损失计算和赔偿标准比之国内法律更为完善，如果适用英美法，该案若经过评估后，凯雷可以索赔的损失额会很高，可能包括凯雷在磋商和尽职调查期间投入的时间及精力、新生源按正常上市退出获取的回报等。因此，对于此类纠纷，如何因地制宜地选择适用法律及法院管辖将会对案件的进展和结果带来重大影响，这也应是并购律师在设计具体交易方案中所不得不重点思考的一个问题。

三、PE"对赌条款"的案例分析

（一）案情简介

2007年11月1日前，甘肃众星锌业有限公司（"众星公司"）、苏州工业园区海富投资有限公司（"海富公司"）、迪亚公司、陆波（迪亚公司实际控制人）共同签订一份《甘肃众星锌业有限公司增资协议书》（"《增资协议书》"）。其中第7条第2项约定，众星公司2008年净利润不低于3 000万元人民币。如果众星公司2008年实际净利润完不成3 000万元，海富公司有权要求众星公司予以补偿，如果众星公司未能履行补偿义务，海富公司有权要求迪亚公司履行补偿义务。

2009年6月，众星公司经批准，将名称变更为甘肃世恒有色资源再利用有限公司（"世恒公司"）。据工商年检报告登记记载，众星公司2008年度生产经营利润总额26 858.13元，净利润26 858.13元。

2009 年 12 月，海富公司向原审法院提起诉讼，请求判令：世恒公司、迪亚公司、陆波向其支付协议补偿 1 998.209 5 万元并承担本案诉讼费及其他费用。

兰州中院作出判决，驳回海富公司的全部诉讼请求。海富公司不服上述判决，向甘肃省高院提起上诉。甘肃省高院撤销兰州中院的民事判决主文，并判令世恒公司、迪亚公司共同返还海富公司 1 885.228 3 万元及利息。

世恒公司不服判决，向最高院申请再审。最高院撤销甘肃省高院民事判决，并判令迪亚公司向海富公司支付协议补偿款 1 998.209 5 万元及利息，驳回海富公司的其他诉讼请求。

（二）诉讼争议焦点及法院的观点

兰州中院、甘肃高院和最高院一致确认本案件的焦点是，《增资协议书》第 7 条第 2 项是否具有法律效力。但在具体判决上，三级法院又呈现出三重观点：

1. 兰州中院：约定无效

兰州中院认为，《增资协议书》第 7 条第 2 项内容属于利润分配条款，不符合《中外合资经营企业法》第 8 条关于企业净利润根据合营各方注册资本的比例进行分配的规定。同时，该条规定违反了《公司法》第 20 条第 1 款有关股东滥用权力的规定。因此，该条约定违反了法律、行政法规的强制性规定，该约定无效。

2. 甘肃省高院：名为联营，实为借贷

甘肃高院认为，《增资协议书》第 7 条第 2 项 3 000 万净利润的约定，不涉及公司利润分配，仅是对目标企业盈利能力提出要求，并不违反法律规定。但是海富公司有权要求世恒公司和迪亚公司予以补偿的约定，违反了投资领域风险共担的原则，使得海富公司作为投资者不论世恒公司经营业绩如何，均能取得约定收益而不承担任何风险。因此，参照最高人民法院《关于审理联营合同纠纷案件若干问题的解答》第 4 条第 2 项的规定，甘肃高院认定《增资协议书》属"名为联营，实为借贷"，违反了法律、行政法规的强制性规定，是无效的协议。据此，海富公司的 1 885.228 3 万元资金名为投资实为借贷，故世恒公司、迪亚公司应共同返还海富公司 1 885.228 3 万元及占用期间的利息。

3. 最高院：约定部分有效，部分无效

最高院最终认为，《增资协议书》第 7 条第 2 项中关于海富公司有权要求世恒公司予以补偿的约定，"使得海富投资可以取得相对固定的收益，该收益脱离了世恒公司的经营业绩，损害了公司和债权人的利益"，因而无效；但是该项中迪亚公司对海富投资的补偿承诺不损害公司及债权人利益，不违反法律禁止性规定，是当事人真实的意思表示，因而有效。此外，最高院认为，2009 年 12 月，海富公司向一审法院提起诉讼时没有请求返还投资款。因此，二审判决令世恒公司、迪亚公司共同返还投资款及利息超出了海富公司的诉讼请求，是错误的。最高院还认为，《增资协议书》中并无由陆波对海富公司进行补偿的约定，所以海富公司请求陆波进行补偿，没有合同依据。

（三）本案分析

目前对赌协议广泛存在于 PE 投资中，而中国的 PE 投资更是在全球排名位居前列。然而中国针对 PE 投资缺乏系统、完善的法律、法规，这严重制约了 PE 行业的良性发展。最高院对此案件的判决，表明了最高院对"对赌条款"的立场，即在不违反法律、不损害第三人利益的前提下，"对赌条款"的效力应当尊重当事人的意思自治，从而为对赌协议的合法、有效提供了判例依据，具有标杆意义和导向作用，值得深入解读。

1. 最高院明确支持了投资者与目标公司原股东之间约定目标公司业绩不达标时的补偿机制的效力。该方向应当在 PE 投资中被坚持和发展。除了约定现金补偿外，在法律、法规允许且能够获得适当审批的前提下，由原股东以适当价格向投资者让渡部分股权也是可选项。但切忌与目标公司订立对赌协议，牢记法律底线，特别是《公司法》第 20 条第 1 款对股东行使股东权利所做的禁止性规定，股东不得滥用股东权利损害公司或者其他股东的利益。

2. 除了"对赌条款"之外，PE 投资过程中还有很多投资保护机制可以采用。从国外成熟市场的经验来看，PE 投资保护机制中，无论是静态保护机制（例如投资者对董事的任命权、否决权条款等），还是动态保护机制（例如投资方卖出期权、优先认购权、优先购买权、优先分红权、优先清算权、共售权、拖带权、反稀释权等），都能不同程度地对投资保护起到积极的作用。因此，投资者不应完全依赖"对赌条款"的作用，而应当有意识地增加采用其他投资保护机制，以避免"对赌条款"无效或作用受限时，缺乏其他保护机制的尴尬。

3. 尽管有了最高院的终审判决作为指引，但是"对赌条款"等投资保护机制在我国仍然缺乏明确的成文法规范，投、融资双方应当在我国整体的法律框架下设计投资协议的相关条款。如果只是简单套用欧美市场的操作模式，则容易遭遇水土不服。目前 PE 投资领域的很多合同都是直接从国外移植，在中国相对严格的金融管制和司法制度下，潜藏许多风险。对投资者和被投资者来说，都应当聘请专业机构参与投资协议的谈判与起草，合理运用包括"对赌条款"在内的投资保护机制，以避免不必要的法律风险。

4. 对原股东和被投资公司而言，要谨慎预测公司的业绩增长，冷静对待投资方提出的业绩预期，对无法达到的业绩要求要明确予以拒绝，慎重签署"对赌条款"。同时，还需要充分预估触发"对赌条款"时会面临的现金补偿、股权调整等具体情况，明确可能丧失公司控股权等潜在风险。由于"对赌协议"涉及的法律关系较为复杂，因而投资者和被投资者都应当谨慎行事，双方都应当聘请专业机构认真审查"对赌条款"的含义、触发条件、计算公式的合理性、调整方式的合规性等，以避免不必要的法律风险。

四、标的公司的大股东股权质押是否影响其他股东的股权转让

（一）案情简介

2012 年 12 月 13 日，A 公司与 B 公司签署《框架协议》，约定 A 公司向 B 公司转让 A

公司持有的目标公司 30% 的国有股权。《框架协议》中约定的转让协议价格为 6.3 亿元人民币，但最终确定的价格需经 A 公司上级主管单位批准后，以在上海联合产权交易所（联交所）的实际摘牌价格为准，实际摘牌价格不得低于转让协议价格。同日，B 公司根据《框架协议》的约定，向 A 公司支付意向金 2 000 万元。

2013 年 1 月 5 日，A 公司与 B 公司签署《补充协议》，约定 B 公司或其指定的第三方于 2013 年 1 月 7 日前（包括 7 日）向共管账户存入 2 亿元，作为履行《框架协议》的担保。但是，经过多次催促，B 公司均未付款。

2013 年 9 月 29 日，A 公司向上海联合产权交易所正式申请挂牌交易。A 公司根据联交所的要求完成了国有产权挂牌程序，联交所要求 B 公司以及 B 公司指定的第三方 C 公司在 2013 年 11 月 7 日之前支付投标保证金，参与竞标。

2013 年 11 月 6 日，B 公司知悉，目标公司的大股东已于 2013 年 9 月 27 日将目标公司 70% 的股权质押给案外人。

受 B 公司委托，C 公司在 2013 年 11 月 7 日支付了保证金，但由于该保证金未按约定在 2013 年 11 月 7 日进入联交所账户，后被退回。

2013 年 11 月 22 日，目标公司 30% 的股权最终被案外人以 6.1 亿元买走。

为此，B 公司以 A 公司为被告提起了诉讼，认为"A 公司在股权转让公示过程中，故意隐瞒目标公司占 70% 股权的股东质押股权的重要信息，使 B 公司收购 30% 股权已无实际意义"（B 公司声称其最终目的是收购目标公司 100% 的股权），因此要求 A 公司归还人民币 2 000 万元的意向金。与此同时，A 公司提起反诉，认为 B 公司未支付保证金也未交付 2 亿元履约担保金，已构成违约，A 公司有权没收 2 000 万元的意向金。

（二）本案焦点及裁判要旨

1.《框架协议》和《补充协议》的效力

《框架协议》和《补充协议》中的股权涉及国有资产，国有产权挂牌交易之前，A 公司和 B 公司签署《框架协议》和《补充协议》，事先对合同价款、交易条件等作出约定，这种情况下合同是否有效，法院如何认定？

由于《中华人民共和国招标投标法》《企业国有产权转让管理暂行办法》《企业国有产权交易流程》均未有对此的禁止性规定，最终，法院认为，《框架协议》和《补充协议》"约定双方的权利义务并不违反国有产权交易的相关强制性规定"，因此，《框架协议》和《补充协议》有效。

2. 意向金的理解

《框架协议》使用了意向金但是没有对意向金的具体含义进行进一步定义，由于意向金并不属于法律术语，因而其是属于定金、预付款还是违约金双方存在争议。

定金是一种担保。根据《中华人民共和国担保法》第 89 条，定金是向对方支付一定金额"作为债权的担保。债务人履行债务后，定金应当抵作价款或者收回。给付定金的一方不履行约定的债务的，无权要求返还定金；收受定金的一方不履行约定的债务的，应当双倍返还定金"。而违约金是违约方在特定违约情形下所支付的费用，其规定在《合同法》第 114 条，"当事人可以约定一方违约时应当根据违约情况向对方支付一定数额的违约金。"

法院最终将意向金定性为违约金。法院认为，首先，从文义上理解，该意向金是 B 公司因具有股权购买意向而向 A 公司支付的预定目标公司股权的费用；其次，根据《框架协议》规定，"在 B 公司通过上海联交所付清 A 公司全部股权转让价款后 3 个工作日内，A 公司退还 B 公司先行支付的意向金"，因此，该意向金不作为股权转让款的一部分，其性质不是预付款。同时，从《框架协议》中有关"意向金"的其他条文来看，意向金均作为守约方在对方违约的情况下有权没收或扣除，因此，该意向金的性质为特定违约情形下的违约金。

3. 大股东质押是否影响合同目的

B 公司认为，目标公司大股东质押目标公司股权，但 A 公司并未披露该信息，因此 B 公司有权行使不安履行抗辩权。

A 公司认为，根据法律法规的规定，前述信息并不是明文需要公开的内容。比如，《企业国有产权转让管理暂行办法》第 14 条规定，转让方披露的企业国有产权转让信息应当包括下列内容：（1）转让标的的基本情况；（2）转让标的企业的产权构成情况；（3）产权转让行为的内部决策及批准情况；（4）转让标的企业近期经审计的主要财务指标数据；（5）转让标的企业资产评估核准或者备案情况；（6）受让方应当具备的基本条件；（7）其他需披露的事项。《企业国有产权交易操作规则》第 9 条规定，转让方应当在产权转让公告中披露转让标的基本情况、交易条件、受让方资格条件、对产权交易有重大影响的相关信息、竞价方式的选择、交易保证金的设置等内容。《产权转让公告规范表述指引（试行）》（2012 年 5 月 31 日实施，上海市产权交易管理办公室发布）对"重要信息披露"及"其他披露的内容"作了解释说明，其第 6 条第 7 款规定，重大涉诉、抵押、担保事项属于"重要信息披露"及"其他披露的内容"，"标的企业或产权标的涉及的重大涉诉、抵押、担保等事项，可能会影响产权标的的价值，转让方应当按照实际情况具体描述"。上述规定并未要求 A 公司公开大股东质押目标公司股权的信息。

法院认为，其他股东进行股权质押并不影响涉案转让股权的其他权益，且《框架协议》中亦有明确约定，"其他股东对目标公司的任何经营、管理活动包括但不限于银行借贷，均不影响本《框架协议》的效力"，B 公司以此为由主张不安抗辩权等缺乏相应的合同依据。

4. 向联交所支付保证金的时间节点如何计算

C 公司在 2013 年 11 月 7 日向上海联交所以汇款方式支付保证金，但是这笔保证金并未于当天进入上海联交所账户，如何认定保证金的支付问题？

法院认为，涉案股权转让是通过上海联交所的平台以竞价进行的，进入上海联交所必须遵守上海联交所的相应规则。《上海联合产权交易所登记受让意向操作细则》第 15 条明确规定了缴纳保证金的时间点："意向受让方应当在《受让资格确认通知书》规定的时限内，向产权交易机构交纳交易保证金（以到达产权交易机构指定账户为准）。意向受让方按规定交纳交易保证金后获得资格确认。意向受让方逾期未交纳保证金的，视为放弃受让资格。"上述规则均是公示的，B 公司亦是明知的，且不论并非 B 公司自行进场按期缴纳保证金，即使是 B 公司安排的第三方 C 公司缴纳保证金，由于其未按期缴纳而失去竞价的资格，该过错显然在 B 公司。

5. A 公司是否存在实际损失

如果本案约定的违约金（即意向金）金额过高，B 公司有权要求人民法院作出调整。最高人民法院《关于适用〈中华人民共和国合同法〉若干问题的解释（二）》第 29 条规定，"当事人主张约定的违约金过高请求予以适当减少的，人民法院应当以实际损失为基础，兼顾合同的履行情况、当事人的过错程度以及预期利益等综合因素，根据公平原则和诚实信用原则予以衡量，并作出裁决。"当事人约定的违约金超过造成损失的 30% 的，一般可以认定为《合同法》第 114 条第 2 款规定的"过分高于造成的损失"。根据合同法司法解释，过高的判断标准为超过实际损失的 30%。如 B 公司提出违约金过高的，B 公司须就违约金超过 A 公司实际损失这一事实进行举证，A 公司也须对其实际损失或预期利益的组成和计算进行举证。

法院认为，根据《框架协议》第 7 条第 1 款的约定，在产权交易过程中，最终竞价不高于人民币 6.3 亿元，B 公司必须以不低于 6.3 亿元摘牌；如 B 公司不摘牌，则视为 B 公司违约。由于本案实际最终竞价为人民币 6.1 亿元，比双方约定的最高受让价 6.3 亿元低 2 000 万元，其间的差额 2 000 万元应当属于 A 公司的预期利益损失，故 A 公司主张没收该 2 000 万元作为违约金，并未超过其实际所遭受的损失，应当予以支持。

后　记

　　《公司兼并与收购教程》作为中国人民大学律师学院的系列教材之一，系由北京市君合律师事务所受律师学院委托，君合律师及其他所律师和学者历时一年撰写完成的。我们首先要感谢中国人民大学律师学院对君合律师和其他参与写作的律师、学者的信任。在众多的中国律师事务所中挑选君合、委托君合负责这本教材的主要编写工作，无疑是对二十多年来君合在公司兼并与收购方面业绩的认可。

　　接受委托后，君合管理委员会专门组织北京总部和上海、广州、美国硅谷等分所的资本市场、公司、银行金融、基础设施与项目融资、反垄断与国际贸易、劳动、税务、知识产权高科技等有关专业组合伙人和律师进行了内部讨论，并接受律师学院的建议，决定由君合管理委员会主任肖微担任主编。君合研究部具体负责本册教材的编写组织和联络工作，安排合伙人邵春阳和袁家楠担任副主编，编委会由负责教材各章节编写工作的君合和其他所的合伙人组成。

　　由于公司兼并与收购涉及太多的方面，简单地组织几个人撰写会非常困难，这不仅是时间和精力的问题，还有"专业对口"的问题。编委会遂决定由君合各相关业务组推荐有相关业务经验、业务能力和写作能力的合伙人和律师，在自愿的基础上，对各章节进行"认购"。实践证明，这种"分田到户"的策略很奏效，各章节很快被"抢购"一空。

　　本教材从2011年11月起启动编著（大纲、样章）工作。各章节以各专业组合伙人、资深律师为主起草，部分章节由中级律师协助。除第十章"并购争议解决"由洪范广住律师事务所律师、中央财经大学法学院副教授张旗坤审定外，其他章节均由君合合伙人或资深律师审定。全书大部分章节初稿完成后，自2012年3月由邵春阳开始统稿，并在统稿过程中随时纳入并购领域法律实践的更新内容，到2013年1月完成全书的统稿。

　　诚然，由业务繁忙的合伙人和律师承担撰写教材的任务并不容易。很多作者只能利用节假日写作，去图书馆查资料；有的人只能在夜深人静、处理完一天的繁重业务后才能提笔；很多作者不得不利用休假的时间或利用出差、出国在途中等待的间隙，在飞机上、火车上见缝插针、积少成多地撰写、修改，完善其所负责的章节。

　　我们代表编委会对各位作者的艰辛付出和对本教材撰写工作的支持表示诚挚的感谢。我们还要代表编委会感谢君合各相关业务组其他合伙人和律师及君合行政部门对撰写工作所给予的支持和配合。

　　这是我们第一次编写供律师培训、学习使用的教材，由于经验不足、时间仓促，这本教材的缺陷和我们的遗憾还是很多的。由于篇幅的限制，有的章节无法展开，例如在"上市公司并购"一节中，我们没有就"买壳上市"展开讨论，其中太多的实践问题一言难尽；再如，在"并购争议解决"一章中，限于对客户的保密义务，我们不能详细引用经办过的生动案例，有遗珠之憾。此外，由于总计有三十余位来自所外及所内不同办公室、不同业务组的作者，他们各自的风格和表述习惯不尽相同，统稿时我们也没有十分刻意要求所有作者风格、习惯统一，而且时间上也不允许。我们希望这些缺憾能在今后有再版机会时得以弥补和完善。

　　我们希望这本教材能够对中国人民大学律师学院、其他律师学院或律师培训机构，以及对公司兼并与收购业务感兴趣的人士有所裨益。我们还希望本书能够成为研究和实践公司兼并与收购业务人士的有用资料和工具。

　　欢迎各位读者在阅读本教材后提出宝贵意见和建议，以便我们在以后修订时能够进一步完善。

邵春阳　袁家楠

2014 年 1 月 19 日

图书在版编目（CIP）数据

公司兼并与收购教程/肖微主编 . —2 版 . —北京：中国人民大学出版社，2018.1
ISBN 978-7-300-25176-9

Ⅰ.①公…　Ⅱ.①肖…　Ⅲ.①上市公司-企业兼并-中国-教材　Ⅳ.①F279.246

中国版本图书馆 CIP 数据核字（2017）第 287808 号

中国律师实训经典·高端业务系列
总主编　徐　建　龙翼飞
公司兼并与收购教程（第二版）
主　编　肖　微
副主编　邵春阳　袁家楠
Gongsi Jianbing yu Shougou Jiaocheng

出版发行	中国人民大学出版社				
社　　址	北京中关村大街 31 号		邮政编码	100080	
电　　话	010 - 62511242（总编室）		010 - 62511770（质管部）		
	010 - 82501766（邮购部）		010 - 62514148（门市部）		
	010 - 62515195（发行公司）		010 - 62515275（盗版举报）		
网　　址	http://www.crup.com.cn				
经　　销	新华书店				
印　　刷	固安县铭成印刷有限公司		版　　次	2014 年 4 月第 1 版	
规　　格	185 mm×260 mm　16 开本			2018 年 1 月第 2 版	
印　　张	27.5 插页 2		印　　次	2022 年 8 月第 3 次印刷	
字　　数	605 000		定　　价	78.00 元	

中国律师实训经典——锻造中国律师实战的"西点军校"

中国律师实训经典·高端业务系列

公司兼并与收购教程（第二版）　　ISBN：978-7-300-19028-0
主　　编：肖　微　　　　　定价：¥68.00
出版时间：2018 年 1 月
中国企业境内首次公开发行及上市业务教程
ISBN：978-7-300-19027-3
主　　编：靳庆军　　　　　定价：¥58.00
出版时间：2014 年 4 月
中英商务合同精选与解读（第二版）　　ISBN：978-7-300-24558-4
作　　者：林克敏　　　　　定价：¥45.00
出版时间：2017 年 5 月

中国律师实训经典·美国法律判例故事系列

环境法故事　　　　　　　　　　ISBN：978-7-300-17451-8
作　　者：[美] 理查德·拉撒路斯　　定价：¥39.80　　出版时间：2013 年 6 月
宪法故事（第二版）　　　　　　ISBN：978-7-300-15548-7
作　　者：[美] 迈克尔·C·道夫　　定价：¥49.80　　出版时间：2012 年 8 月
审判故事　　　　　　　　　　　ISBN：978-7-300-15004-8
作　　者：[美] 迈克尔·E·泰戈　　定价：¥49.80　　出版时间：2012 年 3 月
刑事程序故事　　　　　　　　　ISBN：978-7-300-14807-6
作　　者：[美] 卡罗尔·S·斯泰克　　定价：¥59.00　　出版时间：2012 年 3 月
证据故事　　　　　　　　　　　ISBN：978-7-300-14661-4
作　　者：[美] 理察德·伦伯特　　定价：¥39.80　　出版时间：2012 年 3 月

权利的边界：美国财产法经典案例故事　　　　ISBN：978-7-300-21676-8

作　　者：〔美〕杰拉尔德·科恩戈尔德　　　定价：￥58.00　　　　出版时间：2015 年 8 月

中国律师实训经典·庭辩技巧系列

美国庭审宝典（第四版）　　　　　　ISBN：978-7-300-16274-4

作者：〔美〕詹姆斯·W·麦克尔哈尼

定价：￥88.00　　　　　　　　　　出版时间：2012 年 10 月

庭审制胜（第七版）　　　　　　　ISBN：978-7-300-14782-6

作者：〔美〕托马斯·A·马沃特

定价：￥88.00　　　　　　　　　　出版时间：2012 年 5 月

对方证人——芝加哥著名刑辩律师论交叉询问与人生的经验教训

作者：〔美〕史蒂文·F·莫罗　　　ISBN：978-7-300-15154-0

定价：￥49.00　　　　　　　　　　出版时间：2013 年 4 月

中国律师实训经典·律师职场系列

律师的职业责任与规制（第二版）

ISBN：978-7-300-17357-3

作者：〔美〕黛博拉·L·罗德

定价：￥39.80　　　　　　　　　　出版时间：2013 年 5 月

践行正义：一种关于律师职业道德的理论

ISBN：978-7-300-16985-9

作者：〔美〕威廉·西蒙

定价：￥30.00　　　　　　　　　　出版时间：2014 年 5 月

现代律师事务所管理：新的挑战，新的视角

ISBN：978-7-300-24435-8

作者：〔英〕劳拉·恩普森

定价：￥45.00　　　　　　　　　　出版时间：2017 年 8 月

对抗制下的法律职业伦理

ISBN：978-7-300-24750-2

作者：〔美〕门罗·弗里德曼

定价：￥35.00　　　　　　　　　　出版时间：2017 年 8 月

中国律师实训经典·基础实务系列

律师执业基础　　　　　　　　黄士林主编　　　出版时间：2014 年 4 月

刑事诉讼律师基础实务（第二版）　钱列阳　娄秋琴　出版时间：2017 年 11 月

行政诉讼律师基础实务　　　　　吕立秋主编　　　出版时间：2014 年 4 月

民事诉讼律师基础实务　　　　　翟雪梅主编　　　出版时间：2014 年 4 月

非诉讼业务律师基础实务　　　　李大进主编　　　出版时间：2014 年 4 月